조선후기 한문서사의 지형과 양상

조선후기 한문서사의 지형과 양상

이채경 지음

학자원

책머리에

야담은 조선후기를 대표하는 한문 서사 양식이다. 민간에서 구연으로 창작되고, 식자층에서 기록으로 정착되었으며, 조선후기의 인물상과 사회상 및 역사적 사실성과 문학적 허구성을 담지한 서사 형태이다. 또 17세기 초부터 20세기 초까지 꾸준히 창작되고 향유되었으며, 구연 또는 문헌으로 후대에 전승되어 비교적 긴 생명력을 지닌 서사체로 평가된다. 이러한 야담은 대학원에 들어간 순간부터 나의 흥미를 끌기에 충분하였다.

야담 연구를 시작한 지 10여 년.

조선후기 재미있는 이야기들을 읽으며, 그것을 연구하여 나만의 이야기를 펼치리라 결심하면서 나는 야담에 매료되었다. 독특한 서사 구성에 담긴 생동하는 인물상과 핍진한 사회상을 아우른 야담의 문학성을 파악하기도 전에 '근원 이야기'가 지닌 힘은 블랙홀처럼 나를 빨아들였다. 요리사가 신선하고 좋은 재료들로 훌륭한 요리를 만들어 내듯이, 연구자는 흥미롭고 좋은 작품들로 재미난 논문을 엮어낼 수 있다고 믿었다. 그렇게 박사 학위를 받고 해마다 꾸준히 연구 논문을 발표하였다.

최근에 야담 관련 학술대회를 다녀온 이후.

여전히 야담은 무궁무진한 주제로 연구할 수 있고, 다양한 관점에서 흥미진진하게 논의할 수 있음을 새삼 깨달았다. 10여 년 세월이 가져다준, 진부한 주제와 안일한 공부로 상투적인 결론에 빠졌던 자신을 반성하면서 다시 한 번 각오를 다지게 되었다. 아직도 수많은 연구자가 야담을 새롭게 발견하고 남다른 시각으로 접근하여, 자신만의 목소리가 담긴 다채로운 연구 성과를 내놓고 있었기 때문이다.

이야기의 힘과 스토리텔링이 중요해진 요즘.

문학의 기능이 흥미와 교훈이라면, 이야기는 그 기능을 효과적으로 성취하는 데 일조한다. 그 과정에 잘 다듬어진 스토리텔링이 보태진다면 완벽한 서사로 거듭난다. 예컨대 역사를 재미난 이야기로 풀어내며 교육적 효과를 높이고, 나아가 그것을 새로운 이야깃거리로 활용하며 서사적 성취를 이루는 것이다. 그런 의미에서 야담은 21세기 스토리텔링의 원천이며, 이야기가 지닌 힘을 제대로 보여주는 서사 장르이다.

야담野談과 전기傳奇 및 우언설寓言說과 서사한시敍事漢詩까지.

조선후기 한문서사는 진실로 다채롭다. 여러 장르에는 당시의 인물상과 사회상이 고스란히 반영되고, 저자들이 포착한 시대모순과 현실비판 등 날카로운 풍자가 담겨 있다. 10년이 넘도록 나는 더듬더듬 그것들을 찾아내고 연구하여, 하나하나 그 위상과 의미를 되새기며, 나름대로 그 맛과 멋을 누려왔다. 개인적으로 힘들지만 여유롭고, 바쁘지만 행복한 시간이었다.

이 책은 그동안 여러 학술지에 발표한 연구 논문 16편을 담았다. 조선후기 야담에 한정된 것부터 야담 관련 주제를 포함하여 전기소설 및 서사한시를 아울러 제법 다양한 제재를 다루었다. 새삼 책으로 엮으려니 어설프고 부족하지만, 돌이켜 지난 10여 년의 결과라고 생각하니 만족스럽고 뿌듯한 마음이 앞선다. 선행 연구자들의 성과에는 미치지 못할지라도 이제 막 한문서사 연구에 뛰어든 동학들에게 작은 길잡이가 되기를 바라며, 여기서 하나의 매듭을 짓는 의미가 크다.

지금까지 언제나 한결같은 마음으로 응원해준 가족들, 여러모로 부족함을 격려해준 지인들, 학문적인 지도와 연구자의 자세를 가르쳐준 선생님들, 나란히 함께 걸으며 항상 힘이 되어준 선후배 여러분에게 감사의 마음을 전한다. 나아가 성글게 엮은 연구논문을 귀한 학술지에 게재해준 크고 작은 학회와 성실한 회원들에게도 늦었지만 고개 숙여 인사드린다. 마지막으로 좋은 책을 만들어주신 학자원 사장님과 편집진에게도 진심으로 감사드린다.

2023년 5월
간이재에서 이채경

차례

제2부
조선후기 야담 속 사화史話

第3部
신라 관련 서사와 사실史實의 문화콘텐츠

제4부
조선후기 우언과 전기의 서사 양상

제5부
조선후기 서사한시의 면모

제 1 부

조선후기 야담의 서사와 글쓰기

제1장

18세기 야담의 유사 화소 교착 및 변개 양상

1. 서론

야담野談은 조선후기 대표적인 서사 양식으로, 여항閭巷에서 창작 구연되던 이야기가 식자층에 알려지며 기록으로 남겨진 것이다. 처음에는 역사적인 사건과 유명인을 중심으로 사실 위주의 단형 서사체가 등장했으나, 나중에는 허구적인 사건에다 생동하는 인물군상이 가미된 장편 서사체로 변모하였다. 또 비전문가가 주변인을 대상으로 자신이 견문한 내용을 들려주던 것이 차츰 전문 이야기꾼이 청중을 모아놓고 구연口演하는 형태로 발전했다. 이렇듯 야담은 구연과 기록이라는 과정을 거치며, 구연전승과 문헌전승이라는 독특한 전승 방식을 보여준다.

그 동안 야담에 관해서는 작품(집) 및 저자(편자)를 비롯하여 서사, 전승, 문학성에 이르기까지 여러 분야로 나뉘어 다양한 연구[1]가 이루어졌다. 그 중에는 특정 야담집 및 저자를 다룬 논고[2]가 많으며, 구연과 기록 과정에서 보이는 야담의 고유한 특성을 규명한 논고[3]도 발표되었다. 그러나 동일한 이야기가 전・후대 각기 다른 야담집에 어떻게 전승되었는지를 비교 분석하는 데 그쳤다. 본고에서는 유사 야담 작품이 동시대 야담집에 어떻게 전재되었는지, 특히 18세기 야담에서 유사 화소가 교착 또는 변개된 양상을 살펴보고, 그러한 양상의 의의 및 서사에 미친 영향을 가늠해 보고자 한다.

야담은 17세기 유몽인柳夢寅의 『어우야담於于野談』을 기점으로 18세기 임방任埅의 『천예록天倪錄』에서 본격적인 야담집의 형태를 갖추었다. 이후 박양한朴亮漢의 『매옹한록梅翁閒錄』등을 지나, 신돈복辛敦復의 『학산한언鶴山閑言』, 임매任邁의 『잡기고담雜記古談』, 노명흠盧命欽의 『동패락송東稗洛誦』, 안석경安錫儆의 『삽교만록霅橋漫錄』으로 귀결된다. 그리고 19세기에는 이희준李羲準의 『계서야담溪西野談』, 이현기李玄綺의 『기리총화綺里叢話』, 작자 미상의 『청구야담靑邱野談』, 이원명李源命의 『동야휘집東野彙輯』에서 정점을 이룬다. 이후 20세기에는 작자 미상의 『양은천미揚隱闡微』, 강효석姜斅錫의 『대동기문大東奇聞』 등이 편찬되었다. 17세기부터 20세기까지 편

1 이강옥, 『한국 야담 연구』, 돌베개, 2006.; 정명기 편, 『야담문학연구의 현단계』, 보고사, 2001.

2 진재교, 「『雜記古談』 저작연대와 작자에 대하여」, 『서지학보』 제12호, 한국서지학회, 1994.; 진재교, 「『雜記古談』 硏究－그 性格과 作家意識을 중심으로」, 『韓國의 經學과 漢文學－竹夫李篪衡敎授停年退職紀念論文集』, 태학사, 1996.; 임형택, 「『東稗洛誦』 연구－야담의 기록화과정과 한문단편의 성립」, 『한국한문학연구』 23집, 한국한문학회, 1999.; 이명학, 「『霅橋漫錄』 연구」, 성균관대 석사학위논문, 1982.; 김상조, 「『鶴山閑言』 연구」, 『국문학보』 13집, 제주대 국문과, 1995.

3 임완혁, 「문헌전승에 의한 야담의 변모양상－『東稗洛誦』과 『溪西野譚』, 『靑邱野譚』, 『東野彙輯』의 관계를 중심으로」, 성균관대 박사학위논문, 1998.; 임완혁, 『구연 전통과 서사』, 태학사, 2008.

찬된 야담집은 대략 50여 종을 헤아리고, 수록된 작품만도 4,000여 편이나 되며, 18세기에 저작된 야담집은 10여 종에 수록 작품은 400여 편이다. 여러 야담집에는 구연을 통해 향유되고 문헌을 통해 전승된, 시대상과 사회상을 반영한 다채로운 작품이 가득하다.

본고에서는 18세기 야담집 중 『잡기고담』[4], 『동패락송』[5], 『삽교만록』[6], 『학산한언』[7]을 기본 자료로 삼았으며, 해당 작품은 4종[8]의 야담집 소재 이야기 11편[9]이다. 필자가 4종을 텍스트로 정한 근거는

4 『잡기고담』은 '난실만필蘭室漫筆' 또는 '파적록罷寂錄'이라는 서명書名으로도 알려져 있다. 본고에서는 일본 천리대본을 영인한 『한국야담자료집성』 XII를 텍스트로 한다. 『잡기고담』의 작자와 저작연대 및 이본에 대해서는 진재교(1994/1996)의 전게서를 참조하기 바란다.

5 『동패락송』은 일본 천리대본 및 동양문고본, 연세대 및 이화여대, 임형택 소장본 등이 있다. 본고에서는 동양문고본을 영인한 『서벽외사해외수일본』 26을 텍스트로 한다. 『동패락송』의 이본 양상에 대해서는 정명기의 「東稗洛誦 연구」(『원광한문학』 제4집, 원광한문학회, 1991.)를 참조하기 바란다.

6 『삽교만록』은 일본 동양문고본을 영인한 『서벽외사해외수일본』 7을 텍스트로 한다. 『삽교만록』의 판본 및 체제에 관해서는 이명학(1982)의 전게서를 참조하기 바란다.

7 『학산한언』은 한국학중앙연구원 장서각본, 동국대 중앙도서관본, 일본 동경대 아천문고본 등이 있다. 본고에서는 장서각본을 텍스트로 한다. 『학산한언』의 작자 및 이본에 대해서는 김상조의 「鶴山閑言 연구」(『국문학보』 제13집, 제주대 국문과, 1995.)를 참조하기 바란다.

8 4종에서 『잡기고담』과 『동패락송』은 순수 야담집에 속하나, 『삽교만록』과 『학산한언』은 야담 작품이 혼재된 필기집이다. 따라서 『잡기고담』과 『동패락송』은 전체 작품이 야담에 해당되나, 『삽교만록』과 『학산한언』은 야담적 성격이 뚜렷한 작품만 선별하여 살펴본다.

9 본고에서 다룰 야담은 『잡기고담』 소재 〈여협女俠〉〈검기劍技〉〈청원淸寃〉〈면화免禍〉, 『동패락송』 소재 〈묘墓〉〈진안좌수鎭安座首〉, 『삽교만록』 소재 〈검녀劍女〉〈언양彦陽〉, 『학산한언』 소재 〈기승奇僧〉〈심생沈生〉〈전동흘田東屹과 이상진李尙眞〉 등 총 11편이다. 덧붙여 『잡기고담』은 본래 제목이 붙어 있으며, 『동패락송』은 『서벽외사해외수일본』 편집 과정에 붙여진 제목이 있어 그대로 인용

다음과 같다.

첫째, 4종의 야담집이 18세기 대표적인 야담을 수록한 자저自著 형태의 작품집이기 때문이다. 예컨대 전대에 저술된 『어우야담』은 서명書名에 야담이라고 명시했으나 필기의 특징이 두드러지며,[10] 이후 『천예록』도 전란을 소재로 한 신이담神異談 위주로 엮어졌다. 반면 4종의 야담집은 생동하는 인물 형상과 문제적인 사회 현상을 반영하는 작품을 담아내고, 특히 전대 야담을 거의 전승하지 않은 순수 자저自著 형태로, 구연 및 문헌 전승에 기댄 후대 야담집의 편저編著 형태와 뚜렷이 구분된다.

둘째, 4인의 저자가 임방任埅을 중심으로 친인척 또는 특별한 교유 관계를 형성 유지하면서 당대의 야담을 소통 공유했으리라 추측되기 때문이다. 예컨대 그 관계를 살펴보면, 먼저 임매任邁는 임방任埅의 손자이고, 노명흠盧命欽은 홍봉한가洪鳳漢家에서 숙사塾師로 지냈는데, 홍봉한洪鳳漢은 임방任埅의 사위이다. 또 신돈복辛敦復은 평소 임방任埅·임정원任鼎元 부자父子와 친하게 지냈으며, 바로 안석경安錫儆의 외삼촌이다.[11] 이처럼 남다른 친분 관계와 가문 이력 등이 야담의 채록 및 향유에도 영향을 끼친 듯하다.

한다. 또한 『삽교만록』은 『이조한문단편집李朝漢文短篇集』(이우성·임형택 역편)에 붙인 제목을 활용하며, 『학산한언』은 필자가 번역 과정에 붙인 제목이다.

10 『어우야담』은 야담이라는 서명書名이 붙긴 했으나, 실질적으로 야담집이라 규정짓기 어렵다. 그럼에도 초기 야담 형태 작품이 여러 편 실려 있으며, 후대 『천예록』을 견인하는 과정에 있다. 신상필, 「필기의 서사화 양상에 관한 연구-『慵齋叢話』와 『於于野談』을 중심으로」, 성균관대 박사학위논문, 2004.

11 김영진, 「조선후기 사대부의 야담 창작과 향유의 일양상-盧命欽·盧兢 父子와 豊山 洪鳳漢家와의 관계를 중심으로」, 『어문논집』 37집, 고려대 국어국문학연구회, 1998.

야담에서는 다양한 인물군상이 주어진 시대상황에서 여러 사건을 만드는데, 간혹 동일하거나 유사한 화소話素가 서사를 이끌기도 하고 완성시키기도 한다. 여기서 주목할 것은 서로 다른 작품에서 유사 화소가 교착 또는 변개된 양상이다. 미리 언급하자면, 말로써 구연되고 글로써 정착된 야담 특성상, 이는 구연이나 기록 과정에서 발생한 구연자의 단순한 착오 내지는 기록자의 의도된 기술記述이라고 할 수 있다. 그러나 동시대 야담에서 발견되는 유사 화소 교착 및 변개 양상은 아무래도 구연보다 기록에 비중이 쏠리고, 나아가 기록자의 작가적 구기口氣마저 느껴진다.

이제 18세기 야담에서 유사 화소가 교착 또는 변개된 사례를 분석하고, 그러한 양상의 의의 및 서사에 미친 영향을 확인해보자.

2. 18세기 야담의 서사 구성 개괄

이른바 완정한 서사체의 면모를 갖춘 야담의 전성기라고 부를 18세기에는 다양한 야담집이 저작되었다. 전대 『어우야담』이나 『천예록』에서 보이는 몇몇 이야기가 전승된 것[12]을 제외하면 거의 자저自

12 전대 『어우야담』과 『천예록』에서 동일한 작품이 18세기 4종의 야담집에 전승된 경우를 살펴보면, 『잡기고담』과 『삽교만록』에는 전승 작품이 전혀 없다. 반면 『어우야담』은 『동패락송』에 3편(〈청의동자青衣童子〉 〈이좌랑경류李佐郎慶流〉 〈유기장서柳器匠壻〉)과 『학산한언』에 3편(〈신선을 만난 성현成俔〉 〈보주寶珠와 앙화殃禍〉 〈서약봉기일徐藥峰忌日〉)이 전승되었으며, 또 『천예록』은 『동패락송』에 7편(〈두신痘神〉 〈가평교생嘉平校生〉 〈장도령蔣道令〉 〈소설掃雪〉 〈일타홍一朶紅〉 〈완승頑僧〉 〈서약봉기일徐藥峰忌日〉)과 『학산한언』에 1편(〈서약봉기일徐藥峰忌日〉)이 전승되었다.

著 형태의 작품집이다. 특히, 후대로 갈수록 문헌 전승에 기대어 전대 야담을 그대로 수록한 편저編著의 성격이 강한 데 비해, 이 4종은 당대에 구연된 야담을 작자가 직접 수집 채록한 자저의 성격이 뚜렷하다. 게다가 소재 작품은 대부분 별개의 화소話素[13]를 다루지만, 일부 작품은 유사 화소가 교착 및 변개된 형태로 서사가 전개되며, 이는 18세기 야담의 특징이라고 할 수 있다.

18세기 야담의 서사 구성을 살펴보면, 대략 일곱 가지로 정리된다.

첫째, 동일한 화소가 전승傳承[14]된 경우로, 전대 야담집에 실린 이야기가 후대에 그대로 기록된 것이다. 여기에는 하나, 『어우야담』〈홍어洪魚〉⇒『천예록』〈고성향수병화어高城鄉叟病化魚〉. 둘, 『어우야담』〈청의동자靑衣童子〉·〈이경류李慶流〉⇒『동패락송』〈청의동자靑衣童子〉·〈이좌랑경류李佐郎慶流〉. 셋, 『어우야담』〈성현成俔〉⇒『학산한언』〈신선을 만난 성현成俔〉 등이 있다. 주로 전대 야담에서 사람이 물고기로 변하는 이야기를 비롯하여 신숙주申叔舟·이경류李慶流·성현成俔 등 역사적 인물에 관련된 비현실적인 신이담神異談에서 그 사례가 확인된다. 이는 특히 전대 양식인 필기筆記나 전기傳奇에서 찾아볼 수 있는데, 인물과 소재가 동일하게 18세기 야담에 정착된 것이다.

둘째, 유사한 화소가 전승된 경우로, 전후대 야담의 주제나 소재가

13 화소話素란 이야기를 구성하는 독립 요소를 일컬으며, 각 화소는 고유한 내용으로 이루어져 독자적인 생명력을 지닌다. 그런데 같은 화소가 서로 다른 유형의 이야기에서 엇갈려 섞이기도 한다.

14 전승傳承은 전대前代의 문화나 풍속 및 제도 등을 후대後代에 전하여 계승하는 것을 말한다. 야담에서는 동일하거나 유사한 화소를 가지고 각기 동일하거나 유사한 서사가 전개되지만, 전·후대 개념을 기준으로 계승된 흔적이 보이는 경우를 지칭한다.

유사하고 인물이나 사건이 약간 다른 것이다. 여기에는 하나, 『어우야담』〈성산월星山月을 거절한 서생書生〉⇒『잡기고담』〈치농癡儂〉. 둘, 『어우야담』〈강자신姜子愼〉⇒『동패락송』〈상죄償罪〉. 셋, 『어우야담』〈정인지鄭麟趾〉⇒『삽교만록』〈심심당한화深深堂閑話〉 등이 있다. 전대 야담에서 어리석은 행동으로 비웃음을 받는 인물, 과거에 악행을 저질렀다가 속죄하는 인물, 여성의 연정을 거절하여 화를 당한 인물 등의 이야기가 후대에 유사한 야담으로 정착된 것이다.

셋째, 동일한 화소를 전재轉載[15]한 경우로, 같은 이야기가 동시대 야담집에 나란히 실린 것이다. 여기에는 하나, 『천예록』〈기진회수섭폐의忌辰會羞攝弊衣〉⇔『동패락송』·『학산한언』〈서약봉기일徐藥峰忌日〉. 둘, 『동패락송』〈연도戀盜〉⇔『삽교만록』〈연도戀盜〉. 셋, 『삽교만록』〈변사행邊士行〉⇔『학산한언』〈심생沈生〉 등이 있다. 18세기 야담 가운데 자기 제삿날 후손의 꿈에 나타난 서성徐渻을 비롯하여 당대 군도담群盜談과 추노담推奴談에서 그 사례가 발견된다. 이는 인물과 소재는 물론 서사 구성 및 전개 과정이 동일하게 서술된 것이다.

넷째, 유사한 화소를 전재한 경우로, 동시대 야담의 주제나 소재가 유사하지만 인물이나 사건 전개 과정이 약간 다른 것이다. 여기에는 하나, 『천예록』〈지리산로미봉진智異山路迷逢眞〉⇔『동패락송』〈장도령張都令〉. 둘, 『잡기고담』〈천연天緣〉⇔『동패락송』〈해풍군정효준海豊君鄭孝俊〉. 셋, 『동패락송』〈광주경안정생廣州慶安鄭生〉⇔

15 전재轉載는 이미 발표된 문장을 다른 지면紙面에 옮겨 싣는 것을 말한다. 야담에서는 동일하거나 유사한 화소의 이야기가 동시대 작품집에 보이는 경우를 지칭한다.

『학산한언』〈허정許焺〉 등이 있다. 18세기 야담에서 시해尸解하여 신선이 되었다는 인물, 기이한 경험을 하며 배우자를 찾은 인물, 정직하고 충실한 삶에 대한 보답으로 목숨을 구한 인물 등의 이야기가 세부적인 차이를 보이며 유사한 서사 형태로 동시대 야담집에 실린 것이다.

다섯째, 유사한 화소가 교착交錯[16]된 경우로, 동시대 야담집에 실린 이야기의 일부분이 다른 작품집에 뒤섞여 기록된 것이다. 여기에는 하나, 『삽교만록』〈검녀劍女〉=『잡기고담』〈여협女俠〉+〈검기劍技〉=『학산한언』〈기승奇僧〉. 둘, 『동패락송』〈묘墓〉=『잡기고담』〈검기劍技〉+〈청원淸寃〉 등이 있다. 야담의 서사 구성 및 전개는 다르지만, 인물이 처한 상황이나 행동 방식이 부분적으로 겹치면서 새롭게 서사화 된 것이다. 이는 18세기 야담에서 두드러지며, 특히 4종의 야담집에 골고루 담겨 있다.

여섯째, 유사한 화소가 변개變改[17]된 경우로, 동시대 야담의 주제나 소재가 유사하지만 서사의 구성과 전개가 다르게 바뀐 것이다. 여기에는 하나, 『잡기고담』〈면화免禍〉⇔『삽교만록』〈언양彦陽〉. 둘, 『동패락송』〈진안좌수鎭安座首〉⇔『학산한언』〈전동흘田東屹과 이상진李尙眞〉 등이 있다. 18세기 야담 가운데 추노담에서 주인공

16 교착交錯은 여러 가지 요소가 이리저리 엇갈려 뒤섞인 것을 말한다. 야담에서는 동일하거나 유사한 화소의 이야기가 동시대 작품집에 혼재混載된 경우를 지칭한다. 본고에서는 유사한 등장인물과 그 주변 사건을 중심으로 특정 화소가 전체 서사에 삽입 또는 접목된 형태를 가리키며, 이는 4종의 야담집에 두루 보인다.

17 변개變改는 다르게 바꾸고 새롭게 고치는 것을 말한다. 야담에서는 동일하거나 유사한 화소의 이야기가 각 야담집에서 전혀 다른 양상으로 나타난 경우를 지칭한다. 본고에서는 동일한 등장인물을 중심으로 일부 서사가 전개되고, 그에 연계된 주변 사건이 확장 전개되면서 특정 화소가 부록된 형태를 가리키며, 이는 4종의 야담집에 두루 보인다.

이 위기를 모면하는 기발한 방법, 특정 인물의 교유관계와 입신양명 등을 담은 이야기에서 주로 포착된다. 이는 인물과 사건 및 배경 등을 재배치함으로써 새로운 서사를 구성한 것이다.

일곱째, 창작된 화소가 기록된 경우로, 이전 야담집이나 동시대 작품집에 보이지 않는 새로운 이야기를 기록한 것이다. 위 여섯 가지 경우를 제외한 작품이 여기에 해당되며, 이는 18세기 4종의 야담집이 문헌전승에 따른 편저가 아니라 구연전승에 기댄 자저라는 사실을 증명한다.

이처럼 18세기 야담의 서사 구성 양상은 대략 일곱 가지로 정리할 수 있는데, 여기서 동일한 화소가 전승된 경우와 창작된 화소를 기록한 두 경우를 제외하면, 모두 인물과 소재를 재배치하여 서사를 재구성한 것이라고 할 수 있다. 사실 18세기 야담은 거의 구연을 통해 창작된 화소로 이루어지지만, 유사한 화소가 전재되는 과정에서 교착 또는 변개되기도 하는데, 이는 4종의 야담집에 두루 나타나는 현상이다.

필자는 이러한 서사 구성 양상이 구연을 통해 유전되다가 기록을 통해 정착된 야담의 특성이라는 사실을 전제하고, 근원 이야기에서 인물과 소재가 재배치됨으로써 서사에 미친 영향을 유사한 화소가 교착되거나 변개된 사례를 통해 18세기 야담의 서사적 특징을 파악해 보기로 한다.

3. 야담의 유사 화소 교착 및 변개 양상

18세기 야담에서 인물과 소재가 재배치되어 서사화 된 사례는 유사 화소가 교착 및 변개된 작품에서 분명히 포착된다. 먼저 유사 화소가 교착된 경우는 동시대 야담집에 실린 이야기의 일부가 다른 작품에 뒤섞여 기록된 것을 말하는데, 『삽교만록』에 실린 〈검녀劍女〉가 대표적인 작품이다. 이는 『잡기고담』 소재 〈여협女俠〉과 〈검기劍技〉의 화소가 교착되어 있으며, 〈검기〉의 일부 화소는 다시 『학산한언』 소재 〈기승奇僧〉에도 나란히 실려 있다. 또 『동패락송』에 실린 〈묘墓〉는 다시 『잡기고담』 소재 〈검기劍技〉와 〈청원淸冤〉의 화소가 교착된 형태를 보여준다. 이 작품들은 야담의 서사 구성 및 전개는 다르지만, 등장인물이 고난과 역경을 극복하는 소재가 부분적으로 엇갈리고 뒤섞여 새롭게 서사화 된 것이다.

다음 유사 화소가 변개된 경우는 동시대 야담으로 주제나 소재가 비슷하지만 서사의 구성과 전개가 다르게 바뀐 것을 말하는데, 『삽교만록』 소재 〈언양彦陽〉과 『잡기고담』 소재 〈면화免禍〉 및 『학산한언』 소재 〈심생沈生〉이 대표적인 작품이다. 이는 추노 과정에서 주인이 기지를 발휘하여 위기를 모면하는 방법이 부분적으로 다르게 서사화 된 것이다. 또 『동패락송』 소재 〈진안좌수鎭安座首〉와 『학산한언』 소재 〈전동흘田東屹과 이상진李尙眞〉 역시 유사 화소가 변개된 작품으로, 동일 인물이 등장하나 서사 전개 방식을 달리하여 새로운 구성 형태를 보여준다. 이처럼 야담에서 인물과 사건 및 배경 등을 재배치함으로써 새로운 서사로 거듭난 사례는 18세기 4종의 야담집에서 두루 발견된다.

1) 유사 화소 교착 양상 : 고난과 역경을 극복한 이야기

삽교만록 〈검녀〉	=	잡기고담 〈여협〉	+	〈검기〉	=	학산한언 〈기승〉
두 여자		두 자매				
가문의 복수		가족의 복수		양부의 복수		
뛰어난 검술				뛰어난 검술		뛰어난 검술

『삽교만록』에 실린 〈검녀劍女〉[18]는 두 개의 화소를 지닌 작품으로, 『잡기고담』 소재 〈여협女俠〉과 〈검기劍技〉의 내용이 적절히 조화되어 하나의 서사체로 완성된 듯하다. 예컨대 여자와 주인집 아가씨가 가문을 멸족시킨 대상에게 복수하는 내용은 〈여협〉과 유사하며, 소응천蘇凝天[19]을 떠나기에 앞서 여자가 보여주는 검술 시범 장면은 〈검기〉와 흡사하다.

먼저 『삽교만록』에 실린 〈검녀〉를 살펴보자.

> 그 여자가 갑자기 진한 술과 좋은 안주를 갖추어 조용한 밤에 밝은 달빛을 틈타 자기 평생을 털어놓는 것이었다.
>
> "저는 바로 아무개 씨 집의 종이었는데, 마침 주인집 아가씨[娘子]와 같은 해에 태어났으므로 주인집에서 특별히 아가씨에게 주어 일을 시키다가 장차 시집갈 때 교전비轎前婢로 삼도록 했습니다. 겨우 나이 아홉 살에 주인집은 세도가에게 멸족되고, 전원田園도 모두 빼앗

18 〈검녀〉는 안석경安錫儆의 친구 단옹丹翁이 들려준 이야기로, 현재 소응천蘇凝天을 떠나는 검녀의 이야기와 과거에 그녀가 주인집 아가씨와 함께 복수한 이야기로 구성된다. 즉 단옹의 이야기 속에 소응천과 검녀가 등장하고, 그녀의 이야기 속에 다시 주인집 아가씨가 등장하는 전형적인 액자 형식을 취한다.

19 소응천(蘇凝天, 1704-1760) : 조선후기의 문인. 본관은 진주晉州. 호는 춘암春庵이다. 문명文名이 높았으나 벼슬에 뜻을 두지 않고 평생 청빈하게 생활했으며, 저서로 『춘암유고春庵遺稿』가 전한다.

> 기게 되어 다만 아가씨와 유모만 남겨졌습니다. 다른 고을로 도망가 숨었는데, 종으로 따라간 사람은 오직 이 한 몸뿐이었습니다. 아가씨는 겨우 열 살을 넘기면서 저와 모의하여 남장男裝을 하고 먼 곳을 돌아다니며 검사劍師를 찾았습니다. 2년이 지나서야 비로소 스승을 얻어 검술을 배웠고, 5년 만에 비로소 허공을 날아 왕래할 수 있게 되었습니다. 이름난 도회지에서 기예를 팔아 누천금累千金을 얻어 보검 넉 자루를 샀으며, 드디어 원수의 집으로 가서 기예를 펼치게 되었습니다. 달빛을 타고 칼을 휘둘러 칼날에 머리를 베인 사람이 순식간에 수십 명이었으며, 원수 집 내외 식구들이 모두 이미 시뻘겋게 피를 흘리며 죽었습니다."[20]

검녀劍女는 기사奇士인줄 알았던 소응천을 떠나기에 앞서 자기 과거를 털어놓는다. 그녀의 이야기에는 두 여자가 등장하는데, 바로 계집종이었던 자신과 주인집 아가씨다. 검녀는 주인 아가씨의 몸종으로 지내다 교전비轎前婢로 보내질 운명이었으나, 주인집이 화를 당하여 재산마저 다 빼앗긴 채 숨어사는 처지가 되고 만다. 살아남은 두 사람은 가문의 원수를 갚기로 결심하고, 남장男裝을 한 채 검사劍師를 찾아 2년 남짓 떠돌다가, 최고의 스승에게 5년 간 검술을 배워 허공을 날아다닐 경지에 이른다. 그리고 드디어 가문을 멸족시킨 원수를 찾아가 복수의 칼날을 휘두른다.

20 『삽교만록』, 〈劍女〉. 其妾忽具猛酒嘉膳 乘閒夜月明 而自敍其平生曰 身是某氏之婢也 而適與主家娘子 同歲而生 故主家特與娘子而爲使 使爲將來嫁時轎前婢 年僅九歲 而主家爲勢家所滅 田園盡爲所奪 而只餘娘子與乳姆 逃匿他鄕 隷而從者 唯此一身耳 娘子纔踰十歲 而與賤身謀爲男裝 而遠遊求劍師 經二年始得之 學舞劍 五年始 能空飛往來 鬻技於名都會 得累千金 以買四寶劍 乃之讐家 爲將鬻技者 而乘月舞之 飛劍所割 頃刻數十頭 而讐家內外 皆已赫然血斃矣.

여기서 원수를 응징하는 장면은 간략하게 기술되었다. 화禍를 당하고 나서 근 8년 만에 치러진 복수치고는 지나치게 축약된 느낌마저 든다. 그러나 무엇보다 두드러지는 것은 두 여자가 복수를 전후前後하여 보여준 행동이다. 예컨대 검술을 터득한 뒤에는 도회지에서 기예를 팔아 보검을 사들였으며, 원수를 갚은 뒤에는 자결하거나 배우자를 찾아 떠나는 것[21]이다. 특히, 가족과 재산을 모두 잃은 두 여자가 원수를 갚기까지 고난孤難스레 사는 모습에 주목하게 된다.

그들에게는 복수를 도와줄 형제도, 혼인을 주관해줄 친척도 없었다. 오직 두 사람의 힘으로 검사劍師를 찾아 검술을 배우고, 그것을 밑천으로 보검을 마련하며, 또 그것을 빌미로 원수의 집에 찾아간다. 그들이 이름난 도회지에서 자기네 기량을 팔았던 이유는 우선 보검을 사들일 돈이 필요하기도 했지만, 입소문을 통해 원수의 집에도 알려져 두 사람이 자연스럽게 접근하기 위해서이기도 했다. 마침내 두 여자는 달빛 아래 칼날을 휘두르며 순식간에 원수를 응징하고 사라진다.

두 여자가 복수하는 내용은 『잡기고담』 소재 〈여협〉에서도 확인할 수 있다.

21 『삽교만록』, 〈검녀〉. 遂飛舞回來 而娘子沐浴 改爲女服 設酒饍 以復讐告于先墓 而囑賤身曰 吾非吾親之男子 雖生存於世 終非嗣續之重 而男裝八歲 方行千里 縱不汚身於人 寧爲處子之道乎 欲嫁必無所售 使得售 何得稱意之丈夫哉 且吾家單孑 絶無强近之親 誰爲吾主婚者耶 吾卽自刎而伏於此 汝其賣我兩寶劍 而葬于此 使得以微骸 歸于父母之兆 吾無恨矣 汝則人役也 處身之道 與我不同 不可從我而死也 葬我之後 必廣遊國中 而審擇奇士 爲之妻妾也 汝亦有奇志傑氣 豈其甘心低眉於凡子者乎 娘子卽伏劍 賤身賣兩劍 得五百餘金 卽葬娘子而以所餘買土田 使可繼香火.

두 사람이 혀를 차고 눈물을 훔치며 한참 있다가 말하는 것이었다. "여기까지 온 연유를 말씀 드리자니, 비분한 마음이 먼저 격해지고 부끄러운 생각이 또한 심해집니다. 우리 두 사람은 연년생 자매입니다. 저희 어머니는 불행히 병석에서 돌아가셨고, 계모는 형편없는 사람이라 이웃에 사는 교생校生과 사통私通하여 저희 아버지를 독살하고는 간부奸夫와 다른 군郡으로 도망갔습니다. 어리고 불쌍한 저희는 이웃 아주머니에게서 길러졌는데, 조금 자란 뒤에야 그 사실을 알고는 원수와 같은 하늘 아래 사는 것이 무척 부끄럽고, 복수하고 싶은 마음이 아프고 간절했습니다. 경주慶州에 신묘한 검술을 지닌 자가 있다는 말을 듣고 자매가 서로 이끌고 가서 그 기술을 전수 받았습니다. 10년간 배우고 익혀서 이미 그 묘술을 다하여 옛사람이 검술에 따라 사물을 취하는 것도 제법 잘 할 수 있게 되었습니다. 그 때부터 복식을 바꾸고 이름을 숨긴 채 사방을 두루 다니며 원수의 종적을 찾았습니다." ……(중략) …… 정시한丁時翰[22]은 앉아서 아침을 기다렸다가 즉시 종을 시켜 앞 객점에서 지난밤에 무슨 일이 있었는지 알아 오도록 했다. 객점 사람이 분분하게 전하는 말은 다음과 같았다. "어제 저녁에 경사京師에서 온 부인 행차가 있고, 한 장부丈夫가 뒤를 따라와 객점에서 묵었습니다. 닭이 울고 나서 강도 몇 사람이 칼을 차고 갑자기 들이닥쳐 그 남녀를 베고는 두 사람의 머리를 잘라 가버렸습니다. 그런데 다른 사람은 하나도 죽이지 않았고, 재물은 하나도 빼앗지 않았다고 합니다."[23]

22 정시한(丁時翰, 1625-1707) : 조선후기의 문신. 본관은 나주羅州. 자는 군익君翊, 호는 우담愚潭이다. 유일遺逸로 천거되어 관직에 임명되었으나 모두 사퇴했으며, 저서로 『우담집愚潭集』이 전한다.

23 『잡기고담』, 〈女俠〉. 兩人呑聲掩泣者 良久而言曰 欲說來由 悲憤先激 慚惡亦深 我二人是孿生娣妹也 吾母不幸而厄于蓐 繼母無狀 私於隣居校生 毒殺吾父 因與奸夫 逃之他郡 稚藐零丁 育于隣姬 稍長而後知之 羞深戴天 痛切枕干 聞慶州有神於劒技者 娣妹相携往傳其術 十年學習 已盡其妙 古人之摘劒取物 頗亦能之 自是易服藏名 周行四方 以尋求仇人蹤跡 ……(中略)…… 丁坐而待朝

앞서 들은 검녀의 이야기보다 더 애절한 사연이다. 어려서 어머니를 여읜 자매는 아버지를 독살하고 도망친 계모와 간부奸夫를 찾아서 복수하기로 결심한다. 이들 또한 경주慶州에 신묘한 검술을 지닌 사람이 있다[24]는 소문을 듣고 찾아가서 10년간 검술을 배우고 익혀 비법을 전수 받는다. 이후 남장男裝을 하고 이름을 숨긴 채 사방을 떠돌며 원수의 행방을 뒤쫓는다. 오랜 기다림 끝에 드디어 자매는 두 남녀가 원주原州 객점에 투숙했다는 사실을 알고, 마침내 묵은 원한을 설욕한다.

그런데 자매가 10년 세월을 절치부심切齒腐心한 것에 비하면, 여기서도 복수 장면은 아주 간략하게 처리되고, 무엇보다 복수를 전후한 자매의 행적에 관심이 집중된다. 그들은 한밤에 단출한 복장으로 칼을 어루만지며 계획을 점검하고, 도와주겠다는 정시한丁時翰의 제의를 단호히 거절하며, 날이 밝기 전에 갑자기 들이닥쳐 두 남녀의 머리를 단칼에 베어간다. 이는 피살자의 신원이 밝혀지지 않게 함으로써 살인이 자기 부모와 가문에 미치지 않도록 하려는 의도[25]에서

卽使奴探問于前店 去夜有何事 店人紛口傳說曰 昨夕有自京內行 一丈夫隨後宿于店中 鷄鳴時候 强盜數人 挾劍突入 斫其男女 截其首而去 不殺一人 不掠一財云.

24 필자는 이러한 소재를 비롯하여 야담집에 실린 신라 및 경주 관련 이야기를 분석하고, 그 특징을 규명한 바 있다. 이채경, 「야담집 소재 신라 및 경주 이야기 연구－『천예록』, 『잡기고담』, 『동패락송』을 중심으로」, 『신라문화』 제41집, 신라문화연구소, 2013.

25 이는 이야기 속에서 자매가 직접 말한 것이 아니라, 『잡기고담』의 저자 임매任邁가 〈여협〉의 평어評語에서 모든 정황을 추측하여 내린 결론이다. "曰 此尤可見其誠孝之至也 殺人之獄 必有檢驗 不檢驗則不成獄 不成獄則不償命 苟爲告官 則雖有明師士 不得不按例檢驗 其父之死已久矣 拔塚破棺 使其已朽之骨 更受灰淋醋洗酷 則是無異重罹刑戮也 孝子之心 其可忍乎 不如是 則將無以決仇人之腹

였다. 또 다른 누구도 해치지 않고 재물은 조금도 빼앗지 않았다는 점에서 치밀하고 과감한 응징임을 확인할 수 있다.

그런데 〈검녀〉와 〈여협〉의 복수담은 목표[복수]를 성취한 결과보다는 그것을 향해 나아가는 과정에 서사의 초점이 맞춰져 있다. 다시 말해 그들이 가문과 부모의 원수에게 칼날을 들이대는 순간보다는 복수를 결심하고 계획을 실천해가는 지난한 과정이 상세히 기술되어 있는 것이다. 인물과 사연은 각기 다르게 설정되었으나, 복수의 요인과 성취 과정에서 절박함과 긴박감이 느껴진다. 그리고 현재 시점에서 또 다른 서사가 전개된다.

그들은 개인적인 복수를 단행하기 위해 유명한 검객을 찾아가서 검술을 배운다. 검기는 그저 부모와 가문의 원수를 갚을 정도면 충분했을 테지만, 시간이 지날수록 갈고 닦은 기예는 절등한 경지에 이르렀고, 이후 자기네 검술을 시범하는 장면에서 보는 이로 하여금 정신을 잃게 만든다.

먼저 『삽교만록』에서 검녀의 검술이 얼마나 뛰어난지 확인해보자.

> 이미 얼큰하게 취하자, 행장에서 푸른 두건에 붉은 비단 윗도리 그리고 누런 수가 놓인 띠, 흰 비단 바지, 무늬진 물소 가죽신, 번뜩이는 연화검蓮花劍 한 쌍을 꺼냈다. 여자는 치마저고리를 모두 벗고 단출한 옷으로 갈아입고는 두 번 절하고 일어났다.
>
> 사뿐히 가벼운 제비처럼 움직이더니, 별안간 칼이 날자 몸을 솟구쳐 칼을 옆구리에 끼었다. 처음에는 사방으로 흩어져 꽃잎이 떨어지고 얼음이 부서지는 듯하더니, 중간에는 둥글게 뭉쳐서 눈보라가 치고 번개

而窮天之寃 無時而可洩也 孝心於此 誠可難處矣 其不自爲首者 亦不欲家醜之外揚也 其自言曰 事若發露 惟當獨死 固已拚一命矣 彼豈畏死者哉."

> 가 치는 듯하다가, 마지막에는 훨훨 비상하여 고니가 날아오르고 두루미가 날아오르는 듯했다. 사람은 보이지 않고, 또한 칼이 어디서 오는지도 보이지 않았다. 다만 단 줄기 흰 빛이 동쪽에서 두드리고 서쪽에서 부딪치며 남쪽에서 번쩍이고 북쪽에서 번뜩이는 듯하면서 휙휙 바람이 일고 싸늘한 빛이 하늘을 얼어붙게 했다. 갑자기 고함 소리가 한 번 들리고 쩍하며 뜰의 나무가 갈라지더니, 칼이 던져지고 사람이 우뚝 섰으며, 남겨진 칼 빛과 남은 기운이 차갑게 끼쳐왔다.
>
> 소응천은 처음에는 오히려 꿋꿋이 앉아 있었으나, 중간에는 손발이 떨리고 몸이 오그라들었으며, 나중에는 무너지듯 쓰러져서 거의 사태를 살피지 못했다. 그녀는 칼을 거두고 옷을 갈아입고는 술을 데워 기쁨을 살렸으며, 소응천은 이윽고 정신을 차렸다.[26]

그녀는 어려서 팔도를 떠돌며 찾은 스승에게 검술을 배우고 익혀 비로소 허공을 날아다니게 된다. 그처럼 뛰어난 기예를 팔아 보검을 손에 넣기까지 또 검술을 갈고 닦아 최고 경지에 이른다. 그런 그녀의 기량은 소응천蘇凝天을 만나 살면서 수년 간 묵혀두었지만 전혀 녹슬지 않았다. 처음에는 꽃잎이 떨어지고 얼음이 부서지듯 조용히 시작되나, 점점 눈보라가 휘날리고 번개가 치는 듯 거세지더니, 나중에는 고니와 두루미가 날아오르듯 허공에서 싸늘한 빛과 바람을 가르는 소리만 들린다. 특히, 그녀는 완벽한 복장에 연화검蓮花劍 한

26 『삽교만록』, 〈검녀〉. 旣酣暢而發其裝 青氈巾 紅錦衣 黃繡帶 白綾袴 斑犀鞾 皎然蓮花劍一雙 渾脫女襦裳 而改服單束 再拜而起 翩然若輕燕 而瞥然騰劍 竦身挾之 始也四撒 花零氷碎 中焉團結 雪滾電鑠 末乃翱翔鵠擧鶴翥 不可見人 而亦無由見劍 秪見一段白光 撞東觸西 閃南掣北 而颯颯生風 寒色凍天 俄叫一聲 砉然割庭柯 而劍擲人立 餘光剩氣 冷逼於人 凝天初猶堅坐 已而顫縮 終則頹仆 殆不省事矣 其女收劍更衣 煖酒爲懽 凝天乃得蘇.

쌍을 든 전형적인 검녀의 모습을 보여준다.

검녀의 뛰어난 검술은 무엇보다 소응천의 반응을 통해 여실히 드러난다. 그는 처음에 술기운을 빌려 꿋꿋이 앉아 버틸 수 있었으나, 차츰 기세를 몰아가는 기예를 보고는 손발이 떨리고 몸이 오그라들어 꼼짝할 수 없으며, 나중에는 그 기세에 눌려 거의 인사불성이 되고 만다. 보통 사람의 담력과 정신으로는 감히 제대로 바라볼 수 없을 만큼 빼어난 검술에 기사奇士로 알려진 그도 옴짝달싹 못하고 얼어붙었다가 그녀가 비로소 칼을 거두고 따뜻한 술로 자축한 뒤에야 제정신을 차린다.

이제 『잡기고담』에서 종실宗室 공자公子가 보여주는 기량을 확인해보자.

> 주인은 곧 술을 가져오라 명했고, 한 계집종이 붉은 칠한 소반에 그림이 그려진 주발을 받들고 보랏빛 술을 가득 따라 올려 한 번에 다 마셔버렸다. 당시 주인은 아랫목에 앉아 있고, 몇몇 손님이 좌우로 구석에 앉아 있었으며, 주발을 받들던 계집종 또한 그가 하는 것을 보려고 집밖에 서 있었다.
>
> 이윽고 옷을 걷어 올리고 칼을 뽑아 두 손에 잡고는 천천히 움직이자, 칼날이 번뜩이며 달구어졌다. 처음에는 유성流星이 꼬리를 끄는 듯하더니, 점점 달빛이 갈라지고 기울어지는 듯하다가, 검세劍勢가 재빨리 한 바퀴 돌고 나서는 차가운 빛이 온 방을 두루 비추었다. 찬바람이 휙 불고 찬 기운이 사람에게 끼치자, 모두 두려워하며 집밖으로 흩어져 나갔다. 잠깐 사이에 갑자기 그 사람은 보이지 않고 다만 한 길이나 되는 은 항아리가 집과 처마 사이에서 회전했다. 보랏빛 번개가 여러 줄기 오르내리고, 번뜩이는 빛 무리가 사방에 가득하니, 모두 얼굴을 마주하고도 서로 보이지 않았다. 꼼짝없이 한 구석에 서서 벌벌 떨며 감히 숨

> 조차 쉬지 못하는데, 갑자기 쇠 소리가 쟁쟁하게 들리더니, 주발을 받들던 계집종이 급하게 한 번 고함을 질렀고, 모두 더욱 놀라 그것이 쪼개졌다고 여겼다. 그러고 나서 또 회전하여 뜰에 내려와, 뜰 가에 큰 배나무가 있어 촘촘한 잎사귀가 막 펴지고 있는데, 갑자기 몸을 숨기고 감추어 오직 나뭇가지가 바람에 흔들리는 것만 보여서 마치 질풍疾風을 받은 것 같았다.
>
> 이때를 당하여 하늘과 땅이 굽어보고 올려다보니 풀과 나무가 쪼개져 쓰러졌다. 마치 바람, 천둥, 번개, 우박이 일시에 몰려온 듯 구름이 드리우고 안개가 둘러싸서 몸이 벌벌 떨리고 마음에 후회스러웠다. 갑자기 구름이 사라지고 날이 개어 하늘이 맑고 햇볕이 밝아졌는데, 그 사람은 이미 집 가장자리에 앉아 있었다.[27]

그야말로 신기神技에 가까운 검술이다. 공자가 자리에서 일어나 옷자락을 걷고 칼을 뽑아 들었을 뿐인데, 구경꾼들은 이미 숨조차 쉴 수 없을 만큼 긴장감에 휩싸이고 만다. 드디어 유성이 꼬리를 끌며 사라지듯 천천히 움직이던 칼끝은 점차 기세를 더해 온방에 싸늘한 빛과 찬 기운을 몰고 와 사람들을 집밖으로 끌어낸다. 그리고 어둠속에서 은 항아리처럼 둥글게 원을 그리다가 상하좌우에서 번뜩이

27 『잡기고담』, 〈劍技〉. 主人卽命酒 一叉鬟以朱柒盤 捧畵瓷甌 滿斟紫酒以進 一飮而盡 時主人坐于奧 數客左右隅坐 捧甌叉鬟 亦立于軒外 以觀其所爲 乃揭衣發劒 握之兩手 徐徐運動 劒花閃鑠 初如流星洩芒 漸如隙月斜明 旣已劒勢轉急一圉 寒光遍照一室 而陰風颯颯 冷氣逼人 衆皆悚然 迸出戶外 俄頃之間 倏失其人 而但一丈銀瓮轉於堂室軒廡之間 紫電百道上下 揮霍光彙四塞 衆皆對面不相見 東立一隅 戰慄不敢息 忽聞鐵聲錚然 而捧甌叉鬟 急叫一聲 衆益驚駭謂其被斫也 旣又轉下庭除 庭畔有大梨樹 密葉方敷 倏然隱藏 唯見枝梢搖颺 若受疾風者 當此之時 天地低仰 草樹披靡 有若風霆雷雹 一時駈至 雲垂霧匝 震盪悔眞也 俄然開霽 天淸日朗 而其人已坐軒端.

며 사람들을 구석으로 몰아 벌벌 떨게 만든다.

일순간 부딪치는 쇳소리에 이어 들리는 계집종의 외마디 비명은 서로 얼굴조차 볼 수 없는 지경에서 공포심과 경이로움을 더한다. 시각視覺이 철저히 배제된 상황에서 청각聽覺에 의지할 수밖에 없는 구경꾼에게 일순간 짧게 들리는 소리는 두려움과 놀라움 그 자체다. 아니나 다를까 술상으로 쓰였던 붉은 소반과 주발은 두 동강이 나고, 술상을 내왔던 계집종은 머리카락이 잘리고 옷이 찢어졌으며, 뜰에 있던 배나무는 잎이 모두 떨어져 앙상한 가지만 남아 있다. 그렇게 검술 시범이 끝나자, 사람들은 가슴을 쓸어내리고 혀를 내두르며 신묘神妙한 검술을 칭찬하지 않을 수 없다.

공자는 왜국에서 검술을 익힌 지 오래고, 조선으로 돌아와서는 칼을 뽑아본 기억조차 없다. 게다가 이제는 늙어서 숨결마저 가쁜 처지라 기량을 최대한 발휘하지 못했다고 탄식한다. 그럼에도 불구하고 구경꾼은 한광寒光과 냉기冷氣 때문에 집밖으로 내몰렸다가 어둠과 두려움 때문에 다시 묶인 듯 숨죽여야 했다. 이후 갑자기 들려온 부딪치는 쇳소리와 외마디 비명은 긴장과 전율의 절정을 보여주며, 사람들은 최고의 검술과 극한의 공포에 사로잡혀 정신을 잃을 지경이다.

이러한 대목은 『학산한언』 소재 〈기승奇僧〉[28]에도 보인다.

---

28 18세기 전후에 동일한 인물과 사건을 다룬 일부 작품은 각기 전傳과 야담으로 저술되었다. 이러한 경우로는 오도일吳道一의 〈설생전薛生傳〉과 『학산한언』 소재 〈설생薛生〉, 신광수申光洙의 〈검승전劒僧傳〉과 『학산한언』 소재 〈기승奇僧〉, 서형수徐瀅修의 〈우온전禹媼傳〉과 『동패락송』 소재 〈조보朝報〉 등이 있다. 세 야담은 모두 전대 양식인 전傳을 활용하여 서사를 구성했으며, 예컨대 전傳의 인정기술과 논찬이 야담에서 근원 이야기와 평어로 남겨졌다.

이튿날 노승은 맹공孟公(孟冑瑞—필자 주)을 맞이하여 한 곳에 이르렀다. 그곳에는 잣나무가 한 그루 있었는데, 크기는 열 아름이나 되고, 위로는 하늘에 닿았다. 노승이 소매에서 두 개의 물건을 꺼내는데, 공처럼 둥근 것이 끈으로 단단히 묶여 있었으며, 끈을 풀고 나서 보니 두 개의 쇳덩이였다. 주먹처럼 말린 것을 손으로 평평하게 펼치니, 몇 자[尺] 되는 시퍼런 칼날이 싸늘한 가을 물처럼 빛났고, 말린 것을 펼치자 종잇장 같았다.

노승은 쌍검을 잡고 일어나 춤을 추었다. 처음에는 머리를 움직이며 굽어보고 올려다보는 모양이 자못 느렸다. 조금 뒤에는 점차 빨라지면서 휘두르는 칼날에 바람이 일었다. 한참 뒤에는 솟아올라 회오리바람처럼 떠다니며 공중에 선 채로 빙글빙글 돌면서 왔다 갔다 하는 것이었다. 이윽고 다만 하나의 은 항아리가 잣나무의 층층 잎 사이로 나타났다 사라졌다 하며 번갯불을 끌어온 듯 번쩍이다 녹아내리고, 갑자기 길어졌다 갑자기 짧아졌다 하며 바위 골짜기에 스며들어 비치기도 하여 온통 서리와 눈으로 뒤덮인 듯한데, 잣잎이 어지럽게 비처럼 날리며 떨어졌다.

맹공은 애가 타고 넋이 나가 똑바로 쳐다볼 수조차 없었다. 그 잣잎은 대부분 마디마디 끊어지고, 나뭇가지는 절반가량 베어졌다. 한참 만에 노승이 바야흐로 몸을 던져 아래로 내려와 나무 아래에 섰다.[29]

금강산 암자에 거처하는 노승이 스승의 재齋를 지내며 통곡하는

29 『학산한언』, 〈奇僧〉. 翌日 邀孟公至一處 有一栢樹 大可十圓 上干雲霄 僧袖出兩物 團圓如毬 用繩堅縛 去繩訖見 兩個鐵塊 卷帖如拳 以手平展 則數尺霜刃光如秋水 而卷舒呂紙 僧把雙劒起舞 始也 顚動低昻頗遲 俄而 漸見迅疾 揮霍風生 久之 騰湧飄浮 立在室中 盤旋去來 已而只見一個銀瓮 出沒於栢樹層葉之間 掣電閃鑠 倏長倏短 襲映岩壑 遍是霜雪 栢葉紛紛 飛落如雨 孟公神惙魄懔 不能正視 其栢葉多寸斷 而樹枝半童矣 良久 僧方投下 立於樹下.

사연을 들려준다. 그는 임진왜란壬辰倭亂 이전 조선에 건너온 왜국 첩자들 중 한 사람으로, 어느 날 자기네가 죽이려던 선비에게 도리어 붙잡힌다. 이후 첩자들은 선비를 스승으로 모시며 검술을 전수 받고 나서 모의하여 스승을 살해한다. 그는 사제師弟의 의리를 저버린 일행을 징치하고 승려가 된 것이다. 생전에 스승에게 전수 받은 검술은 오랜 세월이 흘러 늙고 병들어 기량을 제대로 발휘하지 못해도 보는 이를 전율케 한다.

처음에는 느리게 움직이며 조용히 온몸을 풀고, 점차 움직임이 빨라지면서 휘두르는 칼날에서 바람이 일더니, 한참 뒤에는 회오리바람처럼 재빠르고 차갑게 허공을 가르며 날아다닌다. 어느새 노승의 형체는 사라지고, 서릿발 같은 칼날이 번뜩이는 모습만 보인다. 그것은 크게 원을 그리며 잣나무의 층층 잎 사이로 나타났다 사라졌다 하면서 번갯불처럼 번쩍이기도 하고, 갑자기 길어졌다 짧아지기도 하여 눈을 현란하게 만들고 마음을 산란하게 만든다. 이윽고 가느다란 잣잎이 비처럼 떨어지며 검술 시범은 끝난다.

이처럼 유사 화소가 교착된 양상은 동시대 여타 야담에서도 보인다. 『동패락송』에 실린 〈묘墓〉 역시 두 개의 화소를 지닌 작품으로, 왜국에 포로가 되었다가 생환生還한 이야기와 신체상 특징으로 헤어졌던 가족과 재회하는 이야기를 담고 있다.

동패락송 〈묘〉	=	잡기고담 〈검기〉	+	〈청원〉
왜장 양자		왜장 양자		
환국		환국		
아랫배 북두칠성				아랫배 화상흉터

임병양란壬丙兩亂을 겪으면서 조선 팔도는 황폐해지고 민심은 피폐해졌다. 가족을 잃고 집을 떠나 전국을 떠도는 사람이 있는가 하면, 심지어 외적에게 붙잡혀 죽음을 당하거나 타국에 포로로 끌려간 사람도 있었다. 18세기 야담에는 왜적의 포로가 되었다가 살아 돌아온 인물이 자주 등장한다. 그 가운데 『동패락송』에 실린 〈묘墓〉는 『잡기고담』 소재 〈검기劍技〉와 유사한 상황에서 왜국으로 끌려갔다 생환한 이야기다. 그들이 왜국에서 어떻게 생활했으며, 어떤 과정을 통해 환국했는지 살펴보자.

먼저 『동패락송』에 실린 〈묘〉이다.

> 당시 막내가 장차 목이 베어지려는데, 왜장 한 사람이 그 외모가 아름다운 것을 사랑하여 구원해 죽음을 면하게 해주었다. 이윽고 양아들이라고 부르며 좌우에 끌고 다니면서 무척 귀여워했는데, 본국[倭]으로 데리고 돌아가 머무른 지 10년이나 되었다. 왜국에서는 약속하기를, 다른 나라 사람의 재주를 시험하는 과거를 10년에 한 번 실시하여 합격하지 못하면 죽였다. 그 사람은 그 시험에 낙방했으나, 이른바 양아버지 왜장이 구해주어 죽음을 면할 수 있었다. 또 10년 만에 시험에 응시했으나, 또 시험에 합격하지 못하여 장차 죽음을 당할 즈음에 왜국의 대사大師 고승高僧이 그의 사면을 청하여 상좌로 삼았다.
>
> 드디어 불문佛門에 의탁하여 또 장차 10년이 되었다. 고승이 병들어 죽음을 앞두고 그 사람에게 소원을 물으니, 본국[朝鮮]으로 돌아가고 싶다고 말했다. 고승은 이에 주현州縣 연로의 여러 고을 및 포구나 항구를 통과하는 문서를 주어 금지하지 말고 호송해 주도록 했다.[30]

30 『동패락송』, 〈墓〉. 時將斬季也 倭帥一人 愛其貌美 救而免之 仍號爲養子 提挈左右 甚加撫愛 携歸本國 留至十年 倭中約束 他國人試才之科 十年一設 不中試則殺之 此人漏於其試 所謂養父倭 救而得免 又十年赴試才科 又不中試 將殺

경성京城의 삼형제는 막내가 장가들어 처가에 있을 때 임진왜란을 만난다. 두 형은 막내에게 집으로 돌아와 함께 피란을 가자고 권유하나, 막내는 차일피일 미루다가 마지못해 아내와 헤어져 떠나온다. 그렇게 눈물을 흘리며 생이별한 이후 삼형제는 왜병에게 붙잡혀 두 형은 참수되고, 막내는 왜장의 눈에 띄어 겨우 목숨을 건진다. 왜장은 그를 양자養子로 삼아 왜국에 데려가지만, 그는 시험에서 두 차례 낙방함으로써 위기에 직면한다. 그러나 한 번은 왜장의 도움으로 죽음을 면하고, 또 한 번은 고승高僧의 사면 요청으로 목숨을 부지하여 불문에 의탁한다. 우여곡절 끝에 막내는 조선으로 되돌아온다.

이처럼 임진왜란 때 포로가 되어 왜국에 끌려갔다가 되돌아오는 인물은 『잡기고담』 소재 〈검기〉에도 등장한다.

> 임진왜란 때 어떤 종실宗室 공자公子가 왜진倭陣에 포로가 되었는데, 남녀 수백 명도 사로잡혀 잇달아 목이 잘렸다. 종실 공자는 나이가 막 열 살 남짓하고, 용모가 예쁘장했다. 차례대로 장차 참수되려는데, 곁에 있던 한 왜장이 갑자기 앞으로 나서며 칼을 붙잡으며 말했다. "잠시 멈추시오. 이 아이는 사랑스러우니, 아들이 없는 내가 데려다가 아들로 삼을까 합니다." 그 왜군이 허락해주어 이윽고 데려다가 진영에 두었다. 뒤에 마침내 왜국으로 데리고 들어가 집에서 키우며 서로 '부자父子'라고 부르면서 친 자식처럼 귀여워했다. ……(중략)…… 몇 년 뒤에 검술을 가르쳤는데, 정성껏 지도하여 익힌 지 10년 남짓하여 기예가 완성되었다. ……(중략)…… 공자가 땅에 엎드려 청하여 말하는 것이었다. "다만 저를 본국[朝鮮]으로 돌아가게 해주십시오." 왜장이 멍해져서 잠

之際 倭中大師高僧 請免其死 以爲闍梨 遂寄空門 又將十年 高僧病將死 問此人以所欲 則願還本國 高僧乃行關於沿路 州縣乘障津梁 使勿禁而護送之.

시 있다가 말했다. "네가 이미 내 말을 따랐는데, 내가 어찌 네 소원을 따르지 않겠느냐?" 드디어 그의 환국을 허락했다. 헤어질 무렵에 부둥켜안고 눈물을 흘리며 차마 서로 떨어지지 못했다.[31]

종실 공자 역시 왜적에게 붙잡혀 죽음에 직면하지만, 다행히 왜장의 눈에 띄어 목숨을 보전한다. 왜장은 공자를 양자로 삼아 왜국에 데려가서 친자식처럼 키우며 10년간 검술을 가르쳐 기예를 완성시킨다. 그러고 나서 자기 대신 원수를 갚아달라고 부탁하며, 공자는 마침내 결전決戰을 치르고 원수의 목을 베어 돌아온다. 이후 왜장은 은혜에 보답하기 위해 온갖 물질공세를 펼치나, 공자는 한사코 거절하고 수십 년 만에 조선으로 되돌아온다.

이제 조선으로 돌아온 막내가 가족과 재회하는 상황을 〈묘〉에서 살펴보자.

대부인大夫人이 말했다. "이 두 가지 일은 이미 조정에서도 유명하여 성상께서도 유복자가 현달함을 기뻐하시고, 아울러 그 어미를 기특하게 여기셔서 '목단을 꺾어 머리에 꽂다[牧丹揷其笄]'는 것을 제목으로 삼아 신료臣僚들로 하여금 글을 지어 올리도록 명하셨습니다. 네가 혹 경사京師를 지나갈 때 들었을지도 모르니, 이것은 믿을 만한 증거로 부족합니다. 내 숨겨진 곳에 아무도 모르는 표시를 지목하면 가장 믿을 만하겠

31 『잡기고담』, 〈劒技〉. 龍蛇之亂 有宗室子被掠於倭陣 以所俘男女數百人 連頸斬折 宗室子年方十餘 容貌娟秀 次將受劒 在傍一將倭 突前挽住其劒曰 且止此兒可愛 我無子 願丐我爲子 其倭許之 乃率置陣 後竟携入蠻中 育于家 相呼爲父子 撫愛如親生 ……(中略)…… 數年後 教以劒術 盡誠指導 習之十餘年而藝成 ……(中略)…… 伏地而請曰 只願歸身本國 將倭憮然 有間曰 汝旣從吾言 吾何不從汝 遂許其還 臨分 抱持涕泣 不忍相捨.

지만.” 중이 오래도록 머뭇거리다가 이윽고 말하는 것이었다. “내 처는 아랫배 밑으로 검은 점 일곱 개가 뽀얀 피부에 옆으로 박혀 있습니다. 같이 이불을 덮고 어루만질 때면 장난삼아 ‘북두칠성’이라고 했습니다.”

대부인은 말이 끝나기도 전에 주렴을 걷고 뛰어나가 곧장 앞으로 나가 중을 안고 구르며 대성통곡하며 말했다. “이 사람은 바로 내 지아비다. 이 사람은 바로 내 지아비다. 천 번 만 번 명백하다. 하늘이시여, 하늘이시여! 기이한 우연이구나, 기이한 우연이야.”[32]

전란으로 인해 고향에는 온전한 것이 하나도 없고, 본가는 흔적도 없이 부서졌다. 사고무친四顧無親에 방황하던 그는 선친의 묘소를 살펴보러 갔다가 낯선 봉분과 영롱한 비석에 웅장한 재실齋室을 보고 절망한다. 그런데 비문碑文을 보니 선친과 자신의 묘라고 씌어 있으며, 유복자는 평양감사가 되었다고 적혀 있다. 이후 막내는 평양감영으로 아들을 찾아가지만, 가족을 만나기는커녕 복장 때문에 왜승倭僧으로 간주되어 쫓겨나는 등 곤욕을 치른다.

결국 막내 부부는 절망 속에서 기발한 방법으로 상대를 확인한다. 남편이 살아있을지도 모른다는 희망을 지녔던 아내가 부부만이 아는 신체적 특징에 대해 묻자, 막내는 아내의 아랫배에 일곱 개의 까만 점이 있으며, 그것을 ‘북두칠성’이라 부르며 어루만지곤 했다고 대답한다. 이를 계기로 마침내 부부는 서로를 확인하고 해후하는데, 이처럼 헤어졌던 가족이 신체적 특징으로 상대를 확인하는 것은 다른 장

32 『동패락송』, 〈墓〉. 大夫人曰 此二事已有名於朝廷 聖上亦喜遺腹子之顯達 幷奇其母 以牧丹揷其笄命題 使臣僚製進 汝或聞之於歷過京師時 以此不足信驗 莫如指吾幽暗處 隱表之爲可信也 僧趦趄良久 乃曰 吾妻小腹下 有七點黑子 橫於肥膚 同裯撫摩時 戱以爲北斗七星矣 大夫人聽未畢 撤簾突出 直前抱僧 宛轉大哭曰 此是吾夫 此是吾夫 千明萬白 天乎天乎 奇遇奇遇.

르의 이야기에도 등장한다.[33]

신체적 특징을 이용하여 진실을 밝히는 내용은 〈청원〉에서도 보인다.

> 형관이 장차 형장을 치고 추궁하여 자복을 받아내려 하자, 과부가 형관刑官에게 고하여 말했다. "천한 제가 한 마디 은밀히 여쭐 것이 있사오니, 청컨대 좌우를 물리쳐 주십시오." 아전들이 모두 물러가자, 관청 앞으로 나아가 서서 낮은 목소리로 고하는 것이었다. "천한 저는 어렸을 때 화롯불에 데어서 아랫배 불두덩 사이에 화상 흉터가 손바닥만한 크기로 있는데, 과연 사통한 적이 있다면 저놈이 어찌 알지 못하겠습니까? 청컨대 이것을 가지고 캐물어 보십시오." 형관이 곧 머슴을 불러서 물어 보았다. "저 과부의 몸 은밀한 곳에 징험할 만한 표식이 있지 않느냐?" 머슴이 고개를 들고 대답했다. "어찌 그 표식을 모르겠습니까? 그 아랫배 근처 은밀한 곳에 큰 흉터가 있는데, 소인이 항상 어루만지면서 물으면 '어렸을 때 불에 덴 자국'이라고 대답하곤 했습니다."
>
> 그러자 과부가 즉시 일어서서 치마를 벗고 몸을 드러낸 채 말했다. "천한 제가 이제는 죽어도 결백한 귀신이 될 수 있겠습니다."[34]

---

33 조위한趙緯韓의 〈최척전崔陟傳〉에서는 최척崔陟과 맏아들 몽석夢釋이 지리산 연곡燕谷에서 헤어진 이후, 각자 누르하치[奴酋] 진영에 포로로 잡혀 있다가 조선말 때문에 서로 눈치를 채고, 결국 최척이 몽석의 등에 있는 붉은 점을 확인하면서 부자父子가 재회한다. 필자는 〈최척전〉의 배경인 '중국/일본/안남'에 나타난 지역적 의미를 연구 발표한 바 있다. 이채경, 「〈최척전〉에서의 동아시아 인식–배경 및 형상화를 중심으로」, 『국제언어문학』 제18호, 국제언어문학회, 2008.

34 『잡기고담』, 〈淸寃〉. 刑官將杖問取服 婦告于刑官曰 賤妾有一言密訴者 請屛左右 衙役旣退 進立廳前 低聲告曰 賤妾幼時 癈于爐炭 小腹下橫紋之間 火瘡瘢痕 大如手掌 果若有私 彼豈容不知 請以此詰之 刑官卽召傭 問曰 彼婦身上隱處 有標可驗否 傭昂然對曰 豈無其標 其腹下近私處 有大瘢痕 小人常摩弄而問之 則答云 幼時火灼 婦卽時起立 脫褌裸體曰 賤妾自此死 得爲潔白鬼矣.

양가良家의 과부에게 흑심을 품고 그녀를 무고誣告하여 재산을 빼앗으려는 용고傭雇의 모함은 치밀하고 계산적이다. 과부를 정성껏 받들고 은밀히 대하여 이웃사람들이 두 남녀의 관계를 의심하게 만든 이후, 그녀가 자신과 사통私通하다가 배신했다며 그녀를 관가에 고발한다. 그녀는 음녀淫女로 몰려 결백을 증명할 도리가 없었으나, 꾀를 내어 거짓으로 불두덩에 있는 커다란 화상 흉터를 찾아 밝히라고 제의한다. 제 꾀에 넘어간 용고는 몰래 알아낸 거짓 흉터를 말하지만, 결국 과부는 신체의 특징을 빌미로 그의 모함에서 벗어나고 억울함을 설욕한다.

두 이야기에서는 숨겨진 신체적 특징을 이용하여 가족을 되찾거나 억울한 송사訟事에서 진실을 밝힌다. 막내의 목숨을 살려준 것은 신혼에 보았던 검은 점 일곱 개로, 부부만이 공유한 신체의 비밀이 드러남으로써 행복한 결말을 맞는다. 또 과부의 명예를 되찾게 해준 것은 거짓 화상 흉터로, 사통한 남녀 사이에만 공유할 수 있는 증거가 조작됨으로써 도리어 진실이 밝혀진다. 요컨대 두 작품은 구체적인 상황과 증거를 찾는 방법에서 차이가 나지만, 사실이 드러나고 진실이 밝혀지는 과정에서 내밀한 사이에만 알 수 있는 신체상 특징이 주요하게 작용한다.

이상으로 유사 화소 교착 양상은 주로 야담 속 등장인물이 온갖 고난과 역경을 극복하는 이야기에서 보이며, 구연자나 기록자는 이를 통해 흥미롭고 다양한 서사를 구성했다. 그러면 이제 세태와 인물에 주목한 이야기에서 나타난 유사 화소 변개 양상을 살펴보며 어떠한 서사 구성과 특징을 보이는지 확인해보자.

2) 유사 화소 변개 양상 : 세태와 인물에 주목한 이야기

삽교만록 〈언양〉	≠	잡기고담 〈면화〉	≠	학산한언 〈심생〉
추노에서 위험		추노에서 위험		추노에서 위험
기지 발휘		기지 발휘		기지 발휘
대년大年		휘흠徽欽		희생

18세기 야담에는 가난한 주인과 도망친 반노叛奴가 대립하는 추노 사건을 소재로 한 이야기가 많다. 그 가운데 『삽교만록』 소재 〈언양彦陽〉과 『잡기고담』 소재 〈면화免禍〉는 유사한 화소가 변개된 작품으로, 노비에게 신공身貢을 받으러 떠난 주인이 위험에 처했다가 기지機智를 발휘하여 위기에서 벗어난 이야기를 담고 있다. 이밖에도 『삽교만록』 소재 〈변사행邊士行〉과 『학산한언』 소재 〈심생沈生〉[35]은 주인이 노비에게 살해될 위기에 처한 상황은 같지만, 그 대처 방법에서 다른 양상을 보여주는 작품이다.

먼저 『삽교만록』 소재 〈언양〉을 살펴보자.

> 조태억趙泰億이 경상감사가 되어 지방을 순시할 때였다. 언양彦陽에 도착해서 객관에 앉아 공사公事를 듣고 있는데, 객관 담장 밖에서 어떤 사람이 큰소리로 다급하게 부르는 것이었다. "대년大年이, 대년大年이! 내가 여기서 혼금閽禁에 걸려 들어가지 못하고 있으니, 어떻게 하나?" 대년大年이란 조태억의 자字였다. 그러자 조태억이 곧 응하여 말했다. "자네는 왜 이렇게 늦게 오나? 내가 방금 자네를 고대하던 중일세. 자네

35 『삽교만록』 소재 〈변사행邊士行〉과 『학산한언』 소재 〈심생沈生〉은 동일한 화소가 전재된 작품이나, 여기서는 유사 화소가 변개된 작품인 『삽교만록』 소재 〈언양〉과 『잡기고담』소재 〈면화〉의 서사와 비교 분석하기 위해 활용키로 한다.

는 어서 들어오게." 즉시 예방禮房을 보내 맞아들였다. 그 사람이 들어오자, 곧 끌어당겨 옆에 앉히고는 팔을 잡고 정답게 말을 주고받았다. 그 사람 또한 조금도 주저하지 않고 큰소리로 웃으며 너나들이를 했다. 감사는 고을 아전들에게 명하여 성찬盛饌으로 대접했다.[36]

평소 일면식一面識도 없던 경상감사 조태억趙泰億[37]의 자字를 함부로 부른 그에게는 절박한 사연이 숨겨져 있다. 다급하게 감사를 찾아와서 친구를 사칭할 만큼 위험한 처지에 놓인 그는 추노하러 갔다가 위기에 봉착했던 것이다. 감사가 맞장구를 치며 맞아주지 않았더라면 꼼짝없이 객지에서 반노들의 손에 죽을 처지였다. 그러나 무슨 긴박한 사연이 있음을 알아차리고 기꺼이 맞이하여 정답게 대해준 감사 덕분에 목숨을 건지고 무사히 집으로 돌아갈 수 있었다.

그가 다짜고짜 감사를 찾아와 도움을 청해야 했던 근본 원인은 가난이다. 포의布衣로 궁색한 형편에 상喪을 당하여 빚이 쌓이자, 궁여지책으로 나선 추노 길이었다. 6-70년간 밀린 신공을 거두어 돌아가면, 또 얼마간 생계를 유지할 수 있을 테니, 당시 그에게는 추노가 최선책이었다. 그러나 일은 그의 계획대로 풀리지 않아, 어리석은 태수는 도움이 되지 못하고, 번성해진 반노들이 상전을 없애려고 덤비니, 형세가 다급해질 수밖에 없었다.

36 『삽교만록』, 〈彦陽〉. 趙泰億爲嶺南伯 巡行郡縣 到彦陽 方坐館受衙 館垣之外 有人大聲而急呼曰 大年大年 吾在此 而阻閽不得入 奈何 大年者 泰億之字也 泰億卽應之曰 汝之來 何其晩也 吾方苦待汝 汝其速入 卽遣禮胥迎入 旣入 卽引之傍坐 而把其臂款語 其人亦不逡巡而喧笑爾汝之 勅郡吏 盛饌而享之.

37 조태억(趙泰億, 1675-1728) : 조선후기의 문신. 본관은 양주楊州, 자는 대년大年, 호는 겸재謙齋, 시호는 문충文忠이다. 청현직을 역임했으나, 나주괘서사건羅州掛書事件으로 관작이 추탈되었다. 저서로 『겸재집謙齋集』이 있다.

그는 감사가 굉장한 도량과 민첩한 식견을 지닌 사람이라는 소문을 듣고 자기 목숨을 구해줄 인물이라 확신하며 찾아간다. 그러나 감사를 만날 핑계도 없고 예법을 갖출 여유도 없었기에 친구를 자처하며 함부로 감사의 자字를 부른 것이다. 다행히 감사는 그를 선뜻 친구로 맞아들여 너나들이를 하며 위기를 모면시켜준다. 반노들에게 쫓겨 극한 상황에 몰린 그의 목숨을 구해준 것은 '대년大年'이라는 한 마디였다.

다음으로 『잡기고담』 소재 〈면화〉를 살펴보자.

> 노비들이 빙 둘러앉아 지켜보면서 한 구절도 다른 말을 적어 넣지 못하게 하니, 생은 간장肝腸이 찢어지는 듯했다. 생은 어쩔 수 없이 시키는 대로 서명을 하려다가 갑자기 한 계책이 떠올라 다 쓴 편지를 가져다가 마지막에 '휘흠徽欽' 두 글자를 써넣었다. 노비들은 비록 글자를 알지만 역시 그 뜻을 이해하지 못해 부자父子 사이에 주고받는 서찰에서 버릇처럼 쓰는 말이라고 인식하였다.[38]

호서湖西에서 가난하게 생활하던 선비는 도망간 노비들이 관서關西에서 번성해졌다는 소문을 듣고 아들과 함께 노비들을 추심하러 길을 떠난다. 도중에 청북태수淸北太守가 된 친척에게 아들을 부탁하고 혼자서 반노들의 주거지를 찾아간다. 일이 거의 마무리되어갈 무렵, 수십 명의 노비가 찾아와서 자기네 근거지와 앞길을 위태롭게 했다며 그를 죽이려고 한다. 그가 노비 문서를 태우고 빈손으로 돌아

38 『잡기고담』, 〈免禍〉. 衆環坐臨視 俾不得參入一句別語 生肝腸如裂 而生不得不依以書之 忽生一計 寫訖就紙末書徽欽二字 衆奴雖能識字 亦不解其意 認以爲父子間書札 日月下例用之語也.

가겠다고 애걸했으나 소용없는 데다 반노들은 아들까지 함께 죽일 계획이다.

그는 반노들이 협박하는 바람에 하는 수 없이 편지를 쓰면서도 그들의 음모를 알릴 방법을 찾는다. 그리고 다급한 상황에서 기지를 발휘하여[39] 편지 말미에 '휘흠徽欽'이라는 두 글자를 써넣는다. 노비들이 글자는 알아도 그 의미를 몰랐기 때문에 편지는 그대로 전해지고, 다행히 이를 알아차린 태수가 그를 구출한다. 여기서 '휘흠徽欽'은 송宋나라 말 '정강지변靖康之變'으로 죽은 휘종徽宗과 흠종欽宗 부자父子를 가리키며, 아버지와 아들이 포로가 되었다가 죽은 사실을 염두에 둔 말이다. 역사적 사실을 알아야 그의 의도를 파악할 수 있었으며, 그로 인해 반노들의 음모를 밝힐 수 있었던 셈이다.

두 이야기는 18세기 세태를 반영하는 추노에 관련된 내용이다. 반노들은 신공을 받으러 온 상전을 살해하기로 모의하고, 주인들은 극한 상황에서 벗어나려 기지를 발휘한다. 〈언양〉에서는 도량과 식견을 갖추었다는 감사를 찾아가 '대년大年'이라는 자字를 부름으로써 도움을 청하여 위기를 전환시키며, 〈면화〉에서는 아들에게 보내는 편지에 '휘흠徽欽'이라는 글자를 적음으로써 자신이 위기에 처했음을 인식시킨다. 결국 주인은 반노들에게 형벌을 내리고 무사히 귀가하는 것으로 사건이 마무리된다.

마지막으로 『학산한언』 소재 〈심생〉을 살펴보자.

39 〈면화〉의 평어에서 임매任邁는 '누구나 다급한 상황에도 정신을 집중하면 지혜가 생겨나서 위기를 모면할 수 있다.'고 주장한다. "古語曰 人急則智生 生之所値如此 落阱之虎剝害 在卽一死之外 更無幸矣 而能以二字 眞傳消息 此非常時智慮有過於人者 特以身臨必死之地 一念求活 精神一到 而心靈自啓 苟使世之學道者 用心求獲一皆如此 則萬理明盡 夫豈爲難哉."

한밤중에 문 밖에서 수많은 횃불이 일제히 밝혀지자, 흉악한 무리가 에워싸고 들이닥쳐 과연 여자를 불러 나오라고 했다. 선비는 여자 옷을 입고 머리를 풀어 얼굴을 덮은 채 뛰쳐나가 재빨리 달려갔다. 그 마을에서 관아까지는 거리가 멀지 않아 선비는 곧장 관아 문 앞에 이르러 큰 소리로 문을 두드렸다. 고을 사또가 그 소리를 듣고 크게 놀라 문을 열어 불러들이니, 머리를 풀어헤친 한 여자였다. 그 곡절曲折을 물어보고 나서 고을 사또는 명확히 밝히고, 한 장교가 인솔하여 달려가 보니, 흉악한 무리가 아직 흩어지지 않아서 하나하나 결박하여 빠트린 자가 없도록 했다.[40]

경사京師에 사는 선비는 선산善山으로 추노하러 가서 노비들의 후대厚待를 받으며 향단香丹이라는 계집종에 빠져 시간을 보낸다. 그러나 처음부터 밀린 신공을 바칠 생각이 없던 반노들은 주인을 죽여 후환後患을 없애려고 공모한다. 위기 상황을 전혀 모르는 주인과 달리, 살해 음모를 알아차린 향단이 주인에게 알리고 위기에서 벗어날 방법을 아뢴다. 반노들이 쳐들어오면, 두 사람이 옷을 바꿔 입고 주인은 여장女裝을 한 채 빠져나가 관아로 도망치고, 그녀는 남장男裝을 한 채 반노들의 손에 희생되기로 한 것이다.

앞서 살펴본 두 작품과 달리 여기서 주인은 아무런 대비책이 없다. 심지어 그는 여색女色에 빠져 여행의 목적은 물론 자기 목숨이 위태로운 사실마저 인식하지 못한다. 따라서 기지를 발휘하여 대책을 마

40 『학산한언』, 〈沈生〉. 夜將半 門外衆炬齊明 凶徒擁入 果呼女出 士人以女服被髮蒙面 躍出疾走 此村距官門不遠 士人直抵官門 大呼叩門 邑倅聞之 大驚開門呼入 則乃被髮一女子也 問之得其曲折 邑倅則發明 一將校率以馳赴 賊徒猶未散 一一結縛無漏失.

련하는 사람은 향단이며, 그녀는 자기희생을 담보로 상전의 목숨을 구한다. 결국 주인이 사또에게 곡절과 정황을 아뢰는 것으로 긴박했던 순간은 끝나고, 반노들이 법에 따라 처단되는 것으로 사태가 마무리된다.

이처럼 추노로 인해 발생한 위기에서 목숨을 구하는 이야기는 긴장감 있고 급박하게 서사가 진행되지만, 그 과정에서 일부 내용이 변개되어 기지 발휘와 효과가 달라진다. 이는 특정 인물의 특성과 교유에 관련된 다음 이야기에도 적용된다.

동패락송〈진안좌수〉	≠	학산한언〈전동흘과 이상진〉
이상진		전동흘
남다른 의기		지략과 감식안
평생 교유		평생 교유

이상진李尙眞과 전동흘田東屹의 남다른 친분과 교유에 관한 이야기는 두 인물의 타고난 성품을 소재로 다양하게 서사화 되었다. 예를 들어, 두 사람의 만남부터 은혜를 베풀고 갚으며 평생 교분을 유지하여 현달하기까지 특징적인 사건을 두루 담아낸 것이다.

먼저『동패락송』소재〈진안좌수〉를 살펴보자.

상국相國 이상진李尙眞이 나이 열너덧 살 때, 세모歲暮가 가까워지고 있을 무렵에 어머니가 눈물을 흘리며 우는 것이었다. 상국이 우는 까닭을 여쭈니, 어머니가 말했다. "새해야말로 큰 명절이라 선조先祖들에게 술과 떡으로 차례를 지내고, 살아 있는 사람도 취하고 배불리 먹는다. 그런데 우리 집에는 씻은 듯이 쌀 한 되조차 없어 아무것도 갖추지 못하니, 이 때문에 우는 거란다." 그러자 상국이 말했다. "제가 나가서 구걸이라도 해야겠습니다." 이윽고 전대를 어깨에 메고는 동북東北으로 다니며 구걸을 했다. ……(중략)…… 이상진이 등제登第하여 이름을 날리고, 작위爵位가 점점 높아지자 전동흘에게 말했다. "그대가 전에 베푼 은혜는 대충 갚아서는 안 될 것이오. 그대는 상당한 한량閑良인데, 직위가 변장邊將에 불과하니, 그대가 비록 연로하지만 한 번 무과武科에 급제한다면 달관達官을 기약할 수 있을 것이오." 전동흘은 이에 쉰이 가까운 나이에 활쏘기를 익혀 앞길이 훤히 트였다. 앞길이 트인 뒤에도 역량力量과 양국梁局이 남들보다 훨씬 뛰어나서 상국이 힘껏 발탁하여 통제사統制使에 이르렀다고 한다.[41]

상국相國 이상진李尙眞[42]이 어려서 좌수座首 전동흘田東屹[43]과 처음 만나는 장면을 하나의 이야기로 기술해 놓았다. 가난한 이상진은 세모歲暮에 명절을 준비하지 못해 우는 어머니를 보다 못해 무작정 집을 나서고, 진안鎭安 향청鄕廳에서 홀로 관청을 지키던 전동흘을 만난다. 전동흘은 전주全州에서 진안까지 찾아온 이상진을 위해 자기 급료인 쌀을 기꺼이 내어주고 무겁다며 집까지 져다준다. 이는

41 『동패락송』, 〈鎭安座首〉. 李相國尙眞 年十四五時 歲除將近 母夫人垂泣 相國問所以泣 母夫人曰 歲時乃大名日也 家家治具祭 先兼以爲酒爲餠 生人醉飽 而吾家如洗升米莫辦 是以泣耳 相國曰 兒當出乞矣 遂肩橐而出 東北轉乞 ……(中略)…… 及李登揚 爵位漸高 謂田曰 君之前恩 不可以草草報矣 君是閑良相當 職不過邊將 君雖老 得一武紅牌 則達官可期矣 田乃近五十之年 習射發身 發身之後 力量梁局 過人超等 相國極力擢拔 至於統制使云.

42 이상진(李尙眞, 1614-1690) : 조선후기의 문신. 본관은 전의全義, 자는 천득天得, 호는 만암晩庵, 시호는 충정忠貞이다. 주요 관직을 역임하고 청백리淸白吏에 녹선되었다.

43 전동흘(田東屹, 1616-1705) : 조선후기의 무신. 본관은 천안天安, 자는 사탁士卓, 호는 가재佳齋이다. 내외 무관직을 역임했으며, 철산부사鐵山府使 재직 시에 장화와 홍련의 원한을 풀어준 것으로 유명하다.

전동흘이 이상진의 품성과 의기意氣를 알아본 데서 기인하며, 이후 이상진 또한 전동흘의 은혜를 생각하며 평생 친분을 유지한다.

저자는 이상진의 남다른 면모를 부각시키기 위해 어린 시절을 이야기하면서 효성이 지극한 데다 용감한 소년을 알아본 전동흘을 등장시키고, 두 사람이 서로 은혜를 베풀고 갚으며 평생 교유했음을 보여준다. 특히, 이들의 첫 만남에 주목하여 재미난 이야기로 만들었으며, 그로 인해 달라진 둘의 삶을 후일담後日談처럼 들려준다.

그런데 『학산한언』 소재 〈전동흘과 이상진〉은 서사 전개 방식이 다르다.

> 전동흘田東屹은 전주全州 읍내邑內 중인中人으로, 풍골이 빼어나고 걸출하며, 지략智略이 많고 감식안鑑識眼이 있었다. 당시 상국相國 이상진李尙眞이 이웃 고을에 거주하면서 홀어머니를 모시고 살았는데, 외롭게 의지할 데도 없고 지극히 가난해서 끼니를 잇기도 어려운 처지였다. 동흘東屹이 나이는 비록 어리지만 늘 이공李公의 인물됨을 기이하게 여겨 몸을 기울여 친교를 맺고 함께 지기知己가 되었다. 언제나 재물과 곡식을 나누어 주면서 그가 급할 때 주선해주니, 이공李公이 마음으로 감사하게 여겼다. ……(중략)…… 동흘이 드디어 두루 찾아가서 뵈었는데, 준수한 언변과 성대한 논의가 사람들을 놀라게 했다. 그러자 여러 사람이 다투어 서로 천거하여 현직顯職을 두루 역임하고, 명성이 혁혁해졌으며, 겸하여 백성을 살리려는 마음을 지니고 외적을 막아낼 수 있는 인재人才라 여겨 당시 사람들이 모두 추앙했다. 여러 번 변방邊方 진영鎭營을 역임하다가 통제사統制使에 이르렀으며, 연로年老해져서는 자손들이 계속 무과武科에 급제하여 또한 이름을 드날렸으니, 기이하도다.[44]

서두에서 전동흘은 풍골이 빼어나고 걸출하며, 지략이 많고 감식안이 있는 사람이라고 기록되어 있다. 그런 그가 홀어머니를 모시고 사는 외롭고 가난한 이상진과 친교를 맺고 지기知己가 된 것은 이상진이 기특한 면모를 지녔기 때문이다. 그래서 전동흘은 이상진이 급할 때마다 주선해주며 호의를 베풀고, 이상진은 늘 그것을 감사히 여겼다고 한다. 여기까지는 〈진안좌수〉 이야기를 약술略述한 듯 보이며, 심지어 이야기의 견문見聞을 전제하고 이후 서사를 전개한 느낌마저 없지 않다.

앞서 〈진안좌수〉가 이상진의 남다른 효성과 용감한 행동을 내세웠다면, 여기서는 전동흘의 지략과 감식안을 주요하게 다룬다. 다시 말해, 이상진의 특별한 면모도 전동흘의 지인지감으로 더욱 돋보이며, 이제 그것을 증명하는 두 사건이 벌어진다. 먼저 그는 이상진을 위해 특이한 빈곤구제책을 마련하는데, 나무즙이 흙의 기운을 북돋아 조의 결실을 커지게 한 농사 이치를 잘 아는 전동흘의 지략이 돋보인다. 이어 그는 화재로 낙심한 이상진에게 또 다른 계획을 제시하는데, 이상진을 경사京師로 보내 과거에 응시토록 하는 것이다. 예상대로 장원급제한 이상진은 이후 청현직淸顯職을 두루 거치며 명망이 높아진다.

그런데 〈진안좌수〉에서는 이상진이 전동흘에게 무과에 응시할 것

44 『학산한언』, 〈田東屹과 李尙眞〉. 田東屹 全州邑內中人也 風骨秀傑 多智略 有鑑識 時李相國尙眞 居在邑隣 獨奉偏母 惸然塊處 貧窮之極 菽水難繼 東屹年雖少 常奇李公爲人 傾身交結 共爲知己 常分財穀 周其急 李公心感之 ……(中略)…… 東屹乃徐遍往見之 俊辨偉論 令人驚動 諸人競相汲引 歷職通顯 聲名赫奕 兼以活民之情 能馭戎之材棟 一世咸推 多歷方鎭 至於統制使 年亦耆 艾子孫繼登武科 亦爲顯揚 可異哉.

을 권유했으나, 여기서는 전동흘이 이상진에게 물품을 대어주며 과시科試를 종용한다. 두 사람의 관력官歷에 따르면, 이상진의 문과 급제와 전동흘의 무과 급제는 사실로 확인된다. 실제 두 사람의 과거 응시 권유 여부는 알 수 없지만, 이상진이 주체로 나온 이야기에서는 그가 전동흘에게 과시를 독려하고, 전동흘이 주체로 나선 이야기에서는 그가 이상진에게 과시를 권장한다. 요컨대 서사 주체에 따라 관련 사건이 변개된 결과이다.

4. 인물과 소재의 재배치와 서사의 역동

18세기 야담에서 유사 화소가 교착 및 변개된 양상을 살펴보면, 작품 속 인물과 소재가 재배치됨으로써 또 다른 서사가 구성되는 것을 확인할 수 있다. 그럼 먼저 고난과 역경을 극복한 이야기 『삽교만록』에 실린 〈검녀〉와 『잡기고담』 소재 〈여협〉과 〈검기〉 그리고 『학산한언』 소재 〈기승〉의 복수담과 검술 시범담을 통해 유사 화소 교착 양상이 서사에 미치는 영향과 결과를 분석하고 정리해 본다.

앞서 〈검녀〉와 〈여협〉의 복수 구도에는 몇 가지 유사점이 발견된다.

첫째, 두 사람으로 이루어진 남장 여자이다. 예컨대 〈검녀〉에는 주인집 아가씨와 계집종이 등장하고, 〈여협〉에는 연년생 자매가 등장한다. 당시 정치 사회적인 요인으로 불행을 당한 여성들은 신체적인 열세를 극복하고 복수를 감행한다. 둘째, 가문과 가족의 원수를 갚기 위해 검술을 익힌다. 예컨대 검녀는 빼어난 검술로 가문을 멸족시킨 세도가를 멸절시키고, 자매는 아버지를 독살한 계모와 간부를 처단한다. 셋째, 복수를 치밀하게 준비하고 단호하게 결행한다. 예컨대 검녀는 기예를 팔아 보검을 사들여 원수 집안사람들을 죽이며, 자매는 복수할 기회를 노리다가 두 남녀의 머리를 베어 감으로써 흔적을 남기지 않는다. 넷째, 자기네 힘으로 문제를 해결하고는 미련 없이 떠난다. 예컨대 복수 후에 주인집 아가씨는 선영에 고하고 자결하며, 검녀는 소응천蘇凝天을 찾아가 의탁하고, 자매는 완전히 종적을 감춘다.

그런데 이처럼 유사한 서사 구도를 지닌 이야기는 목표[복수]를 성취한 결과보다 그것을 향해 나아가는 과정에 서사의 초점이 맞춰져 있다. 다시 말해, 여성 주인공들이 가문을 파멸시키고 부모를 살해한 원수에게 칼날을 들이대는 순간보다 복수를 결심하고 계획을 세워 하나하나 실행하는 지난한 과정이 상세히 기술된 것이다. 두 작품은 등장인물과 사연이 각기 다르게 설정되었으나, 복수의 요인과 그 성취 과정에서 절박함과 긴장감을 유지하며 결말로 치닫는다. 그리고 복수 후에 또 다른 서사가 전개되는데, 바로 검술 시범 장면이다.

〈검녀〉와 〈검기〉 및 〈기승〉의 주인공들은 개인적인 복수를 위해 유명 검객에게 검술을 배우고 익힌다. 그것은 부모와 가문 및 스승의 원수를 갚을 정도면 충분했으나, 시간이 지날수록 갈고 닦은 기예는 절등한 경지에 이르러, 신묘한 검술을 보여주는 장면에서 보는 자로 하여금 정신을 잃게 만든다. 이는 야담 구연자나 기록자의 서사적 의도와 문학적 재량이 부각된 대목이라고 할 수 있다. 또한 주인공들이 지난한 과정을 거쳐 성취한 복수에 정당성을 강화하고, 나아가 그 행위에 대한 명분과 함께 자부심을 제공한다.

그런데 〈검녀〉와 〈검기〉 및 〈기승〉의 검술 시범에는 몇 가지 차이점이 발견된다. 〈검녀〉에서 검녀가 시범을 준비하는 과정과 소응천이 검술을 보고 반응하는 태도를 통해 뛰어난 기량을 부각시켰다면,

〈검기〉에서는 공자가 펼치는 검술 장면을 시간의 흐름과 공간의 이동에 따라 사실적으로 묘사하여 현장감을 살렸다. 또 〈기승〉에서 노승은 한 공간에서 한 사람에게 검술을 보여주지만, 맹주서孟胄瑞의 반응보다는 잘린 나무의 형상을 통해 빼어난 기술을 짐작케 한다. 특히, 처음에는 느리다가 차츰 빨라지는 시범자 행위의 완급緩急이라든가, 상하전후좌우로 이동하는 관찰자의 시선이라든가, 검술 시범 진행에 따라 경험하는 놀라움과 두려움의 층위라든가, 인물과 사물의 변화로 인해 생동하고 역동적인 장면이 연출된다.

세 주인공은 각자 신분과 검술을 습득한 계기나 방법도 다르지만, 그들이 보여주는 검술은 절등하기 그지없다. 예컨대 검녀는 계집종으로서 주인집의 원수를 갚기 위해, 공자는 종실 포로로서 양부[倭將]의 원수를 갚기 위해, 노승은 왜인倭人으로서 조선에 첩자로 오기 위해 취득한 검술이다. 그러나 이들은 모두 춤을 추듯 부드러운 몸짓으로 하늘을 가르며 번뜩이는 칼날과 서릿발처럼 차가운 기운을 내뿜으며 보는 이를 전율케 만든다. 특히, 이 장면은 사실적인 묘사를 통해 현장감과 함께 서사에 개연성을 부여하며 문학적인 효과를 창출한다.

이상으로 살펴본 〈검녀〉에는 〈여협〉과 〈검기〉의 두 이야기가 교착되어 있음을 알 수 있다. 또 〈검녀〉와 〈검기〉에서 보이는 검술 시범 장면은 〈기승〉에도 실려 있음이 확인된다. 이러한 사실로 미루어 볼 때, 당시 서로 다른 근원 이야기가 민간에 유행하고 있었으며, 두 이야기를 접한 구연자나 기록자가 이를 하나의 서사 작품으로 만들거나 또 다른 서사에 접목시켜 새로운 서사 형태로 재창조한 것이다. 특히, 18세기 야담에서만 보이는 유사 화소 교착 현상은 각기 다른 이야기로 서사를 확장하며 다채로운 이야기를 양산했다.

또 다른 고난과 역경을 극복한 이야기 『동패락송』 소재 〈묘〉와 『잡기고담』 소재 〈검기〉와 〈청원〉의 생환담과 신원 확인담을 통해 유사 화소 교착 양상이 서사에 미치는 영향과 결과를 분석하고 정리해 본다.

우선 〈묘〉에서 막내와 〈검기〉에서 공자는 임진왜란壬辰倭亂 당시 어리고 사랑스러운 용모 덕분에 목숨을 보전한 채 왜국의 포로로 끌려가 왜인과 부자父子 또는 사제師弟의 인연을 맺고 생활한다. 다행히 죽음을 면했으나 타국에서 포로 생활은 힘들었을 테고, 가족과 나라를 해친 원수에게 아비 또는 스승의 호칭을 써야 했으니 죽음보다 나은 게 없는 삶이었을 터다. 그리고 수십 년 후, 각자 특정 사건을 계기로 '환국還國'이라는 간절한 소원을 이룬다. 막내는 사부師父로 모시던 고승高僧의 죽음 때문에, 공자는 양부養父의 원수를 갚아준 대가로 생환하는데, 각자 신분이 다르고 지나온 삶의 궤적이 달라도 고국과 고향으로 되돌아오고 싶은 마음은 똑같았다.

천신만고 끝에 살아 돌아온 막내는 또 다시 낯선 환경에 노출되어, 수십 년 사이에 변해버린 고향의 모습과 헤어진 가족의 생사조차 모르는 상황이다. 여기서 또 다른 서사가 전개되는데, 바로 흔하지만 특정한 신체 표식을 매개로 활용하여 신원을 증명하는 화소이다. 오랜 세월이 흘러 등장인물의 외모가 바뀌고 차림새마저 달라진 상황에서 상대를 확인하는 방법으로 신체적 특징이 동원되곤 한다. 이처럼 〈묘〉와 〈청원〉에서 남녀 주인공들은 모두 숨겨진 신체적 특징을 이용해 죽은 줄 알았던 가족을 되찾고 억울한 송사訟事에서 진실을 밝힌다.

예컨대 〈묘〉에서 왜승倭僧으로 간주된 막내의 목숨을 살려준 것은 신혼에 보았던 검은 점 일곱 개로, 부부만이 공유할 수 있는 신체의 비밀이 드러남으로써 가족이 재회하고 행복한 결말을 맞는다. 또 〈청원〉에서 부정한 여인으로 치부된 과부의 명예를 되찾게 해준 것 역시 거짓 화상 흉터로, 사통한 남녀가 공유할 수 있는 증거가 조작됨으로써 도리어 진실이 밝혀진다. 요컨대 두 작품은 구체적인 상황이나 증거를 찾는 방법에서 차이가 나지만, 사실이 드러나고 진실이 밝혀지는 과정에서 내밀한 관계에만 알 수 있는 신체상 특징이 주요하게 작용한 것이다.

이상으로 살펴본 〈묘〉에는 〈검기〉와 〈청원〉의 두 화소가 교착되어 있음을 알 수 있다. 즉, 왜국에 끌려가서 왜장의 양자로 생활하다가 수십 년 만에 환국하는 내용과 자기 신원身元[또는 伸寃]을 밝히기 위해 신체상 특징을 이용하는 대목이 그것이다. 이러한 양상은 야담 구연자나 기록자가 민간에 유행하던 서로 다른 이야기를 교차 또는 접목시켜 새로운 서사 형태로 만든 결과이다. 각 이야기에서 시공간적 배경을 달리하고 인물과 소재를 재배치함으로써 서사가 확장되고 역동적으로 바뀌어 또 다른 작품이 탄생되었다 하겠다.

그러면 이런 야담이 민간에 유행한 까닭은 무엇일까? 18세기는 사화士禍나 전란戰亂의 영향에서 차츰 벗어나는 시기였으나, 전대에 발생한 사건 관련 이야기는 더욱 확대되는 추세였다. 특히, 정국 변화에 화를 당한 가문도 속출했으며, 전란 때문에 가족이 왜국으로 끌려간 사례도 빈번했다. 그런 경우에 부모와 가문의 원수를 갚고, 우여곡절 끝에 환국하는 사람도 존재했으며, 그들의 이야기는 '효孝'와 '충忠' 또는 '협俠'을 내세우며 다양한 작품으로 엮어졌다.[45] 그 과

45 필자는 『잡기고담』의 서사 구도를 '탈脫/출出'과 '귀歸/환還'으로 파악하고, 그것은 주인공들이 '의義[충忠/효孝/협俠]'를 추구하는 과정에서 나타난 결과라고 정

정에서 흥미로운 내용이나 인상적인 대목은 서로 다른 이야기를 넘나들며 재배치되어 새로운 서사를 형성했다.

이제 세태와 인물에 주목한 이야기 『삽교만록』 소재 〈언양〉과 『잡기고담』 소재 〈면화〉 및 『학산한언』 소재 〈심생〉 그리고 『동패락송』 소재 〈진안좌수〉와 『학산한언』 소재 〈전동흘과 이상진〉을 통해 유사 화소 변개 양상이 서사에 미치는 영향과 결과를 분석하고 정리해 본다.

먼저 〈언양〉과 〈면화〉는 모두 18세기 사회상을 반영하는 추노 관련 기지담으로, 당시 위험에 처한 상전의 이야기는 유사한 화소가 다양한 형태로 변개되어 여러 야담집에 전재되었다. 예컨대 반노들은 밀린 신공을 받으러 온 주인을 살해하기로 모의하고, 주인들은 목숨이 위태로운 극한 상황에서 벗어나려 각자 기지機智를 발휘한다. 〈언양〉에서는 도량과 식견을 갖추었다는 감사를 찾아가 '대년大年'이라는 자字를 부름으로써 위기를 전환시키고, 〈면화〉에서는 아들에게 보내는 편지에 '휘흠徽欽'이라는 글자를 적음으로써 상황을 알린다. 결국 지혜롭고 위기 대처 능력이 뛰어난 지원자[감사와 태수]의 도움으로 주인들은 목숨을 보전하고, 반노들은 형벌에 처해진다.

아울러 〈심생〉 또한 주인이 추노에서 위기 상황에 맞닥뜨린다는 점에서 유사 화소지만, 당사자가 아니라 제3자[반노의 딸]가 기지와 희생으로 주인의 목숨을 구한 점에서 또 다른 변개 양상을 보여준다. 예컨대 심생은 앞서 주인들만큼 위기 상황에 주도적이고 능동적으로 대처하지 못하며, 미모와 기지를 겸비한 지원자[향단]의 계획에

리한 바 있다. 이채경, 「『雜記古談』 서사 연구－서사 구도 및 유형을 중심으로」, 『동방학』 제27집, 동양고전연구소, 2013.

보조적이고 수동적으로 끌려갈 뿐이다. 따라서 다른 주인들이 감사를 찾아가서 친구인 척하거나 편지에 암호를 적어 태수가 알아차리도록 하는 등 적극적이고 기발한 방법으로 위기를 모면하는 것과 대조된다.

이처럼 생활고로 인한 추노 과정에서 주인은 물론 반노들도 위기에 봉착하는데, 어찌 보면 경제적 궁핍을 해결하려는 주인보다 안정된 생활을 위협 받은 노비들이 더욱 절실한 처지였다. 그런데 양자兩者의 갈등에서 빚어진 사태는 동일하지만, 갈등을 극복하고 사태를 해결하는 양상은 각기 다르다. 18세기 야담 구연자나 기록자들은 추노로 인해 생사의 간극間隙에서 벌어진 사건을 다양하게 변개시켜 서사를 구성하였으며, 세태의 단면과 문제적 사건을 부각시켜 다채로운 서사체로 만들었다.

또 다른 작품은 전동흘과 이상진의 성품과 교유를 소재로 한 〈진안좌수〉와 〈전동흘과 이상진〉이다. 그런데 〈진안좌수〉는 두 인물의 특별한 만남과 교유를 다루면서 첫 만남에 치중하여 하나의 이야기로 구성했다. 이상진의 남다른 면모를 부각시키기 위해 어린 시절을 주요 화소로 두 사람의 삶을 후일담처럼 조명한다. 특히, 효성이 지극하고 용감한 소년 이상진과 그의 인물됨을 알아보고 기꺼이 도와주는 전동흘을 등장시켜 두 사람의 평생 교유를 보여준다.

반면 〈전동흘과 이상진〉은 전동흘의 지략과 감식안에 초점을 맞추고, 그들의 평생 교유를 세 개의 이야기로 기술하였다. 예컨대 첫째 화소는 〈진안좌수〉의 내용을 축약해 놓은 듯하고, 둘째 화소는 전동흘이 이상진의 가난을 수차례 구제해준 내용이며, 셋째 화소는 전동흘이 이상진의 거업擧業을 도와 입신양명케 한 내용이다. 특히, 전동흘이 제시한 빈곤구제책은 농사의 원리를 이해하고 노동력을 활용하여 조 농사에서 대풍大豊을 이룬 사례로, 그의 지략을 단적으로 보여준다.

이상으로 두 작품은 각기 다른 서사 전개 방식으로 전자前者에서는 남다른 의기意氣를 지닌 이상진을, 후자後者에서는 지략과 감식안을 겸비한 전동흘의 능력을 부각시켰다. 이처럼 야담에서 구연자나 기록자가 어떤 등장인물에게 주목하고, 그들의 무엇에 의미를 두는지에 따라 인물과 소재가 재배치되면서 유사한 화소가 다양한 내용으로 변개되어 서사 영역이 확장되고 역동적으로 변모한 사실을 확인할 수 있다.

그러면 이런 내용이 야담의 주요 화소로 채택된 까닭은 무엇일까? 18세기는 돈의 가치가 중시되고 경제관념이 점차 바뀌면서 군도群盜 및 추노推奴에 관련된 생계형 범죄가 빈발했다. 가난을 견디다 못한 일부 양반들은 도적이 되고, 가난에서 도망친 일부 노비들은 추심하러 온 주인을 살해하는 등 반 인륜적 행위가 자행되었다. 또 상품화폐경제와 도시 상공업의 발달로 신분제도마저 균열되기에 이르러 각종 모순과 비리가 만연했다. 야담은 이러한 세태를 반영하고, 그 부작용을 상쇄시킬 수 있는 흥미로운 사건과 악영향을 개선할 수 있는 비범한 인물을 채록했으며, 그 과정에서 유사한 화소를 변개시켜 새로운 결말을 얻어내고 역동적인 서사를 창출했다.

5. 결론

18세기 야담은 전후대 작품과 달리 유사 화소가 교착 및 변개된 양상을 보인다. 그 가운데 유사 화소 교착 향상이 두드러진 작품은 고난과 역경을 극복한 이야기로, 거기에는 대략 두 가지 작가의 의도와 목적이 보인다. 첫째, '고난 속에 연마한 최고의 검술'을 표현하고, 그것을 통해 '인과응보因果應報'라는 교훈을 전해준다. 둘째, '역경 속에 되찾은 가족과 결백'을 표현하고, 그것을 통해 '사필귀정事必歸正'이라는 교훈을 전해준다. 또 유사 화소 변개 양상이 두드러진 작품은 세태와 인물에 주목한 이야기로, 거기에도 역시 두 가지 작가의 의도와 목적이 보인다. 첫째, '추노에서 발휘된 기지機智와 효과'를 표현하고, 그것을 통해 '행복한 결말'을 보여준다. 둘째, '교유에서 주목한 의기와 지략'을 표현하고, 그것을 통해 '지인지감知人之鑑'을 보여준다.

특히, 유사한 화소가 서로 다른 작품에 교착되어 나타나는 양상은 18세기 야담에서만 확인되며, 남녀 주인공들이 고난과 역경을 극복하고 목표를 향해 나아가는 모습이 핍진하게 담겨 있다. 이를 통해 그들은 최고의 검술을 보유하고, 헤어진 가족과 재회하며, 모함에서 벗어나 결백을 증명하기도 한다. 또 유사한 화소가 변개되어 서로 다른 작품을 만드는 사례도 18세기 야담에서 두드러지는데, 이는 세태를 반영하고 비범한 인물에 주목한 결과라고 할 수 있다. 남녀 주인공들은 기지機智를 발휘하여 위기 상황을 반전시키고, 상대의 남다른 면모를 인정하여 평생지기平生知己를 허락하고 교유관계를 유지한다. 이처럼 18세기 야담에서 보이는 유사 화소 교착 및 변개 양상은 저자가 인물과 소재를 재배치함으로써 서사의 범주를 확장시키는 동시에 다채롭고 역동적인 서사체를 만들어내는 데 기여한다.

제2장

18세기 야담의 글쓰기 양상

—야담의 구성과 글쓰기 방식을 중심으로

1. 서론

조선후기는 임병양란壬丙兩亂 이후 정치·경제·사회·문화·생활 전반에 큰 변화를 겪으며 거대한 이야기판을 이루었다. 그 중에 특히 야담野談이 유행하였는데, 17세기에 『어우야담於于野談』이 저작되고 그 흐름이 끊긴 듯 보였으나, 18세기에 접어들면서 『천예록天倪錄』이 등장하고, 이어 『잡기고담雜記古談』, 『동패락송東稗洛誦』, 『삽교만록霅橋漫錄』, 『학산한언鶴山閑言』 등이 나오면서 자저야담自著野談[1]의 전성기를 맞이하였다. 이후 19세기에 『계서야담溪西野談』, 『청구

1 필자는 박사학위논문에서 조선후기 야담집의 종류를 크게 자저自著와 편저編著로 구분했는데, 초기 야담에서 보이는 구전 전승된 기록 작품을 자저야담自著野談이라 하고, 후기 야담에서 전대前代 야담이 문헌 전승 기록된 형태를 편저야담編著野談이라 지칭하였다.(이채경, 「18세기 野談의 敍事方式과 主題具現－『雜記古談』, 『東稗洛誦』, 『霅橋漫錄』, 『鶴山閑言』을 중심으로」, 성균관대 박사학위논문, 2014.)

야담青邱野談』, 『동야휘집東野彙輯』을 거쳐, 20세기 『대동기문大東奇聞』 등이 편찬되기에 이르렀다.

야담은 민간에서 창작되어 구연을 통해 유행하였으며, 이후 식자층에 의해 기록으로 정착된 독특한 서사체다. 그런데 이처럼 야담이 성행할 수 있었던 배경은 무엇보다 조선후기 변화된 사회상과 다양한 인물군상을 담아낼 새로운 서사 장르가 절실히 요구되었기 때문이다. 야담은 민간에서 하층민들에 의해 구연 창작되었다가, 식자층의 기록에 의해 재창작되면서 신분과 계층 및 남녀노소를 아우르는 수많은 작품을 산생시켰다. 나아가 이전부터 계속된 작가들의 남다른 인식과 글쓰기 과정이 존재했기 때문인데, 본고에서는 그것을 '통유通儒'와 '기양技癢'과 '가허架虛'라고 설정하였다.[2]

이른바 필기, 야담, 한문단편으로 이어지는 한문 서사체의 흐름은 18세기에 정점頂點을 이루었다. 18세기 야담에는 변화하는 시대 흐름과 거기에 적응하려는 다양한 인물군상이 등장하고, 그러한 이야기를 소통시키고 공유하려는 작가적 역량이 공존한다. 아울러 역대 야담집은 구연에 기댄 자저 형태에서 기록에 의거한 편저 형태로 변화하는데, 18세기에는 순수 자저 형태의 가장 왕성한 서사 발달 작품이 등장했다. 또 야담의 전승과정은 흔히 구비전승과 문헌전승으로 구분되는데, 18세기 야담은 문헌 전승에 의거한 후기 야담집과 달리,

2 이 세 가지 용어는 선진 연구자들에 의해 서로 다른 분야에서 개념이 정리된 것들로, 필자는 본고에서 야담의 글쓰기 과정으로서 그 의미를 강화하는 데 주력하였다. '통유'에 대해서는 임완혁 교수의 「조선후기 현실과 야담」(『대동한문학』 제35집, 대동한문학회, 2011. 33-70면), '기양'에 대해서는 간호윤 교수의 「『欽英』에 나타난 小說批評」(『한국 고소설 비평 연구』, 경인문화사, 2002. 119면), '가허'에 대해서는 홍직영洪稷榮이 쓴 〈동패락송발東稗洛誦跋〉을 참조하기 바란다.

구비전승에 따른 완정한 서사적 면모가 두드러진다.[3] 필자가 18세기 야담에 주목한 근거는 여기에 있다.

지금까지 18세기 야담에 관해서는 작품 및 저자를 비롯하여 서사敍事, 전승傳承, 문학성에 이르기까지 여러 분야로 나뉘어 다양한 연구[4]가 이루어졌다. 그 중에는 특정 야담집 및 저자를 다룬 논고[5]가 많으며, 구연과 기록 과정에서 보이는 야담의 고유한 특성을 규명한 논고[6]도 있었다. 그러나 18세기 야담의 글쓰기 방식에 대해 연구한 사례는 아직 없다. 문화콘텐츠와 관련하여 스토리텔링의 중요성이 부각되고 있는 요즘, 조선후기 야담의 특성을 새로운 시각에서 조명할 필요가 있다. 본고에서는 일반적인 저자의 인식과 글쓰기 과정에서 접근하여 야담의 구성과 글쓰기 방식을 분석함으로써 18세기 야담의 글쓰기 양상을 규명하고자 한다. 이를 통해 야담이 조선후기 독특한 글쓰기 형태로 등장하고, 온전한 서사체로서 가치와 의미를 지녔음을 확인할 수 있으리라 생각한다.

---

3 이채경(2014), 전게서 5면 인용

4 이강옥, 『한국 야담 연구』, 돌베개, 2006. ; 정명기 편, 『야담문학연구의 현단계』(전 3권), 보고사, 2001.

5 진재교, 「『雜記古談』 저작연대와 작자에 대하여」, 『서지학보』 제12호, 한국서지학회, 1994. 61-74면 ; 진재교, 「『雜記古談』 硏究-그 性格과 作家意識을 중심으로」, 『야담문학연구의 현단계』2, 보고사, 2001. 76-102면 ; 임형택, 「『東稗洛誦』 연구-야담의 기록화과정과 한문단편의 성립」, 『한국한문학연구』 제23집, 한국한문학회, 1999. 307-351면 ; 이명학, 「『雪橋漫錄』 연구」, 성균관대 석사학위논문, 1982. ; 김상조, 「『鶴山閑言』 연구」, 『야담문학연구의 현단계』2, 보고사, 2001. 103-124면

6 임완혁, 「문헌전승에 의한 야담의 변모양상-『東稗洛誦』과 『溪西野譚』, 『靑邱野譚』, 『東野彙輯』의 관계를 중심으로」, 성균관대 박사학위논문, 1998. ; 임완혁, 『구연 전통과 서사』, 태학사, 2008. ; 이채경, 「『雜記古談』 서사 연구-서사 구도 및 유형을 중심으로」, 『동방학』 제27집, 한서대 동양고전연구소, 2013. 123-167면

2. 조선시대 저자의 인식과 글쓰기 과정

인간이 자신을 표현하는 방식으로 말[언어]과 글[문자]을 활용한 문학이 있다. 특히, 우리는 글쓰기를 통해 자기표현이라는 기본 목적을 달성하며, 그것은 대략 세 단계로 이루어진다. 예컨대 문학 일반에 해당되는 저자의 인식과 글쓰기 과정으로는 지식 소유욕 충족, 작가 의식 발현, 문학적 기량 표출 등이 있다. 다시 말해 저자는 먼저 타고난 지식 소유욕을 충족시키려고 객관적인 지식을 수집하며, 다음으로 내재된 작가 의식을 발현하려고 주관적인 제스처를 취하며, 마지막으로 숙련된 문학적인 재능과 장치를 동원하여 자신만의 글쓰기를 완성하는 것이다. 여기서 나아가 저자가 기대하는 세부적인 글쓰기의 목표로는 지식과 정보 전달하기, 비판과 주장으로 설득하기, 생각과 느낌 표현하기 등이 있다. 요컨대 저자는 글쓰기를 통해 개인적으로 수집한 정보를 독자에게 전달하고, 주어진 조건과 현상에 대해 논리적으로 포폄褒貶함으로써 독자를 설득하며, 직간접 경험과 견문에서 체화體化된 감상과 의견을 표출하여 독자의 공감을 얻어내는 것이다.

1) 지식 소유욕 충족 : 통유通儒

조선시대 지식인들은 여가에 즐기던 한담閑談을 기록으로 남겼는데, 자신의 경험담을 진솔하게 서술하거나 견문한 지식을 간략하게 설명하는 방식을 택했다. 이처럼 자유로운 글쓰기는 독서후기를 비롯해 생활주변에서 벌어지는 사소한 일들을 자잘한 이야기로 담아냈다. 그렇게 시작된 지식인들의 다양한 경험과 해박한 지식은 기록이전에 습득을 필요로 했는데, 그러한 학문적 욕구나 지식 소유욕은 '통유通儒'를 지향하는 의식에서 배태되었다.[7] 그들은 천지자연의 이치와 세상사는 물론 인간사에 통달하려는 과정에서 다양한 기록을 남긴 것이다.

조선시대 유자儒者의 최고 이상형은 통유였다. 통유는 '통유달사通儒達士'를 줄인 말로, '유학에 정통한 선비'를 뜻한다. 유교 경전을 통독하고, 문文·사史·철哲을 섭렵하여 천하의 이치에 달통한 유자를 지칭하는 말이다. 이는 조선 전기 세조世祖가 신하들에게 "유자라고 하더라도 천문天文·지리地理·의약醫藥·복서卜筮를 모두 알아야 비로소 통유라고 이를 수 있다."고 천명[8]한 데서 비롯되었다. 조선 전기 사대부는 임금을 보좌하고 세상을 경영하기 위해 자신이 처한 세계를 자각하고, 다양한 독서와 폭넓은 견문을 통해 정사政事에 참여할 자격을 갖추어야 했다. 그 연장선상에서 통유는 세상을 경륜하고 백성을 제도하려는 사람 누구에게나 필수적인 요소였으니, 군신 관계를 떠나 모든 유자에게 요구되는 최고의 경지였다.

조선 중기 유성룡柳成龍의 『서애집西厓集』에는 통유로서 그의 면모를 칭송한 글이 눈에 띈다. 임진왜란壬辰倭亂을 당하여 강토가 황폐해지고 민심이 혼란스러웠을 때, 그는 가득한 충의와 강개한 언행으로 사명감을 띠고 당면한 사태에 대응하여 병화兵禍를 씻어내고

7 '통유'에 대해서는 임완혁 교수가 연구논문(2011)에서 언급하였으며, 필자는 여기에 '기양'과 '가허'를 더하여 박사학위논문(2014)에서 야담의 저술 배경으로 간략히 제시한 바 있다. 이 세 가지에 대해서는 더욱 깊이있게 연구하여 차후에 논문으로 발표할 예정이다.

8 『조선왕조실록』, 세조 10년(1464 甲申 / 明 天順 8년) 4월 26일(戊申). 上又論術數之學 謂右承旨李坡曰 凡爲儒者 盡曉天文地理醫藥卜筮 而後始可謂之通儒 汝其能之乎.

나라를 안정시킨 인물이다. 그래서 이준李埈은 유성룡이 '체體와 용用을 두루 갖추어 나라를 다스리고 백성을 잘 살게 한 통유'라고 지칭[9]했다. 이 말에 의하면, 통유란 학문을 닦아 실체에 근본한 동시에 그것을 민생에 적용시켜 나라와 백성을 이롭게 하는 선비임을 알 수 있다.

조선후기 이긍익李肯翊은 기대승奇大升이 통유에 속한다고 주장[10]하였다. 기대승은 여러 서책을 열람하여 학식이 넓고 이학理學에도 조예가 깊어 당대에 견줄 사람이 없었다고 하니, 그를 가리켜 통유라고 칭송한 것은 당연한 일이었다. 앞서 유성룡이 국가적 위기에 대응하는 과정에서 체용을 겸비한 인물로 평가되었다면, 후대인 기대승은 유학의 근본에 치중한 면모가 더욱 부각된다. 그는 박람博覽을 통해 폭넓은 지식을 소유했으며, 그에 기반하여 연구가 정밀했으므로 통유로 지칭되었던 것이다. 통유는 조선후기로 갈수록 새로운 지식인상으로 자리 잡히는데, 홍석주洪奭周는 서적 박람을 통해 해박한 견문을 지닌 학자라야 통유 군자가 될 수 있다고 주장[11]하였다.

지금까지 살펴본 바에 따르면, 통유란 해박한 지식에 기반하여 고금의 역사를 관통하고 천하의 이치에 달통한 조선시대 지식인상이었다. 그런데 조선후기에 박학博學을 통한 지식 소유욕은 조선 전기

9 유성룡, 『서애집西厓集』, 〈西厓集跋[李埈]〉. 先生之於才 可謂體用純備 爲經濟之通儒也.

10 이긍익, 『연려실기술練藜室記述』 권18, 〈宣祖朝故事本末 儒賢〉. 上問 當今學問者有幾 退溪對曰 奇大升博洽超詣 鮮見其比 斯可謂通儒矣.

11 홍석주, 『연천집淵泉集』 권18, 〈洪氏讀書錄序〉. 書籍之爲用於學者 尙矣 矜繁富者 往而不返 安簡陋者 得少而自足 是二者皆過也 孔子曰 博學於文 又曰 多聞擇其善者而從之 多見而識之 古之學者 未有不博其聞見而能爲通儒君子者也.

사대부의 독서 경험이 계승된 결과이다. 조선 전기 사대부들이 출사出仕와 경세經世를 준비하면서 경사經史 및 제자백가서를 읽었던 데서 더 나아가, 조선후기 지식인들은 필기는 물론 언문 소설까지 다양한 서적을 열람하였다. 18세기에 일부 지식인들이 다채로운 이야기를 견문하고 기록으로 남긴 야담도 이런 배경과 인식의 결과물이다. 야담 저자들은 깊이 있는 독서와 폭넓은 견문을 통해 학문적 욕구를 충족시켰으며, 그렇게 습득한 해박한 지식을 기록으로 남기려고 했는데, 그러한 작가 의식의 발로가 '기양'이다.

2) 작가 의식 발현 : 기양技癢

조선시대 지식인들은 축적된 지식과 경험을 기록으로 공유하려는 작가 의식을 발휘하는데, 이를 '기양技癢'이라고 지칭한다. 몸에 생긴 부스럼을 무의식중에 긁는 것처럼, 자신의 해박한 지식을 알리거나 특별한 식견을 보여주고 싶어지는 것이다. 그들은 처음에는 자기 견문을 간직하려고 기록했으나, 나중에는 남의 지식을 자기 것으로 내면화시킨 다음 저술로 표출하였다. 그런데 이러한 작가 의식의 발로는 여항閭巷의 하층민들 이야기까지 소재로 수용하기에 이르렀다. 야담 저자는 도청도설道聽塗說로 유전流傳되던 이야기를 듣고 나서, 그것을 기록하며 인물과 사건에 대한 논의와 평가를 덧붙이기도 했다.

기양이란 본래 긁지 않고는 견딜 수 없는 가려움증을 말하며, 문학에서는 자기 생각이나 느낌을 표현하지 않고 못 배기는 창조적 재능 및 작가 의식을 지칭한다. 본고에서는 특히 저자가 문학적 재능을 발휘하는 작가 의식 발현에 주목하였다. 조선 전기 서거정徐居正은

『태평한화골계전太平閑話滑稽傳』을 저술한 배경과 세인들의 반응에 대한 우려를 서문에서 밝혀[12] 놓았는데, 저술 배경을 기양에서 찾았다. 대표적 관각문인館閣文人으로 알려진 그가 소화笑話를 비롯해 다양한 이야기를 속에만 담아두고 있을 수는 없었으며, 기괴한 이야기에 마음이 끌리고 성정을 누르지 못한 요인이 기양 때문이라고 고백한 것이다. 즉, 습득한 자기 견문을 공유하고 싶은 욕구를 이기지 못해 저술로 남겼다는 말이다.

조선 중기 중종中宗 때 조정에서는 채수蔡壽가 지은 『설공찬전薛公瓚傳』을 두고 논의[13]가 뜨거웠다. 당시 『설공찬전』은 귀신과 저승을 소재로 한 요망한 '윤회화복지설輪廻禍福之說'로 여겨져 금서禁書로 낙인[14]찍혔다. 그 까닭은 특히 등장인물이 실존하는 데다 저승에서 만난 간신, 충신, 반역자 등이 중종반정中宗反正과 겹치면서 거기에 가담했던 신흥 사림파를 비판하는 등 다분히 정치적인 문제로 해석[15]되었기 때문이다. 게다가 연산군燕山君의 잘못된 정치를 개혁하

12 서거정, 『태평한화골계전太平閑話滑稽傳』, 〈太平閑話滑稽傳序〉. 又不聞著書立言 如馬如班如劉如揚者之所爲 徒屑屑焉 掇拾孟浪 爲好事者解頤 此則俳優之雄長耳 何補於世教乎 …… 賴仁聖在上 至明旁燭 生死而肉骨之 曾不動心忍性 馳怪騁奇 惟技是癢.

13 『조선왕조실록』, 중종 6년(1511 辛未 / 明 正德 6년) 9월 20일(丁卯). 領事金壽童曰 聞蔡壽之罪 斷律以絞 臺諫扶正道闢邪說之意 固當如是 壽若自造爲妖言 皷動人心 則可斷以死 但爲技癢所使 聞見而妄作 是所不當爲而爲之也 刑賞務要得中 若此人可死 則如太平廣記剪燈新話之類 其可盡誅乎 上曰 薛公瓚傳 爲輪回禍福之說 以惑愚民 壽非無罪 然絞則過矣 故酌宜罷之.

14 『설공찬전薛公瓚傳』은 귀신과 저승을 제재로 하여 현실정치를 비판했다고 평가되어 사헌부에서는 문자로 베끼거나 언문으로 번역하여 읽는 것을 금했다. 그 결과 책을 모두 불태워 버렸기 때문에 한문 원본이 전하지 않는다. 어숙권魚叔權의 『패관잡기稗官雜記』에서는 그 이름을 '설공찬환혼전薛公瓚還魂傳'이라 하였다.

15 정환국, 「薛公瓚傳 파동과 16세기 소설인식의 추이」, 『민족문학사연구』 25호,

고 인재 등용과 미신 타파를 내세운 중종의 정치이념에 반反하는 내용이라 사건이 더욱 확대되었다. 이러한 논란의 중심에서 저자는 이를 작품화한 동기로 기양을 인용[16]했던 것이다.

조선후기 정약용丁若鏞은 한직閑職으로 밀려나 있으면서 퇴계退溪의 글을 읽고 쓴 〈도산사숙록陶山私淑錄〉에서 기양을 인용하여 자신을 경계[17]했다. 그는 퇴계의 가르침에 자신의 생각을 보태어 자기 성찰을 담은 기록 33편을 남겼다. 유자로서 성현의 글을 접하면 풍신風神이 서늘해지는 경우가 있는 것처럼, 다산은 퇴계의 글을 읽으면서 등에 식은땀이 흐르는 순간을 경험하는데, 그것은 동서고금의 진리를 깨달았기 때문이다. 그러나 어리석은 사람들은 이를 깨닫지 못한 채 기양伎癢이 시키는 대로 문장을 짓고 스스로 기뻐한다. 이러한 기양소사伎癢所使는 자신에게 내재된 작가 의식을 하잘것없는 재주로 남발하는 짓이라고 비판했던 것이다.

지금까지 살펴본 바에 따르면, 사람들에게는 각자 내재된 것을 발휘하려는 욕구가 있다. 그것은 문인에게는 작가 의식이라 불리고, 예술가에게는 예술혼이라고 불린다. 이를 조선후기 야담에 적용시키면, 자신이 습득한 견문과 지식을 저술로 남기려는 의도에서 발휘되는 문학 활동인 기양소사로 집약된다. 조선시대 유자들의 지식 소유

민족문학사연구소, 2004. 38-63면 참조

16 당시에 김수동이 채수의 교수형을 저지하려고 인용한 기양에 대해 간호윤 교수는 '문학 저술의 심성적心性的 동기動機'라고 해석하였다. 간호윤(2002), 전게서 119면 인용

17 정약용, 『與猶堂全書』 권22, 〈陶山私淑錄〉. 噫 其如是也 茫然不悟 半生沈淪 爲伎癢所使 吟風弄月 掞花罵鳥 沾沾自喜 稜稜自逸 欲以馳騁乎萬人之中 而不知識者之鄙異乎市童之憐也 豈唯賤陋之爲可惡 羣猜衆怒 亦由此起 畢竟或不免於裁及其身 可不懼哉 觀先生語意 贊美中亦帶得譏諷.

욕은 다양한 서적 열람과 폭넓은 견문 등 박학을 통해 충족되었으며, 이후 그것을 기록으로 남기려는 작가 의식을 고양시켰다. 그것은 다시 허구와 수식을 가미한 문학적 표현으로 대변되는 '가허'로 나아가기에 이른다.

3) 문학적 기량 표출 : 가허架虛

조선시대 통유를 지향한 지식인들이 경험이나 견문을 통해 습득한 재미있고 교훈적인 이야기는 기양에 의해 새로운 기록 형태로 발현되었다. 한편, 조선후기 야담은 시정市井 공간에서 하층민에 의해 당대의 사회상을 포섭하여 다양한 구연태口演態로 창작되었다. 그 과정에서 구연자는 허구적인 요소를 가미하여 이목을 집중시키고, 인공적인 기교와 수식을 첨가하여 다채로운 흥미를 제공했다. 이는 '가허架虛'라는 말로 대변된다. 그렇게 유전되던 이야기는 문학적 기량을 갖춘 기록자에 의해 허구가 가미된 정교한 서사 형태로 정착되었다.

가허는 '가허착공架虛鑿空' 또는 '착공가허鑿空架虛'의 줄임말로, 허공에 시렁을 매고 공중에 구멍을 뚫는다는 뜻이다. 문학에서는 사실성에 반하는 허구성을 지칭하며, 상상력을 동원하여 다채로운 비유로써 허구를 창조해내는 과정을 병칭하는 말로 쓰인다. 허황된 거짓을 새롭게 만들어낸다는 뜻의 가허는 조선 전기 사헌부 관리가 올린 차자箚子[18]에 처음 등장한다. 당시 사헌부에서는 죄인을 추국하

18 『조선왕조실록』, 성종 7년(1476 丙申 / 明 成化 12년) 10월 26일(丙申). 司憲府執義鄭佸等上箚子曰 自古國家之患 常在於大臣挾勢以陵人 而人主不以時抑制則其弊必至於朝綱陵夷 甚可畏也 今麟趾冒將鄭錫禧家人投石事 申訴刑曹 而

면서 그에게 거짓 자복을 받아내기 위해 없는 말을 만들어내고 짓지 않은 죄를 실토하도록 했다. 예컨대 무고無辜한 사람을 죄인으로 몰아가는 과정에 과거의 사소한 잘못을 부풀리거나 생전 들어보지 못한 죄목을 만들어 덮어씌웠던 것이다. 그 과정에서 착공가허라는 말이 사용되었다.

조선 중기 홍만종洪萬宗은 고소설古小說의 허구성을 '착공구허鑿空構虛'로 기술[19]하였다. 그는 부조浮藻한 글을 숭상하는 풍조에 따라 『서유기西遊記』나 『수호전水滸傳』처럼 허탄하고 재미있는 소설이 널리 유행되었다고 말한다. 그런데 당시 사람들이 소설에 경도傾倒된 것은 저자가 기존에 없던 새로운 이야기를 만들어내면서 허구와 수식이 가미된 문학적 장치를 활용했기 때문이다. 결국 홍만종은 고소설이 세도世道를 망치고 종사宗社를 무너뜨렸다고 주장하지만, 시대가 바뀌면서 이러한 분위기는 점차 확대되어 일련의 형태로 정착되었다.

조선후기 이덕무李德懋는 사람의 심술心術을 어지럽히는 소설의 허구적 특성을 비판[20]하는 데 가허착공을 내세웠다. 그러나 그가 제

其子崇祖以本曹參判 不曾引嫌 輒加囚鞫 鑿空架虛 欲以誣陷 而竟不志 則麟趾乃指臣等爲侵官 爲不固避 遊言支辭 嬰弄朝綱 曾謂聖明在上 而乃敢如是乎.

19 홍만종, 『旬五志』. 古說之表表 可稱者 西遊記・水滸傳外 如列國・東西漢・齊魏・五代・唐・南北宋 各有演義 皆行於世 至大明末 諸文士尤尙浮藻 鑿空構虛 輒成一部 至於坐衙按符之官 越視職事務 得新語得一款 則附會增演 作爲帙卷 故其爲也 汗馬牛充棟宇 指不勝屈 徒爲好事者 傳玩而仍成習俗 競相慕效 遂使世道萎靡 竟至宗社之瓦裂.(『洪萬宗全集』 上, 태학사, 1980. 90면)

20 이덕무, 『靑莊館全書』 권5, 嬰處雜稿[一] 〈歲精惜譚〉. 小說有三惑 架虛鑿空談鬼說夢作之者 一惑也 羽翼浮誕鼓吹淺陋評之者 二惑也 虛費膏晷魯莽經典看之者 三惑也 …… 余幼時 看十餘種 皆男女風情 閭巷鄙諺 有時悅目 實知其眞無是事 然後憎惡之心漸加 頓無滋味 於是 書與眸不相爲謀矣.

기한 주장은 유만주兪晩柱에 의해 긍정적으로 정리되었다. 누구보다 많은 책을 읽고 소장한 유만주의 입장에서 보면 경서는 경서대로, 사서는 사서대로, 전기는 전기대로,[21] 소설은 소설대로[22] 각기 다른 목적과 특성을 지닌다. 따라서 역사와 문학을 동일한 잣대로 평가해서는 안 되며, 특히 소설에서 가허나 착공은 저자의 문학적 기량이요 독자적 표현 방법이었다. 이후 홍석주洪奭周는 유자儒者와 사인詞人의 문장을 비교하여 그 허구적 속성을 이야기[23]하였다. 그는 유자와 사인의 문장이 다른 점을 인정하면서 사인은 항상 남다르게 생각하고 새롭게 지어내며, 기이하고 공허한 것을 추구한다고 주장했다.

이러한 의견과 주장은 홍직영洪稷榮이 쓴 〈동패락송발東稗洛誦跋〉에서 야담의 한 특징으로 떠오른다.

> 근래에 졸옹拙翁 노명흠盧命欽이 편찬한 『동패락송東稗洛誦』을 얻

21 유만주, 『흠영欽英』 11책 1781년 윤5월 21일(『흠영』 3, 서울대 규장각, 1997. 429면). 蓋傳奇之語 不論演實與架虛 易於道塗 而難於精細 道塗之嫌 而必欲精細之 則或又隨意粧撰 以平其抵捂 以補其缺漏 雖曰精細 便非實錄也 余所錄止從傳者 存其抵捂 而不文之以精細也.

22 유만주, 『흠영』 21책 1786년 1월 16일(『흠영』 6, 서울대 규장각, 1997. 130면). 却又言護上皇之臣 有李白杜甫 以雷海淸爲雷萬春之兄 此自小說例套 鑿空架虛 不嫌舛誤 大抵作者之意 每亦故罅隙 使其編纂 明爲寓言也.

23 홍석주, 『연천집』 권39, 〈講書問答〉. 戊辰己巳之交 與舍弟憲仲及中表羣從約爲旬課 講經史程朱書 二三知舊 亦有與其往復者 鑿空而易奇者 詞人之文也 徵實而難工者 經濟之文也 性理之文也 故詞人之文 意雖奇而實無所用 儒者之文如菽粟之可以療飢 藥石之可以伐病 如耒耟陶冶之器 闕一則不可 非不以意爲主也 意之所存 皆卽乎事理之實 而非如詞人之文 以架虛鬪新無中生有 爲貴也 自俗人觀之 尠不以鑿空者 爲奇且難 而徵實者 爲拙且易 然畵鬼魅者易工 模毛髮者難肖 孰知徵實之文 爲天下之至難哉 文章 儒者之末技也 吾黨之士 亦多未能忘情者 故聊爲之一言.

드려 읽어보니, 기뻐서 손에서 놓기 힘들 만큼 문사文詞가 아름다울 뿐만 아니라, 대추를 겹쳐놓고 마름을 구부려 놓은 듯 예전부터 좋아한 점이 있었기 때문이다. 대개 일찍이 논의해보건대 천하의 이치는 헤아리기 어렵고, 천하의 일은 변하기 쉽다. 헤아리기 어렵기 때문에 없는 게 없고, 쉽게 변하기 때문에 기필하는 게 없어서도 안 된다. 없는 게 없는 이치로 기필하는 게 없어서도 안 되는 일을 살펴보면, 온 세상에서 칭하는 귀신의 변괴처럼 은밀히 드러나고 출몰하며, 기괴하고 황탄하여 전기傳記에 뒤섞여 나오는 이야기도 모두 옛사람이 감히 허황되게 날조한바 아님이 분명하다. 어찌 한 편의 글로 단정지어 없앨 수 있으리오.[24]

홍직영은 어려서부터 손님이 전해주는 이야기[稗說]를 듣기 좋아하여 이후에 책으로 만들고자 했으나 오래도록 품었던 뜻을 성취시키지 못했다. 그러던 중에 노명흠盧命欽이 지은 『동패락송』을 접하고 재미있게 읽으며 어린 시절을 회상한다. 그런데 어려서 들은, 귀신이 괴물로 변하여 은밀히 출몰하는 기괴하고 황탄한 이야기에도 나름대로 의미가 있음을 깨닫는다. 기이하고 터무니없는 내용이라고 해서 저자가 아무런 근거없이 허황되게 날조한 것만은 아니라는 사실이다.

예컨대 남녀의 욕망과 귀물鬼物의 변화 등을 소재로 한 이야기는 놀랍기도 하고 재미있기도 하다. 또 한마디 말로써 독자의 이목을 끌거나 허리를 잡고 웃게 만들기도 한다. 그러니 단지 눈에 보이지

24 홍직영, 『소주집小洲集』 권49, 〈東稗洛誦跋〉. 近日得拙翁盧公所編東稗洛誦者 伏而讀之 喜難釋手 非徒爲文詞之美也 曾棗屈芰 自有宿昔之所嗜好故也 蓋嘗論之 天下之理難測 天下之事易變 難測故無所不有 易變故不可必無 以無所不有之理 觀不可必無之事 凡世所稱神鬼變怪 隱現出沒 弔詭荒誕 襍出於傳記者 皆非古之人所敢架虛而杜撰也 明矣 烏可一筆斷之以無之哉.

않고 경험하지 못한 일이라고 해서 거짓으로 단정짓기는 석연치 않았다. 그래서 야담 창작자는 시간적 · 공간적 배경을 명시하고 등장인물의 실명實名을 거론함으로써 진실성을 부여하여 청자나 독자의 신뢰를 담보하게 된다. 그 결과, 야사野史에서 빠지거나 소략한 것을 채집하고, 가승家乘에서 유실 혹은 누락된 것을 수습했다는 평가를 확보하는 것이다.

지금까지 살펴본 바에 따르면, 조선시대 유자들은 학문적 욕구에 따라 풍부한 경험과 다양한 견문으로 해박한 지식을 소유한 통유를 지향하고, 이후 기양을 통해 내재된 작가 의식을 발현하는 과정에서 수많은 작품을 산생産生했다. 게다가 가허를 내세워 작품에 허구성을 개입시킴으로써 문학적인 표현을 추구하였다. 이들은 조선 전기에는 골계담滑稽談이나 소화笑話를 즐기기도 했으며, 후기에는 전기傳奇나 야담野談을 창작하기도 했다. 이처럼 가허는 시대의 변화와 독자의 요구에 부응하는 글쓰기 양상을 보이며 꾸준히 변화 발전하여 야담에 이르렀다.

3. 18세기 야담의 구성과 글쓰기 방식

야담은 민간에서 창작되어 구연을 통해 유행하였으며, 이후 식자층에 의해 기록으로 정착된 독특한 서사 형태를 보인다. 또 대부분 근원이야기를 중심으로 서사가 구성되지만, 근원이야기 앞뒤에 사회 분위기나 후일담後日談 또는 평어評語가 부록되면서 새로운 양상을 보인다. 특히, 18세기 야담은 대개 '제목[25]+근원이야기+평어(전평어/후평어)[26] 또는 후일담이나 견문과정'으로 구성되었다. 조선후기 식자층이 여항閭巷의 잡다한 이야기를 기록하는 데는 나름대로 명분이 필요했다. 따라서 그들은 야담 채록 과정에서 내용에 알맞은 제목을 붙이고, 근원이야기를 재미있고 실감나게 서술한 다음, 평어評語를 덧붙이거나 후일담과 견문과정을 밝힘으로써 작가 의식을 표출하고 작품성을 높였다. 그런데 18세기 야담에서 근원이야기의 견문과정이나 후일담은 객관적 사실을 그대로 서술한 설명하기, 서사의 중심인 근원이야기는 문학적 재량이 발휘된 비유하기, 저자의 의견을 담은 평어는 주관적 포폄을 담은 비평하기 등 다양한 글쓰기 방식을 보인다.

1) 전평어 및 후일담과 설명하기

18세기 야담에서 근원이야기의 앞에 덧붙여진 전평어와 근원이야기의 견문과정 또는 사건의 후일담은 설명하는 글쓰기 방식으로 기술되었다. '설명'이란 어떤 대상의 지식과 정보를 알기 쉽게 풀어서 일러주는 것을 말한다. '설명하기'는 무엇보다 저자가 대상의 실체를 정확하게 알고, 그 내용을 구체적으로 서술함으로써 독자가 낯선 내용과 의미를 잘 이해하도록 만드는 글쓰기 방식이다. 따라서 의미가 분명히 드러나면서 누가 읽어도 알기 쉬운 내용과 간결한 문장으로

25 본고에서 분석하는 18세기 야담은 『잡기고담』·『동패락송』·『삽교만록』·『학산한언』 소재 작품으로 한정하였다. 그 중에 제목이 있는 것은 『잡기고담』뿐이며, 『동패락송』·『삽교만록』·『학산한언』은 필자가 임의로 제목을 붙이거나 기존의 번역서에 제시된 것을 활용하였음을 밝혀둔다.

26 18세기 야담에는 평어가 부록된 작품이 다수 보이며, 평어는 야담 저자에 의해 근원이야기의 앞 또는 뒤에 덧붙여져 중심 사건 및 전체 작품을 이해하는 데 도움을 준다. 평어는 일반적으로 근원이야기의 앞에 붙여진 것을 전평어前評語, 뒤에 붙여진 것을 후평어後評語라고 부르는데, 본고에서도 그런 의미로 쓰였다.

기술하는 것이 좋다. 요컨대 '설명하는 글'은 사실을 토대로 정확한 의미를 담아 쉬운 문장으로 표현해야 한다.

18세기 야담에서 이러한 방식으로 서술된 부분들을 살펴보자.

> 우리나라 노비법은 고려시대에 매우 엄정하여 노비 대장[賤籍]에 이름이 올라 있는 자는 평민과 함께 생활할 수 없었다. 조선시대에 이르러서는 그 법이 비록 고려시대 만큼 엄정하지 않지만, 역시 노비는 관직을 얻거나 관리가 되지 못하고, 양민과 천민은 서로 혼인할 수 없다. 이 때문에 부유한 노복 가운데 족당이 강성한 자들은 갖은 방법으로 자기 신분을 숨겨 대장에 이름이 올라가지 않도록 하며, 심지어 자기 주인을 살해하는 자도 있다. 근래에는 법망이 해이해져서 지금은 양민과 천민의 한계가 거의 사라졌다.[27]

이 예문은 『잡기고담』 소재 〈면화免禍〉의 전평어에 해당되는 부분이다. 〈면화〉는 어떤 가난한 선비가 도망간 노비를 찾아 추노길에 나섰다가 죽을 고비를 넘기고 살아 돌아온 이야기다. 저자 임매任邁는 조선시대 주인과 노비의 관계와 사회상을 담아내면서 고려시대의 노비법과 조선시대의 변화 양상을 먼저 서술하였다. 그에 따르면, 고려시대에는 노비법이 무척 엄격하였으나, 조선시대에 이르러 점차 느슨해져서 양민과 천민의 한계마저 사라진 상태다.

저자는 근원이야기를 시작하기에 앞서 전평어 부분에서 노비법에 관련된 일반적인 지식을 서술하여 독자의 이해를 돕고 있다. 특히

27 임매, 『잡기고담』, 〈免禍〉. 我國奴婢之法 在麗時極嚴 名在賤籍者 不得與平民 齒至本朝 其法之嚴 雖不如麗代 而亦不得仕宦爲吏 良賤不得相婚嫁 以此奴婢之富豪 而族黨强盛者 百計隱漏 至有殺害其主者 近世以來 法網解弛 至于今日 則良賤之界限 幾蕩然矣.

조선시대의 노비 상황을 설명하기 위해 전대前代와 비교하여 노비법이 제대로 시행되지 않음을 서술하였으며, 근원이야기에서 노비가 자기주인을 살해할 수도 있음을 넌지시 드러냈다. 이처럼 평소에 저자가 지닌 법제도에 관한 지식, 현재 노비법에 저촉되는 주인과 노비의 갈등과 피해, 생활 주변에서 벌어지는 사건 사고에 대한 관심 등이 어우러진 잡다한 정보를 알려주기 위해 설명하는 방식을 택한 것이다.

이러한 의도는 〈도재상盜宰相〉[28]에서도 확인된다. 〈도재상〉은 가난 때문에 어쩔 수 없이 도적떼에 들어가 우두머리가 되었던 어느 선비의 이야기다. 그는 군도群盜의 괴수魁首로서 활약하며 많은 재물을 모아 도적들에게 골고루 나누어준 다음, 집으로 돌아와 과거 공부에 매진하여 관직에 나아가 마침내 재상이 되었다. 이런 입지전적인 인물을 주인공으로 내세운 야담에서 저자는 전평어[29]를 붙였는데, 도적질에 대한 일반적인 생각과 더불어 도적의 우두머리에 상응하는 유명인[30]을 거론함으로써 근원이야기에 등장하는 도재상의 면

28 유만주는 『흠영』에서 당시 〈도재상〉에 관한 세간의 평가와 자신의 독서 경험을 수차례 기술한 바 있다. 『흠영』에 대해서는 김하라의 「兪晩柱의 『欽英』 연구」(서울대 박사학위논문, 2011.)를 참조하기 바란다.

29 임매, 『잡기고담』, 〈盜宰相〉. 萬惡之中 惟盜最兇 殺人放火 刦掠財物 曾不畏死 恬不知恥 誠可慜而亦可却也 然亦非庸碌瑣屑者所能爲也 朱夫子有言曰 杲老當時 若不爲僧 必爲大倘魁首 蓋其有傑特絶人之姿 而縛於戒律 纔免拔扈耳 自古綠林中 自號大王者 其財皆必有過於人者 若一朝投劒而反乎正 則漢之王常 唐之李勣 豈不是名將 而晉之戴淵周處 不害爲名士矣 盜之才又易可少哉.

30 저자가 언급한 인물은 왕상王常과 이적李勣, 대연戴淵과 주처周處이다. 네 사람은 웅지雄志를 타고난 무인으로서 국가적 혼란기에 활약하거나, 큰 공적을 이룬 걸출한 문신 학자로서 개인적 입신에 성공하였다. 특히 왕상과 이적은 군도에 가담한 전력이 있으며, 대연과 주처는 우환을 없앤 이후에 입신한 경력이 있다.

모를 부각시켰다. 즉, 재상이 된 군도의 괴수 이야기에 앞서 도적질이라는 악행을 일삼다가 선인으로 돌아선 중국 역대 인물의 행적을 알려주기 위해 설명하는 방식을 택하였다.

이처럼 18세기 야담에서 전평어는 근원이야기의 서사 전개에 필요한 배경을 설명하는 부분으로 기능하며, 저자가 평소에 습득한 지식과 정보는 물론 일반적이고 객관적인 사실을 언급함으로써 근원이야기의 이해를 돕는 데 일조한다. 그런데 설명하는 글쓰기 방식은 18세기 야담의 후일담에서도 비슷한 형태로 나타난다.

다음은 『동패락송』 소재 〈조보朝報〉라는 작품이다.

> 나는 누차 평산平山을 지나다녔다. 평산 동쪽 10리 마당리馬堂里 큰 길가에 서향한 것이 바로 병사의 묘이고, 그 오른쪽 10여 보에 있는 것이 곧 그 소실의 무덤이다. 행인들이 그곳을 가리키며 지난 이야기를 말하곤 했다. 우씨 집안에서는 지금도 그 서모庶母의 제사를 받든다고 한다.[31]

〈조보〉는 우하형禹夏亨이라는 실존 인물과 지인지감知人之鑑을 갖춘 수급비水汲婢의 결연담을 소재로 한 작품이다. 수급비는 한미寒微한 관리 우하형의 인물됨을 알아보고 물심양면으로 그를 지원하며 그가 입신양명하기를 고대한다. 이후 그가 관직에 나아갔을 때도 항상 조보를 읽으며 적당한 시기를 일러주고 올바르게 처신하기를 권유하는 등 평생 함께 살다가 나란히 생을 마감하였다. 그런데 조선시대 엄격한 신분제도 아래 천한 신분의 그녀를 우하형이 소실로 받

31 노명흠, 『동패락송』, 〈朝報〉. 余屢過平山 平山東十里 馬堂里大路傍 西向 乃兵使墓 其右十餘步 卽其妾塚 行人指點 而談其事 禹氏至今祀其庶母云.

아들였으며, 집안에서도 그녀를 서모로 대우하였다는 후일담은 당사자와 그 가문에서 대대로 인정받았다는 사실을 알려준다.

특히, 근원이야기를 견문한 저자 노명흠盧命欽은 야담을 기록화하기 전부터 배경 지역을 지나다녔으며, 도중에 우하형과 소실의 무덤을 보았다는 사실을 서술하였다. 당시로서는 사후死後에 나란히 묻히기 어려웠던 두 사람이 자손들의 배려로 열 발자국 떨어진 가까운 곳에 매장되었으며, 더구나 자식들이 제사를 지낼 때면 서모로서 예를 갖추었다고 하니, 객관적 사실을 담담하게 설명해주는 후일담 때문에 근원이야기가 더욱 독자들에게 신뢰감을 주고 설득력[32]을 얻는다.

18세기 야담 저자는 통유를 지향하며 자신이 채록한 근원이야기의 견문과정을 밝히거나, 또 근원이야기가 시간이 지남에 따라 어떠한 결과를 낳았는지 그 추이推移를 후일담[33]으로 덧붙였다. 그것은 때

32 『학산한언』 소재 작품에서도 간략한 후일담이 다소 확인된다. 저자 신돈복辛敦復은 〈효자 오준吳竣〉에서는 효감천孝感泉의 소재와 보존 관리[孝感泉至今尙在觱沸瀅澈 邑人愛護以石築云], 〈효자 정옥량鄭玉良〉에서는 서원 마당의 대추나무[其里本有書院 其棗樹至今留在庭中], 〈효자 이발李墢〉에서는 주인공의 나이와 주거지[宗禧今年三十二 來居京師阿峴 余嘗見之 貌端潔莊雅士也], 〈염시도廉時道〉에서는 자손들의 거주지[今其諸孫尙在安國洞] 등 근원이야기 속 인물과 사건에 대한 후일담을 실어두었다. 즉, 지극한 효성 덕분에 샘이 솟고 한겨울에 대추가 열린 경우에는 그 증거물이 현존하고 있으며, 남다른 효성과 빼어난 충심을 보여준 인물에 대해서는 당사자와 후손들의 거주지를 분명히 설명함으로써 사실감을 더했다.

33 『잡기고담』 소재 〈천연天緣〉에는 근원이야기의 견문과정과 후일담이 나란히 실려 있다. 저자는 먼저 두 사람의 결연담을 이공의 생질 서함일씨에게 들었으며[余聞此說於徐咸一氏 徐卽李氏彌甥也], 이후 이공의 자손인 이방좌 절도사와 정생의 자손인 단천부사가 만날 때마다 두 선대先代의 혼인에 대해 서로 놀리는 모습을 목격했다[後余就理金吾時 鄭姓武弁以端川府使 對吏李節度邦佐 亦以事坐繫閣閣中 時常過敍 鄭李每相謔 李卽曰 汝家仰婚 得齒於士大夫 鄭卽曰 汝家是吾祖

로 저자가 구체적인 성명과 관직명 및 인척관계를 내세워 독자에게 객관화된 정보를 제공하려는 데서 비롯되었으며, 그 내용은 설명하는 방식으로 쓰였다. 흔히 야담이라고 하면 하나의 문학적인 서사체로 인식하지만, 그에 해당되는 근원이야기 외에도 견문과정과 후일담을 설명으로 더하여 독자의 신뢰감과 설득력을 높이는 동시에 작품의 범주를 확장시키기도 했다.

2) 후평어와 비평하기

18세기 야담에서 근원이야기 뒤에 부록된 후평어는 전형적인 비평하는 글쓰기 방식을 보인다. '비평'이란 어떤 대상에 대해 잘잘못을 따져 참인지 거짓인지를 밝히거나 그 논의를 수용할지 거부할지를 결정하는 것이다. '비평하기'는 저자가 대상의 실체를 면밀히 분석하고, 그것을 논리적으로 증명함으로써 독자가 비판적 내용을 타당하게 여기고 신뢰하도록 만들어야 한다. 따라서 일관된 논지를 주장하면서도 객관적인 이유와 타당한 근거를 제시하여 독자의 동의나 설득을 유도하는 것이 좋다. 요컨대 '비평하는 글'은 논제에 대해 독자가 흥미를 갖고 이해할 수 있도록 저자의 애정과 관심을 담아 의미를 전달해야 한다.

아래 예문은 『잡기고담』 소재 〈도재상〉의 후평어에 해당되는 부분이다. 그런데 〈도재상〉은 근원이야기의 시간적 배경이 고려시대로 설정되어 있다.

내가 일찍이 고려사高麗史를 살펴보니, 장상將相과 명신名臣 가운

三娶妻家 敢與我爭門楣乎]고도 서술하였다.

데 건장하고 준수한 사람으로서 간교하고 교활하여 난을 일으킨 자들이 또한 다시 극성이었다. 그들은 흉악하여 돌아보며 꺼리는 바가 없었고, 의기로 인하여 그 일대一代의 인품과 습기가 대부분 저항하고 과감하여 규범 안에 구속되지 않았다. 지금 이 유생의 본말을 살펴보면, 그도 그렇지 않은가. 혹 이 사람을 조선시대 사람이라고 한다면 이는 실로 자연스럽지 못하다. 조선시대 인물은 비록 호걸스럽고 우뚝한 자세일지라도 반드시 전전긍긍하며 조심하는 뜻이 있고, 간혹 광탕狂湯하고 얽매이지 않는 부류가 있어도 역시 스스로 시와 술에 의탁하거나 기절氣節을 존중하니, 규범을 잘라버리고 예스러움을 초월하며 한가로움을 뛰어넘어 이처럼 방탕해지지 못하는 것이다. 내가 들은 사람은 당연히 고려시대 사람이다.[34]

18세기 대표적인 군도담에 속하는 〈도재상〉[35]은 과업科業에 종사하던 가난한 선비가 생활고에 시달리다 못해 도적의 산채를 찾아가는 것으로 이야기가 시작된다. 이후 도적들의 추대를 받아 우두머리가 되어 의롭지 못한 사람들의 재물을 빼앗아 생활하다가, 그동안 모은 재물을 나눠주고 집으로 돌아가서 다시 과거 공부에 매진한 결과, 급제하여 관직에 나아가 재상의 반열에 올랐다는 이야기다. 군도群盜는 조선후기에 대거 등장하여 어지러운 사회상을 대변하며 일정 기간에 수많은 이야기를 낳은 흥미로운 소재였다. 그런데 저자는 야

34 임매, 『잡기고담』, 〈盜宰相〉. 余嘗觀麗史 將相名臣多魁偉磊落之人 權奸巨猾之作亂者 亦復極 其兇惡無所顧忌 因意其一代人品習氣 多亢爽果毅 不拘於繩墨之內也 今以此生本末見之 不其然歟 或以此爲本朝人 是實不然 本朝人物則雖豪傑魁梧之姿 必帶戰兢臨履之志 間有狂猖不羈之流 亦自托於詩酒 引重於氣節 未嘗有胖棄規矩 越禮踰閑 若是放肆者也 余之所聞以爲麗人者當之.

35 〈도재상〉을 비롯해 『잡기고담』 소재 일부 작품의 서사 구도 및 유형에 대해서는 필자가 '탈/출' 및 '귀/환'에 주목하여 발표한 논문(2013. 전게서)을 참조하기 바란다.

담을 채록하면서 사건의 배경을 일부러 고려시대에 두었으며, 주인공을 고려시대 인물이라고 주장하였다.

예나 지금이나 남의 재물과 목숨을 빼앗는 행위는 악랄한 범죄에 속한다. 그들이 아무리 부패한 탐관오리나 그릇되게 축재蓄財한 부자를 약탈한다고 해도 도적은 엄연히 범법자이다. 더구나 그런 범죄자가 재상이 되었다는 이야기에는 그럴 듯한 명분이나 최소한의 변명이 필요했다. 저자는 성리학적 이념이 팽배한 조선시대에 그러한 사건과 인물이 존재했다고 내세울 수는 없었으므로 고려와 조선의 시대적인 특징을 구분하여 주인공을 고려시대 인물로 규정한 것이다. 또 그것은 타당성 있는 근거가 뒷받침 되었기에 설득력 있는 주장으로 받아들여진다.

동시대 『삽교만록』 소재 〈선천김진사宣川金進士〉 역시 〈도재상〉과 유사한 군도담에 해당되는데, 저자 안석경安錫儆은 근원이야기의 도입 부분에서 "선천에 사는 김진사는 신의와 재략으로 칭송이 자자했다.[宣川金進士者 以信義才略著稱]"라고 인물에 대한 사실을 간략히 소개한 바 있다.

> 아! 김진사는 과연 호걸한 선비이나 역시 지혜로운 자는 아니다. 그 처음에 저가低價의 준마를 산골짜기에서 시험하는 과정에 대개 지혜로운 자라면 의심했을 법하지만 김진사는 의심할 줄 몰랐으니, 도적의 그런 함정에 빠지고 만 것이다.[36]

---

36 안석경, 『삽교만록』, 〈宣川金進士〉. 嗟乎 金進士果豪傑之士也 然亦非智者也 當其始也 駿馬低價 試之山蹊 皆智者之所可疑 而金進士不知疑焉 宜乎其陷于賊也.

이 예문은 근원이야기 뒤에 덧붙여진 후평어 대목이다. 18세기 야담 가운데 임매처럼 빠짐없이 평어를 붙인 저자는 없다.[37] 안석경도 야담에 해당되는 작품에 간략한 비평을 덧붙임으로써 자기주장을 내세우긴 했으나, 분량도 적을뿐더러 사건과 인물에 대해 포폄을 가한 것이라고 보기 어렵다. 그럼에도 김진사가 도적의 산채로 초치招致되는 과정에서 애당초 '준마를 싼값에 팔 테니 한 번 타보지 않겠느냐'는 동자童子의 말을 믿은 게 잘못이었다고 평했다. 요컨대 저자는 〈선천김진사〉의 도입 부분과 작품 말미에서 김진사가 비록 군도의 괴수가 되어 신의와 재략을 펼친 호걸한 선비이지만 결코 지혜로운 사람은 아니라고 결론내린 것이다.

이처럼 18세기 야담에서 평어는 독특한 형태로 존재했다. 야담이 민간에서 창작되었을 때는 근원이야기만 구연되었으나, 식자층에 의해 기록되는 과정에서 평어가 부록된 것이다. 특히, 후평어는 근원이야기 속 인물과 사건에 대한 저자의 분석과 비판을 담아 잘잘못을 포폄하는 내용으로 쓰였다. 그것은 비평하는 글쓰기 방식을 통해 독자에게 근원이야기를 다양한 관점에서 바라보는 기능을 제공하는 동시에 저자의 논리적인 설득에 적극 동조하는 결과를 낳았다. 더구나 평어는 18세기 야담에서 가장 두드러지고, 후대로 가면서 점차 사라지는 양상을 보인다.

37 『잡기고담』 소재 작품 총 24편 가운데 21편에 평어가 부록되어 있으며, 전평어와 후평어가 나란히 붙여진 작품도 4편이나 된다. 즉, 이 4편은 하나의 작품에 설명하기와 비평하기가 나란히 활용되었으며, 여기에 서사의 중심인 근원이야기를 포함하면 비유하기까지 세 가지 글쓰기 방식을 동시에 활용하여 작품을 구성한 것이다. 게다가 임매는 작품마다 내용에 어울리는 제목을 붙여 남다른 작가 의식을 표출하였다.

3) 근원이야기와 비유하기

18세기 야담에서 근원이야기는 서사 전개 과정상 특정 대목에서 비유하는 글쓰기 방식을 보인다. '비유'란 어떤 사물이나 현상을 다른 대상에 빗대어서 표현하는 것을 말한다. '비유하기'란 단어나 문구의 사전적 의미를 넘어 원관념과 보조관념의 유사성에 기반하여 새로운 의미를 생성하는 것이다. 따라서 저자는 대상의 실체를 정확하게 알고, 그 특성에 맞는 또 다른 대상을 찾아 직유・은유 등을 활용하여 본래 의미를 다양하게 변화시킨다. 요컨대 '비유하는 글'은 일상적인 표현을 참신하고 창의적인 것으로 만들어 효과적으로 전달하므로 문장의 효율이 높아진다.

본고에서는 인물과 사건이 서로 다른 야담이지만 근원이야기의 특정 대목에서 비유를 활용하여 비슷하게 표현된 방식에 주목하였다. 예문으로 제시할 〈검녀劍女〉와 〈검기劒技〉 및 〈기승奇僧〉[38]은 주인공들이 각자 다른 계기에서 익힌 빼어난 검술을 보여주는 장면이 무척 흡사하며, 이는 직유와 은유 등 다채로운 비유법을 그대로 보여준다.

먼저 『삽교만록』 소재 〈검녀〉[39]에서 그녀의 뛰어난 검술을 표현한 대목이다.

38 이 세 작품에 대해서는 필자가 야담의 화소에 주목하여 그 교착 및 변개 양상을 중심으로 발표한 논고를 참조하기 바란다. 이채경, 「18세기 야담의 유사 화소 교착 및 변개 양상」, 『대동한문학』 제40집, 대동한문학회, 2014. 399-441면

39 〈검녀〉에 관해서는 다음 논문을 참조하기 바란다. 조혜란, 「조선의 女俠, 劍女」, 『한국고전여성연구』 제12권, 한국고전여성문학회, 2006. 265-287면 ; 강혜규, 「삽교 안석경의 〈검녀〉 연구—女俠敍事 전통의 계승과 변용」, 『한국한문학연구』 제41권, 한국한문학회, 2008. 445-475면

> 사뿐히 가벼운 제비처럼 움직이더니, 별안간 칼이 날자 몸을 솟구쳐 칼을 옆구리에 끼었다. 처음에는 사방으로 흩어져 꽃잎이 떨어지고 얼음이 부서지는 듯하더니, 중간에는 둥글게 뭉쳐서 눈보라가 치고 번개가 치는 듯하다가, 마지막에는 훨훨 비상하여 고니가 날아오르고 두루미가 날아오르는 듯했다. 사람은 보이지 않고, 또한 칼이 어디서 오는지도 보이지 않았다. 다만 한 줄기 흰 빛이 동쪽에서 두드리고 서쪽에서 부딪치며 남쪽에서 번쩍이고 북쪽에서 번뜩이는 듯하면서 휙휙 바람이 일고 싸늘한 빛이 하늘을 얼어붙게 했다. 갑자기 고함 소리가 한 번 들리고 쩍하며 뜰의 나무가 갈라지더니, 칼이 던져지고 사람이 우뚝 섰으며, 남겨진 칼 빛과 남은 기운이 차갑게 끼쳐왔다.[40]

〈검녀〉는 남다른 검술을 지닌 여자가 기남자奇男子로 알려진 소응천蘇凝天과 함께 생활하다가, 결국 그가 평범한 사람과 다를 바 없음을 알아차리고 떠난다는 이야기다. 그런데 소응천을 떠나기에 앞서 그녀가 보여주는 검객劍客으로서 모습은 독자의 상상을 초월한다. 즉, 그녀가 남다른 면모를 지닌 남자를 찾아서 결연한 이유와 더불어 지금껏 동거하던 남자가 범부凡夫였음을 깨닫고 떠나가는 행위에 정당성을 부여한다. 근원이야기에서 얼큰하게 술이 취한 그녀가 단출한 옷으로 갈아입고 연화검蓮花劍을 휘두르는 모습은 위 예문에 고스란히 담겨 있다.

40 안석경, 『삽교만록』, 〈劍女〉. 既酣暢而發其裝 青氈巾 紅錦衣 黃繡帶 白綾袴 斑犀鞾 皎然蓮花劍一雙 渾脫女襦裳 而改服單束 再拜而起 翩然若輕燕 而瞥然騰劍 竦身挾之 始也四撒 花零氷碎 中焉團結 雪滾電鑠 末乃翱翔鵠擧鶴翥 不可見人 而亦無由見劍 秖見一段白光 撞東觸西 閃南掣北 而颯颯生風 寒色凍天 俄叫一聲 砉然割庭柯 而劍擲人立 餘光剩氣 冷逼於人 凝天初猶堅坐 已而顫縮 終則頹仆 殆不省事矣 其女收劍更衣 煖酒爲懽 凝天乃得蘇.

검술 시연은 '처음에는 꽃잎이 떨어지고 얼음이 부서지는 듯' 조용히 시작되나, '점점 눈보라가 휘날리고 번개가 치는 듯' 거세지더니, '나중에는 고니와 두루미가 날아오르듯' 허공에서 싸늘한 빛을 뿜으며 바람 소리만 들리는 경지에 이른다. 평소 기남자로 알려진 소응천도 온몸이 얼어붙을 만큼 놀라운 검술은 비유하는 글쓰기 방식으로 독자에게 재미와 더불어 현장감과 생동감을 선사한다. 특히 '꽃잎과 얼음'에서 '눈보라와 번개'를 거쳐 '고니와 두루미'로 이어지는 단어의 이미지와 상징성이 비유를 통해 잘 드러난다 하겠다.

다음은 『잡기고담』 소재 〈검기〉에서 공자公子가 뛰어난 기량을 보여주는 대목이다.

> 이윽고 옷을 걷어 올리고 칼을 뽑아 두 손에 잡고는 천천히 움직이자, 칼날이 번뜩이며 달구어졌다. 처음에는 유성流星이 꼬리를 끄는 듯하더니, 점점 달빛이 갈라지고 기울어지는 듯하다가, 검세劍勢가 재빨리 한 바퀴 돌고 나서는 차가운 빛이 온 방을 두루 비추었다. 찬바람이 휙 불고 찬 기운이 사람에게 끼치자, 모두 두려워하며 집밖으로 흩어져 나갔다. 잠깐 사이에 갑자기 그 사람은 보이지 않고 다만 한 길이나 되는 은 항아리가 집과 처마 사이에서 회전했다. 보랏빛 번개가 여러 줄기 오르내리고, 번뜩이는 빛 무리가 사방에 가득하니, 모두 얼굴을 마주하고도 서로 보이지 않았으며, 꼼짝없이 한 구석에 서서 벌벌 떨며 감히 숨조차 쉬지 못했다.[41]

41 임매, 『잡기고담』, 〈劒技〉. 主人卽命酒 一叉鬟以朱柒盤 捧畵瓷甌 滿斟紫酒以進 一飮而盡 時主人坐于奥 數客左右隅坐 捧甌叉鬟 亦立于軒外 以觀其所爲 <u>乃揭衣發劒 握之兩手 徐徐運動 劒花閃鑠 初如流星洩芒 漸如隙月斜明 旣已劒勢轉急一圈 寒光遍照一室 而陰風颯颯 冷氣逼人 衆皆悚然 迸出戶外 俄頃之間 倏失其人 而但一丈銀瓮轉於堂室軒廡之間 紫電百道上下 揮霍光彙四塞 衆皆</u>

〈검기〉는 임진왜란 때 왜국으로 끌려간 종실 공자가 왜장의 양자養子로 생활하면서 검술을 익혀 양부養父의 원수를 갚고 나서 그 보답으로 환국하는 이야기다. 그런데 조선으로 돌아온 공자가 동료들에게 선보이는 검술은 타인의 추종을 불허할 만큼 신기神技에 가깝다. 조선에서는 전수할 사람이 없어 사라지게 될 그의 검술은 일족一族의 요청에 따라 짧은 시연이 펼쳐진다. 검술 시연을 앞두고 그가 주발에 술을 가득 따라 마신 다음, 자리에서 일어나 옷자락을 걷고 칼을 뽑아 들었을 뿐인데, 구경꾼들은 이미 기대감과 긴장감에 휩싸이고 만다.

이후 '처음에는 유성이 꼬리를 끄는 듯' 느리게 움직이다가, '점점 달빛이 갈라지는 듯' 날카로워지더니, '나중에는 싸늘한 빛을 발하며' 기세를 더해간다. 특히, 공자의 칼끝은 '한 길이나 되는 은 항아리'와 '보랏빛 번개'라는 표현을 통해 매섭게 번뜩이는 모습으로 그려진다. 이는 어둠속에서 원을 그리는 칼날의 움직임과 속도를 비유한 말로, 이후 보이지 않는 검객의 모습과 구석으로 내몰려 숨죽인 채 벌벌 떨고 있는 구경꾼들의 반응을 선명하게 대비시켜 독자의 흥미를 끌어내는 효과를 거둔다. 이러한 비유는 근원이야기의 서사 전개에 꼭 필요한 요소이며, 특히 저자는 비유하는 글쓰기를 통해 서사에 생동감과 긴장감을 끝까지 유지하고 있다.

이러한 대목은 『학산한언』 소재 〈기승〉[42]에도 나란히 보인다.

<u>對面不相見 東立一隅 戰慄不敢息</u> 忽聞鐵聲錚然 而捧甌叉鬟 急叫一聲 衆益驚駭 謂其被斫也 旣又轉下庭除 庭畔有大梨樹 密葉方敷 倏然隱藏 唯見枝梢搖颺若受疾風者.

42 18세기 전후에 동일한 인물과 사건을 다룬 일부 작품은 각기 '전傳'과 '야담野談'으로 나란히 저술되었다. 이러한 경우로는 오도일吳道一의 〈설생전薛生傳〉과 『학

노승은 쌍검을 잡고 일어나 춤을 추었다. 처음에는 머리를 움직이며 굽어보고 올려다보는 모양이 자못 느렸다. 조금 뒤에는 점차 빨라지면서 휘두르는 칼날에 바람이 일었다. 한참 뒤에는 솟아올라 회오리바람처럼 떠다니며 공중에 선 채로 빙글빙글 돌면서 왔다 갔다 하는 것이었다. 이윽고 다만 하나의 은 항아리가 잣나무의 층층 잎 사이로 나타났다 사라졌다 하며 번갯불을 끌어온 듯 번쩍이다 녹아내리고, 갑자기 길어졌다 갑자기 짧아졌다 하며 바위 골짜기에 스며들어 비치기도 하여 온통 서리와 눈으로 뒤덮인 듯한데, 잣잎이 어지럽게 비처럼 날리며 떨어졌다.[43]

〈기승〉은 임진왜란 이전에 조선으로 건너온 왜국의 첩자가 자신에게 검술을 전수해준 스승을 죽인 동료들을 징치懲治하고 승려가 된 이야기다. 이후 오랜 세월이 흘러 늙고 병든 노승老僧이 보여주는 검술도 보는 사람을 전율케 할 만큼 뛰어난 것이다. 그런데 앞서 검녀와 공자가 집안의 한정된 공간에서 검술을 시연했다면, 노승은 검술 공간을 집밖의 야산野山으로 옮겨간다. 또한 공자처럼 수많은 구

산한언』 소재 〈설생薛生〉, 신광수申光洙의 〈검승전劍僧傳〉과 『학산한언』 소재 〈기승奇僧〉, 서형수徐瀅修의 〈우온전禹媼傳〉과 『동패락송』 소재 〈조보朝報〉 등이 있다. 그런데 서사의 구성 및 전개 면에서 야담이 전보다 우수하고, 비유를 활용한 글쓰기도 야담이 훨씬 뛰어난 것으로 평가된다. 필자는 학위논문(2014)에서 18세기 야담이 '고담古談'과 '전기傳奇' 및 '전傳' 등 전대 양식을 수용하는 전략을 통해 서사 의식을 고양시키는 성과를 얻었다고 서술하였다.

43 신독복, 『학산한언』, 〈奇僧〉. 翌日 邀孟公至一處 有一栢樹 大可十圍 上干雲霄 僧袖出兩物 團圓如毬 用繩堅縛 去繩訖見 兩個鐵塊 卷帖如拳 以手平展 則數尺霜刃 光如秋水 而卷舒呂紙 <u>僧把雙劍起舞 始也 顚動低昻頗遲 俄而 漸見迅疾 揮霍風生 久之 騰湧飄浮 立在室中 盤旋去來 已而只見一個銀瓮 出沒於栢樹層葉之間 掣電閃鑠 倏長倏短 襲映岩壑 遍是霜雪 栢葉紛紛 飛落如雨</u> 孟公神惙魄懍 不能正視 其栢葉多寸斷 而樹枝半童矣 良久 僧方投下 立於樹下.

경꾼들 앞이 아니라 절에 찾아온 감사 맹주서孟冑瑞를 맞이하여 기량을 선보인다.

노승이 소매에서 둥근 공처럼 말린 쇳덩이 두 개를 펼치자, 종잇장처럼 얇은 칼날이 번뜩인다. 드디어 쌍검을 휘두르는 노승의 움직임에서 변화가 시작되고, '처음에는 자못 느리다'가, '점점 빨라져서 칼날에서 바람이 일어나'더니, '한참 뒤에는 회오리바람처럼 공중을 왔다갔다' 하는 것이다. 앞서 살펴본 두 예문보다 간략한 서술이지만, 노승의 신묘한 검술은 칼날의 동선에 따라 바뀌는 잣나무의 모습을 통해 절정에 이른다. 빼곡하던 잣나무 잎이 비처럼 떨어져 내려 시연을 마칠 때쯤에는 잣나무 가지가 절반가량 베어진 상태다. 특히, 저자는 칼날의 움직임을 '하나의 은 항아리'로 비유하며 독자의 긴장감을 유발시키고 상상력을 자극한다.

야담은 근원이야기 중심의 서사 형태로, 조선후기 사회상과 인물상을 고스란히 담아낸다. 또 야담 저자는 기양과 가허에 기대어 다양한 화소를 서사 전개 과정에 독창적인 비유와 문학적인 기교를 발휘하여 다채로운 이야기로 엮어냈다. 요컨대 이 세 작품은 비유하는 글쓰기 방식을 활용하여 검객의 동선動線과 검기劍氣의 변화를 점층법漸層法으로 처리함으로써 그 빼어난 검술을 부각시켰다. 다시 말해, "느리다가 빨라지는 시범자 행위의 완급緩急이라든가, 상하전후좌우로 이동하는 관찰자의 시선이라든가, 검술 시범 진행에 따라 경험하는 놀라움과 두려움의 층위라든가, 인물과 사물의 변화로 인해 생동하고 역동적인 장면이 연출되며 문학적인 효과를 창출한다."[44] 하겠다.

44 이채경(2014), 전게서 120-121면 인용

4. 결론

지금까지 문학 전반을 아우르며 조선시대를 관통하는 일반적인 글쓰기 단계에서 접근하여 18세기 야담의 구성과 글쓰기 방식을 분석함으로써 18세기 야담의 글쓰기 양상을 규명해 보았다. 이를 정리함으로써 결론을 대신하고자 한다.

먼저, 인간에게는 다양한 지식과 정보를 수습하고 그것을 체득하려는 습성이 내재되어 있는데, 특히 조선시대에는 풍부한 경험과 식견을 지닌 유자를 지향하는 '통유' 의식이 팽배했다. 다음으로, 그들은 각자 내재된 지식과 주장을 발휘하려는 욕구가 있어서, 자신이 습득한 견문과 지식을 저술로 남기려는 작가 의식의 발로인 '기양'이 활발했다. 마지막으로, 그들은 저술 과정에서 허구적인 요소를 개입시키거나 문학적인 수식을 가미했는데, 특히 비유를 통해 서사를 구성하는 '가허'를 적극 활용했다. 이 세 단계는 문학 작품을 만드는 일반 저자의 인식이자 보편적 글쓰기 과정으로, 구연과 기록을 거쳐 창작된 18세기 야담에도 무리없이 적용되었다.

그런데 이러한 저자의 인식과 글쓰기 과정을 담보한 18세기 야담은 대개 '제목+근원이야기+평어(전평어/후평어) 또는 후일담이나 견문과정' 등으로 구성되었다. 또 18세기 야담의 글쓰기 방식을 살펴보면, 전평어와 근원이야기의 견문과정 및 후일담은 설명하는 글쓰기와 이어지고, 후평어는 주장하는 글과 맺어지며, 근원이야기는 비유하는 글과 나란히 놓인다. 즉, 18세기 야담 저자는 통유를 지향하며 자신이 습득한 근원이야기에 관련된 일반적인 속설이나 견문과정 및 후일담을 독자에게 설명함으로써 독자의 신뢰감과 설득력을 높였다. 이어 근원이야기에서는 기양과 가허에 기대어 다채로운 비유를 통해 서사를 구성함으로써 재미와 더불어 현장감과 생동감을 더했다. 그리고 작품 말미에서 이야기 속 인물과 사건에 대한 비평이 담긴 평어를 부록함으로써 독자에게 다양한 관점을 제시하고 독자를 설득하는 데도 일조했다. 요컨대 18세기 야담 저자는 이 세 가지 글쓰기 방식을 활용하여 흥미롭고 새롭게 작품을 구성하였다.

제3장

야담의 글쓰기와 스토리텔링

—시대별 '치부담'을 중심으로

1. 서론

야담野談은 구연口演과 기록記錄이 공존하는 서사장르로, 조선후기 변화하는 사회상과 다채로운 인물상을 담아낸 독특한 서사형태다. 또 구연으로 창작되고 기록으로 정착된 야담은 말하기[telling]와 글쓰기[writing]의 원형이라고 할 수 있다. 이는 현재 교육 및 문화예술 전반에 성행하는 스토리텔링(storytelling)과 깊이 연관되며, 나아가 문화콘텐츠로 활용할 여지가 충분한 서사자원이라고 하겠다. 그런데 이처럼 구연과 기록을 넘나드는 야담의 고유한 서사방식과 서술형태를 지닌 글쓰기를 현대적으로 해석하고, 스토리텔링과 더불어 연구한 논문은 거의 없었다.[1]

1 조선후기 야담은 구연과 기록 과정을 함께 거친 서사형태이므로 말하기[telling]와 글쓰기[writing]를 구분지어 언급하기 어렵다. 하나의 이야기[story]가 구술[telling]되면서 구연자에 의해 1차적인 창작이 이루어지고, 그것이 글쓰기[writing]로 정착되면

기존의 야담 연구는 작가론과 작품론 및 주제와 서사 등에 관한 것들로, 우선 야담의 장르적 특징을 탐색하거나 새로운 야담집을 발굴하고,[2] 그 저자 및 저술연도를 밝히거나 야담집의 성격을 규명하였다.[3] 이후 특정 작품을 선별하여 주제 및 소재를 분석함으로써 야담 내지는 야담집의 특징을 규명하였다.[4] 또 야담의 서사구성과 서술양상에 주목하거나[5] 유사 작품을 발췌하여 비교함으로써 저자 간 교유

서 기록자에 의해 2차적인 창작이 이루어졌다. 그럼에도 흔히 '말하기'는 구연자가 참여한 이야기를, '글쓰기'는 기록자의 영역에 해당되는 이야기를 지칭한다. 야담의 특성상 서사의 기본 골격을 갖춘 '근원이야기'가 시대 변화와 사회 배경에 따라 끊임없이 새로운 이야기로 만들어졌고, 이러한 과정과 결과가 돋보이는 작품을 우선 텍스트로 선정하였다. 본고에서 말하는 '스토리텔링'의 개념은 야담 작품 중에 동일한 화소話素를 매개로 유사한 서사적 흐름을 보여주는 이야기로 한정된다. 이는 야담이 무엇보다 민간民間에 유전流傳되는 과정에서 '스토리'의 일정 부분이 무수히 변개變改되어 '텔링'되었을 가능성에 주목했기 때문이며, 이러한 야담의 스토리 구성과 글쓰기 방식이 두드러지는 치부담致富談을 중심으로 논지를 전개하고자 한다.

2 임형택(1978), 「한문단편 성립과정에서 講談師」, 『한국소설문학의 탐구』, 한국고전문학회. 265-278면 ; 박희병(1981), 「조선후기 야담계 한문단편소설 양식의 성립」, 『한국학보』 제22집, 한국학회. 22-39면 ; 임형택(1999), 「『東稗洛誦』 연구-야담의 기록화과정과 한문단편의 성립」, 『한국한문학연구』 제23집, 한국한문학회. 307-351면 ; 이우성 · 임형택 역편(2010), 『李朝漢文短篇集』(전 3권), 일조각.

3 진재교(1994), 「『雜記古談』의 저작연대와 작자에 대하여」, 『서지학보』 제12집, 한국서지학회. 61-74면 ; 진재교(1996), 「『天倪錄』의 작자와 저작연대」, 『서지학보』 제17집, 한국서지학회. 41-68면.

4 김동석(1991), 「『東稗洛誦』 연구」, 성균관대 석사학위논문 ; 윤세순(1991), 「『東野彙輯』의 성격 고찰」, 성균관대 석사학위논문 ; 이병찬(2005), 『동야휘집 연구』, 보고사.

5 신상필(2004), 「필기의 서사화 양상에 관한 연구-『慵齋叢話』와 『於于野談』을 중심으로, 성균관대 박사학위논문 ; 남궁윤(2009), 「『天倪錄』과 『東稗洛誦』의 비교 연구-초기 야담의 서사화 방식에 주목하여」, 동국대 석사학위논문 ; 장진숙(2013), 「야담 서사변개의 사회문화적 맥락과 의미」, 인하대 박사학위논문 ; 이채경(2014), 「18세기 야담의 서사방식과 주제구현-『雜記古談』, 『東稗洛誦』, 『雪橋漫

관계 및 야담집 간 전승관계를 규명하였다.[6]

최근에는 일부 연구자들이 특정 작품(또는 작품집)의 스토리텔링 또는 문화콘텐츠로 관심을 돌려 다양한 관점에서 접근한 논문을 속속 발표하고 있다.[7] 이러한 연구는 설화說話부터 야담野談까지 고전서사를 다양한 시각에서 접근했으며, 앞으로 수많은 연구를 견인하여 더욱 풍성한 연구 결과를 기대할 수 있다는 의의를 지닌다. 그러나 대개 야담의 문화콘텐츠화 방안과 특정 서사의 스토리텔링 방안을 단편적으로 제시[8]한 데 머물러, 연구 범위가 너무 국한되거나 연구 결과가 지나치게 경도되어 야담의 특성을 제대로 살리지 못했다. 더구나 야담 본연의 서사문학적 특징인 구연과 기록에 연계된 글쓰기[9]와 스토리텔링에 대해서는 미처 다루지 못한 상태다.

錄』, 『鶴山閑言』을 중심으로」, 성균관대 박사학위논문.

6 임완혁(1997), 「문헌전승에 의한 야담의 변모 양상—『東稗洛誦』과 『溪西野談』, 『青邱野談』, 『東野彙輯』을 중심으로」, 성균관대 박사학위논문 ; 이강옥(2006), 『한국 야담 연구』, 돌베개 ; 임완혁(2008), 『구연 전통과 서사』, 태학사.

7 함복희(2007), 「야담의 문화콘텐츠화 방안 연구」, 『우리문학연구』 제22집, 우리문학회. 149-181면 ; 권도경(2011), 「고전서사문학, 디지털문화콘텐츠의 서사적 상관성과 고전서사원형의 디지털스토리텔링화 가능성」, 『동방학지』 제155권, 연세대 국학연구원. 145-176면 ; 이채경(2018), 「『三國遺事』와 스토리텔링—동서양 이야기의 비교를 중심으로」, 『국제언어문학』 제39집, 국제언어문학회. 257-289면 ; 표정옥(2013), 「『삼국유사』 스토리텔링의 문화콘텐츠 생성 욕망과 신화적 독서의 생산성 연구」, 『동방학』 제27집, 한서대 동양고전연구소. 7-38면.

8 특정지역의 야담을 찾아서 역사적 진위와 서사적 특징을 밝히고, 설화 속 이야기를 지역 문화콘텐츠로 개발하는 것에 대해 필자도 연구논문을 발표한 바 있다. 이채경(2013), 「야담집 소재 신라 및 경주 이야기 연구—『天倪錄』, 『雜記古談』, 『東稗洛誦』을 중심으로」, 『신라문화』 제41집, 동국대 신라문화연구소. 358-382면 ; 이채경(2014), 「문무왕 신격화의 변전 양상과 현대적 의의—문화콘텐츠 활용 방안을 중심으로」, 『한국문학논총』 제69집, 한국문학회. 117-142면.

9 필자는 구연과 기록에서 비롯된 야담의 고유한 구성과 글쓰기 방식에 주목하여

야담의 글쓰기와 스토리텔링에 관한 연구는 우리 고전문학은 물론 문화예술 등을 아우르는 유의미한 작업이며, 그것을 다방면으로 활용하는 작업도 필요한 시점이다. 따라서 필자는 본고에서 야담의 글쓰기와 스토리텔링의 연관성 및 특징을 파악하고, 이를 글쓰기 교육에 적용시키거나 분야별 문화콘텐츠로 활용하는 방안을 찾아보기로 했다. 특히, 수많은 야담에서 가장 독특한 화소話素[10]로 평가되며, 조선후기 변화하는 사회상과 다채로운 인물상을 담아낸 치부담致富談[11]을, 시대별 대표 야담집 소재 대표 작품을 중심으로 살펴볼 예정이다.[12] 이는 전대와 후대의 작품을 비교함[13]으로써 17세기에서 19

연구논문을 발표한 바 있는데, 본고는 여기에 스토리텔링을 포함하여 연구의 범주를 확장시킨 연장선에 놓인다. 이채경(2016), 「18세기 야담의 글쓰기 양상－야담의 구성과 글쓰기 방식을 중심으로」, 『동방학』 제34집, 한서대 동양고전연구소. 359-390면 참조

10 필자는 18세기 야담을 연구하면서 야담의 화소를 크게 10가지로 분류하고, 당시의 세태를 잘 반영한 화소로 치부담致富談을 비롯하여 추노담推奴談과 군도담群盜談, 그리고 송사담訟事談에 주목하였다. 이채경(2014), 성균관대 박사학위논문 참조.

11 치부담은 흔히 '부자 이야기'로 알려져 있으나, 본고에서 텍스트로 삼은 치부담은 단순히 부자의 이야기가 아니라, 주인공이 부富를 추구하게 된 요인부터 치부하는 방법 및 과정을 모두 담아낸 작품을 가리킨다. 따라서 부자가 된 결과보다는 부자가 되는 과정에 주목하였으며, 이러한 텍스트의 조건과 범위가 필자의 논지를 더욱 강화시켜 주리라 확신한다.

12 본고에서는 먼저 시대별 대표 야담집을 선정하고, 그 야담집 소재 대표작을 선별하여 내용을 비교 분석하였다. 여기에 해당되는 야담집으로 17세기 『어우야담於于野談』, 18세기 『동패락송東稗洛誦』(『삽교만록霅橋漫錄』 포함), 19세기 『동야휘집東野彙輯』(『해동야서海東野書』 및 『기리총화綺里叢話』 포함)을 선정하였고, 그 기준은 다양한 작품과 치부담의 편수 및 동일 내지는 유사한 화소의 전승관계 등에 근거하였다. 또 대표작은 시대적인 치부致富 방법 및 특징을 잘 표현한 내용과 전후 전승관계에서 서사 변화가 부각된 작품을 우선으로 선별하였다.

13 여기서는 동일하거나 유사한 화소의 전승관계 및 서사적 특징을 단순 비교하는 것이 아니라, 시대별 대표작을 통해 두드러진 사회상 및 인물상의 특징을 글쓰기

세기를 관통貫通하는 치부담에 보이는 글쓰기 방식과 스토리 구성이 시대적으로 어떻게 변화했는지, 다시 말해 치부담 속 인물과 사건 및 특징적인 세태를 반영한 이야기가 어떠한 방식과 구성으로 어떻게 변용되었는지 확인하는 작업이다.

2. 야담의 글쓰기 방식

조선 전기에 사대부 문인의 서가書架에서 저술된 필기筆記 양식은 중기에 임병양란壬丙兩亂을 겪으면서 새로운 글쓰기 방식의 개발이나 전환이 필요했다. 국제적 혼란과 국가적 비극을 경험한 작자들은 기존의 서사양식이나 작가의식에서 벗어나 새로운 창작법을 모색하였으며, 조선후기에는 전대에 비해 훨씬 다양한 장르와 다채로운 작품이 출현하였다. 그 가운데 대표적 서사형태인 야담은 기록에 앞서 구연과정을 거친다[14]는 점에서 여타 서사장르와 큰 변별점을 지닌다. 이제 여항閭巷에서 창작되고 유전流傳되던 이야기가 식자층識字層에 의해 기록되는 과정에 어떠한 글쓰기 방식을 보이며, 시대별로 어떠한 특징을 보이는지 알아본다.

방식과 스토리 구성이라는 프리즘을 통해 탐색하는 데 의미를 둔다.

14 조선후기 민간에는 '강독사講讀師'와 '강담사講談師'와 '강창사講唱師'가 존재했다고 한다. 강독사는 돈을 받고 소설책을 읽어주는 사람으로, 소설의 보급에 기여했으며, 강담사는 설화와 야담 등 이야기를 들려주는 사람으로, 야담과 한문단편의 발전에 기여했으며, 강창사는 판소리를 하는 사람으로, 판소리의 예술적 승화에 기여했다고 알려져 있다. 임형택(1978), 전게서 참조.

1) 시대상을 반영한 치부致富 : 포장砲匠과 역관譯官의 활동 부각

조선후기 돈[錢]에 대한 인식이 변화하고 새로운 경제관념이 확립되면서 부富를 추구하는 경향이 점차 두드러지기 시작했다. 치부致富는 더 이상 기피하거나 부끄러워할 일이 아니었는데, 치부담致富談에서 부자가 되려고 노력하는 부류에는 포장砲匠이나 역관譯官을 비롯하여 사인士人도 포함되었다.[15] 특히, 사행使行에 참여한 포장이나 역관은 조선과 중국 간 바다와 육지를 넘나들며 경제활동을 벌였으며, 거업擧業에 종사하던 일부 가난한 사인들도 환로宦路를 포기하고 생업生業에 뛰어들어 육체노동을 감수하였다.

19세기 『동야휘집』[16]에는 사행에 참여한 포장의 이야기가 실려 있다.

> 박 화포장은 훈련도감의 군졸로, 사람 됨됨이는 성실하였지만 외모가 너무 못생겨서 온 집안사람들이 궁박한 상이라고 그를 비웃었다. ……(중략)…… 포장은 상사上使를 따라 배를 탔는데, 동승한 수행원들은 각자 가산家産을 기울여 중국 땅에서 무역을 해 이윤을 남길 계책으로 꾸러미가 모두 풍성했으나, 포장만 홀로 빈천한 처지라 행장이 너무 냉랭하여 동행자들의 비웃음을 샀다. ……(중략)…… 동승한 사람들은 이미 중국에서 얻은 남금南金 · 대패大貝 · 문단文緞 · 채백彩錦을 배에 가득 싣고 돌아왔다. ……(중략)…… 돌아와서 시장에 내다 팔았더니, 값이 수백만 금에 이르러 동방의 갑부가 되었다고 한다.[17]

15 조선후기 치부담의 유형과 성격 및 치부담에 담긴 시대적 함의 등에 대해서는 이원수(2004)의 「조선후기 치부담의 성격과 의미」(『인문논총』 제18권, 경남대 인문과학연구소. 109-123면)를 참조하기 바란다.

16 『동야휘집』은 일본 대판부립도서관본(16권 8책)이 선본으로 알려졌으며, 총 260편의 이야기가 실려 있다. 『동야휘집』의 서지사항 및 문헌전승 등에 대해서는 이병찬(2005)의 전게서를 참조하기 바란다.

이 작품은 17세기 『어우야담』[18]에도 실렸으며, 조선후기 중국 사행의 모습과 사신 일행이 치부한 전력을 확인할 수 있는 이야기다. 화포장 이야기는 신라시대 〈거타지 설화〉에서 핵심 모티브를 발견할 수 있으며, 이후 설화가 야담에 전승되면서 설화 속 '괴물퇴치' 모티브를 활용하긴 했으나, '미인'을 얻었다는 설정에서 벗어나 '부자'가 되었다는 결말로 이야기가 마무리되면서 치부담의 형태를 갖추었다. 이러한 화포장의 치부담은 17세기 야담에서 출발하여 19세기 야담집에까지 실려 전해진다.[19]

당시 연경燕京을 드나들며 사행에 참여한 사람들은 조선과 중국 간 사무역私貿易을 담당한 부류였다. 그들은 자기 재산은 물론 친족들의 재산까지 투자해 중국에서 값비싼 물건을 수입해 돌아와 조선의 부호富豪를 찾아 팔거나 시장에서 물건을 거래함으로써 큰 수익을 올렸다. 그런데 위 인용문에 등장하는 박 포장은 자기 재산도 없고 투자금을 보태줄 친지도 없었기에 맨몸으로 사행선使行船에 올랐다가, 무인도에서 뜻밖에 보물을 얻어 횡재한 인물이다.

포장과 더불어 역관도 사행에 반드시 함께 했는데, 이들의 경제적 활약상도 비슷한 유형을 보인다.[20] 예컨대 홍순언洪純彦의 경우에는

17 『東野彙輯』 권13, 〈落小島砲匠獲貨〉. 朴姓火砲匠 隷訓局軍 爲人淳慤而貌甚薄 渾室以窮薄之狀 嘲之 ……(中略)…… 砲工隨上使船 同船從行者 各傾家貲爲彼地販利之計 囊篋俱豐 而砲匠獨以貧賤 行資甚冷落 同行者目笑之 ……(中略)…… 同船之人 已得南金大貝文緞彩錦於中國 充船而回矣 ……(中略)…… 旣還 鬻諸市 價至數百萬金 富爲東方之甲云.

18 『어우야담』은 만종재본(5권 1책)이 선본으로 알려졌으며, 총 522편의 이야기가 실려 있다. 『어우야담』은 필기적 성격이 강한 작품집으로, 필기와 야담의 서사양상에 대해서는 신상필(2004)의 전게서를 참조하기 바란다.

19 우리나라 고대 설화와 야담의 전승관계에 대해서는 이채경(2018)의 전게서를 참조하기 바란다.

조선과 명明나라를 오가며 외교가 및 통역관으로 활동한 실존인물로, 17세기 『어우야담』에서 19세기 『동야휘집』에 이르기까지 수많은 이야기에 등장한다. 특히, 그가 사행길에 보여준 선행善行과 그 보답으로 결국 부자가 되었다는, 치부致富와 보은報恩에 관련된 행적을 흥미롭게 담아냈으며,[21] 연암燕巖 박지원朴趾源의 『열하일기熱河日記』 소재 〈옥갑야화玉匣夜話〉에도 일화逸話가 실려 전해질 만큼 당대 유명인이었다.

다음은 18세기 『삽교만록』[22]에 실린 〈북경개자北京丐者〉[23]의 한 대목으로, 역관들의 사무역과 치부 과정이 상세히 기술되어 있다.

> 우리나라 역관이 사신 행차를 따라 연경燕京에 들어갈 때는 매번 호

20 조선후기 역관의 무역활동과 경제적 동향에 대해서는 신상필(2011)의 「조선후기 역관 아전 계층의 사회와 문화—필기, 야담 자료를 중심으로」(『동방한문학』 제46권, 동방한문학회. 205-227면)를 참조하기 바란다.

21 『어우야담』 소재 〈역관의 의로운 행동〉과 『동야휘집』 소재 〈경손천금수보은輕損千金受報恩〉은 모두 홍순언洪純彦의 선행과 보은에 대한 이야기로, 특히 〈경손천금수보은輕損千金受報恩〉에는 그가 속량해준 여자가 선물한 보은단報恩緞에 관한 내용이 상세히 담겨 있다. 이병찬은 '『동야휘집』 소재 홍순언 이야기는 『어우야담』 소재 역관 곽지원郭之元과 홍순언의 선행 중에서 후자만을 부분 차용한 경우'라고 주장했다. 이병찬(2005), 전게서 190-193면 참조.

22 『삽교만록』은 일본 천리대본(6권 5책)이 선본으로 알려졌으며, 총 325편의 이야기가 실려 있다. 『삽교만록』 역시 필기적 성격이 강한 작품집으로, 저자 및 작품집의 특성에 대해서는 이명학(1982)의 「『삽교만록』 연구」(성균관대 석사학위논문)를 참조하기 바란다.

23 본래 『삽교만록』 소재 작품에는 제목이 없고, 〈북경개자〉는 이우성 · 임형택 교수(2010)가 편찬한 『이조한문단편집』(일조각)에서 붙인 제목을 그대로 사용했다. 덧붙여 본고에서 대표 작품집으로 선정된 『동야휘집』(『해동야서』 포함)을 제외하면 모두 작품 제목이 없는데, 앞으로 인용하는 다른 작품도 이렇게 기록했음을 미리 밝혀둔다.

조戶曹의 백금白金을 빌려 가서 당화唐貨를 무역해 와서 팔아 호조에 2할을 갚았는데, 나머지 이익도 적지 않아서 그것으로 치부하였다. ……(중략)…… (거지가) 상사부터 아래 역관 일행에 이르도록 모두 선물을 드리는데, 남방南方의 명주名酒와 이찬異饌이었다. 그리고 노역관에게는 계두桂蠹를 먼저 폐백으로 바치고, 기이한 향료[奇香]와 특수한 명약[殊藥]과 진기한 물품 등 수천금 어치와 향약香藥, 금수錦繡, 기환綺紈 등 만금 어치를 차례대로 내놓았다. ……(중략)…… 노역관은 어쩔 수 없이 전부 싣고 돌아왔다. 호조의 돈을 상환하고 나서도 대개 동료들 보다 갑절이나 되는 나머지를 자기 때문에 파산한 여러 친족에게 나누어 주었으며, 자기 또한 부자가 되었다고 한다.[24]

당시 역관은 조선과 중국의 교역을 담당한 주류에 속한다. 그들은 사행에 참여할 기회가 주어지면, 자기의 전 재산은 물론 호조戶曹에서 자금을 빌려 중국으로 들어갔다. 그리고 조선에서 구하기 어려운 물품을 사들여 왔는데, 여러 가지 귀중품은 적임자를 만나 잘 팔리기만 하면, 호조의 비싼 이자를 갚고 나서 그 차액만으로도 부자가 될 정도였다. 위 인용문에서 노역관은 당화唐貨에 투자할 돈을 겨우 마련해 갔지만, 조선과 조선인을 하찮게 여기며 조롱하는 북경北京 거지의 말에 자존심이 상해서 준비한 투자금을 모두 주어버린다.

그런데 당시 역관이 사무역을 주관 또는 담당했다지만, 중국에서

24 『雪橋漫錄』 권5, 〈北京丐者〉. 我東譯官之隨使行入燕都也 每貸戶部白金而行 貿唐貨以來 發賣以償戶部十二 餘利不貲 以之致富 ……(中略)…… 自上使以下 至譯官一行 皆有餉 皆南方之名酒異饌 而有桂蠹先陳禮幣於老譯官 奇香殊藥怪珍之物 可直數千金 次輸香藥錦繡綺紈 可直萬金 ……(中略)…… 老譯官不得已盡載而歸 旣償之戶部 而所餘蓋倍於同僚 乃以分諸宗族之由己而破業者 己亦爲富家云.

구해온 진귀한 물품을 조선에서 매매賣買하기 전까지는 빈털터리 신세였다. 하물며 엄청난 이윤을 담보로 사행 역관들에게 돈을 빌려준 친족들은 거의 파산할 지경이었고, 그마저도 호조의 돈을 상환償還하고 나서야 돌려받을 수 있는 처지였다. 부자가 되느냐, 거지가 되느냐는 한 번의 사행에 달려 있었다. 다행히 노역관은 자신에게 엄청난 부富를 안겨줄 거금巨金을 과감히 포기함으로써 조선과 조선인의 자존심을 회복하였고, 자신이 주었던 돈보다 훨씬 값비싼 선물을 거지가 제공함으로써 친족을 파산시킬 위기에서 벗어나고 자신도 부자가 되었다.

이밖에 무엇보다 경제활동의 전면에 나선 문제적 인물은 일부 사인士人들이었다.[25] 경세제민經世濟民을 꿈꾸며 과거 공부에 매진하던 그들이 농업이나 상업에 뛰어든 이유는 생활고生活苦 때문이었다. 그들은 호구지책糊口之策을 찾아야 할 만큼 극한상황까지 내몰린 처지에 평소대로 독서만 고집할 수도 없었으나, 과시科試 준비밖에는 아무것도 배워서 알지 못하는 입장이었다. 그럼에도 타고난 신분에 안주安住하거나 명분에 얽매여서 가족의 생계는커녕 생사조차 장담할 수 없는 상황이었기에 육체노동을 자처한 것이다.

농사꾼이 된 선비 허공許珙의 치부담은 18세기 『동패락송』에 처음 등장하여 19세기 『동야휘집』에도 실려 전한다.[26] 허공의 이름이 허

25 당시 경제활동에 참여한 사인들을 문제적 인물이라고 기술한 것은 야담에 담긴 그들의 파격적인 행보 때문이다. 그들 중 일부가 농업이나 상업 등 육체노동에 뛰어든 반면, 극단적인 경우에는 도망간 노비를 추심推尋하는 방법을 택하거나, 심지어 직접 도적 산채를 찾아가 군도의 우두머리를 자처한 사람도 있었다. 이처럼 극단적인 사례는 18세기 야담에 집중적으로 출현한 '추노담推奴談'과 '군도담群盜談'에서 확인된다. 이채경(2015), 전게서 참조.

26 『동야휘집』 소재 〈사인치산락훈지士人治產樂塤箎〉라는 작품으로, 18세기 야

홍許弘으로 바뀌고, 문장의 출입이 적지 않으나, 서사 구도와 전개가 거의 유사하다. 그러나 허공의 이야기에서 주목할 점은 선비로서 과거 공부를 포기할 수밖에 없었던 지독한 생활고, 손발이 부르트도록 농사에 의존할 수밖에 없었던 극단적 경제력, 흉풍凶豐에 따라 농작법을 전환함으로써 목표를 이루었던 치열한 시대상을 적극 반영한 글쓰기라고 하겠다.

2) 사실성을 담보한 서사敍事 : 사행使行과 농사農事의 세부 묘사

야담은 구연과 기록이 공존하는 서사형태로, 구연을 담당한 측은 주로 하층민이었고, 기록을 담당한 측은 거의 식자층이었다. 그런데 이야기를 만들고 엮어내는 창작은 하층민의 구연과 식자층의 기록 과정에서 함께 이루어졌기 때문에 양측의 서로 다른 경험과 식견이 모두 작품에 담기게 되었다. 특히, 이야기를 채록하는 글쓰기 과정에서 보다 사실적인 서사와 구체적인 묘사가 가능했다고 보인다.

먼저 조선후기 사행에 관련된 내용을 자세히 알 수 있는 17세기 『어우야담』의 한 대목이다.

> 옛날에는 해로海路로 중국을 왕래했는데, 상사上使 · 부사副使 · 사장관書狀官 등이 각자 다른 배를 타고, 각기 표자문서表咨文書를 한 부씩 갖추어 사고가 나지 않도록 대비하였다. 예컨대 고려 때 상사 홍사범洪師範이 물에 빠져 죽고, 서장관 정몽주鄭夢周가 홀로 돌아온 것이 그 사고다. 조천 행차는 풍천豐川에서 배를 타고 적해赤海 · 백해白海 · 흑해黑海를 건너는데, 그 사이 수천 리에 허다한 도서島嶼를 지나고, 바람

담에 처음 등장했던 치부담이 19세기까지 전승되며 스토리가 변개된 흔적을 뚜렷이 보여준다. 이에 대해서는 다음 장에서 분석할 예정이다.

과 조수潮水를 기다려 항로를 택하므로 사행에 필요한 물건 및 중국에서 무역할 자본을 각자 가산家産을 기울여 준비해서 배에 실었다. 풍천의 읍주邑主가 크게 타루악柁樓樂을 울리며 전별하고, 급기야 배가 출발할 때는 친족들이 뱃전을 부여잡고 울부짖으며 전송했다. 지금도 기악妓樂에 타루악 같은 곡이 있다.[27]

위 인용문을 참고하면, 중국 사행은 육로陸路보다 해로海路를 이용하는 경우가 많았고, 행렬에 포함된 인원의 관직과 임무가 각기 달랐으며, 항해하는 동안에 발생할지도 모를 위기상황에 대비해 주요문서를 각자 나누어 지니고 떠났음을 알 수 있다. 또 사행선使行船이 어디서 출발해 어디를 거쳐 중국으로 들어갔으며, 사행에 필요한 물품과 인원을 잘 구비하여 대대적인 행사가 펼쳐졌음을 짐작할 수 있다.

위 대목에는 사행이 출발할 때의 광경도 함께 서술되었다. 먼저 고을 수령이 크게 풍악을 울리며 전별연餞別宴을 열어주었는데, 타루악柁樓樂 또는 선리곡船離曲[28]으로 알려진 기악을 연주하며 무사항해無事航海를 빌었다. 이어서 사행에 참여한 사람들의 가족과 친지가 모두 나와 불안하고 짧지 않은 이별을 아쉬워하며 눈물로 헤어

27 『於于野談』 社會篇, 〈火砲匠〉. 古者通中國以水路 上副使書狀官等 各異船 各具一本咨表文書 以備不虞 如高麗時 上使洪師範渰水死 而書狀官鄭夢周獨達者 是也 朝天之行 乘船於豊川 渡赤海白海黑海 其間數千里 經許多洲嶼 候風潮取路 故其如行中所需 及中國販貿之資 各傾家財稛載于船 豊川邑主 大張柁樓之樂以餞之 及其發船也 親舊攀船 號哭以送之 至今妓樂 有柁樓樂之曲.

28 선리곡船離曲은 흔히 '배따라기'라고 불리며, 〈화포장〉 이야기를 다룬 동일 작품인 19세기 『동야휘집』 소재 〈낙소도포장획화落小島砲匠獲貨〉에 타루악과 나란히 기록되어 있다.

지는 모습도 사실적으로 그려진다. 게다가 앞서 살펴 본 바처럼 무역에 필요한 물품과 자금을 가득 실은 사행선의 뱃머리가 눈앞에 보이는 듯 선명하게 묘사되었다.

게다가 무엇보다 고려시대 사행에서 실제로 일어났던 사고[29]에 관해 기술한 대목이 시선을 끄는데, 이는 전대前代의 사례를 본보기로 삼아 중요문서를 한 사람이 독점하지 않았고, 만일의 사태에 대비한 의도와 모습을 뒷받침하는 내용이다. 또 전별연에서 연주된 타루악에 대한 설명도 관심을 끄는데, '지금도 기악에 타루악 같은 곡이 있다.[至今妓樂 有柁樓樂之曲]'는 기술은 14세기의 전별곡이 17세기까지 잔존하고 있었음을 증명하는 내용이다. 이 두 대목은 역사적인 사실을 포함하여 야담 안팎의 배경과 상황을 세세한 부분까지 구체적으로 담아낸 글쓰기라고 하겠다.

이처럼 사실성을 담보한 서사는 농사를 짓는 허공許珙의 모습에서도 확인된다. 다음은 18세기 『동패락송』[30]에 실린 작품의 일부다.

---

29 고려 공민왕 4년(1373) 7월에 정몽주는 서장관으로서 중국 남경南京에 갔다가 돌아오던 중, 바다에서 태풍을 만나 배가 부서졌다. 당시 홍사범은 익사하고, 정몽주는 표류 13일 만에 구제되었다. "洪師範 還自京師 至海中 船敗而死 書狀官鄭夢周 來宣帝命 曰 高麗 在唐太宗時 遣子弟入學 今王 亦請遣之 誠爲盛事 但高麗 去京師 水陸萬餘里 父母必懷其子 子必思其親 聽其父子情願者遣之 又每年數次貢獻之物 必至煩民 行李往來 海道艱險 古者中國諸侯 於天子 每年一小聘 三年一大聘 九州之外 世一見 今高麗 去中國稍近 文物禮樂 與中國相侔 難同他蕃 自今 可依三年一聘之禮 或欲世見亦可 方物止用土産布子 不過三五對表意." 『高麗史節要』 29卷, 恭愍王 4年 참조.

30 『동패락송』은 일본 동양문고본(2권 2책)이 선본으로 알려졌으며, 총 57편의 이야기가 실려 있다. 『동패락송』의 구성 및 내용에 대해서는 김동석(1991)의 전게서를 참조하기 바란다.

문 앞에 마침 서울[京師]사람의 논 10두락과 하루갈이 밭이 매물로 나와서 허공은 드디어 그것을 사들였다. 그런데 남의 손을 빌려서 밭을 갈면 비용이 들 뿐 아니라 자기가 힘을 다한 것만 못할까 두려워 소를 끌고 쟁기를 매어 직접 논에 들어가서 노련한 농사꾼[老農]을 맞아 잘 대접하여 두둑에 앉히고는 쟁기질을 가르치도록 했다. 논과 밭은 물론이고 반드시 열 차례나 갈아서 가장 깊숙이 흙을 일으키니, 다른 농부에 비할 바가 아니었다. 그리고 밭에는 담배[南草]를 모종하여 거름[灰草]을 두텁게 덮고, 이랑 위에 무수히 구멍을 뚫어 하늘에서 비가 내리기를 기다렸다. 그런데 가뭄이 들어 모종이 시들어 죽을까 두려워 이른 봄에 길게 모판을 덮는 시렁을 짓고, 그 아래에 담배씨를 파종하여 자주 물을 대주었다. 그 해에 마침 큰 가뭄이 들어 도처에서 담배 모종이 다 말라 죽었으나, 그 집만 유독 무성하였다. 비를 기다렸다가 즉시 옮겨 심었더니 오래지 않아 담뱃잎이 파초처럼 빽빽하게 땅을 덮었다. 담배 진액[藥液]이 채 나오기도 전에 강상江上의 담배장수가 한 밭 전체를 사려고 청하여 200 꿰미에 흥정이 되었다. 담배장수는 즉시 잎사귀를 따고 모래사장에서 햇볕에 말려 가지고 갔다가, 뒤에 다시 100금을 가지고 와서 그 순筍도 사갔다.[31]

위 인용문에는 농사를 처음 짓는 사람이라고 믿기 힘들 정도로 전문성이 느껴지는 허공의 모습이 담겨 있다. 농사에 문외한이었던 그

31 『東稗洛誦』, 〈廣作〉. 門前 適有京師人水畓十斗落 田一日耕之斥賣處 許遂買取 而以爲借人以耕 不但有費 恐不如自己盡力 具牛具耟 自入田中 迎老農善餽置堤上 使之教耕 無論田與畓 耕必至十次 起土最深 非比他農 而田則爲種南草 厚覆灰草 穿無數穴於畝上 以待天雨 而恐值旱損草種 早春築長行架 播南草種於其下 數灌以水 其年適大旱 到處草種盡死 而此獨茂盛 候雨卽移 不多日內葉如芭蕉 蔚然蔽地 未及出藥液 而江上草商 請買全一田 捧二百貫 草商卽將其糜塊 曝諸沙場而去 後更以百金來 貿其笋.

는 호미질이나 쟁기질부터 배워야 할 처지였으므로 인근의 노련한 농사꾼을 맞아들여 농작법農作法을 하나하나 익혀 나간다. 그리고 노인이 가르쳐준 대로 쟁기질을 익혀 남들보다 부지런히 논밭을 갈아엎은 덕분에 땅은 제대로 힘이 북돋아졌으며, 거기에 무엇을 심던지 풍성한 수확을 기대하게 되었다. 전문가에 버금가는 초보자의 성실함이 돋보이는 대목이다.

조선후기 치부담에는 유독 담배와 관련된 이야기가 많다.[32] 허공도 열심히 쟁기질을 하고 두텁게 거름을 넣은 밭에 담배 모종을 옮겨 심었다. 그런데 초보자인 그가 담배 농사를 풍작으로 이끈 원인은, 봄에 담배씨를 파종할 때 가뭄에 대비하여 모판을 덮어줄 시렁을 짓고 부지런히 물을 대는 등 정성껏 노력한 덕분이었다. 이후 파초처럼 무성한 담뱃잎은 담배장수들을 불러 모았고, 후한 가격에 흥정이 성사되는 모습까지 농사의 전 과정이 여느 야담 대목보다 생생하게 그려졌다.[33] 농사 전반에 대한 폭넓은 견문을 바탕으로 사실성을 담보한 글쓰기라고 하겠다.

이상으로 치부담에 관한 시대별 작품을 분석한 결과는 다음과 같다. 조선후기 들어 더욱 활발해진 중국과의 외교와 무역에서 크게

32 이로써 조선후기에는 시중에 담배[烟草]가 활발하게 유통되었음을 알 수 있고, 또 장사치는 담배를 매매하여 영리營利를 취하기 쉬웠으며, 농사꾼에게는 담배가 특용작물로서 생육하기 어렵지 않았음을 파악할 수 있다. 담배에 관련된 치부담으로는 『삽교만록』 소재 〈강경江景〉, 『동야휘집』 소재 〈정호기인상략전呈豪氣因商掠錢〉 등이 있다.

33 『동야휘집』의 〈사인치산악훈지士人治産樂塤篪〉에는 위 내용이 축약된 형태로 실려 있다. "遂買門前 畓十斗落 田二日耕 曰 雖欲勤力 其中不能明 農奈何 乃請隣里老農 萬庤錢鑄執耒耟 隨其指敎 躬自耕播 霑體塗足用力 旣男黃茂實穎 每其收獲 較他倍出 又種烟草 朝夕灌漑時 當亢旱百卉俱眺 而獨烟草茁盛 至二茅而如草 大販得厚價 爲累百金."

활약한 부류는 사행에 참여한 사람들이었다. 그들의 다양한 모습은 야담 작품에서 치부담致富談과 보은담報恩談을 형성하였고, 대표적 인물로는 포장과 역관을 들 수 있다. 그런데 시대별 야담에서 보이는 그들의 모습은 17세기에는 우연히 횡재하여 부자가 되었으나, 18세기를 거쳐 19세기에 이르면 호조에서 자본금을 빌려 중국에서 귀중품을 사들여 조선에서 파는 등 적극적으로 사무역에 참여하는 모습으로 바뀌었다.[34] 또 가난한 선비들마저 거업을 포기한 채 농사와 장사에 뛰어들어 명분을 버리고 실질적 경제활동에 참여함으로써 치부하는 모습을 보여주었다. 특히, 그들이 추구하는 부富에 대한 인식과 새로운 경제관념은 후대로 갈수록 더욱 확고해지며, 치부致富를 향한 방법도 다양해지고 노력도 치열해지는 양상을 띠었다.[35]

이러한 분석 결과를 글쓰기 측면에서 정리하면, 치부담에 보이는 야담의 글쓰기 방식은 '시대상을 반영한 치부'와 '사실성을 담보한 서사'로 요약된다. 시대별로 등장인물이 치부하는 방법과 그것을 수용하는 태도가 각기 달랐으며, 후대로 갈수록 치부하는 과정에 구체적

34 17-18세기 야담에 나타난 상인과 상행위의 변화에 대해서는, 박경남(2015)의 「조선후기 야담에 나타난 상인의 범주와 상인 형상의 변모 과정」(『민족문화연구』 제68권, 고려대 민족문화연구소. 101-136면)을 참조하기 바란다. 여기서 그는 상인들이 '우연에서 벗어나 계획적인 치부'를 실행하고, 상행위가 '개인에서 서로 협업하는 행위'로 전환되며, 상업 범주가 '중국 연행에서 국내로 이동'하는 경향을 보인다고 주장했다.

35 야담에 등장하는 흥미로운 치부 방법 가운데 노동력을 최대화하기 위해 출산율을 높이는 경우도 있었다. 18세기 『잡기고담雜記古談』 소재 〈간부姦富〉가 여기에 속하는데, 가난했던 허생許生은 유개流丐에서 여자들을 취하여 자식을 많이 낳아 생산력을 증가시킴으로써 부를 축적한다. 반면에 19세기 『청구야담靑邱野談』 소재 〈영산업부부이방營産業夫婦異房〉은 산아産兒를 방지함으로써 부자가 되는 극단적인 방법을 택한 김생金生 부부의 이야기로, 이들 부부가 10년 기한 하루 전날에도 죽만 먹으며 생활방식을 고치지 않는 모습은 〈광작〉의 허공許珙 내외와 흡사하다.

인 정황과 세부 묘사가 더해져 야담의 서사적 면모가 강화되었다. 즉, 중국으로 가는 사신 행차의 구성 및 여정旅程, 사행에 참여한 포장이나 역관의 무역 및 치부, 가난 때문에 과거 공부를 포기하고 농사를 택한 선비의 인생 설계와 농작법 등이 각기 다른 시대상을 반영하면서 사실적으로 묘사되었다.

3. 야담의 스토리 구성

야담은 구연과 기록을 거쳐 탄생된 서사체로, 구연과정에서 1차 창작이 이루어지고, 기록과정에서 2차 창작이 이루어졌다. 어찌 보면 말하기에 해당되는 구연은 작품을 엮고 만드는 시간이며, 글쓰기에 해당되는 기록은 작품을 고치고 다듬는 시간이라고 할 수 있다. 그럼에도 변화하는 시대상과 다채로운 인물상을 담아내는 역할은 두 과정에서 함께 이루어졌으며, 근원이야기는 끊임없이 변개되거나 또 다른 내용이 삽입되면서 새롭게 구성되었다.

1) 서사의 변개變改와 강화强化 : 천성天性과 기호嗜好의 스토리

전대의 야담이 후대로 전해지는 방법은 크게 '구연전승'과 '문헌전승'으로 나뉜다. 17세기에 야담이 처음 출현한 이래, 18세기에는 구연과 기록으로 창작된 자저自著 작품이 많고, 19세기로 가면 전대의 작품이 문헌과 구연으로 전승된 편저編著 작품인 경우가 많다. 그런데 말하기의 특성상 구연으로 전승되면서 스토리의 자연스러운 변개가 이루어지고, 글쓰기의 특성상 문헌으로 전승되면서 스토리의 의

도적인 첨삭이 두드러진다. 그러나 구연전승이든 문헌전승이든 끊임없이 새로운 스토리가 양산養産된다는 점에서 야담의 변화 발전에 끼치는 영향은 다를 바 없다.

먼저 가난했던 화포장이 중국 사행을 다녀오면서 우여곡절 끝에 부자가 되었다는 이야기의 도입 부분을 시대별로 살펴본다.

> 어느 한 화포장이 조천의 일원으로 그 자리에 있었으나, 집이 너무 가난하여 행장이 냉랭하니, 동행자들이 그를 비웃었다.[36]

> 박 화포장은 훈련도감의 군졸로, 사람 됨됨이는 성실하였지만 외모가 너무 못생겨서 온 집안사람들이 궁박한 상이라고 그를 비웃었다. 술을 무척 좋아하는 성격이었지만, 가난하여 마음대로 취할 도리가 없었다. 매번 군문軍門에서 요미料米를 받으면 곧장 술집으로 향하여 술을 한 잔 사서는 혼자 골방에 들어가 문을 굳게 잠그고 며칠 밤낮을 보낸 뒤에 비로소 나왔다. 그의 아내가 괴이하게 여겨 하루는 창문 구멍으로 몰래 보았더니, 처음에는 두 손을 모으고 엄숙히 앉아 술을 앞에 놓고 한참 음미하느라 차마 들어서 마시지 못한 채 마치 애석해하는 듯했다. 그러다가 갑자기 한바탕 껄껄 웃고는 풀쩍 뛰어 앞으로 나가서는 두 손으로 술대접을 받치고 한꺼번에 다 들이키고는 안주도 먹지 않았다. 흥에 취해 일어나 무릎을 치면서 노래를 부르며 집안을 빙빙 돌면서 배회하다가 얼마 지나지 않아 몸을 구부려 술동이를 향해 마셨던 술을 항아리에 쏟아내는데, 예전대로 술이 한 동이여서 조금도 줄어들지 않았다. 이윽고 또 이처럼 마시고 토하기를 수십 번에 이르니, 날은 이미 저물고 밤도 이미 새벽이었다. 이튿날 그 아내가 곡절을 묻자, 이렇게 대답했

36 『於于野談』, 〈火砲匠〉. 有一火砲匠 亦在朝天之員 家甚貧 行資冷落 同行者目笑之.

다. “내가 주량이 너무 커서 갑자기 배를 채우기 어렵소. 한 번에 다 마셔 버리면 갈증을 참을 수 없기에, 하는 수 없이 이처럼 마시고 토하면서 그럭저럭 목을 축이고 흥을 돋우는 거라오.”[37]

『어우야담』 소재 〈화포장火砲匠〉과 『동야휘집』 소재 〈낙소도포장획화落小島砲匠獲貨〉는 모두 가난한 화포장의 이야기를 담고 있다. 그런데 위 인용문에서 후자後者는 사행에 참여한 박 포장의 천성天性과 기호嗜好를 단적으로 서술하였다. 그가 성실한 사람이지만 너무 못생겨서 ‘궁박한 상’이라고 놀림을 당했다는 것은 남들에게 손가락질 받을 만큼 가난한 형편을 에둘러 표현한 것이다. 특히, 후자에 첨가된 음주 관련 그의 기행奇行은 궁박한 처지를 넘어 ‘블랙코미디’에 가깝다.[38] 그는 급료를 받자마자 술집으로 달려가 겨우 한 잔의 술을 사오는데, 그 술을 아껴 마시며 오래 즐기려고 먹고 토하기를 반복하며, 그렇게 취기가 오르면 춤을 추거나 노래를 부르면서 밤새 흥겨워한다.

---

37 『東野彙輯』 권13, 〈落小島砲匠獲貨〉. 朴姓火砲匠 隷訓局軍 爲人淳慤而貌甚薄 渾室以窮薄之狀 嘲之 性嗜酒 而貧無以謀醉 每受軍門料米 則直向酒家買酒一盃 獨處幽室 堅閉戶闥 經數晝夜始出 其妻怪之 一日 穴窓窺之 初則拱手塊坐 置酒於前 沈吟玩味 不忍擧而飮之 有若愛惜者然 忽呀然一笑 雀躍而進雙手擊盆 一吸而盡 不食按酒 乘興而起 擊節放歌 繞屋徘徊 不滿數刻 俯身向盆細浪吟吐 爲倒甁水 依舊一盆酒 不減毫末 已而 又爲是呑吐 至于幾十番 而日已暮 夜已曙矣 翌日 其妻問曲折 答曰 余酒量甚寬 猝難充腹 一吸而已 則不耐渴意不得已如是呑吐 聊以治喉 而興不淺云.

38 블랙코미디는 연극에서 인간의 본성이나 사회의 모순에 대해 잔혹하거나 통렬한 풍자諷刺와 반어反語를 담은 희극으로, 흔히 부조리한 세태를 비판하거나 정치 사회적인 메시지를 포함한 경우가 많다. 여기서 박포장이 술 한 잔을 놓고 벌이는 기이한 행동은 순간적으로 웃음을 이끌어내지만, 결국은 신분차별과 빈부격차를 비판하고 풍자한 몸짓이라고 파악된다.

화포장 이야기는 17세기 『어우야담』에도 실렸으나, 19세기 『동야휘집』에 이르러 또 다른 내용이 포함되었다. 전자前者에서는 그가 사행선에 동승한 일원들과 달리 빈손으로 사행에 참여했음을 간략히 언급했다면, 후자後者에서는 여기에 그의 천성과 기호를 밝히고, 아울러 평소 기호식품[酒]에 관련된 기행을 자세히 서술하였다. 이를 통해 그의 궁핍한 처지가 더욱 부각되었으며, 찢어지는 가난에도 나름대로 자기 삶을 즐기는 모습이 흥미롭게 그려지면서 그들의 빈부 격차가 더욱 뚜렷해진 스토리로 변개되었다.

나아가 후대의 작품에서 내용이 보완된 경우도 눈에 띄는데, 과거를 보려는 선비에게 노자를 빌려준 만석꾼 이야기다.

> 주옹主翁이 말했다. "(상략)…… 저는 일찍이 부모를 여의어 지극히 곤궁하고 의지할 데가 없었는데, 안동安東 땅에서 아내에게 장가들었지요. 아내라는 사람이 생활을 꾸려나갈 만하여 드디어 가난에서 벗어나기로 맹서했지요."[39]

> 주인이 말했다. "(상략)…… 저는 일찍이 부모를 여의어 지극히 곤궁하고 의지할 데가 없었지요. 우연히 관상을 보는 사람을 만나 운명의 궁통窮通을 물어보니, 그 사람이 말하기를, '만년에는 당연히 부자가 되고, 또 어진 아내를 얻어 치산하면 곡식이 산처럼 쌓일 겁니다.'라고 하더군요. 제가 그 말을 믿진 않았으나, 드디어 그 사람을 따라서 당거唐擧의 관상술을 배워 어설프게 감식안이 생겼습지요. 안동安東 땅을 지나다가 한 마을에서 여자를 보았는데, 복 많은 상을 지녔기에 장가들

39 『東稗洛誦』, 〈順興萬石君〉. 主翁曰 (上略)…… 老夫早喪父母 至窮無依 娶婦於安東地 婦之爲人 可以治生 遂乃約誓發貧之計.

어 아내로 삼았으며, 건실하고 근면하여 가난에서 벗어나기로 맹서했지요."[40]

18세기 『동패락송』에서 황부자黃富者는 과시科試에 필요한 노자를 빌리러 온 최생崔生에게 아무런 조건 없이 거금을 내주고,[41] 자신이 부자가 된 내력을 들려준다. 여기서 그는 단지 조실부모하여 외롭고 가난한 생활에서 벗어나고 싶어 장가를 든 것처럼 말하지만, 19세기 『동야휘집』에서는 지금의 아내를 만나 결연結緣한 배경에 또 다른 내용이 보완되어 스토리가 약간 변개되었음을 확인할 수 있다.

위 인용문에서 후자後者를 살펴보면, 그는 관상을 잘 보는 사람을 만나 자신의 운수를 물었고, 어진 아내를 얻어 만년에 부자가 되리라는 말을 들었다. 게다가 자기도 그에게 관상술을 배워 어설프게나마 다른 사람의 운명을 점치는 감식안을 터득하게 되었다. 그 결과, 안동安東에서 우연히 마주친 여자에게 관심을 보였는데, 다행히 그녀는 복福이 많은 상相이었고, 혼인한 뒤에는 그가 짐작한 것처럼 건실하고 근면하여 치산治産을 하는 데 힘을 보탰다.

그런데 이 대목만 놓고 보면, 황부자는 내외가 손발에 굳은살이 박

---

40 『東野彙輯』 권8, 〈富翁達理贐科儒〉. 主人曰 (上略)…… 僕早失怙恃 至窮無依 偶逢觀相人 問命數窮通 彼謂以晩當致富 又得賢妻 若治產業 積穀如山 偉未信其說 遂從其人 學唐擧之術 劣有鑑識 過安東地 見一村女 有福厚之相 娶以爲妻 健實勤幹 誓欲發貧.

41 조선후기에는 입신양명立身揚名을 위해 상경上京한 부류가 많았는데, 그들은 모두 자기욕망을 실현하기 위해 상경을 택했으며, 이러한 정황은 야담에서 치부담 및 보은담 등 여러 가지 형태로 서사화 되었다. 임완혁(2010)은 「입신출세의 상경길, 욕망의 길-야담을 통해 본」(『고전문학연구』 제38권, 한국고전문학회. 75-110면)에서 '조우자의 도움으로 상경자가 욕망을 실현'하고, 이는 '상경자가 조우자의 문제를 해결'해줌으로써 촉발된다고 주장하였다.

이도록 열심히 농사를 지은 게 아니라, 단지 배우자의 관상을 잘 본 덕분에 만석꾼이 된 듯한 착각을 불러일으킨다. 그러나 고아로 지내던 그는 단지 가난하고 외로워서 혼인을 한 게 아니라, 조실부모早失父母한 자기 운명이 궁금하여 관상을 보았고, 만년에 부자가 된다는 관상의 진위眞僞를 파악하려고 관상술을 배웠으며, 자신이 터득한 지식과 경험을 토대로 배우자를 선택했던 것이다. 이처럼 후대에 보완된 내용으로 인해 서사가 더욱 강화되고, 부부의 혼인과정과 치부 결과가 개연성이 뚜렷하게 구성되었다.

2) 인생관과 시사담론時事談論의 삽입 : 인물과 시사時事의 텔링

야담의 스토리 구성에는 작자[42]의 인생관이나 시사담론이 삽입되기도 하는데, 이는 주로 등장인물 간 대화를 통해 이루어지며, 구연자든 기록자든 자기 경험과 관심사를 등장인물의 입으로 전달한다. 그런데 주인공의 경험을 들려주는 대목은 상대방에게 열려 있는 듯 보이지만, 사실은 자기 독백처럼 일방적인 말하기에 속하며, 등장인물이 시사담론을 주고받는 대목은 작품 속 대화자뿐만 아니라 작품 밖 청자聽者나 독자讀者를 향해서도 열려 있는 스토리라고 하겠다.

먼저 그동안 모은 재산을 무조건 남들에게 베풀기로 결심한 황부자가 치부致富와 적선積善에 관한 자기 생각을 들려주는 대목이다.

> 주옹主翁이 말했다. "(상략)…… 어제 우리 부부가 서로 말하기를,

42 야담에서는 구연자와 기록자를 모두 작자라고 할 수 있다. 구연과정에 1차 창작이 이루어지고, 기록과정에 2차 창작이 이루어지기 때문이며, 이후 거듭되는 전승과정에서 또 다른 창작이 이루어지기도 한다.

'조물주의 뜻이 대개 만석을 채워주기 싫고, 내외의 나이가 모두 칠십인데, 지금까지 손수 시원하게 베풀지 못했다가 하루아침에 갑자기 눈을 감으면, 장차 왕장군王將軍(王翦-필자 주)의 곳간 귀신을 면치 못할 테니, 어찌 슬프지 않으리오. 내일부터 손님을 대접하고 베풀기 시작하여 죽기 전에 부호富豪 행세를 보여주는 게 좋겠소.'라고 하며 문지기를 2명 두어서, 그들로 하여금 손님을 인도하여 언제나 성찬盛饌을 갖추어 요컨대 불시에 찾아오는 손님을 접대케 했다오. 약속한 첫날에 당신이 남보다 먼저 오셨으니, 진실로 이는 횡재수橫材數가 있는 사람인 거요. 이로 미루어 보건대 이번 과거에서 반드시 뽑힐 듯하니, 내가 반드시 귀인이 될 사람에게 어찌 돕고 구제하는 것을 아끼겠소?" ……(중략)…… 최생이 그 넉넉한 후의에 감사하니, 주옹이 말했다. "많이 쌓아두고 흩어주지 않으면 또한 장차 무엇 하겠소? 그런데 재산은 하늘이 내고, 진실로 이처럼 때로 왔다가 때로 가는 물건이니, 어떻게 주인이 바뀌지 않겠소? 이 집도 뒤에는 당연히 다북쑥 우거진 곳이 될 텐데, 당신이 현달한 뒤에 만약 여기를 지나다가 한 잔 술을 부어 저의 혼을 위로해주면 다행이겠소." 최생이 말하기를, "이처럼 큰 재산이 아무리 여러 대를 지나더라도 어찌 갑자기 사라지는 이치가 있겠습니까?"라고 하자, 주옹이 말했다. "빨리 이루면 빨리 망하는 게 당연한 이치라오." 드디어 서로 작별하였다.[43]

43 『東稗洛誦』, 〈順興萬石君〉. 主翁曰 (上略)…… 昨日 老夫妻相語曰 造物之意 不欲蓄藏之充萬 而內外年紀 俱垂七耋 及今不用手快施 而一朝奄忽 則將未免王將軍庫子之鬼 豈不可悲哉 待客施與自明日偉始 以示豪富樣於未死之前爲得云 置守門二奴 使之引客 常具盛饌 要待不時之客矣 約束初定之日 尊乃先於人而至 眞是有橫材數之人也 推此觀之 今科似必摘 老夫之於必貴之人 豈惜相濟 ……(中略)…… 崔盛謝其萬萬過望 則主翁曰 多積不散 亦將何爲耶 然而天生財産 固是適來適去之物 幾何而不易主耶 此家宅 後當爲蓬蒿之場 尊之顯達後 如有過此 幸瀝一盃酒 以酹老夫之魂也 崔曰 如此大財産 雖歷世 豈有卒壞之理乎 主翁曰 速成速敗 理固然矣 遂相與作別.

위 인용문에서 황부자는 10년 만에 만석꾼이 되는 목표를 세웠으나, 9천석을 모은 뒤부터 홍수와 화재 등 온갖 변고變故를 겪으며 1천석을 채우지 못해 그 목표를 이루지 못했다.[44] 그럭저럭 나이가 칠순에 가까워진 내외는 지금껏 모은 9천석이라도 마음껏 베풀며 부호로서 삶을 마감하리라 결심하고, 자기네 집을 찾아오는 사람에게 성찬盛饌을 대접하고 재물을 나눠주기로 약속했다.[45] 그렇게 약속한 첫걸음에 최생이 과거 응시에 필요한 노자를 빌리러 왔던 것이다.

어떠한 상황에서도 발현되는 자기만족과 자기희생은 평소 그의 남다른 가치관에서 비롯되었고, 거기서 잉태된 이타심과 표출된 이타적 행위는 그의 굴곡진 삶과 경험을 통해 뚜렷한 인생관으로 자리잡혔다. 즉, 재물은 하늘이 내어주는 것으로 정해진 주인이 있는 것도 아니며, 무조건 많이 쌓아둔다고 좋은 것도 아니므로 곡간이 가득차면 주위에 베푸는 것이 사람의 도리다. 또 아무리 많은 재산도 사라질 때가 있으며, '빨리 얻은 것일수록 빨리 잃게 되는 것이 하늘의 이치'[46]라고 황부자는 말한다.

---

44 『東稗洛誦』, 〈順興萬石君〉. 主翁曰 (上略)…… 秋捧九千石 已近十年 加作一千 勢所甚易 而或被水旱之所損 或遭意外之回祿 無以充所期之數.

45 우리가 알고 있는 치부담은 대부분 주인공이 온갖 방법으로 재화를 증식하는 데 스토리의 초점이 맞춰져 있으나, 황부자 이야기는 우여곡절 끝에 축적한 재산을 아무런 조건없이 남들에게 베푼다는 설정이 독특하다. 유사한 작품으로 『동야휘집』 소재 〈재자낙향부저경才子落鄕富抵京〉에서 최생崔生도 굶주리는 청주淸州고을 농민을 구제함으로써 훌륭한 선비의 모습을 보여준다. 야담 주변에서 회자膾炙된 제주濟州고을 '김만덕金萬德 이야기'도 자신이 치부한 재산을 제주민濟州民의 구휼에 헌납한 경우이며, 유사한 화소의 실제 스토리라고 볼 수 있다.

46 이런 가치관을 피력하는 내용이 담긴 작품으로 『삽교만록』 소재 〈영남한사嶺南寒士〉가 있다. 여기서 주인공은 "그런데 자기 이익을 취하려면 반드시 먼저 남을 이롭게 하고, 윗사람을 이롭게 하려면 반드시 먼저 아랫사람을 이롭게 하는 것, 이는

다음은 17세기 가장 큰 화두로 떠올랐던 '북벌北伐'에 대한 고민을 담은 작품이다. 바로 생활고에 시달리다가 경제활동에 뛰어들어 농업과 상업을 아우르며 치부한 허생許生의 이야기[47] 말미에 실린 내용이다.

> 이완李浣 상공은 당시 대장이 되어 중임을 기탁 받아 북벌北伐을 계획하고 인재를 찾다가, 허생許生이 현명하다는 소문을 듣고, 어느 날 저녁에 미복微服으로 가서 그를 만나보고 천하의 일을 논하며 가르침을 청하였다. 그러자 허생이 말하기를, "진실로 공公께서 오실 줄 알고 있었소. 공께서 대사大事를 일으키려 하시는데, 나의 세 가지 계책에 의거하지 않겠소?"라고 하니, 이공李公이 말했다. "감히 그 말씀을 묻습니다." 그러자 허생이 말하기를, "지금 조정에는 당인黨人이 용사用事하여 만사가 여의치 못하니, 공께서 돌아가 임금[九重]께 아뢰어 당론을 파하고 인재를 등용하시겠소?"라고 하니, 이공이 말했다. "못하지요." 또 말하기를, "군軍에 뽑힌 사람에게 군포軍布를 거둬들이니, 온 나라 백성의 근심과 고통이 되었소. 공께서 호포법戶布法을 시행하여 비록 경상卿相의 자제라도 피해가지 못하도록 하겠소?"라고 하니, 이공이 말했다. "이 일 또한 어렵지요." 또 말하기를, "우리나라는 동으로 바다를 끼고 있어 비록 어염魚鹽에서 얻는 이로움은 있더라도 축적된 곡식이 많지 않아 1년을 지탱

사물의 이치에 온당하고, 정신의 도리에 부합하는 것이다.[然欲自利 則必先利人 欲利上 則必先利下者 此物理之當然 而神道之所與也]"라고 말한다.

47 가난한 허성許姓 양반이 치부한 이야기는 앞서 살펴본 것처럼 여러 야담 작품에서 다양한 이야기로 재구성되었을 뿐만 아니라, 연암 박지원이 쓴 〈허생전許生傳〉(『열하일기』 소재 〈옥갑야화〉)에서 정점을 이루었다. 물론 갑부가 된 허씨許氏가 동일인은 아니더라도, 그와 관련해서는 부자 변승업卞承業을 비롯하여 이완李浣대장 등 실존인물이 등장하는 것으로 보아 이야기 속 모델이 될 만한 실제인물이 생존했으리라 추측된다.

> 하기 어렵고, 땅은 삼천리에 불과한데 예법에 얽매여 겉치레에만 전념하고 있소. 온 나라 사람들로 하여금 모두 호복胡服을 입도록 할 수 있겠소?"라고 하니, 이공이 말했다. "역시 어려운 일이지요." 그러자 허생이 성난 목소리로 말했다. "네가 시의時宜도 모른 채 망녕되게 큰 계책을 떠벌리니, 무슨 일을 도모하겠느냐? 얼른 물러가거라." 이공은 땀이 흘러 등을 적셨고, 다시 오겠노라 고하며 무료하게 물러났다. 이튿날 아침에 찾아가 보니, 쓸쓸히 빈 집 하나뿐이었다.[48]

위 인용문은 당시 효종孝宗의 신임을 얻어 북벌에 앞장섰던 이완李浣[49]이 허생을 찾아가서 북벌론의 실상과 조선의 개혁에 관해 주고받은 담론談論이다.[50] 허공 이야기는 18세기 『동패락송』에서 출발하여

48 『海東野書』, 〈識寶氣許生取銅爐〉. 李相公浣 時爲元戎 受託寄之重 圖伐燕之計 訪人材 聞許生之賢 一夕 微服往見之 論天下事 願安承敎 許生曰 固知公之來也 公欲擧大事 依我三策否 李公曰 敢問其說 許生曰 今朝廷 黨人用事 萬事掣肘 公能歸奏九重破黨論 用人才乎 李公曰 不能 又曰 簽軍收布 爲一國生民之愁苦 公能行戶布法 雖卿相子弟 不使謀避乎 李公曰 此事亦難矣哉 又曰 我國東濱于海 雖有魚鹽之利 蓄積不敷 粟不支一年 地不過三千里 而拘於禮法 專使外飾能使一國之人 盡爲胡服乎 李公曰 亦難矣哉 許生厲聲曰 汝不知時宜 妄張大計何事可做 速退去 李公汗出沾背 告以更來 無聊而退 翌朝訪之 蕭然一空宅而已.

49 이완의 담력과 용맹은 야담에서 여러 가지 형태로 구현되었다. 첩첩산중에서 도적 괴수를 만나 밧줄에 꽁꽁 묶인 채 도적이 건네주는 고기를 받아먹은 이야기[〈척검擲劍〉], 용인龍仁의 객점客店에서 만난 거지꼴에 비범한 박탁朴鐸을 빼어난 무인武人으로 성취시킨 이야기[〈이완과 박탁〉], 신여철申汝哲의 기량을 알아보고 그 담력을 시험하기 위해 염병染病으로 죽은 시신의 염습斂襲을 당부한 이야기[〈신여철의 담력〉] 등 다양하다.

50 연암 박지원의 『열하일기』 소재 〈옥갑야화〉(일명 〈허생전〉)에도 허생과 이완의 대담對談이 실려 있다. 여기서 허생은 '어진 인재 추천 및 등용', '명나라 후손과 종실宗室의 혼인 및 분재分財', '조선인의 청나라 유학 및 변발辮髮과 호복胡服' 등에 관해 이완의 의견을 묻지만, 그가 이를 모두 수용하지 않는 것을 보고 명분名分에 사로잡혀 실리實利를 외면하는 사대부士大夫를 통렬히 비판한다.[許生大叱曰

19세기 『동야휘집』을 거쳐 동시대 야담집 『해동야서』에 이른다. 그런데 『동야휘집』 소재 〈사인치산락훈지士人治産樂塤篪〉에는 허생의 치부담만 기술되어 있으나, 『해동야서』 소재 〈식보기허생취동로識寶氣許生取銅爐〉의 말미에 이 내용이 삽입되어 관심을 끈다. 허생의 남다른 재능과 치부 과정을 들려주는 데 꼭 필요한 내용은 아니지만, 논의를 통해 그의 비범함을 부각시키기에는 충분하다.

특히, 『해동야서』는 당시로서는 가장 뜨거웠던 시사문제를 야담에 삽입하여 서사를 재구성했다는 사실만으로도 흥미롭다. 북벌은 효종에 의해 기획 진행되었지만, 효종이 승하함으로써 허망하게 실패하고 말았다. 그 과정에서 큰 역할을 담당한 인물을 꼽으라면, 송시열宋時烈과 이완李浣이 대표적인 문인文人과 무인武人으로 평가된다. 그러나 위 인용문에서 허생의 세 가지 질문을 통해 드러난 것처럼, 북벌론은 조선의 정치현실과 법제규정상 모순되고, 사회생활과 민심안정에 배치背馳되는 엄청난 폐단을 내포한 이념이었다.

덧붙여 북벌론의 허구성에 대해서는 19세기 『기리총화』 소재 〈포천이문抱川異聞〉[51]에서도 다루어졌다. 효종孝宗과 현종顯宗을 보필하며 북벌정책이 실시되고 예송논쟁이 격화된 시기에 정승을 지낸 정태화鄭太和가, 태종太宗을 보필하며 조선왕조의 기틀을 마련하는 데 공헌했던 하륜河崙을 만나서 대담對談한 내용이다.

所謂士大夫 是何等也 產於彝貊之地 自稱曰士大夫 豈非騃乎 ……(中略)…… 吾始三言 汝無一可得而能者 自謂信臣 信臣固如是乎 是可斬也]

51 『기리총화』 소재 작품에는 본래 제목이 없다. 〈포천이문抱川異聞〉은 임형택 교수(2012)가 편찬한 『한문서사의 영토』(태학사)에서 붙인 제목을 그대로 사용하였다.

하륜河崙이 말했다. "그대는 아직도 방 안에 앉아서 천하를 말하는데, 모든 일은 천시天時와 지리地理와 인사人事에서 벗어날 수 없소. 지금 중화中華의 운세는 쇠약해졌고, 북방의 기운은 정말 왕성하여 청淸나라의 국운이 당연히 300년은 갈 테니, 이는 천시天時로 보아 불가능한 일이요. 산해관山海關은 천험天險의 요지인데, 우리 오합지졸 군사가 천리 길을 행군하고 백 번 싸워서 산해관 밖에 당도하면, 저 연계燕薊의 무리가 굳게 지키고 막을 텐데, 이야말로 휴식을 취한 군대가 지친 군대를 상대하는 격이오. 또 영고탑寧古塔의 부락이 우리 군대의 후방을 공격하면, 우리는 앞뒤로 적을 맞아 머리와 꼬리가 상응할 수 없고, 양도粮道가 이미 끊어진 데다 퇴로退路마저 막힐 테니, 수레 하나도 어찌 고국으로 돌아올 수 있겠소? 이는 지리地理로 보아 불가능한 일이요. 기억하건대 일찍이 병자년丙子年에 저들 수천 군대가 우리 국경에 깊이 들어와, 마치 푸른 바다에 외로운 배나 넓은 들판에 썩은 풀 같았거늘, 동토東土 수천 리를 둘러봐도 한 사람 정면으로 대드는 자가 없어 마침내 성하지맹城下之盟으로 마지막 승패를 삼았지요. 지금 오랑캐의 부강함은 접때와 비교가 안 되는데, 우리 진법은 기껏 장사진長蛇陣에만 밝으며, 용렬한 장수에 나약한 병졸이 적군을 만나면 먼저 도망칠 테니, 어린아이를 호랑이 굴에 몰아넣는 것과 무엇이 다르겠소? 게다가 오삼계吳三桂는 은혜를 저버리고 조국을 배반한 채 스스로 신기神器를 엿보고 있으니, 또 그와 더불어 동맹해서는 안 됩니다."[52]

52 『綺里叢話』, 〈抱川異聞〉. 河公曰 使君尙能坐談天下 萬事不越乎天時地理人事 今華運浸衰 北氣正旺 胡淸之享國 當至三百年之久 此天時之不可爲也 山海一關 天險之地 我以烏合之師 千里間關百戰 到關外 則彼以燕薊之衆 牢守咽阨 以逸待勞 又以寧古部落 躡我軍後 則我腹背受敵 首尾不能相應 粮道已絶 歸路又阻 則隻輪何以返國也 此地利之不可爲也 憶曾丙子 彼以數千之騎 深入我境 如滄海孤舟 曠野腐草 而環東土數千里 無一人正視 竟以城下之盟爲孤注 今虜之富强 非比曩時 我之行陣 只曉長蛇 庸將懦卒 見敵先退 何異於驅嬰兒入虎穴也 且吳三桂 辜恩負國 自窺神器 又不可與之同盟也.

하륜은 북벌이 천시天時와 지리地理와 인사人事 면에서 모두 허황된 이론이자 정책이라고 주장한다. 명明나라가 약화되고 청淸나라가 왕성해지는 즈음에 조선의 군대를 이끌고 천험요새인 산해관山海關에 당도하는 것부터 용렬한 장수에 나약한 병졸이 산해관을 공격하는 것은 지리상 도저히 불가능한 모험이며, 오삼계吳三桂처럼 명나라를 배신하고 청나라에 투항하여 대의명분을 저버린 인물과 동맹을 맺어서는 안 된다며 조목조목 합당한 논리를 펼친다. 그리고 정치 사회적 모순과 비리에 대해서도 덧붙인다.[53]

위 인용문에서 정태화[54]는 혼령으로 나타난 하륜과 더불어 북벌을 말하고,[55] 또 다른 야담 작품에서는 효종과 독대獨對 후에 자신을 찾아온 송시열과도 북벌에 관한 논의를 펼친다.[56] 그런데 이완과 송시

---

53 『綺里叢話』, 〈抱川異聞〉. 河公曰 富豪之家 奴隷最多 倉庾園圃 各有守者 耕紝汲樵 各有役者 此八事 本非弊源 而一奴不職 則有一事之弊 八奴不職 則有八事之弊 爲家長者 乃汰其庸懶 代以良勤者 則諸事又修擧耳 況於一國乎.

54 정태화도 야담에 자주 등장하는 인물에 속한다. 송시열과 북벌에 관해 논하는 이야기[〈북벌론의 실상과 폐단〉]를 비롯하여 임신한 부인의 배를 가리키며 세 아들의 탄생과 부귀富貴를 예언한 이야기[〈세 아들의 운수〉], 과거 공부를 하다가 훗날 관찰사와 도적 괴수가 되어 만난 이야기[〈회양협淮陽峽〉]에서 관찰사의 친구로 등장하기도 했다.

55 〈포천이문〉은 정태화가 포천현감抱川縣監 재임시절의 일화逸話로, 임형택 교수는 "〈포천이문〉은 야담적 체취를 띠고 있으나 구연의 기록화로 간주하기는 어렵고, 여타 야담에 담긴 에피소드에 착안하여 새롭게 구성·가공된 작품"이라고 주장하였다. 필자도 이런 주장에 동의하며, 어느 시점에 관련 스토리가 삽입됨으로써 새로운 스토리텔링이 이루어졌다고 생각한다. 임형택(2012), 전게서 555면 인용.

56 『溪西野談』 권5, 〈북벌론의 명분과 현실성〉. 已而 尤翁坐定 陽坡問曰 今日獨對 上下酬酌 何如 尤翁曰 卽北伐事 而上以軍糧之轉輸 無人爲憂 故小生薦大監矣 未知 大監意向 何如 陽坡曰 小生才 雖不及於蕭何 豈不效蕭何之爲耶 軍糧一事 小生自可當之 尤翁曰 若然則 國家之幸也 ……(中略)…… 陽坡又笑曰 兵渡鴨綠 則吾可督糧矣 一笑而罷.

열이 북벌론에 찬성하고 북벌에 적극 동참한 부류였다면, 정태화는 정승으로서 자기 입장을 견지하며 어느 쪽으로도 치우치지 않았다. 심지어 북벌론이 친명배청親明排清을 주장하는 조정 신료의 이상적인 정치이념이라고 인정했으나, 실제로는 성취하기 힘든 국제적인 정치노선이라고 생각했던 듯하다.[57] 이처럼 야담은 북벌이라는 거대 시사담론을, 주요 인물을 내세워 기존 서사에 삽입함으로써 다양한 각도에서 새롭게 구성되었다.

이상으로 치부담에 관한 시대별 작품을 분석한 결과는 다음과 같다. 화포장 이야기는 고대 설화에서 변화 발전하여 야담에서 치부담으로 정착되었다. 17세기 야담 속 가난한 포장은 18세기를 거쳐 19세기에 이르면 술을 너무 좋아하여, 그로 인해 기행奇行을 일삼는 인물로 그려지면서 주인공의 천성과 기호가 서사에 담겼다. 또 18세기 야담 속 순흥의 만석꾼은 부자가 된 경위經緯를 간략히 설명했지만, 19세기에 이르면 자신의 경제관념과 인생관을 분명히 들려주는데, 이는 시대별로 유사한 치부담이 계속 재탄생되었음을 반증한다. 게다가 19세기의 또 다른 부자 허생의 이야기는 치부에서 더 나아가 북벌론의 허구성과 국정의 폐단에 관한 유명인의 담론을 덧붙임으로써 새로운 스토리를 만들었다.

이러한 분석 결과를 스토리 측면에서 정리하면, 치부담에 보이는 야담의 스토리 구성은 '서사의 변개와 강화' 그리고 '인생관과 시사담론의 삽입'으로 요약된다. 시대별로 치부담을 엮는 과정에 작자가 끊

57 이러한 그의 태도는『매옹한록梅翁閒錄』소재〈북벌론에 응한 정태화〉에 잘 드러나 있다. 효종이 송시열을 초치招致할 때 정태화는 영의정으로서 함께 국가의 대사大事를 논의하였다. 그는 북벌에 대한 확신이 없음에도 적극적으로 북벌책을 펼치는 송시열에게 동조함으로써 효종의 요구에 응하는 태도를 보여주었다.

임없이 이야기를 변개시킨 흔적이 뚜렷하며, 후대에는 작품 말미에 시사담론을 삽입한 정황도 드러나 야담의 서사구성이 두드러졌다. 즉, 가난한 주인공이 경제활동으로 거금巨金을 벌어들인 내용은 여타 치부담과 다르지 않으나, 개인의 특성을 포함시켜 서사를 강화하고, 주인공의 인생관 또는 역사인물의 시사관을 내세움으로써 인물과 시사에 주목하여 민중의 관심과 작자의 주장을 담아낸 것은 다른 작품과 변별되는 서사적 특징이다.

4. 야담의 가치와 스토리텔링 가능성

야담은 구연자와 기록자의 구기口氣가 공존하는 서사형태로, 조선후기 사회상과 인물상이 아울러 반영되고, 근원이야기가 끊임없이 변개되면서 새롭게 구성되었다. 야담은 구연자의 구술과정에 1차 창작이 이루어지고, 이후 기록자의 기록과정에 2차 창작이 이루어졌다. 그런데 구연자는 대부분 여항에 거주하는 하층민이었고, 기록자는 대부분 학업에 주력하는 식자층이었다. 따라서 야담은 조선후기 시정주변市井周邊의 인물과 분위기는 물론 반가班家 및 조정朝廷에서 발생한 사건까지 아울러 담아낸 거대한 이야기판으로, 이는 우리나라 여타 서사문학과 변별되는 특이점이다. 또 17세기에 출현하여 19세기를 넘어 조선후기를 관통하며 꾸준히 창작 향유된 생명력이 긴 문학 장르였다.

수많은 야담 작품 가운데 치부담의 경우, 변화하는 사회상과 다채로운 인물상을 담아낸 경향이 뚜렷하다. 예를 들어, 17세기 야담에는 주인공들이 길에서 보화寶貨를 줍거나 선행 후에 보물을 얻는 등 우연히 횡재한 이야기가 많다. 그런데 18세기 야담에는 주인공들에게 후원자가 등장함으로써 주인공이 자본금을 얻어 재물에 투자하거나 특정작물을 생산하여 부자가 된 이야기가 많다. 이후 19세기 야담에는 주인공들이 자기 노동력과 자본금을 활용한 독자적인 경제활동으로 재화財貨를 취득한 이야기가 많다.

특히, 치부담의 글쓰기 방식은 포장과 역관이 대두되는 등 '시대상을 반영한 치부'와 사행과 농사에 주목하는 등 '사실성을 담보한 서사'로 요약된다. 예를 들어, 중국 사행에 참여한 일원으로서 화포장과 역관들이 사무역에 종사하거나, 가난한 선비가 생활고로 인해 논밭에서 일하는 모습은 시대별로 치부 방법이 다르고, 지역별로 특산물이나 농작법이 달랐던 시대상을 잘 반영한 것이다. 또 사신 행차의 구성원 및 경로를 비롯하여 사행선이 출발하는 광경이나 주변 모습, 그리고 치부를 결심한 등장인물의 특용작물 재배와 생육과정을 전문가 못지않게 사실적으로 묘사하였다. 그런데 야담에서 이처럼 시대에 따라 변용變容된 부자 이야기는 21세기 경제논리에 맞춰 새롭게 각색하여 재미있고 유익한 내용으로 재창조할 수 있다.

또 치부담에 보이는 스토리 구성에는 서사가 다양하게 변개되거나 등장인물의 대화를 통해 스토리가 진행된 경향이 두드러진다. 예를 들어, 17세기 치부담은 대부분 무명無名의 주인공들이 우연한 기회에 횡재한 이야기다. 그러나 18세기 치부담에는 당대의 실존인물이 등장하여 새로운 농사법과 남다른 경제관념을 보여주었다. 이후 19세기 치부담에는 부자가 된 내력을 기술하면서 주인공의 인생관 또는 주인공과 역사인물의 시사담론이 덧붙여져 또 다른 스토리를 만들어냈다.

특히, 치부담의 스토리 구성은 주인공의 천성과 기호가 담기는 등

'서사의 변개와 강화' 그리고 유명인을 등장시켜 시국時局을 논의하는 등 '인생관과 시사담론의 삽입'으로 요약된다. 예를 들어, 가난한 화포장이 술 한 잔으로 자위자락自慰自樂하는 모습과 황부자가 평생 경험으로 터득한 인생관을 피력하는 모습은 또 다른 스토리로 변개된 서사이고, 비범한 인물의 입을 통해 북벌론北伐論의 허구성이나 국정國政의 폐단 등을 통렬히 비판하는 모습이 삽입되어 새로운 서사적 면모를 보여주었다. 그런데 야담에서 이처럼 시의적절한 시사담론은 당시 정치이념과 국제정세를 파악함으로써 새로운 캐릭터를 창조하거나 현재 주변 국제관계에 적용시켜 재구성할 수 있다.

지금까지 치부담에서 확인된 야담의 가치를 활용한 스토리텔링 가능성을 제시하면 다음과 같다. 먼저, 야담은 다양한 스토리텔링으로 고전의 대중화와 실용화를 가능케 한다.[58] 조선후기 야담은 시대적으로나 특성상으로나 고대 설화와 현대 소설의 중간에 위치한 문학 장르로, 옛 시절의 모습과 옛 사람들의 정서와 옛 이야기의 재미가 가득 담긴 고전에 속한다. 특히, 조선시대 상층上層과 하층下層을 아우르는 옛 이야기를 오늘날 대중의 눈높이에 맞춰 새로운 이야기를 만들어냄으로써 한층 재미있게 과거와 현재를 잇고, 역사와 문화를 소통시키는 데 적합하다.

예를 들어, 야담에는 우리나라 설화나 서양의 신화神話와 유사한 내용도 많은데,[59] 이는 현대인의 눈높이에서 더욱 다채로운 스토리

58 권도경은 고전서사문학과 대중문화의 스토리텔링을 비교 분석하여 그 유사성과 차이점을 도출한 바 있다. 권도경(2011), 전게서 참조.

59 야담 속 〈화포장 이야기〉는 신라의 〈거타지 설화〉 또는 그리스의 〈페르세우스 신화〉와 연관성이 많다. 예를 들어, 주인공이 괴물을 퇴치하는 내용은 세 작품에 모두 등장하고, 괴물을 죽인 대가代價로 부자가 되는 설정은 〈화포장 이야기〉와

텔링이 가능하다. 지역별 방송사를 비롯해 기관별 문화센터 등에서 운영하는 교육 과정이나 체험 학습에 야담을 활용한 프로그램을 개설하여 수강생들의 기호를 충족시킨다. 현재 국립백두대간수목원(경북 봉화)에는 '호랑이길'이 조성되어 있고, 실제 우리나라 호랑이를 관람할 수도 있는데, 수목원을 답사할 때 먼저 '호랑이길'을 걸으며 호랑이가 나오는 동서양 이야기를 재미있게 들려주고 나서 호랑이를 눈앞에서 직접 보도록 한다면, 체험 효과가 배가될 것이다. 이처럼 야담 속 다양한 동식물에 관한 이야기를 따로 모아 동물원과 식물원 등지에서 방문객들에게 재미난 이야기로 소개하거나, 동식물을 소재로 하여 어린이들이 좋아하는 애니메이션으로 제작하는 방법도 좋다. 또 지역 문화와 역사 인물에 대한 이야기를 역사서가 아닌 야담에서 개발하여 흥미를 더함으로써 고전의 대중화와 실용화도 가능해진다. 특히, 야담 속 시대와 인물에 주목하여 〈대장금〉이나 〈거상 김만덕〉처럼 드라마로 제작하거나, 그 과정에서 동서양 문화의 변별점을 찾아 한류韓流의 소재로 활용할 수도 있어, 다방면으로 고전을 즐기기에 적합할 것이다.

다음으로, 야담은 독창적인 문화콘텐츠 개발과 우수한 문화자원 활용에 기여한다.[60] 근래 문화예술 차원에서 스토리텔링이 중시되는데, 야담은 이러한 시대적 요구를 아우르는 고유한 문화원형이다. 치

〈거타지 설화〉, 괴물을 죽이고 미인을 얻는 설정은 〈거타지 설화〉와 〈페르세우스 신화〉에서 보이는 공통된 특징이다. 이처럼 우리나라 일부 고대 설화는 조선후기 야담에 전승되었고, 서양의 신화에서도 유사한 이야기가 발견된다. 이채경(2018), 전게서 참조.

60 함복희는 야담을 문화콘텐츠화 하는 방안에 대해 연구하면서 처음으로 '디지털 콘텐츠, 스토리뱅크, 캐릭터, 스토리텔링'에 주목해야 한다고 언급했다. 함복희(2007), 전게서 참조.

부담에서 남다른 면모를 지닌 인물과 특정지역에서 생산 유통된 물품 등은 지역별 문화콘텐츠로 개발 가능하며, 주인공이 가난과 역경을 극복하고 부자가 되는 과정 등을 새롭게 해석하여 분야별 예술작품으로 창작할 여지도 충분하다.

예를 들어, 최근에 개발된 문화콘텐츠로 '인천 백령도의 거타지 설화'가 있다. 이는 현대에서 조선후기 야담을 넘어 고대 설화까지 거슬러 올라가 특정지역의 문화자원을 콘텐츠로 개발한 사례이며, 인천지역에서 해양문화자원으로 개발된 〈거타지 설화〉는 현재 화소를 분석하여 스토리텔링과 캐릭터에 대한 시안試案을 마련한 상태다. 여기서 나아가 설화에 야담을 더해 화포장이 포함된 중국 사행의 루트를 개발하거나 당시의 사신 행차를 재연할 수도 있으며, 주인공이 가난과 차별을 극복하고 치부와 행복을 성취하는 캐릭터로 대변되는 연극 · 영화 · 뮤지컬 등을 창작할 수도 있다. 또 야담에 나오는 특정지역의 토속 음식을 찾아서 오늘날 유명 산지와 비교 검토한 다음, 그 식재료를 이용해 특색 있는 음식을 만들어 지역 맛집으로 소개하는 방법도 좋고, 나아가 이를 치부담 속 주인공과 연계시켜 또 다른 인물과 색다른 이야기를 창조할 수도 있다. 특히, 실제 우리나라 노블레스 오블리주(noblesse oblige)의 전형으로 잘 알려진 '경주 최부자 이야기'처럼 야담 속 다양한 치부담 속 주인공의 캐릭터를 부富에 대한 관심이 극대화된 현세태에 맞춰 새롭게 스토리텔링하면 대중의 호응을 받는 문화콘텐츠가 될 것이다.

덧붙여, 야담의 글쓰기와 스토리를 발표와 토론 교육에 적용한다. 치부담은 전대 설화의 서사를 활용하는 동시에 시대상을 반영하고 사실성을 담보한 글쓰기 방식을 취했으며, 새로운 스토리를 구성하면서 근원이야기를 첨삭 또는 변개하거나 기존 이야기에 시사담론을 삽입하는 등 서사적 특징이 뚜렷하였다. 이러한 면모는 창의적인 사고와 효과적인 표현을 강조하는 글쓰기와 발표 및 토론 자료로 적극 활용할 수 있다.

예를 들어, 대학에서 취업을 위해 준비하는 자기소개서의 경우, 넓은 의미에서는 지원자가 목표로 하는 기관에서 추구하는 이념과 인재상人材象에 맞춰 하나의 주제를 설정하고, 지원자의 성격과 경력 및 생활과 장래희망 등을 주제에 알맞게 독창적인 스토리로 글을 쓰면, 다른 지원자보다 특장점이 부각될 것이다. 또 좁은 의미에서는 지원자의 목표와 기관의 이념에 관련된 이야기를 야담에서 찾아낸 다음, 그것을 자기소개서 본문에 인용하여 자신을 지원 적임자로 추천할 수도 있다. 또 대학 내 금융경제 또는 국제관계를 다루는 교과목 등에서 다양한 주제를 설정하여 발표와 토론을 진행할 때, 부자 이야기와 더불어 시사문제를 함께 논의한다. 조선후기 국내 경제상황이나 중국과의 무역과정 등을 통해 당시 사람들의 경제관념과 치부방법 등을 분석함으로써 21세기 대한민국의 위치와 관계를 점검하는 등 논리적인 발표와 효과적인 토론을 거쳐 정치 · 경제 · 사회 · 문화 · 국제 · 교육 등을 통섭하는 지식을 쌓을 수 있다.

5. 결론

이상으로 야담의 글쓰기와 스토리텔링에 대해 분석하여 서사적 특징을 도출하고, 나아가 그 활용방안을 몇 가지 제시해 보았다. 앞서 전개한 논지와 주장을 정리하는 것으로 결론을 대신하고자 한다.

첫째, 치부담에서 보이는 야담의 글쓰기 방식은 '시대상을 반영한 치부'와 '사실성을 담보한 서사'로 요약된다. 시대별로 등장인물이 치부하는 방법과 그것을 수용하는 태도가 각기 달랐으며, 후대로 갈수록 치부하는 과정에 구체적인 정황과 사실적인 묘사가 더해져 야담의 서사적 면모가 강화되었다. 즉, 중국으로 가는 사신 행차의 구성 및 여정, 사행에 참여한 포장이나 역관의 무역 및 치부, 가난 때문에 과거 공부를 포기하고 농사를 택한 선비의 인생 설계와 농작법 등이 각기 다른 시대상을 반영하면서 사실적으로 묘사되었다.

둘째, 치부담에 보이는 야담의 스토리 구성은 '서사의 변개와 강화' 그리고 '인생관과 시사담론의 삽입'으로 요약된다. 시대별로 치부담을 엮는 과정에 작자가 끊임없이 이야기를 변개시킨 흔적이 뚜렷하며, 후대에는 작품 말미에 시사담론을 삽입한 정황도 드러나 야담의 서사구성이 부각되었다. 즉, 가난한 주인공이 경제활동으로 거금을 벌어들인 내용은 여타 치부담과 다르지 않으나, 개인의 특성을 보완해 서사를 강화하고, 주인공의 인생관 또는 역사인물의 가치관을 내세워 인물과 시사에 주목한 것은 다른 작품과 변별되는 서사적 특징이었다.

이렇듯 치부담에서 확인된 야담의 가치를 활용하는 방안을 제언해 본다.

첫째, 야담은 다양한 스토리텔링으로 고전의 대중화와 실용화를 가능케 한다. 조선후기 야담은 시대적으로나 특성상으로나 고대 설화와 현대 소설의 중간에 위치하며, 옛 시절의 모습과 옛 사람들의 정서와 옛 이야기의 재미가 가득 담긴 고전에 속한다. 따라서 야담 속 동식물 이야기를 체험에 이용하여 동물원 관람객이나 식물원 방문객들에게 흥미와 감동을 제공하거나, 〈대장금〉처럼 역사 드라마로 만들어 한류에 활용하는 등 다방면으로 고전을 즐기기에 적합할 것이다.

둘째, 야담은 독창적인 문화콘텐츠 개발과 우수한 문화자원 활용에 기여한다. 근래 문화예술 차원에서 스토리텔링이 중시되는데, 야담은 이러한 시대적 요구를 아우르는 고유한 문화원형이다. 치부담에서 남다른 면모를 지닌 인물과 특정지역에서 생산되는 물품 등은 지역별 문화콘텐츠로 개발 가능하며, 인천의 〈거타지 설화〉처럼 주인공이 가난과 역경을 극복하고 부자가 되는 과정 등을 새롭게 해석하여 연극·영화·뮤지컬 등으로 창작하면 대중의 호응을 받는 문화콘텐츠가 될 것이다.

셋째, 야담의 글쓰기와 스토리를 발표와 토론 교육에 적용한다. 창의적인 사고와 논리적인 토론 및 효과적인 발표 등은 대학 수업은 물론 취업과 진학 등에 꼭 필요한 교육이다. 자기소개서를 작성할 때, 회사나 기관단체에서 필요로 하는 인재상을 야담에서 찾아 활용할 수도 있고, 금융경제 또는 국제관계를 다루는 교과목에서 다양한 주제를 설정하여 발표와 토론을 진행할 때, 부자 이야기와 더불어 시사문제를 함께 논의함으로써 정치·경제·사회·문화·국제·교육 등을 통섭하는 지식을 쌓을 수 있다.

지금까지 야담의 글쓰기와 스토리텔링에 관해 연구하여 야담의 현대적 가치를 도출하고, 그것을 자료 내지는 자원으로 활용하는 방안을 제시해 보았다. 특히, 치부담을 중심으로 한 야담의 글쓰기와 스토리텔링에 대해서는 나름대로 분석하여 결론을 얻었지만, 그 활용방안에 대해서는 아직 연구가 미진하여 더욱 폭넓은 공부가 필요해 보인다.

제4장

『잡기고담』 서사 연구

— 서사 구도 및 유형을 중심으로

1. 서론

야담野談은 조선후기 문학사에서 단연 돋보이는 서사 양식이다. 야담 작가는 여항閭巷에 떠돌던 기존의 역사적, 사회적인 사실에 허구를 가미하거나 새롭게 창작함으로써 서사적, 문학적인 결과를 도출했다. 예컨대 '문장으로 사실을 전달하는[以文運事]' 데서 '문장을 통해 사건을 만들어내는[因文生事]' 데로 나아간 것이다.[1] 이는 무엇보다 사회가 복잡해지고 생활이 다기해지면서 흥미로운 인물과 다양한 사건을 문장에 담아내려는 작가적 의식의 발로였다고 하겠다.

17세기 초 유몽인柳夢寅(1559-1623)의 『어우야담於于野談』에서 시작된 야담은 18세기에 비로소 화려한 꽃을 피우고 알찬 열매를 맺었

1 명말청초明末清初의 문예 비평가인 김성탄金聖歎이 『사기史記』를 '이문운사以文運事', 『수호水滸』를 '인문생사因文生事'한 작품이라고 평가한 데서 나온 말로, 문학의 사실성과 허구성을 논할 때 주로 쓰인다.

다. 그 가운데 임매任邁(1711-1779. 본관 풍천豊川, 자는 백현伯玄, 호는 난당蘭堂·보화葆龢)의 『잡기고담雜記古談』(1754-1767년 저작, 『난실만필蘭室漫筆』 또는 『파적록罷寂錄』이라고도 불림)은 흔치 않은 소재를 작가적 역량으로 서사화한 수작秀作이다.[2] 총 24편의 작품[3]에는 남녀노소男女老少, 빈부귀천貧富貴賤, 시비포폄是非褒貶을 가리지 않고 생동하는 인물과 흥미로운 사건이 고스란히 담겨 있다. 게다가 작가는 각 편마다 간명한 제목을 붙임으로써 민간에 떠돌던 이야기를 문학적으로 재창조하였다.[4]

본고에서는 『잡기고담』의 서사 구도 및 유형에 관해 살펴보고자 한다. 『잡기고담』은 구연과 기록이 길항하는, 완정한 서사체의 18세기 대표 야담집으로 평가된다. 그동안 『잡기고담』에 대한 연구가 다각도로 이루어졌지만, 그 범주가 몇몇 작품에 한정되었던 게 사실이

2 진재교 교수는 「『雜記古談』의 著作年代와 作者에 대하여」(『서지학보』 제12호, 한국서지학회, 1994.)에서 처음으로 『잡기고담』의 저작 연대가 1754-1767년이며, 작자가 임매任邁라는 사실을 밝혔다. 이후 「『雜記古談』 研究－그 性格과 作家意識을 中心으로」(『韓國의 經學과 漢文學－竹夫李篪衡教授停年退職紀念論文集』, 태학사, 1996.)와 「『雜記古談』 소재 〈宦妻〉의 敍事와 女性像」(『古小說硏究』 제13집, 한국고소설학회, 2002.)을 통해 『잡기고담』의 전반적인 성격과 문학적인 특징에 대해 논하였다.

3 임매는 『잡기고담』에 실린 24제題 27종種의 이야기에 각기 제목을 붙였으며, 그것을 차례대로 소개하면 다음과 같다. 〈의무醫巫〉, 〈기노奇奴〉, 〈여협女俠〉, 〈도재상盜宰相〉, 〈환처宦妻〉, 〈천연天緣〉, 〈검기劍技〉, 〈도은盜隱〉, 〈신검神劍〉, 〈추수推數〉, 〈발간發奸〉, 〈의기義妓〉, 〈조학嘲謔〉, 〈보은작報恩鵲〉, 〈청원淸寃〉, 〈간부姦富〉, 〈면화免禍〉, 〈치농癡儂〉, 〈망인妄人〉, 〈수기數奇〉, 〈천보天報〉, 〈곤경困境〉, 〈교무驕武〉, 〈담명談命〉.

4 진재교는 임매가 『잡기고담』에서 각 편마다 제목을 붙인 것은 이러저러한 이야기를 잡기한 것에 개성적인 제목을 붙임으로써 독립된 작품으로 만들었다고 평가한다. 아울러 작품 전체의 내용을 아우르는 제자題字를 끄집어내어 작품의 전체상을 부각시켰다고 덧붙인다. 진재교(1996), 전게서 818-819면 참조

다.[5] 더구나 『잡기고담』 소재 작품 전반에 대한 서사 및 의의에 관해서는 이렇다 할 논의가 없었다. 이것이 필자가 연구를 결심한 계기이자 목표라고 할 수 있으며, 본고를 통해 『잡기고담』의 서사성敍事性 및 야담사적 위상도 가늠할 수 있으리라 예상된다.

역사적인 사건과 사회적인 현실을 바탕으로 다양한 이야기가 생성되고, 그것이 견문이나 구연 또는 기록을 통해 서사 작품으로 완성된 것이 야담野談이다. 따라서 야담의 문학성을 논할 때, 거론되는 척도 중 하나가 바로 서사敍事이다. 그러면 야담 작가 또는 편자는 어떤 구도로 서사를 배치하여 문학적인 성과를 이루어내는 것일까? 『잡기고담』의 문학성을 가늠해 보자면, 그 서사 구도에는 어떤 유형이 있으며, 그것이 작품 서사에 어떠한 영향을 미치는지 살펴볼 필요가 있다. 따라서 그 서사 구도 및 유형이 어떤 시대적 상황과 사회적 분위기를 반영하며, 아울러 그것이 추구하는 목적과 의의가 무엇인지 파악함으로써 야담사野談史에서 제대로 자리매김할 수 있으리라 확신한다.

2. '탈/출'과 '귀/환'을 넘나드는 서사 구도

'문장으로 사실을 전달하는[以文運事]' 것은 사실성에 근거한 문학

5 진재교는 먼저 『잡기고담』의 작자와 저작 연대를 처음으로 밝혔으며,(1994) 이후 작품 성격과 작가 의식을 조명하였다.(1996) 이어 〈환처〉의 서사와 여성상에 관해서도 논한 바 있다.(2002) 그리고 최근 안범준은 『잡기고담』의 서술방식과 저작의도에 관해 작자가 주요관심사로 흥미를 유발하고 의견을 개진했으며, 이를 통해 사대부적 가치를 옹호한 것으로 보았다.(2006) 또 신현웅은 이운영의 『영미편』이 임매의 『난실만필』에서 영향을 받아 저작되었다는 사실을 밝힌 바 있다.(2010)

의 교훈적 기능에 치중한 말이고, '문장을 통해 사건을 만들어내는[因文生事]' 것은 허구성에 근거하여 문학의 교훈적 기능에다 흥미를 더한 상태를 지칭하는 말이다. 야담은 역사적, 사회적인 사실을 바탕으로 민중적, 창의적인 허구를 첨가함으로써 서사 지평을 넓힌 셈이다. 또 흥밋거리로 인구人口에 회자膾炙되거나 일부 계층에 구연되는 과정에서 등장인물이 바뀌기도 하고,[6] 사건 전개가 달라지기도 하며,[7] 편집자에 따라 새로운 이야기로 만들어지기도 했다.[8] 그런 과정을 통해 점차 서사의 편폭이 확대되고, 구조가 복잡해지고, 유형이 다양해졌다.

---

6 〈기노奇奴〉에서 작자는 종이 모시게 된 새 주인이 서로 다른 두 사람이라고 언급한다. 즉, 당시 계해반정癸亥反正의 공신功臣이 '연양延陽 이공李公' 또는 '원평原平 원공元公'이라고 각기 다르게 전해지는 사실과 두 이야기의 차이를 나란히 비교, 분석하면서 세월을 따라 와전되거나 합쳐진 데서 그 원인을 찾고 있다. 이처럼 야담은 전승 과정에서 등장인물이 바뀌는 경우가 더러 있다.

7 〈여협女俠〉에는 연년생 자매가 검술을 익혀 부모의 원수를 갚고 종적을 감추는 이야기가 나오는데, 동시대 야담집인 안석경安錫儆의 『삽교만록霅橋漫錄』에 실린 〈검녀劍女〉도 이와 유사한 서술 구조를 보인다. 예컨대 계집종이 주인 아가씨와 함께 상전의 원수를 갚지만, 이후 주인 아가씨는 자결하고, 계집종은 기남자奇男子를 찾아가 몸을 의탁한다. 또 〈검기劒技〉에 등장하는 공자公子의 검술 시범 장면은 동시대 야담집인 신돈복辛敦復의 『학산한언鶴山閑言』에 실린 〈기승奇僧〉에서도 흡사하게 묘사된다. 그러나 공자는 왜국에 포로로 끌려가서 검술을 배웠으며, 기승은 왜국의 첩자로 조선에 건너와서 살다가 중이 되었다. 이처럼 야담은 유사한 서술 구조에서 특정 대목을 전후하여 서로 다른 사건이 전개되기도 한다.

8 〈검기劒技〉와 〈청원淸寃〉에서 보이는 두 사건은 동시대 야담집인 노명흠盧命欽의 『동패락송東稗洛誦』에 실린 〈묘墓〉에서 하나의 이야기로 만들어져 전한다. 〈묘〉에서 삼형제 중 막내는 〈검기〉에서 공자처럼 왜장의 도움으로 목숨을 건져 왜국으로 끌려갔다가 우여곡절 끝에 되돌아오며, 또 〈청원〉에서 과부가 화상흉터를 이용하여 누명을 벗는 것처럼 북두칠성 모양의 점을 보여주며 부부임을 확인하고 가족과 재회한다. 이처럼 야담은 구연이나 기록 과정에서 다양한 이야기가 재생산되고 편집자에 의해 취사선택된 경우도 보인다.

요컨대 특정 인물에 의해 발생한 동일 사건이라도 작가의 역량에 따라 각기 다른 서사 구도를 취하는가 하면 각기 다른 유형으로 서사가 전개된다. 다시 말해, 작가는 엄연히 존재하는 근원 사실을 첨삭하거나 다듬기도 하며, 순서를 바꾸거나 비틀기도 하면서 여러 문학적인 장치로 기존 이야기를 변모시킨 것이다. 비교적 초기 야담집에 속하는 『잡기고담』에는 서사를 조직하는 임매의 작가적 개성이 오롯이 담겨 있다.

『잡기고담』의 서사는 한마디로 '탈脫/출出'과 '귀歸/환還'을 넘나드는 구도를 취한다.[9] 그것은 작품 속 등장인물이나 화자가 어떤 계기로 집을 나서는[出] 것에서 출발하여 의도하거나 의도치 않은 경험을 하고 다시 집으로 돌아오는[歸] 것으로 마무리된다. 아울러 그들이 불합리하다고 여기는 체제의 구조적 모순에서 벗어나는[脫] 것에서 시작하여 자의 또는 타의에 의해 목적을 이루고 본래 상태로 되돌아오는[還] 것으로 종결된다고 하겠다.[10] 요컨대 표면적으로 현실에서

9 『잡기고담』의 저자 임매의 조부祖父인 임방任埅이 지은 『천예록天倪錄』의 서사는 '몽夢/환幻'과 '각覺/오悟'를 넘나들며, 그에 따라 각종 신이담神異談으로 엮어진다. 이는 두 저자의 생존 시기를 전후한 시대상과 집필 의도와 관련된 문학성의 차이에서 기인한 것으로 파악된다. 두 작품집을 야담의 현실성에 초점을 맞춰 비교 연구하는 것도 의미가 있을 듯하며, 이에 관해서는 차후에 새로운 논고로 발표할 예정이다.

10 본고에서 『잡기고담』의 서사 구도로 제시된 '탈脫/출出'과 '귀歸/환還'이라는 용어에 관해 필자는 다음과 같이 규정짓고자 한다. 우선 작품 내에서 등장인물이 생활하는 배경은 두 가지로 나뉘는데, 하나는 현실적인 공간으로서 지금껏 살아온 주거지와 새롭게 찾아낸 정착지가 있으며, 다른 하나는 사회적으로 인식되는 이념적인 공간으로서 여전히 차별과 모순이 공존하는 본거지와 기꺼이 안정과 행복을 누리는 목표지라고 할 수 있다. 여기서 등장인물이 표면적인 요인으로 가시적인 공간에서 떠나는 것을 '출出'이라고 하며, 이후 문제를 해결하고 되돌아오는 것을 '귀歸'라고 한다. 반면 내면적인 요인으로 이념적인 공간에서 벗어나는 것을 '탈脫'이라고 하며,

마주하는 가시적인 공간은 물론 내면적으로 이념적인 범주를 자유롭게 넘나드는 서사 구도를 취하는 것이다.

이러한 서사 구도는 18세기 조선을 중심으로 그보다 앞선 시대를 살았던 인물 형상의 행위에 초점이 맞춰진 결과이다. 16-17세기에 수차례 전란을 겪은 뒤 어느 정도 안정을 되찾아가는 시기였다고는 하지만, 여전히 민정民政은 혼란스럽고 민심民心은 불안했다. 거기에다 가난은 백성들의 위기의식을 더욱 부채질하는 요인이었다. 그들은 좀 더 안정된 생활을 찾고자 자기네 본거지를 떠나 팔도八道를 떠도는 유민流民이 되었다. 이후 온갖 고초를 겪으면서 환경을 개선시킨 후에 되돌아오기도 하고, 예상치 못한 상황에 놓여 돌아오지 못하기도 하며, 새로운 근거지에 정착하여 돌아오지 않기도 했다. 이처럼 '탈/출'과 '귀/환'을 넘나드는 서사 구도는 당시 현실에 발붙이지 못한 채 떠돌던 백성들의 심경心境과 행위行爲를 문학적으로 표현한 것이라 하겠다.

그런데 『잡기고담』에서 보이는 다양한 서사 유형은 무엇보다 사건의 원인에 초점이 맞춰진 결과이다. 이야기 속 등장인물은 현실에서 주어진 개인적인 가난이나 사회적인 비리 또는 국가적인 위기 등에 맞닥뜨림으로써 본거지를 떠나고, 이러한 문제를 야기한 체제의 구조적 모순을 인식한 다음 그것을 개선시키려 부단히 노력한다. 그런 과정에서 주어진 문제를 해결하고 돌아오거나, 새로운 문제가 발생함으로써 돌아오지 못하거나, 문제를 해결하고 나서도 돌아오지 않

이후 문제가 해결되고 안정을 되찾는 것을 '환還'이라고 한다. 요컨대 등장인물의 움직임이 현실적인 주거공간이냐, 사회적인 이념공간이냐에 따라 '출/귀'와 '탈/환'으로 구분한 것이다. 그러나 사실 이러한 공간 이동은 두 가지 요인이 겹쳐져서 사건화되는 경우가 많다.

는다. 요컨대 '탈/출'과 '귀/환'에서 비롯된 다양한 서사 유형은 봉건 제도 아래 잘못된 정치 체제나 사회 구조적 모순을 반영하는 것으로, 사건의 발단에서 결말에 이르도록 꾸준히 영향을 미친다.

3. 서사 구도에서 나타나는 유형

구체적인 작품 분석에 앞서 먼저 작품집을 개괄해보자. 『잡기고담』 총 24편 가운데 '탈/출'과 '귀/환'을 넘나드는 서사 구도를 보이는 이야기는 절반이 넘는다. 예컨대 등장인물의 '탈/출'이나 '귀/환'을 보여주는 유형이 16편, '탈/출'이나 '귀/환'을 보이지 않는 유형이 8편으로 확인된다. 그것을 세부 유형별로 정리하면 다음과 같다. 첫째, '탈/출'과 '귀/환'을 모두 경험하며 활동 영역을 대폭 이동하는 유형 9편.[11] 둘째, 거주지를 중심으로 소폭 이동하는 유형 3편.[12] 셋째, '탈/출'만 제시되는 유형 3편.[13] 넷째, '귀/환'에 치중하는 유형 1편.[14] 다섯째, '탈/출'이나 '귀/환'을 보이지 않는 유형 8편.[15]

11 〈기노〉, 〈여협〉, 〈도재상〉, 〈환처〉, 〈검기〉, 〈도은〉, 〈간부〉, 〈면화〉, 〈곤경〉이 여기에 해당되며, 각 편의 등장인물은 자기 주거지에서 다른 지역으로 동선動線을 확장한다.

12 〈천연〉, 〈조학〉, 〈치농〉이 여기에 해당되며, 주로 가까운 이웃집이나 시가지로 등장인물의 동선이 한정된다.

13 〈수기〉, 〈천보〉, 〈교무〉가 여기에 해당되며, 등장인물이 근거지를 떠난 것만 제시될 뿐이다.

14 〈보은작〉이 여기에 해당되며, 어느 날 사라졌던 까치가 갑자기 찾아와 인명人命을 구함으로써 길러준 은혜를 갚는다.

15 〈의무〉, 〈신검〉, 〈추수〉, 〈발간〉, 〈의기〉, 〈청원〉, 〈망인〉, 〈담명〉이 여기에 해당되며, 등장인물의 움직임이 거의 포착되지 않는다.

이를 다시 정리하자면, 전체 작품 24편 중에서 '탈/출'과 '귀/환'이라는 서사 구도를 보여주는 작품이 그렇지 않은 작품에 비해 곱절인 16편이나 되며, 또 그 중에서 등장인물이 '탈/출'과 '귀/환'을 모두 경험하며 대폭 이동하는 유형이 절반을 넘어 9편이나 된다. 『잡기고담』의 이러한 서사 구도는 동시대 다른 야담집에 비해 두드러진 특징이며, 그에 따른 유형도 다양한 편이다.[16]

여기서는 '탈/출'과 '귀/환'을 모두 경험하며 활동 영역이 대폭 이동되는 작품 9편 가운데 7편의 서사 유형을 분석, 기술하고자 한다.[17] 또 7편의 작품은 서사 과정에서 '탈/출'과 '귀/환'을 반복하는 유형, '탈/출' 후 '귀/환'을 알 수 없는 유형, '탈/출' 후 '귀/환'하는 유형, '탈/출' 후 '귀/환'하지 못하는 유형, '탈/출' 후 '귀/환'하지 않는 유형, '탈/출' 후 '귀/환'을 실현한 유형으로 나누어 살펴보기로 한다.

1) '탈/출'과 '귀/환'을 반복하는 유형 — 〈기노奇奴〉

〈기노〉에 등장하는 종[奴]은 우매하고 용렬하며 하찮은 재주조차 지니지 못한 인물이다. 게다가 성격이 완악하고 사나워 제멋대로 행

16 동시대 야담집으로 『동패락송』, 『삽교만록』, 『학산한언』을 들 수 있다. 이들 야담집에서도 등장인물의 움직임과 동선이 포착되지만, 『잡기고담』보다 활동량이 적은 데다 그 목적의식도 뚜렷하지 않으며, 전체 비중도 낮은 편이다. 덧붙여 본고에서는 동시대 작품집에 실린 관련 작품의 제명題名만 언급하고, 차후에 연구 범위를 확대하여 유사 작품을 비교 분석한 다음 새로운 논고로 발표할 예정이다.

17 작품 선정 기준은 등장인물이 가시적인 공간에서 활동한 영역의 광협廣狹뿐만 아니라 자기 의지와 목적의식의 유무有無 등 이념적인 범주까지 포함시켰다. 그렇게 선정된 9편 가운데 〈기노〉, 〈여협〉, 〈검기〉, 〈도재상〉, 〈도은〉, 〈간부〉, 〈환처〉는 유형별 분석 내용을 본문에 기술하였으며, 〈면화〉, 〈곤경〉은 참고 내용을 각주로 처리하였다.

동하지만, 주인의 가난한 형편을 탓하거나 원망하는 기색은 전혀 없다.[18] 그런 그가 세상을 떠난 주인과 남겨진 가족을 돌보기 위해 가장 먼저 한 행동은 주인집을 나서는[出] 것이었다.

> 종이 말했다. "마님께서는 우선 곡을 그치시고 잠시 제 계획을 들어보십시오. 같은 고을에 부잣집 늙은이가 있는데, 재산이 아주 많답니다. 장차 딸을 시집보내려고 그 옷이며 이부자리를 모두 여러 벌씩 갖추어 두었답니다. 딸을 시집보내는 밑천과 사위를 맞아들이고 잔치에서 손님을 접대할 혼수 비용으로 모아둔 돈과 비단이 수천 여금이라고 합니다." 종은 예리한 칼을 품고 한밤을 틈타 그 집에 도착했다. …… 비로소 칼을 버리고 일어나더니 펄쩍 뛰어 뜰로 내려가 절하며 사례謝禮하고는 천천히 걸어서 문을 나갔다. 노인과 집안사람들은 당황하여 정신을 잃은 것처럼 오래도록 서 있었다. 종이 집으로 돌아와 여주인을 뵙고 말했다. "이 돈은 구기에 담긴 물과 같을 뿐입니다. 장례비로 다 쓰고 나면 홀로 된 마님과 외로운 아가씨가 장차 어떻게 살겠습니까? 청컨대 절반이라도 남겨두어 훗날을 도모하십시오." 그러자 여주인이 말했다. "차후에는 모든 일을 너에게 맡길 테니, 다시는 내게 묻지 마라." 드디어 입관하여 상사喪事를 마쳤다.[19]

18 야담에서 추노推奴 이야기에 등장하는 수많은 노비가 주인에게서 도망하여 새로운 환경을 만들고 숨어서 생활하는 가장 근본적인 요인은 '가난' 때문이다. 그들은 가난에서 벗어나 목숨을 부지하는 '호구지책糊口之策'으로 주인을 버리고 도망치거나, 심지어 추노하러 간 주인을 살해하는 일도 서슴지 않는다. 이러한 점을 감안하면 〈기노〉에 등장하는 노비는 남다른 면모를 보인다고 하겠다.

19 본고에서 인용하는 『잡기고담雜記古談』은 천리대도서관 소장본을 영인한 『한국야담사화집성韓國野談史話集成』(박용식/소재영 편, 아세아문화사, 1989.)을 텍스트로 하며, 이후 인용문에서는 영인본의 면수(627-705면)만 제시한다.

〈奇奴〉. 奴曰 主但撤哭 且待我設施 同鄕有富家翁 貲極饒 將嫁女 其衣服衾褥 皆具累襲 嫁資及迎婿宴賓之需 所儲錢帛幾千餘金 奴懷利刃 用夜半 到其家

주인이 세상을 떠나고 장례 치를 비용조차 없어 종이 같은 마을에 사는 부잣집을 찾아가는 대목이다. 절망적인 상황에서 그가 택한 방법은 도둑질이었다. 그는 부잣집 노인을 겁박하여 장례비를 마련하려는 계획을 세우고 한밤중에 집을 나선다. 그동안 가난했지만 결코 게으른 자신을 탓하지 않은 주인 덕분에 마음 편히 지낼 수 있었다. 어찌 보면, 주인집은 종이 가장 마음 놓고 편히 생활한 공간[본거지]이었다. 그런데 주인이 세상을 떠나고 나자, 그 집은 산 사람에게도 죽은 사람에게도 예전의 공간이 될 수 없었다. 그래서 잠시 집을 떠나게 된 것이다.

이후 종은 부잣집 노인에게 칼을 들이대고 당당히 돈을 요구한다. 혼례비로 쓰고도 남는 돈을 조금만 덜어 장례비로 쓰게 해달라는 것이었다. 그가 생각하기에 돈이 없어 장례조차 치르지 못하는 상황에 비하면, 혼례비로 수천 여금을 쓰는 것은 불공평한 일이고 불합리한 처사였다. 범처럼 으르렁대는 목소리로 두 눈을 번뜩이는 바람에 아무도 그를 제지할 수 없었고,[20] 그는 의도했던 목적을 달성하고 집으로 돌아온다[歸].

몇 달이 지나 종이 다시 집을 나서는[出] 것은 여주인의 생계를 고려하여 행상行商을 결정하면서이다. 장례를 치르고 남겨둔 돈으로는 겨우 입에 풀칠이나 할 뿐 장래를 도모할 수 없었다. 발등에 떨어진 불을 끄자마자, 비로소 현실에 눈을 뜨고 앞날을 걱정하게 된 것이다.

…… 始乃擲劍而起 跳下庭拜謝 徐步出門 翁及翁之家人 慌悅若失魂者 久之 奴歸見主母曰 此勺水耳 盡費於殮葬 則主之寡母孤女 將何爲生 請貯一半以爲後圖 主母曰 此後則凡事惟汝 勿復問我 遂備棺斂以卒襄事. 633-634면

20 〈奇奴〉. 奴嗔目大喝曰 敢有進一步者 剚刃于翁 聲如虓虎 目光四散如電 衆皆震慴不敢動. 634면

가난은 종으로 하여금 칼을 들고 부자 노인을 협박하여 돈을 빼앗아오게 하더니, 다시 얼마간의 돈을 들고 방방곡곡 행상을 하도록 만든다. 결국 종은 산에서는 나무를 사고팔며, 바다에서는 소금을 거래하는 등 10년간 동서남북 조선팔도를 돌아다닌 끝에 드디어 누천금의 재산을 모은다. 그리고 매년 한 번씩 본거지로 돌아온다[歸].

> 몇 달 있다가 종은 다시 들어가 여주인을 뵙고 말했다. "제가 댁에서 마님을 모시고 아침저녁으로 멀건 죽만 허비했을 뿐입니다. 청컨대 모아둔 돈을 가지고 외지로 나가 행상을 하여 마님의 생계를 도모할까 합니다." …… 종은 드디어 여주인에게 인사하고 돈을 가지고 대처로 나갔다. 산에서는 나무를 사고팔며, 바다에서는 소금을 거래하며, 북으로는 육진六鎭에 이르고, 서로는 칠읍七邑에까지 닿았으며, 탐라耽羅를 넘고, 동래관東萊館에 들어갔다. 대관령大關嶺을 동남으로, 서호西湖를 좌우로 하여 많은 돈을 끌어 모으고, 그 이자를 거둬들였으니, 모두 시기를 따르고 편리함을 좇아 거의 계획대로 되지 않음이 없었다. 10년간 재산이 누 천금에 이르렀는데, 매년 꼬박꼬박 한 번은 집으로 돌아와 그 주인을 위해 전장을 다스리고, 집안 대소사를 판가름했다. 지난날 영락한 장정과 빌어먹는 거지같았던 외로운 딸과 홀로된 여주인을 엄연히 큰 부자로 만들었다.[21]

이처럼 종이 두 차례나 집을 떠난 것은 필요한 돈이나 재물을 얻기

21 〈奇奴〉. 居數月 奴復入見主母曰 奴守主在家 不過費朝夕淡粥耳 請將所貯錢出外行商 以爲主生計 …… 奴遂辭主母 携錢以出 販木於山 貿鹽於海 北抵六鎭 西極七邑 越耽羅 入萊館 大嶺東南 西湖左右 籠百貨而網其利 皆因時逐便擧無失計 十年間 至財累千金 而每歲輒一歸 爲其主營置田庄 辦備家私 昔零丁乞丐之孤寡 儼然成大財主矣. 634면

위해서였다. 처음에는 주인의 장례비를 마련하기 위해 하룻밤 같은 고을을 다녀오지만, 나중에는 여주인과 딸의 생계비를 마련하기 위해 10년간 조선팔도를 떠돌다 온 것이다.[22] 여기서 종을 떠나게 만든 원인은 가난이지만, 필요한 만큼 돈이나 재산을 얻은 종은 반드시 다시 돌아와 변화된 생활에 적응하며 지낸다. 요컨대 종이 주인집이라는 현실 공간을 나서는[出] 과정은 바로 가난이라는 굴레에서 벗어나려는[脫] 의지에서 비롯된 행동이다.

이 대목은 18세기 상품화폐경제가 발달하고 부富에 대한 가치가 점점 대두되는 상황을 보여주며,[23] 여기서 종은 그러한 사회 분위기를 간파할 만큼 현명한 인물이다. 당시 양반이라고는 하지만 경제활동을 하지 않던 부류는 생계를 잇지 못할 정도로 어려운 형편이었으며, 벼슬도 못하고 가난한 선비는 '남산골딸깍발이'라고 불렸다. 세상을 떠난 주인 역시 자신의 장례를 치르고 가족의 생계를 유지할 만큼 경제적 여력이 없는 상태였기에 종은 주인집을 건사하기 위해 세상으로 나가야 했던 것이다. 당시 그에게 강요된 경제활동은 주인을 향한 그의 '충忠'이 뒷받침되었기에 성공할 수 있었으며, 이후 재미난 이야기로 엮어져 전해질 수 있었다.

자기 손으로 주인집을 부유하게 만들고 나서 종은 여주인의 딸을 시집보내기로 한다. 먼저 여주인의 먼 친척을 수소문하여 그가 승

22 등장인물의 동선을 놓고 보자면, 국내[朝鮮]에서 가장 확장된 양상을 보이는 작품이다. 국외[倭]까지 포함시키면, 이후 살펴볼 〈검기〉가 『잡기고담』에서 가장 오랜 기간에 먼 지역을 다녀온 셈이 된다.

23 야담에는 다양한 인물이 갖가지 방법으로 치부한 이야기가 많이 나온다. 이와 관련하여 임형택 교수는 조선후기에 한문단편이 대두된 배경으로 '상품화폐경제의 발달'과 '부富의 추구'를 든 바 있다. (임형택, 『韓國文學史의 視角』, 창작과 비평사, 1987. 419-437면 참조)

지承旨라는 사실을 알아내고, 창덕궁 큰길가에 집을 마련한 뒤, 틈틈이 궁궐에서 나오는 승지를 맞아들여 후하게 대접한다. 시간이 흘러 서로 친밀한 관계가 되자, 허승지許承旨로 하여금 명문가에 중매를 서게 하여 명문가 자제와 통혼通婚시킨 것이다. 이제 그는 여주인과 딸을 살리고 가문까지 일으킨 처지로, 더 이상 바랄 것이 없어 보인다.

그러나 계해반정癸亥反正이 일어날 기미가 보이자, 종은 다시 한 번 집을 나선다[出]. 새 주인[사위][24]이 거사를 도모하는 것을 알아차리고, 실패했을 경우에 대비하여 도망갈 배와 식량과 거처를 마련해 두기 위해서였다. 그런데 다행히 반정은 성공으로 끝나고, 새 주인은 공신功臣이 되어 무사히 위기에서 벗어날[脫] 수 있었다.

> 몇 년 후, 거사에 참여할 의로운 공신들이 큰 계획을 이미 정하고, 장차 때를 기다리면서 반정을 일으키려고 했다. 종이 갑자기 여주인에게 고하는 것이었다. "제가 먼 지방에 일이 생겼는데, 길게는 3-4년, 짧게는 1년이면 돌아올 것입니다." 그렇게 떠나간 뒤에는 행방이 묘연하여 소식조차 없었다. 계해년 4월에야 비로소 돌아왔는데, 끝내 그가 어디를 다녀왔는지 무슨 일을 했는지 분명히 말하지 않았다.[25]

24 〈기노〉 1편에는 2종의 이야기가 실려 있다. 저자는 당시 민간에 떠돌던 유사한 내용을 모두 채록했는데, 따로 전해지던 두 이야기가 시간이 지나면서 점차 와전되어 하나로 합쳐진 것이라고 주장한다. 또 계해반정癸亥反正에서 공신功臣이 된 인물은 '연양 이공延陽李公'이라고도 하며 '원평 원공原平元公'이라고도 하나 정확히 알 수 없다고 했다. 사실 이 작품은 충심忠心을 지닌 기특한 종에 관련된 이야기로, 그의 새 주인이 누구여도 서사 전개상 무리가 없다.

25 〈奇奴〉. 數年後 擧義諸公大計已定 將待時而發 奴忽告主母曰 奴將有事遠方 久則三四年 近則周歲當歸矣 旣去之後 杳無消息 至癸亥四月始返 而終不明言其向何方 幹何事也. 636면

새 주인이 사대부로서 반정을 도모하는 것을 알았으나, 종의 신분으로 앞장서서 그것을 말릴 수도 없었으며, 그가 할 수 있는 일이라곤 만일의 사태에 대비하는 것뿐이었다. 반정에 실패할 경우, 여주인과 딸의 거취는 물론 생사조차 장담할 수 없었다. 그러면 그들의 탈출을 돕고 새로운 거처를 마련하여 살길을 열어주는 것밖에 별도리가 없다. 위에서 종이 기한을 정하고 떠났다가 계해년癸亥年 4월에 되돌아온 것은 위기 상황에 대한 준비가 완료되었음을 뜻한다.

종은 예전에 제주濟州를 왕래하며 보아두었던 섬에 거처를 마련하고, 수천 석의 식량을 배로 실어다 놓았으며, 주인집 가족을 태우고 갈 배까지 경강京江에 대놓은 상태였다. 불행 중 다행으로 그날 밤 도성에서는 반정이 성공했으며, 거사에 참여한 사람들은 훈적勳籍에 이름이 오르고 부귀가 더해져 영화롭게 되었다. 반정을 전후하여 종은 위기에서 주인을 지키기 위해 혼신의 힘을 다하여 사지死地를 들락거렸던 것이다. 이제 모든 상황이 종료됨으로써 그는 힘겨운 의무감에서 벗어나게[脫] 된다.

종은 대답했다. "제가 주인댁을 위해 애쓴 것은 제 직분일 뿐입니다. 다만 천한 노복으로 회초리와 꾸중을 면한 것만도 이미 큰 은혜입니다. 마님께서 비록 제게 보답하시고자 해도 여기에 또 무엇을 더하겠습니까? 지금 주인댁에 복록이 한창 오고 영화가 날로 새로우니, 마님께서는 지금 제게 힘입을 것이 없고, 저 역시 주인댁에 일삼을 것이 없습니다. 비유컨대 '농가의 소가 쟁기질이 끝나면 멍에를 벗고 드넓은 풀밭에서 마음대로 잠드는 것'과 같으니, 그래도 되지 않겠습니까? 굳이 만류하시면 안 됩니다." 어디로 갈지 묻자, 대답하는 것이었다. "제가 본디 동서남북으로 다니는 사람인데, 어디인들 못 가겠습니까?" 드디어 떠나가버렸는데, 끝내 가는 곳을 알지 못했다.[26]

위에서 살펴본 것처럼 종은 가난한 주인의 장례비를 마련하고, 여주인과 딸의 생계를 유지하며, 반정이 잘못되었을 때에 대비하여 가깝거나 먼 곳을 짧거나 긴 시간 동안 떠났다가 돌아오기를 세 차례나 반복했다. 그것은 주인집이라는 생활공간[본거지]을 나갔다 돌아오는 가시적인 행위와 더불어 가난이라는 고통과 반정이라는 위기에서 벗어나 안정과 안전을 되찾는 의미를 동시에 지닌다. 그리고 충심忠心을 다해 주인의 가족과 가문을 지키고 보호하던 역할에서 한걸음 물러나 자유롭게 자기 길을 떠나는 것이다.

2) '탈/출' 후 '귀/환'을 알 수 없는 유형—〈여협女俠〉

〈여협〉에서 정시한丁時翰[27]이 만난 두 자매는 아버지의 원수를 갚기 위해 집을 나선[出] 처지다.

> "저희 두 사람은 바로 연년생 자매입니다. 저희 어머니는 불행히도 병석에서 돌아가셨고, 계모는 형편없는 사람이라 이웃에 살던 교생校生과 사통하여 저희 아버지를 독살하고는 간부奸夫와 다른 군으로 도망가 버렸습니다. 어린 저희들은 이웃 아주머니에게 길러져 조금 장성한 뒤에 그러한 사정을 알게 되었는데, 불구대천不俱戴天 원수

26 〈奇奴〉. 對曰 奴之爲主家勞薪 乃其職耳 且奴僕之賤 得免箠罵 已是大惠 主雖欲報於我 又何以加於此乎 今主家福祿鼎來 榮華日新 主今無所賴於奴身 奴亦無所事於主家矣 譬如'農家之牛 耕犁旣畢 而脫絆解軛 長林豊草 任其寐吪 不亦可乎 苦留不可 問將何往 對曰 奴本東西南北之人 何處不可往也 遂去 竟不知所之. 637면

27 정시한(丁時翰, 1625-1707) : 조선후기의 문신. 본관은 나주羅州, 자는 군익君翊, 호는 우담愚潭이다. 학행學行으로 천거되어 관직에 나아갔으나 사퇴하고 향촌鄕村에 은거하며 후학을 양성하는 데 힘썼다. 저서로 『우담집愚潭集』이 전한다.

> 를 둔 것이 너무 수치스럽고, 방패를 베고 잠들 만큼 절통한 심정이었습니다. 그러다가 경주에 신기한 검술을 지닌 분이 계시다는 소문을 듣고, 자매가 서로 손잡고 가서 그 검술을 전수 받았습니다. 10년을 배우고 익혀 그 묘법을 다 터득하여 고인古人이 '적절히 칼을 써서 만물을 취하는 검법劍法'에도 제법 능통해졌습니다. 이때부터 복식을 바꾸고 이름을 숨긴 채 사방을 두루 돌아다니며 원수의 종적을 찾았습니다."[28]

자매는 너무 어려서 부모를 여읜 데다 남의 손에서 길러졌기 때문에 어머니의 불행한 죽음과 아버지의 억울한 피살 사건에 대해 미처 알지 못했다. 그리고 어느 정도 장성한 뒤에야 계모가 어린 자신들을 돌보지 않고 간부奸夫와 모의하여 아버지를 독살하고 도망간 사실을 알게 되었다. 이후 자매는 계모의 죄를 응징하기 위해 오래도록 검술을 익히고, 상종 못할 두 남녀를 찾아 전국을 돌아다닌다. 기나긴 추적 끝에 드디어 한 시골 마을에서 원수를 찾아내고, 대사大事를 실행할 기회를 엿보다가 정시한을 만난 것이다.

그런데 자매가 집을 나선 이유를 살펴보면 자못 흥미롭다. 하나는 독살된 아버지의 원수를 갚는 방법에서 기인한다. 협객을 사서 두 남녀를 응징해도 될 것을, 굳이 자매가 직접 10년간 검술을 익히고 남장男裝을 한 채 전국을 돌며 원수를 찾아 그들에게 복수의 칼날을 들이대는 것이다. 여기서 자매가 '복식을 바꾸고 이름을 숨긴 채[易服

28 〈女俠〉. 我二人是孿生娣妹也 吾母不幸而厄于蓐 繼母無狀 私於隣居校生毒殺吾父 因與奸夫逃之他郡 稚藐零丁 育于隣姬 稍長而後知之 羞深戴天 痛切枕干 聞慶州有神於劒技者 娣妹相携往傳其術 十年學習 已盡其妙 古人之摘劒取物 頗亦能之 自是易服藏名 周行四方 以尋求仇人蹤跡. 644면

藏名]' 원수를 찾아다닌 것은 남녀차별이 극심한 상황에서 연약한 여자로서는 도저히 실행하기 힘든 복수였기 때문이다. 아무리 검술이 뛰어나더라도 여자라는 신분을 노출해서는 불리한 상황이었기에 정시한의 도움도 극구 사양하고, 어떻게든 남에게 연루되는 것을 피하려 했다.

또 다른 하나는 계모의 악행으로 인해 온전한 가정이 해체되었기 때문이다. 그것은 어머니가 죽고 새로운 구성원[계모]이 들어오면서 잠시 제 모양을 갖추는 듯했으나, 아버지의 죽음이라는 더 큰 불행 앞에 완전히 해체되어 버렸다. 이러한 가정의 구조적 모순은 어린 자매에게서 소중했던 가족을 앗아간 이후, 가문에 불행과 수치를 안겨준 대상에게 복수하도록 자매를 험난한 세상으로 내몰았다[脫]. 그래서 자매는 복수를 계획한 순간부터 완수하는 시점까지 자기 정체성을 덮어두고 신분을 위장한 채 살아야 했던 것이다.

> (정시한이) 거듭 (자매에게) 말했다. "그대들의 뜻은 대단하지만, 두 사람의 약한 여자로서 어떻게 홀로 이 일을 결판 지을 수 있겠는가? 내게 건장한 종 몇 사람이 있어 조금이나마 도움이 될 테니, 장차 그대들을 따르게 하리다." 두 사람이 의연하게 대답했다. "원치 않습니다. 저희들이 속상한 마음과 사무치는 아픔에 이처럼 만 번 죽어 한 번 사는 계책을 세운 것은 바로 부모의 원수를 갚기 위해서입니다. 일이 발설되거나 탄로 나면, 당연히 홀로 죽을 일이지, 어찌 남에게 연루시키겠습니까? 장차 닭이 울면, 떠돌이 장사꾼[行旅]들은 오래지 않아 출발할 것입니다. 청컨대 이 일대로 따르십시오." 그리고는 서로 함께 칼을 짚고 일어나 빠른 걸음으로 문을 나서더니 나는 새처럼 사라졌다.[29]

29 〈女俠〉. 仍謂之曰 賢輩之志則烈矣 以兩箇弱女子 何能獨辦此事 我有健奴

나중에 들은 정황에 따르면, 자매는 직접 두 남녀를 죽이고 목을 베어 감으로써 안팎으로 사건의 범인이나 배후가 밝혀지지 않도록 했다. 앞서 자매가 '복식을 바꾸고 이름을 숨긴 채[易服藏名]' 살았던 것도 어느 집안 누구라는 사실이 드러나지 않도록 의도한 행위였다. 이후 복수를 단행하고 관가에 자수하지 못한 것도, 그렇게 되면 자기네 범행이 드러날 테고, 범행 동기에서 부모와 관련된 좋지 못한 집안 사정이 알려질까 봐 우려했기[30] 때문이다. 자매는 아버지의 원수를 갚는다는 명분으로 가문의 수치가 드러나기를 원치 않았다. 그래서 집을 떠나 신분을 숨기고 원수를 찾았으며, 또 복수를 결행하기 위해 한밤에 주막을 나선다[出].

두 자매가 처음에 집을 나선 계기는 복수를 결심하면서부터다. 다시 말해, 세상에 부모의 원통함을 드러내지 않으면서 가문을 수치스럽게 만들지 않는, 진정한 '효孝'를 성취하려는 데 그 목적이 있었다. 요컨대 손수 계모와 간부의 죄를 응징하는 것은 돌아가신 부모에 대한 자식의 도리이자 어지러운 세상에서 나름대로 정의를 실현하는 일이었다. 남녀차별과 가정해체라는 시대 모순과 개인의 불행은 자매의 '탈/출'과 '귀/환' 사이에서 복수를 통해 '효孝'와 '협俠'으로 승화된다. 이후 자매의 종적에 대해서는 알려진 바 없으며, 집으로 되돌

數人 可以佐一臂 將使隨君 兩人毅然對曰 不願也 吾等之腐心痛骨 爲此萬死一生之計者 直爲父母之讐耳 事若發露 惟當獨死 安可連累於人 鷄將鳴矣 行旅非久當發 請從此事 相與杖劒而起 飛步出門 倏若飛鳥. 644-645면

30 이 의견은 본래 이야기에 포함된 내용이 아니라 자매의 행위를 보고 작자가 추론한 것이다. 임매는 두 자매에게 네 가지 기이한 면이 있다고 하면서 '뛰어난 검술, 남다른 용기, 철저한 복수, 잊지 않는 마음' 등을 꼽는다. 아울러 사람들이 중히 여기는 이것들을 두루 갖추었기에 진정한 '효孝'는 물론 '천리민이지정天理民彝之正'을 이루었다고 평어評語에서 덧붙였다.

아갔다[歸]는 후일담도 없다. 이는 사건의 원인과 결과에 집중하여 서사를 전개함으로써 자매의 효성과 의협심을 부각시키려는 작가의 의도라고 추측된다.

3) '탈/출' 후 '귀/환'하는 유형 — 〈검기劍技〉 〈도재상盜宰相〉

검술로 부모의 원수를 갚은 이야기는 〈검기劍技〉에서도 계속된다. 그런데 〈여협〉에서는 자매가 복수하기 위해 집을 나섰다면, 〈검기〉에서는 종실宗室 공자公子가 왜국倭國에 끌려갔다가 양부養父인 장왜將倭의 원수를 갚고 조선으로 되돌아온다[歸]는 점이 다르다.

> 임진왜란 때 어떤 종실宗室 공자公子가 왜진倭陣에 포로가 되었는데, 남녀 수백 명도 사로잡혀 잇달아 목이 잘렸다. 종실 공자는 나이가 막 열 살 남짓하고, 용모가 예쁘장했다. 차례대로 장차 참수되려는데, 곁에 있던 한 장왜가 갑자기 앞으로 나와 칼을 붙잡으며 말했다. "잠시 멈추시오. 이 아이는 사랑스러우니, 아들이 없는 내가 데려다가 아들로 삼을까 합니다." 그 왜군이 허락해주어 이윽고 데려다가 진영에 두었다. 뒤에 마침내 왜국으로 데리고 들어가 집에서 키우며 서로 '부자父子'라고 부르면서 친 자식처럼 귀여워했다. 항상 반드시 꿇어앉도록 시키고 잠시도 무릎을 반듯하게 앉지 못하도록 하면서 말했다. "사람이 꿇어앉지 않으면 심지心地가 해이해져서 아무리 예업藝業을 배우더라도 모두 정치해질 수 없는 법이다."[31]

31 〈劍技〉. 龍蛇之亂 有宗室子被掠於倭陣 以所俘男女數百人 連頸斬折 宗室子年方十餘 容貌娟秀 次將受劍 在傍一將倭 突前挽住其劍曰 且止 此兒可愛我無子 願丐我爲子 其倭許之 乃率置陣 後竟携入蠻中 育于家 相呼爲父子 撫愛如親生 常使之坐必跪 不許暫時盤膝曰 人不跪坐 心地解弛 雖學藝業 皆不能精. 660면

조선이 왜국의 침략을 받았을 때, 죽음을 목전目前에 둔 공자를 살려준 사람이 장왜였다. 목숨을 부지한 대가代價로 공자는 왜국으로 끌려가[出] 장왜의 손에 길러졌으며, 쌍검을 받고 검술을 익혀 장왜의 원수를 갚기까지 했다. 여기서 공자가 조선을 떠나는 상황은 자기 의지와 상관없이 왜국의 포로가 되었기 때문이다. 이는 표면적으로는 한 개인의 불행처럼 보인다. 종실로서 적진敵陣에 포로가 된 것도 억울한 일이며, 어린 나이와 예쁘장한 외모로 적장敵將에게 목숨을 구한 것도 부끄러운 일이다. 게다가 머나먼 적국敵國으로 끌려가서 사는 것은 죽음보다 더 구차한 일이라고 할 수 있다. 이처럼 한 개인의 목숨을 억울하고 부끄럽고 구차하게 만든 상황은 국가의 위기에서 비롯되었다.

조선팔도를 죽음으로 몰아넣고, 백성들의 삶을 죽음보다 못한 상태로 내몰았던 임진왜란은 당시 국가 체제의 모순을 명백히 드러낸 결과이다. 예컨대 분당分黨으로 인한 정파정치政派政治, 지나친 세금징수로 인한 불만 증가와 궁핍해진 생활, 군사기능 상실로 인한 국방력 약화, 동아시아 격변기에 대한 인식과 대응 부족 등이 복합적인 원인으로 파악된다. 이렇듯 조선에 총체적 난국을 초래한 전란의 소용돌이에서 민초民草는 물론 종실 공자조차도 개인적 불행과 불운을 감내해야 했던 것이다.

이후 강제로 떠나간 조선으로 되돌아오기 위해 그는 20여 년간 숱한 일을 겪어야 했다. 그는 장왜의 양자가 되어 양부의 원수를 갚아준 다음, 온갖 보화를 마다한 채 기필코 본국으로 돌아가기[歸]를 청한다.

> (장왜는) 이윽고 금과 은, 구슬과 돈 등 귀중한 보물과 여러 재화를

앞에 쌓아두고 마음대로 가져가도록 했으나, (공자는) 모두 갖지 않으며 말했다. "저는 이것을 원치 않습니다." 그러자 장왜가 말했다. "네가 이것을 원치 않는다면, 장차 너에게 무엇으로 보답하겠느냐?" (공자가) 땅에 엎드려 청하는 것이었다. "다만 이 몸을 본국으로 돌려보내주시기 바랍니다." 장왜가 멍하니 시간을 두었다가 말했다. "네가 이미 내 말을 따랐는데, 내가 어찌 네 소원을 따르지 않겠느냐?" 드디어 그가 돌아가도록 허락했다. 헤어질 때는 부둥켜안고 눈물을 흘리며 차마 서로 떨어지지 못하였다. 돌아오고 나서 조정에 알현하고, 서명이 관적에 속했으며, 직분이 종실의 작위에 이르러 세상을 떠났다. 항상 장왜가 온전히 살려준 공덕과 수십 년간 길러준 은혜를 생각하였고, 언제나 그가 준 쌍검을 몸에 차고 다니면서 마음속으로 그리워하며 잊지 않았다.[32]

"다만 이 몸을 본국으로 돌려보내주시기 바랍니다.[只願歸身本國]" 공자의 바람은 오로지 그것뿐이었다. 포로가 되어 왜국에 끌려간 지 20여년이 흘렀고, 살아서 돌아갈 희망은 없어 보였다. 그러나 주어진 상황에서 최선을 다하고 일말의 여지가 주어졌을 때, 그는 언제나 자신이 태어나고 자란 조선으로 돌아가기만을 염원했다. 비록 그의 목숨을 위험에 빠트리고, 그로 하여금 수치와 불안 속에서 구차한 삶을 지속하게 만들었지만, 그의 제자리는 조선일 수밖에 없었다. 그리고 마침내 그 소원은 이루어진다.

위에서 공자는 본의 아니게 임진왜란을 맞아 포로가 되는 위기 상

32 〈劍技〉. 仍將金銀珠貝重寶雜貨 堆積於前 任其所取 悉不取曰 兒不願是也 將倭曰 汝不願是 將何酬汝 伏地而請曰 只願歸身本國 將倭憮然 有間曰 汝既從吾言 吾何不從汝 遂許其還臨 分抱持涕泣 不忍相捨 既還 現于朝 書名屬籍 職付宗爵 以終其身 常念將倭全活之德 數十年養育之恩 常以所予雙劍 貼身佩持 以寓戀戀不忘之意. 660-661면

황에 처했으나, 우여곡절 끝에 기회를 얻어 무사히 거기에서 벗어난다[脫]. 국가의 위기는 한 개인을 대책없이 불행하게 만들고, 그로 하여금 적국의 장수를 양부로 삼고 대신 원수를 갚도록 강요했으며, 수십 년간 고국이 그리워도 돌아가지 못하게 억류했다. 그러나 공자에게는 반드시 조선으로 되돌아가려는 '충忠'뿐이었고, 그가 양부의 원수를 대신 갚아준 것도 어떻게든 귀국하려는 방편이었다.

〈검기〉에서 서사 구도는 '탈/출' 후 반드시 '귀/환'하는 방식을 보인다. 공자는 타의에 의해 강제로 조선을 떠나갔지만, 자의에 의해 기필코 일본을 떠나온다. 그런데 이야기를 찬찬히 살펴보면, 국가적 위기에 처한 조선과 개인적 불행이 끝난 일본에서 보여준 두 차례의 '탈/출'보다는 마침내 조선으로 '귀/환'하는 시점에서 공자의 활약이 돋보이고, 그의 심정에 무게가 실린다. 이는 조선에서 일본 그리고 일본에서 조선까지 등장인물의 동선을 확장함으로써 국가 위기감을 극대화시키는 동시에 전란의 상흔을 보듬어 안으려는 당대인의 충심忠心을 부각시킨다.

지금까지 〈기노〉와 〈여협〉 그리고 〈검기〉의 서사 구도를 살펴보았다. 세 작품에서 드러나는 서사 공간은 같은 고을에서 조선팔도 그리고 왜국까지 확대된다. 또한 여기에 등장하는 종과 자매 그리고 공자는 기존의 생활공간을 나감[出]으로써 가난이나 위기에서 벗어나고[脫], 부모의 원수를 갚아 효를 실현하며, 포로로 끌려가서도 자기 정체성을 잃지 않고 본래의 공간으로 되돌아온다[還]. 이처럼 뚜렷한 목적의식을 가지고 '탈/출'과 '귀/환'을 추구한 예는 평범한 사람이 도적이 되는 과정에서 더욱 두드러진다.

가난한 유생儒生이 생활고에 시달리다 못해 도적이 된 이야기는 야담에서 흔히 보이는 서사 양상이다.[33] 거업擧業을 일삼는 가난한 선비에게 농사지을 땅이나 장사할 밑천이 있을 리 만무하고, 식솔들의 의식주를 해결할 방도라곤 도둑질밖에 없다. 이들이 집을 나서는[出] 가장 근본적인 동기는 가난에서 벗어나려는 것이었다.

다음은 〈도재상〉의 한 대목이다.

> 생生 또한 자기도 모르게 걱정하다가 겨우 몇 마디 말로 그 아내를 위로하고, 밖으로 나가 앉아서 하늘을 우러러 길게 탄식하며 말했다. "아! 하늘이여. 어찌 나를 이 지경에 이르도록 한단 말인가? 내 문장이 어찌 남에게 못 미치며, 재략이 어찌 남에게 못 미치며, 가문이 어찌 남에게 못 미치며, 인물이 어찌 남에게 못 미치겠는가? 그런데 나이 서른이 되도록 한 번도 급제하지 못했다. 마음에 만 권의 책을 독파했으나 한 번의 굶주림도 구제하지 못했으며, 붓으로 천 편의 글을 썼으나 한 번도 술에 취하지 못했다. 내 한 몸은 피곤하고 초췌하며, 아내와 자식은 얼고 굶주리니, 어찌 나를 이 지경에 이르도록 한단 말인가?" …… 한밤중에 부스럭대며 일어나 말했다. "도적이 되는 길뿐이다. 장부가 어찌 앉아서 죽음을 기다리겠는가?" 즉시 빠른 걸음으로 성문을 나섰다. 한참을 가다가 수풀 속 으슥한 곳에서 도적의 소굴을 찾으니, 과연 수백 명의 강도가 한 곳에 모여서 한창 도적질에 관해 논의하고 있었다.[34]

---

33 이런 내용의 야담 작품으로는 〈도재상〉, 〈도은〉 이외에도 『삽교만록雪橋漫錄』 소재 〈사우四友〉, 『기문총화記聞叢話』 소재 〈회양협淮陽峽〉, 『일사유사逸士遺事』 소재 〈갈처사葛處士〉 등이 있다. 이들 작품은 야담 유형 가운데 군도담群盜談으로 분류되며, 대부분 등장인물이 다르고, 도둑이 되는 과정이나 결말 부분에서 조금씩 차이가 날 뿐 유사한 구조로 사건이 전개된다.

34 〈盜宰相〉. 生亦不覺慽然 僅以數語慰安其妻 出坐于外 仰天長歎曰 嗟乎 天也 夫何使我至於此極也 我文章豈不及於人 才略豈不及於人 門楣豈不及於人 骨相豈不及於人 年登三十 未成一第 腹破萬卷 不救一飢 筆下千篇 不直一醉 一身困悴 妻子凍餓 夫何使我至於此極也 …… 半夜 蹶然起曰 惟有盜耳 丈夫安能坐而待死 卽迅步出城門 周行於林藪幽隱之地 尋求盜穴 果有數百强盜 聚會

굶주림에 지쳐 말없이 눈물을 흘리는 아내를 바라보다가 생生은 자기도 모르게 하늘을 원망한다. "어찌 나를 이 지경에 이르도록 한단 말인가?[夫何使我至於此極也]"라며 두 차례나 거듭되는 탄식은 자기 처지에 대한 원망과 거업에 대한 체념을 모두 담은 말이다. 문장이든, 재략이든, 가문이든, 인물이든 무엇 하나 남들에게 뒤지지 않지만, 과거 급제는 도저히 불가능해 보인다. 아무리 문재文才가 뛰어나더라도 조정의 고관대작高官大爵에게 줄이 닿지 않는 한미寒微한 유생에게 관직에 나아갈 기회가 주어질 리 없었다.[35] 그러고 보면, 생은 단지 견디기 힘든 가난을 원망한 것이 아니라 남다른 재능을 지니고도 인정받지 못하는 신분제 사회를 탄식한 것이다. 이제 그는 과감하게 책을 덮고 제도권에서 벗어난[脫] 도적의 소굴로 찾아간다.

극단적인 상황에 처했을 때, 절망하며 모든 것을 포기하는 사람이 있는가 하면, 절망에서 벗어나기 위해 무슨 일이든 시작하는 사람이 있다. 생은 후자後者에 속한다. 비록 그것이 무리지어 남의 재물을 훔치거나 목숨을 빼앗는 도적질이라 하더라도 가난으로 인한 절망에서 벗어나는 길이기에 망설이지 않고 발을 들여놓는다. 이처럼 절박한 처지에서 자신을 변화시키는 방법은 무엇보다 지금까지 생활하던 공간[본거지]을 떠나는 것에서 출발한다. 그리고 변화된 모습으로 무사히 되돌아오는 것이다.

一處 方議劫掠. 647면

35 이 작품은 특이하게 시대적 배경이 고려高麗로 설정되어 있다. 그러나 누가 보더라도 조선후기 과거제도의 모순과 비리를 포착한 이야기며, 가난한 유생이 군도의 우두머리로 활약하다가 결국 재상이 된다는 소재를 무리없이 작품화하기 위해 시대를 거슬러 배경으로 삼았다고 할 수 있다.

앞서거니 뒤서거니 성문城門을 나가 야외 후미진 곳에 이르러 상자를 부수고 은을 꺼냈다. 생은 자기가 천금을 차지하고 그 나머지를 여러 사람에게 나누어 주니, 모두 한 집 재산으로 넉넉했다. 이에 차례대로 나열해 앉아 하늘을 보고 맹세하기를, '감히 앞으로 전에 했던 짓을 다시 하는 자가 있으면, 하늘이 반드시 그를 죽이리라' 했다. 그리고 그 기계와 무기를 남김없이 불태우고 흩어져 돌아가게 했다. 생은 이때부터 다시는 의식衣食을 걱정하지 않고 오로지 글공부에 뜻을 두어 몇 년이 되지 않아 과거에서 으뜸으로 뽑혔다. 문장과 재능으로 조정에서 중용되었으며, 잇따라 웅주雄州를 다스리고 거듭 방악方岳을 다스렸다. 또 청백리로 세상에 칭송을 받았으며, 뒤에 지위가 재상에 이르고 사구司寇의 직책을 맡았다.[36]

생은 호구지책糊口之策으로 시작한 도적질로 더 이상 생계를 걱정하지 않아도 될 만큼 재물을 모으자, 집으로 돌아와 다시 과거 공부에 매진하여 관직에 나아가 재상의 반열에까지 올랐다. 일찍이 학문으로 얻은 지식과 재략을 이용해 군도群盜의 우두머리가 되었으며, 도적질로 생계를 유지할 재물이 생기자 도적을 해산시키고 집으로 되돌아온[歸] 것이다. 자신에게 가장 결핍된 것을 얻기 위해 한 번의 가출家出은 필수적인 행위였다. 또 그에게는 다시 돌아갈 집이 있었고, 다시 만나야 할 가족이 있었기에 의미 있는 떠남[出]이었다.

조선후기 궁핍한 생활 때문에 형성된 군도는 '모이면 도적, 흩어지

36 〈盜宰相〉. 先後出城門 至野外隱僻之地 碎櫃出銀 生自占千金 以其餘分於衆人 皆足爲一家產 於是以次列坐 對天發誓 敢有後踏前經者 天必殛之 悉焚其器械兵仗 而散遣之 生自是不復憂衣食 專意績文 不數年而擢甲科 以文章才諝見重於朝右 連典雄州 累按方岳 而又以淸白見稱於世 後位至宰相 爲司寇之職. 650면

면 백성[聚則盜 散則民]'이 된다고 했다. 가난을 대물림하여 힘들게 살아가던 민초들은 물론 대대로 거업擧業에 종사해온 가난한 유생까지도 유리걸식流離乞食하거나 도적 무리에 들어가곤 했다. 가난한 유생들 가운데 일부는 이끗에 밝아서 거업을 그만두고 장사치가 되는 경우도 있었으나, 끝까지 선비로서 자존심을 지키며 어렵게 삶을 꾸려나가는 부류도 있었다. 이는 경제논리에 입각하여 돈과 부를 추구하는 사회로 변모하는 과정에서 생겨난 모습이며, 그로 인해 신분제도 역시 점차 균열되는 양상을 보인다. 지금 살펴본 이야기는 당대인과 사회상을 그대로 반영한 군도담群盜談이라고 할 수 있다.

그런데 생이 제도권을 벗어나[脫] 군도의 우두머리가 되었다가 다시 제도권 안으로 돌아올[還] 수 있었던 것은 나름대로 기준이 뚜렷했기 때문이다. 예컨대 그는 도둑질을 하더라도 양민良民의 재산, 장사꾼의 본전, 관고官庫의 재물에는 손을 대지 않았으며, 각자 한몫을 챙기고는 도적질에 쓰인 기물과 병장기를 모두 불태우고 무리를 흩어버리는 등 의로운 도적 노릇을 자처했던 것이다. 이처럼 그는 거업에 종사하며 서적에서 배운 바 '의義'를 중심점으로 삼아 신분제도가 엄연한 시대에도 명분보다는 실속을 위해 그 굴레를 자유롭게 벗어던지기도 하고, 또 자신과 가족의 안녕을 위해 미련없이 제자리로 돌아가기도 하며 서사 공간을 확대시켰다.

〈검기〉에서 공자나 〈도재상〉에서 유생은 당시 무서운 전란과 무력한 재능 앞에 속수무책이었다. 그러나 의도했건 의도하지 않았건 자신들에게 주어진 위기와 고난을 극복하고 반드시 무사히 본거지로 되돌아온다.[37] 그리고 변화된 처지에서 기존의 신분을 유지하며 다

37 이러한 경우는 또 다른 작품에서도 보인다. 〈면화免禍〉에서는 가난 때문에 추노

시 안정된 삶을 누린다. 반면에 모든 것을 버리고 떠나 목표했던 바를 이루었지만 되돌아오지 못하거나 되돌아오지 않은 사람도 있었으니, 〈도은盜隱〉에 나오는 정시응鄭時膺의 옛 친구와 〈간부姦富〉에 나오는 이정귀李廷龜의 친구 허생許生이 그러하다.

4) '탈/출' 후 '귀/환'하지 못하는 유형—〈도은盜隱〉

배나루[梨津]에서 어린 시절을 함께 보낸 두 사람의 만남은 노정路程에서 이루어진다. 정시응은 경신환국庚申換局으로 권세를 잃고 가세家勢마저 기울어져 통제사 친구에게 도움을 청하러 가는 길이었다. 이 작품에서는 화자인 정시응마저 역사적인 사건의 피해자로 가난을 견디다 못해 집을 나선[出] 처지다. 이는 정권의 중심부에 있던 사람도 그 주변부로 밀려나면 남에게 의탁해야 할 정도로 궁고窮孤한 처지가 되는 정황을 잘 보여준다. 해거름에 그는 예로부터 부호가 많다는 진주晉州를 지나다가 이름 모를 부자의 초대를 받고 노복을 따라 낯선 집으로 들어선다.

> 경신환국庚申換局에 다시 권세를 잃고 의탁할 명문가도 없어서 집안 살림은 더욱 가난해졌다. 통제사로서 그와 더불어 서로 친하게 지내던 자가 편지로 그를 초대하여 말했다. "막하 비장의 명령이라면 반드시 좋아하지 않을 테고, 만약 손님으로서 나를 만나는 경우라면 당연히 서로 마음을 터놓겠지." 정시응은 드디어 게으른 노복에 여윈 말을 타고 대관령 샛길로 길을 떠났다. 진주晉州 지방에 이르자, 길 왼쪽에 큰 마

하러 갔던 유생이 종들의 모함으로 죽을 위기에 처했다가 기지機智로 화를 면하고 무사히 돌아온다. 684-686면 참조. 또 〈곤경困境〉에서는 지방 관리로 나간 부친을 찾아갔던 어린 유생이 노파에게 희롱을 당하고 무사히 돌아온다. 689-691면 참조.

을이 있었다. 때는 해거름인데다 말이 지쳐 달리지 못하므로 객점에서 묵어가려 하면서도 머뭇거리며 마음을 결정하지 못하고 있는데, 갑자기 한 사람이 말 앞에서 절하며 말하는 것이었다. "저희 집 어른께서 전하는 말씀입니다. 날은 이미 저물고 갈 길이 아직 머니, 일정을 늦추는 게 어떠합니까? 제 집이 비록 누추하나 노복과 말까지 쉬어가기에 충분하니, 왕림하여 주시기 바랍니다." 정시응은 마음속으로 의아했으나, 자기 행색이 이처럼 초라함을 생각하고는 우선 그 말을 따라 에둘러 고삐를 잡고 마을로 들어갔다. 대저택에 이르러 보니 규모가 매우 크고, 문에 들어가니 널찍한 정원과 날렵한 처마가 위엄 있어 마치 큰 관부官府 같았다.[38]

정계政界에서 축출되어 가난하고 외로운 상황에 내몰린 정시응은 오갈 데 없는 처지였다. 그러다 통제사 친구를 찾아갈 요량으로 집을 나선다. 얼마간의 돈을 변통하여 돌아와 가솔家率들을 건사해야 할 입장이었기에 하는 수 없이 결행한 출타出他였다. 어떻게든 당면 문제를 해결하기 위해서라면 그가 누구의 초대건 받아들이지 않을 이유도, 당초 떠난 길에서 벗어나 며칠 쉬어가지 않을 명분도 없었다. 그래서 정시응은 이름도 모르는 부자를 만나러 갔으며, 거기서 뜻밖에도 가난했던 옛 친구와 해후하게 된다.

그런데 옛 친구는 정시응보다 앞서 마을을 떠난[出] 사람이다. 그가 회상하는 대목을 살펴보면, 조실부모하여 일신一身을 의탁할 데

38 〈盜隱〉. 及庚申改紀 復失勢 托足無門 家益貧 統帥有與之相親者 以書邀之曰 幕裨令必不肯 若以客適我者 當有以相周 鄭乃以倦僕羸驂 間關作行 至晉州地方 則路左有大村 時日將暮 馬瘏不可趨 店欲止宿 於意趦趄未決 忽有一人拜於馬前曰 家主傳語也 日已迫勳 前路尙遠 何可趲程 弊舍雖陋 足以容僕馬 願賜枉顧 鄭心訝然 自念行色如此 第從其言 迂轡入村中 及到見一大莊院甚宏 入門則廣庭邃廈儼然 若大官府. 663면

도 없었고, 품팔이를 하는 처지라 생활에 아무런 대책도 없었다.[39] 그랬기에 동네를 떠나는 일에 아무런 제약이 없었고, 도적이 되더라도 말릴 사람조차 없었다. 그래서 처음에는 10여명이 모인 소당小黨에 들어가 우두머리가 되었다가, 나중에는 수백 명이나 되는 거당巨黨에 들어가 지금은 녹림당綠林黨[40]의 괴수가 된 것이다.

> 주인이 말했다. "내가 바로 배나루[梨津] 아무개 집 아들 아무개일세." 정시응이 크게 놀라며 말했다. "자네가 어떻게 여기에 있는가, 또 어떻게 이것들을 얻었는가?" (주인이) 대답했다. "내게 다만 밤손님 기량이 있었을 뿐이네." 정시응이 놀라며 말했다. "그게 무슨 말인가?" 그러자 주인이 그를 돌아보고 빙그레 웃으며 말했다. "영공令公은 관찰사의 귀한 아들로, 남보다 빼어난 지혜와 용기에다 무리에서 뛰어난 무예를 겸비하고도 다만 한 유명인에 인연이 닿아 겨우 용천부사龍川府使를 지내는 데 불과하더니, 흰 머리에 굶주린 채 백 리나 되는 외지로 구걸하러 가는 길이지. 하물며 나 같은 민가의 자식이야 장차 무엇으로 이 세상에 쓸모가 있겠는가? 만사가 잘 풀려도 파초나 부들 같은 생애에 지나지 않을 테지.……" (중략)…… 주인이 분개하여 길게 탄식하며 말했다. "만약 나라에서 남정북벌南征北伐토록 한다면 내가 이 무리를 이끌고 앞서 말을 모는 것도 어렵지 않지만, 지금은 아무런 소용이 없네. 다만 쓰이더라도 공평하지 못한 일로 여길 걸세. (내가) 수십 년 전부터

39 〈盜隱〉. 仍自敍曰 我父母早亡 爲人傭賃 一身靡托 生活無策. 664면

40 중국 왕망王莽 말기에 연이은 흉년으로 생활고에 시달리다 못한 백성들이 여러 범법자들과 합세하여 형주荊州 녹림산綠林山으로 들어가 무리를 이루고 살았던 데서 비롯된 명칭으로, 이후 도적떼를 가리켜 녹림당綠林黨이라고 부르게 되었다. (『후한서後漢書』, 〈유현전劉玄傳〉 참조) 조선에서는 흔히 화적으로 불리는 명화적明火賊·선화당宣火黨·녹림당綠林黨을 비롯하여 활빈당活貧黨·살주계殺主契처럼 옛 도당의 후인後人을 자처하는 무리도 있었다고 전한다.

여기서 숨어 살고 있는데, 문 밖에 나가지 않아도 충분하다네. 그런 일은 모두 각부 장령에게 맡기고, 단지 매년 거두는 재화는 외방 노비로 신공身貢을 거둬오는 자에게 부탁해 놓았다네."[41]

작은 동네에서 보잘것없는 사람으로 지내다 조선팔도를 떨게 하는 적당賊黨의 우두머리가 되어서일까? 그 친구는 두 번 다시 고향으로 돌아가지 못하는 신세가 되고 만다. 그러나 수십 년 동안 은거지에서 나가지 못하면서도 만사를 꿰뚫고 세상사를 훤히 알고 있다. 그럼에도 사대부로서 순식간에 권세를 잃고 가난을 하소연하러 먼 길을 오가는 정시응이나, 10여 만 도적을 호령하지만 산채에 숨어사는 그 친구나 당대의 피해자이기는 마찬가지다. 요컨대 서사 전개 과정에서 두 사람의 이별과 해후는 모두 가난 때문에 벌어졌으며, 체제 안팎으로 나뉘었던 두 사람의 위치는 근거지와 동떨어진 진주晉州에서 하나로 합쳐진다.

그런데 〈도재상〉에서 유생이 의적義賊을 자처했던 것처럼 녹림당의 괴수가 된 인물도 '의義'에 대한 자기 기준이 뚜렷한 사람이다. 그는 비록 남의 목숨을 위협하고 빼앗은 재물로 생활하지만, 혹여 나라에서 남정북벌南征北伐하는 데 도움을 요청하면 언제든지 앞장서서 무리를 이끌고 나가리라 작정한다. 이는 그들 무리가 사회 구조적

41 〈盜隱〉. 主人曰 我是梨津某家之子某也 鄭大驚曰 汝何以在此 又何以能得此也? 答曰 吾只爲夜客伎倆耳 鄭駭然曰 是何言也 主人回爾而哂曰 令公乃觀察使之令郎也 兼之以智勇絶倫 武藝超群 只緣有一名也 僅不過龍川府使 白首窮餓行乞於百里之外 況我民家子 將何所施用於此世也 萬事快活 無過於蕉蒲之生涯也……(中略)…… 主人慨然長嘆曰 若使國家南征北伐 則吾不難率此前驅 而今無所用 只得用以爲不平事也 自數十年來 旣隱居於此矣 足不出門外 以其事悉委於各部將領 而但每歲收財貨 托謂外方奴婢身貢之收來者也. 664-665면

모순에서 촉발된 개인의 문제를 해결하기 위해 모였어도 그보다 중차대한 목적으로 동원된다면 기꺼이 응하겠다는 주장이다. 이처럼 그는 개인보다 국가를 우선시하고, 자신이 옳다고 여기는 것에 헌신하려는 의지를 간직한 범상치 않은 인물로 묘사된다. 그러나 불행히도 나라를 위한 '탈/출'과 '귀/환'의 기회는 주어지지 않는다.

여기서 주목할 것은 다 같이 집이나 동네를 벗어났지만[脫], 사대부의 입장에서는 문제를 해결함으로써 제자리로 돌아가 안정된 생활을 하는 반면, 평민의 입장에서는 문제가 해결되더라도 새로운 문제가 생겨서 돌아가지[還] 못하거나, 굳이 돌아갈 이유도 명분도 없어서 돌아가지 않는다는 점이다. 가난이든 위기든 심각한 문제를 내포했던 공간은 잠시 그곳을 떠나[出] 문제를 호전시키거나 해결하고 나면 되돌아오는 공간이다.[42] 그런데 〈도은〉에서는 문제를 해결한 뒤에도 문제가 발생했던 공간으로 돌아가지[歸] 못할 수도 있음을 보여준다. 이 또한 신분제도의 모순을 단적으로 드러내는 서사 유형이라고 할 수 있다.

5) '탈/출' 후 '귀/환'하지 않는 유형—〈간부姦富〉

〈간부〉에서는 가난 때문에 본거지를 벗어난 허생이 새롭게 조성한 마을에서 변화된 생활을 하며 돌아가지 않는다. 허생은 처음에 이정귀李廷龜의 도움으로 생계 대책을 마련해보려 하지만 번번이 실

42 〈곤경〉에는 호색好色 때문에 노파에게 희롱과 망신을 당하는 선비가 등장한다. 그는 임지任地로 아버지를 뵈러 가던 길에 노파의 집에서 희롱을 당하고 돌아왔으나, 이후 부친상父親喪을 만나 며느리를 자처하며 찾아온 노파에게 또 다시 망신을 당한다. 처음에는 '탈/출'한 상태에서, 나중에는 '귀/환'한 상태에서 곤경에 처한 것이다. 그런 점에서 선비의 문제는 '귀/환' 후에도 해결되지 않았던 셈이다.

패하고 만다. 그래서 모든 것을 포기하고 마을을 떠나[出] 낯선 곳에서 생활하기로 마음먹는다.

> 몇 달 뒤에 또 공公에게 와서 말하는 것이었다. "내가 얻게 될 벼슬자리까지 지금껏 어느 것도 공이 내려주지 않은 것이 없었소. 이제 종이 또 죽어버렸으니, 이는 실로 하늘이 막는 경우라 계속해서는 안 되겠소. 공이 아무리 도와주려 생각해도 또한 하늘을 어쩌겠소? 내 이미 계획을 세웠으니, 관직도 버리고 지팡이도 던진 채 문을 나가 사방에서 기식할 작정이오." 공은 경악을 금치 못했으나 일을 계속시킬 방도가 없다고 생각하여 다만 말로 위로하여 보냈다.[43]

변변치 못한 가문에 가진 재물도 없었던 허생은 이정귀가 백방百方으로 도와주어도 쉽사리 성공하지 못한다. 게다가 '돈 없고 빽 없는' 자신에게 불운마저 겹치자, 더 이상 살아갈 의욕을 잃고 모든 것을 포기해버린다. 그는 〈도재상〉에서 유생이 하늘을 원망하던 것처럼 자신의 불운은 '하늘이 자기 앞길을 막기 때문[天之所廢]'이라 생각하며 거듭되는 실패에 결국 절망하고 만다. 이러한 모습은 당시 권력구조의 모순과 비리를 여실히 보여준다. 누구든지 기득권 세력의 손아귀에 들어가지 않고 발아래 무릎 꿇지 않으면 아무것도 할 수 없는 세상이었다.

이후 그의 삶은 전혀 알려지지 않다가 두 사람이 다시 만남으로써 과거를 회상하는 방식으로 서사가 전개된다.

---

43 〈姦富〉. 後數月 又至謂公曰 吾之得以從仕 至今莫非公之賜也 今奴又死矣 此實天之所癈 不可支也 公雖欲相念 亦於天何也? 吾已決計 棄官將投杖出門 餬口於四方 公不勝錯愕 而念無以繼之 只以言語慰遣之. 681-682면

허생이 말했다. "……여러 여자가 다투듯이 번갈아가며 아이를 낳아 한 해에 길러진 수가 혹 30-40명에 이르렀다오. 그 아이들이 장성하고 나면 모두 힘써 밭을 일구고 어버이를 봉양토록 했으니, 지금 이 골짜기 안에 있는 큰 마을이 모두 그것이라오." 공이 드러내놓고 크게 웃으며 말했다. "사람마다 각기 한 가지 재능이 있다더니, 그대의 능력은 특히 남과 달라서 진실로 기이하오." 이튿날 아침에 돌아왔는데, 끝내 다시는 서로 만나지 못했다고 한다.[44]

당시 가난 때문에 정든 집과 고향을 버리고 떠난 사람들은 대부분 유리걸식하며 지냈다. 그 가운데 간담肝膽이 큰 일부는 군도의 산채를 찾아가 스스로 도적이 되기도 했다. 여기서 허생은 '방중지사房中之事'로 '용빈구부用貧求富'하고 '선음치부宣淫致富'한 경우이다. 이러한 경우는 다른 야담에서는 찾아볼 수 없는 내용[45]으로, 허생과 생활하며 다투어 아이를 낳은 여자들도 모두 생활 터전을 버리고 떠나온 부류임에 분명하다. 의지가지없고 오갈 데 없는 민초들이 모여 일가를 이루고 끊임없이 노동력을 재생산하며 살아가는 모습을 보여준다.

44 〈姦富〉. 生曰 …… 衆女競迭生産 一歲所育 或至三四十 及旣其壯 咸使之力田養親 今此洞壑之內大村 皆是也 公公大笑曰 人各有一能 君之所能 特與人別 良可異也 翌朝歸 遂不復相關云. 683면

45 〈광작廣作〉(『동패락송』 소재 허공許珙 이야기, 『이조한문단편집李朝漢文短篇集』 제목)에서는 허생의 가족이 뿔뿔이 흩어져 형제는 절에서 기식하고, 형수와 제수는 각자 친정으로 돌아가서 지내다가 생활이 안정된 다음에야 돌아온다. 또 〈부부각방夫婦各房〉(『청구야담靑邱野談』 소재 〈영산업부부이방營産業夫婦異房〉, 『이조한문단편집』 제목)에서는 가난한 신혼부부가 치부하기 전에는 자식을 생산하지 않으려고 10년간 따로 거처하기도 한다. 이러한 내용으로 미루어 볼 때, 〈간부〉에 나오는 허생은 특별한 방법으로 가난에서 벗어나 부자가 된 경우이다.

허생은 훗날 재상이 된 도적이나 녹림당의 괴수가 된 친구처럼 남을 해치는 방법이 아니라 온전히 자기 힘으로 가난을 해결하고 안정되게 사는 법을 택했다. 그것은 노동의 가치를 알고, 노동력 생산과 관련된 경제의식을 지닌 사람만이 찾을 수 있는 독특한 해결책이다. 외딴곳에서 무리를 이루어 사는 방식은 군도와 유사하지만, 군도가 법망法網을 피해 억지로 산속에 유폐당한 경우라면, 허생은 안정과 행복을 위해 스스로 유폐된 생활을 선택한 경우라고 하겠다. 또 군도가 체제의 구조적 모순에 대항하여 무기를 들었다면, 허생은 그 모순을 멀리한 채 정당한 방법으로 적응했던 것이다.

허생 무리에게 본거지로 '귀/환'하려는 열망은 보이지 않는다. 죽음을 각오하고 정든 곳을 떠나온 그들에게 과거의 가난은 죽음보다 혹독한 환경이었으며, 거기에서 벗어난[脫] 현재 생활이 훨씬 편안하고 행복하기 때문이다. 또 굳이 그곳으로 되돌아간다 해도 마주할 것이라곤 텅 빈 집과 지독한 가난뿐이라는 사실을 잘 알고 있다. 그러므로 새로운 정착지에서 넉넉하고 자유롭게 사는 쪽을 택한 것이다. 그런데 어찌 보면, 허생은 본거지로 '귀/환'하지 않은 것이 아니라 새로운 정착지에 '귀/환'한 셈이다.

이처럼 많은 이야기가 떠나고 돌아오는 구도로 이루어져 있지만, 위에서 살펴본 유형은 세 가지로 정리된다. 〈도재상〉처럼 부정적인 상황에서 벗어나기 위해 일정 기간 떠났다가 돌아와서 긍정적인 상황을 맞이하는 경우, 〈도은〉처럼 부정적인 상황을 극복하기 위해 떠났다가 새로운 부정적인 상황에 직면하여 돌아가지 못하는 경우, 〈간부〉처럼 부정적인 상황이 긍정적인 상황으로 바뀌면서 되돌아가지 않는 경우이다. 요컨대 사대부 입장에서는 가족과 가문을 등지고 생활할 수도 없으며, 문제가 해결되면 다시 돌아와 예전의 일을 계속

할 여건이 갖추어져 있었다. 반면에 평민 입장에서는 본거지가 따로 정해져 있는 처지도 아니었으며, 문제가 해결된 후에 새로운 문제에 봉착하여 움직일 수 없거나, 아니면 굳이 돌아갈 근거가 없기 때문에 그대로 눌러 앉았다 하겠다.

이 세 이야기에는 등장인물의 '탈/출'을 촉발시킨 요인도 각기 다르지만, '귀/환'의 유형도 각기 다르게 설정되어 있다. 게다가 서사를 마무리하는 그들의 '귀/환'에도 신분차별이라는 중세제도의 모순이 숨어 있음을 작가는 간과하지 않았다.

6) '탈/출' 후 '귀/환'을 실현한 유형—〈환처宦妻〉

앞서 살펴본 〈기노〉의 서사는 종이 일정한 근거지를 중심으로 떠났다가 되돌아오는 과정을 반복하는 구도로 전개되었다. 특히, 처음에는 짧고 가깝게 움직이던 시공간時空間이 나중에는 길고 멀게 확대되면서 다양한 양상을 보였다. 이제 살펴볼 〈환처〉의 서사는 '탈/출'에서 시작해 시공간을 옮겨가며 전개되어 마치 한 편의 로드무비를 보는 듯하다.

옹희翁姬의 이야기를 이끌어내는 선비 역시 호서湖西 지방에 있는 전장田庄을 관리하기 위해 경성京城을 떠나는데, 주기적으로 노정路程에 있는 공주 구리내[銅川]를 지나며 머물렀다 가곤 한다. 그리고 남부러울 것 없는 부자에다 다복한 옹희는 매년 일정한 시기에 찾아오는 선비를 반갑게 맞아들여 인정스럽게 대접한다. 그러던 어느 날 장난스레 자신의 인생역정을 들려준다.[46]

46 평소에 골계와 해학을 즐기던 옹희翁姬와 자기네 이야기를 털어놓기 부끄러워하는 옹翁이 서로 밀고 당기며 실랑이를 벌이는 대목이 두어 군데 눈에 띈다. 이는

이윽고 계획을 정하고 몰래 직접 행장을 꾸렸다. 의복 가운데 솜을 넣지 않은 것과 비단, 가벼운 보물 및 은 수백 냥을 한 보따리로 만들었는데, 그 무게는 이고 달아날 수 있을 정도였다. 내관이 숙직하는 날을 틈타 새벽종이 처음 울릴 무렵에 몸을 숨기고 홀로 (집을) 나섰다. 담장 아래에 큰 나무가 있어서 그 나무에 베를 매고 몸을 매달아 담장을 넘었다. 그리고 곧장 남성문南城門을 나갔다. 그때 하늘이 아직 컴컴하여 외남산外南山 솔숲에 몸을 숨기고 날이 밝기를 기다렸다. 앞으로 나아가는데, 평생 문밖을 나간 적이 없었으니, 어찌 갈 길을 알았겠는가? 다만 큰 길을 따라서 걸어갔다.[47]

그녀가 처음으로 집을 나서는[出] 대목이다. 돈에 팔려 내시에게 시집간 이후, 차츰 결혼 생활에 환멸을 느끼고 자기 삶에 대해 고민하던 끝에 내린 결정이었다. 그런 그녀의 가출 계획은 체계적이면서도 철저하다. 우선 돈이 될 만한 물건과 은 수백 냥을 챙기고, 내시가 숙직하는 날을 틈타 큰 나무에 베를 매어 밧줄로 이용해 높은 담장을 넘는다. 영화의 한 장면을 보는 것처럼 현장감이 느껴지는 대목이다. 그녀가 힘을 실어 당시를 회상하고, 작자가 그것을 사실적으로 묘사한 까닭은 그만큼 의미있고 중요한 사건이었기 때문이다.

여기서 그녀의 가출은 단지 집을 나가는 것 이상의 의미를 지닌다.

야담 속 청자聽者인 선비의 호기심을 자극하고 흥미를 유발시키며, 또한 실제 구연口演을 통해서는 청중聽衆의, 기록을 통해서는 독자讀者의 이목耳目을 집중시키는 효과를 동시에 거둔다.

47 〈宦妻〉. 遂定計潛自裝爲 以衣服之不絮者 與布帛輕寶及銀數百兩 同作一包 約其輕重 可以適戴以走也 乘內官上直之日 曉鍾初動 潛身獨出 墻下有高樹 懸布于樹 縋身越墻 直出南城門 時天尙黑暗 隱身於外南山松林間 待曙色微明 向前進去 平生不踏門前 豈知經路 只得遵大路而行矣. 652면

그녀는 내시와 혼인함으로써 물질적인 풍요를 누리는 반면에 신체적 · 정신적인 구속을 자처했다. 성 불구자인 내시와의 생활은 그녀를 신체적으로 속박했으며, 자유롭지 못한 신체는 평범한 가정을 이루고 싶다는 욕망으로 이어져 그녀의 정신을 괴롭혔다. 당시 내시들은 권력으로 치부致富하여 상당한 경제력을 지녔으며, 그 힘과 돈으로 온갖 비리와 횡포를 저질렀다. 여기 등장하는 내시도 처음에는 그녀의 몸을 사들이고, 나중에는 그녀의 정체성을 혼란시키는 등 그녀를 신체적 · 정신적으로 지배했다. 그래서 그녀는 내시에게서 도망치는 것으로 신체적 · 정신적 탈출脫出을 감행한 것이다.

또 그것은 가부장적 남성 권력에 대한 반발이자 돈으로 사람을 사고파는 중세적 인권 탄압에 대한 탈출이다. 한 번도 문밖을 나선 적이 없는 그녀를 집밖으로 내몬 것은 여성의 성욕이나 자의식을 부정하는 사회 분위기였다. 가난이라는 극한 상황에 처했을 때 수많은 사람이 본거지를 떠나 새로운 삶을 찾았던 것처럼 그녀는 강압적이고 불합리한 체제의 모순과 비리에 직면하여 그 영향권에서 벗어나고자[脫] 했던 것이다.

> (나는) 옷매무새를 정돈하고 나서 그에게 말했다. "우리 두 사람은 이미 부부가 되었고, 그대는 이미 환속還俗하였소. 다시 산사로 향할 필요가 없으니, 나와 함께 곧장 그대의 집으로 돌아갑시다." 중이 그대로 따랐다. 함께 가서 집에 이르니, 중의 어머니가 낡고 오래된 솜저고리에 더럽고 짤막한 치마를 입고 처마 밑에 앉아 졸고 있다가 중을 보더니 "네 뒤에 있는 사람이 누구냐?"고 물었다. 내가 즉시 앞으로 나가 절하고 말했다. "시어머님께 며느리가 인사 올립니다." …… 내가 이 노인네를 이끗으로 꾈 수 있으리라 생각하고, 즉시 보따리를 풀어서 가져온

저고리[碧油衣]와 염색한 치마[綿布裳] 한 벌을 받들어 올리며 말했다. “어머님께서는 잠시 걱정을 그만두십시오. 제 보따리에 직접 가져온 것이 있으니, 그 중이 올지라도 제가 충분히 당해낼 수 있습니다.” 노인네는 옷을 받고 잠깐 조용히 있다가 말했다. “일단 앉거라.” 날도 이미 저녁때라 (나는) 부엌에 들어가 새 신부가 할 일을 했다.[48]

이후 그녀는 길을 가다 처음 만나는 중[49]과 결연하기로 결심하고, 사흘 동안 따라다닌 끝에 비로소 부부가 되었다. 한 번 시집갔던 몸으로는 사대부의 첩妾이 되는 길밖에 없었기에 차라리 중을 환속시켜 같이 살기로 마음먹었던 것이다. 그런데 여기서 그녀가 결연한 남자들은 모두 남성성을 억압당한 처지다. 내시는 신체적으로 남성성을 잃어버린 경우이고, 중은 정신적으로 남성성을 잃어버린 경우이다. 그녀는 거세당한 신체적인 불구는 되돌릴 수 없어도 자제당한 정신적인 불구는 얼마든지 회복시킬 수 있다고 믿었다.

어찌 보면 중과의 결연은 또 다른 구속이 될 수도 있지만, 그녀는 자유 의지로 구속을 자원했다. 내시와의 혼인이 자기 의지와 상관없이 외숙모의 주선으로 이루어진 반면, 이제는 그녀 스스로 자기 의지에 따라 중과의 결연을 택한 것이다. 그녀는 남녀가 가난한 집에서 베 이불을 나눠 덮고 풀뿌리를 같이 씹더라도 오순도순 행복한 가정

48 〈宦妻〉. 旣整頓衣裳 謂之曰 吾二人已成夫婦 君已退俗矣 不必復向山寺 可與我直返君家 僧從之 偕行至家 則僧母懸鶉故絮衣 粗粗短布裳 坐睡於簷下 見僧問 汝背後爲誰 我卽前拜曰 尊姑息婦見 …… 我想此老嫗 可誘以利 卽解取碧油衣染色綿布裳一套 奉以進之曰 姑且休煩惱 我之包中 自有所挾 其僧雖來 我足以當之 老嫗受衣 嘿然有間曰 且坐 日旣夕 入廚中 作新嫁娘任職. 653-654면

49 일반인으로 중이 되는 것을 흔히 ‘출가出家’라고 하며, 아울러 불교에 ‘귀의歸依’했다고 말한다. 그러고 보면 여기에 등장하는 중은 내시의 아내보다 훨씬 이전에 집을 나가[出] 속세를 벗어난[脫] 처지였다고 말할 수 있다.

을 꾸리고 싶었다.[50] 그래서 이처럼 '인생지락人生至樂'을 함께 누릴 대상으로 중을 택하고, 결국 부부의 연을 맺는다.

부부가 된 이후에 그녀는 곧장 중의 모친이 사는 집으로 향하는데, 이것은 그녀가 목적지를 명확히 설정하고 움직였다는 뜻이다. 그녀는 이미 자기 결정대로 내시의 집을 나왔으며, 자기 의지에 따라 중과 결연했다. 그리고 평범한 부부가 그러듯이 부모에게 인정받기 위해 본가를 찾아간다. 중에게는 환속하여 본거지였던 집으로 돌아가는[歸] 행위지만, 그녀에게는 비로소 안정된 가정을 찾아 바라던 상태로 돌아가는[還] 의미를 지닌다. 즉, 새로운 '귀/환'이라는 목표를 실현한 것이다.[51] "일단 앉거라[且坐]"는 노모의 말은 그녀가 며느리로 받아들여지고 한 가족이 되었음을 뜻한다. 내시와 혼인했으나 '가정'을 이루지 못했던 그녀는 비로소 자신을 옥죄던 틀에서 벗어나 중과 결연하고 '온전한 가정'[52]을 이루게 된 것이다.

그녀는 남녀차별에서 빚어진 수동적인 결혼으로 인한 불행했던 삶을 자기 의지로 개선시키고, 경제논리로 지배되는 사회의 피해자에

---

50 〈宦妻〉. 篰屋之下 與眞箇丈夫 共圍半幅布衾 共咬一莖菜根 實人生至樂也. 652면

51 〈환처〉에서 과거 환처宦妻는 애초부터 떠나온 근거지로 '귀/환'하려는 생각없이 새롭게 자기 삶을 개척하고 목표를 실현하여 현재 옹희翁姬가 되었다. 이는 앞서 살펴본 〈검기〉와 〈도재상〉에서 주인공들이 처음부터 '귀/환'하려는 의지를 갖고 행동하여 목표를 달성한 것과는 뚜렷이 구분된다. 따라서 〈검기〉와 〈도재상〉은 '귀/환'하는 유형으로, 〈환처〉는 '귀/환'을 실현한 유형으로 나누어 기술하였다. 이처럼 필자 나름대로 기준에 맞춰 유형을 구분하여 목차 및 항목으로 제시한 것이다.

52 〈宦妻〉. 湖西公州有大村 名銅川 村中有翁姬居焉 家極饒 有子四五人 皆爲官將校 翁亦以貲受堂上帖 玉圈紅絛 稱長於隣里 有京城士子 田庄在湖右 逐歲往來 路經銅川 常主翁家 翁姬見生至 輒迎接款待 爲酒鷄以進之 情甚親熟 姬年雖老 顔貌白晳 肥膚豊膩 滑稽善談笑 間以諧謔 極有風度. 651면

서 수혜자로 자기 운명을 개척하였다. 예컨대 처음에는 내시와 외숙모가 결탁하여 의도치 않게 혼인이 이루어졌으나, 그 불행에 굴하지 않고 내시에게서 도망하여 적극적으로 새로운 인연을 찾아 나섰다. 또 돈과 재물로 지배되는 세상에 처음에는 무력하게 굴복했으나, 내시 집에서 가져온 그것을 이용하여 중의 노모에게 선뜻 며느리로 인정받았다. 이 작품은 여성에게 불합리한 사회 구조적 모순을 인식하고 '탈/출'한 환처宦妻가 자기 의지로 그것을 개선시키고 '귀/환'을 실현하여 옹희翁姬로서 행복한 여성의 삶을 누리는 모습을 서사화한 것이다.

4. 다양한 유형이 서사에 미치는 영향

『잡기고담』은 '탈脫/출出'과 '귀歸/환還'을 넘나드는 서사 구도를 취하는데, 그 서사 과정에서 다양한 유형을 보인다. 첫째, 〈기노奇奴〉에서처럼 '탈/출'과 '귀/환'을 반복하는 유형. 둘째, 〈여협女俠〉에서처럼 '탈/출' 후 '귀/환'을 알 수 없는 유형. 셋째, 〈검기劒技〉나 〈도재상盜宰相〉에서처럼 '탈/출' 후 반드시 또는 무사히 '귀/환'하는 유형. 넷째, 〈도은盜隱〉에서처럼 '탈/출' 후 '귀/환'하지 못하는 유형. 다섯째, 〈간부姦富〉에서처럼 '탈/출' 후 '귀/환'하지 않는 유형. 여섯째, 〈환처宦妻〉에서처럼 '탈/출' 후 '귀/환'을 실현한 유형. 이는 등장인물이 결핍된 현실을 떠나거나[出] 불합리한 현실에서 벗어나[脫] 충족된 현실로 돌아가거나[歸] 합리적인 현실을 되찾아가는[還] 형태를 보여준다.

『잡기고담』에서 드러난 이러한 서사 구도 및 유형은 무엇보다 조선후기 시대상과 사회상을 반영한 것으로 파악된다. 당시 부富가 새로운 가치로 등장하고, 신분계층이 차츰 균열되기 시작한 데다, 아울러 여성과 하층민의 자각이 더해지면서 생활 개선과 인생 변화를 꿈꾸며 본거지를 떠나 새로운 정착지를 찾는 부류가 증가했다. 그러한 과정에서 탈출귀환脫出歸還하며 이합집산離合集散하는 다양한 이야기가 산생되고 폭넓게 구연되었으며, 임매任邁는 그것을 기록하여 야담으로 작품화한 것이다.

'탈/출'과 '귀/환'으로 구성된 이야기는 표면적으로는 당시 유민 현상을 확연히 드러내며, 내면적으로는 당대 사회의 구조적 모순을 반영하는 동시에 흔들리고 변화하는 불안정한 체제를 비판한다. 다시 말해, 조선후기 사회는 경제구조의 변화, 신분제도의 균열, 권력계층의 비리, 국가체제의 구조적 모순, 남녀차별 및 가정해제 등 온갖 문제와 병폐를 양산하였다. 특히 임진왜란(1592), 계해반정(1623), 경신환국(1680) 등 역사적인 사건은 등장인물 또는 화자의 '탈/출'과 '귀/환'을 촉발하거나 종료시키는 매개물로 작용한다. 야담 구연자 및 기록자는 그러한 것들을 소재로 채택하고 서사를 조직하면서 '탈/출'과 '귀/환'을 넘나드는 기본 구도와 여러 유형으로 서사화한 것이라고 분석된다.

사건 전개 과정에서 가까이 또는 멀리, 조선팔도 또는 바다 건너 왜국까지 공간을 이동하는 등장인물의 움직임은 자기 삶을 개선하고 영위하려는 의욕으로 넘친다. 처음에는 단순히 생활공간을 옮기는 듯 보이지만, 그들의 동선에는 신분제도 균열과 사회구조 해체를 견인하는 이념적인 변화가 숨어있다. 따라서 작품 속 그들의 행위는 자유롭게 시공간을 넘나들며 생동감을 지닌 채 서사를 확장시키고, 시대와 현실을 씨줄과 날줄로 교직하여 민중의 공감을 이끌어내기에 충분하다.

그러면 이러한 서사 유형이 궁극적으로 추구하는 것은 무엇이며, 그 결과 어느 정도의 서사성을 획득하는지 알아보자. 앞서 살펴본 여섯 가지 유형의 이야기에 등장하는 인물이 추구하는 것은 한마디로 '의義'[53]이다. 여기서 말하는 '의'란 사람의 도리 내지는 세상의 정의를 포괄하는 용어다. 다시 말해, 사회에서 아랫사람이 윗사람에게 바치는 '충심', 가정에서 자식이 부모에게 다하는 '효성', 세상에서 올바른 것이 잘못된 것을 다스리는 '의협' 등을 지칭한다. 심지어 공자公子가 왜국에서 자기 힘으로 반드시 돌아가야 할 '고국', 환처宦妻가 타지에서 자기 의지로 반드시 이루어야 할 '행복'까지 여기에 포함된다고 할 수 있다. 서사의 발단이 불합리한 현실, 불평등한 신분, 부조리한 사회, 구조적인 모순 등이었다면, '탈/출'과 '귀/환'은 서사 전개 과정에서 보이는 적합한 구도이자 다양한 유형이며, 이는 마침내 '의'로 귀결된다고 하겠다.

작품 속 등장인물은 혼란한 시대와 어려운 상황에서 이른바 충忠, 효孝, 협俠 등 사람의 도리와 세상에 정의를 실현하기 위해 '탈/출'과 '귀/환'을 시도하며, 간혹 그것이 성취될 때까지 '탈/출'과 '귀/환'을 반복한다. 그 과정에서 누군가는 부자가 되기도 하고, 부모의 원수를 갚기도 하며, 또 다른 누군가는 도적이 되기도 하고, 새로운 행복을 찾기도 하는 것이다. 예컨대 종은 주인을 부자로 만든 뒤에 다시 주인집을 명문가로 만들고, 자매는 가문을 수치스럽게 하지 않으며 부모의 원수를 갚는다. 종실 공자는 왜국의 포로가 되었다가 끝내 조선

53 『잡기고담』 총 24편 가운데 '의義[도리道理/정의正義]'와 관련된 이야기는 18편에 이른다. 이밖에도 '기奇[기이奇異/신기神奇]' 또는 '희戱[해학諧謔/조롱嘲弄]'와 관련된 이야기가 각 3편씩 실려 있는 것으로 파악된다.

으로 돌아오고, 젊어서 가난했던 재상은 가족의 생계를 위해 도적 생활도 마다하지 않는다. 녹림당의 괴수는 산채를 벗어나지 못하면서도 나라의 안위를 걱정하고, 허생은 고향을 등지고 살지만 가족의 소중함을 깨달았으며, 내시의 아내는 봉건사회의 구조적 모순에 맞서며 건강하고 행복한 가정을 꾸려나간다.

이들은 모두 자신보다 남[주인, 부모, 양부養父, 가족, 나라, 일족一族 등]을 우선시하며, 그들을 위해 기꺼이 자신을 희생함으로써 마침내 치부致富, 응징膺懲, 보은報恩, 안락安樂, 결연結緣 등을 성취한다. 그런데 표면상 자유 의지로 '탈/출'과 '귀/환'을 결행한 듯 보이지만, 사실은 봉건사회의 부조리와 모순에 등 떠밀려 자기희생을 강요당한 면이 크다. 그랬기에 '탈/출' 과 '귀/환'을 반복하는 종, '탈/출' 후 '귀/환'을 알 수 없는 자매, '탈/출' 후 반드시 '귀/환'하는 종실 공자와 무사히 '귀/환'하는 재상, '탈/출' 후 '귀/환'하지 못하는 도적 괴수, '탈/출' 후 '귀/환'하지 않는 허생, '탈/출' 후 '귀/환'을 실현하여 새롭게 정착한 환처[옹희] 등이 존재한다. 이들은 온갖 희생을 감수하지만 본거지를 잃어버린 채 은둔지에서 살거나 새로운 정착지를 찾아야 하는 처지로 내몰렸던 것이다.

그 결과, 각 작품에서 보이는 서사 유형과 그것이 서사에 미치는 영향을 정리하면 다음과 같다.

첫째, 〈기노〉에서 종은 가난이라는 고통과 반정이라는 위기에서 충심을 다해 주인의 가족과 가문을 지키고 보호하여 '의'을 실현했으며, 그가 '탈/출'과 '귀/환'을 반복하는 모습은 서사를 이끄는 원동력이다. 둘째, 〈여협〉에서 남녀차별과 가정해체라는 시대의 모순과 개인의 불행은 자매의 '탈/출'과 '귀/환' 사이에 결행된 복수를 통해 '효'와 '협'으로 승화되었으며, 이는 여성을 야담 서사의 전면에 내세워 부각시킨다. 셋째, 〈검기〉에서 공자는 전란의 소용돌이에서 '탈/출' 하여 개인적 불행과 불운을 감내하며 정체성을 잃지 않고 기필코 본국으로 '귀/환'함으로써 '충'을 체현했다. 그 과정에서 '탈/출'과 '귀/환'은 서사 공간을 최대한 확장시킨다. 넷째, 〈도재상〉에서 제도권을 넘나들며 군도의 우두머리와 재상의 모습을 보여준 유생은 '의'를 중심점으로 삼아 '탈/출'과 '귀/환'을 통해 개인과 사회의 안정을 도모하였다. 이는 경제논리에 입각한 신분계층의 균열 양상을 반영하는 대표적인 군도담群盜談으로 평가된다.

다섯째, 〈도은〉에서 친구 역시 '탈/출'한 녹림당의 괴수로 요주의 인물이지만, 중차대한 목적으로 동원된다면 나라와 정의를 위해 헌신하려는 의지를 보인다. 그러나 불행히도 '귀/환'할 수 없는 처지에 놓임으로써 또 다른 신분차별 양상의 극점을 보여준다. 여섯째, 〈간부〉에서 허생은 노동의 가치를 알고, 노동력 생산과 관련된 경제의식을 '방중지사房中之事'로 해결한 다음 '귀/환'하지 않은 채 자유롭게 살아간다. 기득권의 횡포에서 '탈/출'하여 정당한 방법으로 자기 목표를 이루고 새롭게 정착한 흥미로운 인물상이다. 일곱째, 〈환처〉에서 보이는 서사는 남녀차별과 경제논리로 지배되는 사회와, 그것을 인식하고 개선시키려는 여성에 초점이 맞춰진다. 환처가 '탈/출' 이후 옹희로서 '귀/환'을 실현하는 모습은 어디서도 찾아볼 수 없는 생동감과 사실감을 담지하고 있다.

이처럼 '탈/출'과 '귀/환'을 넘나드는 서사 구도는 온갖 비리와 모순을 내포한 당대 사회에서 등장인물이 '의義'를 찾는 과정을 심도있게 보여준다. 그들은 바로 '의'가 상실된 현실에서 '의'를 찾기 위해 '탈/출'하고, 이후 '의'를 찾거나 '의'가 구현된 현실로 '귀/환'한다. 여기서 허구나 창작의 구기口氣는 거의 느껴지지 않는다. 단지 '탈/출'과 '귀/

환'으로 인한 시간적 변화와 공간적 이동 속에서 인물과 사건의 유기적인 결합이 서사를 더욱 탄탄하게 만들 뿐이다. 그것은 '의'라는 주제가 내용을 관통하며 일관성을 유지하기에 가능한 일이다. 게다가 '의'를 찾거나 성취하는 방법 또한 지극히 현실적인 데 기반하고 있기 때문에 충분한 서사성을 확보하게 된다.

5. 결론

조선은 거듭되는 전란을 겪으며 민생民生이 피폐해지고 민심民心이 흉흉해졌다. 그리고 잠시 역사적 소용돌이에서 벗어나는 듯 보였으나, 후기로 갈수록 세상은 더욱 혼란스러워지고 백성들은 점차 유리流離되었다. 그런 가운데 민간에서 산생되고 구연된 서사체인 야담이 유행하였다. 야담에는 조선후기의 다양한 인물 형상과 다채로운 사회 현상이 고스란히 담겨 있다. 임매가 저술한 『잡기고담』은 이러한 특성을 잘 보여주는 대표적 야담집이다.

『잡기고담』에는 '탈/출'과 '귀/환'에 관련된 온갖 이야기가 실려 있다. 사람들은 가난과 위기에서 벗어나기[脫] 위해 본거지를 떠나고[出], 당면했던 문제를 해결하고 나서 돌아오거나[歸] 본래 상태로 되돌아간다[還]. 이는 당대 사회가 경제구조의 변화, 신분제도의 균열, 권력계층의 비리, 국가체제의 구조적 모순, 남녀차별 및 가정해제 등 온갖 문제와 병폐를 양산했으며, 작가가 그것들을 소재로 채택하고 서사에 반영하여 작품화한 결과이다. 그 과정에서 등장인물들은 모두 '의義[충忠/효孝/협俠]'를 추구하고 성취하며, '의'가 실현될 때까지 '탈/출'과 '귀/환'을 넘나드는 것이다. 이러한 서사 구도는 그들이 '의'

를 찾는 과정을 생생히 보여주며 다양한 유형으로 기록되었다. 이는 다른 야담집에 실린 여타 작품과 변별되는 『잡기고담』만의 서사적 특징이라고 하겠다.

덧붙여 『잡기고담』에서 담보된 사실적인 표현, 생동하는 현장감, 실제와 허구의 비교, 구연과 기록의 길항拮抗 등은 서사성이라는 주제 아래 또 다른 연구 결과를 기대해본다.

제5장

『어우야담』에 담긴 지적경험과 서사장치

1. 서론

조선후기는 새로운 한문서사 양식인 야담野談이 출현하여 전국적으로 유행한 시기였다. 일본과 중국의 침략으로 임진왜란壬辰倭亂과 병자호란丙子胡亂을 겪으며 생사生死를 넘나드는 어렵고 힘들었던 경험은 물론, 거기서 체득한 생활 방식과 위기에 대응하는 지혜는 새로운 인생관과 가치관을 형성하였다. 또 거듭되는 내우외환內憂外患으로 인해 이합집산離合集散하는 집권층이나 유리걸식流離乞食하는 하층민의 생활과 사고는 풍부한 이야기를 양산했으며, 시간이 지날수록 조선팔도는 거대한 이야기판으로 변했다.

유몽인柳夢寅의 『어우야담於于野談』은 우리나라 최초 야담집으로 알려져 있다. 필기적筆記的 성격이 강한 작품 위주로 편찬되었으나, 초기 야담의 형태를 고스란히 간직한 작품도 다수 채록되어 연구자들의 흥미를 끈다. 이러한 『어우야담』은 당대까지 전해지던 이야기를 종합 수록했다는 문학사적 의의를 넘어, 저자[1] 유몽인이 세상을 바라보는 시각이나 그것을 문학적 재량으로 서사화 하려는 모습이 고스란히 담겨 있다. 본고에서는 『어우야담』에 실린 일부 작품을 선별하여 거기에 투영된 지적경험과 부각된 서사장치에 대해 살펴보고자 한다. 특히, '차이差異'와 '시비是非'의 간극間隙을 넘나드는 이야기에 초점을 맞춰 당시의 사실적 인정물태와 서사에서 엿보이는 문학적 장치에 관해 논할 것이다.

지금까지 『어우야담』에 대해서는 수많은 연구가 이루어져 조명하지 않은 주제가 없을 만치 다채로운 업적이 쌓였다.[2] 그럼에도 필기筆記에서 야담野談으로 문학 장르가 이행[3]되는 과정에 보이는 당대

---

1 『어우야담』에서 유몽인이 전대前代부터 당대當代까지 전해지던 이야기를 종합 편찬한 점으로 보면, 그를 '편저자'로 불러야 한다. 그럼에도 그가 이야기를 취사선택하여 채록한 것부터 일부 이야기에 논의와 평가를 덧붙인 점에 주목하여 필자는 본고에서 그를 '저자'라고 지칭하였다.

2 『어우야담』의 저술과 판본에 대한 연구로는 신익철·이형대, 「『어우야담』의 비판적 정본 연구」, 『한국한문학연구』 29권, 한국한문학회, 2002. 355-408면; 『어우야담』에서 필기와 소화의 면모를 포착한 연구로는 신상필, 「필기의 서사화 양상에 관한 연구-『용재총화』와 『어우야담』을 중심으로」, 성균관대 박사학위논문, 2004.; 『어우야담』의 서사 방식과 전개 양상에 대한 연구로는 신익철, 「『어우야담』의 서사 방식과 초기 야담집으로서의 특성」, 『정신문화연구』 33권, 한국학중앙연구원, 2010. 7-34면; 한혜경, 「『어우야담』 소재 귀신담의 서사 전개 양상과 의미」, 『한국고전연구』 제36권, 한국고전연구학회, 2017. 221-258면; 『어우야담』에 등장하는 인물에 대한 연구로는 이월영, 「『어우야담』 소재 인물담 연구(1)」, 『어문연구』 제63집, 어문연구학회, 2010. 171-195면; 이월영, 「『어우야담』 소재 인물담 연구(2)」, 『어문연구』 제67집, 어문연구학회, 2011. 121-147면; 『어우야담』의 이야기 전승과 교류에 대한 연구로는 이병찬, 「『동야휘집』의 작품 수용 양상 연구(1)-『어우야담』을 중심으로」, 『반교어문학연구』 14권, 반교어문학회, 2002. 235-262면; 『어우야담』의 서사와 형상화에 대한 연구로는 윤혜신, 「『어우야담』 소재 귀신담의 귀신과 인간의 교류 방식과 특징」, 『민족문학사연구』 34권, 민족문학사학회·민족문학사연구소, 2007. 206-239면 등이 있다.

의 인정세태를 반영한 필기적 면모와 서사장치가 부각된 야담적 면모를 함께 다룬 연구는 없었다. 따라서 필자는 『어우야담』에 수록된, 조선후기 민중의 관심과 민간의 세태에서 건져 올린 작품의 구성과 장치 및 서사적 특징을 탐구할 예정이다. 이를 통해 우리나라 최초 야담집으로서 『어우야담』의 위상이 재확인 되리라 기대한다.

2. 『어우야담』에 투영된 지적경험

『어우야담』은 총화적叢話的 성격을 지닌 야담집野談集으로, 유몽인은 당시 민간에 널리 알려진 이야기를 수집하여 채록하였다. 40여 종의 이본異本 중 최고 선본으로 알려진 만종재본은 후대에 일정한 형식을 갖추어 작품을 편차하고 수록한 형태를 보인다. 즉, 편집 과정에 학예學藝, 종교宗教, 사회社會, 만물萬物 등으로 각장을 구분하고 나서 다양한 이야기가 서로 연관되도록 화수話數를 조절한 것이다.[4] 그 가운데 학예편은 학문과 제도 및 예술에 얽힌 이야기, 사회편

3 조선후기 야담은 조선전기 필기에서 변화 발전한 서사 장르라고 정리되지만, 전대前代에서 전해지던 설화說話를 구연전통의 범위 내에서 채록한 이야기도 다수 존재한다. 예컨대 신라 '거타지 설화'는 꾸준히 전승되어 『어우야담』에서 '화포장 이야기'로 포착되었는데, 이에 대한 연구논문도 발표되었다. 이채경, 「『三國遺事』와 스토리텔링-동서양 이야기의 비교를 중심으로」, 『국제언어문학』 제39호, 국제언어문학회, 2018. 257-289면 참조

4 40여 종의 이본異本 중 본고에서 텍스트로 삼은 것은 만종재본이다. 이는 여러 학자들 사이에 최선본最善本으로 평가되며, 다양한 주제를 적합한 편명篇名으로 나누어 수록함으로써 가독성을 높였기 때문이다. 필자가 논지 전개 과정에 예화例話로 제시하며 분석하는 내용의 제목은 유몽인 지음/신익철 외 옮김(『어우야담』, 돌베개, 2006.)을 기준으로 하였음을 미리 밝혀둔다.

과 만물편은 인정물태人情世態나 가담항설街談巷說 등 눈과 귀로 모은 이야기가 주를 이룬다. 특히, 일부 예화例話에서는 저자가 지식인으로서 세상을 바라보는 시각과 다양한 견문을 필기 형태로 담아내어 주목된다.[5]

1) 조朝·중中의 차이 인정 : 속설俗說과 풍속風俗 이야기

어느 민족이든 고유한 풍속風俗이 존재하고, 어느 국가든 특별한 속설俗說이 존재한다. 우리 풍속과 속설에 관심이 있다면, 조선후기 야담을 살펴보아도 좋을 것이다. 야담에는 하층민의 삶과 상층민의 생각이 모두 담겨 있으며, 이는 조선팔도에 존재하는 풍속이나 속설과도 연관된다. 다시 말해, 민중의 삶이 하나의 풍속을 이루고, 그들의 생각이 꾸준히 속설을 만들어내기 때문이다.

다음 예화例話에서는 호랑이, 고양이, 대나무에 관련된 기이한 속설을 소개하고 있다.

> 옛 사람의 만록漫錄은 모두 경험한 것을 저술한 것이기에 허무맹랑한 말이 아니다. …… 나는 세 가지 이야기를 듣고 괴이하게 여기며 믿지 않았다. 그런데 옛 기록을 보니 '호랑이가 개를 먹으면 취하고, 고양이는 박하를 먹으면 취한다.'고 했다. 또 이르기를, "6월 13일은 죽취일竹醉日로, 대나무를 옮겨 심어도 말라 죽지 않는다."라고 했다. 그렇다면 사람

5 조선후기 야담과 한문단편漢文短篇 형성 과정에서 구연화口演化와 기록화記錄化의 의미에 대해서는 임완혁 교수의 「조선후기 현실과 야담」(『대동한문학』 제35집, 대동한문학회, 2011. 33-70면)을 참고하기 바란다. 덧붙여 필자가 본고에서 말하는 '지식인으로서 시각과 다양한 견문' 또한 필기筆記의 연장선에서 야담의 기록화 과정에 생겨난 것이라는 점에서 이해하면 좋겠다.

만 술에 취하는 것이 아니라 만물 또한 취하는 바가 있는 것이다.[6]

위 이야기에서, 먼저 보은 좌수는 산에서 사냥하다가 호랑이가 한 마리 쓰러져 있는 것을 보았다. 그런데 호랑이는 아무리 소리치고 돌멩이를 던져도 움직이지 않으며, 심지어 몽둥이로 치고 가까이 다가가도 움직이지 않았다. 그래서 털과 가죽이 상할까봐 기절한 호랑이를 사냥꾼과 마주 들고 가는데, 호랑이가 갑자기 머리를 들고 사방을 둘러보더니 몸을 솟구쳐 도망가 버렸다.[7] 저자가 나중에 옛 기록을 읽어 보니, 호랑이가 개를 먹으면 사람이 술을 마시고 취한 것처럼 된다는 내용이 있었다. 이후 유몽인의 조카 유숙柳潚의 집 여종이 고양이를 너무 좋아해서 안고 있다가 가슴을 물렸는데, 박하를 사용해 상처를 치료하려 했다고 적었다.[8] 이는 또 고양이가 박하를 먹으면 취한다는 속설에 따른 행동이었다. 이처럼 저자는 평소 견문하거나 경험한 일 중에 기이한 내용을 의심스러워하다가 옛 기록을 보고 나서 수긍하게 된 것이다.

6 柳夢寅,『於于野談』萬物篇 490. 古人漫錄 皆經微驗而著之方策 非孟浪語也……余聞三說 怪而不信 及見古誌 虎食狗則醉 猫食薄荷而醉 又曰 六月十三日 竹醉日也 移竹不枯 然則非獨人醉於酒 物亦有所醉也.

7 柳夢寅,『於于野談』萬物篇 490. 報恩縣有鄕任座首 獵于山 見一死虎僵臥 呼號不動 投以磧礫不動 撞以棒挺逼近地不動 欲試以弓箭刀鎗 座首惜傷毛皮 止之 傍有解事者曰 虎死 必首水尾山 故諺稱吼虎落澗下 今此虎尾澗首山 非此者 非死虎也 座首不聽 不射不刀 而使獵人舁之 行數里 虎擧首四顧 遂跳躍而去 隣邑傳笑 凡有笑侮事 必曰 報恩座首之舁虎也.

8 柳夢寅,『於于野談』萬物篇 490. 且有人[吾侄柳諫議潚家有婢]愛猫 猫入懷中 却之不出 猫遂咬其乳 久不釋 毒氣遍身 四體俱黃腫 侄閱醫書 用薄荷 已其毒腫 盡下一身 皮膚盡脫.

또 대나무와 관련되어 전해지는 풍속 또한 과학적으로 증명할 길은 없다. 그러나 이른바 '죽취일竹醉日'인 6월 13일에는 대를 뿌리째 옮겨 심어도 죽지 않는다[六月十三日 竹醉日也 移竹不枯]고 한다. 예로부터 대나무는 꼿꼿한 모양과 강인한 특성 때문에 절개를 상징하는 나무로, 함부로 옮겨 심으면 죽어버린다. 그런데 이 날 하루는 어린 대를 잘라내도, 어미 대를 옮겨 심어도 무사히 살아난다는 것이다. 이러한 속설도 저자는 옛 기록을 살펴보며 확인한 결과라고 기술하였다.

이는 실제 중국의 고서古書나 문장文章에서 지금도 확인할 수 있는데,[9] 예로부터 중국과 빈번히 교류했던 조선의 입장에서는 어떤 과정을 통해서든 그 내용을 접할 수 있는 처지였다. 유몽인은 아마도 중국에서 간행된 서적이나 필사된 글 등 다양한 경로를 거쳐, 서로 비슷하거나 약간 다른 속설에 대해 접할 기회가 있었던 듯하다. 게다가 그러한 중국의 속설은 우리에게 낯설지 않는 내용이었으므로 다양하게 수용되어 기록으로 남겨졌을 것이다.

산중호걸山中豪傑로 알려진 호랑이, 집에서 기르는 고양이, 군자君子를 상징하는 대나무까지 민간 속설의 소재는 참으로 다양했다. 다음 예화에도 고양이와 호랑이가 등장한다.

> 내가 일찍이 살펴보니, 고양이가 횃대 아래에서 닭을 지키고 있으면 닭이 저절로 떨어졌고, 구멍에서 쥐를 지키고 있으면 쥐가 스스로 나왔

9 宋・陸佃《埤雅・釋獸》: 俗云 鳩食桑椹則醉 猫吃薄荷則醉 虎食狗則醉 今虎所在 麂必鳴以告.《本草綱目》: 虎食狗則醉 狗乃虎之酒也 / 宋范致明《岳陽風土記》: 五月十三日謂之龍生日 可种竹《齊民要術》所謂竹醉日也. 이하 중국 문헌 내용은 검색사이트(www.baidu.com)에서 찾은 것임을 밝혀둔다.

다. 대개 독기毒氣에 현혹된 것인데, 늘 그것을 이상하게 여겼다. …… 이에 호랑이의 독기가 엄습한 것임을 깨달았다. …… 호랑이의 독기가 부지불식간에 기를 빼앗고 정신을 잃게 하는 것이 이와 같았다. …… 혹자或者는 "호랑이 독이 아니라 창귀倀鬼 때문이니, 산야에 살면서 이보다 걱정스러운 것이 없다."라고 했다. 속담에는 이런 말도 있다. "시골에 살면서 세 가지 두려운 것이 있으니, 뱀과 호랑이 그리고 고을원이다."[10]

살아있는 만물에는 기운이 있다. 온갖 사물과 상태를 변화 또는 발전시키는 '정기正氣'가 있는가 하면, 상대의 정기를 빼앗고 상대에게 해를 끼치는 '독기毒氣'도 있다. 사람들이 무언가를 구하거나 이루기 위해 일념一念으로 소원하면, 그 기운이 모여 하나의 현상으로 나타나게 된다. 예컨대 좋은 기운이 모이면 좋은 결과를 낳지만, 나쁜 기운이 모이면 나쁜 결과를 낳게 마련이다.

저자는 먼저 일상에서 보았던 상황을 이야기한다. 고양이가 횃대에 앉은 닭을 지켜보자 닭이 바닥으로 떨어지고, 쥐구멍에 드나드는 쥐를 기다리자 쥐가 밖으로 나오더라는 것이다. 시간이 지남에 따라 벌어질 수도 있는 사건이지만, 유몽인은 그것을 고양이가 지닌 독기 때문이라고 파악했다. 고양이의 독기가 응축되어 발산되자, 닭과 쥐가 거기에 현혹되어 힘을 잃고 목숨을 내던지는 상황이다.

위 이야기에서, 김영남金穎男과 권희權憘는 호랑이의 독기에 현혹되어 하마터면 목숨을 잃을 뻔했다. 절에 기거하던 김영남은 해우소

10 柳夢寅, 『於于野談』 萬物篇 495. 余嘗觀猫守鷄于栖下 鷄自落 守鼠于穴 鼠自出 蓋爲毒氣所眩也 常異之 …… 乃悟爲虎毒所襲也 …… 虎毒能使不知不見而氣奪精喪如此 …… 或曰 非毒也 倀鬼也 山居野處可患者 莫如此 諺曰 居鄕三畏 蛇也虎也主倅也.

에 다녀오는 길에 정신을 잃었다가 종자從者에게 업혀 들어와 목숨을 건졌다.[11] 그리고 시묘살이 하던 권희도 뒷간에 다녀오는 길에 기절했다가 종의 부축을 받으며 목숨을 부지했다.[12] 외딴 곳에서 홀로 지내던 그들은 밤중에 호랑이의 독기가 엄습하자, 약해질 대로 약해진 심신心身을 추스르지 못하고 무너져 버렸던 것이다. 예로부터 산야山野에서 가장 경계해야 할 것은 '호환虎患'이었다.[13]

그런데 당시 속담에는 뱀이나 호랑이만큼 무서운 대상으로 고을원을 꼽았다. 누구든지 뱀에게 물리거나 호랑이에게 잡혀 가면 순식간에 목숨을 잃고 만다. 그런데 이러한 동물보다 더 무서운 것이 탐관오리의 수탈이었다. 사리사욕에 눈이 먼 그들을 만나면 가산家産을 잃고 가족家族과 헤어져 생명까지 위태로운 지경이 되고 만다. 이러한 사회상을 담은 속담은 조선이나 중국이 다를 게 없어서, 오래전 책이나 글에서 고스란히 전해졌으며,[14] 저자는 이 또한 놓치지 않았다.

11 柳夢寅,『於于野談』萬物篇 495. 頃者 金穎男爲全羅都事 寓僧舍 夜如厠于外 忽爾精神昏眩 仆地氣絶 從者負而入 良久而愈 明日視之 厠外有虎蹲之處 又有搖尾之痕 掃地無塵 乃悟爲虎毒所襲也.

12 柳夢寅,『於于野談』萬物篇 495. 同知權憘 居憂守墓 夜出外如厠 精神忽迷 伏地不省 其奴扶擁而入 少選氣蘇 未知其由 朝而察之 雪中有虎攫拿蹲踞搖尾之跡 虎毒能使不知不見 而氣奪精喪如此.

13 호환虎患은 삼국시대 설화집『수이전殊異傳』〈호원虎願〉에 처음 등장하며, 일상에서 끊임없이 민생民生을 위협하는 소재로 활용되었다. 그런데 조선후기에 이르면 가혹한 정치와 더불어 백성을 괴롭히는 탐관오리를 호랑이에 빗대어 표현하고, 그 폐해를 호환이라 일컬었다. 위 제시문에 인용된 속담도 이를 뒷받침한다. 덧붙여 〈호원〉은 일연一然이 편찬한『삼국유사三國遺事』에 〈김현감호金現感虎〉라는 제목으로 실려 전한다.

14 《礼記·檀弓下》: 夫子曰 小子識之 : 苛政猛于虎也. / 唐柳宗元 〈捕蛇者說〉: 孔子曰 苛政猛於虎也.

위에서 살펴본 것처럼 『어우야담』은 특별한 사물과 사건을 담아낸다.[15] 그 가운데 기이한 풍속이나 속설을 다룬 내용이 흥미롭다. 허무맹랑하게 들리지만 옛 기록에 남아있어 징험되는 말, 교활한 뱀이나 무서운 호랑이만큼 잔인한 사람도 있다는 말 등. 저자는 누구보다 조선의 인정세태에 관심을 두었고, 무엇보다 조선과 중국의 기이한 풍속이나 속설을 수집하고 징험하며 기록하였다. 유몽인은 뛰어난 문장가이자 해박한 지식인으로서 중국에 대한 자료를 다수 『어우야담』에 채록하였는데,[16] 여러 이야기를 통해 이를 확인할 수 있다.

다음 예화는 중국과 다른 조선의 복제服制에 관한 이야기다.

> 중국의 유사儒士 여영명呂榮明이 우리나라가 의복 제도를 바꾸려고 한다는 소문을 듣고 매우 애석해하며 말했다. "제가 상국上國에 있을 때, 옛 기물과 옛 의복을 모으는 사람을 본 적이 있습니다. 당신네 나라에서 날마다 쓰는 그릇 및 크고 작은 겉옷과 속옷의 제도는 모두 당나라

15 야담 화소로 구분하자면, 이런 이야기들은 기이담奇異談에 속한다. 기이담에는 특별한 사물과 사건 및 사람의 기행이적奇行異蹟 등이 포함되는데, 특이한 이야기들만 모은 대표 야담집으로 임방任埅의 『천예록天倪錄』이 있다. 이강옥 교수는, 『어우야담』 소재 작품은 평민 일화나 사대부 일화 등의 성격을 지닌 것이 많아 전형적인 야담집으로 보기 어려우며, 『천예록』이 명실상부 야담 작품을 싣고 있는 야담집으로서는 가장 이른 시기의 것이라고 주장한 바 있다.(『한국 야담 연구』, 돌베개, 2006. 330-331면 참조)

16 『어우야담』에서 조선朝鮮을 제외하고 많이 수록된 나라는 중국中國, 왜국倭國, 유구국琉球國 순이다. 특히, 중국의 경우에는 유명한 문장가를 비롯하여 사신使臣과 장수將帥 등 다채로운 인물이 등장하며, 조선의 역관譯官과 포장砲匠 등이 중국을 오가며 만난 인물도 많다. 당시 사행使行에 참여한 조선의 역관이나 수행원들은 사무역私貿易으로 부자가 되었는데, 이들의 치부담에 대해 연구한 논문도 있다. 이채경, 「야담의 글쓰기와 스토리텔링-시대별 '치부담致富談'을 중심으로」, 『동방학』 제39집, 한서대학교 동양고전연구소, 2018. 33-75면 참조

때의 제도를 본뜬 것이어서 자못 옛 사람의 풍모가 있습니다. 지금 상국上國의 의복 제도는 매우 좁고 또 사치스러우며, 그릇 또한 옛것이 아니어서 당신네 나라의 예스럽고 소박한 제도에 미치지 못합니다. 각기 그 풍속을 따르는 게 마땅하지 본뜰 일은 아닙니다." 그때 제독提督 이여송李如松 또한 우리나라 의상을 보고 고제古制에 가까운 것을 아름답게 여겨 말했다. "당신네 나라의 의복 제도가 이처럼 고제古制에 가까운데, 무슨 이유로 중국을 본받아 제도를 고치려고 합니까?"

대개 우리나라는 신라 때부터 모두 중국과 통하여 당나라의 예법과 제도를 배운 것이 많았다. 그러므로 그릇과 의복은 반드시 모두 이처럼 당나라의 제도를 모방하였는데, 우리나라 사람들은 몰랐던 것이다. 오직 중국의 고제古制에 박식한 사람이 알았을 뿐인데, 여영명과 이여송의 말이 그 이치를 얻었다.[17]

조선과 중국은 양국兩國의 풍속과 속설에서 유사점이 발견되기도 했지만, 한자음을 비롯하여 복제服制에서는 크게 차이를 보였다. 우리나라는 일찌감치 한자를 받아들여 사용하였고, 조선은 더더욱 유교사상에 몰입하여 경세제민經世濟民에 필요한 모든 규범規範과 예의儀禮 등은 중국을 모방하였다. 그런데 중국은 왕조나 시대에 따라 변화를 시도했지만, 조선은 가장 이상적이라고 생각하는 중국의 법제를 그대로 전승하는 경향이 강했다.[18] 이러한 상대적 차이는 조선

17 柳夢寅,『於于野談』學藝篇 268. 有中原儒士呂榮明 聞我國欲變衣制 甚惜之 曰 吾在上國 嘗見有人聚古器古衣者 爾國日用器皿 及大小表裡衣制 皆倣唐時之制 頗有古人體貌 卽今上國衣制 太窄且奢 器皿亦非古 不及爾國古朴之制 宜各遵其俗 不必效也 其時李提督如松 亦見我國衣制 嘉其近古 曰 爾國衣制若是近古 何故效中朝改制云 蓋我國自新羅時 皆通中國 多學唐朝禮制 故其器用衣服 必皆倣象唐制如此 非我國人所知 惟天朝博古者知之 呂李之言得之矣.

18 조선의 복제는 일반 평상복에 그치지 않고 상례喪禮 및 제례祭禮에 이르면 더욱

사람은 물론 중국인들도 잘 알고 인정하는 부분이었다.

위 이야기에서, 조선과 중국의 복제 차이는 전란戰亂을 통해 두드러지게 인식되었던 듯하다.[19] 중국은 통이 좁은 옷을 입고 전통적인 그릇을 다 버린 데 비해, 조선은 여전히 품이 넉넉한 복제를 유지하고 있었다. 당시 전란 중이었던 분위기를 감안하면,[20] 통이 좁은 속옷과 겉옷을 입는 간소한 차림이 훨씬 나았을 테지만, 조선 사람은 넓은 소매에 펄럭이는 두루마기 등 활동성이 낮은 복장을 고집하였다. 이는 현대적인 시각으로 보면, 겉치레에 치중하여 실효성이 떨어지는 허례허식에 불과하다.[21]

그러나 저자는 이러한 조선과 중국의 차이를 인정하면서 명明나라 장수의 입을 빌려 상대성을 강조한다. 실효성은 떨어지더라도 예스

엄격해진다. 예컨대 효종孝宗 승하 후에 현종顯宗 재위 15년간 계속된 예송논쟁에서 극단적으로 드러난다. 당시 사가私家에서는 『주자가례朱子家禮』에 근거하고, 왕실에서는 『국조오례의國朝五禮儀』에 의거하여 실시했지만, 결국 정치적 논쟁으로 비화되었다. 한국고전번역원DB 『조선왕조실록朝鮮王朝實錄』 참조.

19 柳夢寅, 『於于野談』 學藝篇 268. 向者 我國被倭患 十萬天兵來救之 華人見我國人衣裳寬博 皆大笑之 我國人動輒遭侮 甚苦之 且以闊袖大褉 不合於騎射 行朝移文列邑 使變其衣制.

20 조선은 임병양란壬丙兩亂을 겪으며 팔도가 황폐해지고 민심이 유리流離되었는데, 위 제시문에는 명明나라의 이여송李如松 제독提督 등 원군援軍이 등장하는바 임진왜란에 관련된 내용으로 파악할 수 있다. 덧붙여 『어우야담』에는 임진왜란 때 전사한 이경류李慶流의 혼령에 대한 이야기가 실려 전하며, 후대 『동패락송東稗洛誦』에도 유사한 이야기가 수록되어 있는데, 『어우야담』에서는 이경류 형제의 우애와 효행이 돋보이고, 『동패락송』에서는 이경류와 부인의 부부애가 두드러진다. 이강옥, 「야담집에서의 이경류 이야기의 전개와 그 의미」, 『한국문학논총』 제61집, 한국문학회, 2012. 61-93면 참조

21 복식을 평가하는 잣대는 대략 심미성과 실용성으로 구분되지만, 전통에 관련된 문제는 또 다른 부분이다. 그럼에도 이러한 예화에서 두드러지는 내용은 중국과 조선의 연관성과, 그 사이에서 돋보이는 전통에 대한 가치인식 여부이다.

럽고 소박한 법제이므로 굳이 중국을 따라 고칠 필요는 없다고. 다시 말해, 조선의 법제와 문물이 모두 중국을 모범으로 수용한 결과이지만, 그것을 자국自國에 맞게 변화시키고 전통으로 정착시켰다면, 그 독자성을 인정하고 상대적 차이에 자부심을 가져도 된다는 뜻이다. 그렇게 유몽인은 조선과 중국 간 인정세태를 살펴보며 양국兩國의 차이를 분석하고 상대성을 인정하였으며, 그러한 지적경험에서 얻은 결과와 실상을 필기 형태로 담아냈다.

필기는 사대부의 견문잡기로, 저자가 견문하고 경험한 내용을 객관적 사실성과 역사적 교훈성에 입각하여 기록하는 것을 원칙으로 한다. 앞서 살펴본 예화는 누가 봐도 필기의 영역에 속하는 내용을 담고 있다. 특히, 작품 속에서 유몽인은 '옛 사람의 만록漫錄'은 경험을 저술한 것이라고 언급하며, '속담[諺]에 이런 말'도 있다고 사례를 소개하며, 복제服制를 논하던 당시에 '시강원 문학侍講院文學'으로 근무했다고 밝혀놓았다. 이러한 기록으로 미루어 보건대 저자는 조선의 풍속이나 중국의 문헌을 견문하고, 조정에서 관료로 강학講學한 경험에서 얻은 지식을 다채롭게 기록하였다.

2) 세계로 관심 확장: 구라파歐羅巴와 유구국流球國 이야기

조선에서 중국으로 향했던 유몽인의 시선은 이제 세계로 확장된다. 천축국天竺國보다 더 멀다고 알려진 구라파歐羅巴는 물론, 조선에서 바다 멀리 떨어진 유구국流球國이 그 대표적인 예이다. 알다시피 천축국은 '인도'를 가리키고, 구라파는 '유럽'을 한자로 표기한 것이며, 유구국은 현재 일본의 '오키나와'를 지칭한다. 또 천축국은 신라시대부터 불교와 관련하여 고승高僧들이 왕래했던 나라이고, 구라파는 조선시대에 천주교와 관련하여 종교서적이 중국을 거쳐 조선에 유입되었던 지역이며, 유구국은 왜倭와 근접한 중국의 조공국朝貢國으로서 조선과도 교류했던 섬나라이다.

다음 예화에는 당시 중국을 세계의 중심이라고 여기던 일반적인 관점에서 벗어나 또 다른 세계를 탐색하고 파악하려는 지식인의 모습이 엿보인다.

> 천축天竺[인도]의 서쪽에 있는 나라를 '구라파歐羅巴[유럽]'라고 하는데, 구라파는 그 지역 말로 '커다란 서쪽[大西]'이라는 뜻이다. 그 나라에는 하나의 도道가 있어 '기리단伎利檀'이라고 하는데, 그 지역 말로 '하늘을 섬긴다'는 뜻이다. 그 도는 유교儒教도 불교佛教도 선교仙教도 아니며, 따로 하나의 갈래를 세운 것이다. 무릇 마음을 다스리고 일을 행하는 데 하늘의 뜻을 어기지 않아야 한다고 말하지만, 여러 나라에서는 각기 천존天尊의 형상을 그려 놓고 받들어 섬기며, 석가釋迦와 노장老莊 및 우리 유교는 배척하여 마치 원수처럼 여긴다. 우리의 도道에 이르러서는 일컬어 기술한 바가 많지만 큰 뿌리는 현격히 다르고, 불교에 대해서는 윤회설輪回說을 아주 배척하지만 천당과 지옥은 있다고 말한다. …… 만력萬曆 연간에 이마두利瑪竇[마테오리치]라는 자가 있었는데, 구라파에서 태어나 8만 리를 두루 다니다가 남쪽 오문澳門[마카오]에서 10여 년을 머무르며 천금의 재산을 모았지만 다 버리고 중국에 들어가 여러 서적과 성현의 글을 두루 보았다. 계묘년癸卯年(1603)에 상하권 8편으로 된 책을 저술하였다. …… 제목을 『천주실의天主實義』라고 했는데, '천주天主'는 상제上帝를 말하고, '실實'이란 텅 비지 않은 것이니, 노장과 불교의 '공空'과 '무無'를 배척한 것이다. …… 대개 이마두는 이인異人으로, 천하를 두루 보고 드디어 천하여지天下輿地를 그렸으며, 각기 그 지역 말로써 여러 나라에 이름을 붙였는데, 중국이 천하의 중심에 있고, 구라파는 중국의 4분의 1보다 크게 그렸다. 그 남쪽

지방은 매우 덥고, 유독 그곳만 가보지 못했으나, 그 종교는 이미 행해져서 동남의 여러 오랑캐가 자못 존중하고 믿는다.[22]

위 이야기에서, 저자가 비중은 둔 것은 지리적인 요건뿐만 아니라 종교적인 관심이다. 유럽은 천주교가 출현한 곳이며, 천주교 교리서를 저술한 마테오리치가 태어난 지역이기 때문에 그의 관심을 끈다. 그런데 유몽인의 서술에 따르면, 마테오리치[利瑪竇]는 유럽에서 태어났으나, 세상을 두루 다니며 마카오[澳門]에서 10여 년을 살았고, 결국 중국에 들어가 여러 종교서적을 편람하고 나서 『천주실의天主實義』[23]를 지었다. 그래서 천주교 이론서에 실린 내용은 불가佛家와 선가仙家의 교리 및 유교사상과 비교 분석되며, 그로 인해 조선과 세계의 종교적 내지는 사상적 차이를 부각시킨다.

즉, 대부분 종교에서 인간의 심성과 행동이 하늘의 뜻에 어그러지지 않아야 함을 내세운 것은 유儒·불佛·선仙과 비슷하지만, 천주

22 柳夢寅, 『於于野談』 宗教篇 112. 天竺之西 有國曰歐羅巴' 歐羅巴者 方言大西也 其國有一道曰'伎禮怛' 方言事天也 其道非儒非釋非仙 別立一端 凡處心行事 稱以不違於天 而列國各畵天尊之像 奉而事之 排釋老及我教 如仇敵 至於我道多所稱述 而大本懸絶; 至於釋教 深排輪廻之說 而以天堂地獄謂有 …… 至萬曆中 有利瑪竇者 生歐羅巴 周遊八萬里 留南澳十餘年 能致千金 盡棄而入中國 偏觀諸書及聖賢書 粤癸卯歲 著書上下卷八編 …… 題目曰'天主實義' 言天主上帝也 實者不空也 排老佛之空與無也 …… 蓋利瑪竇者異人也 偏觀天下 仍圖天下輿地 各以方言名諸國 中國居天下之中 而歐邏巴大於中國四之一 其南方極熱 獨不能窮 而其教已行 東南諸夷頗有尊信之.

23 『천주실의』는 1603년 중국에서 이탈리아의 성직자 마테오리치가 한역漢譯으로 간행한 카톨릭 교리서로, 서양 학자[西士]와 중국 학자[中士]가 대화를 통해 토론하는 형식으로 구성되었다. 우리나라에는 17세기 초에 소개되었고, 이후 많은 실학자들에 의해 논평과 반론이 제기되었다. 서양의 그리스도사상과 동양의 유교사상이 융합된 문헌이라는 점에서 종교사뿐만 아니라 사상사에서도 중시된다.

교에서는 천주 이외의 대상을 원수처럼 여긴다. 또 사후세계 또는 내세관來世觀에 대해, 천주교는 불교의 윤회설輪回說을 배척하면서도 천당과 지옥은 있다고 믿는 점이 다르다. 게다가 교황은 평생 혼인하거나 자식을 두지 않고, 천주의 가르침을 베풀고 세상을 깨우치며, 오직 공무公務에만 힘쓰고 세습하지 않는 직책이다.[24] 이러한 사실은 당시 조선의 실상과 전혀 다른 종교관이었으므로 그 괴리감은 유럽과의 공간적 거리만큼 멀게 느껴졌을 터이다.

중국을 세계의 중심이라 여기던 당시에도 세상은 넓고 나라는 많았다. 유몽인이 또 하나 주목했던 것은 마테오리치가 그린 천하여지天下輿地[25]였으며, 가장 부러워했던 것은 마테오리치가 세계의 수많은 나라를 주유周遊하고 새롭게 경험經驗하며 누구보다 선각先覺한 점이었다. 그는 『천주실의』를 통해 마테오리치를 알게 되었고, 마테오리치가 제작한 세계지도에서 각 지역의 말로써 이름을 붙인 여러 나라를 알고자 했다. 그런데 조선과 중국에서 벗어나 세계로 향하는 그의 관심은 멀고 가까운 거리를 따지지 않았다.

다음 예화는 가깝고도 먼 나라 유구국에 관한 내용을 담고 있다.[26]

24 柳夢寅, 『於于野談』 宗教篇 112. 其俗不尙婚娶 擇平生不近女色者 爲之君長 號敎化皇 繼天主頒敎諭世 無有襲嗣 擇賢而立 無私家 惟公是務 又無子 惟兆民是子 其書略如回回 以左爲上 而字則橫書作行 其士重朋友之交 多精天文星象.

25 마테오리치는 1602년 북경北京에서 〈곤여만국전도坤與萬國全圖〉를 제작하여 『천주실의』와 함께 중국에 전했는데, 1708년 조선에서 〈곤여만국전도〉를 모사한 세계지도가 현재 서울대학교 박물관에 소장되어 있다. 이 지도는 당시 중국과 조선을 비롯한 동양의 지식인에게 서양의 지리학과 지도 제작 수준, 서양 세계에 대한 정확한 정보를 시각적으로 알려주었다. 덧붙여 17세기 조선에서 만들어진 최초의 관찬지도인 〈천하여지도天下輿地圖〉에는 중국을 중심으로 조선, 일본, 유구琉球와 동남아시아의 일부 조공국 노아奴兒, 홀온忽溫 등이 그려져 있다.

유구국琉球國에는 왕王의 칭호가 없고, 다만 세자世子라고 칭한다. 대개 국왕으로 책봉됨에 반드시 천자天子의 명命을 받아야 하는데, 유구국은 바다 멀리 있고 파도가 몹시 험해서 배가 통하기 어려워 조사詔使가 이르지 못하기 때문이다.

옛날에 조사가 유구국에 갈 때는 1년 동안 복건福建에서 큰 배를 만들었는데, 그 배 한 척에 은 4만 냥의 비용이 들었다. 관棺을 하나 만들어 갑판 위에 두고 은패銀牌를 그 관에 박아 '천조 사신의 관[天朝使臣之棺]'이라고 썼다. 또 별도로 쓸 은 수백 냥을 관의 머리에 박아 두었다. 악풍惡風을 만나 배가 부서지려고 하면, 사신은 의관衣冠을 정제하고 관 속에 들어가 누웠다. 대개 관을 마련하고 거기에 은을 박아 둔 이유는 정박한 곳에서 그 은을 사용해 관을 돌려보내 주도록 하기 위해서였다. 바다를 건너는 어려움이 이와 같았으므로 국왕이 죽더라도 조사가 그 나라에 들어가 새 국왕을 책봉하지 못한 지가 수백 년에 이르렀다. 그 나라는 매우 빈곤하고 물산物產이 적었는데, 다만 황금과 파초로 만든 베가 많아 궁궐이 모두 황금으로 장식되어 있다.

이런 사실은 유구국에 갔던 조사의 일기日記에 실려 있다.[27]

---

26 『어우야담』에는 유구국에 관련된 이야기가 한 편 더 수록되어 있는데, 북창北窓 정렴鄭𥖝이 부친을 따라 중국에 가서 유구국 사신을 만났다는 내용이다.(宗教篇 89, 〈선도仙道에 통달한 정렴鄭𥖝과 정작鄭碏〉) 덧붙여 이 이야기가 후대 『금계필담錦溪筆談』에 전승된 양상에 대해서는 임완혁 교수의 『구연 전통과 서사』(태학사, 2008. 188-190면)를 참조하기 바란다.

27 柳夢寅,『於于野談』宗教篇 391. 流球國無王號 只稱世子 蓋國王之封 必待天子之命 琉球在海外 波濤甚險 舟楫難通 詔使不得到故也 古者 詔使之往琉球 一年治大船于福建 一船費銀四萬兩 造一柩置艙上 以銀牌釘之其柩曰'天朝使臣之柩' 又別用銀數十萬百兩 釘之柩頭 及其遇惡風船將敗 使臣整衣冠 入臥柩中 蓋其柩而釘之 使所泊之地用其銀而還其柩 其涉海之難 有如此故 國王雖薨 詔使未嘗入其國封新王 迨數百年 其國貧甚 寡物產 只多黃金蕉葛之布 宮闕皆飾黃金 事載琉球詔使日記.

유구국은 조선과 마찬가지로 중국 천자의 명을 받아 세자가 왕으로 책봉되는 과정을 거쳤다.[28] 그런데 중국의 입장에서 육지로도 통행할 수 있는 조선과 달리 유구국은 해양으로만 왕래할 수 있었기 때문에 시간과 비용이 많이 들었다. 심지어 바다를 건너다가 폭풍우나 험한 파도를 만나면 사람들의 생사生死마저 장담할 수 없는 처지였으니, 중국은 특별한 경우가 아니면 유구국에 사신使臣을 파견하기 어려웠다. 예컨대 유구국 왕의 즉위를 전후하여 파견된 조사詔使는 죽음을 각오하고 배에 올라야 했다.

항해를 앞두고는 먼저 엄청난 비용을 들여 배[船]를 건조하고, 아울러 조사의 관棺을 함께 만들었다. 자연재해는 언제나 항해를 위협했으며, 그로 인해 조사는 언제든지 죽음에 노출된 상태였으니, 준비된 관내棺內에는 조사의 환국還國에 필요한 돈[銀]이 갖추어져 있었다. 그러므로 중국에서는 제때에 사신을 보내기 어려웠고, 유구국에서는 왕이 바뀌더라도 제때에 책봉을 받지 못하는 경우가 많았다. 결국 공식적으로 책봉되지 못한 왕이 많았기 때문에 유구국에는 왕이라는 칭호 대신 세자라고 불렀다는 것이다.

이처럼 유구국은 조선과 나란히 중국의 주변국으로 알려져 있었으나, 지리적인 요건과 통상적인 관례가 달랐다. 특히, 왕의 칭호에 대한 경위는 유구국을 다녀온 조사의 일기를 통해 내용이 밝혀졌다. 유몽인은 앞서 마테오리치의 지도와 종교서적을 통해 유럽과 천주교를 접했다면, 중국 조사의 일기를 통해 유구국의 왕칭王稱과 궁궐에

28 『조선왕조실록朝鮮王朝實錄』 태조 1년 8월 18일 정묘丁卯. 유구국琉球國의 중산왕中山王이 사신을 보내어 조회하였다.[琉球國 中山王遣使來朝] 조선은 태조 즉위년에 유구국의 사신이 조회에 참여하는 등 이후 양국이 빈번하게 교류한 것으로 확인된다.

대해 알게 되었다.[29] 그는 더 이상 조선에 갇혀 사는 유자儒者가 아니라 다양한 견문과 직간접 경험을 통해 세계로 나아가려는 지식인이었다. 『어우야담』에는 이러한 그의 선각자적 모습이 필기 형태로 실려 전한다.

사대부들의 서가書架에서 산생産生된 필기는 독서후기를 비롯하여 일상생활에서 얻은 지식과 정보 및 경험을 자유롭게 담아냈다. 유몽인도 다양한 경험과 해박한 지식을 기록으로 남겼는데, 앞서 살펴본 예화 또한 필기에 속하는 내용을 담고 있다. 특히, 그는 평소 관심을 둔 마테오리치의 사적事績과 서화書畵가 '중국의 『소창기小窓記』와 『속이담續耳譚』'에 상세히 기록되어 있으며, 유구국의 조정과 사신 업무에 관련된 사실은 '유구국 조사詔使의 일기日記'에 실려 있다고 증언하였다. 이러한 기록으로 보건대 저자는 조선과 멀고 가까운 나라와 사람들에 대해 관심을 확장하고, 다양한 서적과 자료를 보며 새로운 지식과 정보를 습득하였으며, 그러한 지적경험을 자유롭게 서술하였다.

29 마테오리치의 『천주실의』와 〈곤여만국전도〉를 조선에 처음 소개한 인물은 이수광(李睟光, 1563-1628)으로 알려져 있다. 그는 1590년부터 1611년까지 세 차례 중국을 왕래하였고, 이후 1614년에 다양한 경험과 학문적 연구가 담긴 백과사전서 『지봉유설芝峯類說』을 저술했다. 흥미롭게도 유몽인(1559-1623)은 그와 비슷한 시기를 살았으며, 수차례 중국을 다녀온 사실까지 유사하다. 유몽인이 어떤 경로로 천주교 서적과 세계지도를 접했는지 알 수 없으나, 『어우야담』에서는 이수광이 단순히 소개하는 데 그쳤던 천주교 교리의 불합리성과 서양 풍속의 모순을 비판하는 경향을 보이는 게 서로 다르다.

3. 『어우야담』에 부각된 서사장치

『어우야담』은 처음으로 야담이라는 명칭이 붙여진 책이다. 따라서 총화적 필기의 성격이 강함에도 우리나라 최초 야담집으로 평가된다. 그러나 초기 형태의 야담집이어서 전성기에 나온 작품집에 비해 서사적 면모나 문학적 특징이 돋보이지 않는다.[30] 조선전기의 필기가 대부분 사대부 일화나 견문기록에 집중했다면, 조선후기 야담은 민간에서 창작된 흥미로운 이야기를 서사화했기 때문에 장르와 내용이 서로 다르다. 『어우야담』은 필기가 야담으로 변모하는 이행기에 저술되어 필기와 야담의 양면성을 담지하고 있다. 앞서 당대의 인정세태와 국제교류 등에서 포착된 이야기를 기록한 필기적 면모를 살펴보았고, 이제 새로운 서사형태로 이행되는 과정에 야담적 면모를 파악할 수 있는 서사장치에 대해 분석해본다.[31]

1) 대화체 활용 : 떡보와 사신 이야기

다음 예화는 두 등장인물의 상반된 생각과 행동을 재미있게 그려

30 필자가 살펴본바 초기 형태의 야담은 인물담 위주로 기록된 경우가 많고, 후대 야담일수록 사건담 위주로 서사가 전개된다. 『어우야담』도 편제상 만물편을 제외하면 대부분 실명 주인공(양반 사대부 계층)의 인물담으로 구성되었는데, 이러한 양상은 후대로 가면서 점차 무명 주인공(하층민)의 사건담으로 변모한다.

31 야담의 서사구성상 돋보이는 장치에는 대화체와 속담 인용 및 서술자의 개입, 액자식 구성과 옴니버스 형식 등이 있다. 특히, 본장에서 분석하게 될 대화체를 활용한 서사진행은 필기에서는 찾아보기 힘든 구성방식이며, 이야기에 속담을 인용하는 것도 야담의 특징적 서사장치라 하겠다. 이와 관련된 상세 내용은 이채경의 「18세기 야담의 서사방식과 주제구현-『잡기고담』, 『동패락송』, 『삽교만록』, 『학산한언』을 중심으로」(성균관대 박사학위논문, 2013.) 91-109면을 참조하기 바란다.

낸 작품이다. 조선의 떡보와 중국의 사신 이야기[32]를 통해 시각 차이에서 빚어지는 흥미로운 사건을 담아낸 것이다. 두 사람은 조선과 중국이라는 지리적 요건에 떡보와 사신이라는 신분적 특성까지 뚜렷한 차이를 보이는데, 특히 대화체로 서사가 진행된다.

> 조사가 말했다. "내가 평양에 도착하여 길가에서 한 장부를 보았는데, 풍채가 매우 장대하여 그의 중심心中이 반드시 남다르다는 것을 알았소. 이에 내가 손가락을 둥그렇게 만들어 보였는데, 하늘이 둥글다는 것을 말함이었소. 그러자 장부는 손가락을 네모지게 만들어 응대하였는데, 땅이 네모지다는 것을 뜻함이오. 내가 세 손가락을 구부린 것은 삼강三綱을 이른 것인데, 장부가 다섯 손가락을 구부긴 것은 오상五常을 뜻함이었소. 내가 옷을 들어 보인 것은 옛날에는 옷을 드리우고 앉아서도 천하를 잘 다스렸음을 말한 것인데, 장부가 자기 입을 가리킨 것은 말세에는 구설口舌로써 천하를 다스린다는 것을 뜻함이었소. 길가의 천한 사내도 이와 같거늘, 하물며 학식이 있는 사대부야 더 말할 것이 있겠소?" …… 장부가 대답했다. "그분은 절편을 드시고 싶었는데, 절편은 둥글기 때문에 그 손가락을 둥글게 만들었고, 저는 인절미가 먹고 싶었는데, 인절미는 네모나기 때문에 제 손가락을 네모지게 만들었던 것이옵니다." 또 (조사가) 물었다. "천사天使께서 세 손가락을 구부렸을 때, 자네는 어찌하여 다섯 손가락을 구부렸는가?" 그러자 (장부가) 이렇게 대답했다. "그분은 하루 세 끼를 드시고자 했으므로 세 손가락을 구부렸고, 저는 하루 다섯 끼를 먹고 싶었으므로 다섯 손가락을 구부렸사옵니다." 그에게 묻기를, "천사께서 옷을 들어 보였을 때, 자네는 어찌하

32 〈떡보와 사신 이야기〉는 중국의 『대당서역기大唐西域記』에도 보이며, 우리나라에서는 17세기 『어우야담』과 19세기 말 『이언총림俚諺叢林』에도 수록되어 있다고 전해진다. 그런데 이야기 속 등장인물은 비슷하지만, 구체적인 내용은 다소 차이를 보인다고 평가된다.

여 입을 가리켰는가?"라고 하니, 이렇게 대답했다. "그 분이 근심하는 바는 옷 입는 일이기에 옷을 들어 보였고, 제가 근심하는 바는 먹는 것이기에 입을 가리켰사옵니다."[33]

위 이야기에서, 중국 사신의 결정적인 오류는 선입견을 가지고 업무에 접근한 것이다. 사신은 첫째로 조선이 '예의지국禮儀之國'이라는 칭송을 맹신하였고, 둘째로 떡보의 장대한 풍채에 압도되었으며, 셋째로 상대의 언행言行을 자의적으로 해석하였다. 이러한 사신의 편견은 단순한 떡보의 몸짓에 지나친 의미를 부여했고, 처음부터 어긋난 사신의 생각은 마침내 조선 또는 조선인에 대한 오해와 왜곡으로 귀결되었다.[34] 물론 떡보의 이해와 반응에도 오류가 없지 않으나, 그것은 일상에서 비롯된 평범한 응대였다.

그런데 여기서 쉽게 포착할 수 있는 것은 서로 다른 생각과 행동이다. 중국 사신은 '천원지방天圓地方'을 생각하며 동그라미를 그려 보이고, '삼강오륜三綱五倫'을 생각하며 세 손가락을 구부려 보였지만,[35] 떡보는 절편과 인절미의 차이를 생각하며 네모를 그려 보이고,

---

33 柳夢寅,『於于野談』人倫篇 51. 詔使曰 我到平壤 見路傍有丈夫 狀貌甚偉 知其中必有異 我於是圜吾指以示之者 謂天圓也 丈夫方其指以應之者 謂地方也 屈吾三指者 謂三才也 丈夫屈五指者 謂五常也 吾擧衣以示之者 謂古者垂衣裳而天下治也 丈夫指其口者 謂末世以口舌治天下也 路傍賤夫猶若是 況有識士大夫乎 …… 對曰 渠欲食切餠 切餠圓故圜其指 我欲食引切餠 引切餠方 故方吾指 又問曰 天使屈三指 爾何以屈五指 對曰 渠欲食一日三時 故屈三指 我欲食一日五時 故屈五指 問之曰 天使擧衣示之 爾何以指其口 對曰 渠所憂在着 故擧其衣 吾所憂在喫 故指其口.

34 柳夢寅,『於于野談』人倫篇 51. 昔者 中原詔使入我國 以爲禮義之邦 必有異人 …… 噫 長鬚丈夫 見敬於詔使 是豈徒相貌而失之 亦怯於我國禮義之名 豈非萬世之一笑囮乎.

음식과 의복의 차이를 생각하며 다섯 손가락을 구부려 보였다. 한 사람은 고상하고 유자儒者다운 이념에 치우쳤고, 또 다른 사람은 평범하고 일상적인 관심을 중시했다. 이처럼 상반된 처지와 관점을 대비시켜 만들어진 이야기는 두 사람의 대화를 통해 갈등이 고조되는 듯 보인다. 등장인물의 입장에서는 '아전인수我田引水'로 해석될 수 있은 대화가 독자의 입장에서는 '역지사지易地思之'를 떠올리는 이야기로 각인되는 것이다.

떡보와 사신 이야기는 시각차視覺差를 인정하는 저자의 시각이 투영된 작품이다.[36] 야담의 특성상 이 이야기가 당시 민간에 구연口演되었을지 몰라도 『어우야담』에 수록된 사실에 주목하면, 분명히 유몽인의 의도가 반영되었다고 볼 수 있다. 그는 서사에서 떡보와 사신 간에 일어난 사건을 세 차례나 반복 기술했는데, 처음에는 양자兩者의 행위를 객관적으로 서술하고, 다음에는 사신의 관점에서 주관적으로 설명하며, 마지막에는 떡보의 입장에서 설명을 덧붙였다. 하나의 사건을 상대의 시각차를 전제로 서사화하고, 그 과정에서 특히 대화체를 사용하여 입장차를 부각시켰다.[37]

35 이야기 속 중국 사신의 행동과 의도를 '천원지방天圓地方'과 '삼강오륜三綱五倫'으로 해석하여 서사를 전개하는 것은 중국과 달리 우리나라 작품에만 나타나는 내용이다. 이러한 논리는 근엄한 유학자와 무식한 떡보를 대비시키고, 오히려 일자무식 떡보가 재치있게 중국 사신을 응대함으로써 서사 과정에 극적인 효과를 얻는다.

36 이 이야기는 본래 외모와 명성에 관한 선입견 때문에 어리석은 행동을 함으로써 잘못된 결과를 낳은 사실에 대해 경계한 것이다. 본고에서 필자는 유몽인이 약소국 조선의 하층민 떡보와 강대국 중국의 귀족층 사신을 등장시켜 서사를 전개한 점에 주목하였으며, 그들 사이에 해소되지 않은 극단적 거리와 이념적 괴리가 두 사람의 서로 다른 생활과 인식에서 비롯된 시각차로 파악하였다.

37 떡보와 사신 이야기와 더불어 흥미롭게 구연된 이야기 가운데 '두더지의 혼인' 또한 대화체로 서사가 구성되었다. 이야기 속 두더지는 혼처를 구하는 과정에 하늘,

야담의 주요 서사장치로 활용된 대화체는 18세기 이후 야담 작품에서는 빈번하게 등장하며,[38] 구연의 효과를 그대로 유지한 채 기록으로 옮겨진다. 예컨대 대화체는 등장인물의 성격을 입체적으로 표현하면서 서사전개에 긴장감을 부여하고, 이어지는 갈등과 반전을 거쳐 당초의 긴장감이 해소되면서 이야기가 마무리된다. 『어우야담』에서 드물게 보이는 대화체는 후대 작품에서만큼 극적인 효과를 얻지 못하나, 차후 야담 서사구성에 점점 활용도가 높아지는 초기 형태의 서사장치라고 하겠다.

2) 속담 인용: 속담과 유래 이야기

조선후기에 중국은 동아시아의 중심 국가였으며, 조선은 중국을 세계의 중심으로 받아들였다. 그럼에도 저자는 자국중심주의 내지는 자문화중심주의에 빠져 있던 중국에 대해 조선과 '다름'을 전제하고, 일부 흥미로운 이야기를 통해 조선의 독자성을 찾으려는 의식을 드러냈다. 반면, 조선의 풍속 가운데 '잘못'된 것은 또 잘못으로 인정하며 교정矯正의 필요성을 제시하기도 했다. 다음 예화는 속담을 인용해 잘못된 풍속을 비판하는 내용을 담고 있다.

구름, 바람, 돌미륵을 찾아가 그들에게 구혼했다가 거절당하는 경험을 반복하는데, 이 모든 과정은 두더지와 상대방의 대화로 이어진다. 이는 두더지의 구혼에 하늘, 구름, 바람, 돌미륵이 각기 적합한 상대가 아님을 피력하는 데 일조하며, 결국 두더지가 자기 무리와 혼인하는 서사의 마무리에 대한 설득력을 높여준다.

38 18세기 야담에서 주로 쓰인 대화체는 『동패락송』 소재所載 〈고담古談〉처럼 등장인물이 자기 경험을 하나의 이야기로 상대에게 전달하는 경우, 〈관원희官員戲〉처럼 여러 사람이 역할에 맞는 사연을 대화로 주고받는 경우, 『삽교만록』 소재 〈선천김진사宣川金進士〉처럼 신분과 지위 및 가치기준에 따라 내용과 말투가 달라지는 경우 등 다채로운 형태로 확인된다.

> 속담俗談에, 시작은 거창하게 했다가 끝에 움츠러드는 것을 '정번鄭蕃의 정재인呈才人'이라 하고, 헛된 생각을 하다 실제 일을 망치는 것을 '유함兪涵의 빛깔 좋은 말'이라 하며, 겉은 있으나 속이 없는 것을 '장기張紀의 자줏빛 저고리와 붉은 치마'라 하고, 싹은 갑甲에게서 비롯되었으나 재앙이 을乙에게 옮겨진 것을 '활인서活人署 별좌別坐의 파관罷官'이라 한다. 어째서인가?[39]

당대 민간에서 사람들이 흔히 쓰던 속담에 얽힌 이야기를 실어놓았다.[40] 첫째는 '정번鄭蕃의 정재인呈才人'이고, 둘째는 '유함兪涵의 빛깔 좋은 말'이며, 셋째는 '장기張紀의 자줏빛 저고리와 붉은 치마'이고, 넷째는 '활인서活人署 별좌別坐의 파관罷官'이다. 작자는 우선 그것이 지칭하는 뜻을 풀이하고, 다음에는 그러한 속담이 생겨나게 된 실제 이야기를 차례대로 덧붙였다.[41] 등장인물의 실명實名까지 거론하면서 흥미로운 일화로 재록再錄한 것이다.

각 일화에 등장하는 인물들은 너나없이 어리석은 사람이고, 벌어

39 柳夢寅, 『於于野談』 社會篇 453. 俗談 有張其始而縮其終者 鄭蕃之呈才人也 費虛念而敗實事者 兪涵之色好馬也 有其外而無其中者 張杞之紫襦紅裳也 孽起於甲而災移於乙者 活人署別提之罷官也 何者.

40 『어우야담』에는 속담에 얽힌 이야기가 몇 편 더 실려 있는데, 그 중에 '올공금팔자兀孔金八字'(社會篇 362)는 치부致富와 관련된 이야기다. 전주의 장사치가 평양의 명기名妓에게 빠져서 재화財貨를 탕진하고 기생집에서 머슴살이를 하다가 떠나려 하자, 기생이 가엾게 여겨 장고의 올공금 16매를 주었는데, 나중에 알고 보니 그것이 진짜 오금烏金이라 팔아서 동방의 갑부가 되었다는 내용이다. 여색女色에 빠져 빈털터리가 된 장사치의 잘못을 내세웠지만, 결국은 그가 기생에게 공들였던 것보다 더 많은 재물을 얻음으로써 행복하게 이야기가 마무리되므로 위에 제시한 네 가지 속담과는 결이 다른 작품이다.

41 위 제시문은 이야기의 서두에 해당되는 부분이다. 이후 각 속담에 얽힌 일화를 하나하나 소개하면서 그러한 속담이 생겨난 내용을 재미있게 설명하는 형식을 보인다. 각주 42), 43), 44), 45) 참조

지는 사건들은 하나같이 어처구니없는 경우다. 예컨대 정번은 과거 급제를 성급하게 자랑하다가 장원급제가 취소되면서 창피를 당했으며,[42] 유함은 겁이 많은 데다 강석講席에서 딴 생각에 빠져 응강應講할 기회를 놓치고 낭패를 보았다.[43] 또 장기는 친구의 사통私通에 변명거리로 이용당하면서도 전혀 눈치를 채지 못했으며,[44] 활인서 별좌는 일면식一面識도 없는 사인舍人 때문에 사건의 전말顚末도 모른 채 느닷없이 관직에서 파면되었다.[45]

우리 속담에는 남녀노소 지위고하를 막론한 사람들의 재미있는 이야기가 많다. 위에서 살펴본 일화를 네 가지 유형으로 정리하면 다음과 같다. 첫째로 거창하게 시작했다가 끝내 움츠러들고 마는 '용두사미형龍頭蛇尾形', 둘째로 헛된 생각을 하다가 실제 일을 망치고 마는

42 柳夢寅,『於于野談』社會篇 453. 昔者鄭蕃以庶孽 能文章 中謁聖試壯元 卽日放榜 擇呈才人 衣錦衣 呼唱馬頭 意氣揚揚而去 路上聞臺諫削科之聲 呈才人含嘿無聲 沮然傷氣而走 故曰 '張其始而縮其終者 鄭蕃之呈才人也.

43 柳夢寅,『於于野談』社會篇 453. 兪涵實學甚熟 能誦四書三經 多怯不能講入講席 見七大文 皆所熟誦 意謂及第可占 細思某家有青衫 某家有幞頭 皆當借之 獨色好馬難得 曾聞某人騎白馬 允合於青衫之郎 若轉借之 豈不我假 凝然潛思之際 帳中試官高聲曰 應講生何久涔寂 帳外臺諫使軍士肘之 涵茫茫都不記自註 不通而出 故曰 費虛念而敗實事者 兪涵之色好馬也.

44 柳夢寅,『於于野談』社會篇 453. 李挺俊妻家有婢 名舜花 有姿態媚人 挺俊潛通之 畏妻不得縱有所善 張杞者 寒人也 招與共宿 揚言張生員和舜花 以舜花紫襦紅裳 覆張杞身上 挺俊下衾匿舜花而宿 故曰 有其外而無其中者 張杞之紫襦紅裳也.

45 柳夢寅,『於于野談』社會篇 453. 萬曆乙亥冬 舍人夜宴於凝香閣 夜深宴罷 有妓歸其家 適中學儒生便旋路傍 見佳妓夜中獨行 攔道戲之 妓拂其衣 衣忽裂妓怒奔訴舍人 舍人怒曰 中學無直宿之官 而使儒生橫行路上乎 遂發牌招吏曹郎官 吏曹該色 怕生責及郎官 以爲郎官摘奸于活人署 日暮後 郭門閉 而不得還郎官欲實其事 待罷漏摘奸于活人署 會別提闕直 罷其官 時人稱之曰 中學儒生戲女妓 活人署別提罷其官 故曰 孽起於甲而災移於乙者 活人署別提之罷官也.

‘동상이몽형同床異夢形’, 셋째로 겉은 그럴싸해 보이지만 속은 텅 비어 있는 ‘외화내빈형外華內貧形’, 넷째로 싹은 갑甲에게서 비롯되었으나 재앙은 을乙에게 옮겨지고 마는 ‘노갑이을형怒甲移乙形’이다. 이밖에도 다른 유형이 존재하지만, 이들의 공통점은 잘못된 사례로서 비판받을 여지가 많다는 사실이다.

그런데 실존인물이 등장하는 이런 속담들은 개인의 잘못을 드러내는 동시에 사회적인 분위기를 비판하는 소재로도 활용되었다. 물론 당시 인물상과 사회상을 반영하는 소재나 장치가 많았을 테지만, 저자가 관심을 갖고 채록한 내용에 더 의미를 두자면, 굳이 속담이나 유래를 찾아 하나의 서사장치로 활용한 점이 특별한 의의를 지닌다. 과거 입격入格에 관련된 비리라든가, 관직에 나아가서도 실력을 발휘 못하는 무능이라든가, 자기 실수를 덮는 데 남의 약점을 이용하거나, 피해의 책임소재를 엉뚱한 사람에게 묻는 행태 등. 그는 평소에 잘못이라고 여기는 문제를 속담으로 사건화하고, 거기에 나름대로 의미를 부여하여 『어우야담』에 수록했다.

야담의 또 다른 주요 서사장치로 활용된 속담은 18세기 이후 야담 작품에서는 더욱 요긴하게 인용되며,[46] 시대적 사회상을 그대로 유지한 채 기록으로 옮겨진다. 예컨대 적절한 속담 인용은 등장인물의 처지나 주어진 상황을 단적으로 표현하면서 서사전개의 밀도를 높여

46 18세기 야담에서 인용된 속담으로는, 『동패락송』 소재 〈염鹽〉과 〈수원이동지水原李同知〉의 경우 ‘새벽 호랑이 중이든 개든 가릴 겨를이 없다[晨虎不暇擇僧狗]’, 〈유기장서柳器匠壻〉의 경우 ‘솔개가 천년을 살면 역시 꿩 한 마리를 잡는다[鳶壽千年亦捉一雉]’와 ‘해가 서쪽에서 뜬다[日必西出]’, 『삽교만록』 소재 〈선천김진사宣川金進士〉의 경우 ‘밑 빠진 독에 물 붓기[江海而實漏卮]’가 있다. 이처럼 여러 상황에서 시의적절하게 인용된 속담 중에는 요즘에 쓰이는 것도 종종 발견되어 흥미를 끈다.

주고, 특정 상황에 대한 부가적인 설명 없이도 누구나 알고 있는 의미를 쉽게 전달하는 방법이다. 『어우야담』에서 드물게 보이는 속담이나 유래 등은 후대 야담에서처럼 풍성하지 못해도 시대를 잘 반영하며 사태의 잘잘못을 자각하고 세태를 비판하는 데까지 나아가는 초기 형태의 서사장치라고 하겠다.

4. 결론

지금까지 『어우야담』에 투영된 당시의 지적경험과 부각된 문학의 서사장치에 대해 살펴보았다. 그 결과, 필기와 야담을 아우른 총화집[47]으로서 면모를 보이며, 이를 정리하면 다음과 같다.

먼저, 저자는 당대 지식인으로서 다양한 관점에서 인정세태를 기록했는데, 일부 작품에서는 조선과 중국의 교류를 비롯하여 세계로 시선을 확장하는 등 다채롭게 당대를 투영하였다. 다시 말해, 당시 조선의 풍속과 속설을 거론하며 중국의 옛 기록을 찾아보았고, 조선의 복제 이야기를 서술하며 중국과의 상대성을 인정했으며, 멀리 구라파와 유구국에 관련된 이야기를 소개하며 동아시아를 넘어 세계로 관심을 확장시켰다. 이는 조선전기 사대부의 전유물로 알려진 필기의 면모를 유감없이 보여주는 작업이다. 그러나 이러한 면모는 『어

47 『어우야담』은 사대부와 평민의 일화逸話를 담은 다양한 필기筆記를 비롯하여, 전대 〈거타지居陀知 설화〉에서 모티브를 가져온 〈화포장火砲匠 이야기〉, 당대 전기傳奇 〈최척전崔陟傳〉과 서사가 겹치는 〈홍도紅桃 이야기〉, 후대 『천예록』에 보이는 〈홍어洪魚의 후손〉과 『동패락송』에 전승된 〈이경류李慶流의 혼령〉 등 야담野談에 이르기까지 여러 장르의 다채로운 이야기를 아울러 채록하였으므로 '총화집'이라 지칭하였다.

우야담』을 우리나라 최초 야담집으로 평가하는 데 크고 작은 장애가 되기도 한다.

다음으로, 저자는 당대 문장가로서 자신의 견문과 경험을 기록하는 과정에 대화체를 활용하거나 속담을 인용하는 등 서사장치를 마련하여 문학적 성과를 높이는 데 일조하였다. 예컨대 떡보와 사신 이야기를 통해 상반된 처지와 인식을 대화체로 풀어내 조화롭게 대비시켰으며, 또 민간에 알려진 속담과 유래를 인용하여 당시 사회의 잘잘못을 가려내 비판하였다. 이는 조선후기 민간에서 창작되고 유행한 야담의 면모를 초기 형태로 보여주는 작업이다. 따라서 이러한 면모는 『어우야담』을 필기집으로 평가하기 어려운 증거가 되기도 한다.

이처럼 유몽인의 『어우야담』에는 당시의 인정세태와 더불어 작자의 지적경험이 투영되어 있는데, 그는 당대 지식인으로서 개인과 사회 및 국가의 주변에 부단히 관심을 가졌으며, 그에 관련된 다채로운 이야기를 포착하여 기록하였다. 또한 문장가로서 자신의 견문과 경험을 기록하는 과정에 대화체를 활용하거나 속담을 인용하는 등 서사장치를 마련하여 문학적 성과를 높이는 데도 힘을 쏟았다. 이는 당대 지식인이자 문장가로서 유몽인의 모습을 재확인할 수 있는 것이며, 필기와 야담을 아우른 총화집으로서 『어우야담』의 위상을 평가하는 데도 일조한다.

제 2 부

조선후기 야담 속 사화史話

제1장

야담집 소재 신라 및 경주 이야기 연구

—『천예록』·『잡기고담』·『동패락송』을 중심으로

1. 서론

야담野談은 조선후기 민간에 유전流傳되던 가담항설街談巷說 또는 도청도설道聽塗說이 문학적으로 정착된 한문학 장르이다. 여항인들 사이에서 구전되던 이야기가 문인 학자의 문집에 수록되면서 다양한 야담집野談集이 등장했다. 특히, 야담은 화자話者의 말과 기록자記錄者의 글이 어우러져 청자聽者와 독자讀者에게 재미와 교훈을 제공하며, 전승 과정에 따라 구연전승口演傳承과 문헌전승文獻傳承으로 구분된다.[1] 초기에는 구연자가 청자를 중심으로 구연전승 되다가, 후기로 갈수록 기록자와 독자를 포함한 문헌전승이 두드러진다.

1 임형택 교수는 '17-18세기 상품화폐경제의 진전으로 여항인들의 의식이 향상되고, 그들에게 재능과 취미 발전 기회가 주어짐으로써 여항의 문학예술이 대두되었다.'고 주장했으며, 또 '근원사실이 口演化를 통해 이야기가 되고, 그 이야기가 記錄化를 거쳐 한문단편으로 정착되었다.'며 야담 형성 경로를 제시하였다.(임형택, 『韓國文學史의 視角』, 창작과 비평사, 1984. 419-458면)

본고에서는 18세기를 전후한 야담집 가운데 『천예록天倪錄』[2], 『잡기고담雜記古談』[3], 『동패락송東稗洛誦』[4]에 실린 신라 및 경주 관련 이야기를 살펴보고자 한다. 최초 야담집으로 알려진 『어우야담於于野談』 이후, 비교적 이른 시기에 저술된 임방任埅(1640-1724)[5]의 『천예록』[6], 그 손자 임매任邁(1711-1779)[7]의 『잡기고담』[8], 그리고 노명

---

2 『천예록』은 일본 천리대 도서관 소장본을 저본으로 하고, 정환국 교수가 교감 역주한 번역본을 참고했으며, 이하 각주 원문에서는 서명書名과 제명題名만 기재하기로 미리 밝혀둔다.

3 『잡기고담』은 일본 천리대 도서관 소장본을 영인한 『한국야담사화집성韓國野談史話集成』(박용식 · 소재영 편, 도서출판 태동, 1989.)을 참고했으며, 각주 원문에서는 서명과 제명만 기재한다.

4 『동패락송』은 일본 동양문고본을 영인한 『서벽외사해외수일본栖碧外史海外蒐佚本』(이우성 편, 아세아문화사, 1990.)을 참고했으며, 각주 원문에서는 서명과 제명만 기재한다.

5 임방(任埅, 1640-1724): 조선후기의 문신. 본관은 풍천豐川, 자는 대중大仲, 호는 수촌水村, 시호는 문희文僖이다. 평안도 관찰사 의백義伯의 아들로, 송시열宋時烈의 문인이다. 1663년 사마시에 합격하여 관직에 나갔으나, 기사환국己巳換局으로 사직하였다. 이후 1702년 알성문과에 급제하여 공조판서 등을 역임했으나, 신임사화辛壬士禍 때 유배지에서 죽었다. 영조 즉위 후에 신원伸冤되었다. 저서로 문집 『수촌집』, 야담집 『천예록』, 시화집 『수촌만록水村漫錄』을 남겼다.

6 진재교 교수는 『천예록』의 저자와 저작연대를 규명하면서, '야담은 형성과정의 특수성 때문에 작가적인 면을 부각시키기 어려운 게 사실'이라고 술회하였다.(진재교, 「『天倪錄』의 作者와 著作年代」, 『서지학보』 제17집, 1996. 41-68면)

7 임매(任邁, 1711-1779): 조선후기의 문신. 본관은 풍천豐川, 자는 백현伯玄, 호는 난당蘭堂이다. 의금부 도사 행원行元의 아들로, 노론계 핵심 인물 서종급徐宗伋의 사위이다. 1754년 진사시에 합격한 이후 용담현령과 육조의 정랑 등을 역임하였다. 저서로 야담집 『잡기고담』을 남겼다.

8 진재교 교수는 『잡기고담』의 제명과 저작연대 및 저자를 규명했으며, 『잡기고담』은 '소재 작품도 비교적 수미가 일관될 뿐 아니라, 당대의 현실부면을 구체적인 갈등을 통해 생동하게 반영한 내용'이라고 정리했다.(진재교, 「『雜記古談』의 著作年代와 作者에 대하여」, 『서지학보』 제12집, 1994. 61-74면)

흠盧命欽(1713-1775)[9]의 『동패락송』[10]은 뛰어난 작품집으로 평가되며, 이 세 야담집은 초기 야담을 대표하는 것이다. 게다가 야담 특성상 후대로 갈수록 기존 작품 내용이 와전訛傳 또는 각색脚色되거나, 전대 문헌에서 그대로 필사筆寫되는 경우가 많아 초기 작품에서 본래 이야기 형태를 온전히 살필 수 있기 때문에 연구 범주를 초기 야담 작품집으로 한정하였다.

지금까지 신라 및 경주와 관련된 야담에 대한 연구는 거의 이루어지지 않았다. 그런데 경주가 신라천년 도읍이라는 점을 감안하면, 역사적인 소재素材가 주를 이루리라 예측된다. 더구나 세 작품집에 수록된 작품들은 이전 야담집에서 볼 수 없는 내용이라, 신라와 경주가 당시 민간에서 어떻게 인식되었는지 알 수 있을 것이다. 본고에서 살펴볼 작품은 『천예록』 소재所載 〈김유신金庾信〉과 〈맹도인孟道人〉 그리고 〈궤짝 제독提督〉, 『잡기고담』 소재 〈의무醫巫〉와 〈여협女俠〉, 『동패락송』 소재 〈걸객乞客〉 등 여섯 편이다.[11] 이들 야담에 나타난 신라 및 경주 관련 이야기의 특징을 알아보자.

9 노명흠(盧命欽, 1713-1775): 조선후기의 문인. 본관은 교하交河, 자는 천약天若, 호는 졸옹拙翁이다. 몰락 양반으로 홍봉한洪鳳漢 가문에서 숙사塾師를 하였으며, 과시科詩로 유명한 노긍盧兢의 아버지다. 교하 노씨 족보에 의하면, 저술로 문집 5권과 야담집 『동패락송』 2권을 남겼다고 전해진다.

10 임형택 교수는 『동패락송』의 저자를 노명흠이라고 밝혔으며, 『동패락송』은 '2권 2책으로 구성된 전형적인 야담계 단편집이며, 내용구성이나 문장표현이 격조 높은 데다 성립연대도 비교적 오래된 책'이라고 정리하였다.(임형택, 「東稗洛誦 解題」, 『東稗洛誦 外 五種』, 아세아문화사, 1990.)

11 3종의 야담집에서 신라 및 경주와 관련된 이야기는 이 여섯 편이 전부라고 할 수 있다. 게다가 이 작품들은 현대 소설적인 측면에서 보았을 때도 인물 · 사건 · 배경이 모두 이 범주 안에서 이루어진다.

2. 야담 속 신라 및 경주 이야기의 특징

우리가 잘 알다시피 신라는 우리나라 최초로 통일대업을 이룩한 왕조王朝이며, 경주는 신라천년 고도古都이자 유서 깊은 왕도王都이다. 이는 역사서인 『삼국사기三國史記』와 『삼국유사三國遺事』를 비롯하여 『고려사高麗史』를 거쳐 『조선왕조실록朝鮮王朝實錄』에도 기록된 사실이며, 수많은 문인 학자의 시문집詩文集을 통해서도 확인할 수 있는 내용이다. 경주는 동경東京 · 동도東都 · 금성金城 · 계림鷄林 등으로 불렸던, 말 그대로 전대前代의 신화와 전설이 살아 숨쉬는 보고寶庫이자, 소중한 문화와 전통이 공존하는 현장이다. 따라서 다양한 이야기가 민간에 전해졌으며, 그것은 조선후기 야담에도 영향을 끼쳤다.

1) 삼국통일과 말기적 징후

야담에는 역사적 사실과 함께 실존 인물이 등장하는 경우가 많다. 특히, 역사적 업적 가운데 위기에서 나라를 구하려고 일신一身을 바친 위인의 모습은 흥미로운 이야기로 전해진다. 조선시대 임진왜란壬辰倭亂과 병자호란丙子胡亂을 기점으로 역사를 거슬러 올라가면, 삼국을 평정한 신라에 이른다. 신라의 삼국통일은 역대 최초로 통일국가를 이룬 위상 이외에도 다양한 사건과 영웅을 산생시킨 서사 문학적 매개체이다.

삼국통일과 관련하여 역사에서 가장 자주 언급되는 인물은 김유신金庾信과 김춘추金春秋이다. 특히, 태종무열왕太宗武烈王 김춘추를 보좌한 김유신 장군의 이야기는 흥미롭고 다양하게 서사화[12] 되었으며, 야담에서는 각종 신이담神異談에 등장하거나 신격화된 인물로 그려진다. 『천예록』에 실린 아래 이야기 〈김유신金庾信〉[13]은 문무文武 차별이 극심한 조선후기 상황과 맞물려 김유신의 국가적 충심忠心과 개인적 효성孝誠을 더욱 부각시킨다.

서악서원西岳書院은 경주의 서부 서악西岳 아래에 있다. 신라 홍유후弘儒侯 설총薛聰, 개국공 김유신金庾信, 문창후文昌侯 최치원崔致遠을 제향하는 곳이다.

천계天啓 연간(1621-1627)에 경주의 유림회儒林會에서 편액을 청하고자 논의했는데, 이름을 알 수 없는 한 서생書生이 서원에서 이런 제안을 내놓았다.

"우리 동국에는 오래도록 경학經學이 없었는데, 홍유후가 방언으로 구경九經에 훈을 달아 풀이함으로써 우리나라 사람들이 비로소 성인聖人의 경서經書가 있다는 사실을 알게 되었습니다. 홍유후야말로 우리나라 경학의 시조始祖입니다. 그리고 문창후는 중국 땅에서 문장으로 크게 이름을 떨쳐, 후세에 문장을 하는 사람이라면 문창후를 사승師承으로 삼지 않는 자가 없습니다. 이는 사문斯文에 공이 있는 것으로, 전조前朝부터 문묘文廟에 종사從祀하여 은덕을 갚은 전례는 그 유례가 오래되었습니다. 지금 단지 두 현인賢人을 향사鄕社에서 종사하는 데는 참으로 이론異論이 없습니다. 그러나 김유신의 경우에는 신라시대 무장武將으로서 비록 공렬功烈이 볼 만하지만, 진실

12 이는 역사서인 『삼국유사三國遺事』를 비롯하여 19세기 야담집인 『계서야담溪西野談』 등에서도 확인할 수 있다. 자세한 내용은 각주 22) 23) 24)를 참조하기 바란다.

13 원제原題는 〈서원의 제향에서 빼자고 주장했다가 화를 입다[議黜院享卽被禍]〉지만, 편의상 목차 및 본문에서는 〈김유신〉으로 약칭하고, 각주에서는 원문原文만 기재한다.

로 우리 유자儒者와는 함께 할 수 없으니, 두 현인과 함께 서원에 종사해서는 안 되는 게 분명합니다. 따라서 지금 우선 김유신을 종사에서 빼낸 뒤에 상부에 보고하면 될 것입니다."

이렇게 여러 차례 논의했으나, 결정을 내리지 못했다.[14]

유림회의 논의에서 나온 제안인 만큼 서생은 '문무文武'를 확실히 구분 짓고, 아무리 뛰어난 '무인武人'이라도 '문인文人'과 동등하게 대우할 수는 없다고 주장한다.[15] 그의 논리대로라면 우리 경학의 시조인 설총과 중국에서 문명을 떨친 최치원은 문묘와 향사에서 위패를 모시고 제사를 지내기에 적합한 인물이다. 반면 김유신은 뛰어난 무장이지만 유자가 아니므로 두 현인과 함께 서원에서 제향하기에 적합하지 못한 인물이다. 청현직淸顯職을 거친 관인官人도 아니고, 학문적 성과가 뛰어난 학자도 아닌 향촌 서생의 평가로는 지나친 발언이다. 이런 그의 주장에 동조하는 사람도 있고, 반대하는 사람도 있었던지, 아무런 결정을 내리지 못한 채 날이 저문다.

그런데 그날 밤 서생의 꿈에 위풍당당한 장군이 등장한다. 재실齋室에서 선잠이 들었던 서생은 꿈속에서 김유신 장군을 만난다. 장군은 평소처럼 갑옷을 입고 칼을 찬 모습에 좌우로 수많은 군사의 호위

---

14 『천예록』, 〈議黜院享卽被禍〉. 西岳書院 在慶州府西西岳山下 配享新羅弘儒侯薛聰·開國公金公庾信·文昌侯崔致遠 天啓中 府儒會議請額 有一書生 失其姓名 倡言於院中曰 東方久無經學 賴弘儒侯以方言訓解九經 東人始知有聖經 是實東方經學之祖 文昌侯以文章 大鳴於中國 後世東國之爲文詞者 莫不以文昌爲師 是則大有功於斯文者也 自前朝從祠文廟崇報之典 其來尙矣 今只以二賢 祀諸鄕社 固無異議 至於金庾信 則乃羅代武將也 雖有功烈之可觀 而固無與於吾儒 不可與二賢竝祀於書院 明矣 今先黜祀然後 方可上聞 群議未定.

15 이는 서생書生의 개인적인 주장으로 해석할 수도 있지만, 조선후기 성리학에 기반한 유림회儒林會의 전체 의견을 반영한 것이라 파악할 수도 있다.

를 받으며 서원에 들어선다. 처음에 서생은 그가 김유신 장군인줄 몰랐다가, 머리채를 잡혀 땅에 엎드린 채 호된 꾸지람을 듣고 나서야 알게 된다.[16] 그런데 김유신을 제명시키자고 목소리를 높이던 생시와 달리 꿈에서는 장군의 풍모에 한껏 주눅 든 태도를 보여준다.

그런 서생을 꾸짖는 장군의 언사言辭는 여느 유자 못지않게 조리 있고 단호하다. 김유신은 서생의 주장에 '충忠'과 '효孝'를 들어 일목요연하게 반박한다.[17] 장군의 말에 따르면, 그가 인명人命을 살상殺傷한 것은 삼국통일을 이루는 과정에서 불가피하고, 살육殺戮은 결코 좋아서 한 일이 아니었다. 목숨을 해치는 것은 인仁을 거스르는 행위로 지탄받아 마땅하지만, 공자孔子의 말씀처럼 군대 동원은 상황에 따라 용인될 수도 있으며, 나라를 지키고 부모를 보호하기 위해서라면 납득 못할 까닭이 없었다.[18]

이 이야기를 통해 당시 민간에서 김유신 장군이 어떻게 인식되었는지 짐작할 수 있다.[19] 17세기를 전후하여 임병양란壬丙兩亂을 겪

16 『천예록』, 〈議黜院享卽被禍〉. 是夕 書生假寐於齋舍 忽有呵殿聲 自遠而近 至 則見有一將軍 披甲帶劒 自院門而入 據坐堂上 戈鋋旌纛之屬 森列於庭之左右 儀衛甚嚴 少頃 自堂上若有傳語聲 應者殆近萬人 有二武士 持杖遽至齋舍 捽書生髮 曳置庭中.

17 『천예록』, 〈議黜院享卽被禍〉. 將軍數之曰 汝生長此土 素聞開國公爲何如人也 汝稱業儒 所貴乎儒者 非忠孝二事乎 吾結髮許國 憤敵人侵軼 宗國將危 親冒矢石 犯死者數 卒乃削平二寇 轉弱爲强 雖以唐天子之威 不敢加兵於我 而吾不以爲功 如其忠也 吾家世有大勳勞於本朝 吾祗奉先訓 終始不替 克貽父母全名 大顯於世 如其孝也 汝乃目吾以武將.

18 『천예록』, 〈議黜院享卽被禍〉. 凡用兵 孔子所不免 吾豈樂此而爲之 蓋不如是 則無以救君親之難 此易所謂'利用侵伐者也.

19 김유신 관련 이야기는 대개 역사서에서는 생전生前에 일어난 실제 사건을 다루며, 이처럼 혼령이 자기 위업偉業을 폄하한 자를 징벌한 경우는 야담에서만 보인다. 야담이 민간에서 창작·유전된 점으로 미루어볼 때, 이는 당시 민중의 인식을 알

었기 때문일까? 민중은 김유신 장군을 존숭尊崇하며 서원에서 향사하는 것을 당연시했다. 당시 그의 위상은 임진왜란에서 왜적을 쳐부순 이순신李舜臣 장군이나 병자호란에서 청군淸軍에 맞서 싸운 임경업林慶業 장군과 대등한 것이었다. 그런데 서생은 이념에 얽매이고 편견에 사로잡혀 엉뚱한 제안을 내놓았으며, 결국 꿈에서 혼쭐이 난 다음날에 피를 쏟으며 죽고 만다.[20]

> 내가 전에 경주를 유람한 적이 있었는데, 서악서원 아래를 지나다가 서원 문밖에서 말에게 꼴을 먹였다. 그때 서원의 종이 이런 고사故事를 들려주기에 내가 참 이상하게 여겼었다. 하루는 우연히 신라의 역사서를 열람했는데, 이런 내용이 들어 있었다. 혜공왕惠恭王 15년에 홀연 돌개바람이 일어 김유신의 묘에서 신라 미추왕味鄒王의 능으로 불어왔다. 티끌과 안개로 사방이 어두워져 사물을 분간할 수 없었는데, 능 안에서 곡하며 슬프게 탄식하는 소리가 들리는 듯했다. 혜공왕이 이 사실을 듣고 두려워한 나머지 대신을 파견하여 그 능으로 가서 제祭를 올리며 잘못을 빌었다는 내용이었다. 김공金公의 신령함은 이미 역사책에도 들어 있어 비로소 앞의 이야기를 알게 되었는데, 아마도 여기에 근원한 것이었나 보다.[21]

이처럼 김유신 장군과 관련된 이야기는 역사서를 비롯하여 다양한

수 있는 자료다.

20 『천예록』, 〈議黜院享卽被禍〉. 是夜因感疾 夜舁還于家 果於其日日中 嘔血數斗而死云.

21 『천예록』, 〈議黜院享卽被禍〉. 余嘗客遊東都 路過書院下 秣馬于院門外 有一院僕 能說院之故事如此 余固異之 一日 偶閱羅史 惠恭王十五年 忽有疾風起自庾信墓至羅祖味鄒王墓 塵霧晦冥 不辨人物 聞其中若有哭泣悲歎之聲 王聞之恐懼 遣大臣就其墓 致祭謝過 金公之靈異 史冊已著 始知其說 蓋原於此.

서적에 실려 전한다. 대부분 용장勇將으로서 인물됨이나 삼국통일의 위업을 다루고 있다. 예컨대 그가 잠든 사이에 천관녀天官女의 집으로 향한 백마白馬의 목을 벤 이야기,[22] 두 누이 가운데 문희文姬를 김춘추金春秋[태종무열왕]와 혼인시켜 왕비로 만든 이야기,[23] 또 위에 나온 것처럼 미추왕의 무덤을 찾아가 억울함을 호소한 이야기[24] 등이 주를 이룬다.

신라는 우리 역사에서 천년을 지탱한 나라이며, 백제와 고구려를 아울러 삼국을 통일한 나라이다. 이러한 신라의 왕기旺氣는 고려가 건국되기 전까지 지속되며, 삼국통일을 달성한 시점에 최고조에 달한다. 아울러 김유신은 신라에서 가장 뛰어난 장군으로, 신라가 최초의 통일국가를 이루는 데 공헌한 인물이다. 여기서 우리는 신라와 김유신의 유일한 연결 고리를 찾을 수 있다. 바로 신라천년 고도이자 김유신이라는 위인을 산생産生한 곳, 경주가 그것이다.

그런데 이처럼 맹위猛威를 떨치던 경주의 기운도 후기로 가면서 쇠퇴해지고 만다. 신라는 백제와 고구려 병합 이후 당나라까지 몰아내고 명실상부 통일왕국을 이룬 시기를 정점으로 차츰 몰락하기 시작했던 것이다. 그 말기적 징후는 역사서에서도 확인할 수 있지만, 조선후기 야담으로도 기록되어 전해진다. 성리학에 침잠沈潛하여 국가와 사회를 돌보지 않고, 전란으로 피폐해진 민심民心을 보듬을 수 없었던 당시 조선의 상황은 걷잡을 수 없이 말기로 치닫는 신라의 형세와 비슷하다.

22 이러한 이야기는 19세기 들어 이희준李羲俊이 찬술한 『계서야담』에 자세히 실려 있다.(이희준 찬/유화수 · 이은숙 역, 『계서야담』, 국학자료원, 2003. 674-675면)

23 『삼국유사』 권1, 〈紀異〉 1, '태종춘추공太宗春秋公'조 참조

24 『삼국유사』 권1, 〈기이〉 1, '미추왕죽엽군味鄒王竹葉軍'조 참조

신라 경순왕敬順王 때 학사學士를 지냈다는 맹도인孟道人은 억울한 죽음을 하소연하기 위해 꿈에 나타난다. 그는 평소 매화를 기르며 학鶴과 어울려 여생을 보내고 싶었지만,[25] 나말羅末 혼란기에 임금의 특명을 수행하고 돌아오는 길에 객사客死하고 만다. 머지않아 금오산金鰲山 기슭으로 반장返葬되리라 믿었으나, 불행히도 신라가 멸망하고 고려가 건국되면서 영원히 되돌아오지 못한 것이다. 『천예록』에 실린 또 다른 이야기 〈맹도인孟道人〉[26]에는 경순왕대의 정치적 사건과 신라 말기적 징후가 잘 드러나 있다.

> 어느 날 임금께서 후원에서 연회를 베풀고, 여러 학사에게 봄에 대한 시詩를 짓도록 명하였다. 학사들이 다투어 시를 지었으며, 임금께서 모두 좋다고 하셨다. 맨 마지막에 내가 제일 시구詩句를 지어 올렸다. ……(중략)…… 4일 뒤에 다시 채운루彩雲樓에서 연회를 열었다. 그때 임금이 총애하는 계집이 있었는데, 이름이 취비翠妃였다. 그녀는 바로 동해 용왕의 딸이며, 한 나라를 기울게 할 만큼 아름다워 임금이 매우 총애하였다. 이 날 취비를 위해 풍악을 크게 벌여놓고, 신하들에게 시를 지어 바치도록 명하였다. 나도 붓을 잡고 곧장 한 수를 지었다. ……(중략)…… 그 뒤에 일본 승려 의능義能이 사신으로 왔기에 분황사芬黃寺에서 그를 접반接伴하게 되었다. 의능은 신라 학사들의 시를 얻어다가 자기네 나라에서 빛을 내려고 했다. 임금께서 내게 시를 짓도록 명하셨다. ……(중략)…… 이후에 포석정鮑石亭에서 노닐며 여러 학사와 시를

25 『천예록』, 〈孟道人攜遊和詩〉. 我本新羅敬順王朝學士 家在金鰲山西麓 平生性好梅鶴 種梅養鶴 或朝退之暇 詠梅花看鶴舞 自號梅鶴道人 身雖許國 一念每在邱壑 第以虛名久縶名韁 不得長往爲恨.

26 원제는 〈맹도인과 함께 유람하며 시를 주고받다[孟道人攜遊和詩]〉이지만, 편의상 목차 및 본문에서는 〈맹도인〉으로 약칭하고, 각주에서는 원문만 기재한다.

짓게 되었다. ……(중략)…… 그래서 임금의 총애가 날로 융성해졌다.
그런데 종정경宗正卿 김린金璘에게 참소를 당해 절영도絶影島로 4년 동안 귀양을 가야 했다. 나의 이 원통함은 초란椒蘭에게 참소를 입은 영균靈均과 무엇이 다르겠는가? 충성을 다했으나 버림을 받은 몸이라 매번 〈회사부懷沙賦〉를 읊조릴 뿐이었다. 그러다가 왕태조王太祖가 천명을 받아 장차 삼국을 통합할 분위기가 돌았다. 임금은 땅을 분할해 주면서 지원군을 받고자 했으며, 나를 사면시켜 내게 사신의 임무를 맡겼다. 그 임무를 완수하고 조정으로 돌아오는 길에 한산漢山을 지나다가 거기서 객사客死하고 말았다. 당시 6월이라 천리 먼 길을 운구해 올 수가 없어서 수행원들이 임시로 인왕산仁王山 동쪽 기슭에 매장했다. 그 뒤에 자손들은 돌림병으로 모두 죽고, 나라마저 망해버려 반장返葬을 못하고 마침내 타향에서 돌아오지 못한 원혼이 된 것이다.[27]

원혼이 어둠속에 형체를 드러내거나 꿈속에 실체를 보이는 것은 자기 억울함을 하소연하기 위해서다.[28] 여기서 맹도인은 저간의 사

27 『천예록』, 〈孟道人携遊和詩〉. 一日 王設宴於後園 命諸學士賦春詩 諸學士詩先成 王皆不厭 最後我得句 以進 ……(中略)…… 後四日 復設宴於彩雲樓 王有寵姬 名曰翠妃 乃東海龍女也 明艶傾一國 王甚寵愛 是日 爲妃大張聲樂 命諸臣賦詩 我操筆立成 ……(中略)…… 其後 日本僧義能 以使來到 接於芬黃寺 義能欲得學士詩 以賁其國 王命我賦詩 ……(中略)…… 後有鮑石亭 與諸學士賦詩 ……(中略)…… 以是 王眷遇日隆 爲宗正卿金璘所讒 謫之於絶影島四年 我之哀冤 何異於靈均之被讒椒蘭乎 忠以見棄 每吟懷沙之賦 及王太祖膺命 將有統合之象 王欲割地以援兵 赦我以充使价 竣事還朝 路過漢山 客死於此 時當六月 千里不能運柩 一行之人 姑爲權窆於仁王山東麓 厥後 子孫因癘疫盡死 國且旋亡 未有返葬者 遂作他鄕未歸之魂.

28 앞서 김유신이 자기 위업을 폄하한 서생의 주장에 일목요연하게 반박한 경우도 이런 맥락으로 해석된다. 덧붙여 야담에서 원혼이 등장하는 경우는 모두 억울한 심정을 토로하고 억울한 문제를 해결하기 위해서이며, 특히 『천예록』의 경우에는 '현몽現夢 ↔ 각몽覺夢' 구도의 다양한 신이담神異談이 실려 있다.

정을 세상에 전하려고 밤마다 형상을 바꾸어 가며 현몽現夢한다. 그러나 이를 기이하게 여긴 사람들은 부적을 붙이거나 거처를 옮기는 등 갖은 방법을 동원하여 귀신의 접근을 차단시키려 한다. 그러다가 어느 순간 혼령과 정면으로 맞닥뜨리게 되고, 더 이상 그의 호소를 거부할 명분이 없어져 마침내 원혼의 이야기를 듣게 된다.[29]

꿈에 헌걸찬 장부의 모습으로 나타난 맹도인은 생전生前에 신라 조정에서 시詩로 명성을 떨친 사건과 객사 후에 경주로 돌아오지 못한 사연을 들려준다. 그는 평소 경순왕을 모시고 연회에서 시를 읊고, 일본 사신을 접반接伴하여 절구絶句를 지어주며, 학사들과 어울려 풍정風情을 노래하기도 했다. 그리고 매번 뛰어난 시작詩作으로 임금의 총애를 받는다. 이처럼 그는 타고난 시재詩才로 사신으로서 국가의 안위를 지키는 데 일조一助하게 된다. 당시 신라는 이미 말기적 징후를 보이기 시작했고,[30] 고려 태조와 우호관계를 유지하며 명맥을 이어갔는데, 그 과정에서 맹도인도 일련의 역할을 수행한 것이다. 그러나 결국 경순왕은 태조에게 항복했으며,[31] 이러한 결정은 고려 건국을 앞둔 시점에서 불가피한 일이었다.

> 병오일丙午日 밤에 맹도사라고 하던 이는 지금 매학도인梅鶴道人 맹시孟蓍라고 하니, 어찌 그리 앞뒤가 신기하게 부합한단 말인가? 여구공閭丘恭과 채희蔡禧 두 신인神人은 어디서 와서 이 북산北山에 살고 있

29 『천예록』, 〈孟道人携遊和詩〉. 二十日夜 有一青袍美丈夫 復見於夢曰 子之辟我 甚矣 何以滿壁符呪 有同逐邪者耶 向夜 黑衣神紫衣童 皆吾變象 非本形也 我是寃魂 不是邪魅 欲借君舌 以傳情事於世間 君勿相負 余答曰 所欲言者 何事當爲公傳於世 願聞事之顚末 青袍者 泫然泣下曰.

30 『삼국사기』 권12, 〈신라본기新羅本紀〉, '경애왕조景哀王條' 참조

31 『삼국사기』 권12, 〈신라본기〉, '경순왕조敬順王條' 참조

> 는지 모르겠다. 취비의 일은 알정閼井 용녀龍女의 일과 같다. 그런데 알정의 용녀는 역사책에 보이나, 이 일은 유독 후세에 전해지지 않은 이유가 무엇인가? 또 학사와 종정경이라는 칭호가 과연 신라시대에 있던 관직인가? 김린이라는 자는 과연 유신庾信의 몇 대 후손인가? 혹시 이런 일이 있었다면, 문정공文正公이 왕윤王倫에게, 한충헌韓忠獻이 탁주侂胄에게 있어서와 무엇이 다른가? 참으로 슬픈 일이다.
>
> 경순왕이 즉위한 지 8년 만에 고려에 항복한 사실은 우리 역사에 분명히 실려 전한다. 그런데 그때 땅을 할애해 주며 지원병을 요청하는 일은 국가의 대사大事였다. 이처럼 위험한 일을 맹도사는 전담하여 성사시키고 돌아오지 못한 채 중도에서 운명하였다. 그렇다면 마땅히 사필史筆에 남아 있어야 하는데, 그에 대한 일은 어디서도 찾아볼 수 없으니, 무슨 까닭인가? 이것으로 살펴보면, 앞서 말한 역사책은 전혀 증거가 못 되는 게 아닌가?[32]

맹도인을 중심으로 한 이 이야기에는 신라가 당면했던 말기적 징후가 그대로 담겨 있다. 당시 경순왕은 포석정 등지에서 자주 연회를 열고, 취비를 위해 채운루에서 크게 풍악을 벌이고, 왜승 의능義能이 바친 비단을 하사하는 등 온갖 향락과 유희로 세월을 보냈다. 또 신하들 가운데 특정 인물을 총애하고, 참소 당한 대상을 귀양 보내는 등 위정자爲政者로서 지혜로운 안목과 균형 있는 식견을 갖추어 조

---

32 『천예록』, 〈孟道人携遊和詩〉. 丙午之夜 稱孟道士 今稱梅鶴道人孟著云 則何其前後相符之神耶 閻蔡二神 則不知自何來處於北山耶 翠妃之事 有同閼井龍女 而彼則現於史冊 此獨沒於後世 何耶 學士宗正之稱 羅代果有此等官耶 金璘者 果是庾信幾代孫乎 倘有是事 何異王文正之於倫 韓忠獻之於侂胄乎 大可戚也 至於敬順王在位八年 降于高麗 昭載東史 而其時割地援兵 國之大事 臨危專對之才 有如孟公 而竣事未還 中途殞亡 則應有史筆留在 而不少槪見 何哉 由此觀之 前史不足徵與.

화로운 정사政事를 펼치지 못했다. 게다가 신라 땅을 분할하여 고려 왕에게 바치며 안위를 보장 받으려 했다.

이러한 상황은 모두 역사적 사실이다. 경순왕과 맹시孟蓍는 실존 인물로 확인되며, 포석정과 채운루는 실재 장소로 밝혀졌고, 신라 멸망과 고려 건국은 실제 사건임을 알고 있다. 그런데 경순왕이 고려에 항복한 사실은 역사서에 실려 전해지나, 맹도인이 경순왕의 사신으로 임무를 완수하고 돌아오지 못한 채 세상을 떠난 사건은 어디서도 흔적을 찾아볼 수 없다. 이처럼 야담은 역사서에 실리지 못한 위인의 이야기를 수습하여 역사적 사실에 근거하여 새롭게 각색하고 재조명했다. 이는 당대 현실에 근거한 민중의 역사의식을 반영한 사례로 해석된다.

요컨대 〈김유신〉과 〈맹도인〉에서는 각자의 혼령이 등장하여 자기네 억울함을 밝히며 신라의 삼국통일과 말기적 징후를 들려준다. 전란의 상흔과 시대의 혼란으로 힘들어하던 당대 민중은 두 인물을 등장시켜 역사적 사실에 교훈적 내용이 어우러진 이야기를 만들어낸 것이다. 또한 그들의 역사의식이 반영된 이러한 이야기는 그들이 당대 현실을 제대로 인식하고 살아가는 근거가 되기도 했다.

2) 신격화된 인물의 거주지

야담에는 역사적 사실과 함께 실존 인물이 등장하는 경우가 많지만, 가끔 신이한 사건과 함께 허구적 인물이 등장하기도 한다. 그들은 주로 초인적인 능력을 발휘하거나 대중의 정신적 지주 역할을 자처하는데, 특히 비범한 면모를 부각시켜 후대에는 신격화된 인물로까지 비쳐진다. 또 그들이 거주하는 곳은 특정 지면으로 언급되거나 풍수지리와 연관됨으로써 비현실 공간으로 바뀌기도 한다. 이러한 현상은 18세기를 전후한 야담에서 더욱 두드러져 다양한 신이담神異談을 엮어낸다.

앞서 살펴본 것처럼 경주는 신라의 도읍으로 온갖 부귀영화富貴榮華를 누린 곳이자 고려에 멸망할 때까지 갖은 쇠퇴고락衰頹枯落을 겪은 곳이다. 또 신라는 화려한 불교문화를 꽃피우며 통일대업을 완수했으나, 말기적 징후와 쇠망의 상흔을 간직한 채 역사 속으로 사라졌다. 우리 역사에서 흥망성쇠興亡盛衰를 겪지 않은 나라가 있을까마는 그 중에서 신라가 으뜸이며, 경주도 역대 신이한 인물을 배출한 곳으로 손꼽힌다. 『잡기고담』에 실린 〈의무醫巫〉[33]에서는 영험한 무당이 등장하여 신이성神異性을 드러낸다.

> 호남 전주부全州府에 어떤 무구巫嫗가 있었는데, 그 신을 자칭 '신라新羅 손학사孫學士'라 하였고, 동헌을 드나들며 다양한 의술을 펼쳤다. 당시 향촌하호鄕村下戶를 따라 남의 병을 치료하는데, 그가 쓰는 처방은 대부분 고금古今의 의서醫書에 실리지 않은 것이었다. 무당은 관적官籍에 이름을 올리고 감영의 무녀가 되었다.[34]

이 이야기에 등장하는 무당은 특이한 내력의 소유자다. 그녀는 '신라 손학사'라는 신神을 모시며, 의서醫書에서 찾아볼 수 없는 처방으로 사람들을 치료해준다. 예컨대 그녀가 호남지역 전주全州에 거주

33 원제가 〈의무〉인데, 번역문에서는 〈의술 행하는 무당[醫巫]〉이라고 하며, 각주에서는 원문만 기재한다.

34 『잡기고담』, 〈醫巫〉. 湖南全州府 有巫嫗 其神自稱 新羅孫學士 通軒歧術 時從鄉村下戶 爲人療病 而其所用方 多古今醫書之所不載也 巫隷名官籍 爲營巫女.

하면서 영남지역 경주慶州를 언급한 것도 남다르지만, 조선후기에 살면서 신라시대 인물을 신으로 모시는 것 또한 범상치 않은 일이다. 게다가 남다른 의술로 환자의 병을 고쳐주다가 스스로 관적官籍에 이름을 올리고 감영에서 살게 된 경위도 사람들의 호기심을 자극하기에 충분하다.

이러한 그녀의 기이한 행적은 저자[任邁]가 외조부에게 들었다는 믿기 힘든 두 사건으로 더욱 두드러진다. 앞서 벌어진 사건부터 살펴보자.

> 숙종조肅宗朝에 우리 외종조外從祖 완녕군完寧君 이공李公께서 호남 관찰사가 되었는데, 당시 대부인大夫人 황씨黃氏도 아들을 따라가 있었다. 감영 관아에 한 계집종이 병든 지 몇 해가 되어 피골이 상접하여 귀신같았다. 비복婢僕들이 '적호증赤毫症'이라 하며 대개 사악한 기운이 높아서 생기는 종류로 반드시 죽을병이라고 했다.
>
> 황부인黃夫人이 감영 무당을 불러 계집종을 위해 굿이라도 해주려 하자, 무당은 병든 계집종을 보여 달라고 청하더니, 오래도록 찬찬히 살펴보고 말했다. "아, 이는 굿을 할 게 아니라 약으로 치료할 수 있습니다." 부인이 "약은 이미 많이 써보았지만, 모두 효험이 없었으니, 어찌하겠는가?"라고 묻자, 무당이 대답했다. "약이 증세에 맞지 않았을 뿐입니다. 소인이 약방에 명하여 즉시 조제해 오겠습니다. 처방은 '오지탕五枝湯'으로, 배나무 가지, 버들가지, 뽕나무 가지, 닥나무 가지, 그리고 나머지 하나는 잊어버렸습니다. 대저 모두 담痰을 치료하는 약재입니다." 또 말했다. "이 다섯 가지 약재를 많고 적음에 얽매이지 말고 똑같이 나누어 물에 달여서 꾸준히 복용시키세요. 오래되면 당연히 약효가 있을 것입니다."
>
> 그 말대로 시험해 보았더니, 처음에는 기침할 때마다 끈끈한 가래가

나오다가, 오래되자 가래가 점점 연해지고 점점 많아지면서 혹 기침을 하지 않았다. 하루를 넘기면서부터 수차례 약을 복용하여 5-60일이 되자, 기침을 해도 가래가 멈췄고, 조금씩 음식을 먹기 시작하더니, 해를 넘기자 병이 나았다.[35]

백약百藥이 무효無效던 계집종의 병을 손쉽게 고쳐준 이야기다. 당시 계집종은 수년째 앓아온 병으로 피골이 상접하여 사람의 형상이 아니었다. 그래서 주인은 죽어가는 종을 위해 굿이라도 해줄 요량으로 무당을 불렀는데, 그녀는 환자를 청하여 꼼꼼히 살펴본다. 이후 약으로 치료되는 병이라 진단하고, 다섯 가지 나무를 달여서[五枝湯][36] 꾸준히 복용하면 약효가 나타난다고 말한다. 사실 무당이라면 한바탕 굿을 해주면 그만인데, 그녀는 환자를 보고 병의 원인과 처방을 알아낸 것이다.

그녀는 이처럼 자기만의 방식으로 의술을 행한 무당이다. 아무도 손댈 수 없던 난치병을 망진望診으로 정확히 진단하고, 다른 의원들은 모르는 손쉬운 처방으로 병을 완치시킨다. 그 처방전 또한 귀하고 값비싼 약재가 아니라 주변에서 쉽게 구할 수 있는 것을 활용했기에 더욱 놀라운 일이다. 남들이 고질병이라고 여긴 것도 그녀의 눈에는

---

35 『잡기고담』, 〈醫巫〉. 肅宗朝 余外從祖完寧君李公 爲湖南按使 時大夫人黃氏隨子 營衙有婢 病積年 柴削如鬼 婢僕輩謂之赤毫症 蓋邪祟之類 必死之疾也 黃夫人召營巫 欲使爲之禱賽 巫請見病婢 熟視良久曰 呀 此不當禱賽 可藥以治之 夫人曰 藥已多矣 悉無效 奈何 對曰 藥不對症耳 小人將命藥 卽製方曰五枝湯 桃枝柳枝桑枝楮枝 其一 余忘之 大抵皆治痰之料也 曰 以此五種 不拘多少 等分水煮頓服 久當有效 依其言試之 始焉嗽出膠痰 久而痰漸軟 漸多或不嗽 而自越日 幾至數椀服之 五六朔 嗽止痰祛 稍進飮食 踰年病良.

36 사실 조선의 『동의보감東醫寶鑑』이나 중국의 『본초강목本草綱目』을 포함하여 어떤 동양의학서적에서도 오지탕에 관한 자료는 찾을 수 없다.

아니었고, 결국 굿을 하는 것밖에 도리가 없어 보이던 환자도 그녀가 처방한 오지탕으로 완쾌된다.

이렇듯 신이한 의술을 지닌 그녀이기에 임금의 환후患候를 잘못 진단하여 임금을 승하케 한 태의太醫를 여지없이 나무랄 수 있었던 것이다. 다음 사건을 살펴보자

무당이 불쑥 말했다. "대감께서는 죽어 마땅한 죄가 있음을 잘 아시지요? 선왕先王께서 병환이 드셨을 때 당신들이 약을 잘못 쓰는 바람에 결국 세상을 떠나셨으니, 이것이 죽을죄가 아니고 무엇입니까? 대개 현종顯宗께서는 항상 홧병으로 고생하셨는데, 심하면 가슴께가 불타는 듯하고, 얼굴이 시뻘겋게 되셨지요. 내의원 여러 의원이 잡다하게 홧병을 다스리는 약제를 썼지만, 환후의 증세가 줄어들지 않고 점점 심해졌지요. 김 지사께서는 의원의 우두머리로 시종 약재에 대한 논의만 주장하셨다지요."

김 지사는 이 말을 듣고 안색이 어두워져 고개를 돌렸으며, 여러 사람이 '하하' 웃었다. 무당은 김 지사의 안색이 어두워지는 것을 보고, 즉시 팔짱을 끼고 갑자기 앞으로 나오며 말했다. "의원으로서 비록 심상하고 천한 자의 병에도 진실로 명확한 견해 없이 투약을 해서는 안 되는데, 하물며 임금[君父]의 질환이야 말할 필요도 없지. 선왕의 병환은 바로 상한傷寒이라 화기和氣로 풀면 그만인데, 화기火氣를 내리는 약제로 무엇 하려고? 지금 말해봐야 아무 소용없지만, 내가 이렇게 말하는 까닭은 훗날에라도 징계로 삼고 싶어서이지. 네 죄는 결코 속죄하기 어려운데, 스스로 죄를 인정하지 않은 채 후한 작록을 누리면서 사양하지 낳고, 금옥金玉에 현혹되어 자득하니, 네 마음에 어떠하냐?"

어금니를 깨물고 매서운 목소리를 내며, 눈빛을 불처럼 번뜩이며, 손을 펼치고 발을 구르는데, 기세가 두려워할 만했다. 뜻밖에도 좌중에서 크고 사나운 목소리가 나오자, 모두 깜짝 놀라고 당황하여 자리를 피해

옮겨갔다. 목사공牧使公은 급히 종을 불러 무당을 문밖으로 내쫓았고, 김 지사는 놀라서 얼굴에 땀을 뻘뻘 흘리며 입을 열어 말하지 못했다. 그리고 한참 있다가 말하는 것이었다. "내가 이런 일로 저 할망구에게 욕을 당하는구나."[37]

태의는 무당인 그녀가 우연히 계집종의 병을 고쳤다고 믿었다. 그래서 그녀에게 의술을 아느냐고 물었으며, 당당히 의술을 안다고 대답하는 그녀를 비웃었다. 그런데 이후 태의가 무당에게 들은 꾸지람은 허투루 넘길 내용이 아니다. 그녀에 따르면, 태의라고 자처하는 사람도 나이가 들면서 『동의보감』 내용을 모두 잊어버린 채 어림짐작으로 진단하여 잘못된 처방을 내리곤 한다. 그들은 심지어 임금의 환후를 오진誤診하여 정반대 약제를 쓰는 바람에 주군主君을 승하케 만들었다.[38]

태의의 잘못은 여기서 그치지 않고, 그런 엄청난 과오를 범하고도

37 『잡기고담』, 〈醫巫〉. 巫遽曰 君有罪當死 其知之乎 先王病患 因君輩誤下藥 竟致不諱 此非死罪而何 蓋顯廟常苦火升 甚則膈間煩懣 面部紅漲 內院諸醫 雜試降火之劑 而症候無所減 以至于大漸 金以首醫 終始主張議藥者也 聞此言 色頗沮回脰面 諸人嘻嘻而笑 巫見其色沮 卽攘臂突而前曰 爲醫者 雖尋常下賤之病 苟無明的之見 不可妄投藥也 況於君父之疾乎 先王病患 乃傷寒彌留 和解之則已矣 降火之劑 何爲也 今言之已無及矣 而吾所以爲此言者 欲以之懲於後也 爾罪切難贖 而不自認罪 享厚祿而不辭 耀金玉而自得 於汝心何 咬牙厲聲 目光如火 張手頓足 氣勢可怖 有若太厲 坐中出於不意 驚惶辟易 牧使公急呼皂隷驅出門外 金駭汗溢面 口呿不能言者 良久曰 是底事幾乎被其毆辱.

38 현종은 온갖 질환으로 34세에 승하했다. 『현종실록』을 보면, "임금의 온몸이 뜨겁게 달아올라 밤새 괴로워했으며[上滿身烘熱 達夜煩惱]", "오후에 임금의 맥박이 잦아지고 살갗이 뜨겁게 달아올랐다[午後 上脈度洪數 肌膚烘熱]."는 기록이 보인다. 또 "약방제조 장선징이 우승지 김석주, 좌부승지 정유악과 함께 들어가 진맥한 후 쓸 약을 논의하였다[藥房提調張善徵 請與右承旨金錫胄 左副承旨鄭維岳 入診議藥]."는 기록도 보인다.

높은 관직에 후한 작록을 누리는 데 있다. 인명人命을 다루는 중차대한 직책을 맡은 처지라면, 정밀히 진단하고 신중히 투약하는 것이 당연하다. 그런데 남들보다 의술이 뛰어나다는 자만심에 빠져 소홀히 진단하고 경박히 투약함으로써 목숨을 해치는 실수를 저지르고 만다. 그러고도 반성하기는커녕 주어진 직위에 머물며 안일한 의료 행위를 계속한다는 게 더 파렴치하고 용서 못할 일이다.

조목조목 합당한 논리로 비판하는 무당의 말에는 번뜩이는 칼날이 숨겨져 있기에 태의는 변변히 반박조차 못한다. 위에서 '어금니를 깨물고 매서운 목소리를 내며, 눈빛을 불처럼 번뜩이며, 손을 펼치고 발을 구르는' 무당의 당당한 태도와 '놀라서 얼굴에 땀을 뻘뻘 흘리며 입을 열어 말하지 못하는' 태의의 당황한 모습은 지난날의 시비是非를 증명한다. 따라서 두 사람의 신분과 지위 등 표면적인 조건과 상황보다는 내면적인 기준과 양심에 초점이 맞춰진다.

위에서 무당이 가탁한 '신라 손학사'는 시공時空을 초월하여 인명을 구원하고 정의를 실현하는 신神이다. 그녀는 천한 무당이지만 신라 손학사의 신령과 교감하는 의원이기에 감히 태의를 꾸짖을 수 있었다. 또 여기서 학사學士는 신라시대 관직으로, 조선 초기에는 중추원中樞院 소속 종2품에 해당되며, 조선시대에는 정3품 당상관 이상을 어의御醫, 당하 의관을 태의太醫라고 불렀다. 이처럼 태의는 학사보다 하위직이므로 무당은 손학사를 빙자하여 태의의 잘못을 논할 수 있었고, 또 무당은 선왕의 증세에 근거하여 올바른 진단과 처방을 내림으로써 태의의 오만함과 나태함을 엄중히 논단論斷할 수 있었다. 그 과정에서 신라 손학사라는 칭호가 큰 몫을 한 셈이다.

지금까지 태의의 염치없는 태도와 당시의 부조리한 현실을 여지없이 비판한 무당이 가탁한 대상은 '신라 손학사'였다. 요컨대 그녀는 신라시대 손학사로 인해 영험한 무당이자 신통한 의원 노릇까지 감당할 수 있었다. 이제 등장하는 자매 협객은 뛰어난 검술 소유자인데, 그들이 검술을 익히기 위해 찾아간 사람은 경주에 사는 유명한 검사劍師였다. 『잡기고담』에 실린 또 다른 이야기 〈여협女俠〉[39]에서는 어떤 사건이 전개되는지 살펴보자.

> 정시한丁時翰은 의아해 하면서 '처음 본 어른에게 대뜸 술을 찾으니, 무슨 일일까?' 생각했다. 그러나 우선 그 언사言辭와 동작이 예의에 어두운 것 같지는 않아 시험 삼아 그들이 하는 짓을 지켜보기로 하고, 집안사람을 불러 술을 가져오게 했다. 두 사람은 술병을 열고 마주 앉아 주거니 받거니 연거푸 몇 잔을 기울이더니, 절반을 남기며 말했다. "밤에 마셔야겠습니다."
>
> (세 사람은) 그날 밤 초당草堂에서 함께 묵었다. 한밤에 정시한이 잠에서 설핏 깨었을 때, 비가 개고 구름이 맑아 은은한 달빛이 창에 비쳤다. 두 사람을 언뜻 보니, 어제의 모습이 아니라 간단한 옷차림에 급히 행장을 꾸리는 것이었다. 손에서는 서릿발 같은 칼날이 춤을 추고, 소주[火酒]를 서로 권하는데, 칼 그림자가 번뜩이고, 빛이 온 방에 가득했다. 정시한은 베개를 밀면서 일어나 앉아 물었다. "그대들은 무엇 하는가?" 그러자 두 사람은 깜짝 놀라 돌아보더니 칼을 던지고 바닥에 엎드렸다.[40]

39 원제가 〈여협〉인데, 번역문에서는 〈자매 협객[女俠]〉이라고 하며, 각주에서는 원문만 기재한다.

40 『잡기고담』, 〈女俠〉. 丁意訝之 以爲初見長者 而遽索飮 何也 苐其言辭動作 非不諳禮數者 欲試觀其所爲 呼家人沽來 兩人開壺對酌 連倒數觥 留其一半曰 將夜飮 是夜同宿於草堂 夜將半 丁睡微覺 時雨收雲澹 微月臨窓 瞥見兩人 非昨日貌 撲短衣急裝 手舞霜刃 將火酒相勸 而劍影揮霍 光滿一室 丁推枕而坐 問曰 賢輩何爲 兩人驚顧擲劍俯伏.

위에서 정시한丁時翰[41]이 마주친 협객은 객점에 묵어가는 사람들과는 사뭇 다르다. 우선 멀리서 보아도 용모가 청준淸俊하고 풍채가 훌륭하며[嘗於雨中獨居 忽見衡門外 兩少年偶立 容貌淸俊 手彩映人], 가까이서 담론譚論을 나눠보니 영특한 기질과 당당한 기개가 더욱 사랑스럽다[丁與之語譚論 英發氣宇軒爽 益愛之]. 이 정도면 누구라도 그 태도를 눈여겨보고 언사言辭를 귀담아 듣지 않을 수 없는 존재이다. 그런데 이들이 더욱 주목을 받게 된 계기는 한밤중에 번뜩이는 칼을 지니고 마주 앉아 술을 마시는 모습 때문이다. 여기서 정시한과 독자의 호기심은 극에 달한다.

사실 소주[火酒]는 그들이 낮에 정시한과 함께 마시다 남긴 것이다. 비 때문에 어둡고 습한 기운을 물리치려고 시켰다가, 절반쯤 마시고 밤에 마시겠다며 남겨둔 술이었다. 이로써 보면 그들은 처음부터 궂은 날씨를 핑계로 작정하고 소주를 청했으며, 일부러 절반을 남겨두었다가 거사擧事를 앞두고 담력膽力을 키우기 위해 마시기로 계획했다는 뜻이 된다. 도대체 무슨 일인지 전후사정을 짐작하고도 태연히 까닭을 묻는 정시한에게 그들은 놀라운 사연을 들려준다.

> 두 사람은 울음소리를 삼키고 흐르는 눈물을 닦으며 한참 만에 말했다. "이곳에 온 연유를 설명하려니, 슬프고 분한 마음이 먼저 북받치고, 부끄럽고 죄스러운 생각 또한 깊어집니다. 우리 두 사람은 바로 연년

41 정시한(丁時翰, 1625-1707): 조선후기의 문신. 본관은 나주羅州, 자는 군익君翊, 호는 우담愚潭이다. 유일遺逸로 천거되어 집의執義와 사업司業 등에 임명되었으나 모두 사퇴하였다. 기사환국己巳換局 때 인현왕후仁顯王后 폐위에 반대하고, 1969년 희빈禧嬪 장씨張氏의 강호降號를 반대하는 등 당파적 입장을 떠나 일관된 의리론을 펼쳤으며, 1704년 노인직老人職으로 첨지중추부사가 되었다. 저서로 『우담집』이 전한다.

생 자매입니다. 저희 어머니는 불행히도 병석에서 돌아가셨고, 계모繼母는 몹쓸 사람이라 이웃에 살던 교생校生과 사통하여 저희 아버지를 독살하고는 간부奸夫와 함께 다른 군으로 도망가 버렸습니다. 어린 저희들은 이웃 아주머니에게 길러져 조금 장성한 뒤에 사정을 알게 되었는데, 불구대천不俱戴天 원수를 둔 것이 너무 부끄럽고 통절한 마음이 가슴에 막혔습니다. 그러다가 경주에 신기한 검술을 지닌 분이 계시다는 소문을 듣고 자매가 서로 손잡고 가서 그 검술을 전수 받았습니다. 10년을 배우고 익혀 그 묘법을 다 터득하여 고인古人이 '적절히 칼을 써서 만물을 취하는 검법劍法'에도 능통해졌습니다. 이때부터 복식을 바꾸고 이름을 숨긴 채 사방을 두루 돌아다니며 원수의 종적을 찾았습니다." ……(중략)…… (이야기를 마치자) 자매는 서로 더불어 칼을 짚고 일어나서 나는 듯한 걸음으로 문을 나가 나는 새처럼 사라졌다.[42]

그들은 영남 출신의 연년생 자매였다. 생모生母가 돌아가시자, 아버지는 어린 딸들을 위해 새장가를 들었다. 그러나 계모繼母는 이웃에 사는 교생과 사통하여 아버지를 독살하고 도망가 버렸다. 이처럼 순식간에 부모를 여읜 자매는 이웃집에 의탁하여 자라면서 집안사정을 알게 되고, 복수를 결심하며 검술을 배우기로 한다. 바로 여기서 그들이 찾아간 인물이 '경주에 사는 신기한 검술을 지닌 분[慶州有神於劍技者]'이다. 영남에서 소문난 당대 최고의 검사劍師는 다름 아닌

42 『잡기고담』, 〈女俠〉. 兩人囁嚅有間曰 長者 果大賢也 今何不罄訴心曲 小子本嶺南人 身亦非男子 丁駭曰 然乎 願聞其詳 兩人呑聲掩泣者 良久而言曰 欲說來由 悲憤先激 慚惡亦深 我二人 是孽生娣妹也 吾母不幸 而厄于蓐 繼母無狀私於隣居校生 毒殺吾父 因與奸夫 逃之他郡 稚藐零丁 育于隣姫 稍長而後 知之羞深戴天 痛切枕干 聞慶州有神於劒技者 娣妹相携 往傳其術 十年學習 已盡其妙 古人之摘劒取物 頗亦能之 自是 易服藏名 周行四方 以尋求仇人蹤跡 ……(中略)…… 相與杖劒而起 飛步出門 倏若飛鳥.

경주 출신이었다.

사실 그들이 부모의 원수를 갚기 위해[43] 직접 칼을 들고 손에 피를 묻힐 필요는 없었다. 돈을 주고 검객劍客을 사서 도망간 계모와 간부奸夫를 죽이는 것이 훨씬 쉬운 방법이다. 그러나 그렇게 하면 아버지의 어리석음과 계모의 사악함이 드러나 집안에 수치를 안겨줄 것이므로 자매는 조용히 문제를 해결하고 싶었다. 결국 부모의 불행不幸과 집안의 불운不運을 노출시키지 않으면서 두 남녀를 제거하는 일은 자기네 손에 달려 있었다. 그래서 정시한의 도움마저 사양했던 것이다.[44]

이후 벌어진 사건에서 특이한 점은 자매가 계모와 간부의 목을 베어감으로써 피살자의 신원을 확인하지 못하도록 만든 것이다.[45] 이는 그들이 복수를 결심하던 순간부터 염두에 둔 방법이자, 검술의 묘법을 익히던 10년간 고대한 순간이며, 그들의 오랜 숙원에 마침표를 찍는 행위였다. 이처럼 복수의 전후과정은 물론 살인의 특정표식

43 『잡기고담』 소재所載 〈검기劍技〉에는 임진왜란 때 포로로 잡혀간 종실宗室 공자公子가 양부養父인 왜장에게 검술을 배우고, 이후 왜장의 원수를 대신 갚아준 대목이 실려 있다. 이처럼 자식으로서 부모의 원수를 갚는 이야기는 동서고금을 막론하고 나라[朝鮮, 倭]와 대상[親父, 養父]을 초월하여 끊임없이 창작, 전승된 이야기 소재素材라고 할 수 있다. 덧붙여 당시 중국이나 왜국에서도 이러한 이야기가 다양하게 저술, 유행했던 것으로 파악된다.

44 『잡기고담』, 〈女俠〉. 丁聞此言 大加咤異 仍謂之曰 矣輩之志則烈矣 以兩箇弱女子 何能獨辦此事 我有健奴數人 可以佐一臂 將使隨君 兩人毅然對曰 不願也 吾等之腐心痛骨 爲此萬死一生之計者 直爲父母之讐耳 事若發露 惟當獨死 安可連累於人 鷄將鳴矣 行旅非久當發 請從此事.

45 『잡기고담』, 〈女俠〉. 丁坐而待朝 卽使奴探問于前店 去夜有何事 店人紛口傳說曰 昨夕 有自京內行一丈夫 隨後宿于店中 鷄鳴時候 强盜數人 挾劒突入 斫其男女 截其首而去 不殺一人 不掠一財云.

등을 관통하는 것은 검술이다. 그런데 이른바 '적절히 칼을 써서 만물을 취하는[摘劍取物]' 최고의 검법劍法을 전수해준 사람은 경주의 검사劍師였다.

> 내가 이 여자들을 보니, 네 가지 기이한 점이 있다. 검술이 첫째요, 어여쁜 자질을 타고난 여자로서 형가荊軻나 섭정聶政 같은 용기를 지닌 것이 둘째요, 남장으로 변복하고 두루 돌아다닌 지 거의 십여 년이었으나, 남들에게 끝내 발각되지 않았으니, 목란木蘭 이후에 겨우 한 번 보이는 것이 셋째다. 『예경禮經』에는 복수의 의리나 성현의 가르침이 많은데, 아비가 남에게 죽임을 당했는데도 자식으로서 보복하지 못하면 사람의 도리가 아닐 것이다. 예로부터 복수한 사람이 남자 가운데서도 역시 몇 명이던가? 그런데 어리고 약한 여자로서 같은 하늘 아래 살 수 없는 원수임을 알고, 이기기 전에는 무기를 놓지 않겠다는 의지를 마음에 두고 생각을 거듭해 반드시 보복하고 나서야 그만두었으니, 장사壯士의 간담을 울리고 인륜人倫의 중대함을 더한 것이 넷째이다.[46]

야담 말미에 보이는, 전술前述한 이야기에 대한 저자의 평어評語 부분이다.[47] 이 대목에서도 가장 기이한 점으로 손꼽히는 것 역시 검술이다.[48] 그들 입으로 고백한 검술도 10년 경력을 자랑하는 최고 수

---

46 『잡기고담』, 〈女俠〉. 余觀此女子 有四奇焉 劍技 一也 以伶俜之質 有荊聶之勇 二也 變服周流 幾十數年 而人終不覺 木蘭之後 堇一見之 三也 禮經復讐之義 聖訓森然 父被戕於人 而子不能報焉 人理滅矣 然自古以來 能復讐者 在男子亦幾人哉 乃以齠齡弱女 能知共天日之讐 克勵不反兵之義 處心積慮 必報乃已 有可以激壯士之肝 而增夫人倫之重 四也.

47 야담은 구연에서 비롯된 장르이기 때문에 단순히 이야기만 전해지는 경우가 많다. 그러나 일부 작품은 기록 과정에서 저자의 구기口氣가 개입되는데, 이것이 바로 작품의 서두나 말미에 보이는 평어評語이다. 저자는 평어에서 등장인물의 행위나 작품의 주제 등에 관한 비판과 평가를 간략히 기술한다.

준이지만, 복수를 하는 과정에서도 하루밤새 두 남녀의 목을 베어갈 만큼 뛰어난 기술이다. 불구대천不俱戴天 원수를 갚으려고 자매는 당대 최고의 스승을 찾아갔으며, 그에게서 귀신같은 묘법을 전수 받는 데 10년 세월을 투자했다. 그 결과, 자매는 남부럽지 않은 검법을 지니게 되었으며, 자기네 힘으로 사무친 원한을 갚고 나서 홀연히 떠나갈 수 있었다.

당시 경주에 손학사나 최고 검객이 살았다는 증거는 어디에도 없었다.[49] 그런데 무당이 신라 손학사를 신으로 모시고, 자매가 찾아간 검사의 거주지를 경주로 지칭한 것은 당대인이 생각하는 경주가 남다른 곳이었기 때문이다. 아마도 경주는 오랜 역사와 전통을 간직한 신라천년 고도이기에 대대로 뛰어난 인물을 배출한 곳임을 반추한 언급이라 생각된다. 이는 이야기를 유전시킨 여항인들도, 떠도는 이야기를 채록한 저자도 모두 수긍한 사실이었던 듯하다.

정리하자면, 앞서 살펴본 〈의무〉에서 '신라 손학사'는 시대적 의미가 큰 용어이고, 〈여협〉에서 '경주 검사'는 지역적 의미가 강한 용어이다. 조선후기에도 신라시대는 최고最古이자 최고最高를 의미하며,

---

48 신기神技에 가까운 검술을 지닌 인물이 등장하는 또 다른 야담 작품으로 『잡기고담』 소재 〈검기劍技〉 그리고 동시대 안석경安錫儆의 『삽교만록霅橋漫錄』 소재 〈검녀劍女〉와 신돈복辛敦復의 『학산한언鶴山閑言』 소재 〈기승奇僧〉을 들 수 있다. 〈검기〉의 주인공 종실 공자는 임진왜란 때 일본에 끌려가 양부인 왜장의 원수를 갚아주고 조선으로 되돌아온다. 그리고 〈검녀〉의 주인공은 주인댁 아가씨와 함께 가문의 원수를 갚고 나서 소응천蘇凝天을 찾아가 몸을 의탁한다. 또 〈기승〉의 주인공은 왜국 첩자들에게 암살된 스승의 원수를 갚고 중[僧]이 되어 살아간다. 세 이야기에서 공자나 검녀와 기승은 모두 뛰어난 검술시범을 보여준다.

49 『잡기고담』, 〈醫巫〉. 鷄林之山 果有孫學士 精於素問靈樞之工者耶 是時 三韓之鴻荒肇啓 百工衆技 多天生神解者 安知無越人倉公之流 生於其間 而文獻無徵 不可考也.

경주지역은 최고最高이자 최상最上으로 인식되었다.[50] 이처럼 후대인의 기억에 '신라는 최고의 시기'로, '경주는 최상의 지역'으로 남아 있었기에 야담에서도 그러한 의미와 인식이 반영되었다 하겠다. 요컨대 신라천년의 영화榮華와 고도경주의 신비神秘가 기이한 인물을 탄생시키고, 그들의 신묘한 영험과 빼어난 능력이 지난날의 영화와 신비를 징험하는 것으로 귀결된다.

3) 기지機智와 지인지감知人之鑑 소유자

지금까지 살펴본 신라 및 경주 관련 야담에는 삼국통일을 전후한 당시 분위기와 고려 건국을 앞둔 시대 말기적 징후 이외에도 영험을 지닌 무당과 최고 검술로 유명한 검사 등 신격화된 인물이 등장한다. 이는 천년 역사를 자랑하는 신라와 뛰어난 인물을 배출한 경주에 관해 잘 알 수 있는 소재라고 할 수 있다. 마지막으로 기지機智와 감식안鑑識眼이 뛰어난 기녀妓女를 내세워 당대인과 사회상의 모순을 재미있게 풍자한 이야기를 살펴보자. 다음은 『천예록』에 실린 〈궤짝 제독提督〉[51]이다.

> 몇 년 전에 한 문관文官이 경주 제독관이 되었다. 그는 관아[本府]에 나올 때마다 기녀妓女들을 보면 곰방대로 그들의 머리를 때리며 '사악한 기운'이라고 하거나 '요망한 기운'이라고 하거나, 심지어 "사람이 어

---

50 『계서야담』에는 '경주 개[東京狗]'에 관한 짧은 이야기가 실려 있다. 최근 경주개 '동경이'가 국가지정문화재 천연기념물 제540호로 지정됨으로써 야담에서 전해지던 이야기가 역사적 · 지역적인 사실을 입증한 사례라고 해석된다.

51 원제는 〈제독관이 궤짝에서 알몸으로 나오다[提督裸裎出櫃中]〉이지만, 편의상 목차 및 본문에서는 〈궤짝 제독〉으로 약칭하고, 각주에서는 원문만 기재한다.

찌 이런 물건들을 가까이 하겠는가?"라고도 했다. 기녀들은 모두 분하게 여겼고, 부윤府尹도 그를 미워하여 이윽고 기녀들에게 명령을 내렸다. "기묘한 꾀로 이 제독을 속이면, 내가 많은 상을 내리겠노라." 그러자 나이 어린 기녀 하나가 그 제의에 응하겠다며 나섰다.

그때 제독은 향교鄕校의 재실齋室에 묵으며 어린 통인通引과 함께 지내고 있었다. 기녀는 시골 아낙네의 행색으로 변장하고 향교로 찾아가 문짝에 기대어 통인을 부르는데, 얼굴을 반쯤 숨기기도 하고, 온몸을 드러내 보이기도 하였다. 그러다 통인이 나와서 응답하면 가버리는 것이었다. 하루에 한 번 오기도 하고, 두 번 오기도 하였다. 며칠 동안 이렇게 하자, 제독이 통인에게 물었다. "저 여자는 누군데 매번 저렇게 와서 너를 부르느냐?"[52]

여기서 경주제독[53]으로 부임한 문관은 철저히 관료의식에 사로잡힌 위인爲人이다. 그는 관기官妓들을 볼 때마다 신체적으로 괴롭히거나 언어적 폭력도 서슴지 않는 인물이다. 기녀가 하찮은 신분이라지만 관아에 나올 때마다 그들을 괴롭히는 통에 부윤마저 그를 미워하게 되었다. 성리학에 침잠한 그의 관점에서 보면 충분히 그럴 수도

52 『천예록』, 〈提督裸裎出櫃中〉. 頃年 有一文官 爲慶州提督官 每到本府 見妓女 則必以烟茶竹 叩擊其頭曰 邪氣 或曰 妖氣 且曰 人豈可近此物耶 衆妓齊憤 府尹亦憎之 乃下令於群妓曰 有能以奇計瞞此提督者 將加重賞 有一年少妓 應命而出 時提督處於鄕校齋室 獨與通引小童居焉 妓乃扮作村婦之樣 進往鄕校 倚門扉呼小童 或隱半面 或露全身 以示之 小童出應則去 或一日一至 或再至 如是者數日 提督問于童曰 彼女何人 每來呼汝.

53 향교는 국도國都를 제외한 각 지방에 설치된 관학기관으로, 조선 초기에는 향교에서 교육을 담당하는 교수관敎授官 충원이 어려웠으나, 조선 중기 선조대宣祖代에는 제독관提督官을 파견하여 향교 교육을 독려했다. 이후 영조대英祖代에 이르러 향교에서 모든 교관을 없애자, 유능한 학도들은 강학 능력을 상실한 향교를 멀리하고, 서원 · 서당 · 정사 등 사학기관을 찾게 되었다.

있지만, 차츰 도를 넘어서는 그의 행동에 화가 날 수밖에 없는 상황이다. 드디어 부윤은 몰염치한 제독을 곯려주는 기녀에게 상을 주겠노라 명령한다.

그러나 어린 통인通引만 데리고 향교의 재실에서 거처하는 제독을 속이기란 쉽지 않아 보인다. 다행히 한 어린 기녀가 꾀를 내어 시골 아낙네로 변장한 다음, 시도 때도 없이 통인을 찾아온 척하며 제독의 관심을 끌기 시작한다. 그는 순진해 보이는 그녀의 모습에 궁금증이 생겼고, 그녀는 행상 나간 남편이 1년째 돌아오지 않는 통인의 누이라는 거짓 정보까지 퍼뜨린다. 이제 그녀에 대한 궁금증을 풀고 호기심에 부푼 제독의 음흉한 속내가 드러나며 재미있는 사건이 벌어진다.

어느 날 저녁 혼자 있던 제독 앞에 다시 여인이 나타나자, 그는 기회를 놓치지 않고 그녀를 불러들인다. 그리고 그녀에게 담배를 권하며[汝亦上座 可吸一竹] 자기 속내를 털어놓고[吾見美女多矣 未嘗見如汝者], 그것이 결코 농담이 아니라고 맹세하며[吾以實情告汝 豈可戱也 仍發失言], 그녀의 허벅지를 어루만지며 칭찬을 늘어놓는다[提督拊髀曰 汝雖村婦 何其穎悟耶 汝言誠是矣]. 이처럼 시간에 따라 노골적으로 변하는 그의 행동은 군자처럼 보이려 하나 소인에 가까운 양면성을 단적으로 드러내며, 그가 얼마나 엉큼한 위선자인지 확연히 부각시킨다.

이제 그녀의 계획이 성공하는 과정을 지켜보자.

> 이윽고 날이 밝자, 그 사내는 곧 궤짝을 들춰 메고 관아로 갔다. 그녀도 사내를 뒤따라 함께 송사訟事를 판결하는 관아 마당으로 들어갔다. 부윤은 이미 관아에 좌정하고 있었다. 두 사람이 궤짝에 관한 진술을 마치자, 부윤이 판결을 내렸다. "궤짝을 사는 값으로 너희들이 각각 무

명 한 필씩을 들였으니, 법대로 하자면 반으로 나누어 갖는 것이 공평하다." 부윤은 즉시 큰 톱으로 잘라서 반반씩 나누어 가지라고 명을 내렸다. 나졸들이 그 명을 받들어 궤짝 위에 큰 톱을 놓고 두 사람에게 켜라 하였다.

톱질소리가 들리자마자, 궤짝 안에서 큰 소리로 다급하게 부르짖는 소리가 들려왔다. "사람 살려! 사람 살려!" 그러자 부윤은 놀라는 척하며 말했다. "궤짝 안에서 웬 사람소리가 나느냐? 속히 열어 보거라." 나졸들이 자물쇠를 뜯고 궤짝을 열었더니, 벌거벗은 사람이 밖으로 뛰어나와 마당 가운데 서는 게 아닌가? 관아의 모든 사람은 놀라고 민망해서 입을 가렸다. 사람들이 그를 보고는, "이 분은 바로 제독관이신데, 어찌하여 궤짝 안에 계시는지."라고 말했다.

부윤이 그를 윗자리로 모시도록 하니, 제독은 두 손으로 자기 음경을 가린 채 엉거주춤 계단을 올라와 자리에 앉아서는 고개를 떨구고 풀이 죽어 있었다. 부윤은 크게 웃다가 한참 뒤에야 그에게 옷을 주도록 하니, 기녀들은 일부러 여인의 장옷을 제독에게 올렸다. 제독은 장옷만 걸친 채 맨얼굴과 맨발로 달음질쳐 향교로 돌아가서는 그날로 달아나버렸다.[54]

제독은 약속대로 밤을 틈타 그녀의 집으로 찾아가고, 그녀와 잠자리를 하려는 생각에 한창 들떠있다. 그런데 한밤중에 갑자기 전 남편

54 『천예록』, 〈提督裸裎出櫃中〉. 俄而天明 其漢卽負其櫃 而趍于官門 女隨之同入訟庭 府尹已坐衙矣 男女爭櫃陳辨 則府尹斷之曰 買櫃之價 男女各費一疋則法當平分其半 卽命以大鉅 鉅破其半以分之 羅卒應命進鉅于櫃上 兩人引之鉅聲纔發 聞櫃中大聲疾呼曰 活人活人 府尹佯驚曰 櫃中何以有人聲 速開之 羅卒掊鎖開櫃 有人赤身而出 立于庭中 一府上下 莫不駭慘掩口 衆視之曰 此乃提督官也 何爲而在櫃中也 府尹命引而上之 提督以兩手 掩其陽莖 歷階而陞 蹲于席上 垂頭喪氣 府尹大笑 良久 命給衣服 妓輩故以女人長衣進之 提督只着長衣露頂跣足 走還鄕校 卽日逸而遁去.

[鐵虎]이 들이닥침으로써 그의 기대는 순식간에 위험요소로 돌변하여 긴장감을 고조시킨다. 그녀의 말에 따르면, 철호는 도저히 말로 설득할 수 없는 사람이라, 그가 위기를 모면하려면 방안에 놓인 궤짝에 들어가는 수밖에 없다. 생각지도 못한 일이지만, 목숨을 부지하기 위해 체면을 돌아볼 여유가 없으므로 제독은 알몸인 채 후다닥 몸을 숨긴다.

그러나 불행히도 철호는 그녀와 헤어졌으니 자기 살림을 챙겨 가겠노라며 궤짝을 돌려달라고 소리친다. 일은 걷잡을 수 없이 커져서 이튿날 철호는 궤짝을 들쳐 메고 관아로 가고, 엎친 데 덮친 격으로 부윤은 궤짝을 톱으로 잘라 둘이서 반반씩 나누어 가지라고 명한다. 이제 부윤의 엄정한 판결은 철호의 난폭한 행동보다 훨씬 무서운 결과를 안겨준다. 못된 전 남편의 손아귀에서 벗어나려던 것이 궤짝에 갇혀 꼼짝없이 두 동강이 날 지경에 이르고 만 것이다.

톱질소리가 들리자, 제독은 목숨을 구걸하며 밖으로 뛰쳐나오고, 겨우 음경만 가린 그에게 기녀들은 일부러 장옷을 걸치도록 한다. 여기서 제독이 알몸을 노출한 것은 아무런 가식도 보태지지 않은 인간 본연의 모습을 비유한다. 또 기녀들이 건네준 장옷만 걸친 모습은 그가 음탕한 육욕肉慾을 이념과 관직으로 포장하여 고상한 척했으나, 자신이 비하卑下하던 기녀들과 다름없는 인물이라는 사실을 드러낸다. 요컨대 제독은 경주부민을 사랑하는 부윤과 대비되는 이방인異邦人의 모습을 보여준다.

이처럼 제독이 양면성을 지닌 위선자라는 사실을 밝히는 과정에서 기녀의 기지機智가 큰 몫을 했다. 그녀는 부윤의 의도를 정확히 파악한 다음, 철저히 계획을 세우고 실행하여 완벽히 그 목적을 이루었다. 이를 통해 당시 사회적으로 만연했던 신분차별을 비판하는 동시에 직위를 내세워 군자연君子然하는 가식적인 인물상을 풍자한 것이다. 요컨대 각종 비리와 모순으로 점철된 세상을 궤짝으로 설정하고, 거기서 뛰쳐나와 발가벗은 본모습을 드러내도록 하여 민중의 웃음거리로 만들었다. 그 민중의 한가운데 경주의 관기官妓가 또렷이 서 있다.

이 이야기가 야담집에 수록된 즈음, 경주에서는 '궤짝 제독[櫃提督]'이라는 우스갯말이 전해진 모양이다. 부윤조차 감당할 수 없던 제독을 어린 관기가 재치있게 꾀어서 그 실속을 훤히 밝혔으니, 하층민의 입장에서 군자연君子然하는 관인官人을 발가벗겨 웃음거리로 삼은 것이다. 저재[任埅]는 경주를 유람하며[余嘗客遊東都][55] 민간에 유행한 이야기를 직접 견문하고, 그에 적극 공감하며 그것을 야담집에 수록했다. 그리고 당시까지 경주에 전승되는 이야기라는 사실을 밝혀두었다.[56]

『동패락송』에 실린 또 다른 이야기 〈걸객乞客〉[57]에서 경주의 명기名妓는 경주부윤의 친구인 거지를 만나자, 그를 추위와 굶주림에서 구하여 관직에 나아갈 수 있도록 도와준다. 그런데 여기 등장하는 경주부윤은 앞서 등장한 부윤과는 다른 인물로, 형제처럼 지내던 동연同硏을 모른 척하는 위인이다. 그는 친구와 약속을 지키지 않아, 친구로 하여금 경주부에서 구걸하도록 만든다. 그 내용을 자세히 살펴보자.

---

55 앞서 살펴본 〈의출원향즉피화議黜院享卽被禍〉에서 저자가 직접 언급한 사실이다. 각주 21) 참조

56 『천예록』, 〈提督裸裎出櫃中〉. 至今慶州府 以櫃提督 爲傳笑之資.

57 원제는 〈걸객〉인데, 번역문에서는 〈구걸하는 객[乞客]〉이라고 하며, 각주에서는 원문만 기재하기로 한다.

경사京師에 두 서생이 있었는데, 형제처럼 우애 있게 지냈다. 그들은 평생 동연同硏으로, 한 사람이 먼저 관직에 나아가면 나머지 한 사람은 과거 공부를 그만두고 종신토록 현달한 벗에게 부양을 받기로 약속했다. 드디어 한 사람이 과연 등제登第하였으며, 그 벗은 과연 약속했던 것처럼 과거 공부를 그만두었다. 등제한 사람이 경주부윤慶州府尹에 배수되자, 벗 또한 이제 굶주림과 추위를 면하리라 기대하며 말을 세내어 경주로 갔다.

관아에 들어가 부윤[本倅]을 뵈자, 부윤이 아랫사람에게 지급 물자를 정해주면서 양식과 땔감 등 기본 물자를 지급해주지 않았다. 첫날에 객은 부윤[主倅]이 일시적으로 우연히 잊어버렸다고 생각하며 아랫사람에게 빌려 썼으나, 부윤[主人]은 다음날에도 그러했고, 또 다음날에도 역시 그처럼 했다. 벗은 부윤을 꾸짖어 말했다. "자네가 나를 이처럼 대우하는 것은 결코 사람의 도리가 아닐세." 그러자 부윤이 말했다. "『경국대전經國大典』에는 원래 객의 행장 양식에 대한 기록이 없네." 객이 전에 했던 약속을 들어 그에게 따지자, 부윤이 말했다. "관가官家의 일은 사가私家의 일과는 달라서, 법을 지키는 것을 중히 여겨야지 인정人情을 돌아봐서는 안 되네." 객은 부윤과 크게 다투고는 온다간다 말도 없이 관아를 떠났다.

문을 나서며 생각하니, '누각에 오르자 사다리를 치워버린 것[登樓去梯]' 같은 형세였다. 그는 고향으로 돌아갈 마음이 없어져 말을 팔아서 끼니를 때우다가, 얼마 지나서는 의관衣冠마저 팔아버려 맨몸뚱이만 남았다. 그래서 거적자리를 입고 다니며 경주부 성내城內에서 구걸하니, 온 경주부 사람들이 '관주의 친구 거지'라고 불렀다.[58]

---

58 『동패락송』, 〈乞客〉. 京師有兩書生 情如兄弟 平生同硏 約以一人先宦達 則一人廢擧 終身仰哺於達 友一人果登第 其友果如約廢擧 登第者 得拜慶州府尹 友亦自期 以免飢寒 貰馬往慶州 入見主倅 主倅定給下處 而粮太柴馬草 無所資給 初日則客以爲 主倅一時偶忘 貸之於下處主人 翌日又然 又翌日亦如之 友叱

오늘날 관점에서는 아무리 막역한 사이라도 먼저 등제하여 관직에 나아갔다고 해서 남은 친구를 평생 부양하는 것은 터무니없는 약속이다. 부윤[59]의 입장에서 관가官家의 재물을 법法대로 지급해야지 인정人情에 끌려 함부로 내줄 수 없고, 관인官人으로서 자기 친구라고 해서 특별 대우해서도 안 된다. 또 친구는 부윤이 논리적으로 설득하여 내쳤을 때 말귀를 알아듣고 돌아가야 옳다. 그런데 그는 자신이 가진 모든 것을 팔아서 연명延命하다가 끝내 경주부 성내城內에서 구걸을 시작한다.

이는 입장에 따라 충분히 달라질 수 있는 상황이다. 부윤이 공사公私를 분별한다는 핑계로 예전 약속을 어기고 친구를 내친 것[60]으로 볼 수도 있고, 친구가 그런 부윤에게 앙심을 품고 구걸함으로써 망신을 준 것으로 볼 수도 있다. 그러나 둘 사이에 빚어진 갈등과 그로 인해 벌어진 사건은 경주 명기名妓의 지인지감知人之鑑을 보여주려는 단초에 불과하므로 더 이상 논의하지 않기로 한다.

倅曰 君於吾待之如此者 決非人理 主倅曰 經國大典中 元不懸錄 客行粮太矣 客擧前約以責之 主人曰 官事異私事 守法爲重 不暇顧人情矣 客與主人遂鬩 不告去而出門 勢同登樓去梯 無以北歸 賣馬以食 未幾 賣衣賣冠 只餘赤身 乃被苫席 行乞府城內 一府人號以爲 官主友乞人.

59 부윤의 호칭을 거지 입장에서는 '본쉬本倅', '주쉬主倅', '주인主人'으로, 이후 기녀 입장에서는 '관주官主'로 부르는 등 여러 가지 용어로 기록된 점이 눈에 띈다. 이는 야담 저자로서 뛰어난 노명흠의 재능으로 미루어볼 때, 표현상에 다양성을 기하기 위해서인 듯하다.

60 거지가 된 친구의 입장에서 '누각에 오르자 사다리를 치워버린 것[登樓去梯]' 같은 형세라고 한 것을 보면, 그는 자신이 부윤과의 약속을 믿고 왔다가 난감한 처지가 되었으며, 이는 부윤이 자신을 꾀어서 어려운 처지에 빠트린 것이라고 확신했던 듯하다.

> 어느 날 서리가 내려 무척 추운 아침에 길에서 웅크리고 있는데, 명기名妓가 그곳을 지나다가 불쌍히 여겨 말을 걸었다. "관주官主의 친구 거지는 나를 따라 우리 집으로 가면 좋을 텐데요." 거지가 그녀를 따라가니, 후하게 대접하며 떠나지 말라고 만류하는 것이었다.
>
> 저녁이 되자, 기녀는 계집종을 불러 물을 끓여 통에 가득 채우게 하더니, 거지가 온몸을 깨끗이 씻도록 했다. 어두워진 뒤에 기녀는 방 가운데 앉아 촛불을 밝히고 거지를 불러 방으로 들어오게 했다. 거지가 황공하여 감히 들어갈 수 없다고 사양하자, 기녀는 억지로 들어오게 하더니, 장롱에서 화려한 옷 한 벌과 모자를 꺼내 거지에게 주며 입도록 했다. 거지가 잠시 후에 본모습을 되찾자, 기녀가 거지에게 말했다. "우리도 역시 당신이 관주와 예전에 한 약속에 대해 들었는데, 당신은 사람을 너무 모르십니다. 우리 관주가 어찌 조금이라도 인정이 있는 사람이겠어요? 저는 부임해 오던 날에 이미 됨됨이를 알았답니다. 당신이 겪은 일은 망측하지만, 당신의 골상骨相은 마침내 반드시 크게 현달하겠으니, 눈앞에 닥친 굶주림과 추위로 죽지는 않을 겁니다."[61]

그녀는 부윤마저 냉대冷待한 거지를 자기 집으로 데려가서 씻기고 먹이고 재워준다. 그녀가 이처럼 은혜를 베푼 것은 거지에게서 현달顯達할 골상骨相을 보았기 때문이다. 그가 지금은 거지꼴이지만, 머지않아 공경公卿이 되리라고 확신했던 것이다. 한마디로 그녀는 거

61 『동패락송』, 〈乞客〉. 一日 當霜朝酷寒 波咤於街上 有名妓過之 憐而語之曰 官主友乞人 隨我往吾家爲可云 乞從之則厚饋飯 挽使勿去 向夕 妓呼婢 煎白沸湯 盛之槽 使乞人淨浴遍體 昏後 妓坐房中明燭 呼乞使入來 乞謝以惶悚不敢 姑强之後 妓自籠中 出華服一件 兼一笠子 給乞使着 乞稍復本樣矣 妓謂乞曰 吾輩亦聞 乞之於吾官主 夙昔之約 而乞之不知人甚矣 吾官主 豈有一分人情者乎 吾已於到任日 洞知其爲人矣 乞事罔測矣 然乞之骨相 終必大宦達 不應死於目前飢寒也.

지에게 잠재된 능력과 그가 머지않아 입신양명할 것을 아는 '지인지감知人之鑑'을 지니고 있었다.[62] 또 친구를 내친 부윤이 지금은 관직에서 떵떵거리고 있지만, 종신토록 호의호식을 누리지는 못할 관상觀相임을 알아보았던 것이다.

위에서 거지가 몸을 씻고 옷을 갈아입자 되찾은 본모습은 부윤을 찾아온 과거 모습 또는 입신양명한 미래 모습을 말한다. 그녀의 감식안으로 볼 때, 거지꼴인 지금이 가장 힘든 상황이고, 거자擧子로 행세하던 과거는 지금보다 조금 나은 형편이며, 반벌班閥의 사부士夫가 될 미래가 궁극적인 본모습이라고 할 수 있다. 이후 그녀는 '몇 달이나 그를 편안히 모시다가 그에게 두둑한 노자를 챙겨 보냄[穩留數朔 厚齎金錢以送]'으로써 두 사람의 인연은 끝나고, 이야기도 서둘러 마무리된다.

이 이야기에서 주인공은 단연 경주 기녀다. 거지는 그녀의 능력을 징험하는 과정에 필요한 인물이기에, 그의 후일담은 과감히 생략되었다. 다만 '일이 하나같이 전편의 이야기와 같았다'는 말로 모든 상황이 종료되고,[63] 이처럼 간략한 결말이 그녀의 특별한 재능을 부각시킨다. 남다른 능력을 지닌 그녀는 거지의 목숨을 구해주고 미래를 예언해줄 뿐, 자기 예언을 증명하거나 영화榮華를 함께 누리지 않는다. 기녀의 생리로 보면, 정인情人을 따라가 영화를 누리며 함께 살

62 야담에는 '지인지감知人之鑑'을 지닌 특별한 여성이 자주 등장한다. 예를 들어, '양사언楊士彦의 어머니'와 '우하형禹夏亨의 급수비汲水婢' 그리고 '옥계玉溪 노진盧禛과 선천기宣川妓' 등의 이야기에는 남다른 감식안鑑識眼으로 상대의 재능과 잠재력을 감지하고, 그들의 미래를 예언하거나 상대를 출사出仕시키고 서로 재회하는 등 행복한 결말로 이끄는 다양한 여성상이 담겨 있다.

63 『동패락송』, 〈乞客〉. 旣還京 當年登第 登第以後事 一如前篇說話云.

법도 하지만, 그녀는 단지 경주에 와서 곤경에 처한 사람을 아낌없이 도와주고 미련없이 보내준다.

이상 살펴본 야담에서 경주는 영험하고 신이한 인물을 배출한 곳이자 기지와 지인지감을 지닌 인물이 사는 곳으로 그려진다. 천년을 지속한 신라는 후대에도 특별한 능력을 지닌 인물의 이야기가 뒤따르며, 민간에 유전流傳되는 동안에도 일정한 위상을 담보하고 고유한 의미를 잃지 않는다. 덧붙여 야담이 하층민에 의해 구연되고 식자층에 의해 기록된 문학 장르인 점을 감안하면, 이야기를 통해 빈부귀천 지위고하를 막론하고 신라와 경주에 대한 당대인의 인식을 알 수 있다.

3. 역사적 사실과 야담적 허구의 조화

조선후기 유행한 야담은 실존 인물이 경험한 실제 사건을 기본으로 여항閭巷에서 이야기가 만들어지고, 민간에 구전되면서 흥미롭고 허구적인 내용으로 와전訛傳되거나 변개變改되었다. 또 처음에는 비전문적인 화자話者가 주변인에게 들려주던 것이 나중에는 전문적인 강담사講談師에 의해 수많은 청중을 상대로 구연口演되었다.[64] 그 과정에서 인위적인 수식이 보태지고 비현실적인 양상을 띠며 서사가 확장되었다. 그리고 여항에서 자유롭게 구연되던 이야기가 식자층에 전해지고, 그들에 의해 문장으로 기록되면서 야담은 다시 한 번 첨삭되거나 변개되었다. 예컨대 기록자의 역사적 식견과 문학적 상상력

64 임형택, 「漢文短篇의 形成過程에서의 講談師-許生故事와 尹映」, 『창작과 비평』 제49집, 창작과 비평사, 1978. 265-278면

이 적절히 조화를 이루면서 문헌으로 전승된 것이다.

이처럼 야담집에 실린 이야기는 역사적 사실에 야담적 허구가 적절히 조화된 양상을 보인다. 지금껏 살펴본 이야기도 이 범주에 속한다. 예컨대 〈김유신〉과 〈맹도인〉에는 신라의 삼국통일과 말기적 징후, 그리고 고려 건국을 둘러싼 역사적 사실이 오롯이 담겨 있다. 또 〈의무〉에 나오는 신라 손학사와 〈여협〉에 나오는 경주 검사는 신격화된 인물로, 그리고 〈궤짝 제독〉과 〈걸객〉에 등장하는 경주부 기녀들은 영특한 재능을 지닌 인물로 야담적 허구를 고스란히 보여준다. 게다가 이 여섯 편의 이야기에는 18세기를 전후한 당대인의 모습과 사회상의 모순이 담겨 있어 주목을 요한다.

김유신이 삼국통일의 주역이라는 사실은 명백하다. 그가 백제와 고구려 멸망에 이어 당나라까지 축출함으로써 우리나라 최초로 통일국가를 이룬 위업은 누구도 부인할 수 없는 역사적 사실이다. 그러나 조선후기 성리학적 관점에서는 무장武將인 그가 문신 학자들과 대등할 수 없다. 문무文武가 엄연히 구분되는 데다 오래 전 신라 장군을 특별 대우할 명분도 이유도 없기 때문이다. 그런데 김유신을 폄하한 서생이 급사急死한 이야기는 또 다른 시대상을 반영하는 자료라고 할 수 있다. 임병양란壬丙兩亂을 겪으며 엄청난 전란의 상처와 조정에 대한 불신으로 유리流離된 민심民心을 수습하고픈 바람이 김유신을 야담에 등장시킨 것이다.

이후 말기로 치닫는 신라의 국세와 경순왕의 동태는 맹도인의 혼령이 들려주는 이야기로 충분히 알 수 있다. 경순왕은 총애하는 신하와 희첩姬妾을 거느리고 연회를 열어 향락을 일삼는다. 또한 정치적인 모함을 받은 인물을 귀양 보내고, 새로 건국할 고려 태조에게 신라 땅을 할양해 주며 항복하기로 결심한다. 이 모든 신라 말기적 징후는 맹도인이 경순왕의 사신으로 갔다가 중도에서 세상을 떠나 경주로 반장返葬되지 못한 사건과 나란히 서사화 되었다. 이처럼 신라 말의 역사적인 사건을 기반으로 18세기 전후 현실을 반영한 야담에서 새로운 교훈을 얻을 수 있다.

여기까지가 역사적 사실에 치중한 이야기라면, 이제부터는 역사에 근거한 야담적 허구가 돋보이는 이야기다. 먼저 의술을 행하는 무당은 신라 손학사를 모시며 심신心身을 치료해준다. 그녀는 의서에도 없는 처방으로 계집종의 병을 완치시키는가 하면, 잘못된 진단과 안일한 조제로 임금을 승하케 한 태의를 준엄히 꾸짖는다. 여기서 그녀가 태의를 비판할 수 있었던 것은 그녀가 신라 손학사의 신神을 모시는 무당이었기에 가능한 일이며, 신분과 관직의 높낮이보다 능력과 성실의 깊이로 사람을 평가하는 그녀의 목소리는 조선후기 사회의 병폐를 향한 것이다.

또 부모의 원수를 갚기 위해 칼을 든 자매 협객은 경주 검사劍師에게 신기한 검술을 배운 처지다. 어린 여자 몸으로 조선팔도를 돌며 아버지를 살해한 계모와 간부를 찾아다니고, 10년간 익힌 신묘한 검술로 두 남녀의 목을 베어간 그녀들이 복수를 결심하는 순간에 찾아간 대상은 경주 출신의 검사였다. 그의 존재는 자매의 입을 통해 표현되지만, 이후 그녀들의 남다른 모습과 행동 그리고 검술[摘劍取物]을 통해 확연히 부각된다. 요컨대 야담에서 빼어난 검술을 지닌 대상의 주거지를 경주로 설정한 데는 그곳이 갖는 특별한 의미를 인식했기 때문이라고 해석된다.

마지막으로 경주제독을 유혹하여 궤짝 안에 가두고 위기 상황을 만들어 그의 치부와 위선을 드러낸 어린 관기官妓와, 경주부윤을 찾아왔다가 거지노릇을 하게 된 생원을 위기에서 구해주고 등제하여 관직에 나아갈 수 있도록 지원해준 명기名妓는 모두 경주사람이다. 그녀들은 기지機智와 지인지감知人之鑑을 발휘하여 제독과 거지의 본모습을 찾아줌으로써 사실 소인배이면서 군자연하는 성리학적 위선자를 고발하고, 무한한 잠재력과 가능성을 지닌 인재人材를 제대로 등용하지 못하는 모순된 사회상을 풍자 비판했다. 야담에서는 이처럼 낮은 신분의 기녀들도 남다른 기지와 감식안을 지닌 채 슬기롭게 살아가는 모습으로 그려진다.

18세기는 조선이 전란의 상처를 딛고 다시 한 번 문화적 전성기를 누린 때였다. 그러나 이후 조선은 온갖 병폐를 내포하고 비리와 모순을 드러내며 혼란기를 맞아야 했다. 야담은 그런 분위기에서 대두되어 다양한 이야기로 당대인과 시대상을 담아낸다. 특히, 신라 및 경주를 소재로 한 작품에는 18세기 전후 민중의 역사의식과 현실인식이 담겨 있다. 게다가 신라의 삼국통일과 말기적 징후 등 역사적 사실, 특별한 기량을 담지擔持한 신격화된 인물의 탄생지이자 영특한 재능을 지닌 하층민의 거주지라는 야담적 허구가 유기적으로 결합되어 있다. 그렇게 만들어진 이야기는 구연과 기록을 통해 민간에 유전되며 고유한 장르를 구축한 것이다.

4. 결론

야담은 실존 인물이 경험한 실제 사건을 기본으로 이야기가 만들어지고, 민간에 유전되면서 이야기가 와전되거나 변개되었다. 또 처음에는 비전문적인 화자에 의해, 나중에는 전문적인 강담사에 의해 구연되는 과정에서 인위적인 수식과 허구적인 요소가 가미되어 서사 확장을 불러오기도 했다. 이후 여항에서 만들어진 야담이 식자층에 의해 문장으로 정착되면서 다시 한 번 첨삭되거나 변개되는데, 기록자의 역사적 지식과 문학적 상상력이 조화를 이루며 문헌으로 전승되었다.

본고에서는 18세기를 전후한 야담집 가운데 『천예록』, 『잡기고담』, 『동패락송』에 실린 신라 및 경주 관련 이야기를 살펴보았다. 이제 그 연구 결과를 정리하는 것으로 결론을 대신한다. 『천예록』 소재 〈김유신〉과 〈맹도인〉 그리고 〈궤짝 제독〉, 『잡기고담』 소재 〈의무〉와 〈여협〉, 『동패락송』 소재 〈걸객〉 등 여섯 편의 이야기를 분석하여 신라 또는 경주에 대한 당대인의 인식을 알 수 있었다. 예컨대 〈김유신〉과 〈맹도인〉에는 신라의 삼국통일과 말기적 징후, 그리고 고려 건국을 둘러싼 역사적 사실이 담겨 있다. 또 〈의무〉에 나오는 신라 손학사와 〈여협〉에 나오는 경주 검사는 신격화된 인물, 〈궤짝 제독〉과 〈걸객〉에 등장하는 경주부 기녀들은 영특한 재능을 지닌 인물로 야담적 허구를 고스란히 보여준다. 요컨대 이들 야담은 역사적 사실과 야담적 허구가 적절히 조화를 이루며, 당대인의 모습과 사회상의 모순을 반영하고 있다.

18세기는 조선이 전란의 상처를 딛고 문화적 전성기를 누린 때지만, 이후 조선은 여러 가지 병폐를 내포하고 비리와 모순을 드러내며 혼란기를 맞아야 했다. 야담은 그런 분위기에서 대두되고, 다양한 이야기로 당대인과 시대상을 담아냈다. 그 가운데 신라 및 경주를 소재로 한 이야기에는 18세기 전후 민중의 역사의식과 현실인식이 담겨 있다. 요컨대 신라는 천년을 지속하며 우리나라 최초로 통일대업을 완수한 국가이며, 경주는 기이한 능력을 담지擔持한 신격화된 인물이 거주한 곳 내지는 영특한 재능을 지닌 하층민이 살아가는 곳이다.

본고에서 살펴본 야담 작품은 이러한 요소들이 씨줄과 날줄로 교차하면서 만들어진 이야기다.

제2장

『금계필담』에 기록된 신라 이야기 연구

— 역사의 구연과 기록을 중심으로

1. 서론

조선후기에 출현한 야담野談은 하층민들에 의해 창작되어, 구연口演으로 민간에 유행되다가, 식자층에 의해 기록記錄되어 서사문학으로 정착되었다. 따라서 하층민의 구연에서 1차 창작이 이루어지고, 식자층의 기록에서 2차 창작이 이루어지는 특이한 창작과정을 겪었으며, 여타 서사문학과 달리 하층민과 식자층의 견문과정이 고스란히 담겨 있다. 다시 말해, 구연자 내지는 청자로서 하층민의 활동과 기록자 내지는 독자로서 식자층의 역할이 종합된 결과물인 셈이다.

야담은 17세기 유몽인柳夢寅이 찬술한 『어우야담於于野談』을 시작으로, 18세기 임방任埅이 저술한 『천예록天倪錄』 외에 다양한 작품집을 거쳐, 19세기 서유영徐有英이 편찬한 『금계필담錦溪筆談』을 비롯한 여러 야담집이 등장하였으며, 이후 20세기에도 수많은 이야기가 민간에 유전流傳되다가 점차 사라졌다. 이처럼 시대별로 등장한 야담과 야담집은 조선후기의 시대상과 사회상은 물론 인물상과 생활상을 오롯이 담고 있다. 거기에는 역사적 사실과 함께 야담적 허구도 다채롭게 교직交織되어 풍부한 서사체敍事體를 완성시켰다.

본고에서는 비교적 후기 야담집에 속하는 『금계필담』에 기록된 신라 이야기를 고찰한다. 특히, 신라의 풍속과 인물 등이 야담 속 구연과 기록을 통해 어떻게 전승되었는지 확인할 예정이다. 예컨대 삼국의 역사서 『삼국사기三國史記』 및 『삼국유사三國遺事』 속 신라에 대한 기록과 비교 분석함으로써 야담에서 역사를 다루는 방식을 파악한다. 나아가 초기 야담집에 속하는 『천예록』 소재 신라 이야기도 아울러 살펴봄으로써 시대변화에 따른 역사의 전승과 야담의 특징을 도출한다.

지금까지 『금계필담』에 대한 연구가 꾸준히 이루어졌으나,[1] 야담과 역사의 연관성에 대한 논문은 아직 발표되지 않았으며, 더구나 역사 속 신라 이야기를 다룬 연구논문은 없었다. 이에 필자는 『금계필담』 소재 신라 이야기를 선별하여 역사적 사실 여부를 확인하고, 구연과 기록을 통해 전승된 신라의 풍속과 인물에 주목하여 야담의 서사화를 고찰할 것이다. 이는 역사적 사실과 문학적 허구의 산물인 야담의 서사적 특징을 부각시키는 성과를 얻으리라 확신한다.

1 이강옥, 「『六美堂記』와 『錦溪筆談』의 비교분석을 통한 소설과 야담계 서사체의 관계 양상 고찰」, 『한국학보』 제12권, 한국학보(서지사), 1986. 1121-1145면; 임완혁, 「『錦溪筆談』 異本考」, 『한국한문학연구』 제23권, 한국한문학회, 1999. 389-416면; 강미정, 「『錦溪筆談』 소재 〈光廟有一公主〉를 통해 본 드라마 〈공주의 남자〉의 문제의식과 그 한계」, 『한국고전연구』 제27집, 한국고전연구학회, 2013. 177-222면 등 참조

2. 구연과 기록의 산물

『금계필담』은 조선후기 서유영徐有英[2]이 직접 견문한 141편의 이야기를 수록하여 1873년에 편찬한 야담집이다.[3] 또 '좌해일사左海逸事'라는 부제副題를 붙여 역사 기록에서 빠진 이야기를 채록하였음을 밝혔는데, 이는 "말년에 병들어 나태해진 마음을 달래고자 심심풀이[破寂之資]로 쓴다."라고 한 서문序文에서도 드러난다.[4] 이 책은 제왕과 왕비, 문신과 무인, 이인異人과 장사壯士, 여인 등에 얽힌 이야기를 대략 시대순으로 서술하고, 풍속에 관한 잡다한 이야기를 첨부하였다. 특히, 조선후기에 대다수 문헌으로 전승된 여타 야담집과 달리 저자가 직접 보고들은 이야기를 수록했다는 점에서 구별된다.[5]

---

2 서유영(徐有英, 1801-1874): 조선후기의 문신. 본관 달성達城. 호 운고雲皐. 효명세자孝明世子의 죽음(1830)으로 과거공부를 포기하고 낙사洛社 등 시詩모임을 조직하여 활동하다가, 1860년 음관蔭官으로 관직에 나아가 의령현감宜寧縣監 등을 지냈다. 1868년 유배형을 받고, 1870년 해배解配되어 고향인 금계錦溪에서 거처하다가 세상을 떠났다. 작품으로 시집 『운고시선雲皐詩選』, 야담집 『금계필담錦溪筆談』, 장편한문소설 『육미당기六美堂記』가 전한다.

3 『금계필담』은 1873년 저술된 야담집으로, 여러 이본異本이 존재한다. 본고에서는 연세대도서관본을 텍스트로 하였음을 미리 밝혀둔다. 서문序文의 기록을 살펴보면, 상백문고본은 '1873년 10월 26일', 국립중앙도서관본은 '1873년 10월 28일', 고려대도서관본은 '1873년 12월 23일'에 지었다고 한다. 임완혁, 『구연 전통과 서사』, 태학사, 2008. 164-194면 참조

4 서유영, 『금계필담』〈序〉. 自余家錦溪 深山窮峽 寂無來客 終日閉門 維事病懶 而已 竊欲著書 聊以自遣 然年迫桑榆 少日記誦 皆已遺忘 又傍無書籍 無所攷據 乃掇拾舊聞 隨思輒錄 僅得百三十八事 纔一月而畢 名篇曰錦溪筆談 雖謂之杜撰 亦可矣 蓋此一篇 或漏信史 雜出野聞 多有眞贋之相半 然至若管窺得斑 論及故事 則不無少補於破寂之資 而亦足爲談助之一端云.

5 서유영의 서술 시각은 예전에 들은 이야기를 주워 모아 생각나는 대로 매번 기록했다.[掇拾舊聞 隨思輒錄]"라고 한 데서 잘 드러난다. 따라서 사건의 발생시점과

『금계필담』에 기록된 신라 이야기는 총 141편 중 8편에 불과하다. 이는 시대적인 거리가 멀고 역사적인 관점이 달랐던 점을 감안하면, 그래도 의미있는 숫자라고 하겠다. 추정컨대 조선후기에도 민간에 유행하던 신라 이야기였거나, 아니면 저자가 관심을 가질 만한 특이점을 전제로 특정 이야기를 기록해야겠다는 야담의 서사적 면모와 취지를 수용하는 자세라고 보아도 좋겠다. 본장에서는 8편의 길고 짧은 신라 이야기에서 드러나는 야담의 특징을 삼국의 역사서에 담긴 기록과 비교 분석함으로써 자연스럽게 도출되는 결과에 의미를 부여해본다.

1) 조선에 전해진 신라의 풍속

우리 역사상 불교는 삼국시대에 전래되어 고구려, 백제, 신라에서 크게 흥성하였으며, 전성기에는 수많은 사찰을 건립하고 불상과 석탑을 조성했다. 이후 고려시대에는 초기부터 민심을 수습하고 왕권을 강화하기 위해 불교를 건국이념과 국가신앙으로 정착시켰으며, 전대前代의 호국불교 전통을 계승하여 국가적 행사로 팔관회와 연등회 등을 개최하였다. 그러나 조선시대에는 유학을 숭상하고 불교를 억압하는 정책으로 돌아서 전혀 다른 양상을 보이는데, 그럼에도 불교 관련 이야기나 풍속은 다양하게 전승되었다.

기록시점의 간격이 크고, 이야기의 기억과 망각 및 보완과 변개 과정에 작가의 취향이나 세계관이 깊이 개입되었을 가능성이 크다고 한다. 이강옥, 「『금계필담』과 『육미당기』의 비교」, 『한국 야담 연구』, 돌베개, 2006. 475-505면 참조

(1) 불교 전래와 사찰

다음은 신라의 불교 전래와 사찰 창건에 관련된 이야기다.

우리나라는 당초에 불법佛法이 없었다. 신라 남해왕南解王 원년(A.D.4)에 53불佛이 천축국天竺國에서 석종石鐘을 싣고 바다를 건너와서 고성현高城縣에 정박하고, 금강산을 향해 가서 느릅나무가지에 나란히 앉아 있었다. 현관縣官의 집사가 왕에게 아뢰어 즉시 그 땅에 절을 지어 거기에 안치했는데, 지금 '유점사楡岾寺'가 그곳이다. 바로 한평제漢平帝 원시 4년(A.D.4) 갑자의 일로, 이는 고려 평장사 민지閔漬[6]의 기록[7]에 실려 있다.[8]

【불우】 유점사楡岾寺 금강산의 동쪽에 있는데, 고을과의 거리는 60여리이다. 절의 대전大殿을 능인能仁이라 한다. ○민지閔漬의 기문記文에는 이렇게 적었다. "53불佛이 월지국月氐國에서 무쇠 종을 타고 바다를 떠와서 안창현安昌縣 포구에 대었다. 고을의 수령 노준盧偆이 관

6 민지(閔漬, 1248-1326): 고려 후기의 문신. 본관 여흥驪興. 자 용연龍涎, 호 묵헌默軒, 시호 문인文仁. 1266년(원종 7) 과거에 장원 급제하고, 벼슬이 수정승守政丞에 이르렀다. 당대 가장 뛰어난 문장가로 불교에 심취하였으며, 문집으로 『묵헌집默軒集』이 전한다.

7 고려시대 민지가 쓴 〈금강산유점사사적기金剛山楡岾寺事蹟記〉를 가리킨다. 기문記文에서 유점사는 신라 제2대 남해왕 원년(A.D.4)에 창건되었다고 한다. 『삼국사기』 신라 제3대 유리왕 5년(A.D.28) "이 해에 민속이 즐겁고 평안하여 비로소 〈도솔가兜率歌〉를 지었으며, 이것이 가악歌樂의 시초다.[是年 民俗歡康 始製兜率歌 此 歌樂之始也]"라고 하였으니, 그보다 앞서 불교풍속이 시작된 듯하다.

8 『錦溪筆談』 下. 我東初無佛法 新羅南解王元年 五十三佛 自天竺國 乘石鐘泛海而來 泊高城縣 轉向金剛山 列坐於楡樹枝 縣官盧偆 白于王 卽於其地創寺以安之 今楡岾寺 是也 乃漢平帝元始四年甲子事 此載高麗平章事閔漬所記. 이하 『금계필담』 소재 인용문은 비록 짧지만 모두 전문全文임을 미리 밝혀둔다.

속을 거느리고 가보니, 다만 여러 작은 발자국이 진흙 위에 있는 것이 보이며, 나뭇가지가 모두 산 서쪽으로 쓰러지고 또 종鍾을 달고 쉰 곳이 있었다. …… 종소리를 듣고는 그 소리를 따라 동문洞門으로 들어가니 큰 못이 있고, 못 위에 느릅나무가 있는데, 종을 나뭇가지에 걸고 여러 부처들이 못 언덕에 늘어서 있으며 이상한 향기가 풍겼다. 준偆이 관속들과 함께 나아가서 예를 갖추고 돌아와서 왕께 아뢴 다음, 절을 창건하여 모시고 그 이름을 유점사楡岾寺라 하였다."[9]

불교 사찰은 저마다 남다른 창건 설화를 간직하고 있다. 조선시대 유점사楡岾寺는 금강산 동쪽, 고을에서 60여 리 떨어진 깊은 산속에 위치해 있었다고 전한다. 사찰명에서 드러나듯이 천축국天竺國에서 온 53불이 '느릅나무가지[楡樹枝]'에 나란히 앉아 있었다고 하여 이름 지어졌다. 그런데 불법이 전해진 시기에 대해서는 의견이 분분하여 조선시대는 물론 지금도 정확한 연대를 소명할 수 없는 상태다.

위 야담에서 저자는 신라 불교가 남해왕南解王 원년에 전래된 것으로 기록하였다. 그러나 역사서에는 눌지왕訥祗王 때 고구려 묵호자墨胡子가 불교를 전해주었거나, 이후 소지왕炤智王 때 아도화상阿道和尙이 신라에 불교를 전한 것으로 적었다.[10] 이 또한 『삼국사기』의 기록은 김대문金大問의 『계림잡전鷄林雜傳』에 따른 것이라 했으며,[11] 『삼국유사』의 기록은 신라본기新羅本紀와 아도화상비문我道和

9 『신증동국여지승람新增東國輿地勝覽』 권45, 강원도江原道-고성군高城郡. [유점사楡岾寺] 참조

10 『三國史記』 권4, 新羅本紀 4, 法興王條. 十五年 肇行佛法 初訥祗王時 沙門墨胡子 自高句麗 至一善郡 郡人毛禮 於家中作窟室安置 …… 至毗處王時 有阿道[一作我道]和尙 與侍者三人 亦來毛禮家 儀表似墨胡子 住數年 無病而死.

11 『三國史記』 권4, 新羅本紀 4, 法興王條. 此據金大問鷄林雜傳所記書之 與韓

尙碑文을 비교하며 서로 내용이 어긋난다고 밝혔다.[12]

『금계필담』의 저자는 신라의 불교전래 상황을 자신의 견문에 근거해 기술하고 있다. 그런데 저자가 말하는 불교전래 연대와 과정 및 사찰 창건설화는 역사서에 기록되지 않고, 다만 민간에 전해지는 고려시대 사적기寺蹟記[13]나 조선시대 유람기遊覽記[14]에서 확인된다. 게다가 사실 여부 등 정확도마저 떨어져, 기록에 따른 문헌전승이라기 보다는 구연을 통한 채록이라는 데 힘이 실린다. 또 관찬지리서인 『신증동국여지승람新增東國輿地勝覽』에서도 전래상황과 창건설화에 대해 의혹을 제기한 대목이 확인된다.[15]

(2) 정월 대보름 약밥

다음은 우리 전통음식 약밥에 대한 흥미로운 이야기다.

> 우리나라 약밥[藥飯]은 신라 소지왕炤智王 때 출현했다. …… 이때부터 나라 풍속에 매년 정월 대보름이면 약밥을 지어 까마귀에게 제사를 지내 그 은혜에 보답했다. 또 이날에는 온갖 일을 꺼려 감히 함부로 행동

奈麻金用行所撰我道和尙碑所錄 殊異.

12 『三國遺事』 권3, 興法 3, 〈阿道基羅〉. 據此 本記與本碑 二說相戾不同如此.

13 『신증동국여지승람』에 실려 전하는 민지의 〈금강산유점사사적기〉가 대표적이다.

14 李宜顯, 『陶谷集』 권25, 〈遊金剛山記〉. "기축년(1709, 숙종35) 가을 9월, 계유일(6일)에 일찍 일어나서 승려들에게 명하여 절에 보관된 고적古蹟을 꺼내 보여 달라고 했더니, 승려들이 고려시대 민지가 기록한 사찰 창건 본말 책자를 내주었다. [癸酉 早起 令僧輩出示寺中古蹟 僧輩以高麗閔漬所記建寺本末冊子進]"

15 『신증동국여지승람』 권45, 강원도-고성군. "[유점사] …… 지금 민지의 기문을 보면 극히 괴이하고 망녕되므로 전하여 믿을 것이 못 되지만, 그 지명들이 모두 있어서 그대로 여기에 붙여둔다."

하지 않고, 이름하여 '신일愼日'이라고 불렀는데, 이언俚言으로는 '달도怛叨'[16]라고 불렀다. 점필재佔畢齋는 악부시 〈달도가怛叨歌〉[17]에서 이렇게 노래하였다. '섧고 또 설운지고, 임금을 거의 보전치 못할 뻔했네. 유소장 안에 현학금 거꾸러지니, 어여쁜 왕비와 해로하기 어려웠네.'[18]

이로부터 나라 풍속에 매번 정월 상순 돼지 · 쥐 · 까마귀 날에는 모든 일을 조심하여 함부로 움직이지 않았고, 15일을 '오기일烏忌日'이라 하여 찰밥으로 제사를 지냈으며, 지금도 행해지고 있다. 이언에 '달도怛忉'는 슬퍼하며 모든 일을 금하고 꺼린다는 뜻이다.[19]

위 야담 전반부에는 '사금갑射琴匣' 설화로 널리 알려진 이야기가 담겨 있다. 신라 소지왕 때 궁궐 분수승焚修僧과 왕비가 사통私通하였는데, 못에서 나온 노인이 준 서찰을 까마귀가 왕에게 물어다주었고, 왕이 겉봉을 읽고는 고민하다가 내용을 확인한 뒤 금갑琴匣을 쏘

16 '달도怛叨'는 '달도怛忉'와 의미상 통용되는 말이다. 굳이 해석하면, 전자前者는 '함부로 하는 것을 두려워하다'는 뜻이고, 후자後者는 '두려워하고 삼가다'는 뜻이다. 그런데 『금계필담』을 제외하면 모두 '怛忉'로 적었다.

17 〈달도가〉는 김종직金宗直이 지은 〈동도악부東都樂府〉(『점필재집佔畢齋集』 권3) 중 하나로, 총 8편 가운데 〈회소곡會蘇曲〉, 〈우식곡憂息曲〉, 〈치술령鵄述嶺〉, 〈달도가怛忉歌〉, 〈양산가陽山歌〉, 〈대악碓樂〉, 〈황창랑黃昌娘〉 7편은 전해지나, 〈천관사天官寺〉 1편은 제목만 남아 있다. 〈달도가〉의 시詩 전문은 이러하다. 怛怛復忉忉 大家幾不保 流蘓帳裏玄鶴倒 揚且之晳難偕老 忉怛忉怛 神物不告知奈何 神物告兮基圖大.

18 『錦溪筆談』下. 我東藥飯 出自新羅炤智王時 …… 自是國俗 每當正月望日爲藥飯 以祭烏報之 又以是日爲百忌 不敢動作 名爲愼日 俚言謂之怛叨 佔畢齋樂府怛叨歌云 怛怛復叨叨 大家幾不保 流蘇帳裡玄鶴倒 揚且之晳難偕老.

19 『三國遺事』권1, 紀異 1, 〈射琴匣〉. 自爾國俗 每正月上亥上子上午等日 忌愼百事 不敢動作 以十五日爲烏忌之日 以糯飯祭之 至今行之. 俚言怛忉 言悲愁而禁忌百事也.

았더니, 소지왕은 목숨을 건졌으며 사통하던 남녀가 죽었다고 한다.[20] 그런데 여기서 기인한 세시풍속이 주목을 받으며 『금계필담』에 실렸다.

국가 역사서와 개인 문집 등에는 신라 소지왕과 관련된 역사 속 설화에 집중하여 기록되었지만, 『금계필담』의 저자는 우리나라 풍속에 관심을 두었기에 내용도 달라진다. 정월 대보름 세시풍속에는 여러 가지가 있지만, 찰밥[糯飯]을 지어 까마귀에게 제사 지낸 것은 신라 소지왕 때 생겨났고,[21] 이후 『삼국유사』의 기록으로 보아 고려시대에도 그대로 전승되었던 듯하다. 그런데 조선후기 『금계필담』에 와서는 찰밥이 약밥[藥飯]으로 바뀌어 기록되었다.

정월 대보름 세시풍속에는 부럼을 깨고, 오곡밥에 갖은 나물을 먹으며, 다리 밟기와 달집태우기 등이 있다. 특히, 오곡밥은 찹쌀에 잡곡을 넣어 찰밥으로 지어 먹는데, 약밥은 찐 찹쌀에 대추와 밤 등을 넣어 다시 찐 것을 말한다.[22] 찰밥이 약밥으로 바뀐 시점은 정확히

20 『錦溪筆談』 下. 王卽位二年正月望 幸天泉亭 有老人 出自池中 使烏含書至王所. 王見其書 外封云 開見二人死 不開見一人死 王曰 與其二人死 不若一人死 太史奏一人者王也 王乃開見 書曰射琴匣 王入宮 見琴匣 橫在床下 挽弓射之 匣中有人伏焉 內殿焚修僧 與王妃潛通 欲謀逆者也 遂與妃伏誅.

21 『신증동국여지승람』 권21, 경상도慶尙道-경주부慶州府. [나반제오糯飯祭烏] 신라 소지왕炤智王이 이미 금갑琴匣의 화禍를 면하자, 나라 사람들이 말했다. "만약 까마귀와 쥐와 용과 말과 산돼지의 공功이 아니었더라면 임금께서는 화를 입었을 것입니다." 마침내 정월의 첫 자일子日, 첫 진일辰日, 첫 오일午日, 첫 해일亥日에는 모든 일에 조심하고 감히 함부로 행동하지 않아 신일愼日로 삼았다. 이 날을 속담으로 달도怛忉라고 하는데, 슬퍼하고 근심하여 금기禁忌한다는 뜻이다. 또 정월 16일을 오기일烏忌日로 정하고, 찰밥으로 제사하였다. 나라의 풍속이 지금도 그렇게 하고 있다. 자세한 것은 서출지書出池의 주註에 나온다.

22 『열양세시기洌陽歲時記』에는 약밥에 대해 이렇게 적었다. "찹쌀을 대강 쪄서 만든 밥에 기름과 꿀과 진장을 넣어 비비고, 씨를 뺀 대추 살과 깐 밤을 잘게 썰어

알 수 없지만, 야담집은 요리서가 아니라 민간에 구연口演으로 전해지던 풍속을 채록한 만큼 전승과정에 오류가 발생할 수도 있다. 기록으로 전해지는 내용처럼 정확하지 못한 것은 이런 데서 기인한 것이라 예측된다.

(3) 옥보고의 현금과 악곡

다음은 신라의 음악에 관련된 짤막한 이야기다.

> 옥보고玉寶高는 신라 경덕왕景德王 때 사람이다. 지리산에 거처하며 연단鍊丹을 하여 선계仙界에 올라 금琴을 켜면서 36곡曲을 지으니, 현학玄鶴이 뜰에서 춤을 추었다. 우리나라 현금玄琴은 바로 그가 만든 유물이지만, 악곡은 전해지지 않는다. 고운 최치원은 일찍이 옥보고에게 선결仙訣을 전수받고 가야산을 오가며 가야금伽倻琴을 만들었는데, 지금 세상에 전해지는 것은 다만 〈보허사步虛詞〉[23] 1곡뿐이다.[24]

> 신라사람 사찬沙湌 공영恭永의 아들 옥보고는 지리산 운상원雲上院에 들어가서 50년 동안 금琴을 연구하여 직접 새로운 곡조 30곡曲을 지었다. …… 안장安長은 그 아들 극상克相과 극종克宗에게 전하여 극종

쌀 양에 맞게 고루 넣고, 다시 은은한 불에 쪄서 제사상에 올리고 손님에게 대접하며 동네 이웃이 서로 나눈다."

23 〈보허사步虛詞〉는 고려시대 궁중음악으로, 송宋나라에서 들어왔다. 원래 이름은 〈보허자步虛子〉이며, 아명雅名은 〈황하청黃河淸〉이다. 〈보허사〉라는 이름은 조선 영조英祖 때부터 쓰였고, 순조純祖 때 『유예지遊藝志』에는 〈보허사〉라는 이름으로 거문고 악보가 전한다. 『삼국사기』에는 〈보허사〉에 대한 기록이 없다.

24 『錦溪筆談』 下. 玉寶高 新羅景德王時人 居智異山 鍊丹升仙 彈琴作三十六曲 舞玄鶴於庭 我東玄琴 卽其遺制 而曲則無傳 崔孤雲致遠 嘗受仙訣於玉寶高 來往伽倻山 作伽倻琴 至今傳於世 只有步虛詞一曲.

이 7곡을 지었으며, 극종의 뒤에는 금琴으로 자기 직업을 삼은 자가 한 둘이 아니었다. …… 옥보고가 지은 30곡은 상원곡上院曲 1, 중원곡中院曲 1, 하원곡下院曲 1, 남해곡南海曲 2, 의암곡倚嵒曲 1, 노인곡老人曲 7, 죽암곡竹庵曲 2, 현합곡玄合曲 1, 춘조곡春朝曲 1, 추석곡秋夕曲 1, 오사식곡吾沙息曲 1, 원앙곡鴛鴦曲 1, 원호곡遠岵曲 6, 비목곡比目曲 1, 입실상곡入實相曲 1, 유곡청성곡幽谷淸聲曲 1, 강천성곡降天聲曲 1이다. 극종이 지은 7곡은 지금 전하지 않는다.[25]

신라의 악기와 악곡에 대해 전하는 내용이다. 야담에 따르면, 옥보고는 금琴을 만들고, 그 연주곡 36곡曲을 지었다고 한다. 그러나 조선시대에 이르면, 그가 만든 현금玄琴[26]은 유물로 전해지지만, 악곡은 하나도 전승되지 못했다. 다만 최치원이 옥보고에게 영향을 받아 가야금伽倻琴을 만들었고, 그 노래 1곡이 조선후기까지 남아 있다고 덧붙였다. 그런데 이야기에서 명확한 것은 옥보고의 실존 사실뿐이다.

『금계필담』에 수록된 옥보고 관련 내용은 역사서에서도 확인할 수 있다. 『삼국사기』에 따르면, 그는 지리산 운상원에 들어가 50년간

25 『三國史記』 권32, 雜志 1, 樂條. 羅人沙湌恭永子玉寶高 入地理山雲上院 學琴五十年 自製新調三十曲 …… 安長傳其子克相克宗 克宗制七曲 克宗之後 以琴自業者 非一二. …… 玉寶高所制三十曲 上院曲一 中院曲一 下院曲一 南海曲二 倚嵒曲一 老人曲七 竹庵曲二 玄合曲一 春朝曲一 秋夕曲一 吾沙息曲一 鴛鴦曲一 遠岵曲六 比目曲一 入實相曲一 幽谷淸聲曲一 降天聲曲一 克宗所製七曲 今亡.

26 『三國史記』 권32, 雜志 1, 樂條. 玄琴之作也 新羅古記云 初 晉人以七絃琴送高句麗 麗人雖知其爲樂器 而不知其聲音及鼓之之法 購國人能識其音而鼓之者 厚賞 時 第二相王山岳 存其本樣 頗改易其法制而造之 兼製一百餘曲 以奏之於時 玄鶴來舞 遂名玄鶴琴 後但云玄琴.

금琴을 연구한 끝에 30개 악곡을 새로 지었다고 하는데, 이는 야담에서 36곡을 지었다고 하는 말과 어긋난다. 뒤이어 옥보고에서 후대로 전승된 과정과 인명을 상세히 기록하고, 30곡의 제목과 편수를 하나하나 나열함으로써 역사적 사실성을 확보하였다. 이처럼 구연으로 전해진 야담의 내용은 역사적인 기록에 비해 정확성과 신뢰도가 떨어진다고 하겠다.

그럼에도 『금계필담』은 조선후기까지 전해진 신라의 풍속에 대해 살필 수 있는 자료다. 예컨대 신라의 불교 전래와 사찰의 창건 설화를 담아내고, 세시풍속에서 정월 대보름에 먹는 약밥의 출현에 관련된 이야기를 찾아내고, 신라의 음악과 악기 및 악보 등에 관한 전승을 기록했다. 이러한 내용은 역사서와 비교하여 신뢰도가 낮지만, 이는 구연전승 과정에서 발생한 오류인 듯하다. 그러나 본장에서 필자가 주목한, 구연으로 전승된 야담이 조선에 전해준 신라의 풍속에 대해서는 의미 있는 결과라고 하겠다.

2) 사서史書에 기록된 신라의 인물

우리나라 고대의 역사적 사실과 설화적 허구를 기록한 『삼국사기』와 『삼국유사』에는 수많은 인물이 생전에 남긴 업적과 사후에 벌어진 기행이적奇行異蹟이 담겨 있다.[27] 특히 이야기는 신라인에 집중되어

27 특히, 『삼국유사』에는 우리나라 고대 설화가 다수 실려 전하는데, 〈거타지居陀知〉 이야기가 대표적이다. 이는 흥미로운 화소話素로 야담에 전승되어 『어우야담』에서 〈화포장火砲匠〉 이야기로 엮어졌으며, 그에 대한 연구논문도 발표되었다. 전기웅, 「『삼국유사』 소재 '眞聖女大王居陀知'조 설화의 검토」, 『한국민족문화』 제38집, 부산대 한국민족문화연구소, 2010. 217-251면; 이채경, 「『三國遺事』와 스토리텔링-동서양 이야기의 비교를 중심으로」, 『국제언어문학』 제39집, 국제언어문학

있으며, 왕 · 승려 · 문장가 · 이인異人 · 명필名筆 · 화가畵家 등 다양한 인물의 생애와 활동이 다채롭게 펼쳐진다. 이러한 양상은 조선후기 야담에도 고스란히 드러나는데, 『금계필담』에 채록된 신라 인물의 이야기는 역사서에 기록된 내용과 서로 교차되기도 한다.

(1) 문장가 설총薛聰(설총의 화왕계花王戒)

다음은 신라의 고승으로 이름난 원효대사와 그 아들 설총에 관한 이야기다.

> 원효대사元曉大師는 신라 신문왕神文王 때 신승神僧으로, 왕이 무척 예우하였다. 원효가 일찍이 노래하기를, "누가 도끼자루[정권] 설치를 허락하나, 내가 잘라서 천주天柱를 세우리라."라고 하니, 왕이 그것을 듣고 말했다. "이 선사禪師가 귀부인을 얻어 귀한 자식을 낳고 싶다고 말하는구나. 나라에 대현大賢이 있으면 그보다 더 이로울 게 없도다." 당시 요석궁瑤石宮에 왕족 가운데 새로 과부가 된 사람이 있었는데, 왕이 궁리宮吏를 보내 원효를 찾아보라고 했다. 원효가 남산에서 내려오다가 궁리를 만나자, 유교楡橋를 지나다가 일부러 시냇물에 떨어졌다. 궁리가 부축해 일으켜 궁중에 도착하여 옷을 말리느라 유숙했는데, 과부에게 과연 태기가 있다가 아들을 낳았으니, 바로 설총薛聰이었다.[28]

설총은 태어나면서 경사經史에 박통博通하여 방언方言으로 구경九

회, 2018. 257-289면 참조

28 『錦溪筆談』下. 元曉大師 新羅神文王時神僧也 王甚禮焉 元曉嘗唱歌云 誰許設斧柯 我斫支天柱 王聞之 曰 此師欲得貴婦 產貴子之謂也 國有大賢 利莫大焉 時瑤石宮 有宗室新寡 王敕宮吏 覓元曉 自南山來 遇宮吏 過楡橋 佯墮川中 吏扶起 至宮中 曬衣因留宿 寡果有娠生子 卽薛聰也.

> 經의 뜻을 풀이하였고, 또 이어俚語로 이문吏文을 만들었으니, 지금 관부에서 쓰는 문자가 그것이다. 왕이 일찍이 한가로울 때 설총을 불러 말하기를, "그대가 이인異人이라는 소문을 들었는데, 나를 위해 진설해 보시오."라고 하니, 설총이 이에 〈화왕전花王傳〉을 지어 왕을 풍자하였으며, 대개 그 내용은 이러하다. "화왕花王이 처음 왔을 때, 한 가인佳人이 있어 이름은 '장미薔薇'였고, 붉은 얼굴에 하얀 치아 등 요염한 자태로 사람을 미혹시켜 천침薦枕코자 하였다. 또 한 장부丈夫가 있어 이름이 '백두옹白頭翁'으로, 포의에 혁대를 하고 구부정하게 걸어서 앞으로 나와 말했다. '무릇 임금된 자는 누구나 노성한 자를 가까이 하면 흥하고, 요염한 자를 가까이 하면 망합니다.' 왕이 그 말을 듣고 슬퍼져서 말하기를, '청컨대 그대의 글로써 여러 신하의 경계로 삼겠소.'라고 하며, 드디어 설총을 발탁하여 높은 관직을 주었다. 고려조에 이르러 홍유후弘儒侯에 봉하고 문묘文廟에 종사從祀하였으니, 우리나라 학문 부흥은 설총에게서 비롯되었다.[29]

위 야담에서 전반부는 원효대사가 요석공주와 결연結緣하여 설총이 태어난 과정을 대략 기술한 것이다. 원효가 왕에게 자기 뜻을 창가唱歌로 전하고, 일부러 물에 빠져 요석궁에서 유숙留宿하는 등은 결국 설총을 얻기 위해 의도된 언행言行이었다. 이러한 원효대사와 요석공주의 사랑 이야기는 『삼국사기』에는 실려 있지 않으며,[30] 『삼

29 『錦溪筆談』下. 生而博通經史 以方言解九經義 又以俚語製吏文 今行于官府者 是也 王嘗燕居進聰 曰 子有異聞 爲我陳之 聰乃作花王傳 以諷王 蓋其書曰 花王之始來也 有一佳人 名薔薇 朱顔皓齒 妖艶迷人 願薦枕 又有一丈夫 名曰白頭翁 布衣革帶 傴僂而前 曰 凡爲君者 莫不親近老成而興 昵比妖艶而亡 王聞之愀然 曰 請書諸紳以爲戒 遂擢聰爲高秩 至麗朝 封弘儒侯 從祀文廟 我東興學自聰始.

30 『三國史記』권46, 列傳 6, 薛聰條. 薛聰 字聰智 祖談捺奈麻 父元曉. 初爲桑

국유사』에는 원효의 탄생 비화秘話와 아울러 두 사람의 결연 과정이 간략히 소개되었다.[31]

야담 속 후반부의 내용은 설총이 새로운 문자 이두吏讀를 만들고, 신문왕에게 〈화왕계花王戒〉[32]를 지어 올렸다는 데 주목하였다. 설총의 문학적 기량이 고스란히 드러난 〈화왕계〉의 창작 배경과 그 내용은 『삼국사기』에 상세히 기록되어 있지만,[33] 『삼국유사』에는 보이지 않는다. 다만 원효가 세상을 떠난 뒤, 설총이 원효의 소상塑像을 만들고 분황사芬皇寺에 안치한 다음, 예배를 드릴 때 소상이 돌아보았다는 이야기가 첨부되었다.[34]

門 淹該佛書 旣而返本 自號小性居士 聰性明銳 生知道術 以方言讀九經 訓導後生 至今學者宗之 又能屬文 而世無傳者 但今南地 或有聰所製碑銘 文字缺落不可讀 竟不知其何如也.

31 『三國遺事』 권4, 義解 5, 〈元曉不羈〉. 師嘗一日風顚唱街云 誰許沒柯斧 我斫支天柱 人皆未喩 時 太宗聞之曰 此師殆欲得貴婦 產賢子之謂也 國有大賢 利莫大焉 時 瑤石宮有寡公主 勅宮吏覓曉引入 宮吏奉勅將求之 已自南山來 過蚊川橋 遇之 佯墮水中濕衣袴 吏引師於宮 褫衣曬晾 因留宿焉 公主果有娠 生薛聰 聰生而睿敏 博通經史 新羅十賢中一也 以方音通會華夷方俗物名 訓解六經文學 至今海東業明經者 傳受不絶.

32 〈화왕계〉는 꽃을 의인화한 우언작품으로, 우리나라 최초의 가전체假傳體문학이라 평가된다. 본래 제목이 없던 것을 『동문선東文選』에는 〈풍왕서諷王書〉라고 썼으며, 『금계필담』에는 〈화왕전花王傳〉이라고 적었는데, 후대 사람들이 〈화왕계〉라고 부르게 되었다.

33 『三國史記』 권46, 列傳 6, 薛聰條. 神文大王 以仲夏之月 處高明之室 顧謂聰曰 今日 宿雨初歇 薰風微凉 雖有珍饌哀音 不如高談善謔 以舒伊鬱 吾子必有異聞 盍爲我陳之 聰曰 唯 臣聞昔花王之始來也 植之以香園 護之翠幕 當三春而發艶 凌百花而獨出 …… 花王曰 吾過矣 吾過矣 於是 王愀然作色曰 子之寓言 誠有深志 請書之 以爲王者之戒. 遂擢聰以高秩.

34 『三國遺事』 권4, 義解 5, 〈元曉不羈〉. 旣入寂 聰碎遺骸 塑眞容 安芬皇寺 以表敬慕終天之志 聰時旁禮 像忽廻顧 至今猶顧矣.

요컨대 『금계필담』에 실린 위 이야기는 신라의 승려 원효대사와 요석공주 그리고 문장가 설총을 다루며, 그들의 결연과 탄생 및 업적(불교 행적과 문학 작품 포함) 등을 기록하였다. 이러한 내용은 두 역사서에 번갈아 실려 있는데, 야담과 역사 속 내용이 서로 유사하거나, 축약 또는 부연된 것으로 확인되었다. 특히, 야담에서는 문장가 설총의 행적과 창작에 관한 이야기를 채록한 것이다.

(2) 성제 진평왕眞平王(진평왕의 옥대玉帶)

다음은 하늘이 내려준 옥대를 받은 진평왕의 이야기다.

> 진평왕眞平王 원년에 어떤 신인神人이 궁궐 뜰에 내려와 왕에게 옥대玉帶를 주므로 왕이 무릎을 꿇고 그것을 받아 교묘郊廟에서 크게 제사를 지내니, 모두 감복하였다. 당시 사람들이 찬송하는 시詩를 지었는데, 내용은 이러하다. '구름 밖 하늘이 내린 옥대를 두르니, 왕의 은혜와 곤룡포 우아함이 서로 어울리네. 우리 임금 이때부터 몸 더욱 무거워지니, 내일 아침엔 쇠로 돌계단을 바로잡아야 하겠네.' 신라가 고려 태조와 교빙交聘의 예를 표할 때, 고려 태조가 신라 사신 김률金律에게 물었다. "듣건대 너희 나라에 성제대聖帝帶가 있다는데, 지금도 보존하고 있느냐?" 김률은 모른다고 대답하였으며, 돌아가서 경순왕敬順王에게 아뢰고 조정 대신들에게 두루 물었으나, 아는 사람이 없었다. 황룡사皇龍寺 어느 노승老僧이 말하기를, "일찍이 들으니 진평왕 때는 이 옥대에 감복하였으며, 역대 보물로 전해져 남고南庫에 수장되어 있다."라고 하여, 왕이 드디어 열어보니, 비바람이 크게 일며 낮인데도 세상이 어두워졌다. 이에 좋은 날을 가려 목욕재계한 뒤에 비로소 그것을 얻어 사신을 보내 고려 태조에게 바쳤다. 대개 진평왕은 성골聖骨이었으므로 '성제대聖帝帶'라고 불렀다.[35]

이른바 진평왕의 옥대에 관한 내용을 기록한 『금계필담』 소재 작품이다. 진평왕은 기골이 장대하고, 식견이 명철했으며,[36] 관제 정비와 불교 진흥 및 적극적인 외교정책을 실시함으로써 독자적인 왕권을 수립하였다고 알려져 있다. 위 야담은 역사서에서 말하는 '천사옥대天賜玉帶' 내지는 '성제대聖帝帶'를 다루었지만,[37] 전체 이야기를 살펴보면, 시종일관 진평왕의 위용偉容과 천품天稟에 집중하여 서사가 전개된다.

진평왕의 옥대 이야기는 크게 세 대목으로 나뉜다. 첫째, 진평왕이 하늘에서 내려준 옥대를 받은 것. 둘째, 무거운 옥대를 두르고 궁궐 계단을 오르다가 섬돌이 깨진 것. 셋째, 고려 태조가 성제대(신라 삼보三寶)의 보존 유무를 묻는 것. 그런데 세 대목은 모두 진평왕의 특장점을 부각시키는 데 소재를 활용한다. 첫째 대목에서 진평왕은 옥

---

35 『錦溪筆談』 下. 眞平王元年 有神人 降于庭 授王以玉帶 王跪而受之 郊廟大祀 皆服之 時人贊頌作詩 曰 雲外天頒玉帶圍 辟雍龍袞雅相宜 吾君自此身彌重 準擬明朝鐵作墀 及新羅與麗太祖交聘時 麗太祖問新羅使金律曰 聞爾國有聖帝帶 至今尙存否 律對不知 還告于敬順王 遍問廷臣 無有知者. 有皇龍寺老僧 曰 曾聞眞平王時 服此帶 歷代傳寶 藏在南庫矣. 王遂開視 風雨大作 晝晦冥 乃擇日齋沐然後 始得之 遣使獻于麗祖. 蓋眞平王聖骨 故云聖帝帶.

36 『三國史記』 권4, 新羅本紀 4, 眞平王條. 王生有奇相 身體長大 志識沈毅明達.

37 진평왕의 옥대 이외에도 신라에는 신문왕神文王의 옥대가 있었는데, 신문왕의 옥대는 동해의 신룡神龍이 바친 것으로, 장식을 떼어 기림사祇林寺 계곡에 던지자 용龍으로 승천하였다. 『三國遺事』 卷2, 紀異 2, 〈萬波息笛〉. 王御感恩寺宿 明日午時 竹合爲一 天地震動 風雨晦暗七日 至其月十六日 風霽波平 王泛海入其山 有龍奉黑玉帶來獻 …… 王宿感恩寺 十七日 到祇林寺西溪邊 留駕晝饍 太子理恭[卽孝昭大王] 守闕 聞此事 走馬來賀 徐察奏曰 此玉帶諸窠 皆眞龍也 王曰 汝何以知之 太子曰 摘一窠沈水示之 乃摘左邊第二窠沈溪 卽成龍上天 其地成淵 因號龍淵. 이채경, 「문무왕 신격화의 변전 양상과 현대적 의의－문화콘텐츠 활용 방안을 중심으로」, 『한국문학논총』 제68집, 한국문학회, 2014. 117-142면 참조

대를 즉위 원년에 받았으며, 이는 그가 타고난 왕자王者였음을 지칭한다.[38] 또 둘째 대목에서는 진평왕이 건장한 체구에 무거운 옥대까지 둘렀으니, 즉위 초에 깨진 궁궐 계단을 더더욱 경계로 삼아야 함을 노래하였다.[39] 마지막 셋째 대목에서는 신라가 고려에 교빙의 예를 표할 때, 경순왕이 고려 태조에게 신라 삼보 중 하나인 진평왕의 옥대를 바침으로써 왕권을 이양하는 장면을 형상화한 것이다.[40]

이처럼 역대 문헌에 성명이 거론된 인물은 많고, 그 중에는 왕으로서 국권을 통치한 사례도 있다. 『금계필담』의 저자는 수많은 신라왕 가운데 진평왕의 이야기를 채록하였으며, 이는 조선후기에도 민간에서 두루 읽힌 문헌자료를 통해 취사선택한 것이라고 예상된다.[41] 다만 역사서에는 '천사옥대'라고 언급한 것을 야담에서는 '성제

38 『三國遺事』 권1, 紀異 1, 〈天賜玉帶〉. 卽位元年 有天使降於殿庭 謂王曰 上皇命我傳賜玉帶 王親奉跪受 然後 其使上天 凡郊廟大祀皆服之.

39 『三國遺事』 권1, 紀異 1, 〈天賜玉帶〉. 天賜玉帶[淸泰四年丁酉五月 正承金傅獻鐫金粧玉排方腰帶一條 長十圍 鐫銙六十二 曰是眞平王天賜帶也 太祖受之 藏之內庫] 第二十六白淨王 諡眞平大王 金氏 大建十一年己亥八月卽位 身長十一尺 駕幸內帝釋宮[亦名天柱寺 王之所創] 踏石梯 三石並折 王謂左右曰 不動此石 以示後來 卽城中五不動石之一也.

40 『三國史記』 권12, 新羅本紀 12, 景明王條. 五年 春正月 金律告王曰 臣往年奉使高麗 麗王問臣曰 聞新羅有三寶 所謂丈六尊像九層塔幷聖帶也 像塔猶存 不知聖帶今猶在耶 臣不能答 王聞之 問群臣曰 聖帶 是何寶物耶 無能知者 時有皇龍寺僧年過九十者 曰 予嘗聞之 寶帶 是眞平大王所服也 歷代傳之 藏在南庫 王遂令開庫 不能得見 乃以擇日齋祭 然後見之 其帶粧以金玉甚長 非常人所可束也.
『三國遺事』 권1, 紀異 1, 〈天賜玉帶〉. 後 高麗王將謀伐羅 乃曰 新羅有三寶不可犯 何謂也 皇龍寺丈六尊像 一 其寺九層塔 二 眞平王天賜玉帶 三也 乃止其謀 讚曰 雲外天頒玉帶圍 辟雍龍袞雅相宜 吾君自此身彌重 准擬明朝鐵作墀.

41 임완혁 교수는 『금계필담』에 나타난 서사체는 객관적인 사실 및 결과를 제시하기 위한 글쓰기로, 구연 및 기록 과정에서 서사의지가 상당히 약화된 모습을 보이며,

대'라고도 불렀음을 병기竝記하였다.

(3) 선인 처용랑處容郎(처용랑의 악무樂舞)

다음은 인간과 신神의 경계를 넘나드는 신라 처용에 얽힌 이야기다.

> 헌강왕憲康王이 당시 학성鶴城에서 노닐다가 개운포開雲浦 월명항月明港에 이르렀다. 어떤 이인異人이 자칭 '처용옹處容翁'이라고 하며 왕 앞에 나아가서 노래하고 춤추는데, 조개가 입을 벌리고 솔개가 날개를 펄럭이는 듯 모습이 놀라웠다. 왕궁에 머문 지 한 달 남짓 되었을 때, 또 네 신인神人이 스스로 푸른 바다 가운데서 왔노라고 말하는데, 의관과 모습이 처용선인處容仙人과 다를 바 없었다. 때때로 소매를 펼쳐 춤을 추고 노래는 낭랑하게 들을 만하여, 당시 사람들이 상서로운 곳이라고 여겼으나, 얼마 되지 않아 갑자기 어디로 떠나갔는지 알 수 없었다. …… 우리 조선 세종世宗은 처용무處容舞를 가지고 오방五方을 응용한 아악雅樂을 만들었다.[42]

위 야담에는 익히 알려진 처용가處容歌에 관련된 설화 내용은 빠져 있다. 즉, 처용이 외출한 사이에 역신疫神이 침입하여 처용의 아내를 범하자, 귀가한 처용이 그 모습을 보고는 시가詩歌를 지어 부르

이는 야사・잡록 성격의 글쓰기로 회귀하는 것이라고 평가했다. 본고에서 필자는 이를 문헌자료에서 이야기를 취사선택한 것이라고 판단했다. 임완혁, 「19세기말 야담의 변모에 대한 일고찰–『금계필담』에 수용된 전대 작품을 중심으로」, 『한국교육연구』 제13권, 한국한문교육학회, 1999. 383–413면 참조

42 『錦溪筆談』 下. 憲康王 時游鶴城 至開雲浦月明港 有異人 自稱處容翁 詣王前 歌舞貝齒鳶肩 形容可駭 留王宮月餘 又有四神人 自言從碧海中來 衣冠狀貌與處容仙人無異 時時張袖舞蹈 而歌瀏亮可聽 時以爲瑞居 未幾 忽不知去處 …… 我朝世宗 作處容舞 以應五方用之雅樂.

며 춤을 추었고, 이에 역신이 감복感服하여 물러갔다는 이야기다. 헌강왕 이후 처용의 형상은 사악한 것을 물리치는 벽사진경辟邪進慶의 상징으로 받아들여져 민간신앙으로 확대되었다고 전한다.[43]

그런데 『금계필담』의 저자는 처용의 전혀 다른 모습에 주목하였다. 『삼국유사』가 전반부에서 처용과 역신의 이야기를 소재로 처용가의 창작과 처용 형상의 의미를 다루었다면, 야담에서는 처용의 이인적異人的 면모와 처용무의 동작을 형상화하였다. 또 살펴보면, 『삼국유사』는 후반부에서 포석정鮑石亭에 행차한 헌강왕憲康王 앞에 나타나 춤을 춘 산신山神이 처용의 또 다른 현신이었음을 덧붙여 사건의 의미를 망국亡國으로 견인하였다.[44]

이러한 역사서 속 후반부 내용은 야담에서 또 다른 형태로 서사화되었다. 처용옹이 노래하고 춤추는 모습은 조개가 입을 벌려 노래하고 솔개가 날개짓 하여 춤추듯 했으므로 사람들을 놀라게 했다. 그런데 야담 속 처용 이인異人과 네 신인神人의 노래와 몸짓을 본 당시

43 『三國遺事』 권2, 紀異 2, 〈處容郎望海寺〉. 其一子隨駕入京 輔佐王政 名曰處容 王以美女妻之 欲留其意 又賜級干職 其妻甚美 疫神欽慕之 變爲人 夜至其家 竊與之宿 處容自外至其家 見寢有二人 乃唱歌作舞而退 歌曰 東京明期月良 夜入伊遊行如可 入良沙寢矣見昆 脚烏伊四是良羅 二肹隱吾下於叱古 二肹隱誰支下焉古 本矣吾下是如馬於隱 奪叱良乙何如爲理古 時 神現形 跪於前曰 吾羡公之妻 今犯之矣 公不見怒 感而美之 誓今已後 見畫公之形容 不入其門矣 因此 國人門帖處容之形 以僻邪進慶.

44 『三國遺事』 권2, 紀異 2, 〈處容郎望海寺〉. 又幸鮑石亭 南山神現舞於御前 左右不見 王獨見之 有人現舞於前 王自作舞 以像示之 神之名或曰祥審 故至今國人傳此舞 曰御舞祥審 或曰御舞山神 或云 旣神出舞 審象其貌 命工摹刻 以示後代 故云象審 或云霜髥舞 此乃以其形稱之 又幸於金剛嶺時 北岳神呈舞 名玉刀鈐 又同禮殿宴時 地神出舞 名地伯級干 語法集云 于時 山神獻舞 唱歌云 智理多都波都波等者 盖言以智理國者 知而多逃 都邑將破云謂也 乃地神山神知國將亡 故作舞以警之 國人不悟 謂爲現瑞 耽樂滋甚 故國終亡.

사람들은 잠시나마 그것을 상서롭게 여겼으나, 처용과 신인들은 어느 날 갑자기 사라져 버렸다. 이는 역사서에서 나라사람들이 나쁜 징조를 상서로운 것으로 착각하여 환락歡樂에 탐닉함으로써 망국亡國을 초래했다고 기술한 내용의 문학적 표현이라고 해석된다.

(4) 명필 김생金生(김생의 행초行草)

다음은 신라의 명필로 중국에까지 명성을 떨친 김생의 이야기다.

우리나라 명필은 모두 김생金生을 제일로 꼽지만, 나는 그의 진적眞跡을 보지 못했다. 『삼국유사』에는 이렇게 적었다. 김생은 어려서부터 글씨를 잘 썼으며, 행서行書·초서草書·예서隸書가 가장 뛰어났다. 고려 때 학사 왕관王灌이 사신 임무를 받들고 중국에 들어가 김생의 행초行草를 꺼내 보여주었더니, 여러 학사가 모두 크게 놀라며 "외국에 이런 왕희지王羲之[右軍]의 필적이 있으리라고는 꿈에도 생각하지 못했소."라고 말했다. 왕관이 말하기를, "이는 우군의 필적이 아니라 바로 신라 김생의 글씨요."라고 하니, 여러 학사가 서로 귀하고 소중히 여겨 마침내 명성이 중국에 퍼졌다. 영남 금오산金烏山 아래에 창림사비昌林寺碑가 있는데, 자획이 매우 예스럽고 우군의 전형적인 서체書體를 갖추고 있어 아무리 중국인 유명 각수刻手라도 그것을 능가하지 못했다고 한다.[45]

45 『錦溪筆談』下. 東國名筆 皆以金生爲第一 然余不得見眞跡 三國遺事 金生自幼善書 其行草隸書 最絶奇 高麗時 學士王灌 奉使入中國 出金生行草示之諸學士 皆大驚 曰 不圖外國有此右軍筆跡 灌曰 此非右軍筆跡 乃新羅人金生書也 諸學士 互相寶玩 遂名播中國 嶺南金烏山下 有昌林寺碑 字畫甚古 有右軍典型 雖唐人名刻 無以過之云.

김생은 부모가 미천하여 가문의 내력을 알 수 없다. 경운景雲 2년(711)에 태어났는데, 어려서부터 글씨를 잘 썼다. 그는 평생 다른 기예는 닦지 않았으며, 나이 80세가 넘어서도 붓을 놓지 않았다. 예서隷書와 행초行草가 모두 입신의 경지여서 지금도 종종 그의 진적眞蹟이 남아 있는데, 학자들이 보배로 여겨 전하고 있다. 숭녕崇寧 연간(1102-1106)에 학사 홍관洪灌이 진봉사進奉使를 따라 송宋나라에 들어가서 변경에 묵었는데, 이 때 한림대조翰林待詔 양구楊球와 이혁李革 등이 황제의 칙서를 받들고 사관에 와서 그림 족자에 글씨를 썼다. 홍관이 그들에게 김생이 쓴 행초 한 권을 보이니, 두 사람이 크게 놀라 말했다. "오늘날 왕희지의 친필을 보게 될 줄 몰랐다." 홍관이 말하기를, "아니오. 이것은 신라인 김생이 쓴 것이오."라고 하니, 두 사람이 웃으면서 "천하에 왕희지가 아니면 어찌 이런 묘필妙筆이 있겠소?"라고 말했다. 홍관이 여러 번 말했지만, 그들은 끝내 믿지 않았다. 또 요극일姚克一이라는 사람은 벼슬이 시중 겸 시서학사에 이르렀는데, 필력이 좋아 솔경率更 구양순歐陽詢의 필법을 터득하였다. 비록 김생에게는 못 미쳤지만, 역시 기품奇品이었다.[46]

위 야담은 처음부터 역사서의 기록을 참고했음을 밝히고 있다. 『금계필담』의 저자는 신라의 김생을 우리나라 최고 명필[47]로 꼽으면서

---

46 『三國史記』 권48, 列傳 8, 金生條. 金生 父母微 不知其世系 生於景雲二年 自幼能書 平生不攻他藝 年踰八十 猶操筆不休 隷書行草皆入神 至今 往往有眞蹟 學者傳寶之 崇寧中 學士洪灌隨進奉使入宋 館於卞京 時翰林待詔楊球李革奉帝勅至館 書圖簇 洪灌以金生行草一卷 示之 二人大駭曰 不圖今日得見王右軍手書 洪灌曰 非是 此乃新羅人金生所書也 二人笑曰 天下除右軍 焉有妙筆如此哉 洪灌屢言之 終不信 又有姚克一者 仕至侍中兼侍書學士 筆力遒勁 得歐陽率更法 雖不及生 亦奇品也.

47 조선후기의 문신 홍양호洪良浩가 쓴 〈제윤백하순서축題尹白下淳書軸〉에서는 우리나라와 중국의 역대 서체와 명필을 정리하면서 윤순尹淳의 서체가 신라 김생

『삼국유사』에 나온 이야기를 인용한다고 적었다. 그런데 이 내용은 『삼국유사』가 아니라 『삼국사기』에 실려 전한다. 게다가 야담에서 김생의 진필眞筆을 중국에 가져가서 황제의 칙서를 받들고 찾아온 송宋나라 관리들을 놀라게 한 사람을 왕관王灌이라고 적었는데, 『삼국사기』에 적힌 인명은 홍관洪灌[48]으로, 확인 결과 이 또한 역사서가 야담보다 정확했다.

이러한 사실로 미루어 보건대, 『금계필담』의 저자는 역사서에 기록된 신라의 인물에 주목하였으나, 역사서는 물론 거기에 기록된 고려 학사의 이름을 착각하여 내용상 오류를 범하고 말았다. 이는 저자가 관련 내용을 직접 읽고도 착각한 것인지, 아니면 누군가 잘못 적은 기록을 그대로 수용한 것인지 모르겠으나, 서명書名과 인명人名이 서로 유사한 데서 기인한 문헌전승 과정의 오류라고 파악된다.

그러나 무엇보다 위 야담에서 저자가 주목한 것은 김생의 뛰어난 필적이었다. 그것은 왕희지의 서체에 비견될 만큼 훌륭해서 송나라 학사들마저 착각할 정도로 흡사했다. 요컨대 그는 역사서에서처럼 정확한 연대와 인명을 거론하거나, 굳이 '묘필妙筆'이라느니 '기품奇品'이라는 용어를 쓰지 않았고, 게다가 비록 김생의 친필을 한 번도

金生 이하 대가大家들의 뒤를 잇는다고 칭송하였다. 이외에도 김생은 명실상부 '동방서체의 비조鼻祖'로 평가되었다. 이채경, 「耳溪 洪良浩의 학문자세와 학적성취－新羅 관련 碑文 · 祭文을 중심으로」, 『신라문화』 제46집, 동국대 신라문화연구소, 2015. 279-312면 참조

48 홍관(洪灌, ? -1126) : 고려 중기의 문신이자 서예가. 본관 남양南陽. 자 무당無黨. 시호 충평忠平. 과거 급제 후 관직에 나아가, 왕명으로 집상전集祥殿 편액을 비롯하여 회경전會慶殿 병풍에 『서경書經』의 무일편無逸篇을 썼으며, 보문각寶文閣 · 청연각淸讌閣 등의 편액도 그의 글씨라고 전한다. '이자겸李資謙의 난亂'에 인종仁宗을 시위侍衛하다가 척준경拓俊京에게 피살되어 공신功臣에 녹훈되었다.

본 적이 없었지만, 김생이 신라인으로서 중국에까지 명성을 떨친 사실은 여러 기록에서 확인할 수 있었기 때문이다.

(5) 화가 솔거率居(솔거의 노송도老松圖)

다음은 신라의 유명 화가 솔거에 관련된 짤막한 이야기다.

솔거率居는 신라의 승려로, 그림을 잘 그렸다. 일찍이 황룡사皇龍寺에서 벽에 노송老松을 그렸는데, 소나무 가지와 껍데기를 까마귀와 솔개가 멀리서 보고 종종 날아 들어와 앉으려다가 땅에 떨어지곤 했다. 세월이 오래되어 색이 바래자, 거처하던 승려가 단청丹青을 보완했는데, 까마귀와 솔개가 다시는 오지 않았다.[49]

솔거는 신라인으로, 출신이 미천하여 그 가계家系를 기록하지 않는다. 태어나면서 그림을 잘 그렸다. 일찍이 황룡사 벽에 노송을 그렸는데, 몸통과 줄기가 비늘 같았으며, 가지와 잎이 구불구불하여 까마귀, 솔개, 제비, 참새 등이 종종 멀리서 보고 날아들다가 벽화에 이르러서는 벽에 부딪혀 떨어지곤 했다. 세월이 오래 되어 색이 바래자, 절의 승려가 단청으로 덧칠을 하였더니, 까마귀와 참새가 다시는 오지 않았다. 또 경주 분황사芬皇寺의 관음보살상觀音菩薩像과 진주 단속사斷俗寺의 유마상維摩像은 모두 그의 필적인데, 세상에 신화神畵라고 전해진다.[50]

49 『錦溪筆談』下. 率居 新羅僧也 善畫 嘗於皇龍寺 畫老松於壁 枝幹鱗皴 烏鳶望之 往往飛入 蹬蹭墜地 歲久色暗 居僧以丹青補之 烏鳶不復至.

50 『三國史記』권48, 列傳 8, 率居條. 率居 新羅人 所出微 故不記其族系 生而善畵 嘗於皇龍寺壁畵老松 體幹鱗皴 枝葉盤屈 烏鳶燕雀 往往望之飛入 及到蹭蹬而落 歲久色暗 寺僧以丹青補之 烏雀不復至 又慶州芬皇寺觀音菩薩晉州斷俗寺維摩像 皆其筆蹟 世傳爲神畵.

앞서 우리나라 글씨[書體]를 논할 때 최고의 찬사를 받는 사람이 김생이었다면, 그림[繪畫]을 이야기할 때 제일 먼저 손꼽히는 사람이 솔거다. 또 솔거를 언급할 때면 항상 등장하는 소재가 이른바 '황룡사皇龍寺 노송도老松圖'다. 솔거의 벽화는 당시 신라인들의 칭송을 넘어 미물微物[鳥類]의 눈마저 현혹시킬 정도로 뛰어난 수준이었다고 전한다. 게다가 이야기는 세월이 흘러 희미해진 벽화에 단청을 덧칠했더니 새들이 다시는 날아들지 않았다는 데서 정점頂點을 이룬다.

그런데 위 야담은 솔거의 타고난 재능에 관련된 핵심 사건을 위주로 『삼국사기』의 기록을 간략하게 옮겨 적었다. 예컨대 역사서에 '生而善畵'를 야담에는 '善畵'로, '體幹鱗皴 枝葉盤屈'을 '枝幹鱗皴'으로, '烏鳶燕雀 往往望之飛入'을 '烏鳶望之 往往飛入'으로 축약한 것이다. 심지어 '歲久色暗'과 '烏雀不復至'는 양자兩者에 똑같이 쓰여, 구연 보다는 기록을 통한 견문과정에 저술된 게 확실하다. 반면 『삼국사기』에서 고려시대 사람들이 '신화神畵'라고 평가한 경주 분황사의 관음보살상과 진주 단속사의 유마상에 대한 이야기는 『금계필담』에 빠져 있다.

그럼에도 『금계필담』은 조선후기까지 전해진 신라의 인물에 대해 살필 수 있는 자료다. 예컨대 신승神僧으로 알려진 원효와 뛰어난 문장가 설총, 신인神人에게서 하늘이 내려준 옥대를 받은 진평왕, 이인異人으로 왕 앞에서 노래와 춤을 선보인 처용, 이밖에도 우리나라 최고最高의 명필 김생과 우리나라 최고最古의 화승畵僧 솔거에 이르기까지 다양한 신라 인물의 이야기를 기록했다.[51] 이러한 야담은 역

51 『금계필담』의 이런 사실성史實性 지향은 필기류의 서술 방식에 가까운데, 번성기 야담이 지닌 창의성을 동반한 생명력을 잃어버린 것은 후기 야담의 한계로 평가된

사서를 참고하여 기록하면서 실제 사건과 달라지거나 내용이 축약되는 등 문헌전승 과정에서 오류가 발생하기도 했다. 그러나 본장에서 필자가 주목한, 문헌으로 확인된 야담이 역사서에 기록된 신라의 인물과 그들의 특장特長을 다루었음은 의미 있는 결과라고 하겠다.

3. 전대 야담 속 신라 이야기

전장前章에서 다룬 신라 이야기 이외에도 여타 야담집에는 신라(또는 경주) 관련 이야기가 종종 발견된다. 본장에서는 전대 야담집 『천예록天倪錄』[52]에 기록된 이야기 몇 편을 아울러 살펴보면서 논의를 전개한다. 『금계필담』이 야담사적으로 후대(19세기 후반)에 출현한 야담집이라면, 『천예록』은 전대(18세기 전반)에 저술된 야담집이다. 앞서 분석한 19세기 후반의 야담을 기반으로 이제 18세기 전반의 야담과 비교하며 여기서는 신라의 이야기가 시대별 야담집에 따라 어떤 양상을 보이는지 살펴본다.[53]

다. 임완혁, 「19세기말 야담의 변모」, 『구연 전통과 서사』, 태학사, 2008. 231-266면 참조

52 『천예록天倪錄』은 조선후기 문신 임방(任埅, 1640-1724)이 저술한 야담집으로, 당시 야담 가운데 특이하고 초현실적인 내용을 중심으로 엮어졌다. 그 중에는 역사 속 실존인물도 다수 등장하지만, 흥미로운 현상이나 기행이적奇行異蹟 등은 실제사건이라고 믿기 어려운 것들이다. 그럼에도 일부 이야기는 후대에 끊임없이 전승되었으며, 또 신라 및 경주를 소재로 한 야담이 다수 채록되어 있어 비교 대상으로 정했다.

53 『천예록』의 작자와 저작연대 및 서사적 특징 등에 대해서는 선행연구가 진행되었으며, 『천예록』을 비롯해 18세기 일부 야담집에 채록된 신라 및 경주 이야기에 대해서도 연구논문이 발표되었다. 진재교, 「『天倪錄』의 作者와 著作年代」, 『서지학보』 제17집, 한국서지학회, 1996. 41-68면; 이현주, 「『天倪錄』 所載 神異談의

먼저 삼국통일이라는 대업을 이룬 김유신 장군 이야기다.

서악서원西嶽書院은 경주의 서부 서악西岳 아래에 있다. 신라 홍유후弘儒侯 설총薛聰, 개국공開國公 김유신金庾信, 문창후文昌侯 최치원崔致遠을 제향하는 곳이다. 천계天啓 연간(1621-1627)에 경주부 우림회儒林會에서 편액을 청하고자 논의가 벌어졌다. …… 내가 전에 경주를 유람한 적이 있었는데, 서악서원 아래를 지나다가 서원 문밖에서 말에게 꼴을 먹였다. 그 때 서원의 종[僕]이 이런 고사故事를 들려주기에 내가 참 이상하게 여겼었다. 하루는 우연히 신라의 역사를 열람해보니, 이런 내용이 실려 있었다. 혜공왕惠恭王 15년에 홀연 돌개바람이 일어 김유신金庾信의 묘에서 신라 미추왕味鄒王의 능으로 불어왔다. 티끌과 안개로 사방이 어두워져 사물을 분간할 수 없었는데, 능 안에서 곡하며 슬프게 탄식하는 소리가 들리는 듯했다. 혜공왕이 이 사실을 듣고 두려워한 나머지 대신을 파견하여 그 능으로 가서 제祭를 올리며 잘못을 빌었다. 김공의 신령함은 이미 역사책에 드러나 있어 비로소 그 이야기를 알게 되었는데, 아마도 여기에 근원한 것이었나 보다.[54]

위 야담에서 인용하지 않은 전반부의 내용은 조선후기 고착화된 성리학의 이념과 모순을 그대로 담고 있다. 경주 유림회에서 서악서

서사와 미적 특질」, 성균관대 석사논문, 2005. ; 이채경, 「야담집 소재 신라 및 경주 이야기 연구-『天倪錄』, 『雜記古談』, 『東稗洛誦』을 중심으로」, 『신라문화』 제41집, 동국대 신라문화연구소, 2013. 353-382면 참조

54 『天倪錄』, 〈議黜院享卽被禍〉. 西嶽書院 在慶州府西西岳下 配享新羅弘儒侯薛聰·開國公金庾信·文昌侯崔致遠 天啓中 府儒會議請額 …… 余嘗客遊東都 路過書院下 秣馬于院門外 有一院僕 能說院之故事如此 余固異之 一日 偶閱羅史 惠恭王十五年 忽有疾風起 自庾信墓 至羅祖味鄒王墓 塵霧晦冥 不辨人物 聞其中若有哭泣悲嘆之聲 王聞之恐懼 遣大臣就其墓 致祭謝過 金公之靈異 史冊已著 始知其說 蓋原於此.

원의 편액을 청하는 즈음[55]에 어린 서생書生이 서악서원에 위패를 모신 설총·김유신·최치원 가운데 무신武臣인 김유신 장군을 제향에서 빼자고 논의를 시작한다. 조선은 문무文武의 구별이 엄연한데 서원에서 유자儒者가 아닌 무장武將에게 제사를 지내는 것은 잘못이라고 주장하다가 날이 저물었다. 그날 밤 꿈에 김유신 장군이 나타나 유자로서 충효忠孝를 실현한 면모를 변론하며 서생을 호되게 꾸짖고, 결국 꿈에서 혼쭐이 난 서생은 이튿날 피를 쏟으며 죽고 말았다.[56]

이처럼 비현실적인 내용은 서악서원의 존재와 신라 세 위인의 위패를 모셔놓았다는 사실에 기반하여 김유신 장군의 풍모를 드높인다. 그리고 이어지는 위 인용문에서 사실 여부를 검증하기에 이른다. 즉, 『천예록』의 저자가 경주를 유람하다가 서악서원의 종[僕]에게 유사한 이야기를 들었고, 우연히 신라의 역사서에서 관련 기록을 찾아 읽은 것이다. 바로 『삼국유사』에 실린 '죽엽군竹葉軍' 설화[57]가 그것

55 『동경지東京志』에 따르면, 서악서원은 명종 16년(1561)에 이정李楨을 중심으로 한 지역유림의 발의로 창건되었으며, 퇴계가 '서악정사西岳精舍'라 이름 짓고 직접 글씨를 써서 현판을 달았다. 또 인조 1년(1623)에 최동언崔東彦 등이 상소하여 사액되었으며, 편액은 원진해元振海의 필적이었다고 한다. 덧붙여 서악서원은 흥선대원군의 서원철폐 시 존속한 47개 서원 중 하나다.

56 『천예록』, 〈의출원향즉피화議黜院享卽被禍〉 전문 참조

57 위 인용문에서 밑줄 친 부분이 여기에 해당된다. 다만 죽엽군의 출현시점이 『금계필담』에는 혜공왕 15년(庚申, 780)으로 나와 있으나, 『삼국유사』에는 대력 14년(己未, 779)으로 기록되었다.

『三國遺事』 권1, 奇異 1, 〈味鄒王竹葉軍〉. 越三十七世惠恭王代 大曆十四年己未四月 忽有旋風 從庾信公塚起 中有一人乘駿馬如將軍儀狀 亦有衣甲器仗者四十許人 隨從而來 入於竹現陵 俄而 陵中似有振動哭泣聲 或如告訴之音 其言曰 臣平生有輔時救難匡合之功 今爲魂魄 鎭護邦國 攘災救患之心 暫無渝改 往者庚戌年 臣之子孫無罪被誅 君臣不念我之功烈 臣欲遠移他所 不復勞勤 願王允之 王答曰 惟我與公不護此邦 其如民庶何 公復努力如前 三請三不許 旋風

인데, 이로써 김유신 장군의 신령함은 야담과 역사 기록을 넘나들며 전승되었음을 확인할 수 있다.

덧붙이자면, 조선은 임진왜란과 병자호란을 겪으며 국난상황에서 나라를 구한 인물에 주목하였으며, 이는 민중에 의해 역사 속 위인偉人을 찾아 흥미로운 이야기로 만들어져 구연되었다. 그 중에 대표적 인물이 김유신 장군이었고, 그러한 위인이 조선에도 다시 출현하여 위기에 처한 나라를 구하고 도탄塗炭에 빠진 백성을 구해주기를 바라는 염원이 담긴 이야기로 기록되었다.

다음 이야기는 경순왕 때 학사 맹도인에 관한 내용을 담고 있다.

> 나는 본래 신라 경순왕敬順王 때의 학사이다. 집이 금오산金鰲山 서편 기슭에 자리잡고 있었다. 평소에 매화와 학을 좋아하여 매화를 심고 학을 길렀다. …… 그 뒤에 일본에서 승려 의능義能이 사신으로 왔기에 분황사芬皇寺에서 그를 접반하게 되었다. 의능은 신라 학사들의 시詩를 얻어다가 자기네 나라에서 빛을 내려고 했다. 임금께서 내게 시詩를 짓도록 명하셨다. …… 이후에 포석정鮑石亭에서 노닐며 여러 학사와 시를 짓게 되었다.[58]

위 야담에서 맹도인孟道人은 경순왕의 특명을 수행하고 돌아오는 길에 객사客死했는데, 이후 신라가 멸망하고 고려가 건국되는 바람에 반장返葬되지 못한 채 역사에서 잊히고 말았다고 한다. 생전生前

乃還 王聞之懼 乃遣工臣金敬信 就金公陵謝過焉 爲公立功德寶田三十結于鷲仙寺 以資冥福.

58 『天倪錄』, 〈孟道人携遊和詩〉. 我本新羅敬順王朝學士 家在金鰲山西麓 平生性好梅鶴 種梅養鶴 …… 其後 日本僧義能 以使來到 接於芬皇寺 義能欲得學士詩 以賁其國 王命我賦詩 …… 後 有鮑石亭 與諸學士賦詩.

에 그는 학사로서 시를 잘 지었고, 평소에는 매화를 심고 학을 기르며 자오자락自娛自樂하던 인물이다. 임금이 학사들을 거느리고 후원에서 연회를 베풀거나 비빈妃嬪과 함께 유람할 때면 항상 좌우에서 동행하며 시를 짓곤 했던 것이다.[59]

그런 그의 행위와 업적은 역사서에 실재하지 않으나, 금오산·분황사·포석정 등은 신라의 도읍 경주에서 이름난 곳이었다.[60] 특히, 분황사에서 일본 승려를 접반接伴하고, 포석정에서 연회宴會를 즐겼다는 내용은 『삼국사기』에 기록되어 있다. 그런데 포석정에서 열린 유상곡수연流觴曲水宴은 경순왕의 행적이 아니라 경애왕景哀王 때 견훤甄萱이 침입해온 사건으로 확인된다.[61] 그러나 경애왕과 경순왕의 시대가 멀지 않고, 당시 학사들의 역할을 생각하면 충분히 수긍할 수 있는 내용이다. 신라 맹도인은 조선후기까지 역사적 인물로 알려져 인구人口에 회자膾炙되었으며, 야담은 당대인들의 역사 인식을 형상화한 것이다.

59 『천예록』, 〈맹도인휴유화시孟道人携遊和詩〉 전문 참조

60 『신증동국여지승람』 권21, 경상도-경주부. [금오산金鼇山] 남산南山이라고도 한다. 부의 남쪽 6리에 있다. …… [분황사芬皇寺] 부의 동쪽 5리에 있다. 선덕왕 3년에 세웠다. 고려 평장사 한문준韓文俊이 찬술한 화쟁국사비和諍國師碑가 있는데, 오금석烏金石이다. …… [포석정鮑石亭] 본부 남쪽 7리, 금오산 서쪽 기슭에 있다. 돌을 다듬어 포어鮑魚 모양으로 만들었기 때문에 그렇게 이름 지은 것이다. 유상곡수流觴曲水의 유적이 완연히 남아 있다.

61 『三國史記』 권12, 新羅本紀 12, 景哀王條. 秋九月 甄萱侵我軍於高鬱府 王請救於太祖 命將出勁兵一萬往救 甄萱以救兵未至 以冬十一月 掩入王京 王與妃嬪宗戚 遊鮑石亭宴娛 不覺賊兵至 倉猝不知所爲 王與妃奔入後宮 宗戚及公卿大夫士女四散 奔走逃竄 其爲賊所虜者 無貴賤皆駭汗匍匐 乞爲奴僕而不免 萱又縱其兵 剽掠公私財物略盡 入處宮闕 乃命左右索王 王與妃妾數人在後宮 拘致軍中 逼令王自盡 强淫王妃 縱其下 亂其妃妾 乃立王之族弟 權知國事 是爲敬順王.

덧붙이자면, 조선은 후기로 가면서 점차 정치적 오류와 사회적 모순이 두드러졌고, 이는 민중에 의해 역사 속 정사政事의 득실得失을 찾아 교훈적인 이야기로 만들어져 구연되었다. 그 중에 대표적 사례가 천년왕조 신라의 멸망이었고, 그처럼 뼈아픈 결과가 조선에서 반복되지 않기를 바라는 교훈이 담긴 이야기로 기록되었다.

마지막으로 조선시대 경주지역에 떠돌던 우스개 이야기를 살펴본다.

> 몇 년 전에 한 문관文官이 경주 제독관提督官이 되었다. 그는 관아[本府]에 나올 때마다 기녀妓女들을 보면 곰방대로 그들의 머리를 때리며, '사악한 기운'이라고 하거나 '요망한 기운'이라고 하거나, 심지어 "사람이 어찌 이런 물건들을 가까이 하겠는가?"라고도 했다. 기녀들은 모두 분하게 여겼고, 부윤府尹도 그를 미워하여 이윽고 기녀들에게 명령을 내렸다. "기묘한 꾀로 이 제독提督을 속이면, 내가 많은 상을 내리겠노라." 그러자 나이 어린 기녀 하나가 그 제의에 응하겠다며 나섰다. …… 지금도 경주에서는 '궤짝 제독[櫃提督]'이라며 우스갯거리로 전해지고 있다.[62]

향교鄕校는 조선시대 각 지방에 설치된 관학기관으로, 선조대宣祖代에는 제독관을 파견하여 향교의 교육을 독려 감독하였다. 당시 제독은 조선의 핵심유자로서 엄격한 규범과 원칙에 따라 생각하고 행동하는 인물이었다. 그럼에도 경주에 배치된 제독관은 남들이 지켜볼 때는 규칙대로 행동했으나, 한순간 인정과 유혹에 휘둘려 자기

62 『天倪錄』, 〈提督裸裎出櫃中〉. 頃年 有一文官 爲慶州提督官 每到本府 見妓女 則必以烟茶竹 叩擊其頭 曰'邪氣' 或曰'妖氣' 且曰 人豈可近此物耶 衆妓齊憤 府尹亦憎之 乃下令於群妓曰 有能以奇計瞞此提督者 將加重賞 有一年少妓者應命而出 …… 至今慶州府 以櫃提督 爲傳笑之資.

원칙과 소신을 망각했다가 평소 그가 업신여기고 경멸하던 사람들에게 크게 망신을 당한다.[63] 관료의식에 사로잡힌 제독관의 위선자적 모습을 이끌어낸 사람은 바로 경주부의 어린 관기官妓였다.

『천예록』의 저자는 그때까지 경주에는 '궤짝 제독' 이야기가 전해진다고 했으나, 사실 여부는 알 수 없다. 그럼에도 위 야담에서 주목할 것은 경주가 신라천년고도로서 조선시대까지 명성을 유지했으며, 앞서 살펴본 인용문에서 확인했듯이 임금에게 사액賜額을 받은 서원을 비롯하여 유명 사찰과 유적지가 편재해 있었다. 시대와 왕조가 달라졌지만, 신라의 인물상은 허구적 인물로 재창조되어 경주지역의 정의로운 부윤府尹과 지혜로운 관기官妓를 통해 야담으로 구현되었다.

덧붙이자면, 조선은 성리학적 이념이 강화되면서 신분제와 문무文武 구분에서 오는 차별이 더욱 심해졌고, 이는 민중에 의해 위선과 모순을 담지擔持한 어리석은 관리의 이야기로 만들어져 구연되었다. 특히, 그들의 위선자적 모습을 발가벗기고, 그들이 주도하는 사회의 모순을 드러내는 대상은 이름없는 민중이었다는 기록에서 야담의 서사성이 부각된다 하겠다.

63 야담에서 제독관은 어린 관기의 유혹에 넘어가 함께 밤을 보내는데, 갑자기 남편으로 변장한 통인通引이 들이닥치는 바람에 방구석 궤짝 안에 몸을 숨긴다. 밤새 부부싸움을 하던 두 남녀는 이튿날 관가를 찾아가 궤짝의 소유를 밝히려 한다. 고민하던 부윤이 궤짝을 반으로 나누라는 판결 후 톱질을 시작하자, 숨어있던 제독관은 알몸으로 도망친다. 이에 주변사람들이 손가락질하며 '궤짝 제독'이라고 놀렸다는 내용이다. 『천예록』, 〈제독나정출궤중提督裸裎出櫃中〉 전문 참조

4. 결론

지금까지 『금계필담』에 기록된 신라 이야기를 역사적 사실과 허구 및 야담적 구연과 기록을 중심으로 논의를 전개하였다. 그리고 『천예록』에 담긴 신라 관련 이야기를 아울러 살펴봄으로써 역사를 다루는 작가의식과 허구를 교직交織하는 서사형태를 분석하였다. 이상의 과정과 내용을 정리하는 것으로 결론을 대신한다.

첫째, 조선후기에 출현한 『금계필담』은 당시 조선에 전해진 신라의 풍속을 고스란히 담고 있다. 예컨대 신라의 불교 전래와 사찰 창건, 정월 대보름 전통음식인 약밥, 옥보고의 현금과 악곡 등 종교와 세시풍속 및 음악 등 구연으로 전승된 여러 이야기를 채록하였음이 확인되었다.

둘째, 『금계필담』의 저자는 역사서에 기록된 다양한 신라의 인물 이야기를 흥미롭게 다루었다. 예컨대 신라 최고의 문장가 설총, 천사옥대의 주인 진평왕, 악무로 재조명된 선인 처용랑, 행초에 뛰어난 명필 김생, 황룡사 벽화를 그린 화가 솔거 등 기록으로 전승된 역사 속 실존인물의 이야기를 채록하였음도 확인할 수 있었다.

셋째, 초기 야담집 『천예록』은 후기 『금계필담』과 또 다른 신라의 역사와 인물을 채록하였다. 예컨대 삼국통일의 주역 김유신 장군, 경순왕대 학사로 유명한 맹도인, 위선적인 제독관의 모습을 폭로한 경주부의 관기 등 민간에 전승되던 신라(경주)의 유명 또는 무명 인물의 남다른 모습을 재미난 이야기로 채록한 것이 확인되었다.

이는 조선후기 야담이 신라의 역사와 인물에 주목하여 구연과 기록으로 전승된 이야기를 다양하게 채록한 결과라고 하겠다.

필자는 앞서 『천예록』 소재 신라 관련 이야기에 주목하여 연구논문을 발표하였고, 다시 『금계필담』 소재 신라 관련 이야기로 연구의 범위를 확장시켜 논지를 전개하였다. 앞으로 더 많은 야담집에서 신라 관련 이야기를 찾아 풍성한 연구 결실을 맺을 수 있기를 바란다.

제3장

『어우야담』에 수록된 '용' 이야기 연구

—전통적 상징과 새로운 의미를 중심으로

1. 서론

조선후기 야담野談은 당대의 사회상을 오롯이 담아낸 서사문학 양식이다. 야담 작품의 소재는 사람을 비롯해 동물과 식물 등 여러 사물을 아우르며, 하층민과 상층민의 다양한 시각과 관점을 투영하고 있다. 특히, 최초 야담집으로 알려진 유몽인柳夢寅(1559-1623)의 『어우야담於于野談』에는 흥미로운 동물을 소재로 한 이야기가 여러 편 수록되어 있는데, 그 중에는 '용龍'에 관한 이야기도 포함된다.[1]

『어우야담』에 실린 용 이야기는 총 6편으로, 만종재본萬宗齋本 만물편萬物篇 496화에서 501화까지 편차되어 있다. 작품 수가 아주 적지만, 용에 대한 당시 사람들의 인식과 야담 속 용 이야기의 의미를 파악하기에는 충분하다. 내용은 대략 연못의 잉어가 용이 된 이야기,

1 『어우야담』에 등장하는 동물은 아주 다양하다. '용'을 비롯하여 호랑이, 멧돼지, 여우, 수리, 뱀 등 야생동물과 소, 개, 고양이 등 가축도 이야기 소재로 활용되었다.

계집종을 납치해 가서 아들을 낳게 한 용 이야기, 보령 바닷가에 출몰한 흰 용마 이야기, 대낮에 싸운 황룡과 백룡 이야기, 큰 소금 배를 뒤집어버린 적룡 이야기, 천관산 절도 사이에 출현한 용 이야기 등 다채롭다.[2]

그런데 야담에 등장하는 '용'은 역대 사서史書는 물론 개인 문집文集 등에 수록된 모습과 조금 다른 형태를 보이며, 관습적인 이미지나 상징성에서 벗어난 존재임에 틀림없다. 대개 상상 속 동물이라는 한계를 감안하면, 그 상징성은 '왕'이나 '특별한 존재'에 국한되어 문학적으로 활용되거나 이미지화한 존재였다. 반면, 『어우야담』에 실린 '용'의 형상과 의미는 확연히 다른데, 본고에서는 야담에 등장하는 '용'에 관해 분석함으로써 전통적인 것과 다른 새로운 의미를 찾아본다.

2. 전통적인 용의 이미지와 상징성

용은 구름을 타고 하늘을 오르내리는 이물異物로, 신화나 전설 속에 등장하는 물[水]의 신神이자 풍요의 신이다. 용에는 정룡井龍・지룡池龍・해룡海龍 등이 있는데, 우물[井]에 사는 정룡은 생명수를 주관하고, 못[池]에 사는 지룡은 치수治水 능력을 지녔으며, 바다[海]에 사는 해룡은 풍요로운 생활과 풍부한 경제력을 나타낸다고 알려져

2 만종재본 만물편에 수록된 이야기의 화수話數와 제목題目은 다음과 같다. 496화 〈용龍이 되어 하늘에 오른 잉어〉, 497화 〈홍양읍興陽邑의 아기 장수〉, 498화 〈보령保寧 바닷가에 출몰하는 용마龍馬〉, 499화 〈황룡黃龍과 백룡白龍의 싸움〉, 500화 〈악룡惡龍을 물리치는 법〉, 501화 〈바다에 출현한 용龍〉.(유몽인 지음/신익철 외 옮김, 『어우야담』, 돌베개, 2006. 746-752면 참조)

있다. 이들은 운무雲霧와 강우降雨를 통제함으로써 농사에 지대한 영향을 끼친다.[3]

⓪ 용신신앙龍神信仰은 상상의 동물로서 풍운風雲 조화造化를 일으키고 비를 내리며 바다를 관장하는 용신龍神에 대한 민간신앙을 말한다. 우리나라에서 용이 신으로 인식된 것은 고대부터 자생했던 수신신앙水神信仰이 삼국시대 불교가 전래되어 용신신앙으로 변모되면서부터다. 고구려 주몽신화朱蒙神話에서 하백河伯의 딸 유화柳花가 고구려의 국모신國母神으로 제향을 받았다는 점에서 수신신앙이 있었음을 확인할 수 있다. 용신에 대한 숭앙이 고조되는 계기는 신라 호국룡護國龍 신앙이 형성되면서부터다. 31대 문무왕文武王은 당군唐軍의 침입 소식을 듣고 용궁에서 비법을 배워 왔다는 명랑법사明朗法師를 시켜 당唐나라 배를 침몰시켰다. 용왕이 산다는 용궁의 등장으로 보아 용왕신앙이 있었음을 알 수 있다. 이러한 호국용신의 관념은 백제에서도 찾을 수 있다. 29대 무왕武王이 된 서동薯童은 모친이 남지南池의 지룡池龍과 교통하여 탄생한 인물이었다. 용의 후손이 국왕이 되었다는 점에서 신성혈통으로서 용손사상을 찾을 수 있다. 용의 혈통이 왕으로서 신성시되는 관념은 고려 국조신화에 계승되었다. 『고려사高麗史』에는 작제건作帝建이 여우에게 시달리는 서해용왕을 구출하고 용녀龍女를 아내로 맞이했는데, 고려를 건국한 왕건王建이 작제건과 용녀의 손자로 되어 있다. 왕건을 용녀의 후예로 설정한 것은 고려시대에 이르러 용신신앙이 굳게 자리 잡은 증거라고 할 수 있다. 이처럼 용신은 재래의 수신

3 민속학에서는 고대 해룡海龍이라든지 용신龍神 신앙에 대한 논의가 꾸준히 이루어졌다. 필자도 동해 용신龍神으로 신격화된 문무왕이 안장된 대왕암과 그 주변 지역을 아울러 다양하게 변전變轉되는 용의 형상과 현대적 의의에 관해 논문을 발표한 바 있다. 이채경(2014), 「문무왕 신격화의 변전 양상과 현대적 의의－문화콘텐츠 활용 방안을 중심으로」, 『한국문학논총』 제68집, 한국문학회, 125면 인용

과 불교와 도교의 용신이 습합되어 형성된 신으로 국가수호신으로서, 그리고 왕실의 조상신으로서 국가적 차원의 제향의 대상이 되었고, 농경을 보호하는 강우의 신으로서, 풍파를 주재하는 바다의 신으로서 수천 년간 농어민의 폭넓은 숭앙을 받아 왔다.[4]

또 용은 절대 권력자인 왕을 지칭하는 동시에 탁월한 능력을 지닌 특별한 존재라는 의미로 정리된다. 예컨대 역사서인 『삼국사기三國史記』와 『삼국유사三國遺事』 및 지리서인 『신증동국여지승람新增東國輿地勝覽』 등에는 신라 문무왕文武王의 호국룡護國龍처럼 삶과 죽음을 초월하여 나라와 백성을 수호하는 존재로 등장하여 지금껏 전해진다.

① 가을 7월 1일, 임금이 돌아가셨다. 시호를 문무文武라 하고 여러 신하들이 유언에 따라 동해 가운데 큰 바위에 장사 지냈다. 민간에 전하기를, 임금이 화化하여 용龍이 되었다고 한다. 이윽고 그 바위를 가리켜 대왕석大王石이라 불렀다.[5]

② 제31대 신문대왕神文大王은 휘가 정명政明이고, 성은 김씨金氏이며, 개요開耀 원년 신사辛巳 7월 7일에 즉위하였다. 선왕인 문무대왕文武大王을 위해 동해변에 감은사感恩寺를 창건하였다.(절의 기록은 이러하다. 문무왕이 왜병倭兵을 진압하려고 이 절을 창건하였으나, 완공하기 전에 돌아가셔서 해룡海龍이 되었다. 그 아들 신문왕이 즉위하여 개요開耀 2년에 완공하였다. 금당金堂의 섬돌 아래에 동쪽으로 구멍을

4 한국민족문화대백과사전(http://encykorea.aks.ac.kr) 참조

5 『三國史記』 권7, 新羅本紀 7, 〈文武王 下〉. (二十一年) 秋七月一日 王薨 諡曰文武 群臣以遺言葬東海中大石上 俗傳王化爲龍 仍指其石爲大王石.

하나 뚫고, 마침내 용龍이 절에 들어와 서리는 것에 대비하였다. 대개 문무왕의 유조遺詔대로 유골을 안장한 곳을 대왕암大王岩이라 하고, 절은 감은사感恩寺라 하며, 이후에 용으로 현신하는 것을 바라보던 곳을 이견대利見臺라고 한다.[6]

③ 이견대利見臺는 경주부慶州府 동쪽 50리 해안에 있다. ○세간世間에 전하기를, "왜국이 자주 신라를 침범하니, 문무왕이 이것을 근심하여 죽으면 용이 되어 나라를 수호하고 도적을 방어하겠다고 맹세하였다. 그리고 죽을 때 유언하기를, '나를 동해의 물속에 장사지내라.' 하였다. 신문왕이 그 유언대로 하고 장사지낸 뒤에 추모하여 대를 쌓고 바라보았더니, 큰 용이 바다 가운데 나타나 보였다. 그로 인하여 이견대利見臺라고 이름 지었다." 한다. 대臺 아래로 10보步 바다 가운데 네 뿔처럼 우뚝 솟은 돌이 네 문과 같은 곳이 있는데, 여기가 문무왕을 장사지낸 곳이다. 지금까지 대왕암大王巖이라고 일컫는다.[7]

신라는 건국 초기부터 고구려와 백제를 합병하여 삼국을 통일할 무렵까지도 계속해서 왜구倭寇의 침공을 받았다. 이에 문무왕은 죽어서는 유골을 동해에 뿌리고 수중에 왕릉을 조성케 함으로써 해룡이 되어 신라를 지키겠노라 선언하였다. 이후 조선시대 왕의 복식

6 『三國遺事』 권2, 紀異 2, 〈萬波息笛〉條. 第三十一神文大王 諱政明 金氏 開耀元年辛巳七月七日卽位 爲聖考文武大王 創感恩寺於東海邊[寺中記云 文武王欲鎭倭兵 故始創此寺 未畢而崩 爲海龍 其子神文立 開耀二年畢排 金堂砌下東向開一穴 乃龍之入寺旋繞之備 蓋遺詔之藏骨處 名大王岩 寺名感恩寺 後見龍現形處 名利見臺].

7 『新增東國輿地勝覽』 권21, 〈慶尙道/慶州府〉. 利見臺 在府東五十里海岸 世傳 倭國數侵新羅 文武王患之 誓死爲龍 護邦國 而禦寇盜 將薨 遺命葬我于東海濱水中 神文王從之 葬後追慕 築臺望之 有大龍 見于海中 因名曰利見臺 臺下十步 海中有石 四角聳出如四門 是其葬處 至今稱爲大王巖.

가운데 곤룡포衮龍袍나 구장복九章服 등에는 왕을 상징하는 문양으로 용을 수놓았는데, 왕이 백성을 다스리기 위해 정사를 펼치는 과정에 무궁한 조화를 부리는 것이 용의 변화하는 모습과 같다는 의미로 해석된다.

반면, 야담에 등장하는 용은 '왕'이라는 신분에서 조금 비켜나 '특별한 존재'를 가리킨다. 예컨대 18세기 야담집인 임매任邁(1711-1779)의 『잡기고담雜記古談』에 실린 〈천연天緣〉에는 부잣집 이공李公의 딸과 가난한 홀아비 정생鄭生의 혼인 이야기가 담겨 있는데, 이공의 딸이 꿈에 다섯 용자龍子를 받고, 혼인 후에 다섯 아들을 낳았으며, 아들들이 청현직淸顯職에 올랐다고 전해진다. 이처럼 정효준鄭孝俊을 내세운 이야기는 노명흠盧命欽(1713-1775)의 『동패락송東稗洛誦』에도 유사한 형태로 실려 있는데, 목이 부러진 새끼 용 한 마리는 실제 막내아들이 중국 사신으로 갔다가 죽어서 돌아온 사실로 그려진다.[8]

① 딸이 머뭇거리며 잠시 후에 말하기를, "제 꿈이 너무 이상해서요." 라고 하니, 부인이 말했다. "뭐가 말이냐?" 그러자 이렇게 대답하였다. "꿈에 제가 신부 단장을 하고 신방을 향해 가는데, 그 집안과 정원이 모두 평소에 보던 게 아니었습니다. 달빛은 뜰에 가득하고, 물가에는 커다란 은행나무가 서 있고, 나무에는 꽃들이 바야흐로 활짝 피었더군요. 방안에 있는 신랑이 바로 이웃집 정생鄭生이었는데, 두 손에 무엇을 움켜잡고 있다가 저를 향해 말하기를, '얼른 받으시오, 이 용자龍子를.'

8 두 이야기는 서사 구조가 흡사하지만, 『잡기고담』에는 이공李公의 딸이 괴이한 꿈을 꾸는 것을 계기로 혼담이 성사되는 반면, 『동패락송』에서는 이공 내외의 꿈에 단종端宗이 세 차례나 등장하여 정생鄭生과의 혼인을 밀어붙인다. 그럼에도 전대 역사 기록에서처럼 왕인 단종을 용으로 이미지화 하지 않았다.

하였지요. 붉은 치마의 앞폭을 펼쳐서 그것을 받아보니, 도마뱀처럼 생긴 다섯 마리가 사방으로 흩어져 달아나는데, 재빨리 손으로 옷섶을 묶어 겨우 그것을 잡았답니다. 꿈에서 세 차례나 이렇게 했지요." …… 이후 연달아 다섯 아들을 낳았다. 일흔이 되어서는 시종신侍從臣의 아비로 당상堂上에 올랐으며, 향년 아흔 남짓에 연달아 장수長壽로 작위를 받았다. 또 다섯 아들이 등과登科한 것으로 공로상을 받고, 품계는 숭정대부崇政大夫에 관직은 지사知事에 올랐다.[9]

② 이 날 처녀가 그 어미에게 말하기를, "지난밤 꿈속에서 아버지의 장기친구 정진사鄭進士가 용으로 변하여 담장이 무너진 곳으로 넘어와 저를 보고 그 새끼를 받으라고 말씀하셨지요. 제가 치마폭에 꿈틀거리는 새끼용을 받으니 모두 다섯 마리였는데, 그 중에 한 마리가 목이 부러져 죽었습니다. 참으로 괴이한 일이지요."라고 하니, 부모가 그 말을 듣고 매우 기이하게 여겼다. …… 해풍군海豐君은 향년 아흔 남짓에 시종신侍從臣의 아버지이자 다섯 아들이 등과登科한 것으로 가자加資를 받고, 군봉君封을 승계하였으며, 참판의 지위에 올랐다. 슬하에 벼슬아치들이 가득하였고, 친·외손자들도 헤아릴 수 없을 정도였다. 막내아들이 서장관書狀官으로 연경燕京에 갔다가 죽어서 돌아왔는데, 부모의 생전이었다. 용 새끼가 목이 부러져 죽은 꿈이 과연 영험하였다.[10]

---

9 『雜記古談』, 〈天緣〉. 女囁嚅有間曰 我夢甚異 夫人曰 維何 答曰 夢兒以新婦裝束 向新房 其堂室庭宇 俱非平日所見 而月色滿庭 庭畔大杏 樹花方盛開 室中新郎 卽隔墻鄭生 而以兩手掬物 向我言 急受 此龍子兒 張紅裳前幅以承之 狀類守宮者五也 四散疾走 忙手袺襭 僅免其佚 夢如是者三 …… 後生連生五子 至七十後以侍從臣父 升堂上 享年九十餘 連受壽爵 而又以五子登科膺賞典 進階崇政官知事.

10 『東稗洛誦』, 〈海豊君鄭孝俊〉. 是日 處子告其母曰 今夜夢中 父親博友鄭進士 化爲龍 從墻缺處 向我作語 使受其雛 吾展裳幅 受小龍雛蜿蜿者 其數凡五 其一 頸折致斃 誠爲怪事 父母聞之 甚奇異之 …… 海豐享年九十餘 以侍從臣父及五子登科加資 承襲封君 躋亞卿 簪纓滿膝前 內外諸孫 不可勝計 末子 以書狀

③ 강철江鐵이라고 하는 것은 용龍의 한 종류다. 강철이 지나가는 곳에는 반드시 바람이 불고 우박이 내려 꽃과 열매가 시들고 떨어져 남는 것이 없는 까닭에 '강철이 간 데는 가을도 봄이다.'라고들 하였다. 곽항제郭恒濟가 말해준 이야기다. 일찍이 공주公州에 있던 어느 날, 계룡산鷄龍山에 용龍이 내려왔다는 소문이 시끄러워지자 절의 중들이 그것을 숨겼으나, 가서 보려는 사람들이 줄을 이었다. 심지어 용이 나타나지 않았는데도 찾아오는 사람들은 더욱 많아져서 절 문이 메어터질 지경이었다. 그 무렵, 병마절도사가 순시巡視를 하다가 절에 이르러 중을 불러 어찌 된 일이냐고 물으니, 중이 이렇게 말했다. "며칠 전에 비바람이 크게 일더니 어떤 동물 하나가 공중에서 떨어져 우물가에 엎드려 있었답니다. 소 같기도 아닌 것 같기도 하고, 말 같기도 아닌 것 같기도 하여 세상에서는 아직 못 본 것이었지요. 용이 아닌가 의심스러워 남들이 볼까 봐 풀로 덮어두었답니다. 하루나 이틀 지난 뒤에 구름과 안개가 그것을 뒤덮더니 홀연히 간 곳을 알 수 없었지요. 그것이 우레가 치고 비가 올 때 하늘로 올라갔다면 볼 수 없었겠지요."[11]

④ 그러자 이의제李宜濟가 이렇게 말했다. "그것이 어찌 이른바 강철이라는 것이겠소? 근래 철원지역에 바람과 우박이 크게 일었지요. 백성들은 강철이 한 연못 속에 있다고들 했습니다. 그러자 철원鐵原 · 평강平康 · 금화金化 등 세 고을의 사또가 그것을 제거하기로 함께 의논했지요. 민가民家의 장정들을 크게 징발하여 그 연못을 둘러싸고 큰 돌을

官赴燕京 以喪歸於父母生前 果應龍雛頸折之夢.

11 『鶴山閑言』, 〈江鐵〉. 有名江鐵者 龍屬也 所過處 必有風雹 花實殘蕩無餘 故曰 江鐵去處 雖秋如春 郭生恒濟言 曾在公州 一日 喧傳鷄龍山降龍 而寺僧藏之 往見者踵相接 及至不見龍 然來者益多 寺門塡咽 時兵使巡歷 至寺招僧 問其詳 僧言 頃者 風雨大作 有一物 自空墜下 伏在井邊 似牛非牛 似馬非馬 世間所未覩也 疑是龍 而恐人之見 用草覆之 經一兩日後 雲霧籠覆 忽不知去處 其雷雨騰空 則未之見云.

많이 던져 넣었습니다. 그리고 장작을 불태워 벌겋게 달았을 때 연못 속에 끌어다 넣었지요. 잠시 후 연못물이 부글부글 끓으면서 망아지 같은 동물 하나가 물속에서 펄떡 뛰어 일어나는데, 구름과 안개가 어느새 감싸 안더니 허공을 차면서 사라졌답니다. 우박을 뿌리면서 말이지요."

대개 이는 악물惡物로, 강철은 속명俗名일 뿐이다. 그러나 그 생김새나 이름이 문헌에 실려 있지 않아 알 수 없다. 어떤 사람은 강철이 한발旱魃을 이르는 것이라고 한다. 그에 관한 일이 『통감강목通鑑綱目』에 있는 송경宋璟의 말 가운데 실려 있다. 그 소주小註에 이르기를, '한발은 용의 머리에 사람의 몸을 하고 있는데, 이것을 보면 큰 가뭄이 든다.'라고 하였다.[12]

동시대 야담집인 신돈복辛敦復(1692-1779)의 『학산한언鶴山閑言』에는 곽항제郭恒濟가 용이 내려왔다는 계룡산 절에 이르러 상황을 묻자, 중이 그 상황을 자세히 들려준다. 그런데 이야기를 들은 이의제李宜濟가 그것을 속칭 강철江鐵이라는 것과 비교하며, 당시 사람들은 강철이 곧 한발旱魃이라고 해석한다. 주희朱熹가 찬술한 역사서 『통감강목通鑑綱目』의 주석에 따르면, 한발은 용의 머리에 사람의 몸을 하고 있으며, 누구라도 이것을 보면 큰 가뭄이 든다고 하였다. 이후 박지원朴趾源(1737-1805)도 청淸나라에 가서 현지인들과 대화를 나누는 과정에, 용龍 같은 것이 나타나 무더위와 가뭄을 초래하여 농사를 망치는데, 그 괴물의 이름을 화룡火龍, 응룡應龍, 한발旱魃

12 『鶴山閑言』, 〈江鐵〉. 李宜濟曰 此豈所謂江鐵者耶 近世鐵原地 風雹大作 民傳江鐵入在一澤中 鐵原平康金化三邑宰 共謀除去 大發民丁 繞圍厥澤 多投大石 爇薪熾之 乘其紅熱 拽投水中 須臾 澤中熱沸 有一物 若駒踴起 水中雲霧已擁 蹴空而去 雨雹隨之云 蓋是惡物也 但江鐵俗名也 而其形與名 不載於載籍 不可知也 或謂江鐵 旱魃也 事載綱目 宋璟之言 其小注曰 旱魃 龍首人身 而見則大旱.

등이라고 일컫자, 박지원이 그런 성질을 가진 괴물을 조선에서는 강철江鐵이라 부른다고 설명했다는 기록이 전해진다.

이처럼 용은 우리 민속과 전통 및 역사와 사서 등에서 다양한 형상으로 그려지고, 여러 가지 이미지와 상징으로 대변되는 동물이었다. 요컨대 민간 풍속에서 용은 물을 주관하는 신神으로 받아들여 농사와 밀접하게 연관시켜 절대적 존재로 인식하였다. 반면, 역사 기록에서 용은 왕王이나 왕족王族을 가리키는 용어로 쓰이면서 존귀한 임금을 의미하는 명칭으로 인식되었다. 이후 야담에서 용은 존숭의 대상에서 벗어나 범인凡人들 가운데 특별한 재덕才德을 지닌 사람으로 인식이 확장되었다. 그에 따라 용이 지닌 이미지와 상징성도 변화하는 양상을 보여준다.

3. 『어우야담』에 수록된 용의 형상

『어우야담』에 수록된 용 이야기는 총 6편으로, 역대 사서는 물론 개인 문집 등에 기술된 일반적인 용의 이미지와 상징성에 비추어 다른 양상을 보인다. 고대 설화나 전통 이야기 속에 등장하는 용의 모습은 다양하면서도 유사한 특징을 지니고 있다. 상상 속 동물로 알려진 용의 형상을 말이나 글로 표현하기는 쉽지 않았을 테지만, 기록으로 전해지는 특징을 살펴보면 서로 공통점이 발견된다. 그것을 기반으로 다양한 형태의 그림[회화]과 조각 작품 등이 남겨지고, 이후 영화나 애니메이션 등 다양한 문화콘텐츠도 개발된 상태다.[13] 『어우야

13 용은 아니지만 『어우야담』에 수록된 인어 이야기를 모티브로 한 드라마 '푸른 바다의 전설'(SBS, 2016)이 대표적인 사례로 꼽힌다.

담』에 수록된 용의 형상은 대략 다음과 같다.

① 하루는 박공朴公이 정자 위에 한가롭게 앉아있는데, 삼대 같은 빗줄기가 세차게 쏟아지고, 사나운 바람이 나무를 뽑았다. 홀연히 한 물체가 못 속에서 기둥을 타고 올라오는데, 벌어진 입술과 치솟은 코에 양쪽 뿔이 우뚝우뚝 높았다. 온몸이 붉은 비늘로 덮였고, 발톱이 삐죽삐죽 솟았으며, 백발이 한 길[丈] 남짓하였다. 꿈틀거리는 한 마리의 큰 용으로, 길이가 십여척十餘尺이었다. 구름이 사방에서 모여들고 번갯불이 번쩍이더니 잠깐 사이에 몸을 솟구쳐 하늘로 올라가 사라졌다. 못가에 있던 수십 길 높이의 오동나무는 흰 모래가 오동잎 위를 다 덮었고, 긴 행랑의 수십 개 기둥은 휘두르는 긴 꼬리에 부딪혀 쓸어낸 듯 텅 비어버렸다.[14]

② 그 해에 두 마리 용이 싸우다가 한 마리가 죽어 바다 섬에 떠올랐다. 유충례柳忠禮가 그 뿔을 얻었는데, 옥처럼 하얬다. 대사헌 윤인서尹仁恕가 그곳에 귀양 갔다가 그것을 빼앗아 왔다.[15]

③ 바다에는 흰 용마龍馬가 간혹 바다 위에 나타나 노닐었는데, 파도 위로 뛰어올라 넓은 물결을 평지처럼 걸어 다녔다. 그 치달리는 모습은 번개가 치고 바람이 부는 것처럼 빨랐으며, 그 갈기와 꼬리는 말과 똑같았고, 서리와 눈처럼 새하얬다. 그곳 민간에 전하기를, "용마가 나타나면 고을에 경사가 있으며, 수사水使는 반드시 은상恩賞을 입는다."라고 하였다.[16]

14 『於于野談』496화. 一日 朴公燕坐亭上 暴至之雨如麻 顚風拔木 忽有一物自池中當楹而上 張唇聳鼻 雙角嶷嶷 遍體紅鱗 爪甲錯磈 白髮丈餘 蜿蜿然一大龍 長十餘尺 雲氣四集 雷電閃爍 須臾 聳身登天而去 池邊高梧數十丈 白沙盡上梧葉 長廊數十楹 爲長尾所簸 蕩然爲空虛矣.

15 『於于野談』497화. 其年兩龍戰 一龍死 漂出海島 柳忠禮得其角 白如玉. 大司憲尹仁恕謫其地 奪其歸.

④ 갑자기 큰바람이 모래를 날리고, 폭우에 천둥과 번개가 치고, 강물결이 거슬러 일었다. 조금 있다가 적룡赤龍이 허리를 펴서 배 위[船上]에 몸을 가로 걸치더니, 그 머리를 숙여 강바닥에 감추었다. 꼬리가 조금 물결 위로 나왔는데, 꼬리 끝이 뭉툭하고 넓으며, 허리는 굵기가 배[舟]만 하고, 길이는 수십척數十尺이나 되었다.[17]

위의 내용을 정리해 보면, 용은 길게 꿈틀거리는 신체에 붉은 비늘이 덮여 있으며, 머리에는 흰 뿔이 우뚝 솟고 발톱이 무척 날카로우며, 백마처럼 흰 갈기와 꼬리를 지녔다. 상상 속 동물이라고 부르기에는 너무나 구체적인 묘사와 생동감이 넘치는 형상을 하고 있다. 갑자기 나타나 물속을 헤엄쳐 다니는 모습을 세심하게 관찰하지 않으면 표현하기 힘든 서술인데다 죽은 용의 뿔을 얻은 사람도 있었다고 하니 실존하는 동물이라고 믿지 않을 수 없다. 더구나 생활주변에서 볼 수 있는, 물에서 헤엄치는 뱀과 물고기, 집에서 기르는 말과 소, 산에서 생활하는 호랑이 등의 모습을 합쳐 놓은 듯해 아무런 거부감도 들지 않는다.

이처럼 『어우야담』 속 용은 친근한 이미지를 지닌 동물로 그려졌다. 온갖 상상력이 발휘된 몸체와 상서로운 갈기에 새하얀 뿔을 지닌 형상으로, 물속에서 자유롭게 헤엄을 치다가 비바람을 부리면서 솟구치기도 한다. 용은 제대로 된 모습을 세상에 드러내지 않으려 갖은 조화를 부리지만, 어떻게든 한 번 보려는 사람들의 시야에 결국 포착

16 『於于野談』498화. 海有白龍馬 或出遊海上 騰踔行 躡洪漣如平地 其馳驁之狀 如電邁風迅 其鬣尾駿一如馬 皜皓如霜雪 其俗傳 龍馬出見 則邑有慶 水使必蒙恩賞云.

17 『於于野談』500화. 忽有大風揚沙 暴雨震雷 江浪倒卷 俄有赤龍伸腰 橫加船上 俯其首藏江底 稍尾波上 尾端禿而廣 腰大如舟 長可數十尺.

되고 만다. '코끼리 다리 만지기'처럼 전체 형상의 일부를 접한 사람들은 거기에 상상력을 붙이고 다듬어 마침내 조각 붙이기를 완성한다. 그렇게 마무리된 용은 '이물異物'을 넘어 '괴물怪物'처럼 느껴지는 형상이지만, 사람들은 생활 속 눈높이로 받아들여 '이물利物'로서 친근하게 인식한다.

관습적으로 용은 운무雲霧를 주관하고 강우降雨를 통제하는 동물로 알려져 있다. 농경사회에서 물은 농사에 지대한 영향을 끼쳤는데, 흔히 용은 우물과 못 그리고 바다에서 출몰하곤 했으므로 용의 움직임은 물과 밀접하게 연관되었다. 과학이 발달하지 않은 시대에 구름이 모여 비를 만들고, 천둥과 번개가 비를 부르며, 다시 강한 바람이 비구름을 걷어가는 것을 용의 출몰出沒과 조화造化로 해석하였다. 이제 『어우야담』에서 용이 출현하는 모습을 형상화한 대목을 살펴본다.

> ① 구름도 없는 한낮에 문득 하늘을 보니, 황룡黃龍과 백룡白龍이 동쪽과 서쪽에서 갑자기 일어나더니 서로 만나 허공을 가로지르며 서로 싸우는 것이었다. 언뜻 나아갔다가 언뜻 물러나기도 하며, 언뜻 내려갔다가 언뜻 올라가기도 하는데, 밝은 해가 비치자 비늘이 찬란하게 서로 반짝였다. 잠시 후에 뜬구름이 사방에서 몰려드는데, 물이 골짜기로 흘러드는 것 같았다. 번갯불이 번쩍이고 천둥이 시끄럽더니, 굵은 빗줄기가 밧줄처럼 퍼붓고 뒤따라 우박도 쏟아졌다. 한참 뒤에 서로 몸을 숨기며 싸움을 그치고 흩어지니, 환하게 하늘이 개었다.[18]

18 『於于野談』 499화. 白晝無雲氣 忽見中天 黃白兩龍從東西卒起相遇 橫空相鬪 乍前乍却 乍低乍昻 白日照之 鱗甲燦爛相映 移時而後 流雲四集 如水之趍壑 霹靂電火 轟轟硠磕 雨脚大如繩 飛雹隨之 良久 相與藏身 解鬪而散 廓然爲晴天

② 갑자기 큰바람이 모래를 날리고, 폭우에 천둥과 번개가 치고, 강 물결이 거슬러 일었다. 조금 있다가 적룡赤龍이 허리를 펴서 배 위[船上]에 몸을 가로 걸치더니, 그 머리를 숙여 강바닥에 감추었다. 꼬리가 조금 물결 위로 나왔는데, 꼬리 끝이 뭉툭하고 넓으며, 허리는 굵기가 배[舟]만 하고, 길이는 수십척數十尺이나 되었다. 출렁이는 강물에 물결이 설산雪山처럼 일어나고, 배에 가득한 소금이 물결을 따라 흩어졌다. 뒤집혔던 배가 며칠 만에 뒤집어졌다.[19]

③ 날이 저물 때, 폭우가 쏟아지고 갑자기 우레가 쳤다. 천 개의 횃불을 펼쳐놓은 것처럼 거센 불꽃이 천관산天冠山 절도絶島 사이에서 먼 바다 끝까지 뻗쳐 천지를 진동하면서 다가왔다. 화염 가운데 검은 물체가 허공을 가로질렀고, 큰 바람이 그것을 휘몰았다.[20]

위의 내용을 살펴보면, 구름도 없는 대낮에 용들이 싸움을 시작하자, 얼마 후 사방에서 구름이 몰려들어 천둥과 번개가 요란하더니 폭우가 쏟아진다. 또 갑자기 큰바람이 일어 모래를 날리며 폭우가 내리자, 강 물결이 거슬러 일면서 용이 나타난다. 게다가 폭풍우 속에 천 개의 횃불을 펼쳐놓은 것처럼 거센 불꽃이 바다 가운데서 천지를 가로지르며 뻗어나가는 장관을 연출하기도 한다. 대개 용은 천둥과 번개를 동반한 폭우와 함께 출현하는데, 먹구름이 몰고 온 강한 비바람은 용의 움직임과 조화를 더욱 신비롭게 만드는 효과가 있다. 그러나 세상을 뒤집을 듯 세찬 빗줄기를 퍼붓던 하늘도 용이 움직임

19 『於于野談』500화. 忽有大風揚沙 暴雨震雷 江浪倒卷 俄有赤龍伸腰 横加船上 俯其首藏江底 稍尾波上 尾端禿而廣 腰大如舟 長可數十尺 蕩簸江流 波起如雪山 滿船之鹺 隨波渙散 船覆數日而飜.

20 『於于野談』501화. 日初昏 暴雨迅雷 如張千炬烈火 自天冠山絶島之間 亘絶大海 駭天震地而來 火焰之中 有黑物横空 大風駈之.

을 멈추고 사라지면 다시 날씨가 맑아진다.

이처럼 『어우야담』 속 용은 생활주변에서 자주 출몰하며 일상에 크고 작은 변화를 가져오곤 했다. 자칫 바람이 불고 비가 내리는 자연현상을 지나치게 확대 해석하는 것처럼 보이지만, 그만큼 날씨의 영향을 크게 받으며 농사를 짓고 생계를 잇던 시대임을 감안하면 도리어 쉽게 수긍할 수 있다. 따라서 용이 출몰하는 과정에 반복되는 자연현상들은 하나 이상할 게 없었고, 천지를 집어삼킬 듯 험한 날씨는 시간이 지나면 아무 일 없었던 것처럼 되돌아오곤 했다. 그러므로 이 또한 자연스러운 일상현상으로 받아들여 두려움을 견디며 차분히 기다렸다.

4. 『어우야담』에 수록된 용의 의미

앞서 용의 모습을 뱀처럼 길게 생겼다고 기술했으나, 뱀과 다른 점도 눈에 띈다. 뱀은 땅이나 물에서 몸을 구불구불하게 움직이지만, 용은 곧바로 다니는 특성이 있다. 또 용은 뱀과 달리 뿔이 난 것도 있으며, 날개가 있거나 말처럼 갈기가 달린 것도 있다는 게 차이점이다. 그럼에도 사람들은 용과 뱀을 그다지 좋아하지는 않았던 듯하다. 이제 『어우야담』 속에 형상화된 용의 의미를 확인해 본다.

① 바다에는 용과 뱀이 많았고, 그것을 건드리면 모두 배[舟]를 해쳤다. 그 크기는 서로 비슷한데, 뱀은 구불구불 다녔고, 용은 곧바로 다녔다. 용의 모습은 동일하지 않아서 혹 뿔이 있거나 혹 뿔이 없으며, 혹 날개가 있거나 혹 말처럼 생겼다. 용과 뱀이 이르면, 배 안의 늙은이와 젊은이가 모두 징을 두드리고 닭털을 태워 냄새를 피웠다. 용과 뱀이

그 소리를 듣고 냄새를 맡으면 모두 코를 찡그리고 머리를 쳐들면서 달아났다.[21]

② 아침에 그것을 보니, 바다 동쪽에서부터 큰 산과 긴 골짜기를 끊어 놓았는데, 너비가 모두 사오십척四五十尺이요, 길이가 수백리數百里나 되었다. 서쪽으로 바다에 들어갔는데, 그 사이 지나간 땅에는 백 아름[圍]의 거목巨木이 예리한 칼에 베인 아욱처럼 되어 가느다란 가시조차 없었다.[22]

뱃사람들에게 용이나 뱀은 환영받지 못했다. 특히, 용은 사악한 동물로 평가되는 뱀과 유사한 모습을 하고 있으며, 강이나 바다에서 조업하는 뱃사람들에게 위험한 동물로 인식되었다. 물을 주관하는 동물이라는 점에서 농사꾼들에게는 유익한 대상이었지만, 거센 비바람을 몰고 다니는 동물이라는 점에서 뱃사람들에게는 공포의 대상이었다. 또 육지와 바다를 번갈아 이동하는 과정에도 흔적을 남겨, 용이 휩쓸고 지나간 자리는 초토화되고 말았으므로 더더욱 기피하고 축출해야 할 대상이었다.[23] 그래서 뱃사람들은 징을 두드리고 닭털을 태운 냄새로 용을 쫓아냈으며, 뭍사람들은 폐허처럼 변해버린 생

21 『於于野談』 500화. 海中多龍蛇 觸之皆能臧船 其大相類 蛇行枉 龍行直 龍形不同 或有角 或無角 或有翼 或如馬 龍蛇至 舟中人老少 皆擊鉦焚鷄羽以起臭 龍蛇聞聲臭 皆縮鼻揚首而走.

22 『於于野談』 501화. 朝而視之 自海東截大山長谷 廣皆四五十尺 長數十百里 西入于海 其間所經之地 百圍巨木 如以利刀刈葵藿然無纖楚.

23 『어우야담』 소재 〈화포장火砲匠 이야기〉에도 비슷한 대목이 등장하는데, 무인도無人島에 살던 큰 이무기가 아침저녁 숲에서 바다로 드나드는 과정에 유사한 상황이 벌어졌다. 이채경(2018), 「『삼국유사』와 스토리텔링 – 동서양 이야기의 비교를 중심으로」, 『국제언어문학』 제39호, 국제언어문학회, 257-289면 참조

활터전을 보며 아연실색할 수밖에 없었다.

이처럼 『어우야담』에 등장하는 용은 특정 이미지나 상징성을 지닌 동물이 아니라 사람들의 생존에 도움을 주거나 폐해를 입히기도 하며 일상생활을 함께 하는 생명체라는 의미를 갖는다. 그것은 더 이상 역사서에서 상징하는 것처럼 일방적인 숭앙의 대상도 아니며, 심지어 민간에서는 상서로운 동물인 동시에 해악을 끼치는 동물로 인식되기도 했다. 이러한 인식 변화는 야담이 민간에서 창작된 서사 장르라는 게 근본 원인이며, 덧붙여 용이 신神 또는 왕王을 넘어 특별한 인물을 거쳐 동물 그 자체로서 상징과 이미지를 지닌 존재로 의미가 확장된 결과라고 하겠다.

5. 결론

지금까지 분석한 내용을 요약 정리하는 것으로 결론을 대신한다.

용龍은 상상 속 동물로, 역대 사서史書는 물론 개인 문집文集 등에 기록된 것으로 미루어 보면, 절대 권력자인 왕王을 지칭하는 동시에 탁월한 능력을 지닌 특별한 존재라는 이미지와 상징성을 지닌다. 예컨대 민간 풍속에서 용은 물을 주관하는 신으로 받아들여 농사와 밀접하게 연관시켜 절대적 존재로 인식하였다. 반면, 역사 기록에서 용은 왕이나 왕족을 가리키는 용어로 쓰이면서 존귀한 임금을 의미하는 명칭으로 인식되었다. 이후 야담 속 이야기에서 용은 존숭의 대상에서 벗어나 범인凡人들 가운데 특별한 재덕才德을 지닌 사람으로 인식이 확장되었다. 그에 따라 용이 지닌 이미지와 상징성도 끊임없이 변화하는 양상을 보여준다.

야담野談에 등장하는 용은 이러한 관습적인 이미지나 상징성에서 벗어난 존재다. 특히, 『어우야담』에 실린 용의 형상과 의미는 일반적인 내용과 서로 달라서, 특이한 형상을 하고 대낮에 수시로 출몰하며 사람들의 일상에 해악害惡을 끼치는 동물로 정리된다. 즉, 신神 또는 왕王 내지는 특별한 존재로서 범접할 수 없는 위치에 있다기보다는 생활주변 가까이에 현존하는 동물로 등장하는 것이다. 이처럼 조선후기 야담을 창작한 민간에서 바라보는 용은 지배계층에 의해 화석화된 이미지와 상징성을 벗고 일상에서 마주하며 함께 생활하는 생명체였다고 정리된다.

제3부

신라 관련 서사와 사실史實의 문화콘텐츠

제1장

문무왕 신격화의 변전 양상과 현대적 의의

—문화콘텐츠 활용방안을 중심으로

1. 서론

한 때 '세상은 넓고, 할 일은 많다.'는 말이 유행했는데, 이는 드넓은 세상에서 의미 있는 일을 하라는 뜻으로 쓰였다. 지혜로운 사람이 되기 위해서는 다양한 경험이 무엇보다 중요하고, 그러기 위해서는 직접적인 견문이 필수조건이다. 아울러 지금도 흔히 쓰이는 '아는 만큼 보인다.'는 말도 있다. 이는 다양한 경험에 앞서 관련 지식과 정보를 충분히 습득하고 몸으로 부딪쳐야 한다는 뜻이다. 아무런 배경지식 없이 무언가를 접했을 때보다 관련 정보를 충분히 습득한 뒤에 그것을 접했을 때 우리는 훨씬 더 의미 있는 경험을 할 수 있다.

본고에서는 역대 시문집에 보이는 대왕암大王巖을 중심으로 관련 자료를 살펴보고, 동해 용신으로 신격화된 문무왕 이야기의 다양한 변전 양상과 현대적 의의에 대해 논하고자 한다. 지금까지 문무대왕암을 비롯한 주변 지역에 관해서는 수차례 연구가 이루어졌지만, 대부분 지리학[1]이나 역사학[2] 또는 고고미술사학[3]이나 문화재적 측면[4]에서 다루어졌다. 민속학[5]에서도 '고대 해룡海龍'이라든지 '용신龍神 신앙'에 논의가 집중되었으며,[6] 더 이상 연구 주제 및 범주를 넓혀 논지를 확장시키지 못했다.[7] 따라서 본고에서는 삼국시대三國時代부

1 박일흠 · 이영권, 「하천의 영향을 받는 동해안 대왕암 주변의 해안선 변화」, 『한국도서연구』 제22권 1호, 한국도서(섬)학회, 2010. 151-167면 등

2 김창호, 「문무왕릉비에 보이는 신라인의 조상 인식」, 『한국사연구』 제53권, 한국사학회, 1986. 17-37면 ; 이영호, 「신라 문무왕릉비의 재검토」, 『역사교육논집』 제8권, 역사교육학회, 1986. 37-75면 등

3 황수영, 「감은사지귀면와」, 『미술사학연구』 제22권, 1962. 249면 ; 한정호, 「감은사지 쌍탑과 고선사지 삼층석탑 비교 고찰」, 『석당논총』 제48권, 동아대학교 석당학술원, 2010. 29-53면 등

4 문환석 · 류인숙, 「감은사지 동삼층석탑 기단부 출토유물 보존처리」, 『보존과학연구』 제19권, 한국과학기술정보연구원, 1998. 159-177면 등

5 박계홍, 「고대 용신(龍神) 사상에 관한 연구-한국민속연구의 일단으로-기3」, 『한국언어문학』 제6권, 한국언어문학회, 1969. 121-138면 ; 김영태, 「신라불교에 있어서의 용신사상-삼국유사를 중심으로」, 『불교학보』 제11권, 동국대학교 불교문화연구원, 1974. 123-154면 등

6 강영경, 「한국 고대 海龍의 성격」, 『제3회 전국해양문화학자대회 자료집』 4, 목포대학교, 2012. 72-82면 ; 이용범, 「해안지역 민간신앙에서의 용신(龍神)의 위상」, 『제3회 전국해양문화학자대회 자료집』 4, 목포대학교, 2012. 56-60면 등

7 그러나 최근에 발표된 일부 논문은 기존의 연구 성과를 넘어서기에 주목된다. 이창식, 「문무해중릉의 문화원형과 가치활용」, 『신라문화』 제44집, 동국대학교 신라문화연구소, 2014. 115-142면 ; 강석근, 「경주 이견대(利見臺) 시문 연구」, 『온지논총』 제39권, 온지학회, 2014. 9-39면 ; 김성혜, 「만파식적 설화의 문화적 의의와 활용방안」, 『음악과 민족』 제45권, 민족음악학회, 2013. 207-236면 ; 조해진, 「고전설화 〈만파식적〉의 문화콘텐츠적 가치에 관한 연구」, 『한국디자인문화학회지』 18권 3호, 한국디자인문화학회, 2012. 525-536면 ; 강석근 · 이창식, 「경주 기림사(祇林寺)의 오종수(五種水) 연구」, 『지방사와 지방문화』 16권 1호, 역사문화학회, 2013. 65-93면 ; 강석근, 「기림사 오색화의 연원과 그 문화적 의미」, 『신라문화』 제42권, 동국대학교 신라문화연구소, 2013. 403-423면 등

터 고려高麗를 거쳐 조선朝鮮에 이르기까지 우리 조상들은 대왕암과 주변 지역을 어떤 시각으로 바라보고 이해하며 수용했는지 하나하나 되짚어 본다. 이를 통해 대왕암을 비롯한 주변 지역을 아울러 고찰하고, 그것이 지니는 현대적 의의를 도출하며, 더불어 문화콘텐츠로 활용하는 방안도 제시해 보고자 한다.

2. 문무왕 신격화의 다양한 변전과 그 의미

경주는 신라 천년 고도古都이자, 역대 최초로 통일 대업을 이룩한 유서 깊은 왕도王都이다. 이는 역사서로 알려진 『삼국사기三國史記』, 『삼국유사三國遺事』, 『고려사高麗史』, 『조선왕조실록朝鮮王朝實錄』을 비롯하여 인문지리서인 『신증동국여지승람新增東國輿地勝覽』에도 기록된 사실이다. 또 조선시대 시문집인 『동문선東文選』을 비롯하여 수많은 학자와 문인들의 시문집[8]을 통해서도 확인할 수 있는 내용이다.

8 경주를 노래하고 기록한 대표적인 문인 학자들을 열거하면 다음과 같다. 신라시대 최치원崔致遠은 『고운집孤雲集』 권3에서 〈화엄불국사수석가여래상번찬華嚴佛國寺繡釋迦如來像幡贊〉 외 다수 작품을 남겼다. 또 고려시대 이색李穡은 『목은시고牧隱詩藁』 권4에서 〈부상음扶桑吟〉 외, 이숭인李崇仁은 『도은집陶隱集』 권5에서 〈초옥자전草屋子傳〉 외 다수 작품을 남긴 바 있다. 이후 조선시대에는 김시습金時習이 『매월당집梅月堂集』 권12에서 〈유금오록遊金鰲錄〉 외, 안정복安鼎福이 『순암집順菴集』 권1에서 〈우리 역사를 보다가 느낀 점이 있어 악부체를 본떠서 읊다[觀東史有感 效樂府體]〉 외 다수 작품을 남겼으며, 홍양호洪良浩는 『이계집耳溪集』 권16에서 〈제신라문무왕릉비題新羅文武王陵碑〉 외, 이언적李彦迪은 『회재집晦齋集』 권1에서 〈감포 바다 배 안에서 한자고韓子沽에게 시를 지어 주다[甘浦舟中贈韓子沽]〉 외 다수 작품을 남겼다. 아울러 이유원李裕元도 『임하필기林下筆記』 권38에서 〈이견대가利見臺歌〉 외 다수 작품을 남긴 바 있다.

경주는 동경東京 · 동도東都 · 금성金城 · 계림鷄林 등으로 불렸던, 전대前代의 신화와 전설이 살아 숨쉬는 보고寶庫이자, 소중한 문화와 전통이 공존하는 현장이다. 따라서 천년 유적지로서 남다른 가치를 지닌 곳일 뿐만 아니라 아름다운 자연 경관을 간직한 명승지로서도 손색이 없는 곳이다.

그런데 경주의 고적 명승지는 시기에 따라 조금씩 다르지만, 지금도 여전히 주목받는 곳이다. 그 가운데 대왕암大王巖을 중심으로 이견대利見臺, 감은사感恩寺, 만파식적萬波息笛, 기림사祇林寺 등을 아울러 조명하고 있다. 그럼 문헌자료에서 이러한 제재를 통해 드러난 역사적 저변 의식과 문화적 이해 관점을 문무왕 신격화와 연계시켜 그 변전 양상과 의미를 분석해 본다.

1) 신라를 지키려는 군주의 마음[護國龍]

대왕암을 바라보는 관점 가운데 가장 대표적인 것은 문무왕이 신라를 지키려는 호국정신이라고 할 수 있다. 문무왕이 죽어서 대왕암에 묻히고 호국룡護國龍이 된 이야기는 여러 문헌에 유사한 내용으로 실려 있다.

> 이견대利見臺는 경주부慶州府 동쪽 50리 해안海岸에 있다. ○세간에 전하기를, "왜국倭國이 자주 신라를 침범하니, 문무왕文武王이 이것을 근심하여 죽으면 용龍이 되어 나라를 수호하고 도적을 방어하겠다고 맹세하였다. 그리고 죽을 때 유언하기를, '나를 동해의 물속에 장사하라.' 하였다. 신문왕神文王이 그 유언대로 하고 장사지낸 뒤에 추모하여 대臺를 쌓고 바라보았더니, 큰 용이 바다 가운데 나타나 보였다. 그로 인하여 이견대利見臺라고 이름 지었다." 한다. 대 아래로 10보步 바

다 가운데 네 뿔처럼 우뚝 솟은 돌이 네 문과 같은 곳이 있는데, 여기가 문무왕을 장사지낸 곳이다. 지금까지 대왕암大王巖이라고 일컫는다.[9]

대왕암 관련 이야기는 『삼국사기』, 『삼국유사』를 비롯하여 『신증동국여지승람』에도 실려 있다. 이들 역사서나 인문 지리서에 실린 내용은 별 차이가 없으며, 기록자들에게는 과거 실재했던 사건으로 인식되고 있다. 그러면 당시 신라를 비롯한 삼국의 상황이 어떠했기에 문무왕은 동해에 수장水葬되기를 바랐으며, 왜 굳이 해룡海龍이 되어서 신라를 지키겠다고 했을까?

신라는 박혁거세朴赫居世 재위 당시부터 왜국의 침입을 받았으며,[10] 조분왕助賁王[11]과 소지왕炤知王[12] 이외에도 눌지왕訥祇王 대를 포함하여 총 30여 회 침공을 받은 것으로 알려졌다. 심지어 소지왕 15년(493)에는 백제 동성왕東城王에게 이벌찬 비지比智의 딸을 시집보냄[13]으로써 백제와 연합하여 왜적을 방비했다는 기록도 보인다. 이처럼 대륙에서는 고구려와 백제를 합병하여 명실상부 삼국을 통일했지만, 해상에서는 계속되는 왜국의 침공을 걱정해야 했던 것이다.

9 『新增東國輿地勝覽』 권21, 〈慶尙道/慶州府〉. 利見臺 在府東五十里海岸 世傳 倭國數侵新羅 文武王患之 誓死爲龍 護邦國 而禦寇盜 將薨 遺命葬我于東海濱水中 神文王從之 葬後追慕 築臺望之 有大龍 見于海中 因名曰利見臺 臺下十步 海中有石 四角聳出如四門 是其葬處 至今稱爲大王巖.

10 『三國史記』 권1, 〈新羅本紀〉 1, 朴赫居世條. 八年 倭人行兵 欲犯邊 聞始祖有神德 乃還.

11 『三國史記』 권2, 〈新羅本紀〉 2, 助賁王條. 三年 夏四月 倭人猝至圍金城 王親出戰 賊潰走 遣輕騎追擊之 殺獲一千餘級.

12 『三國史記』 권3, 〈新羅本紀〉 3, 炤知王條. 二十二年 春三月 倭人攻陷長峰鎭.

13 『三國史記』 권26, 〈百濟本紀〉 4, 東城王條. 十五年 春三月 王遣使新羅請婚 羅王以伊湌比智女 歸之.

그랬기에 문무왕은 죽어서도 신라를 지키고 싶었으며, 왜국의 침입이 빈번했던 동해에 묻히기를 서원誓願하기에 이른다. 그런 부왕父王의 심정을 누구보다 잘 알았던 신문왕은 그의 유언대로 시신을 화장하여 유골을 바다 가운데 안장함으로써 신라에서 전무후무하고 세계에서 유일무이한 수중릉을 조성했다. 사방으로 뿔처럼 솟은 바위가 네 문을 이루어 바닷물이 드나들 때마다 선대에 이룩한 통일국가로서 자손대대 평안해질 신라를 가슴에 안고 동해바다를 넘나들었을 것이다.

문무왕은 사후死後에 이루어질 자신의 장례식에 필요한 장지葬地를 미리 지정해주고, 구체적인 장례법[화장火葬+수장水葬]을 제시한 다음, 용이 되어 나라를 수호하겠노라고 장담한다. 그런데 지정해준 장지는 바로 동해바다였고, 불교식으로 화장하고 뼈를 부수어 동해에 뿌리는 수장으로 마무리하라고 유명遺命하였다. 이러한 절차를 거쳐 문무왕이 되고자 한 것은 바로 용龍이었다. 불교적 시각에서 보면 용은 짐승이라 신라왕이 몸을 받아서는 안 되는 일이었지만, 문무왕은 해룡으로 화하여 살아서나 죽어서나 나라를 지키고자 했다.

당시 왜적의 침입은 신라왕들에게 근심거리였다. 문무왕 이전에 태종무열왕도 동래東萊 바다 절영도絶影島에 진지를 쌓아 신라를 괴롭히는 왜국을 정벌하는 데 이용했다[14]는 기록이 보인다. 무열왕은

14 安鼎福,『順菴集』권1,〈觀東史有感 效樂府體〉. 白馬塚行 金東溟世濂槎上錄云 觀其年代記 倭皇神應之二十二年 新羅兵入明石浦 距大阪纔百里 赤間關東 有一邱壟 倭人指之曰 此卽白馬墳 新羅兵深入 日本人請和解兵 刑白馬以盟埋馬於此云 據申保閑海東諸國記 應神之二十二年 當新羅儒理王之八年 卽晉惠帝元康元年也 此事東史不見 海東記 達敏天皇癸卯 新羅來伐西鄙 當羅眞平王之五年 又元正天皇庚申 新羅來伐西鄙 當聖德王之十九年 東史皆逸 今東萊海中絶影島有古壘 世傳新羅太宗伐倭時所築 因稱太宗臺.

살아서 바다를 건너가 왜국을 정벌하겠노라고 호언했으며, 문무왕은 죽어서 바다를 건너오는 왜적을 물리치겠노라고 유언했다. 통일 대업을 바라는 무열왕이나 통일 국가를 지키려는 문무왕의 호국 의지는 확고했으며, 결국 문무왕의 염원은 이루어져 이견대에서 아들 신문왕이 바라보는 가운데 황룡黃龍의 모습으로 나타난다.

2) 비[雨]를 갈구하는 백성의 기원[黃龍]

용은 구름을 타고 하늘을 오르내리는 이물異物로, 신화나 전설 속에 등장하는 물의 신이자 풍요의 신이다. 용에는 해룡海龍, 정룡井龍, 지룡池龍 등이 있는데, 우물[井]에 사는 정룡은 생명수를 주관하고, 못[池]에 사는 지룡은 치수治水 능력을 지녔으며, 바다[海]에 사는 해룡은 풍요로운 생활과 풍부한 경제력을 나타낸다고 알려져 있다.[15] 이들은 운무雲霧와 강우降雨를 통제함으로써 농사에 지대한 영향을 끼친다. 또 용은 절대 권력자 왕을 지칭하는 동시에 그가 신성한 능력을 동원하여 거두어야 할 백성들의 우두머리다.

잘 알다시피 이견대는 신문왕이 부왕의 수중릉을 바라보며 배알하던 곳이다. 문무왕은 죽어서 동해에 수장되었고, 대왕암은 그의 산골처散骨處이다. 문무왕은 사후死後에도 신라를 수호하고 왕권을 강화시켜 자손대대 번영과 영화를 누리기를 바랐다. 그런 부왕의 의지와 심정을 잘 알기에 신문왕은 항상 선친을 추모하고 효성을 다했던 것이다.[16] 그러던 어느 날, 바람이 불고 우레가 치더니 대왕암 위에 황

---

15 해룡과 용신에 대해서는 『제3회 전국해양문화학자대회 자료집』 3에 실린 강영경(2012)과 이용범(2012)의 전게서를 참조하기 바란다.

16 문무왕과 신문왕 부자의 만남을 소재로 한 〈이견대가利見臺歌〉가 있었다고

룡이 모습을 드러낸다.[17] 문무왕은 소원대로 동해의 용이 되었으며, 신문왕은 부왕의 현신現身을 영접하기에 이른다.

용이 조화를 부려야 비가 내린다고 믿었던 당시 사람들은 이견대를 우단雩壇으로 삼고, 거기서 기우제를 지냈다. 화化하여 용이 된 문무왕은 동해에서 왜적을 물리치는 동시에 조화를 부려 강우를 조절하는 능력까지 부여 받았다. 이러한 사실은 모두 그가 용신龍神이 되었기에 가능한 일이며, 신라의 안위를 근심하는 왕의 마음과 비를 기원하는 백성의 마음이 하나의 접점에서 만난 결과라고 할 수 있다. 역대 문헌에서 기우제와 관련된 자료는 무척 많으며, 신라 진평왕眞平王 때는 용을 그려 기우제를 지냈다는 기록[18]도 보인다.

> 내가 예전에 계림鷄林[慶州]를 다스렸는데, 계림은 바로 신라 고도이다. 당시 날이 가물어 산천에 기도를 했는데, 동해 가에 있는 우단雩壇

하나, 가사는 전하지 않고, 제목과 제작 동기만 간략히 기록되어 전한다. 『고려사高麗史』 권71 악지樂志 25 삼국속악三國俗樂 신라新羅 조. 世傳 羅王父子久相失 及得之 築臺相見 極父子之懽 作此以歌之 號其臺曰利見 蓋取易利見大人之意也 王父子無相失之理 或出會隣國 或爲質于 未可知也. 『증보문헌비고增補文獻備考』 권106 악고樂考 17 신라악新羅樂 조. 利見臺歌 世傳 羅王父子久相失 及得之 築臺相見 極父子之樂 作此歌. 이에 관한 연구는 박노춘, 「〈利見臺歌〉 雜考」, 『겨레어문학』 제5집, 겨레어문학회, 1969. 34-37면 ; 이창식, 「〈利見臺歌〉와 '萬波息笛' 說話의 性格」, 『동국어문논집』 제4집, 동국대학교 국어국문학과, 1991. 177-196면 ; 강석근, 「경주 이견대(利見臺) 시문 연구」, 『온지논총』 제39권, 온지학회, 2014. 9-39면 참조

17 李裕元, 『林下筆記』 권38, 〈東京古蹟考察〉. 新羅文武王墓 在鷄林雩壇之傍 初王困於倭 臨薨詔曰 葬我於海中 當化爲龍以距倭 海中有大石如小島 葬於石間未幾 風雷大作 有黃龍見於石上 名其臺曰利見 遂以爲禱雨所 事在三國史.

18 『三國史記』 권4, 〈新羅本紀〉 4, 眞平王條. 五十年 春二月 百濟圍椵岑城 王出師擊破之 夏 大旱 移市 畵龍祈雨 秋冬民飢 賣子女.

을 이견대利見臺라고 불렀다. 나는 기우제에 쓸 폐물을 갖추어 그곳으로 갔다. 이견대는 큰 바닷가에 있고, 돌 언덕이 불룩하게 솟아 대를 이루었다. 고을 사람에게 '이견利見'의 뜻을 물으니, 다음과 같이 대답했다.

옛날 신라는 문무왕 대에 왜倭와 인접하여 수차례나 침범을 당하는 곤액을 겪었답니다. 왕이 돌아가실 때 태자를 불러 말씀하셨지요. "내가 죽으면 반드시 바다 가운데 장사를 지내라. 내가 응당 화하여 용이 되어서 왜병을 물리칠 것이다." 바다 가운데 큰 바위가 작은 섬처럼 우뚝 솟아 있었는데, 태자와 신하들이 감히 유언을 어기지 못하고 바위 사이에 장사를 지냈답니다. 잠시 후에 바람과 우레가 크게 일어나더니 황룡이 바위 위에 나타나 신하와 백성이 대에 올라가서 바라보며 절하고는 그것을 '이견대利見臺'라고 이름 지었지요. 이윽고 기우제를 지내는 장소로 삼았는데, 매번 영험이 있었다고 합니다. …… (하략)[19]

이계耳溪 홍양호洪良浩의 기록에 따르면, 이견대는 조선후기에도 기우제를 지내는 장소로 유명했던 모양이다. 그는 경주부윤慶州府尹을 지내는 동안에 가뭄이 들자, 기우제에 쓸 폐물幣物을 갖추어 직접 이견대로 행차한다. 그리고 신라 문무왕대에 있었던 기이한 사건과 함께 기우제를 지내면 매번 영험이 있었다는 말을 듣는다. 당시 대왕암에 나타난 황룡을 바라보며 신하와 백성들은 이견대에서 고개 숙여 절했으며, 옛날이야기를 전하는 후대인 역시 당시 사건을 황룡과

19 洪良浩, 『耳溪集』 권16, 〈題新羅文武王陵碑〉. 余於曩歲 尹鷄林 卽新羅故都也 時天旱 行禱于山川 東海上有雩壇 曰利見臺 余乃具祝幣往焉 臺在大海之傍石阜突起成臺 問邑人以利見之義 對曰 昔新羅文武王隣於倭 數困於侵伐 臨薨詔太子曰 我死 必葬於海中 當化爲龍以距倭兵 海中有大石嵯峩屹峙如小島 太子羣臣 不敢違 葬於石間 未幾風雷大起 有黃龍見於石上 臣民登臺而望拜焉 名其臺曰利見 遂以爲禱雨之所 輒有靈應云. ……(下略)

기우제를 연관시켜 자랑스럽게 들려주고 있다.

이견대는 본래 신문왕이 대왕암에 나타난 문무왕의 화신인 황룡을 처음으로 보았다는 곳이다. 그런데 해변에서 가까운 대왕암의 입지 조건과 용이라는 특정 동물을 연계시켜 기우제를 지내는 장소로 변모되었다. 용이 강우와 풍요를 관장하는 동물이라는 데 주목하여 풍어豊漁와 풍년豊年을 기원했던 것이다. 따라서 호국 이미지로 고착되려던 문무왕의 의지와 바람은 애민愛民 또는 생민生民으로 확장되었으며, 이후 신문왕과 효소왕孝昭王 대를 거치면서 더욱 다양한 이야기와 다채로운 이미지로 재탄생된다.

3) 아버지를 향한 애틋한 사랑[金堂龍]

『삼국유사』에 의하면, 문무왕은 왜병倭兵을 진압하고자 감은사感恩寺를 창건했으나 완공하지 못한 채 죽어서 해룡이 되었다. 당시 왜국은 수시로 신라의 변방을 침입하였고, 당나라를 견제하기도 벅찬 처지에 왜침倭侵은 번거로운 일이었다. 그래서 문무왕은 불력佛力으로 나라를 지키려한 것이다.

> 제31대 신문대왕神文大王의 이름은 정명政明, 성은 김씨金氏이다. 개요開耀 원년元年 신사辛巳(681) 7월 7일에 즉위했다. 아버지 문무대왕文武大王을 위하여 동해변東海邊에 감은사感恩寺를 세웠다.【절에서 전해지는 기록[寺中記]은 다음과 같다. 문무왕文武王이 왜병倭兵을 진압하고자 이 절을 처음 창건創建했는데, 끝내지 못하고 죽어 바다의 용龍이 되었다. 그 아들 신문왕神文王이 왕위에 올라 개요開耀 2년(682)에 공사를 끝냈다. 금당金堂 뜰아래에 동쪽을 향해서 구멍을 하나 뚫어 두었으니, 용이 절에 들어와서 돌아다니게 하기 위한 것이다. 대개 유언

遺言으로 유골遺骨을 간직해 둔 곳은 대왕암大王巖이고, 절 이름은 감은사感恩寺이다. 뒤에 용이 나타난 것을 본 곳을 이견대利見臺라고 하였다.】[20]

그러나 세월이 흘러 왕이 바뀌자, 감은사 창건 취지도 변하게 된다. 부처님의 힘으로 왜병을 진압하려던 문무왕이 죽자, 그 아들 신문왕은 부왕의 유지遺志를 받들어 절을 완공하고, 어버이의 은혜에 감사한다는 뜻에서 '감은사感恩寺'라고 이름 짓는다. 문무왕 창건 당시 '호국護國'을 내세운 것이 신문왕 대에 이르러 '감은感恩'으로 변모한 셈이다.[21]

이제 신문왕은 대왕암에서 굳건히 신라를 지키는 선왕先王을 감은사에서 영접할 방법을 찾는다. 감은사 금당金堂은 독특한 형태로 건축되어 주춧돌 아래에 일정하게 틈이 있으며, 금당의 섬돌 아래에는 동쪽을 향해 구멍이 하나 뚫려 있었다고 전한다. 이 구멍을 통해 들어온 용이 금당 아래에 있는 틈으로 내부를 자유롭게 돌아다닐 수 있도록 고안한 것이다. 이러한 특수 장치를 갖춤으로써 해룡이 된 문무왕이 서릴 수 있도록 특수 공간을 마련했다고 추측된다.

감은사는 문무왕대에 호국 사찰로서 건립되기 시작했으나, 신문왕

20 『三國遺事』 권2, 紀異 2, 〈萬波息笛〉. 第三十一神文大王 諱政明 金氏 開耀元年辛巳七月七日卽位 爲聖考文武大王創感恩寺於東海邊【寺中記云 文武王欲鎭倭兵 故始創此寺 未畢而崩 爲海龍 其子神文立 開耀二年畢排 金堂砌下東向開一穴 乃龍之入寺旋繞之備 蓋遺詔之葬骨處 名大王巖 寺名感恩寺 後見龍現形處 名利見臺】.

21 감은사에 대해서는 황수영, 「感恩寺」, 『역사학보』 제15집, 역사학회, 1961. 135-145면 ; 윤무병, 「感恩寺－黃壽永氏의 書評을 읽고서」, 『진단학보』 제22집, 진단학회, 1961. 168-175면 참조

대에 완공되고 나서는 부자父子가 상봉하는 내밀하고 사적인 공간으로 변모했다. 물론 호국룡이 된 부왕을 영접하는 상황에서 보면 국가 내지는 왕가王家의 사건이지만, 화하여 용이 된 아버지를 그리워하다 자식으로서 마주하는 자리라면 얼마든지 의미가 달라진다. 그랬기에 신문왕은 금당 아래로 물길을 터서 아버지가 편히 드나들 수 있도록 섬세하게 배려했으며, 그런 자식의 마음을 이해한 문무왕은 신라가 태평성대를 누릴 수 있도록 신비한 선물을 내려주었다.

조선 중기에 이덕홍李德弘은 경주지역을 유람하고 〈동경유록東京遊錄〉을 남겼다. 빗속에 찾아간 과정과 정황을 잘 묘사했는데, 특히 감은사 빈 터에는 잡초가 우거지고, 닭 우는 소리와 개 짖는 소리가 들리는 가운데 쌍탑雙塔만 우뚝 서서 쓸쓸한 분위기를 자아낸다.[22] 신라왕 부자가 상봉한 금당에는 아직도 구멍이 남아있어 해룡이 된 부왕이 들어와 서리도록 했다는 이야기를 뒷받침하지만, 그 아버지를 향한 애틋한 사랑을 후세에 전해줄 감은사는 인적조차 드문 곳이 되어버렸다. 이처럼 후대로 갈수록 감은사의 내력과 사연을 기억하는 사람도 적고, 유람객마저 황폐해진 주변 정경에만 눈을 돌릴 뿐이었다.

4) 소리로 세상을 다스리려는 의도[神龍]

신문왕은 문무왕을 동해 가운데 장사지내고 나서 수중릉이 바라보

22 李德弘, 『艮齋集』 권7, 〈東京遊錄〉. 亭午 帶雨抵要光院 抹馬息肩 谷邃林深 奇巖怪石 羅列左右 大雨猶作 前溪欲漲 飮酒數椀 因醉一夢 而起吟一絶 忘未記焉 沿溪而下 漸至海口 平蕪寬衍 鷄犬相聞 路傍有雙塔 乃羅代感恩寺基也.

이는 곳에 이견대를 지었다. 그리고 부왕이 미처 완공하지 못한 감은사를 지어 금당에서 부자가 상봉하곤 했다. 여기서도 어김없이 용이 등장한다. 문무왕은 자신이 죽어 스스로 호국룡이 되고자 했으며, 아들이 이견대에서 대왕암을 바라보았을 때도 황룡의 모습으로 나타났다. 그리고 금당 아래로 난 물길을 따라 자유롭게 감은사에 드나들었다. 게다가 소리로써 풍랑을 잠재우고 날씨를 다스리며 적군을 물리치는 만파식적[23]을 얻는 과정에서 또 다시 용이 등장한다.

> 신문왕神文王 때 동해 가운데로 작은 산이 둥둥 떠 와서 감은사感恩寺를 향해 물결을 따라 왔다 갔다 하였다. 임금이 이상히 여겨 바다에 배를 띄워 그 산에 들어가니, 산 위에 한 그루의 대[竹]가 있었다. 명하여 피리를 만들었는데, 이 피리를 불면 적군이 물러가고 병이 나았으며, 가뭄에는 비가 오고 장마에는 비가 개며, 바람이 그치고 파도가 잠잠해져서 '만파식적萬波息笛'이라고 하며 역대 임금들이 보배로 여겼다. 효소왕孝昭王 때 '만만파파식적萬萬波波息笛'이라고 가호加號하였는데, 지금은 없어졌다.[24]

만파식적은 신문왕이 어지러운 세상을 평화롭게 다스리는 데 일조한 신물神物이다.[25] 그런데 사실 그 용도나 효능보다 그것을 얻는 과

23 李裕元, 『林下筆記』 권38, 〈萬波息笛〉. 兵退病痊雨雨晴 一吹呈異寶東京 小山浮到山生竹 萬萬波波息以名 神文王時 小山浮海上 有一竿竹 命作笛 吹則兵退病愈 旱雨雨晴 風定波平 因以名之.

24 『新增東國輿地勝覽』 권21, 〈慶尙道/慶州府〉. 神文王時 東海中 有小山浮來向感恩寺 隨波往來 王異之 泛海入其山 上有一竿竹 命作笛 吹此笛 則兵退病愈 旱雨雨晴 風定波平 號萬波息笛 歷代傳寶之 至孝昭王 加號萬萬波波息笛 今亡.

25 만파식적에 대해서는 황수영, 「新羅梵鐘과 萬波息笛 說話」, 『신라문화』 제1집, 동국대학교 신라문화연구소, 1984. 7-11면 ; 남재철, 「新羅玉笛 考證」, 『동방

정에 얽힌 이야기가 더 화제였다. 문무왕은 죽어서도 신라를 지키는 용이 되었으며, 자신을 그리워하는 아들을 돕는 아버지이고자 했다. 자기 재임 시기에 비해 약해진 왕권을 강화하여 신문왕이 무사히 통일 신라를 지키고 보존할 수 있도록 혼신의 힘을 다했다. 만파식적을 만들도록 유도하는 과정에서 또 다른 용이 등장하지만, 어찌 보면 문무왕의 분신分身에 다름 아니다.

용이 등장하는 이야기는 만파식적을 얻는 과정에서 가장 뚜렷이 빈번하게 언급된다. 해관海官이 '동해에 작은 산 하나가 떠서 감은사를 향해 오는데, 물결에 따라 이리저리 왔다 갔다 한다.'고 아뢰자, 신문왕은 일관日官에게 점을 치라고 명한다. 이후 일관은 "부왕께서는 바다의 용이 되어 삼한三韓을 진호鎭護하고 계시며, 또 김유신金庾信 공公은 인간 세계에 내려와 대신大臣이 되었습니다. 이 두 성인聖人이 덕德을 합쳐 이 성을 지킬 보물을 주시려고 하니, 폐하께서 바닷가로 나가시면 반드시 귀중한 보물을 얻으실 것입니다."라고 아뢴다.[26]

해관이 기이한 사건을 목도하고, 일관이 이상한 변괴를 점쳐본 결과가 드러나는 순간이다. 기상이변奇狀異變은 바로 해룡海龍이 된

한문학』 제37집, 동방한문학회, 2008. 235-258면 ; 박진태, 「만파식적 설화의 서사구조와 역사적 의미」, 『국어교육』 125호, 2008. 527-552면 ; 김종군, 「〈만파식적〉 설화의 다시읽기를 통한 통합의 의미 탐색」, 『온지논총』 제27집, 2010. 73-100면 ; 김성혜, 「만파식적 설화의 문화적 의의와 활용방안」, 『음악과 민족』 제45권, 민족음악학회, 2013. 207-236면 참조

26 『三國遺事』 권2, 紀異 2, 〈萬波息笛〉. 明年壬午五月朔【一本云 天授元年 誤矣】海官波珍湌朴夙清奏曰 東海中有小山 浮來向感恩寺隨波往來 王異之 命日官金春質【一作春日】占之 曰 聖考今爲海龍 鎭護三韓 抑又金公庾信 乃三十三天之一子 今降爲大臣 二聖同德 欲出守城之寶 若陛下行幸海邊 必得無價大寶.

문무왕과 천신天神이 된 김유신이 신문왕에게 신라를 지킬 소중한 보물을 내려주기 위해 일으킨 조화였다. 여기서도 밝혀졌듯이 문무왕은 화하여 용이 되었으며, 이후에 등장하는 신룡神龍은 두 성인聖人[문무왕과 김유신]이 보낸 사자使者라고 할 수 있다. 그는 검은 옥대玉帶를 바치고 나서 신기한 대나무로 피리를 만들어 불면 천하가 화평해질 것이라고 전언傳言한다. 결국 신문왕은 신룡의 말에 따라 만파식적을 만들어 국보國寶라 칭하며 월성천존고月城天尊庫에 보관하기에 이른다.[27]

5) 자손의 번성과 왕실의 번영을 염원[玉帶龍]

지금까지 문무왕의 현신이라고 할 용 관련 이야기는 변화무쌍하게 전개되었다. 대왕암에 묻힌 호국룡에서 시작하여 이견대에서는 황룡으로 나타났다가 감은사를 드나들며 금당에 서리기도 하고 만파식적을 만들라고 권유하는 신룡에 이르기까지 다양한 형상으로 여러 문헌에 기록되었다. 이제 만파식적을 완성하는 과정에서 또 다른 용이 등장하는데, 바로 기림사祇林寺 용연龍淵에서 승천하는 옥대룡玉帶龍이다.

27 『三國遺事』 권2, 紀異 2, 〈萬波息笛〉. 王喜 以其月七日 駕幸利見臺 望其山 遣使審之 山勢如龜頭 上有一竿竹 晝爲二 夜合一【一云 山亦晝夜開合如竹】使來奏之 王御感恩寺宿 明日午時 竹合爲一 天地振動 風雨晦暗七日 至其月十六日 風霽波平 王泛海入其山 有龍奉黑玉帶來獻 迎接共坐 問曰 此山與竹 或判或合 如何 龍曰 比如一手拍之無聲 二手拍則有聲 此竹之爲物 合之然後有聲 聖王以聲理天下之瑞也 王取此竹 作笛吹之 天下和平 ……(中略)…… 駕還 以其竹作笛 藏於月城天尊庫 吹此笛則兵退病愈 旱雨雨晴 風定波平 號萬波息笛 稱爲國寶.

왕이 감은사에서 묵고, 17일에 기림사祇林寺 서쪽 계곡에 이르러 수레를 멈추고 점심을 먹었다. 태자太子 이공理恭【바로 효소대왕孝昭大王이다.】이 대궐을 지키고 있다가 이 소식을 듣고 말을 달려와서 하례하고는 천천히 살펴보고 아뢰었다. "이 옥대의 여러 쪽은 모두 진짜 용입니다." 왕이 말했다. "네가 어찌 그것을 아느냐?" 그러자 태자가 말했다. "이 쪽 하나를 떼어 물에 넣어 보여 드리겠습니다." 그리고는 옥대의 왼편 둘째 쪽을 떼어서 계곡물에 넣으니, 금세 용이 되어 하늘로 올라가고, 그 땅은 이내 못이 되었다. 인하여 그 못을 용연龍淵이라고 불렀다.[28]

신문왕은 대나무를 베어 돌아오는 길에 또 다른 이변을 경험하는데, 바로 신룡이 준 옥대의 여러 쪽이 모두 하나하나 진짜 용이었던 것이다. 궁궐에서 놀라운 소식을 듣고 신문왕을 마중하러 나온 태자太子 이공理恭[훗날 효소왕孝昭王]이 옥대를 찬찬히 살펴보고 조심스레 용이라고 아뢴다. 이후 그의 말대로 옥대의 왼편 둘째 쪽을 떼어서 계곡물에 넣으니, 그것은 금세 용이 되어 하늘로 올라가고, 그곳은 이내 못이 되어 용연龍淵으로 불리게 된다.

이 이야기에서 나라를 지키려는 해룡海龍[文武王]은 천신天神[金庾信]과 힘을 합쳐 신룡을 보내 기이한 대나무를 얻게 하고, 수많은 용으로 이루어진 옥대를 전해주었다. 그렇게 함으로써 용의 개체수는 하나에서 다수로 늘어나고, 활동 영역과 영향력은 동해 바다에서 내륙 연못까지 넓혀진다. 앞서 해룡이 풍요로운 생활과 풍부한 경제력을 상징하는 동물이라는 점을 감안하면, 이 이야기는 곧 자손의 번성

28 『三國遺事』 권2, 紀異 2, 〈萬波息笛〉. 王宿感恩寺 十七日 到祇林寺西溪邊 留駕晝饍 太子理恭【卽孝昭大王】守闕 聞此事 走馬來賀 徐察奏曰 此玉帶諸窠 皆眞龍也 王曰 汝何知之 太子曰 摘一窠沈水示之 乃摘左邊第二窠沈溪 卽成龍上天 其地成淵 因號龍淵.

과 왕실의 번영을 예언하는 것으로 해석할 수 있다. 이제 문무왕의 바람은 왜적의 침입에서 신라를 지키는 것에서 더 나아가 신라의 무궁한 발전으로 확대되었다.

결국 만파식적의 신비로운 효과를 입증하기 위해서는 온갖 기상이변氣象異變과 기행이적奇行異蹟이 필수요소였다. 먼저 문무왕이 묻힌 동해에서 작은 산이 떠내려 오고, 그 산에는 밤낮으로 둘로 나뉘었다 하나로 합쳐지는 대나무가 있다. 그리고 문무왕이 보낸 신룡이 신문왕을 찾아와 옥대를 바치는데, 그 옥대의 어느 쪽이든 계곡물에서 용으로 변해 승천하는 것이다. 이야기의 처음부터 끝까지 용이 등장하고, 그 용이 끊임없이 조화를 부리는 가운데 만파식적이 만들어져 왕실을 번영케 하고, 용연에서 옥대룡이 승천함으로써 자손의 번성을 상징하게 되었다.

그러나 대왕암과 관련하여 이견대, 감은사 용당, 만파식적, 기림사 용연 등에 얽힌 이야기는 후대로 갈수록 본래 의미가 퇴색되기 시작했다. 신라의 삼국통일을 전후하여 이와 관련된 이야기는 신라를 지키려는 군주의 마음[護國], 아버지를 향한 애틋한 사랑[孝誠], 삼국통일 주역 등장과 왕권 강화 의지[政治], 소리로 세상을 다스리려는 의도[齊世], 비를 갈구하는 백성의 기원[祈雨] 등 다양한 주제를 간직한 채 생동감 있게 인구人口에 회자膾炙되었다. 그러나 왕조가 바뀌고 시대가 변하면서 이런 곳들은 옛날이야기를 담은 고적지나 명승지 이상의 가치를 담보하기 힘들어진다. 때문에 조선의 유자儒者들은 서적에서 읽고 배운 내용을 기억한 채 한가롭게 유람하는 장소로 기록하고 있다.

3. 현대적 의의와 문화콘텐츠 활용방안 : 결론을 대신하여

이상 대왕암을 중심으로 이견대, 감은사 금당, 만파식적, 기림사 용연 등을 문헌자료를 통해 살펴보았다. 그리고 모든 이야기가 용을 모티브로 한 것임에 주목하였다. 예로부터 용은 불교에서는 불법을 수호하는 동물로 인식되었으며, 유교에서는 왕자王者를 지칭하는 동물로 상징화되었다. 역대 문헌에서 포착되는 용의 모습도 크게 이 두 가지로 압축된다. 호국 불교를 내세운 신라에서 용은 낯설지 않은 존재였으며, 죽어서도 신라를 지키려 한 문무왕과 그 아들 신문왕 그리고 효소왕에 이르기까지 모두 신라왕이었다. 여기서 자연스레 탄생한 용과 관련된 이야기는 문화콘텐츠 차원에서 시사하는 바가 매우 크다.

지금까지 논지를 정리하면 다음과 같다.

첫째, 호국룡이 되고자 한 문무왕이 묻힌 대왕암. 이는 문무왕 사후死後에 신라의 국가 기반 안정과 왕권 강화 측면에서는 물론 현재 남북 분단 상황에서 위기가 닥칠 때마다 호국이라는 측면에서 강조되곤 했다. 둘째, 신문왕이 대왕암에서 모습을 드러낸 황룡을 바라보던 이견대. 용이 강우와 치수를 관장한다는 점에서 역대 기우제를 지내는 장소로 알려졌다. 셋째, 신라왕이자 용의 현신으로 마주한 두 부자가 상봉했던 감은사. 금당의 기단 아래에 구멍을 내어 용이 자유롭게 들어와 서리도록 배려했다. 넷째, 신문왕에게 만파식적을 만드는 기이한 대나무를 알려주고 옥대를 전해준 신룡. 해룡과 천신이 힘을 합쳐 용으로 하여금 신물을 바치도록 했다. 다섯째, 옥대에서 떼어내자 용연에서 하늘로 올라간 작은 옥대룡. 해룡이 풍요를 상징한다면, 이는 신라 왕실과 자손의 번성을 축원하는 의미가 담겨있다.

이 모든 용 이야기의 출발지는 바로 대왕암이다. 이제 우리는 용을 더 이상 상상속의 동물로 인식할 것이 아니라, 하나의 문화 코드로 수용하고 콘텐츠로 활용할 필요가 있다. 호국룡의 안장지 대왕암, 황룡을 보았던 이견대, 용이 서린 감은사 금당[龍堂], 신룡이 전해준 옥대와 만파식적, 욕대룡이 승천한 용연에 이르기까지 모든 이야기는 용으로 일관된다. 게다가 각각의 용은 뚜렷한 목적의식과 존재의미를 지니고 등장한다. 여기서 우리는 대왕암 관련 지역과 용 이야기를 문화콘텐츠화 할 수 있다.

첫째, 용의 자취를 따라 대왕암－이견대－감은사 금당－기림사 용연으로 이어지는 '미르길[드라곤 로드]'을 열 수 있다. 이를 어린이 체험 학습의 장으로 만들면 동행한 부모까지 포함시켜 가족여행 코스로 자리 잡힐 수도 있다. 둘째, 용의 특징을 꼽아 호국룡－황룡－금당룡－신룡－옥대룡으로 분류하여 '용용 캐릭터'를 만들 수 있다. 이를 어린이 체험 학습에 적용시켜 각기 다른 캐릭터 스탬프를 개발하여 흥미와 교육을 아우를 수도 있다. 요컨대 이처럼 신라 역사와 교훈 그리고 용의 이미지를 잘 조화시켜 스토리텔링함으로써 '미르투어, 스탬프랠리'가 가능해진다. 셋째, 신라시대 용 모양 토우土偶를 재현하여 경주의 얼굴이자 콘텐츠 상품으로 내세울 수 있다. 이는 상상속의 동물인 용을 현실로 이끌어내는 작업이자, 풍부한 문화자원을 내포한 지역에서 온고지신溫故知新 형태로 관광 상품화할 주요 테마이기도 하다.

1941년에 고유섭 선생은 "경주에 가거든 문무왕의 위적을 찾으라, 문무왕의 정신을 길어 보아라. 무엇보다도 경주에 가거든 동해의 대왕암을 찾으라."고 말했다.[29] 우리는 대왕암에 관련된 용 이야기를 현대적으로 해석하고, 그 의의를 도출하여 문화적으로 새롭게 활용할 필요가 있다.

29 이 말은 고유섭 선생이 1958년(통문관)에 펴낸 『전별의 병』에 담긴 글로, 이후 조성환이 2010년(학고방)에 편찬한 『경주에 가거든』에 실린 것을 발췌하여 옮겨 적었다.

제2장

이계 홍양호의 학문자세와 학적성취

—신라 관련 비문 · 제문을 중심으로

1. 서론

이계耳溪 홍양호洪良浩(1724-1802)는 조선후기의 뛰어난 문인 학자이자 관료였다. 다시 말해, 그는 문형文衡을 지냈을 뿐 아니라 당시 문학을 주도한 문장가이며, 또 영조英祖에게 '박학博學'으로 지목받은 학자이고, 게다가 내외 관직을 역임하면서 민생에 도움이 되는 수많은 치적을 남긴 목민관牧民官이기도 하다.

그런데 임형택 교수의 말처럼 "더불어 영위해온 공동체의 삶의 진실을 파고듦으로써 우리들의 애환에 통하는 그런 문학의 성취"[1]를 이루어낸 점으로 평가하자면, 이계는 조선후기 현실주의 민족문학을 추구한 문장가에 가깝다. 또 진재교 교수가 이계의 시문학을 "민족정서의 수용과 그 시적인 형상들은 모두 민족자아民族自我에 대한 인

1 임형택, 「고전문학에서 현실주의의 발전과 민족문학적 성취」, 『한국한문학연구』 제17집, 한국한문학회, 1994. 373면 인용

식의 구체적인 표현"[2]이라고 한 데서 더욱 확실해진다. 이는 선행 연구 논문을 비롯하여, 본고에서 다루게 될 이계가 관심을 두고 기록으로 남긴 신라유적新羅遺蹟 관련 비문碑文과 제문祭文을 통해서도 일부 확인할 수 있으리라 믿는다.

본고는 이계의 학문자세와 학적성취를 연구하는 데 그 목적을 둔다. 이는 먼저 그의 생애와 함께 학문자세를 살펴보고, 그가 남긴 신라유적 관련 비문 기록과 제문을 고구考究함으로써 그가 추구한 학문의 의도와 성과를 조명하는 방법으로 진행될 것이다. 그동안 이계에 관한 연구는 그의 역사인식을 비롯하여 국내 교유관계와 문학활동 및 청조 학인과 학술교류 등에 대한 연구[3]가 이루어졌다. 최근에는 그의 기문記文을 중심으로 조선후기 사대부의 글쓰기 문화를 분석한 논문[4]도 발표되었다. 그러나 지금껏 그가 남긴 비문 기록과 제문에 대한 연구는 없었으며, 특히 관직생활에서 임지任地였던 경주지역의 신라유적에 대해서는 전혀 다루어진 바 없었다. 따라서 본고에서는 이계의 남다른 학문자세와 뛰어난 학적성취를 신라유적 관련 비문 기록과 제문을 통해 밝혀보고자 한다.

2 진재교, 『耳溪 洪良浩 文學 硏究』, 성균관대학교출판부, 1999. 372면 인용

3 서인원, 「耳溪 洪良浩의 歷史認識」, 『동국사학』 제29집, 동국사학회, 1995. 91-116면 ; 진재교, 「洪良浩의 交遊關係와 文學活動에 대하여」, 『한문교육연구』 제13집, 한국한문교육학회, 1999. 305-336면 ; 진재교, 「18세기 朝鮮朝와 淸朝 學人의 學術交流-洪良浩와 紀昀을 중심으로」, 『고전문학연구』 제23집, 한국고전문학회, 2003. 301-326면

4 최기숙, 「조선후기 사대부의 생활공간과 글쓰기 문화-耳溪 洪良浩의 '記'를 중심으로」, 『고전문학연구』 제33집, 한국고전문학회, 2008. 333-367면

2. 이계의 생애와 학문자세

홍양호는 본관이 풍산豊山, 자는 한사漢師, 호는 이계耳溪, 시호는 문헌文獻이다. 초명初名은 양한良漢이었으나, 중년 이후에 양호良浩로 개명改名하였다. 또 만년에 우이동牛耳洞에서 생활하며 우이동의 구곡九曲을 근거로 하여 호를 이계耳溪라 하였다. 그는 홍진보洪鎭輔(1698-1736)와 청송淸松 심씨沈氏의 장남으로 태어났으며, 그의 가계는 소론少論이었으나, 본인 대에 크게 현달하였고, 손자 대에는 경화세족京華世族에 이른다. 특히, 조부祖父인 홍중성洪重聖(1668-1735)은 단양군수 등을 지냈는데, 이계는 조부의 임지任地를 따라 다니면서 다양한 경험을 하게 된다. 사실 홍중성은 당대에 시문詩文으로 자못 명성이 있었으나, 부친 홍진보는 관직에 오르지도 못한 채 39세로 세상을 떠났다. 당시 이계는 13세였으며, 이후 불행히도 가세가 급격히 기울어 외가에서 자라게 된다.

그런데 이계의 외가는 소론가少論家의 명문이자 정치적 위상도 높았다. 외조부外祖父는 소론의 핵심 인물 심수현沈壽賢(1663-1736), 외숙外叔은 하곡霞谷 정제두鄭齊斗(1649-1736)의 문인 심육沈錥(1685-1753)으로, 이계는 심육에게 양명학陽明學[강화학江華學]에 바탕을 둔 학풍을 체득하면서 학문적 토대를 닦았다. 양명학은 중국 명明나라 때 왕수인王守仁(1472-1529)이 주장한 유학의 계통으로, 지식과 실천의 일치를 강조한다. 조선에 독자적으로 양명학파가 형성된 것은 정제두에 의해서였다. 정제두는 당시 학자들이 학문을 자기 영달榮達에 이용하고 파당派黨을 짓는 데 반성을 촉구하며 강화도에서 양명학을 천명하였다. 조선후기 정제두의 문류門流로서 강화학파에 속하는 인물로는 이광사李匡師 · 이광려李匡呂 · 심육沈錥 · 윤순尹淳

등이 있었으며, 그 학풍은 200년간 계속되어 일제강점기 정인보鄭寅普·박은식朴殷植 등에 이르렀다. 이계 학문의 기반이라고 할 양명학에서 주장하는 '지행합일知行合一'은 그가 평생 관직생활과 문학활동에서 추구하고 실천하는 강령이 되었다.

그는 이처럼 새로운 학풍을 사사 받으면서도 가문의 중흥과 경제적 난관이 눈앞에 있었기 때문에 자신이 관직에 나아가 문제를 해결하고자 했다. 학업에 부지런히 정진한[5] 결과, 이계는 24세 생원시生員試에 합격하고, 29세 정시문과庭試文科에 급제하여 한림翰林으로 뽑혀 관로에 진출한 이후, 내외 청현직淸顯職을 두루 거치면서 관료로서 일생을 보내게 된다.

이계의 관직 생활은 영의정까지 지낸 외조부 심수현과 외가의 후광을 입은 데다 영조의 탕평정국으로 비교적 순조로웠으며, 학문적 역량도 인정받던 터였다. 특히, 영조가 이계의 '박학博學'을 높이 평가하여 자문을 구할 정도로 젊은 시절에는 그 전도가 양양하였다. 그러나 외가의 몰락과 함께 사정이 급변하는데, 이른바 나주괘서사건羅州掛書事件을 계기로 발생한 을해옥사乙亥獄事에서 역모에 연루되었던 것이다. 당시 이조판서였던 외삼촌 심악沈鑵이 처형당하고, 심필沈鉍은 유배되었으며, 심육은 구사일생으로 화를 면했지만, 그의 외가는 거의 멸문지화滅門之禍에 이르렀다. 다행스럽게도 이계

5 아들 홍희준洪羲俊이 기록한 이계의 학문태도는 이러하다. "아버지는 젊은 시절에 부지런히 독서하여 매일 밤 새벽까지 책을 읽었지만, 집이 가난하여 등촉燈燭을 겨우 댈 수 있었다. 하루는 기름을 얻어 등잔에 가득 부어 밤새도록 글을 읽으려고 했는데, 시자侍者가 등잔을 잘못 건드려 기름을 엎질러 버렸다. 이윽고 기름을 다시 얻지 못하여 그날 밤에는 부득이 일찍 잤다고 한다.[府君 少時勤讀 每夜達曉 而家貧燈燭僅繼 一日 得油滿盞 將夜讀書 侍者 誤觸而覆之 仍不更得 其夜不得已早寢云]"(洪羲俊, 『傳舊』 8, 碑誌 2, 〈本生先府君遺事〉)

는 노론계 인사 이천보李天輔 등이 그의 박학博學을 주청하고, 영조의 각별한 배려로 정치적인 위기를 모면하게 된다.

이 때문에 그는 정계에서 멀어져 자신의 학문적 역량과 관인적 자질을 국계國界와 민생民生에 쏟으며, 이후 중년을 대부분 외직생활로 일관한다. 이계는 34세에 제주독운어사濟州督運御史가 되어 호남 각지의 민폐를 시정하고, 전국 지리지인 『여지도서輿地圖書』 편찬에 기여하였다. 또 35세에는 강동현감江東縣監에 부임하여 강동지역의 홍수와 가뭄을 극복하려 만류제萬柳堤를 쌓아 민생에 일조하였다. 이어 37세에는 경주부윤慶州府尹이 되어 특별한 업적을 이루었다. 당시 경주는 풍부한 문화유적과 금석문이 산재해 있었는데, 그는 신라 및 고려의 비문을 직접 발굴하거나 탁본拓本으로 수집하고, 문헌자료에 기록된 신라 금석문에 대한 위치를 비정하는 등 남다른 학문자세와 문화인식을 보여주었다. 또 40세에는 홍주목사洪州牧使에 부임하여 허물어진 합덕지合德池를 보수함으로써 주변 12읍邑의 황무지를 옥답으로 만들어 민생에 기여하는 등 목민관으로서 자질과 역량을 마음껏 발휘했다.[6]

이처럼 그의 실학적 면모는 관직생활에서 더욱 두드러진다. 영조가 그의 학문 경향을 '박학'으로 평한 데 걸맞게 그는 당대의 진보적인 학문 경향을 두루 수렴하고 있었으며, 이를 일상생활에 편리하게 적용시켜 민생에 도움이 되도록 만들었다. 그가 체득한 학문은 이론과 학설에 머물러 사장된 것이 아니라 가뭄과 홍수 등 자연재해를 막고 백성들의 삶의 질을 높이는 데 적극 활용되었다. 예컨대

6 이상은 『이계집耳溪集』에서 이계가 직접 쓴 〈태사씨자서太史氏自序〉와 한국고전번역원에서 정리한 이계의 연표를 참조하여 재정리한 것이다.

지리서를 편찬하거나 제방을 쌓고 보수하는 일은 학문을 실생활에 밀접하게 접목시킨 결과이며, 이는 평소 남다른 학문자세를 견지한 데서 비롯되었다. 나아가 이러한 실천적 자세는 조선팔도 어디서도 애국애민에 관한 아름다운 문장과 훌륭한 업적을 견인하는 원동력이었다.

이계는 47세에 부임한 황해도관찰사黃海道觀察使를 거쳐 지방관으로서 뛰어난 치적을 쌓다가, 48세에 내직으로 옮겨서 대사성과 경영관에 제수되었다. 그러나 정쟁政爭의 소용돌이에 휩쓸려 영조 말년 정국政局에 사도세자思悼世子의 죽음을 목도하고, 세손이 된 정조正祖를 보호하는 입장에 놓이게 된다. 이후 정조의 등극과 함께 홍국영洪國榮이 정계의 실력자로 급부상하면서 당색黨色이 달랐던 이계는 신변에 위협을 느껴 다시 외직으로 나가 경흥부사慶興府使가 되었다. 당시 그는 황량한 최북단에서 백성들과 더불어 그곳의 자연 기후와 풍토로 인해 힘들게 생활하는 가운데 국토지리와 자연재해에도 관심을 기울여 문학적 성취와 학문적 저술을 이루었다. 그런데 얼마 지나지 않아 홍국영의 실각으로 이계는 다시 내직으로 돌아온다.

그는 59세에 중요한 경험을 하게 되는데, 바로 연행燕行이었다. 동지정사冬至正使 정재겸鄭在謙과 서장관書狀官 홍문영洪文泳을 따라 동지부사冬至副使로서 연경燕京을 방문하여 그동안 축적한 청淸나라의 학문동향과 서구의 문물제도에 대한 식견을 검증했던 것이다. 이 연행에서 그는 청나라의 한림翰林인 대구형戴衢亨(1755-1811)을 만나고, 귀국 후에도 중국의 금석문이나 서첩書帖 등을 부탁하여 중국 금석학의 동향과 자신의 학문을 확인하였다. 또 당시 이계는 서울에 거주하며 '난사蘭社'를 통해 개성적인 문인들과 교유하며 문학세계와 예술인식의 폭을 넓히고 있었다. 이후 67세에 내직에서 마지막으로 부임한 평안도관찰사平安道觀察使로 옮겨 종신토록 서울에서 생활하였다.

고증학考證學은 고학古學이라는 복고적 요소가 내재해 있었으나, 이계를 비롯하여 정약용丁若鏞·안정복安鼎福·이긍익李肯翊·김정희金正喜 등이 그 영향을 받아 역사·지리·금석학 등 여러 분야에서 뚜렷한 성과를 이루었다. 고증학은 순수학문이었지만, 조선의 실학을 만나 사회적 현실을 제대로 인식하고 학문적 문제를 해결하는 데도 활용되었다. 특히, 금석학金石學은 고증학적인 방식으로 금석문金石文을 해석하고 분류하는데, 이계는 경주지역 신라유적 관련 비석은 물론 전국 각지에 흩어져 있는 유적들을 발굴 조사하는 데 이를 적극 활용하였다. 양명학에서 출발해 고증학 및 금석학에까지 나아간 이계의 학문경향은 박학과 실학을 추구하고 실현하려는 학문자세에서 비롯되었다.

그리고 70세가 되던 해, 정조와 집권층의 추천으로 동지정사로서 재차 연행 길에 오른다. 2차 연행에서 이계는 기윤紀昀(1724-1805)을 만나고, 귀국 후에도 왕복 서신을 통해 문학 및 문자학과 금석학에 대한 중국의 동향과 서구의 자연과학에 대한 신지식을 섭취했으며, 특히 기윤을 통해 중국 식자층의 견해를 파악하고 서양서적의 구입을 부탁하기도 했다. 만년의 연행 후에도 그는 78세로 세상을 떠날 때까지 내외 청현직淸要職을 두루 거쳤다. 지금까지 살펴본 이계는 영조에게 '박학博學'으로 지칭되고, 정조에게 '문장가文章家'로 인정받은 문인 학자였다. 특히, 그는 관직생활에서 민족의식에 바탕을 둔 국계와 이용후생을 적용한 민생을 실천한 목민관의 전형이자 개명적開明的 관료였다.[7]

이처럼 내·외직을 두루 역임하는 동안 이계의 학문은 더욱 넓어지는 동시에 깊어졌다. 게다가 그는 중화중심의 세계관에서 벗어나 상대주의적 관점에서 현실을 바라보고 합리적인 사유를 지향하였다. 그가 외삼촌 심필과 더불어 주객에 관해 변론한 "그러므로 내[我]로부터 사물[物]을 보면 나는 주主가 되고 사물은 객客이 됩니다. 사물로부터 나를 보면 사물은 주가 되고 나는 객이 됩니다. 물아物我가 서로 주객主客이 되고, 주객이 서로 물아가 됩니다. 이를 따라서 주로 삼는다면 만물萬物이 주가 되지 않음이 없고, 이를 따라서 객으로 삼는다면 만물이 객이 되지 않음이 없으니, 어찌 일정한 주와 바뀌지 않는 객이 있겠습니까?"라는 글[8]에는 선진 지식인으로서 관점과 사상이 오롯이 담겨 있다. 나아가 상고주의尙古主義에서 벗어나 객관적인 평가를 지향한 "시詩든 문文이든 각 시대에 따라 특장特長이 있을 뿐, 옛 문장이라고 해서 무조건 좋고 지금 문장이 못하다는 것은 옳지 않다."는 문장관을 피력하기도 했다. 즉 그는 시대의 변화와 아울러 화이고금華夷古今의 상대성을 인정하는 학문자세를 보여준 인물이었다.

요컨대 이계는 초년에는 가학家學으로 외숙에게 익힌 양명학을 토대로 삼고, 외가의 후광을 입어 순탄한 관직 생활을 누리는 동안에도 부단히 학업에 정진하는 학문태도를 지녔다. 또 말년에는 연행燕行으로 접하게 된 금석학의 동향을 익히고, 기윤紀昀을 비롯하여 청나

7 이상은 진재교 교수의 『이계 홍양호 문학 연구』와 한국고전번역원에서 정리한 이계의 생애와 연표를 참조하여 재정리한 것이다.

8 『이계집』 권15, 〈與第四舅沈公鉍論主客辨〉. 故自我而觀物 則我爲主 而物爲客也 自物而觀我 則物爲主 而我爲客也 物我互相主客 而主客互相物我 從而主之 則萬物無非主也 從而客之 則萬物無非客也 何嘗有一定之主 不易之客耶.

라 학자들과 교유하며 중국과 서구의 문물제도를 적극적으로 수용하는 실학적 면모를 보였으며, 국내에서도 문인들과 시사활동詩社活動을 펼치는 등 남다른 학문적 성취를 이루었다. 이러한 가운데 특히 경주부윤을 지내면서 남긴 비문 기록과 제문에는 목민관牧民官으로서 이계의 자질資質과 박학고증博學考證하는 자세 및 신라유적에 대한 기록정신이 두드러진다.

3. 이계의 문장에 나타난 학적성취

이계는 경주부윤을 지내면서 남다른 학문자세로 신라유적에 대한 자기 의견을 피력했는데, 당시 그가 남긴 기록들은 뛰어난 학적성취라고 볼 수 있다. 이계가 남긴 신라유적 비문 기록에는 〈제신라문무왕릉비題新羅文武王陵碑〉, 〈제신라태종왕릉비題新羅太宗王陵碑〉, 〈제신라진흥왕북순비題新羅眞興王北巡碑〉, 〈제평제탑題平濟塔〉, 〈제원주반절비題原州半折碑〉를 비롯하여 〈제인각사비題麟角寺碑〉, 〈제무장사비題鍪藏寺碑〉, 〈제백월사비題白月寺碑〉와 〈제김각간묘비題金角干墓碑〉 등이 있다. 또 제문으로는 〈이견대기우문利見臺祈雨文〉, 〈대각간묘기우문大角干墓祈雨文〉, 〈숭덕전기우문崇德殿祈雨文〉, 〈각간묘재도문角干墓再禱文〉, 〈경순왕묘우개건 영정이모후 봉안제문敬順王廟宇改建影幀移摹後奉安祭文〉 등이 있다. 이밖에 그의 생애를 되짚어 볼 수 있는 〈태사씨자서太史氏自序〉와 서예에 관한 그의 해박한 지식을 담은 〈제윤백하순서축題尹白下淳書軸〉 등도 본고에서 다루는 텍스트에 포함된다.[9]

1) 목민관牧民官의 자질 표출

지금껏 알려진바 이계는 조선후기 대표적 문인 학자 겸 관료였다. 개인적으로는 어린 나이에 부친을 여의었으며, 사회적으로는 어지러운 정쟁政爭에서 가문을 중흥시켜야 했기 때문에 그는 과거를 거쳐 벼슬에 나아갔다. 그러나 그가 목민관으로서 뛰어난 자질과 능력을 발휘하여 민생을 안정시킨 것은 아이러니하게도 그의 개인적 불행과 정치적 고난에서 기인한다고 해도 과언이 아니다.

그가 경주부윤慶州府尹으로 부임한 것은 37세(1760년) 때였다.[10] 당시 경주에는 풍부한 문화유적과 금석문이 산재해 있었는데, 그는 신라 및 고려의 비문을 직접 찾아가서 탁본拓本으로 수집하고, 정사正史 및 야사野史에 전해지는 신라 금석문에 대한 위치를 비정하고 발굴하는 등 남다른 민족의식과 문화인식을 보여주었다. 특히, 그의 문집에는 신라유적에 관련된 비문碑文 기록과 제문祭文이 다수 전해지며, 이는 당시 목민관으로서 뛰어난 자질을 지닌 그의 면모를 살필 수 있는 부분이다.

먼저 극심한 가뭄에 기우제를 지내려고 이견대利見臺를 찾아갔던 기록이다.

> 내가 예전에 계림鷄林[慶州]를 다스렸는데, 계림은 바로 신라新羅의 고도古都이다. 당시 날이 가물어 산천에 기도를 했는데, 동해 가에 있는

9 『이계집』에서 비석과 탑에 대한 기록은 권16 제발편題跋篇에 실려 있고, 기우문祈雨文과 제문은 권23 제문편祭文篇에 실려 있으며, 자서自序는 권18에 각각 실려 있다.

10 『이계집』 권18, 〈太史氏自序〉. 出爲月城尹洪州牧 月城是東京故都 專以作成人材爲務 士多興起.

우단雩壇을 이견대利見臺라고 불렀다. 나는 기우제에 쓸 폐물을 갖추어 그곳으로 갔다. 이견대는 큰 바닷가에 있었는데, 돌 언덕이 불룩하게 솟아 대臺를 이루었다. 고을사람에게 이견利見의 뜻을 물으니, 다음과 같이 대답하였다.

옛날 신라는 문무왕대에 왜倭와 인접하여 수차례나 침범을 당하는 곤액을 겪었답니다. 왕이 돌아가실 때 태자를 불러 말씀하셨지요. "내가 죽으면 반드시 바다 가운데 장사를 지내라. 내가 응당 화化하여 용이 되어서 왜병을 물리칠 것이다." 바다 가운데 큰 바위가 작은 섬처럼 우뚝 솟아 있었는데, 태자와 신하들이 감히 유언을 어기지 못하고 바위 사이에 장사를 지냈답니다. 잠시 후에 바람과 우레가 크게 일어나더니 황룡이 바위 위에 나타나 신하와 백성이 대에 올라가서 바라보며 절하고는 그곳을 '이견대利見臺'라고 이름 지었지요. 이윽고 기우제를 지내는 장소로 삼았는데, 매번 영험이 있었다고 합니다.[11]

이견대는 문무왕文武王의 수중릉이 바라다 보이는 곳에 위치한 누대로, 신문왕神文王은 선왕先王의 유지遺志를 받들어 문무왕의 유골을 동해에 장사 지내고, 시간이 날 때마다 동해구東海口를 찾아갔다고 전해진다. 그런데 어느 날 대왕암 위로 나타난 황룡黃龍을 배알하고, 그것을 호국룡이 된 부왕의 현신現身이라고 믿었으며, 거기에 누대를 지어 '이견대'라고 이름하였다는 것이다. 『삼국사기三國史記』에도 실린, 이처럼 믿기지 않는 이야기에 힘입어 이견대는 바다의 용신

11 『이계집』 권16, 〈題新羅文武王陵碑〉. 余於曩歲 尹鷄林 卽新羅故都也 時天旱 行禱于山川 東海上有雩壇 曰利見臺 余乃具祝幣往焉 臺在大海之傍 石阜突起成臺 問邑人以利見之義 對曰 昔新羅文武王隣於倭 數困於侵伐 臨薨 詔太子曰 我死 必葬於海中 當化爲龍以距倭兵 海中有大石嵯峩屹峙如小島 太子羣臣不敢違 葬於石間 未幾風雷大起 有黃龍見於石上 臣民登臺而望拜焉 名其臺曰利見 遂以爲禱雨之所 輒有靈應云.

龍神이 출현하는 곳으로, 조선후기에 비를 기원하는 우단雩壇이 되었던 셈이다.

다음은 이계가 쓴 〈이견대기우문利見臺祈雨文〉의 한 대목으로, 신라의 역사와 경주의 명승을 아울러 읊으며, 가뭄에 타들어가는 백성의 마음을 헤아려 비가 내리기를 기원하는 목민관으로서 간절한 심경이 담겨 있다.

> 어찌 이번 가뭄이 봄부터 여름까지 계속되어
> 산은 불타고 물은 마르게 하십니까.
> 천지는 화로 같고 구름은 불 같으니,
> 어찌 싹이 시들지 않고 어찌 밭이 갈라지지 않겠는가!
> 농부는 호미를 버리고, 누에치는 여자는 길쌈을 버렸네.
> 민망하게 무지개를 바라니, 근심스러운 마음 불타는 듯하구나.
> 불타는 것을 어찌 하리, 하늘 향해 소리쳐도 하늘에 들리지 않네.
> 이 가뭄은 반드시 초래한 것이지, 우연한 기수氣數가 아니라네.
> 저 백성은 무슨 죄인지, 나는 경주를 다스릴 적임자가 아니라네.
> 명산 대천에 두루 달려가 예물로써 제사하기 이미 마쳤는데,
> 끝내 막막하여 응답조차 없으니, 아! 누구에게 의지하고 누구에게 가겠는가.[12]

이 제문은 1762년에 지어진 것으로 추측된다. 왜냐하면, 이계가 경주부윤으로 부임한 때가 1760년 가을이고, 의주부윤에 제수되어 경

12 『이계집』 권23, 〈利見臺祈雨文〉. 胡今一旱兮 自春徂夏 山焦而澤竭兮 天地如爐兮雲似火 何苗不黃兮何田不坼 農夫輟鋤兮 蠶女罷織 憫憫兮望霓 憂心兮如焚 如焚兮奈何 叫天兮莫聞 伊水旱必有所召兮 非氣數之適然 彼赤子兮何辜 寔司牧之匪人 羣望兮遍走 圭璧兮旣卒 竟漠漠而無應兮 謇誰因而誰極.

주를 떠난 때가 1763년 6월인데, 1761년과 1763년에는 크게 가뭄이 들지 않았기 때문이다. 그래서 『조선왕조실록朝鮮王朝實錄』을 살펴보니, 영조 38년 봄부터 가뭄이 시작되어 5월에는 피해가 심해졌으며, 윤5월 10일자에 "호남과 영남에 기우어사祈雨御使를 보내어 사직단社稷壇과 산천山川에 기우제를 지냈다."고 기록되어 있다. 또 "주현州縣으로 하여금 경내의 산천에 각기 기우제를 지내도록 하였다."는 내용으로 보아 경주에서도 부윤의 주관 아래 기우제를 지냈던 듯하다.

6월 들어 조정에서도 영조 임금이 친히 기우제를 지냈다는 기록이 『영조실록英祖實錄』에 보인다. 6월 10에는 "임금이 우단雩壇에 거둥하여 기우제를 행하였다."고 하였으며, 12일에는 "임금이 사직단에 나아가 기우제를 행하였다."고 하였으며, 14일에는 "임금이 태묘太廟에 나아가 기우제를 행하였다."고 하였다. 그리고 마침내 16일에는 "임금이 감선철악減膳撤樂을 명하였다."고 기록되어 있는데,[13] 감선철악은 임금이 지독한 가뭄에 비가 내려 해갈解渴이 될 때까지 수라상에서 반찬 가짓수를 줄이고 음악을 연주하지 않는 것을 말한다.

이처럼 극심한 국가적 위기 앞에 임금을 비롯한 목민관들은 예로부터 이름난 곳을 찾아가서 기우제를 지냈다. 당시 농업에 기반한 나라에서 가뭄과 홍수 등 천재지변으로 인해 흉년이 드는 것은, 임금의 덕이 부족하고, 목민관의 정성이 미치지 못한 탓이라 간주되었다. 그래서 임금은 조선팔도에 죄 지은 자들을 풀어주거나 원한 맺힌 자들의 한을 풀어주고, 사직단과 태묘 등에서 기우제를 지내는 것은

13 이상은 한국고전번역원 한국고전종합 DB 자료 가운데 『조선왕조실록』을 인용한 것이다.

물론, 다시 비가 내릴 때까지 수라상에서 반찬을 줄이는 등 백성에게 모범을 보였다. 또 목민관들은 기도의 영험이 있다고 알려진 곳에서 정성껏 기우제를 지냄으로써 힘든 백성을 위무慰撫하는 데 앞장섰다. 이계도 경주지역민의 마음을 달래주기 위해 이견대에서 기우제를 지냈던 것이다.

그런데 목민관으로서 이계의 안타까운 심정은 "저 백성을 어찌 할고, 나는 경주를 다스릴 적임자가 아니라네."라는 구절에서 고스란히 전해진다. 누구보다 지역민을 사랑하여 부임하는 곳마다 선정善政을 펼쳐 민생에 크게 도움을 준 그가 자기 능력으로 어찌할 수 없는 천재지변 앞에서 무력함을 느낀 것은 당연하다. 비록 자기 잘못은 아닐지언정 백성을 도울 수 없다는 무력감에 그는 절망했을지도 모른다. 그러나 어떤 상황에서도 목민관은 백성의 안정을 우선시하며 정사政事를 펼쳐야 했기에 무력감과 절망감에 빠져 있을 수는 없었다.

이계는 또 숭덕전崇德殿에 가서 기우제를 지냈는데, 〈숭덕전기우문崇德殿祈雨文〉도 그가 손수 지은 것이다. 숭덕전은 신라 시조 박혁거세朴赫居世를 제사지내는 사당으로, 그를 모신 오릉五陵 인근에 위치한다.

> 생각건대 하늘이 성군聖君을 내려 비로소 동토東土에 개국하니, 세상에 오래도록 전해져 삼한을 통일하였네. 무릇 저 많고 많은 백성이 모두 끊임없이 태어나고 자라는 은택을 입었으며, 심지어 계림 일대는 진실로 용이 승천하는 옛터로구나. 서연산西鳶山 가에는 아직도 선도仙桃의 유적이 남아 있고, 백마정白馬井 가에는 다투어 대호大瓠의 상서로움이 전해지네. 사시四時의 향기는 탓할 게 없어 성대에 덕을 숭상하는 도의를 다하고, 오릉의 송백은 탈이 없어 유민遺民들은 세상이 다하도록 사모하는 마음을 부쳐보네. 이전에 왕호王號를 더하고 공덕비

를 세워 특별히 예를 표하고 빠진 제도를 보수했네. 어찌 다만 여기서 근본을 생각하고 은혜에 보답하는 도리가 융숭해졌겠는가? 더구나 침입에 대응하는 자가 많아져서 오래도록 바뀌지 않았네.[14]

여기서는 혁거세의 건국에 초점을 맞추어 성군聖君의 은택으로 삼국을 통일하고 백성들이 태평성대를 누릴 수 있었음을 칭송하였다. 특히 "사시四時의 향기는 탓할 게 없어 성대에 덕을 숭상하는 도의를 다하고, 오릉의 송백은 탈이 없어 유민遺民들은 세상이 다하도록 사모하는 마음을 부쳐보네."라는 구절에서는 예나 지금이나 태평성대를 구가해야 할 백성들의 근심을 없애주려는 목민관으로서의 고민과 소망이 겹쳐진다.[15] 이밖에도 그는 대각간大角干을 지낸 김유신金庾信의 묘를 찾아가 기우제를 지냈는데, 역시 손수 〈대각간묘기우문大角干墓祈雨文〉을 지어 비가 내리기를 간절히 빌었다.

고구려를 치고 백제를 범하여 삼한을 통일했네. 백성은 편안해지고 나라가 열려 만세토록 공업功業을 입었네. 말에다 일신을 싣고 일월과 영광을 다투었네. 가가호호 주관하고 빌어서 온화하고 향기로웠네. 신병神兵은 밤에도 분발하고 보적寶笛은 파도를 잠재웠네. 재앙을 그치고 환란을 막아서 백성과 나라를 살렸네.[16]

---

14 『이계집』 권23, 〈崇德殿祈雨文〉. 伏以天降聖君 肇開東土 世傳千祀 奄有三韓 凡厥林林總總之民 咸有生生化化之澤 至若鷄林一域 實是龍飛故墟 西鳶山邊 尙留仙桃之蹟 白馬井上 爭傳大瓠之祥 四時之芬苾罔愆 昭代盡崇德之義 五陵之松栢無恙 遺氓寓沒世之思 乃者加王號而建豐碑 所以致殊禮而修闕典 豈惟報本之道於斯爲隆 尤驗入人者深 愈久不替.

15 앞서 살펴본 생애 연보에서 이계는 35세에 강동현감으로 만류보를 쌓아 홍수와 가뭄에 대비했으며, 40세에는 홍주목사로서 무너진 합덕지를 보수하여 황무지를 옥답으로 만들었다고 했다.

당시에 이계가 부윤으로서 성심껏 기우제를 지내는 것은 당연한 일이지만, 그가 직접 쓴 제문의 내용을 읽어보면 관리로서 으레 하는 상투적인 말이 아니다. 그는 신라 건국 시조부터 삼국통일의 주역인 김유신에 이르기까지 역대 주요 사건과 인물을 아우르고, 그들이 나라와 백성을 위해 기울였던 노력과 공업功業을 찬양하였다. 그리고 거기에 신라 도읍지로서 경주의 위상과 복지福地에 살고 있는 백성의 자부심을 더하여 유려한 문장으로 기도했던 것이다. 특히, 각간 김유신이 이끌던 병사들[神兵]은 밤낮으로 전장에서 승리를 이끌었으며, 만파식적萬波息笛[寶笛]은 파도를 잠재워 온갖 재앙과 환란을 막아 백성과 나라를 살렸던 고사를 인용하면서 간절함을 더하고 설득력을 높였다. 더불어 그는 나중에 다시 김유신 묘를 찾아가서 〈각간묘재도문角干墓再禱文〉[17]을 지어 재차 기우제를 지냈다.

16 『이계집』 권23, 〈大角干墓祈雨文〉. 剪驪削濟 三韓爲一 安民闢國 萬世蒙烈 身騎箕尾 光爭日月 家尸戶祝 以芬以苾 神兵夜奮 寶笛波謐 弭災救患 民國以活.

17 『이계집』 권23, 〈角干墓再禱文〉. 去歲嶺外旱 東都遂大饑 朝廷發廩賑之 民以活者萬計 今年又大旱 無麥苗盡槁 民遑遑將四之 太守躬禱于山川社稷暨新羅始祖廟 終不雨 邑人曰 盍請諸角干金先生之墓 乃卜日致戒 或曰 自古名臣賢輔之弘濟斯民者 不過止於其身而已 其稱功流後世者 特指遺風餘烈而言耳 惟我角干先生 功非不盛 澤非不洪 而其身歿其骨朽 今已數千年所 何能興雲致雨救此生民耶 言之者殆過也 太守曰 不然 凡大賢之生 必得天地之間氣 不以生而存 不以死而滅 故唐之韓文公居潮一年而歸 潮人廟而享之 有禱則應 夫先生之功盖三韓 不啻韓之於潮 而東都乃先生父母之邦也 先王之陵寢 祖宗之墳墓 皆在 今之民非先生之雲孫餘苗 則乃先王之遺黎也 又非潮民之比也 先生而有知則寧不憫然而拯之耶 噫 先生以間世之傑 負濟世之畧 忠貫白日 勇冠三軍 統合驪濟 功被萬世 盖自東方有國以來 一人而已 其精神靈爽 能使寶劒自躍 神兵夜奮 則何難叱咤風雲 旋斡氣化 救一方將死之命耶 吾所以求助於先生非惑也 客曰 唯唯善哉 禱乎其得雨也夫.

이밖에도 그는 신라 마지막 경순왕의 사당을 고쳐 세우고 영정을 모셔온 다음, 직접 〈경순왕묘우개건 영정이모후 봉안제문敬順王廟宇改建影幀移摹後奉安祭文〉[18]을 지어 경주지역 선비들과 함께 사당에 제사를 올렸다. 이처럼 3년간 경주부의 백성과 생사고락生死苦樂을 함께 나누는 이계의 모습은 그가 학문을 통해 배우고 익힌 것을 몸과 마음으로 실천하는 과정이었다.

2) 박학고증博學考證하는 자세 견지

이계는 젊어서 영조英祖에게 '박학博學'으로 인정을 받았으며,[19] 만년에 두 차례 연행燕行에 참여함으로써 학문적 성취를 높였다. 그런데 1차 연행은 59세 되던 1782년에 동지부사로 참여한 것이고, 2차 연행은 71세 되던 1794년에 동지정사로 참여한 것이다. 당시 그는 연행으로 인해 청나라 연경학단燕京學團의 신선한 학술 분위기를 접하고 학자들과 교유하며 다양한 신지식을 얻었다. 더 나아가 당시 연행은 서적의 유통과 지식의 창출 및 학술적 소통을 견인하는 계기였다. 이계의 문장과 학문을 논할 때면 '박학고증博學考證'이라는 용어와 평가가 빠질 수 없는데, 이는 연행을 계기로 더욱 심화된 것이라고 볼 수 있다. 그의 이러한 학문자세는 젊은 시절부터 몸에

18 『이계집』 권23, 〈敬順王廟宇改建 影幀移摹後 奉安祭文〉. 鬱彼鷄林 羅氏肇興 三姓迭王 千歲相承 惟金最盛 奄有驪濟 曆服既久 邦運終替 王遭多難 識命全民 跡似宋錢 禮隆虞賓 傳世將相 毓慶宮壼 福履莘莘 源深流遠 立祠故都 恪修明禋 有儼眞像 大慰邦人 地齧于浸 廉桷不尊 守臣上聞 謀及遺孫 爰卜善地 圭直砥平 南眺仙桃 東瞻月城 秋淸日良 載遷載安 地近崇德 秩比金官 日角如新 廟貌增肅 神其永綏 庇民降福.

19 『이계집』 권18, 〈太史氏自序〉. 英宗大王特器之 多所顧問 每稱其博學 同列頗忌之.

배어 있었으며, 본고에서 살펴보는 비문 기록과 제문에도 여실히 나타난다.

특히, 그는 금석문에 대하여 단순히 호사 취미에 그친 것이 아니라, 고증학적인 태도를 견지하면서 이를 학문의 수준으로 격상시켰다고 평가된다.[20] 또 그는 서예 이론에 해박하였고, 서체書體를 연구하여 학술적으로 논論하는 그 비평에서도 탁월한 감식안을 보였다. 금석문 가운데 특히 서체와 필법에 대한 그의 안목과 식견은 〈제윤백하순서축題尹白下淳書軸〉에 모두 담겨 전한다. 이러한 면모를 살피기 위해 분량이 많지만 전문全文을 인용해 본다.

> 동방의 서체는 신라의 김생金生을 비조鼻祖로 삼는다. 김생의 필체는 기굴하고 오묘하며, 옛 사람을 스승 삼지 않고 스스로 문호門戶를 열었다. 그러나 그 정신과 골격이 홀로 경지를 이루어 우연히 두 왕씨王氏[王羲之/王獻之]의 서체에 부합되므로 크게 조맹부趙孟頫의 추앙과 복종을 받았다. 그 후에 신라에서는 김육진金陸珍과 석영업釋靈業이 홍복사비弘福寺碑 서체를 배웠으며, 고운孤雲 최치원崔致遠은 솔경率更 구양순歐陽詢의 서체를 본받았다. 고려에서는 이암李嵒과 문공유文公裕, 석탄연釋坦然과 기준機俊이 모두 당나라 사람의 필법을 터득했다. 우리 조선 초기에 이르면 안평대군安平大君[匪懈堂]이 재주가 뛰어나고 운치가 빼어나서 천하에 절묘한 솜씨였으나, 오래 살지 못했으며, 유독 송설체松雪體의 자취에서 벗어나지 못했다. 석봉石峰 한호韓濩는

20 진재교 교수는 일찍이 "이계의 금석문에 대한 취미는 청대 문물의 수입과 청대 학풍의 영향으로 확산되었던 당시의 지식층의 일반적 성향으로 설명할 수도 있"으나, "이계는 금석문에 대하여 고증학적인 태도를 견지하는 한편, 이를 학문의 수준으로 격상시키면서 여기에 새로운 가치를 부여한 것이다."라고 서술했다. 진재교(1999), 전게서 110-111면 인용

오로지 김생의 서체를 배웠으나, 위로 종요鍾繇와 왕희지를 거슬러 올라가서 경지에 이르도록 공력을 다하여 전대 인물을 내려다보았다. 서체를 논하는 자들이 비해당의 글씨는 선학仙鶴이 훨훨 날아서 이미 하늘에 가득한 운기雲氣가 있는 듯하며, 석봉의 글씨는 늙은 여우가 정신을 집중하여 오묘한 조화를 훔쳐보는 듯하다고 말하니, 모두 좋은 평이다. 예컨대 봉래蓬萊 양사언楊士彦과 고산孤山 황기로黃耆老의 초서, 옥봉玉峰 백광훈白光勳과 죽남竹南 오준吳竣의 해서, 자암自菴 김구金絿와 청송聽松 성수침成守琛과 남창南窓 김현성金玄成의 행서 같은 경우에는 각자 대가大家를 이루어 족적이 세상에 유명해졌다. 그러나 필획이 혹 불화不和하고 불통不通한 데 가까우며, 결구結構가 소홀하고 태만하다는 평을 면치 못하니, 끝내 진晉나라 사람[王羲之]이나 당唐나라 사람[歐陽詢/顔眞卿]의 오묘한 경지처럼 조예가 깊지 못하다.

다만 백하白下 윤순尹淳 공이 천년 뒤에 태어나 빼어난 재주로 편방偏方의 낮은 품격을 일시에 씻어내고, 김생 이하 여러 대가를 다 손에 쥐고 그 영광을 나누었다. 당唐[歐陽詢/顔眞卿]·송宋[米芾/黃庭堅]·원元[趙孟頫]·명明[祝允明/董其昌/朱之蕃]의 서체를 음미하고, 영화永和 연간에 왕희지의 서체를 절충하여 점획에서는 신기神氣와 골육骨肉이 모두 충족되고, 체구締構에서는 법상法象과 의내意態가 모두 구비되었으며, 오묘한 깨달음과 신비한 해석이 집대성되어 일가一家를 이루었다. 타고난 반듯함은 구름이 흐르고 용이 깃든 듯하고, 넉넉한 아름다움은 이름난 꽃과 예쁜 여자를 보는 듯하여 사람들의 눈을 현혹시키고 마음을 취하게 만드니, 세상에서 빼어난 기예요, 천하에 기이한 재주라고 이를 만하다. 그리하여 서가書家의 온갖 필법이 모두 드러나고, 옛 사람들의 여러 흔적이 다 사라지니, 세상의 관리들이 모조리 종주로 삼아 다시는 창에 억눌리고 물결이 일어나는 필법에 종사하지 않았다. 그리고 다만 눈과 팔 사이에서 공교로움을 찾으니, 그 폐단으로 기교는 뛰어나되 본질은 잃어버려 날마다 속인俗人과 함께 약해질 뿐이었다. 대저

서성書聖 왕희지를 두고 창려昌黎 한유韓愈는 여전히 '예쁘게 꾸며 쓴 속된 필체'라고 기롱했는데, 하물며 그 하수下手인 자들이야 말해 무엇하겠는가? 내가 백하 윤순의 필체를 살펴보건대 예쁘게 꾸며 쓴 것이 지나치니, 어찌 속된 시류時流가 아니라고 할 수 있겠는가? 그렇다면 유혜柳惠를 잘 배운 자는 마땅히 시류에 따른 손익損益을 생각해야 한다. 지금 이 서축書軸이야말로 만년에 남긴 작품으로, 각 서체가 모두 남아 있어서 진실로 귀중하다. 그러나 단지 해서에 약간 옛 사람의 의태가 있는 것은 대개 안진경顔眞卿과 소동파蘇東坡를 배우는 데 빠진 탓이요, 행서는 홍복사비弘福寺碑에 근본하였으나, 남궁南宮[米芾]의 기묘한 경지에 출입하면서도 법칙이 있으며, 초서는 순화淳化를 서둘러 좇아가서 이르렀다 하겠다.[21]

백하白下 윤순尹淳(1680-1741)은 정제두의 문인으로, 이계의 외숙

21 『이계집』 권16, 〈題尹白下淳書軸〉. 東方之書 祖於新羅之金生 金生之筆奇崫奧妙 不師古人而自闢門戶 然其神骨獨詣 暗合二王 故大爲趙子昂所推服尙矣 其後在羅 則有金陸珍釋靈業 學弘福碑 崔孤雲 師歐陽率更 在麗則有李嵒文公裕釋坦然機俊 皆得唐人之法焉 逮我國初 匪懈堂才高韻逸 妙絶天下 而年壽不永 猶未能脫松雪轍跡 韓石峰濩 專學金生 而上溯鍾王 功力至到 雄視前人 論者 謂匪懈書 如仙鶴刷翮 已有冲霄之氣 石峰書 如老狐專精 能偸造化之妙 蓋善評也 至若楊蓬萊黃孤山之草 白玉峰吳竹南之楷 金自菴成聽松金南窓之行書 各自成家 足以名世 而筆畫或近惉滯 結構不免踈慢 終不能深造晉唐人閫奧 惟白下尹公 生於千載之後 穎脫超邁 一洗偏方之陋 盡取金生以下諸家而割其胾焉 咀嚼乎唐宋元明 而折衷於永和 點畫則神氣骨肉俱足 締構則法象意態咸備 妙悟神解 集成一家 天矯如行雲游龍 穠燁如名花好女 令人目眩而心醉 可謂人間之絶藝 天下之奇才也 於是乎 書家之萬法畢露 古人之陳迹盡廢 世之操管者 靡然宗之 不復從事於戈勒波趯之法 而惟求工於目與腕之間 其弊也文勝而質喪 日趨於弱與俗耳 夫以羲之之聖於書 韓昌黎尙有俗筆趁姿媚之譏 況其下者乎 余觀白下之筆 過於姿媚 安得不流於俗也 然則善學柳惠者 宜思隨時而損益之也 今此軸 乃其晩年作也 各體俱存 誠可寶重 而但楷書少古意 蓋坐於學顔蘇也 行書本於弘福 而出入於南宮奇而有則矣 草書駸駸乎淳化 至矣.

인 심육과 나란히 활동한 인물이다. 정제두는 영조의 탕평책 추진 과정에 정국을 안정시키는 데 기여하였으며, 당시 윤순과 심육 또한 실제 정국에 참여하여 영향력을 행사하였다. 이러한 정황에서 이계는 윤순과 교유하게 되었으며, 그의 서체를 높이 평가하여 서축書軸에 제후題後를 쓰기도 했다. 윤순은 빼어난 재주를 타고나 온갖 서체를 섭렵하고 새로운 서풍書風을 열었다고 평가되는데, 『근역서화징槿域書畵徵』에는 "동국진체東國眞體는 옥동에서 시작되어 이후 공재恭齋 윤두서尹斗緖, 백하白下 윤순尹淳, 원교圓嶠 이광사李匡師가 모두 그 뒤를 이은 사람이다."라고 하였다. 또 『조선왕조실록』에 실린 그의 졸기卒記에는 "윤순은 마음이 깨끗하고 단아하여 문사에 능하였으며, 필법으로 세상에 이름이 나서 사람들이 그의 필법을 본받는 이가 많았다."[22]라고 하였다.

이계가 김생을 동방 서체의 비조로 꼽는 데는 예나 지금이나 이견異見이 없다.[23] 그는 〈제백월사비題白月寺碑〉에서도 "대저 김생은 동방 서가書家의 비조鼻祖로, 일찍이 계림 석굴로 들어가 나뭇잎을 따다가 글자를 베껴 쓰며 40년간 밖으로 나오지 않았다. 서체가 이에 신통해져서 송宋나라 숭녕崇寧 연간에 고려 사신 홍관洪灌이 그 글씨를 가지고 중국에 들어갔는데, 한림대조翰林待詔 양구楊球 등이 그것을 보고 크게 놀라 말했다. '오늘 뜻밖에도 왕희지王羲之[右軍]의 진필을 다시 보는구나.' 김생의 글씨는 대개 스스로 문호를 열고, 일찍이 종요鍾繇나 왕희지의 서체를 배운 적도 없는데, 이처럼 우연히

22 『조선왕조실록』, 영조 17년 3월 27일, 〈평안감사 윤순의 졸기〉. 平安監司尹淳卒 淳恬雅能文辭 以筆法名於世 人多效法 至是巡到碧潼而卒.

23 이러한 김생에 관해서는 진홍섭이 『묵재한화』(대원사, 1999. 181-188면)에서 각종 문헌 자료를 수습하여 설명을 덧붙였으므로 이를 참조하기 바란다.

옛 사람의 경지에 부합하였다."[24]라고 기술한 바 있다.

그가 이처럼 자신 있게 주장할 수 있었던 까닭은 수많은 신라 비문에서 김생의 글씨를 직접 보거나 탁본해서 연구 분석한 결과이다. 그는 경주지역 신라 비석은 물론 우리나라 전역에 유명한 비석의 실물을 직접 답사하고, 비문의 내용과 서체를 고증함으로써 김생에서 비롯된 우리나라 서예의 역사를 정리하였다. 또 이러한 사적 계보는 종요鍾繇와 왕희지王羲之를 시작으로 구양순歐陽詢과 안진경顏眞卿을 거쳐 조맹부趙孟頫로 이어지는 중국 서예사를 아우르며 그 특징을 모두 파악한 데서 기인했다. 이제 그가 펼친 종합적인 서체와 서풍을 중심으로 신라 비석에 관해 기록한 글을 하나하나 점검해보자.

첫째, 〈제인각사비題麟角寺碑〉는 금석문에 대한 평소 그의 안목과 견해를 잘 담아내고 있다.

> 내가 젊은 시절에 인각사비麟角寺碑의 인본印本을 보니, 곧 고려 때 왕희지王羲之[右軍]의 글씨를 집자한 것이었다. 자획은 삼장서三藏序[大唐三藏聖教序][25]와 유사하나 조금 야위었고, 맑은 기운은 그보다 뛰어나서 마음속으로 매우 귀중하게 여겼다. 그 비석이 영남 의흥현義興縣에 있다는 소식을 듣고 한 번 탁본해 오리라 생각했다.
>
> 경진년庚辰年(1760)에 내가 동경東京[慶州]을 다스렸는데, 의흥과 거

24 『이계집』 권16, 〈題白月寺碑〉. 夫金生 東方書家之祖也 嘗入鷄林石窟中 摘木葉寫字 四十年不出 書乃通神 宋崇寧中 高麗使臣洪灌 持其書入中國 翰林待詔楊球等 見之大驚曰 不意今日 復見右軍眞蹟 金生之書 蓋自闢門戶 未嘗學鍾王 而暗合古人如此.

25 당唐나라 태종太宗이 현장법사玄奘法師에게 불전佛典을 번역하도록 명하고 직접 지은 서문序文으로, 이후 홍복사弘福寺 승려 회인懷仁이 20여 년에 걸쳐 왕희지王羲之의 행서行書 중에서 집자集字하여 비석에 새겼다고 전한다.

리가 2백리였다. 이윽고 한 본이라도 구해보려고 현에 다스리는 사람[知縣]에게 편지를 보냈더니, 답장하기를 "…… 중이 다음과 같이 말했습니다. '이 절의 불전佛殿과 누대樓臺 밑에 잘린 돌 10수 덩이가 있는데, 이게 비석일까요?' 시험 삼아 갈고리로 끄집어내어 살펴보니, 과연 오래된 비석이었습니다. 물을 가져다가 문질러 씻고 그 비문을 살펴보았는데, 희미하게 인각麟角 두 글자가 있었습니다."라고 하였다. 내가 크게 기뻐하며 드디어 탁본 잘하는 자를 모집하여 종이와 먹을 주고, 아전과 함께 가서 찍은 다음 인본 석 장을 만들어 오도록 했다. 그런데 대개 중들은 탁본하는 일이 괴로워 비석을 내리쳐서 부수고 깊이 감추어버려 지금은 10여 조각만 남았는데, 글자도 닳고 벗겨져 분별할 수 있는 것은 겨우 열에 하나 정도니, 매우 애석한 일이다. 그러나 그 점획이 완전한 것은 정채精彩가 뛰어나 살아 움직이는 듯하고, 완연히 영화永和 연간 왕희지王羲之의 서풍書風을 보이니, 신기하구나.[26]

인각사麟角寺는 신라시대 화산華山(현 경북 군위군 소재)에 있던 절로, 산골짜기가 기린 뿔을 벽에 걸어놓은 듯해서 이름 붙여졌다고 『동국여지승람東國輿地勝覽』에 실려 있다. 643년(선덕여왕 12)에 원효元曉가 창건하였으며, 1307년(충렬왕 33)에 일연一然이 중창하고, 여기서 『삼국유사三國遺事』를 저술하였다고 전해진다. 이계는 인각

26 『이계집』 권16, 〈題麟角寺碑〉. 余少時 見麟角寺碑印本 卽高麗時集右軍書者也 字似三藏序而稍瘦 淸峭過之 心甚寶重 聞其碑在嶺南義興縣 思一搨來 庚辰 余尹東京 距義興二百里 乃貽書知縣求一本 答云 …… 僧曰 此中佛殿樓底有斷石十數塊 無乃是耶 試鉤出視之 果古碑也 取水磨洗 見其文 微有麟角二字矣 余大喜 遂募善搨者 授紙墨 與吏偕印 取三本來 蓋僧徒苦搨役 擊碎而深藏之 今餘十餘片 字又刓剝 可卞者 僅十之一 甚可惜也 然其點畫完者 精彩躍躍欲動 宛然見永和風 神奇哉. ※이유원李裕元의 『임하필기林下筆記』 34권 〈화동옥삼편華東玉糝編〉에 '동경고적고東京古蹟考'라는 제목 아래 유사한 내용이 실려 전한다.

사비가 산실散失된 원인을 중들이 탁본하는 일이 괴로워서 부수고 감춘 때문이라고 추정하였으나, 선대 허형도許亨道(1567-1637)의 기록에 의하면 정유재란丁酉再亂 때 왜군이 절에 불을 지르는 바람에 비석도 크게 손상되었으며, 왕희지의 글씨를 집자한 것이 확실하다.[27]

젊어서부터 금석문에 조예가 깊었던 이계의 글씨는 훗날 연행에서 만난 청나라 학자 기윤에게 문장과 함께 극찬[28]을 받을 정도로 뛰어났다. 또 그는 만년에 기윤에게 서화書畫와 고동古董을 선물 받기[29]도 하고, 중국의 서화를 직접 부탁하여 구해볼 만큼 금석에 남다른 애착을 지니고 있었다. 이런 그가 젊은 시절에 보았다는 인각사비麟角寺碑의 인본印本은 왕희지의 글씨를 집자한 것으로, 자획은 당나라 때 홍복사弘福寺 승려 회인懷仁이 새겼다는 태종의 삼장서三藏序보다 조금 야위었고, 맑은 기운은 그보다 훨씬 뛰어났다. 그래서 비석의 소재지를 파악하고 언젠가 탁본해서 소장하리라 마음먹었다.

27 허형도, 『東溪集』 3권, 〈麟角寺〉. 丁酉夷兵 一炬灰滅 碑立堂庭 火焰流欄 陽面最甚 而頭尾字劃宛如 腰半剝落無存也 …… 普覺乃當時禪 故伐石于遼 求書于王云.

28 홍희준, 『傳舊』 8, 碑誌 2, 〈本生先府君遺事〉. 家大人 素恬於臨池之工 而適有所寫一帖 携來仰呈 聊作淸暇披閱之資耳 紀公曰 詩文書法 可稱三妙. 더불어 이유원의 『임하필기』 32권 〈순일편旬一編〉에 '사라수비娑羅樹碑'라는 제목 아래 "우리나라의 서예가 중에서 북해北海 이옹李邕의 서법을 터득한 자는 오직 이계 홍양호뿐이라고 하였으니, 중국의 문사 대구형戴衢亨의 말이다. 홍공의 글씨는 팔도의 명승지에 두루 있는데, 성도成都의 강선루降仙樓에 쓴 '해동제일루관海東第一樓觀'이라는 여섯 글자가 가장 호건豪健하다."는 글이 실려 있다.

29 이유원의 『임하필기』 34권 〈화동옥삼편〉에 '기효람증이계물紀曉嵐贈耳溪物'이라는 제목 아래 "기공紀公이 이계 홍양호에게 선덕연宣德硯이라는 벼루, 붉은 빛깔의 벼루 받침돌, 정군방程君房의 먹, 옥으로 만든 여의주, 다리미처럼 생긴 시위용示威用 기물인 위두威斗, 호로박 모양의 찻주전자 따위를 주었는데, 이것은 모두 문방文房의 좋은 물품들이다."는 글이 실려 있다.

이후 어렵게 찾아낸 비석에서 '인각麟角'이라는 글자를 확인하고, 탁본으로 접해본 글씨는 생각보다 대단했다. 점획이 완전한 것은 정채精彩가 뛰어나 살아 움직이는 듯해서 왕희지의 서풍을 지니고 있었다. 이러한 평가는 인본과 탁본의 차이라고 볼 수도 있지만, 어쩌면 이계의 학문적 열정이 글씨를 더욱 진귀하고 값진 것으로 만든 것일지도 모른다. 또 집자의 특성상 본래 글씨를 그대로 모방하는 것이 아니라 비석의 형태와 비문의 내용에 어울리게 글자를 조합하다 보니, 그것은 단순히 모사가 아니라 새로운 창조에 가까웠다. 그러므로 중국 왕희지의 서풍을 지닌 듯하나, 거기서 벗어나 우리만의 독창적인 서예 경지를 보여주었던 것이다.

둘째, 〈제무장사비題鍪藏寺碑〉에는 이계가 비석의 소재를 추적하고, 비문에서 글씨의 주인을 찾아내는 과정이 담겨 있다.

> 내가 계림鷄林[慶州]을 다스릴 때 고적을 찾아다니며 나이 많은 노인들의 말을 들었는데, "신라 무장사鍪藏寺에는 김생金生이 쓴 비석이 있었으나, 지금은 소재를 알지 못한다."고 했다. 나는 매우 개탄하며 읍지를 살펴보고 아전을 산에서 가장 깊은 곳까지 보내 그곳을 찾도록 했다. 어떤 작은 절에서 중이 말하기를, "여기가 무장사 옛터인데, 옛말에 신라 여왕[女主]이 여기에 병기兵器를 숨겨두었다고 전하지만,30 비석은 오래도록 발견되지 않았습니다."라고 하였다. 아전이 돌아와서 사실대로 고하기에 내가 말했다. "이미 옛터를 찾았으니, 비석도 어쩌면 수풀 속에 매몰되어 있겠지." 다시 가서 찾아보게 한 지 며칠 만에 아전이

30 『삼국유사三國遺事』 제3권, 탑상편塔像篇 제4, 〈무장사 미타전鍪藏寺彌陀殿〉에는 이렇게 기록되어 있다. "세상에 전하는 말에 의하면, '태종太宗이 삼국을 통일한 뒤에 병기와 투구를 이 골짜기에 감추어 두었기 때문에 무장사鍪藏寺라고 한다.' 하였다.[諺傳 太宗統三已後 藏兵鍪於谷中 因名之]"

와서 말하기를, "절 뒤에 콩을 가는 맷돌[磨豆磑]이 있는데, 무늬와 결이 보통 돌과 다르기에 바로 세워 그 중간 부분을 살펴보니, 바로 옛 비석이 절반으로 쪼개진 것이었습니다."라고 하였다. 내가 그 말을 듣고는 기이하게 여겨 탁본하는 공인工人을 보내 몇 본을 만들어 왔는데, 과연 정말로 무장비鍪藏碑였다. 그 비문을 살펴보니, 곧 신라 한림翰林 김육진金陸珍의 글씨였다. 김육진은 사한詞翰으로 신라에서 현달하였으며, 전하는 자가 그 성姓을 보고는 김생이라 잘못 불렀던 것이다.[31]

무장사鍪藏寺는 신라시대 암곡촌暗谷村(현 경북 경주시 소재)에 있던 절로, 지금은 절터만 남아 있다. 『삼국유사』의 탑상편塔像篇에 나오는 〈무장사미타전鍪藏寺彌陀殿〉에 의하면, 신라 제38대 원성왕의 아버지 효양孝讓이 그의 숙부를 추모하여 이 절을 창건하였으며, 태종무열왕이 삼국을 통일한 뒤에 병기와 투구를 이 골짜기에 감추어 두었기 때문에 이름을 무장사라 하였다고 전한다. 이는 속설俗說에 '신라 여왕[女主]이 여기에 병기를 숨겨두었다'는 것과 다르나, 병장기를 감추어두었다는 데서 유래한 명칭이라는 사실은 분명하다.

그런데 이계가 우여곡절 끝에 무장사비를 찾는 일련의 과정은 여느 고고학적 발굴에 버금갈 정도로 체계적이고 섬세하다. 문헌자료 확인과 실제 답사를 거듭하는 것은 물론, 절터에 버려진 비석을 탐사

31 『이계집』 권16, 〈題鍪藏寺碑〉. 余尹鷄林 訪古蹟 聞故老言 新羅鍪藏寺 有金生書碑 而今不知所在 余甚慨然 按邑志 遣吏訪之 入山最深處 有小蘭若 僧言是鍪藏寺舊墟 古傳新羅女主藏兵於此 而碑則不見久矣 吏歸告以實 余曰 旣得舊墟矣 碑或埋沒於林薄乎 第再往尋之 數日來言 寺後有磨豆磑 脉理異凡石 故竪起視其腹 乃古碑之折其半者也 余聞而奇之 遣工搨數本來 果是鍪藏碑 而考其文 卽新羅翰林金陸珍書也 陸珍以詞翰 顯於羅 傳者見其姓 誤稱金生也. ※이유원의 『임하필기』 34권 〈화동옥삼편〉에 '동경고적고'라는 제목 아래 유사한 내용이 실려 전한다.

하는 데까지 이른다. 그가 보여준 고증학적 접근과 성과를 정리하면 다음과 같다.

① 무장사에 김생이 쓴 비석이 있다는 말을 듣는다.
② 안타까운 마음으로 읍지邑誌에서 기록을 살펴본다.
③ 아전을 보내 먼저 무장사지鍪藏寺趾를 찾아낸다.
④ 절터에 재차 가서 무장사비鍪藏寺碑를 찾도록 한다.
⑤ 아전이 절반으로 쪼개진 비편碑片을 발견한다.
⑥ 기이하게 여기며 공인工人이 탁본을 해오도록 한다.
⑦ 김생이 아니라 김육진의 글씨임을 확인한다.

이계가 평소 금석문에 지대한 관심이 없었더라면, 또 서예에 풍부한 식견이 없었더라면, 게다가 고증학적 태도로 분석 이해하지 않았더라면, 무장사비에 대한 이야기는 작은 절의 중이 전하는 속설이 전부였을 터이다. 그러나 이계는 박학고증하는 자세를 견지하며 문헌 역사자료를 참고하고 실제 고적자료를 면밀히 분석함으로써 새로운 학적 성취를 이루었다. 이는 그가 평소 김생金生의 글씨를 잘 아는데다 온전치 못한 비문[32]을 꼼꼼히 살펴보며 김육진金陸珍의 이름을 찾아냈기에 가능한 일이었다.

셋째, 〈제백월사비題白月寺碑〉에는 이계가 버려진 신라고적을 새로 발굴하고, 또 찾아낸 비문을 상세히 확인하며, 나아가 이를 제대로 관리하고 안전하게 보존하려는 태도와 심경이 고스란히 담겨 있다.

32 고대 금석문에 대해서는 한국고대사회연구소에서 1992년에 펴낸 『譯註 韓國古代金石文』(전 3권)에 비문의 원문과 해석을 함께 실어 두었으므로 이를 참조하기 바란다. '무장사 아미타여래조상비'는 제3권 제1편 제4장 305-309면에 실려 있다.

백월서운사비白月棲雲寺碑는 신라 최인연崔仁渷이 찬하고, 석단목釋端目이 김생金生의 글씨를 집자集字한 것이다. 예전에는 영남 영천군榮川郡에 있었는데, 중간에 소재를 잃어버렸다가 상고자尙古子 김광수金光遂가 인근 고을을 다스릴 때 밭 사이에서 찾아내어 관아에 옮겨 두었다가 찍어서 세상에 알려졌다. 내가 경주[계림]에 있을 적에 누이의 남편 김형대金亨大 군이 영천榮川을 다스렸다. 내가 안동安東에 있는 선친의 산소에 성묘하러 갔다가, 이윽고 영천을 지나면서 백월비白月碑를 찾아가 보니, 폐허가 된 동산에 버려져 흙이 반치나 덮여 있었다. 빨리 사람을 시켜 관사 앞 회랑으로 싣고 와서는 술을 가져다가 문질러 닦으니, 그래도 글자를 분별할 수 있었다. 이윽고 10여 장을 탁본하여 널리 세상에 전하고, 주인에게 부탁하여 목갑木匣을 만들어 덮어씌워서 비바람을 막도록 했다. ……(중략)…… 내가 일찍이 김생의 글씨를 널리 찾다가 경주에서 '태로원太櫓院'이라는 작은 현판을 보았고, 강진康津에서 '만덕산백련사萬德山白蓮社'라고 쓴 여섯 대자大字를 보았다. 또 전유암서田遊巖序[33]와 흥인군興隣君 인본印本[34]을 얻어 모두 집에 보관해 두었는데, 아! 너무도 적구나. 내가 오래되면 마침내 없어질까 두려워 권말卷末에 상세히 기록하여 세상 사람들에게 귀중한 필적의 소재를 알리고, 아끼고 보호하여 잃어버리지 않도록 할 것이다.[35]

---

33 '전유암서田遊巖序'는 '전유암산가서田遊巖山家序'로, 현전하는 김생金生의 유일한 서첩書帖이라고 알려져 있다.

34 경주 백률사栢栗寺 석당기石幢記는 신라 법흥왕 14년(527)에 불교 공인을 위해 자신을 희생한 이차돈의 순교정신을 기리기 위하여, 그로부터 290여 년이 지난 818년에 세워진 것이다. 몸체는 육각기둥 모양으로, 한 면에는 조각을 새기고, 나머지 5면에는 단정한 해서체楷書體로 그의 사적을 기록하였다. 이 석당기를 목판에 새긴 법첩法帖 2종인 '흥인군신각김생서興隣君新刻金生書'와 '원화첩元和帖'이 전한다.

35 『이계집』 권16, 〈題白月寺碑〉. 白月棲雲寺碑 新羅崔仁渷撰 釋端目集金生書者也 舊在嶺南榮川郡 中年失所在 尙古子金光遂守隣縣 搜得於田間 運置官廨 印行于世 余在鷄林 妹婿金君亨大知榮川 余省安東先墓 遂如榮川 訪白月碑

백월사白月寺는 정확한 창건 연대나 소재지를 알 수 없으며, 신라 김생金生의 필체로 알려진 백월탑비白月塔碑는 영천군榮川郡에 있었다고 전해진다. 이계는 처음에 상고자尙古子 김광수金光遂(1699-1770)가 탁본한 것을 보고 백월사비에 관심을 갖게 되었는데, 김광수는 조선후기 유명한 예술품 소장가로, 서화와 탁본 수집광이라 알려진 인물이다.[36] 또한 이계는 당시에 상고자를 비롯하여 수많은 국내 서화골동품 수집가 내지는 소장가들과 교유했으며, 그들을 통해 중국의 서화 및 탁본들을 접함으로써 금석문에 대한 안목을 높이고 고증학적 태도로 예술품의 가치를 입증하기도 했다. 백월사비는 다음 과정을 거쳐 기록으로 남겨졌다.

① 백월사비는 한때 영천군에 있었으나, 이후 소재를 잃어버렸다.
② 김광수가 밭두둑에서 찾아내어 관아로 옮겨 두고 탁본하였다.
③ 김광수가 탁본한 것을 이계가 구해서 보고 답사를 결심한다.
④ 이계가 성묘 길에 영천을 지나면서 백월사비를 찾아가 보았다.
⑤ 폐허에 반치나 묻혀 있는 것을 발굴해서 관사 앞 회랑으로 싣고 왔다.
⑥ 술을 가져다 문질러 닦아서 글자를 분별하고 탁본하였다.
⑦ 주인에게 목갑木匣을 만들어 비석에 씌워서 비바람을 막도록 했다.

則棄在廢苑中 土掩其半矣 亟使舁致官舍前廊 取酒磨刷 字猶可卞 乃搨十餘本 廣傳于世 托主人作木匣以覆之 俾防風雨焉 ……(中略)…… 余嘗博訪金生書 於鷄林 見太橧院小扁 於康津 見萬德山白蓮社六大字 又得田遊巖序及興隣君印本 皆藏于家 噫其少矣 余懼久而遂泯 詳錄于卷末 使世之人 知寶蹟之所在 而愛護勿失焉. ※이유원의 『임하필기』 34권 〈화동옥삼편〉에 '동경고적고'라는 제목 아래 유사한 내용이 실려 전한다.

36 이규상李奎象의 『병세재언록幷世才彦錄』에 실린 〈고사록高士錄〉과 오세창吳世昌의 『근역서화징槿域書畫徵』에 실린 〈김광수조金光遂條〉에서 김광수와 서화골동에 관련된 내용을 찾아볼 수 있다.

그런데 이계는 김생의 서체를 익히 잘 아는 처지였다. 그는 경주에서 '태로원太櫓院'이라고 쓴 작은 글씨를 보고, 강진에서 '만덕산백련사萬德山白蓮社'라고 쓴 큰 글씨를 보았다. 게다가 김생을 '동방서도의 비조'로 평가하며,[37] 그 필획과 서풍이 담긴 서첩과 인본을 모두 구하여 소장하고 있었다. 그가 그토록 애틋한 마음으로 백월사비를 찾아가서 흙에 묻힌 비신을 파낸 것[38]도 김생의 글씨가 역사 속에 묻힐까 우려해서였고, 목갑을 만들어 씌워 비바람을 막도록 한 것도 김생의 글씨가 세월 속에 사라질까 우려해서였다. 이처럼 그의 고증학적인 금석문 연구는 현재에서 고적의 과거를 기록하는 데서 나아가 그 미래를 관리하는 데까지 닿아 있었다.

넷째, 〈제김각간묘비題金角干墓碑〉에서 이계는 소재를 모르는 김유신 장군묘의 비석을 옛 탁본에 근거하여 망실된 시기를 추정하며, 그 서체를 다른 탁본과 비교 분석한다.

> (경주부윤을 지낸 지) 20여년 뒤에 내가 병조兵曹[騎省]에서 근무할 때였다. 낭관郎官 이서구李書九는 박아博雅하고 옛것을 좋아하는 선비

37 성대중成大中은 『청성집靑城集』 8권 〈서백월비書白月碑〉에서 "내가 김생金生의 진적眞蹟을 많이 보았는데, 산거첩山居帖에 있는 탁본이 매우 아름답지만 백월비가 가장 낫다.[余觀金生眞蹟多矣 山居帖尤其石本之佳者 然白月最勝]"라고 기록하였다.

38 성해응成海應은 『연경재전집硏經齋全集』 속집續集 16책 〈제백월비후題白月碑後〉에서 "처음에는 봉화현奉化縣 절터에 있었는데, 매몰된 지 오랜만에 농부가 밭을 갈다가 발견하였다. 영천군수 이항李伉이 그것이 훼손되거나 결락되는 것을 애석히 여겨 관사 빈터로 옮겨왔다. 인하여 그 일을 군지郡誌에 기록하고, 박눌朴訥이 글씨를 쓴 것이 정덕正德 4년(1509) 8월이었다.[初在奉化縣寺墟 埋沒者久 有農夫耕而得之 榮川郡守李伉 惜其毁缺 運致郡廨隙地 因誌其事 而朴訥書之 正德四年八月日也]"라고 기록하였다.

로, 자기 집안에 〈동방금석첩東方金石帖〉 산질散帙이 있는데, 다만 몇 권 남짓 된다고 직접 말했다. 빨리 가져오라고 명하여 신라 고적을 열람해보니, 김각간 비석 몇 폭도 있었는데, 벗겨지고 갈라져서 겨우 분별할 수 있었지만, 그 문장을 살펴보니 의심할 여지가 없었다. 대개 임진왜란壬辰倭亂 때 비석의 소재를 잃어버렸는데, 이 본本은 곧 임진왜란 이전에 옛 탁본으로, 지금 수백 년이나 사람들 사이에 유전流傳되었으니, 기이하다. 각간이 세상을 떠난 지도 이미 천수백 년이 지났으니, 어찌 더욱 보배롭지 않겠는가? 드디어 이서구에게 청하여 그 중에 한 폭을 얻어 무장비鍪藏碑의 아래에 덧붙여 장정裝幀하였다. 내가 살펴보건대 무장비는 왕희지王羲之[右軍]의 기풍이 있고, 각간비角干碑는 솔경率更 구양순歐陽詢의 서법과 유사한데, 모두 서가書家의 진품珍品이었다. 동방 고적에는 이보다 앞선 것이 없으니, 중국의 경우라면 구루봉비岣嶁峰碑와 석고비石皷碑에 버금가는 듯하다.[39]

앞서 이계는 경주부윤을 지내며 김유신 장군묘에 제사를 지내러 간 적이 있었는데, 왕릉처럼 큰 무덤 앞에 유독 비석이 없는 것을 애석히 여겼다고 한다.[40] 그의 말처럼 대규모 무덤에 비석이 세워지

39 『이계집』 권16, 〈題金角干墓碑〉. 後二十餘年 余直騎省 郎官李君書九 博雅好古之士也 自言其家有東方金石帖散帙 只餘數卷 亟令取來 閱新羅古蹟 有金角干碑數幅 剝泐微可卞 而考其文無疑 蓋於島夷之亂 碑失所在 而是本卽亂前舊搨也 至今數百年 流傳人間 奇矣 上去角干時 則已過千數百年矣 尤豈不可寶乎 遂請於李君 得其一幅 附粧於鍪藏碑之下 余觀鍪藏碑 有右軍之風 角干碑似歐率更之法 皆爲書家珍品 而東方古蹟 莫先於此者 在中國則其岣嶁石皷之亞乎. ※이유원의 『임하필기』 34권 〈화동옥삼편〉에 '동경고적고'라는 제목 아래 유사한 내용이 실려 전한다.

40 『이계집』 권16, 〈題金角干墓碑〉. 金角干諱庾信 新羅統合三韓之元勳也 墓在慶州西十里 余嘗爲府尹 操文以祭之 見大塚如王者之葬 而獨無一片石在前 爲之徘徊悽愴曰 角干之功蓋三韓 塋封若是其大 則必有紀功之碑 而今不見惜哉.

지 않았을 리 없고, 예전에 해두었다는 비석의 탁본도 한차례 보았던 처지이므로 비석의 존재 여부는 의심할 여지가 없다. 따라서 이후 비석이 훼손 또는 망실되었을 연고를 생각하면, 임진왜란 같은 전란이 계기가 되었을 확률이 높다. 게다가 우리나라 최고의 명필이 쓴 글씨라고 알려졌다면 더욱 심하게 훼손되었을 가능성이 높아지는 것이다.

신라의 비석은 대부분 김생의 글씨거나 그의 글씨를 집자한 것으로 알려져 있다. 그런데 이계는 희귀한 탁본을 수집하여 소중히 장정하고 나서, 무장사비는 왕희지의 기풍이 있고, 김유신 장군묘비는 구양순의 서법과 유사하다고 결론지었다. 앞서 살펴보았듯이 왕희지王羲之(307-365)는 동진東晉의 명필로, 해서楷書 · 행서行書 · 초서草書에 모두 능하였으며, 구양순歐陽詢(557-641)은 당唐나라의 명필로, 해서楷書를 잘 썼다고 알려진 인물이다. 또 탁본으로 확인한 결과, 무장사비는 김육진金陸珍의 필적으로 밝혀졌으며, 김유신 장군묘비는 서체의 주인을 밝힐 수 없어도 모두 진귀한 글씨라는 평가를 내린다. 덧붙여 위에서 말하는 '구루봉비岣嶁峰碑'는 우禹임금이 치수治水하였을 때 새겼다고 하며, '석고비石鼓碑'는 주周나라 선왕宣王이 자기 업적을 석고에 새긴 비석이라고 한다.

이밖에도 〈제평제탑題平濟塔〉에는 탑이 조성된 역사적 배경과 탑에 글씨를 쓴 서예가에 관한 조사 내용이 담겨 있다.

『삼국사기』에 다음과 같은 기록이 있다.

唐나라 고종高宗 현경顯慶 5년(660)에 신라 무열왕武烈王이 표表를 올려 말하기를, "공물을 진상하는 길이 백제와 고구려를 경유하니, 매번 양국의 침범을 받습니다." 하였다. 황제가 크게 노하여 소정방蘇定

方 장군을 보내 해군[舟師]을 거느리고 바다를 건너 백제를 정복하도록 했는데, 신라의 김유신 장군과 협공하여 백제를 크게 무찔렀다. 의자왕義慈王을 포로로 잡고, 국가 제도를 개혁하여 웅주도독부熊州都督府를 설치하고, 돌을 새겨 백마강白馬江 가에 탑을 만들어 공적을 기록하였다. 글을 지은 사람은 능주陵州 장사長史 하수량賀遂亮이고, 글씨를 쓴 사람은 낙주洛州 하남河南 권회소權懷素이며, 지금도 고탑古塔은 길 왼쪽에 우뚝 서 있다. 얼마 뒤에 당나라가 또 이세적李世勣을 보내 고구려를 평정하고 안동도호부安東都護府를 설치하였으니, 이에 양국의 땅이 모두 신라에 병합되어 삼국이 비로소 합쳐져서 통일되었다.

지금 권회소에 대해 살펴보고 그 시대를 고구考究해보니, 바로 초서草書를 잘 쓰는 상인上人이 아니라, 필법이 굳세고 결구結構가 엄정하여 육조六朝의 서체를 한 차례 변화시킨 것이었다. 비로소 짜임새 있는 서법은 이미 안진경顔眞卿과 유공권柳公權 이전에도 있었으며, 정신과 풍운이 구양순歐陽詢과 저수량褚遂良보다 조금 뒤떨어진다는 것을 알았다. 그러나 당대當代에 글씨를 잘 쓰기로 유명한 자들을 생각해봐도 동방 고적의 으뜸이라고 칭할 만하다.[41]

이계가 기록한바 평제탑은 예전에 당평제탑唐平濟塔이라고도 불렀는데, 지금은 부여 정림사지 5층 석탑이라고 불리며, 미륵사지 석

41 『이계집』 권16, 〈題平濟塔〉. 東史云 唐高宗顯慶五年 新羅武烈王上表言 進貢之路 經百濟高句麗 輒爲兩國所梗 帝大怒 遣將軍蘇定方 領舟師渡海征百濟與新羅將金庾信 夾擊大破濟兵 虜其王義慈 革其國置熊州都督府 刻石爲塔於白馬江上 以紀功 撰者陵州長史賀遂亮 書者洛州河南權懷素 至今古塔巋然立道左 未幾唐又遣李世勣 平高句麗 置安東都護府 已而兩國之地 皆爲新羅所並三韓始合爲一 今按權懷素 考其世代 乃非善草書之上人也 筆法蒼勁 結構嚴整一變六朝之體 始知間架之法 已在顔柳之前 而精神風韻 少遜於歐褚 然想是當世善書名者 可稱東方古蹟之首矣. ※이유원의 『임하필기』 34권 〈화동옥삼편〉에 ‘동경고적고’라는 제목 아래 유사한 내용이 실려 전한다.

탑과 함께 유일하게 남아있는 백제탑이다. 탑신塔身은 사방에 당나라 소정방蘇定方의 전공문戰功文인 〈대당평백제국비명大唐平百濟國碑銘〉을 새겨놓았으며, 비문[42]에 당 고종 현경顯慶 5년(660)이라고 각자되어 있어 7세기 중반에 건립된 것으로 추정한다. 내용은 대략 당 고종이 문무왕과 동맹을 맺고, 소정방과 김유신 장군이 이끄는 나당연합군이 백제를 쳐서 사비성泗沘城을 함락시키고 마침내 승리한 사적을 기록한 것이다. 문장은 당나라 하수량賀遂亮이 과대한 필치의 사륙변려체四六騈驪體로 지었으며, 글씨는 당나라 권회소權懷素가 당조唐調에 육조六朝의 여풍餘風이 가미된 정해正楷로 썼다.

그런데 이계는 특히 탑의 비문을 쓴 권회소에 주목하고, 그의 서체와 필법을 시대와 더불어 고증한 결과를 기록하였다. 즉, 권회소는 알려진 것처럼 초서를 잘 쓰는 사람이 아니라 해서에 능했으며, 그의 필법은 유명한 당풍唐風에 육조의 여풍을 약간 변화시켜 굳세면서도 결구結構가 엄정하였다. 또한 짜임새 있는 서법에 정신과 풍운이 더해져 우리나라 여타 비문을 쓴 명필名筆과 비교해도 손색이 없다고 결론지었다. 앞서 신라 김생을 동방서도의 비조로 설정하면서 고려를 거쳐 조선의 백하 윤순에 이르는 우리나라 서예사를 정리하고 명필의 계보를 작성한 이계였다. 그런 그가 조선에서 유일하게 찾아낸 중국 서법과 서풍을 지닌 평제탑 비문을 고증 기록한 것은 당연한 일이었다.

42 한국고대사회연구소에서 펴낸 전게서(1992)에 '당평제탑비唐平濟塔碑'는 제1권 제2편 제2장 455-474면에 실려 있으므로 참고하기 바란다.

3) 신라유적新羅遺蹟에 대한 검증 기록

이계는 평소 금석문에 대해 남다른 인식과 탁월한 식견을 지녔으며, 이러한 면모는 그가 신라 비석을 연구하는 과정에서 박학고증하는 자세로 드러났다. 예컨대 비석의 서체書體와 서풍書風을 분석하고, 그 결과를 현장 구전口傳과 역사 기록을 비교하여 필체의 주인을 밝혀내는 등 정치精緻한 연구 성과를 얻어냈다. 나아가 그는 경주지역을 직접 답사하면서 비석의 상태라든가 본래 소재지를 추적하는 등 신라유적에 대한 검증 기록을 다수 남겼다. 이는 멀게는 조선후기 역사인식의 변화와 다양성에서 기인하며, 가깝게는 이계의 강한 주체성과 민족의식에서 비롯되었다.[43] 그는 경주부윤이라는 관료의 신분에 머물지 않고 우리 역사와 정체성을 밝히려는 학자적 위치로 한 발 더 나아간 것이다.[44]

첫째, 역대 유일한 수중릉인 문무왕릉과 그 능비陵碑에 관해 기록

43 서인원은 「이계 홍양호의 역사인식」에서 조선후기 역사인식과 이계의 역사인식에 관해 이렇게 주장하였다. "조선후기의 역사인식은 성리학적 가치체계에서 변화가 없었던 관찬사서官撰史書의 입장도 있었으나, 사찬사서私撰史書 특히 실학자들에 의하여 사학私學이 경학經學에서 벗어나 독립적 학문체계를 세웠고, 전통적 화이관華夷觀과 소중화관념小中華觀念에서 벗어나 자국사에 대한 인식을 강화했으며, 정통론에 입각한 역사판단에서 탈피하여 역사인식의 기준을 다양화함으로써 진보적進步的 사관史觀을 세울 수 있었던 것"이며, 또 "이계의 역사인식은 조선후기의 역사인식을 대변한다고 할 정도로 강한 주체성主體性과 민족의식民族意識에 뿌리박고 있다."(『東國史學』 29권, 동국사학회, 1995. 111면 인용)

44 최기숙은 「조선후기 사대부의 생활공간과 글쓰기 문화」에서 이계가 쓴 '기문記文'에 대해 연구한 결과를 이렇게 주장한 바 있다. "이계는 외직을 맡으면서 공관에 부쳐 쓴 글에서는 치민과 정사와 관련된 공적을 기념하는 내용을 담았다. 여기서 이계는 가문 의식과 국가에 대한 충을 자기 정체성 인식의 논리로서 내면화했다. …… 이는 관리로서의 정체성을 중시한 이계의 자기 인식이 글쓰기로 표현된 결과로 이해할 수 있다."(『고전문학연구』 33집, 한국고전연구회, 2008. 362면 인용)

한 〈제신라문무왕릉비題新羅文武王陵碑〉의 내용이다.

> 내가 처음에 『삼국사기』를 보고는 오히려 김부식이 기이한 시대의 인물로, 혹 잘못된 이야기를 전하는 것이 아닌가 의심스러웠다. 그런데 지난날 계림에 있을 때 문무왕릉을 찾아가 보니, 조각난 비석 하나 없음을 확인할 수 있었다. 36년 뒤에 지역 사람이 밭을 갈다가 문득 들판에서 옛날 비석을 얻었는데, 곧 문무왕비文武王碑였으며, 대사大舍인 한눌유韓訥儒가 글씨를 썼다. 그 비문은 벗겨지고 떨어져서 차서次序가 없었으나, "붉은 까마귀[赤烏]가 재앙을 드러내고, 누런 곰[黃熊]이 이변을 나타냈다. 갑자기 위태로운 처지가 뒤따르자, 도道를 귀중히 여기고 몸을 천하게 여겨서 섶을 쌓아 장사 지낸 다음 뼈를 경진鯨津에서 부수었다."는 등의 글귀가 있었다. 이는 분명히 불에 태워서 물에 장사 지냈다는 말로, 『삼국사기』에서 허황한 내용을 이야기해서는 안 되는데, 아! 괴이한 일이다. 애오라지 비석에 새겨진 것을 후손에게 알리고 박물군자博物君子에게 보이고자 한다.[45]

이계는 앞서 기우제를 지내려고 제물을 준비하여 이견대를 찾아간 바 있었다. 그런데 마을사람에게 문무왕과 대왕암에 관련된 항간巷間의 이야기를 전해 듣고 의아해한다. 사후에 동해 호국룡이 되었다는 문무왕 이야기와 용신龍神이 출몰하는 대왕암 앞 이견대가 기우

45 『이계집』 권16, 〈題新羅文武王陵碑〉. 余始見三國史 猶以爲金富軾是異代之人 或失之傳疑矣 往在鷄林時 訪文武王陵 無片石可驗 後三十六年 土人耕田忽得古碑於野中 卽文武王碑 而大舍臣韓訥儒所書也 其文剝落無序 而有曰 赤烏呈災 黃熊表異 俄隨風燭 貴道賤身 葬以積薪 碎骨鯨津等句 明是火化水葬之語 不可謂國史之誣也 噫其怪矣 聊識碑刻之後 以示博物君子. ※이유원의 『임하필기』 34권 〈화동옥삼편〉에 '동경고적고'라는 제목 아래 유사한 내용이 실려 전한다.

제의 영험을 보이는 적소適所라는 것이다. 그러나 이처럼 괴이하고 황당한 이야기는 역사서에 기록되어 전함으로써 의심의 여지가 사라지고 만다. 즉, 『삼국사기』 〈문무왕 본기文武王本紀〉에 저간의 사정이 자세히 기록되어 있으며, 풍속에 전하는 말이라고 했으나 믿지 않을 수 없게 된 것이다.

이계가 비문[46]의 내용 가운데 이른바 '홍황지세洪荒之世' 및 '황당지설荒唐之說'과 '괴탄지사怪誕之事'에 접근하여 그 진위眞僞를 밝히는 과정은 대략 이러한 순서로 정리된다.

① 비문에 관련된 이야기를 듣고 의심한다.
② 이야기의 근거가 될 만한 자료를 찾아본다.
③ 직접 현장을 찾아가서 사실 여부를 분석한다.
④ 새롭게 발견된 유물을 검토하며 다시 확인한다.
⑤ 수집한 자료를 모두 기록하고, 이를 검증해줄 박물군자博物君子를 기다린다.

여기서 우리는 그가 평소 문장 · 역사 · 사상을 겸비한 박학을 추구하고, 고증을 통해 그 학문에 깊이를 더하려는 자세를 볼 수 있다. 특히, 그는 자기 재량으로 가능한 것은 직접 검증하고, 그렇지 못한 것은 '기록으로 남겨서 더 훌륭한 전문가가 나타날 때까지 기다리겠다.'는 태도를 보인다.[47] 이러한 검증 과정과 기록은 본고에서 살펴

46 한국고대사회연구소에서 펴낸 전게서(1992)에 '문무왕릉비'는 제2권 제1편 제1장 125-133면에 실려 있으므로 참고하기 바란다.

47 이계가 자신의 박학고증을 수정 보완해줄 전문가로 언급하는 대상은 '박물군자博物君子'와 '직방씨職方氏' 등이 있다. 그런데 각종 비문의 서예에 관련된 것은 '박물군자'에게 질정하고, 비문의 소재에 관련된 것은 '직방씨'의 채록에 의거함으로

보는 여타 작품에 동일하게 적용된다.

둘째, 〈제신라태종왕릉비題新羅太宗王陵碑〉에는 그가 태종왕릉비를 조사하는 과정이 기록되어 있다.

> 신라 태종왕릉은 경주 서쪽 5리에 있으며, 배치된 석물石物[象設]이 없다. 앞에 있는 비석은 귀부龜趺의 높이가 한 발 남짓 되고, 그 비신碑身은 유실되었다. 위에 용두龍頭를 얹었는데, 살아서 꿈틀거리는 듯 주위를 휘감고 있으며, 아로새긴 솜씨가 정교하다. 비면碑面에 방전方篆 양각陽刻으로 '태종무열대왕지비太宗武烈大王之碑'라고 씌어 있었다. ……(중략)…… 내가 들으니, 관동關東 영봉산靈鳳山에는 당唐나라 문황제비文皇帝碑가 있는데, 임진왜란[壬癸之亂] 때 오랑캐가 싣고 동쪽으로 가다가 길에서 중간이 부러졌다. 그래서 그 절반을 수레에 싣고 갔으며, 그 나머지 절반은 아직 원주原州에 남아 있다고 한다. 대저 관동은 동래東萊 바다와 거리가 천리지만 오히려 실어가고자 했는데, 하물며 계림鷄林[慶州]처럼 수백 리 가까운 곳이야 말해 무엇 하겠는가? 내 생각에 태종의 비석은 저 오랑캐가 훔쳐간 것이 틀림없다. 계림에는 또 창림사비昌林寺碑가 있는데, 일찍이 조맹부趙孟頫의 서체를 보고는 신라 승려 김생金生이 쓴 창림비昌林碑를 대단히 칭찬하였다. 비록 당나라 유명한 각수刻手라도 이보다 나을 수 없었다. 내가 계림에 도착하여 먼저 창림사를 찾아갔으나, 절은 이미 폐허였고, 오직 석탑만 우뚝했으며, 비석은 끝내 찾을 수 없었다. 그 비석은 이미 중국에도 알려졌으니, 오랑캐가 훔쳐가지 않았는지 어찌 알겠는가? 내가 원주에서 절반으로 부러진 비석을 보고, 비로소 계림에 있던 두 비석이 하나같이 오랑캐가 바다를 건너 가져간 것을 깨달았다. 마침내 전하는 말과 의심스러운 점을 모두 기록하여 박물군자博物君子의 질정質正을 기다린다.[48]

써 각 분야의 전문가를 구분지어 서술하였다.

잘 알다시피 태종무열왕은 고구려와 백제를 평정하고 삼국통일이라는 위대한 공적을 남겼다. 그러나 왕조가 바뀌고 시대가 변하면서 선왕을 공경하고 왕릉을 비호하던 마음도 사라져서 왕의 신도비神道碑마저 훼손되는 지경에 이르렀다. 그런데 아무리 생각해도 큰 비석을 지고 도망갈 수도 없고, 심지어 갈고 쪼아서 없애버릴 수도 없다. 또 그런 행동을 마을에 사는 부로父老나 마을을 다스리는 토리土吏들이 묵묵히 보고만 있지도 않았을 텐데, 태종무열왕비는 온전한 형체를 찾을 수 없게 된 것이다.

지금 남아 있는 태종무열왕의 능비[49]를 살펴보면, 한 발 남짓 되는 높이의 귀부龜趺와 이수螭首에 비신碑身은 유실되었으나, 살아서 꿈틀거리는 듯한 용두龍頭에 '태종무열대왕지비太宗武烈大王之碑'라는 석각까지 1760년대 이계가 보고 설명한 것과 똑같은 모습이다. 그런데 거북이 받침돌과 용 머릿돌을 지닌 형태와 당시만 해도 독특한 서체와 서풍을 보인 두전頭篆까지 능비는 누구라도 탐낼 만한 유물이었다. 그는 이러한 정황을 감안하여 처음에는 막연히 오랑캐가 훔

---

48 『이계집』 권16, 〈題新羅太宗王陵碑〉. 新羅太宗王陵在慶州西五里無象設 前有碑 龜趺高丈餘 失其身 上安龍頭 夭矯蟠拏 刻鏤精巧 面有方篆陽文曰 太宗武烈大王之碑 ……(中略)…… 余聞關東靈鳳山 有唐文皇碑 壬癸之亂 蠻人載之以東 在道中折 遂舁其半而去 其半尙留原州 夫關東距萊海千里 而尙欲載去 況鷄林數百里之近乎 余意太宗之碑 殆是蠻人竊去也 鷄林又有昌林寺碑 嘗見趙子昂書 盛稱新羅僧金生書昌林碑 雖唐人名刻 無以過之 余到鷄林 首訪昌林 寺已墟矣 獨有石塔巋然 碑終不可得矣 是碑也 旣名於中國 則安知不爲蠻人所竊乎 余見原州半折碑 始悟鷄林二碑之同渡蠻海也 遂並識以傳疑 以質博物君子.
※ 이유원의 『임하필기』 34권 〈화동옥삼편〉에 '동경고적고'라는 제목 아래 유사한 내용이 실려 전한다.

49 한국고대사회연구소에서 펴낸 전게서(1992)에 '무열왕릉비편'은 제2권 제1편 제1장 122-123면에 실려 있으므로 참고하기 바란다.

쳐가지 않았을까 의심했다가, 나중에는 창림사비昌林寺碑나 원주반절비原州半折碑처럼 오랑캐가 훔쳐갔다고 확신하게 된다. 왜냐하면, 김생의 글씨로 알려진 창림사비와 당나라 문황제文皇帝의 글씨를 집자集字한 원주반절비는 중국에서도 탐낼 정도[50]였는데, 태종무열왕릉비는 당시에 최신 유행을 따르고 최고 솜씨로 조성되었기 때문이라고 한다.

여기서도 이계의 꼼꼼한 조사와 명확한 결론은 빛을 발하지만, 비석 자체가 온전히 남아 있지 않은 상태에서 더 이상 탐사해볼 여지가 없다. 그래서 '전하는 말과 의심스러운 점을 모두 기록'으로 남겨 전문가의 질정을 기다리기로 한 것이다.

셋째, 〈제원주반절비題原州半折碑〉에서는 신라 유적과 유물이 유실된 경유와 결과를 살필 수 있다.

> 원주原州 영봉산靈鳳山 반절비半折碑는 곧 고려 태조가 짓고 사신詞臣 최광윤崔光胤[崔彦撝 아들]이 명을 받들어 당 태종[文皇帝]의 글씨를 집자集字한 것이다. 만력萬曆 임진왜란 때 왜군이 수레에 싣고 동쪽으로 가다가 죽령竹嶺에 이르러 비석이 쪼개져서 두 동강 나자, 이에 그 절반만 끌고 갔다. 전란이 평정되고 나서 관동수령關東守令이 원주에 실어다가 되돌려 놓고, 드디어 '반절비'라고 칭하였다.
>
> 내가 한 장을 탁본해 와서 그 필획을 살펴보니, 호방하고 기묘하여

50 추사秋史 김정희金正喜도 원주반절비에 대해 "고비古碑는 다만 원주 흥법사 반절잔자半折殘字 한 본을 가지고 있는데, 바로 당태종의 글씨를 집자한 것이다. 중국에서 전해지는 것도 모두 여기에 있으며, 예를 들어 옹방강翁方綱과 기윤紀昀 등 여러 사람이 소중히 여기는 것이다.[古碑 只有此原州興法寺半折殘字一本 是集唐太宗書 中國之所傳者 皆在此 如覃溪曉嵐諸人無不寶重者耳]"라고 하였다. (김정희, 『阮堂全集』 권4, 〈與吳生慶錫〉)

진실로 하늘이 낸 사람의 필적이었다. 일찍이 문황제가 왕희지王羲之[右軍]의 글씨를 가장 아꼈다고 들었는데, 지금 이 서첩은 삼장법三藏法을 깊이 터득하면서도 굴레에서 벗어나 마치 천마가 허공에서 노니는 듯하여 서예가가 모방할 수 있는 형상이 아니었다. 비록 보잘것없는 왜적이라도 또한 애지중지할 줄 알아서 비석을 훔쳐 싣고 도망가는 지경에 천균千勻이나 되는 무게와 만리萬里나 되는 거리를 꺼리지 않았으니, 이른바 노예도 역시 그 상서로움을 알았다고 하겠다. 다행히 그 절반이 아직 동방에 남아 있으니, 아마도 조물주가 도우셨나 보다.

내가 당본唐本 순화첩淳化帖[51]을 살펴보니, 문황제의 글씨가 많이 실려 있지만, 모두 여러 번 책으로 엮느라 그 진정한 서체와 멀어져버렸다. 오직 이 비석만 유독 천년이나 된 구각舊刻을 전하고 있어 중국에서 구해도 또한 얻기 어려울 테니, 비록 천하에 귀중한 필적이라고 말해도 좋을 것이다. 훗날 중국에서 동방 고적을 구한다면, 이것이 그에 상응하지 않겠는가?[52]

이계가 '원주 반절비'라고 부른 것은 임진왜란 때 비석이 훼손되어

51 순화첩淳化帖은 순화각첩淳化閣帖으로, 송나라 태종 순화 3년(992)에 한림시서 왕저王著가 왕명에 따라 역대 명필 80여 명의 글씨를 순화각淳化閣에 모아 놓고 새긴 총 10권의 법첩法帖이다.

52 『이계집』 권16, 〈題原州半折碑〉. 原州靈鳳山半折碑 卽高麗太祖御製 詞臣崔光胤奉教集唐文皇帝書者也 萬曆壬辰之亂 倭奴車載以東 到竹嶺 碑斷爲二 乃挈其半而去 亂定 關東守臣曳還于原州 遂稱半折碑 余搨來一本 觀其筆畫 豪壯奇崫 眞天人之跡也 嘗聞文皇最愛右軍書 今是帖深得三藏之法 而脫出羈絆 如天馬之遊空 非操毫家所可仿像也 雖以島夷之蠢 亦知愛重 至於偸載以去 不憚千勻之重 萬里之遠 所謂奴隸亦知其爲瑞也 幸其半尙留東方 殆造物者相之歟 余觀唐本淳化帖 多載文皇書 而皆經屢翻 離其眞遠矣 惟是碑 獨傳千年舊刻 求之中國 亦難得矣 雖謂之天下寶跡 可也 異日中國有求東方古蹟 則盍以是應之乎.

절반만 원주에 남겨졌기 때문이며, 다양한 조사와 연구를 거쳐 지금은 '흥법사 진공대사탑비興法寺眞空大師塔碑'라는 명칭으로 불린다. 위 기록을 통해 우리가 알 수 있는 내용은 이러하다.

① 이 비석은 고려 태조가 짓고, 나말여초羅末麗初의 문장가로 유명한 최언위崔彦撝의 아들 최광윤崔光胤이 당나라 태종[문황제]의 글씨를 집자하여 만들었다.
② 임진왜란 때 왜군이 동쪽으로 비석을 끌고 가다가 죽령竹嶺에서 비석이 쪼개져서 두 동강 나자 절반만 끌고 갔다.
③ 전란 후에 관동수령이 절반만 남겨진 비석을 다시 원주原州에 실어다 되돌려 놓았으며, 반절비半折碑라고 칭하였다.

그런데 비석에 얽힌 이야기는 이계가 기록으로 남기지 않았더라면 우리가 몰랐을 사실들이다. 그의 기록을 근거로 하여 후대에 꾸준한 발굴 조사와 연구를 거쳐 그 정체와 연고가 밝혀진 셈이다. 비문 내용에 따르면, 진공대사眞空大師(충담忠湛, 869-940)는 어려서부터 특이한 외모와 영특한 성품을 지녔으며, 출중한 지혜는 따를 자가 없었다고 한다. 그는 신라 말 당나라에 유학하고, 경명왕 3년(918)에 귀국하여 왕사王師가 되었다. 고려 건국 후에도 태조의 왕사로 지내다가, 태조 23년(940)에 입적하자 왕이 손수 비문을 지어줄 만큼 극진한 대우를 받았다고 전해진다.

『동국여지승람東國輿地勝覽』〈강원도江原道 원주목原州牧〉을 살펴보면, "흥법사는 건등산建登山에 있다. 절에 비碑가 있는데, 고려 태조가 친히 그 글을 짓고 최광윤에게 명하여 당 태종의 글씨를 집자하고 모사하여 새겼다.[興法寺在建登山 寺有碑 高麗太祖親製其文 命

崔光胤 集唐太宗書模刻"라고 기록되어 있다. 이로 미루어 볼 때, 『동국여지승람』을 펴낸 조선 전기에는 비석이 온전히 보존되었으나, 이계가 문집을 엮은 조선후기에는 비신이 반절된 상태였으며, 따라서 우리는 그가 '임진왜란 때 두 동강이 났다.'고 전하는 기록을 믿을 수밖에 없다.

원주 반절비에서 무엇보다 이계가 주목한 것은 당 태종의 글씨다. 태종은 평소 왕희지의 글씨를 좋아했으며, 이계가 탁본해 온 것을 살펴보아도 필획이 호방하고 기묘하여 하늘이 낸 필적이었다. 그러나 불행히도 『순화각첩淳化閣帖』을 비롯하여 수차례 법서法書를 엮는 과정에서 서체와 서법이 변질되어 본래 글씨에서 멀어져버렸고, 아이러니하게 반절비에 남아 있는 태종의 필적은 중국에서도 구하기 힘든 글씨가 되었다. 따라서 그는 두 동강 난 비신이나마 잘 보전하면 정말 귀중한 고적이 되리라 믿으며 상세한 기록으로 남긴 것이다.

넷째, 삼국시대 신라의 영토를 최대로 확장시킨 진흥왕의 업적을 기린 〈제신라진흥왕북순비題新羅眞興王北巡碑〉이다. 진흥왕의 북순비 또한 발견 당시에 상하가 잘려 절반만 남은 상태였다.

> 경술년庚戌年(1790)에 유한돈兪漢敦이 함흥통판咸興通判으로 떠난다고 알리러 왔기에 내가 시험 삼아 그에게 말했더니, 1년 만에 다음과 같이 편지를 보내왔다. "조정에서 새로 설치하는 장진부長津府는 함흥咸興과 갑산甲山의 사이에 있으며, 중간에 황초령黃草嶺이 있는데, 거리가 모두 2백리쯤 된다. 황초령 정상에 있던 비석이 전복되어 산 밑으로 내려왔는데, 상하가 모두 잘려서 절반만 남아 있었다. 그 비문을 보니, 바로 진흥왕북순비眞興王北巡碑였다." 탁본 한 장을 찍어 보냈는데, 내가 비석 글자를 살펴보니, 오래된 바탕에 희미한 글씨인데다 무늬와 결이 끊기고 빠져서 읽을 수가 없었다. 중간에 관직을 열거하여 '훼부喙

> 部'·'아간阿干'·'대사大舍' 등 명칭이 있었고, 모두 신라 초기에 지명과 관호였으니, 어찌 기이하지 않으리오. 그 연도를 살펴보니, 곧 무자년戊子年(568) 가을 8월로, 이는 진흥왕 29년인데, 중국에서는 바로 육조시대 진陳나라 임해왕臨海王 2년이었으니, 지금으로부터 1천2백2십6년이나 되었다. 동방 고적 가운데 이보다 앞선 것은 없고, 지금 장진長津을 개척하는 시기에 처음으로 세상에 나왔으니, 국가 문명의 운수는 숨겨져 드러나지 않는 일이 없음을 징험할 수 있다. 그러나 신라가 강성하던 때는 국토의 넓이가 말갈의 경계에 미쳤으니, 이것으로 보더라도 고사古史에서 빠진 것을 보완할 수 있다. 유한돈이 옛것을 좋아하는 성심이 바로 천년 전 고적을 드러내어 밝힐 수 있었으니, 박아한 양사良士라고 이를 만하다. 이 기록에서 시말을 은근히 드러내어 직방씨職方氏의 채록을 보완한다.[53]

신라와 조선을 넘나드는 그의 학식, 고증을 통해 금석문을 밝혀내는 그의 학문이 빛을 발하는 순간이다. 최초 발견자 유한돈兪漢敦이 비문을 읽고 나서 '진흥왕북순비眞興王北巡碑'라는 사실을 밝혔지만, 이계는 탁본을 살펴보며 그 조성 연대를 추정한다. 그리고 희미해진

53 『이계집』 권16, 〈題新羅眞興王北巡碑〉. 歲庚戌 兪君漢敦通判咸興 來告行余試言之 甫周歲 君書來云 朝廷新設長津府 在咸興甲山之間 中有黃草嶺 距咸幾二百里 有碑在嶺上 顚仆山底 上下皆折 只存半腰 見其文 乃眞興王北巡碑也 印送一本 余按碑字 古質蒼勁 而文理斷缺不可讀 中列從官 有曰喙部阿干大舍等名 皆是羅初之地名官號也 寧不奇哉 考其歲 卽戊子秋八月 是爲眞興王二十九年 而中國則乃六朝陳臨海王二年 於今爲一千二百二十六年 東方古蹟無有先於此者 今於開拓長津之時 始出於世 可驗國家文明之運 無幽不顯 而新羅盛時幅員之廣遠 及靺鞨之境 於斯見之 可補古史之闕矣 兪君好古之誠 乃能闡發千歲前古蹟 可謂博雅之良士也已 玆記隱見始末 以備職方氏之採焉. ※ 이유원의 『임하필기』 34권 〈화동옥삼편〉에 '동경고적고'라는 제목 아래 유사한 내용이 실려 전한다.

글씨와 문리文理가 통하지 않는 문장에서 '훼부喙部' · '아간阿干' · '대사大舍' 등 신라의 지명과 관호를 알아보고, 그것이 진흥왕 29년(568) 가을 8월에 만들어졌음을 확인한 것이다. 이는 그가 평소 신라의 역사와 고적에 박식하고 통달했기 때문에 가능한 일이었다. 그런데 특히 중요한 것은 지금껏 그가 발견한 동방 고적 중에 가장 오래된 비석이라는 사실이다. 이계는 확인 당시로부터 1,226년 전에 조성된 비석에 한 번 놀라고, 함흥통판咸興通判이 장진부長津府를 개척하면서 우연히 발견한 사실에 다시 한 번 놀랐다.

진흥왕북순비는 신라 진흥왕이 새로 넓힌 영토를 직접 돌아보고 세운 비석으로, 비문[54]에 적힌 '순수관경巡狩管境'이라는 구절에서 이름하였다. 현존하는 순수비 4기는 각 소재지에 따라 명칭을 붙여 '창녕비昌寧碑, 북한산비北漢山碑, 황초령비黃草嶺碑, 마운령비摩雲嶺碑'라고 불린다. 순수비의 위치는 당시 신라의 영토 경계를 알려줄 뿐만 아니라, 비문에 나오는 '짐朕' 등의 용어는 신라의 자주의식을 보여주는 중요한 자료이다. 또 위에서 말하는 직방씨職方氏는 주周나라 때 토지를 관장하던 직책으로, 대개 지도를 만들어 행정구역을 정비하고, 지세의 험이險夷와 백성의 다소多少를 파악하여 지리지를 펴낸 사람을 지칭한다. 다시 말해, 비석이 세워진 장소와 역대 왕조의 영토 확장은 이를 담당하는 관리의 몫이며, 이계 자신은 사건의 전말을 기록하여 후대에 지리서의 내용이 보완되기를 바랄 뿐이다.

이처럼 옛날 유적 가운데 특히 남겨진 비석에 관해서 그 소재지를 탐색하고 비신을 발굴하는 과정, 또 제작 연대를 추정하고 진위 여부

54 한국고대사회연구소에서 펴낸 전게서(1992)에 '황초령 진흥왕순수비'는 제2권 제1편 제1장 75-84면에 실려 있으므로 참고하기 바란다.

를 검증하는 기록은 신라유적에만 보이는 이계의 학술적 특징이다.[55]

4. 결론

이계 홍양호에 대한 연구는 진재교 교수의 『이계 홍양호 문학 연구』에서 그 진면목이 폭넓게 조명된 이래, 연구의 범위가 좁혀지고 관점이 다양해지면서 더욱 세부적이고 심층적인 연구 논문들이 발표되었다. 그러나 신라 관련 유적에 대한 비문 기록과 제문에 대해서는 다루어지지 않았으며, 본고에서는 이계의 남다른 학문자세와 학적성취를 신라 관련 비문 기록과 제문을 통해 밝혀보았다. 이제 그 연구 결과를 정리하면서 결론에 가늠한다.

이계는 초년에 가학家學으로 외숙에게 배운 양명학을 토대로 삼아 학업을 익히고, 관직에 나아가서도 비교적 순탄하게 생활하면서 부단히 학업에 정진하는 학문태도를 지녔다. 그 결과, 그는 실학자적인 면모와 함께 박학으로 명성이 높았다. 예컨대 이용후생 차원에서 수레 사용을 주장하고, 가뭄과 홍수에 대비해 제방을 축조 및 보수하는 등 그의 박학을 실학으로 구현하였다. 또 말년에는 연행燕行으로 만난 청나라 기윤을 비롯한 학자들과 교유하며 금석학에 관심을 기울

55 『이계집』 권16에 또 다른 비석 및 서예 관련 글 〈제척주동해비題陟州東海碑〉와 〈제김자암구필적題金自菴絿筆蹟〉이 있다. 그러나 〈제척주동해비題陟州東海碑〉는 미수眉叟 허목許穆이 삼척三陟을 다스릴 때 세운 비석과 손수 쓴 사언시四言詩를 번암樊巖 채제공蔡濟恭과 함께 논평했던 내용이고, 〈제김자암구필적題金自菴絿筆蹟〉은 김사석金思祏이 연산連山을 다스릴 때 자암自菴 김구金絿의 서첩書帖을 구하여 시詩 30여 편과 그 필력筆力을 보았다는 내용으로, 여기서는 별다른 탐색 과정 및 검증 기록이 보이지 않는다.

이고, 고증학적인 태도로 중국과 조선의 유물과 유적을 비교 분석하였다. 아울러 국내에서도 문인들과 시사활동을 펼치는 등 남다른 학문적 성취를 이루었다.

특히, 그는 1760년부터 3년간 경주부윤을 지내면서 수많은 비문 기록과 제문을 남겼으며, 여기에는 평소 남다른 학문자세에서 비롯된 이계의 목민관으로서 자질과 박학고증하는 자세 및 신라유적에 대한 기록의식이 담겨 있다. 그러한 학적성취를 요약하면 다음과 같다.

첫째, 제문에는 목민관牧民官으로서 타고난 이계의 자질과 임지의 백성을 위무하는 성심이 담겨 있다. 예컨대 그는 가뭄이 극심하던 때에 손수 제문을 지어 이견대를 비롯하여 제왕과 장군의 사당과 묘소에 찾아가 기우제를 지냈다. 이처럼 경주부의 백성과 생사고락을 함께 나누는 이계의 모습은 그가 학문을 통해 배우고 익힌 것을 직접 실천하는 과정이었다.

둘째, 비문 기록은 이계가 금석문에 박학하며 고증학적인 자세로 비석과 비문을 연구하였음을 보여준다. 예컨대 그는 신라 비석의 소재를 찾고, 비문의 자획을 확인하고 서체를 비교 분석함으로써 비석 건립 연대와 필체의 주인을 밝혀냈다. 이처럼 조선 전역에 유명한 비석의 실물을 직접 답사하고, 비문의 내용과 서체를 고증하여 김생에서 비롯된 우리나라 서예의 역사를 정리하였다.

셋째, 신라역사에 근거하여 신라유적에 관해 정확한 사실을 후세에 전하려는 그의 철저한 기록의식이 돋보인다. 예컨대 그는 문헌자료 확인과 실제 답사를 병행하면서 신라유적에 대한 사실 여부를 기록하였다. 특히, 자기 재량으로 가능한 것은 직접 검증하고, 그렇지 못한 것은 기록으로 남겨서 후세에 더 훌륭한 전문가가 조명하도록 만들었다.

이상으로 본고에서 살펴본 이계의 남다른 학문자세와 뛰어난 학적 성취는 경주지역 신라유물 가운데 고증학적인 접근으로 역사적 사실과 예술적 진위를 검증한 비문 기록과 고적에 대한 자부심과 애민의식을 담아 손수 지은 제문을 통해 뚜렷이 부각된다. 덧붙여 본고에서 미처 다루지 못한 이계의 또 다른 유적 관련 기록이나 성취에 대해서는 차후 연구과제로 남겨둔다.

제3장

『삼국유사』와 스토리텔링

—동서양 이야기의 비교를 중심으로

1. 서론

시대를 초월하여 보편성과 예술성을 인정받은 작품으로, 특히 문학적으로 변함없이 읽을 만한 가치를 지니는 것들을 '고전古典'이라고 부른다. 그런데 고전은 시간뿐만 아니라 공간마저 넘나드는 경우가 많다. 예를 들어, 우리에게 익숙한 이야기는 과거에 동양은 물론 서양에서도 널리 알려진 것들이며, 최근에는 동서양을 막론하고 유행하는 경향이 뚜렷하다.

고려시대에 출현한 『삼국유사三國遺事』[1]도 고전의 범주에 드는 명작이다. 흔히 『삼국사기三國史記』는 전대 삼국의 역사를 기록한 정

1 『삼국유사』는 1281년경 일연(一然, 1206-1289)이 저술한 5권 2책의 역사서로, 여러 이본 가운데 '정덕본'을 저본으로 삼았다. 총 9편목으로 구성되어 있으며, 편제는 '왕력王曆 · 기이紀異 · 흥법興法 · 탑상塔像 · 의해義解 · 신주神呪 · 감통感通 · 피은避隱 · 효선孝善' 등이다.

사正史로, 『삼국유사』는 정사에서 빠진 사건을 채록한 야사野史로 평가된다. 역사서로서 문장文章의 가치 기준을 사실과 교훈에 둔다면 전자前者에 힘이 실리겠지만, 계세징인戒世懲人을 목표로 하면서도 허구와 흥미를 보탠 작품성을 따진다면 당연히 후자後者에 엄지를 치켜세울 것이다. 특히, 인정물태人情物態를 담아낸 스토리가 있는 이야기라면 그 재미와 교훈은 배가倍加된다.

『삼국유사』는 우리나라 고대 왕조의 성립부터 역대 인물의 기이한 경험까지 다양한 이야기를 담고 있다. 이 책을 펴낸 일연一然(1206-1289)은 당시 민간과 사찰에 전해지던 이야기를 폭넓게 다루면서, 그 속에 담긴 인생, 사상, 종교, 지리, 언어, 풍속 등을 재미난 이야기로 엮어냈다. 나아가 유학적인 관점에 따라 역사서에서 의도적으로 배제되었던 설화적・불교적 요소를 보완하여 기존의 이야기를 새롭게 '스토리텔링'하였다.[2]

그동안 『삼국유사』에 관해서는 학계에서 다채로운 연구 성과가 축적되었다.[3] 그럼에도 소재所載 작품을 스토리가 있는 이야기로 파악

2 『삼국유사』를 수차례 번역 출간한 김원중은, "『삼국유사』는 역사서이자 불교 문화서요, 야담과 설화의 모음집이자 소중한 문학서이고, 문사철文史哲이 관통된 인문서"라고 평가했다. 김원중, 『삼국유사』, 민음사, 2007. 15면 인용

3 『삼국유사』는 일찍이 문학文學 및 사학史學 그리고 민속학民俗學 등에서 풍성한 연구 성과를 얻었다. 문학계에서는 '설화說話'를 중심으로 장르 및 주제와 구성을 분석하였고, 사학계에서는 '삼국三國과 고려高麗'를 중심으로 다채로운 해석을 내놓았으며, 민속학계에서는 '전통신앙과 불교佛教'를 중심으로 다양한 접근이 이루어졌다. 본고와 밀접하게 관련된 대표적 성과만 간략히 제시한다. 박유미, 「〈진성여왕대 거타지〉 설화에 나타난 사회구조와 그 의미」, 『한민족어문학』 제61집, 한민족어문학회, 2012. 119-147면 ; 엄태웅, 「『삼국유사』 「기이」편과 바다」, 『동북아문화연구』 제48집, 동북아시아문화학회, 2016. 65-85면 ; 이규훈, 「'거타지' 설화의 문화콘텐츠 창작과 활용」, 『한국콘텐츠학회논문지』 제8권 8호, 한국콘텐츠학회, 2008. 119-127면 ; 전기웅, 「『삼국유사』 소재 '眞聖女大王居陁知'조 설화의 검토」, 『한국민족문화』

하고, 설화 속 근원이야기를 저자[4]가 어떻게 스토리텔링 했는지, 또 일부 이야기가 후대에 어떤 형태로 전승되었는지[5] 등은 제대로 연구가 이루어지지 않았다. 21세기 들어 미디어와 문화예술 전반에서 스토리텔링이 크게 각광받고 활용되는 요즘, 우리나라 스토리텔링의 원형이라고 할 『삼국유사』를 재조명할 필요가 있다.

이에 필자는 『삼국유사』에 실린 몇몇 이야기를 선별[6]하여 잘 알려진 동서양 이야기와 비교함으로써 스토리텔링의 양상과 특징 및 가

제38집, 부산대 한국민족문화연구소, 2010. 217-251면 ; 정연식, 「거타지 설화의 새로운 해석」, 『동방학지』 제160집, 연세대 국학연구원, 2012. 169-209면 ; 정환국, 「한국 초기서사의 複數 구도」, 『민족문학사연구』 제59집, 민족문학사학회 · 민족문학사연구소, 2015. 147-182면 ; 표정옥, 「『삼국유사』 스토리텔링의 문화콘텐츠 생성 욕망과 신화적 독서의 생산성 연구-서정주의 〈삼국유사〉 해석의 시정신을 중심으로」, 『동방학』 제27집, 한서대 동양고전연구소, 2013. 7-38면

4 『삼국유사』는 고대부터 일연의 생존 시기까지 역사서에 기록된 사실을 비롯하여 민간에 전해지던 설화를 채록한 책이므로 일연을 저자著者가 아니라 편자編者로 지칭해야 옳을 듯하다. 특히, 설화가 구술로 창작 향유된 이야기 형태라는 점을 감안하면, 일연은 편찬자 내지는 기록자에 그친다. 그럼에도 일연을 저자라고 지칭하는 것은 기존의 이야기를 새롭게 스토리텔링한 양상을 파악했기 때문이다.

5 『삼국유사』 소재 이야기의 후대 전승에 대한 연구는 '거타지 설화居陁知說話'가 '작제건 설화作帝建說話'에 연관된다는 점에 집중되어 있을 뿐, 여타 장르로는 연구 범위나 논지 전개가 확산되지 못했다. 필자는 야담野談 연구자로서 설화가 야담에 전승된 사례를 다수 포착하였고, 본고에서는 특히 『삼국유사』 소재 작품에 주목하여 그 양상과 특징을 조명한다. 이채경, 「18세기 야담의 서사방식과 주제구현-『雜記古談』, 『東稗洛誦』, 『雪橋漫錄』, 『鶴山閑言』을 중심으로」, 성균관대 박사학위논문, 2014. 참조

6 『삼국유사』에는 흥미로운 이야기가 많지만, 본고에서 스토리텔링을 비교 분석하기 위해 선별한 자료는 대부분 '기이奇異'편에 수록된 이야기들이다. 이는 필자가 설화와 야담의 연관성을 탐색하면서 동일한 화소에 유사한 스토리텔링을 발견하는 과정에 우연히 도출된 결과일 뿐, 논지에 맞춰 의도적으로 다른 이야기들을 배제하지는 않았다. 서양의 신화도 역시 그러한 과정에서 포착된 이야기들임을 미리 밝혀둔다.

치를 파악해 보고자 한다. 텍스트는 '거타지居陁知 이야기'를 비롯하여 '김유신金庾信 이야기'와 '경문왕景文王 이야기' 등이며, 이를 중심으로 동서양 설화와 야담, 설화와 신화에 주목하여 그 스토리텔링을 비교 분석할 예정이다. 야담은 조선후기 유몽인柳夢寅의 『어우야담於于野談』[7]과 임방任埅의 『천예록天倪錄』[8] 소재 작품을, 신화는 토마스 불핀치(Tomas Bulfinch)의 『그리스 로마 신화』[9] 소재 이야기를 활용한다.

이제 동서양 스토리텔링의 보고이자 우리나라 스토리텔링의 원형으로서 『삼국유사』에 관해 알아본다.

---

7 『어우야담於于野談』은 1622년 유몽인(柳夢寅, 1559-1623)이 저술한 5권 1책의 필기·야담집으로, 40여 종의 이본 가운데 최선본으로 알려진 '만종재본'을 저본으로 삼았다. 권제는 '인륜·종교·학예·사회·만물' 등이며, 총 520편의 이야기가 담겨 있다. '야담'이라는 서명書名이 붙어 야담 문학의 효시로 불리지만, 필기적筆記的 성격이 강한 작품집이며, 원저原著에는 제목이 없지만 필자가 내용을 참고하여 임의로 제목을 붙였다.

8 『천예록天倪錄』은 1717-1724년경 임방(任埅, 1640-1724)이 저술한 순수 야담집으로, 4종의 이본 가운데 최선본으로 알려진 '천리대본'을 저본으로 삼았다. 이야기는 총 62편인데, 저자는 대부분 초현실적이고 환상적인 내용을 집중 수록하였다. 또 각 편마다 7자字의 제목을 붙이고, 2편의 이야기가 끝날 때마다 평어評語를 부록하여 남다른 작가의식을 드러냈다.

9 『그리스 로마 신화』는 1855년 토마스 불핀치(1796-1867)가 저술한 신화집으로, 원제는 '신화의 시대(The Age Of Fable)'이며, 고대 그리스와 로마 신들의 이야기를 담고 있다. 이보다 앞서 1840년경에 구스타프 슈바브(1792-1850), 뒤에 1942년 에디스 해밀턴(1867-1963)이 출간한 책도 있지만, 우리에게 잘 알려진 것은 토마스 불핀치의 작품이다.

2. 『삼국유사』와 스토리텔링 양상

사람들의 마음에는 재미난 이야기에 대한 기본적인 욕구와 감동적인 이야기를 통해 삶의 의미를 찾으려는 기대가 공존하고 있다. 다시 말해, 인간은 끊임없이 이야기를 창작하고 향유하려는 속성을 지니고 있으며, 그것을 통해 타인과 소통하고 세상과 조화를 이루며 살아간다. 따라서 어떤 이야기[story]를 어떻게 이야기하는지[telling]가 무엇보다 중요하다. 특히, 오늘날 유행하는 스토리텔링(storytelling)[10]은 구술성口述性에 근거한 설화와 야담 및 신화 등 수많은 문화유산의 원형이야기를 차용해서 옛이야기를 들려주듯 친근한 방식으로 대중에게 접근하고 있다.[11]

1) 야담에 전승된 스토리텔링

고려시대에 편찬된 『삼국유사』에는 당시까지 민간에 널리 퍼져 전해지던 흥미로운 이야기가 실려 있다. 그 이야기들 중 일부가 조선후기 야담에까지 전승된 경우를 찾아볼 수 있다. 아무래도 이야기 소재가 전대前代 설화에서 비롯된 것인 만큼 스토리가 약간 변개된 양상

10 스토리텔링(storytelling)이란 고대부터 '구술口述'의 의미로 오랫동안 존재해 온 개념으로, 서사학 용어로는 스토리(story)와 담화(discourse)에 해당되며, 문자 문화의 내러티브(narrative)와 달리 구술적인 특성을 띠고 있음을 함의하고 있다. 김정희, 『스토리텔링이란 무엇인가』, 커뮤니케이션북스, 2014. viii면 참조

11 본고에서 말하는 '스토리텔링'의 개념은 현전하는 이야기 중에 동일한 화소話素를 매개로 유사한 서사적 흐름을 보여주는 이야기로 한정된다. 이는 스토리텔링이 무엇보다 민중民衆에 구술口述되는 과정에서 '스토리'의 일정 부분이 무수히 변개變改되어 '텔링'되었을 가능성에 주목했기 때문이며, 이러한 양상은 시공時空을 초월하여 현재 진행형이다.

으로 전해지는데, 시대 변화와 역사 해석 등을 반영한 서사敍事 요건이 달라진 데서 그 원인을 찾을 수 있다. 대표적인 작품은 괴물을 퇴치한 신라의 궁사弓士 '거타지' 이야기와 삼국통일의 주역主役 '김유신 장군' 이야기다.

(1) 거타지와 화포장 이야기 : 기이奇異와 치부致富

신라는 당나라와 교류가 무척 활발해서 국내외에 대소사大小事가 생길 때마다 빈번히 왕래하였다. 진성여왕 때는 왕자 양패良貝[12]를 당나라에 사신으로 보냈는데, 바닷길에 백제의 해적이 출몰한다는 소문을 듣고 사행선使行船을 보호할 요량으로 궁사 50명을 동행하였다. 거타지[13]는 당시 사행에 참여한 인물이었다.[14]

---

12 설화에서 사신 양패는 진성여왕의 막내아들[季子]로 설정되었으나, 사실 진성여왕은 아들이 없어서 오빠 헌강왕憲康王의 서자[孝恭王]에게 왕위를 물려주었다. 이는 전래 이야기를 새롭게 스토리텔링한 경우라고 해석되는데, 설화의 스토리텔링에 관해서는 본장에서 구체적으로 다룬다. 일부 연구자는 당시 사신의 신분이 '실제 왕자'가 아니라도 사신의 호칭을 관습상 '왕자'로 기록했다고 한다.

13 전기웅은 '거타지'에서 '거타居陁'는 '강주康州(晉州의 옛 이름)'이고, '지知'는 이름 뒤에 붙여 '우두머리의 존칭'으로 사용된 신라말이며, 따라서 거타지는 '강주인康州人' 또는 '강주 지역의 유력한 인물'이라고 했다. 전기웅, 「『삼국유사』 소재 '眞聖女王代居陁知'조 설화의 검토」, 『한국민족문화』 제38집, 부산대 한국민족문화연구소, 2010. 233-234면 참조

14 정연식은 '거타지 설화'를 하늘의 별자리와 관련된 이야기로 해석한 연구논문을 발표하였다. 그는 "양패 이야기는 28수 가운데 필수畢宿 주변 별자리 이야기와 잘 연결되고, 거타지 이야기는 시리우스(Sirius)라고 부르는 낭성狼星 주변의 별자리 이야기와 아주 잘 부합한다. 설화는 하늘의 별자리 이야기를 역사적 상황을 덧붙여 정교하게 가공한 이야기로 생각된다."라고 주장하였다. 정연식, 「거타지 설화의 새로운 해석」, 『동방학지』 제160집, 연세대 국학연구원, 2012. 171면 인용. 그의 주장에 관련된 별자리 그림은 174면을 참조하기 바란다.

다음은 『삼국유사』 소재 〈진성여왕대거타지眞聖女王代居陁知〉 중에 〈거타지 이야기〉[15]로, 거타지의 신기한 모험이 시작되는 대목이다.

이 진성여왕眞聖女王 시대에 아찬 양패良貝는 왕의 막내아들[季子]이었다. 그는 당나라에 사신으로 갈 때, 백제의 해적이 율도津島를 막고 있다는 말을 듣고 궁사弓士 50명을 뽑아 따르게 했다. 배가 곡도鵠島【지방에서는 골대도骨大島라 한다】에 도착하자, 바람과 파도가 크게 일어 열흘 넘게 머물렀다. 공이 걱정스러워 사람을 시켜 점을 치게 했더니, 이렇게 말했다. "섬에 신지神池가 있는데, 제사를 지내면 좋겠습니다." 그래서 못가에 제물을 차려 놓자, 못의 물이 한 길 남짓 높이 솟구쳤다. 그날 밤 꿈에 한 노인이 나타나 공에게 말했다. "활 잘 쏘는 한 사람을 이 섬에 남겨 두면 순풍順風을 만날 것이다." 공은 꿈에서 깨어나 그 일을 좌우에 알리고 물어보았다. "누구를 남겨 두면 좋겠는가?" 그러자 여러 사람들이 말했다. "마땅히 목간木簡 50개에 우리 이름을 써서 바닷물에 가라앉는 것으로 제비를 뽑아야 합니다." 공은 그 말을 따랐다. 군사 가운데 거타지居陁知라는 자의 이름이 물속에 가라앉아서 이윽고 그 사람을 남겨 두었더니, 갑자기 순풍이 불어 배가 거침없이 나아갔다.

거타지가 걱정스러워하며 섬에 서 있는데, 갑자기 어떤 노인이 못에서 나와 이렇게 말했다. "나는 바로 서해西海의 약若이라오. 매번 한 사미沙彌가 해 뜰 무렵에 하늘에서 내려와 다라니陀羅尼를 외면서 이

15 박유미는 "『삼국유사』의 〈진성여왕대거타지〉조에는 왕거인 이야기와 거타지 이야기가 하나의 설화에 묶여 전하고 있는데, 두 이야기는 해결구조에서 차이를 보인다." 그런데 "서술자 일연은 의도적으로 문제 해결 방법이 서로 다른 이야기를 조합시켰다." 따라서 "그는 거타지 이야기와 같이 계층간 연대와 화합을 통해서만이 혼란한 시기를 벗어날 수 있다고 생각한 것이다."라고 주장하였다. 박유미, 「〈진성여왕대 거타지〉 설화에 나타난 사회구조와 그 의미」, 『한민족어문학』 제61집, 한민족어문학회, 2012. 119-147면 참조

못을 세 바퀴 돌면, 우리 부부와 자손들이 모두 물 위로 떠오른다오. 사미가 내 자손들의 간장肝腸을 모두 먹어버려 이제는 우리 부부와 딸 하나만 남았소. 내일 아침이면 기필코 또 올 테니, 청컨대 그대가 쏘아주시오." 거타지가 말했다. "활 쏘는 일이야 내가 잘하는 것이니, 명을 따르겠습니다." 노인은 그에게 감사하면서 사라졌고, 거타지는 몰래 엎드려서 기다렸다. 이튿날 동녘이 밝자, 과연 사미가 오더니 이전처럼 주문呪文을 외면서 노룡老龍의 간을 빼먹으려 했다. 이때 거타지가 활을 쏘아 사미를 맞히자, 즉시 늙은 여우로 변하더니 땅에 떨어져 죽었다.[16]

동서양 설화說話[신화神話・전설傳說・민담民譚]에는 유난히 영웅의 이야기가 많다. 그 중에는 용감한 주인공이 괴물을 퇴치하고 미인美人을 얻었다는 이야기도 가끔 등장한다. 신라 설화 〈거타지 이야기〉 역시 해도海島에서 마주친 괴물을 활로 쏘아 죽이고 용녀龍女의 목숨을 구했다는 스토리로 요약된다. 이런 유형의 스토리 전개는 고려 태조의 할아버지 '작제건作帝建'의 영웅담에도 보이는데, 그 또한 괴물을 물리친 보답으로 미녀美女를 얻은 인물로 등장한다.[17] 또 우

16 『三國遺事』 권2, 紀異 2, 〈眞聖女王代居陁知〉. 此王代 阿飡良貝 王之季子也 奉使於唐 聞百濟海賊梗於津島 選弓士五十人隨之 船次鵠島[鄕云骨大島]風濤大作 信宿浹旬 公患之 使人卜之 曰 島有神池 祭之可矣 於是 具奠於池上 池水湧高丈餘 夜夢有老人 謂公曰 善射一人 留此島中 可得便風 公覺而以事咨於左右曰 留誰可矣 衆人曰 宜以木簡五十片書我輩名 沈水而鬮之 公從之 軍士有居陁知者 名沈水中 乃留其人 便風忽起 船進無滯 居陁愁立島嶼 忽有老人 從池而出 謂曰 我是西海若 每一沙彌 日出之時 從天而降 誦陀羅尼 三繞此池 我之夫婦子孫 皆浮水上 沙彌取吾子孫肝腸 食之盡矣 唯存吾夫婦與一女爾 來朝又必來 請君射之 居陁曰 弓矢之事 吾所長也 聞命矣 老人謝之而沒 居陁隱伏而待明日 扶桑旣暾 沙彌果來 誦呪如前 欲取老龍肝 時居陁射之 中沙彌 卽變老狐墜地而斃.

17 작제건 설화는 거타지 설화가 동일한 모티브와 유사한 내용으로 가공된 것인데,

리가 잘 알고 있는 '페르세우스와 안드로메다'의 이야기도 페르세우스가 신의 노여움을 풀기 위해 제물로 바쳐진 안드로메다를 바다괴물에게서 구하고 그녀와 결혼하는 스토리를 포함한다.

이처럼 유사한 내용으로 전개되는 스토리가 〈거타지 이야기〉에서 어떻게 서술되었는지 알아보기 위해 위의 제시문과 함께 전체 이야기를 정리하면 다음과 같다.

㉠ 배가 곡도鵠島에 도착하여 바람과 파도 때문에 열흘간 머물렀다.
㉡ 양패良貝가 점占을 치게 했더니, 신지神池에 제사를 지내야 한다고 했다.
㉢ 꿈에 노인이 나타나 '활 잘 쏘는 사람'을 남겨두고 떠나라고 말했다.
㉣ 목간木簡에 이름을 써서 물에 가라앉는 사람을 찾아 제비를 뽑았다.
㉤ 섬에 남겨진 거타지에게 해신海神이 나타나서 사연을 들려주었다.
㉥ 거타지가 사미沙彌에게 활을 쏘자, 사미가 늙은 여우로 변해 죽었다.[18]
㉦ 노인이 딸을 꽃송이로 만들어 주고, 용龍이 배를 호위하여 당唐나라로 들어갔다.
㉧ 신라로 돌아와서 간직했던 꽃송이가 여인으로 변해 함께 살았다.

이 이야기는 설화의 특성상 초현실적인 상황과 비현실적인 우연이 겹쳐진 스토리 구성을 보인다.[19] 거센 풍랑을 잠재우기 위해 신지神

주인공이 용龍을 괴롭히는 늙은 여우를 활로 쏘아 죽이고 용녀龍女와 결연하는 스토리는 두 설화에 공통적으로 나타난다. 전기웅은 두 설화 속 사건이 몰락기에 접어든 진성여왕대의 왕거인王巨人 사건에 출발점을 두었으며, 각기 강주康州의 왕봉규王逢規와 송악松岳의 왕건王建이라는 해양세력의 등장으로 이어진다고 해석하였다. 전기웅(2010), 전게서 217-218면 참조

18 앞 인용문에서 밑줄 친 대목이 여기에 해당되며, 이어지는 〈화포장 이야기〉에서 괴물을 죽이는 인용문과도 겹쳐지는 부분이다.

池에 제사를 지내라는 점괘가 나온 것, 꿈에 노인이 나타나 '활 잘 쏘는 사람'을 남겨두고 떠나라는 것, 목간으로 제비를 뽑았을 때 '거타지'의 것이 가라앉는 상황은 비현실적인 우연이다. 또 실제로 해신海神이 나타나 '사미'에게 친족을 희생당했다는 사연을 들려주는 것, 거타지가 활을 쏘아 맞힌 사미가 '늙은 여우'로 변해 죽는 것은 초현실에 가깝다. 게다가 노인이 자기 '딸'을 꽃송이로 만들어 주었는데, 나중에 그 꽃송이가 다시 '여인'으로 변했다. 이처럼 환상적인 스토리는 후대에 어떤 양상으로 변모되었을까?

해로海路를 이용하여 중국을 다녀오고, 뱃길에 풍랑을 만나 외딴 섬에 남겨진 사람의 이야기는 조선후기 야담野談에 그대로 전승되었다. 물론 주인공이 '신라의 궁사'에서 '조선의 화포장'으로 바뀌고, 괴물의 실체가 '늙은 여우'에서 '큰 이무기'로 바뀌었지만, 결국 괴물을 퇴치하고 무사히 본국으로 돌아온다는 설정이 유사하다. 『어우야담』에 실린 〈화포장 이야기〉를 살펴본다.

> 큰 이무기가 한 마리 있었는데, 크기는 커다란 대들보나 뗏목만 하고, 길이는 몇 백 재[尺]인지 알 수 없었다. 이무기는 섬에 있으면서 곰을 잡거나 사슴 및 돼지를 몰아서 그것을 삼켰으며, 바닷속에 들어가서는 큰 물고기와 게딱지를 잡아 먹었다. 이무기가 지나간 길은 큰 도랑을 이루어 큰 배가 드나들 수 있을 정도였다. 화포장은 큰 칼을 새로 갈아서 길 가운데에 줄지어 세워놓고, 칼자루 위의 칼날까지 모두 땅에 묻었

19 설화에 무수히 등장하는 초현실적인 상황이나 비현실적인 우연은 중국 당대唐代에 출현한 전기傳奇의 대표적인 특징이기도 하다. 필자는 조선시대 전기소설에 보이는 삽입시의 양상과 의미를 연구하여 논문으로 발표하였다. 이채경, 「傳奇小說 插入詩의 미학적 의미」, 『국제언어문학』 제35호, 국제언어문학회, 2016. 5-31면 참조

다. 다음날 저녁에 그 이무기가 과연 바다에서 섬으로 들어오다가 턱부터 꼬리까지 모두 칼에 찔려 찢어지면서 진주와 옥돌 및 야광주 등속이 땅에 쏟아져 나와 길에 쌓여 가득했다. 며칠이 지나 또 바람결에 비린내와 썩은내가 코를 찔러 그 냄새를 찾아서 따라가 보니, 큰 이무기가 숲 속에 죽어있는 것이 보였다.[20]

위의 인용문은 화포장이 이무기를 죽이는 과정을 서술한 대목이다. 설화 〈거타지 이야기〉에서 거타지가 괴물을 죽이는 장면은 무척 간략하게 묘사되었다. 즉, 사미가 다라니를 외면서 노인의 간을 빼먹으려고 하자, 거타지가 활을 쏘아 적중시켰는데, 사미가 늙은 여우로 변하더니 땅에 떨어져 죽었다[21]는 게 전부였다. 그런데 야담 〈화포장 이야기〉에서 화포장이 이무기를 죽이는 과정은 꽤 길어진 장면에 구체적인 내용을 담고 있다.

그는 먼저 이무기가 매일 새벽 산마루를 울리며 바다로 빠져 나갔다가 해가 저물면 파도를 일으키며 섬으로 들어오는 것을 관찰하였다. 뒤이어 바다에서는 헤엄을 치며 돌아다니지만, 뭍에서는 배를 끌며 드나들 수밖에 없는 이무기의 습성을 파악하고, 이무기가 자주 지나다니는 길에 보이지 않도록 칼을 파묻어 놓았다. 또 본래는 자기 신변에 위협을 느껴서 이무기를 처치하기로 결심했겠지만, 무엇보다

20 『於于野談』, 〈火砲匠 이야기〉. 有一大蟒 其大如鴻梁巨桴 長不知幾百尺 在島中 捕熊驅鹿豕而呑之 入海中 趁脩鱗穹而甲食之 其行路成一溝 可容大船 火砲匠新磨大劍 列植于路中 皆埋柄上刃 翌晩 其蟒果自海入于島 從頷至尾 皆爲劍鋩所裂 珠璣琅玕夜光火齊之屬 迸瀉于地 委積充蹊 越數日 又薰風腐臭透鼻 尋其氣而往 見大蟒死于林中.

21 『三國遺事』 권2, 紀異 2, 〈眞聖女王代居陁知〉. 明日 扶桑旣暾 沙彌果來 誦呪如前 欲取老龍肝 時居陁射之 中沙彌 卽變老狐 墜地而斃.

이무기가 섬에 있는 짐승을 닥치는 대로 잡아먹고, 바다생물마저 모조리 잡아먹는 바람에 결심을 굳힌 듯하다. 그렇게 주도면밀하게 준비한 화포장의 계획은 차질없이 실행되었고, 칼날에 찢긴 괴물의 뱃속에서는 진귀한 보물이 쏟아져 나왔다.

〈화포장 이야기〉의 전체적인 스토리를 정리하면 다음과 같다.

㉠ 무인도에 정박했던 배가 출발할 때쯤 빙빙 돌면서 나아가지 않았다.
㉡ 동승한 사람들이 배 안에서 수액水厄 있는 사람을 찾아보자고 제안했다.
㉢ 화포장火砲匠이 배에서 내리자, 배가 갑자기 앞으로 쭈욱 나아갔다.
㉣ 생필품을 나눠주고 돌아오는 뱃길에 태워가기로 하고 헤어졌다.
㉤ 큰 이무기가 혼자 남은 화포장을 위협하고 섬 주변을 초토화시켰다.
㉥ 화포장이 큰칼을 바다로 향하는 길에 설치해 이무기가 찔려 죽었다.
㉦ 이무기의 뱃속에서 보물이 쏟아져 나와 꾸러미에 보관하였다.
㉧ 조선으로 돌아오는 배에 싣고 와 시장에 내다 팔아 부자가 되었다.

두 이야기는 사건의 전말에서 크고 작은 차이를 보인다. 한 사람을 희생시켜 배에 동승한 사람들을 구하자는 의견은 같지만, 희생자를 가려내는 방법은 서로 다르다. 〈거타지 이야기〉에서는 이름을 적은 목간을 바닷물에 넣어 가라앉는 사람을 섬에 남겨두지만, 〈화포장 이야기〉에서는 각자 차례대로 배에서 내려 배의 움직임을 살핀 다음에 희생자를 결정하였다. 또 거타지는 노인의 기막힌 사연과 부탁을 접하고 괴물을 없애기로 결심했지만, 화포장은 무인도의 생활주변 환경을 개선시키려고 괴물을 처단했다는 점이 다르다.

그런데 가장 큰 차이점은 〈거타지 이야기〉에 자잘한 스토리가 더 담겨 있다는 사실이다. 먼저 풍랑이 멎지 않는 원인을 찾기 위해 점을 쳐서 '신령스러운 못에 제사를 지내라'는 점괘를 얻은 스토리가 하나, 수많은 친족을 잃고 마지막 남은 가족을 지키기 위해 '다라니陀羅尼[22]를 외며 간장肝腸을 빼 먹는 사미沙彌[23]를 죽여 달라'는 노인의 간청이 담긴 스토리가 또 하나, 늙은 여우가 변신한 사미를 죽이고 '보답으로 노인의 딸을 얻어 돌아오'는 스토리가 마지막 하나다.

그러므로 이 이야기는 괴물을 퇴치하고 미인을 얻은 설화 속 기이담奇異談으로 확실히 자리매김할 수 있었다. 반면에 〈화포장 이야기〉는 가난한 화포장이 사행使行에서 우연히 괴물을 죽이고 재물을 얻은 야담 속 치부담致富談으로서 가치를 지닌다. 조선후기 사행에는 역관譯官이나 화포장 등이 자기 임무를 수행하는 과정에 조선과 중국의 물건을 거래하는 사무역私貿易이 성행하였고, 야담에는 그러한 정황을 담아내면서 치부致富하는 과정의 한 방편으로 괴물퇴치담을 스토리에 삽입한 것이다. 이처럼 설화에서 야담으로 전승된 거타지 이야기는 시대상과 사회상을 잘 반영하여 스토리텔링 되었다.

(2) 미추왕과 김유신 이야기 : 호국護國과 정의正義

신라의 삼국통일에 가장 크게 기여한 공신功臣이라면 누구나 김유신 장군을 으뜸으로 꼽는다. 그는 남다른 재주와 기량을 타고난 무장

22 전기웅에 따르면, "본래 다라니는 긴 경전에 실려 있는 근본적인 원리를 짧게 요약한 것을 말하지만, 후대에 이르러 형식상의 유사함 때문에 주문呪文까지도 다라니로 통칭되었으며, 길이에 따라 짧은 것은 진언眞言 또는 주呪라 하고, 긴 것을 다라니 또는 대주大呪라 하였다."고 한다. 전기웅(2010), 전게서 231면 각주28) 인용

23 또 전기웅은, "(사미가) 승려를 가장한 여우라는 설정이지만, 이 대립구조는 전통신앙인 용신신앙과 외래의 불교신앙의 대립이라는 구도로 보는 편이 좋겠다."라고 했다. 전게서 236면 각주41) 인용

武將이고, 평소 그가 남긴 기이한 행적行蹟과 빼어난 공업功業은 『삼국사기』 「열전列傳」[24]에 방대한 분량으로 실려 전한다. 그밖에도 역사적 사실에 근거하여 수많은 소재와 사건이 교직交織되면서 더욱 다채로운 이야기로 만들어져 설화와 야담에 흡수되었다. 지금 살펴볼 이야기는 김유신의 혼령이 죽현릉竹現陵에 나타나 미추왕에게 자기 공적과 자손의 억울한 죽음을 하소연하는 내용이다.

> 이후 37대 혜공왕惠恭王 대력大曆 14년 기미년己未年(779) 4월에 갑자기 회오리바람이 김유신金庾信 공의 무덤에서 일었다. 무덤 가운데 어떤 한 사람이 준마를 타고 나타났는데, 장군처럼 위용을 갖추고 있었으며, 또한 갑옷 차림에 무기를 든 자 40명가량이 따라 와서 죽현릉竹現陵으로 들어갔다. 얼마 있다가 능 안에서는 진동하고 소리 내어 우는 듯한 소리, 간혹 호소하는 듯한 소리가 들렸다. 그 말은 이러했다.
>
> "신臣은 평생 동안 시대의 환란을 구하는 데 힘을 보태어 통일을 성취한 공이 있으며, 지금은 혼백이 되어 나라를 지키고 재난을 물리치려는 마음을 잠시도 고쳐먹은 적이 없습니다. 그런데 지난 경술년庚戌年(770)에 신의 자손이 죄罪도 없이 죽음을 당했으니, 군주나 신하가 저의 공렬功烈을 염두에 두지 않았기 때문입니다. 신은 다른 곳으로 멀리 떠

24 『삼국사기』 권42, 열전 2 〈김유신金庾信〉(상上 · 중中 · 하下)에 그의 특별한 생애가 온전히 담겨 있으며, 『삼국유사』 소재 〈미추왕죽엽군味鄒王竹葉軍〉을 비롯하여 〈만파식적萬波息笛〉과 〈김유신金庾信〉 등에도 그의 기이한 행적이 실려 전해진다. 정환국 교수는 우리나라 초기 서사를 '지괴志怪서사 · 영험靈驗서사 · 전기傳記서사 · 전기傳奇서사'로 분류하고, 특히 "〈김유신〉은 '지괴서사와 영험서사의 혼효, 또는 경계에 있는 작품"이며, "김유신은 지괴서사와 영험서사, 그리고 전기傳記서사를 횡단하며 초기의 서사 인물로 큰 비중을 차지"하고 있다고 밝혔다. 정환국, 「한국 초기서사의 복수(複數) 구도」, 『민족문학사연구』 제59집, 민족문학사학회 · 민족문학사연구소, 2015. 147-182면 참조

나서 다시는 부지런히 힘쓰지 않을 테니, 바라건대 왕께서는 윤허해 주십시오."

그러자 미추왕味鄒王이 대답했다. "나와 공公이 이 나라를 지키지 않으면 백성들은 어찌 되겠는가? 공은 다시 예전처럼 노력해 주시오." 세 번 청해도 세 번 다 허락하지 않고, 회오리바람은 이내 돌아갔다. 혜공왕은 그 말을 듣고는 두려워하여 대신大臣 김경신金敬信을 보내 김유신 공의 무덤에 가서 사과하고, 공덕보전功德寶田 30결結을 취선사鷲仙寺에 하사하여 명복을 빌게 했다.[25]

위 제시문은 『삼국유사』 소재 〈미추왕죽엽군味鄒王竹葉軍〉 중에 〈김유신 이야기〉의 전문全文으로, 사후死後에 나타난 그의 기행이적奇行異蹟을 담고 있다. 김유신은 어려서는 명산대천을 유람하며 화랑도를 닦고, 자라서는 김춘추金春秋[太宗武烈王]와 교유하며 누이를 혼인시키고, 드디어 백제와 고구려 전장戰場을 떠돌며 백전백승의 장군이 되고, 마침내 문무왕대文武王代에 삼국통일이라는 대업을 성취한다. 이처럼 그가 살아서 누린 명성과 영화는 죽어서 '흥무대왕興武大王'으로 추존되는 데서 정점을 이루었다.

그러나 설화 속 〈김유신 이야기〉에 따르면, 불행히도 사후에는 자손이 억울한 죽음을 당하고, 자신의 업적마저 제대로 평가받지 못하

25 『三國遺事』 권1, 紀異 1, 〈味鄒王竹葉軍〉. 越三十七世 孝恭王代 大曆十四年己未四月 忽有旋風 從庾信公塚起 中有一人乘駿馬 如將軍儀狀 亦有衣甲器仗者 四十許人 隨從而來 入於竹現陵 俄而 陵中似有振動哭泣聲 或如告訴之音 其言曰 <u>臣平生 有輔時救難匡合之功 今爲魂魄 鎭護邦國 攘災救患之心 暫無倫改</u> 往者庚戌年 臣之子孫 無罪被誅 君臣不念我之功烈 臣欲遠移他所 不復勞勤 願王允之 王答曰 惟我與公 不護此邦 其如民庶何 公復努力如前 三請三不許 旋風乃還 王聞之懼 乃遣大臣金敬信 就金公陵謝過言 爲公立功德寶田三十結 于鷲仙寺 以資冥福.

는 상황에 직면했다. 위의 내용은 대략 다음과 같이 정리된다.

㉠ 김유신 장군의 무덤에서 회오리바람이 일어 죽현릉으로 불어갔다.

㉡ 그 속에 진동하는 소리, 곡哭하며 우는 소리, 호소하는 소리가 들렸다.

㉢ 김유신 장군이 공훈에도 불구하고 자손이 억울하게 죽은 것을 미추왕에게 알렸다.[26]

㉣ 미추왕이 공로를 인정하며 그를 위무慰撫하고 떠나지 말 것을 당부했다.

㉤ 김유신 장군이 끝내 허락하지 않고, 회오리바람도 이내 돌아갔다.

㉥ 혜공왕惠恭王이 대신大臣을 보내 사과하고, 은전恩典을 내려 명복을 빌었다.

사건은 신라 37대 혜공왕 기미년(779)에 발생했다고 적었다. 그런데 이야기에 등장하는 미추왕은 신라 제13대 왕으로, 재위기간이 262-284년이었고, 김유신은 김수로왕 12대손으로, 생몰년이 595-673년이었다. 따라서 사건의 전후관계를 정리해 보면, 현재 8세기 후반에 100여 년 전 사망한 김유신이 거의 500년 전 세상을 떠난 미추왕을 대면했다는 말이 된다. 혼령이 김유신 장군의 무덤에서 미추왕의 죽현릉으로 왕래했다는 스토리의 사실성은 검증이 불가능하지만, 준마를 타고 위용을 갖추어 40여 명의 군사를 대동했다는 서술에서 또 다른 스토리를 읽어낼 수 있다.

바로 미추왕의 죽엽군竹葉軍 설화인데, 제14대 유례왕儒禮王 때

26 앞 인용문에서 밑줄 친 대목이 여기에 해당되며, 이어지는 야담 〈의출원향즉피화議黜院享卽被禍〉에서 김유신이 충효忠孝를 내세워 젊은 유생儒生을 훈계하는 인용문과 겹쳐지는 부분이다.

이서국伊西國이 침입했을 당시 귀에 대나무 잎을 꽂은 군사들이 나타나 적을 물리쳤으며, 싸움이 끝나자 미추왕릉 앞에 댓잎이 잔뜩 쌓여 있었다는 이야기다. 이후 미추왕은 호국령護國靈으로 추앙되었으며, 김유신과 함께 삼국을 통일한 문무왕이 죽어서 호국룡護國龍이 된 것과도 나란히 놓인다. 그러면 김유신 장군이 군사를 거느리고 죽현릉에 찾아간 행위가 스토리 전개상 설득력을 얻으며, "지금은 혼백이 되어 나라를 지키고 재난을 물리치려는 마음을 잠시도 고쳐먹은 적이 없었다."는 말도 공감을 자아낸다.

이처럼 김유신이 피를 토하듯 원망을 쏟아내는 장면은 조선시대 야담에도 보인다. 『천예록』 소재 〈의출원향즉피화議黜院享卽被禍〉는 서원에 봉향된 김유신 장군의 위패를 축출하자는 유생들의 논의에 관한 이야기[27]로, 다음은 김유신이 자신의 공적과 더불어 향사享祀의 정당성을 주장하는 대목이다.

> 장군이 꾸짖어 말했다. "너는 이 땅에서 나고 자라 평소에 개국공開國公이 어떤 사람인지 들었을 텐데, 네가 말하는 유업儒業에서 유자儒者에게 귀한 것이 충忠과 효孝 두 가지가 아니더냐? 나는 머리를 올리면서부터 나라에 몸을 바쳐왔다. 적군이 침략하여 종주宗主인 우리나라가 위태로워지자, 직접 시석矢石을 무릅쓰고 죽음에 맞선 적이 수차례였고, 마침내 두 적국을 평정하였느니라. 약한 나라를 강한 나라로 변모시켜 당唐나라 천자天子의 위엄으로도 감히 우리나라에 군대를 출

27 필자는 18세기 야담 중에서 신라와 경주 관련 작품을 연구하여 논문으로 발표했는데, 『천예록』 소재 〈의출원향즉피화議黜院享卽被禍〉도 분석 자료에 포함되었다. 이채경, 「야담집 소재 신라 및 경주 이야기 연구-『天倪錄』, 『雜記古談』, 『東稗洛誦』을 중심으로」, 『신라문화』 제41집, 동국대 신라문화연구소, 2013. 358-382면 참조

동시키지 못했는데, 내가 그것을 공훈이라고 여기지 않았으니, 충심忠心이 이와 같으니라. 우리 집안은 대대로 본조本朝에 큰 공로가 있는바, 나는 다만 선조의 가르침을 받들어 시종始終 변함없이 실천하였고, 부모가 내려주신 이름을 온전히 하여 세상에 크게 드러냈으니, 효심孝心이 이와 같으니라. ……(중략)…… 나야말로 이 향촌의 한 선생이니라. 오늘날 서원은 바로 예전의 향사鄕社이고, 나를 서원에 배향하는 것은 진실로 한 고을의 공의公議다. 그래서 비록 퇴계退溪처럼 큰 선비도 끝내 이의異議가 없었거늘, 너는 뭐하는 자이기에 감히 망언妄言을 하고 신령을 모욕한단 말이냐? 대략 보아도 아무런 거리낌이 없고, 무도無道하기 이를 데 없구나. 내가 너를 베어서 후세의 어리석은 유자들을 징계할 텐데, 너는 후회 없으렸다!"[28]

당초에 젊은 유생이 김유신의 위패를 서원에서 축출하자고 주장한 것은 그가 무장이라는 명분에서였다. 경주 서악서원西嶽書院에는 지금도 문창후文昌侯 최치원崔致遠·홍유후弘儒侯 설총薛聰과 함께 김유신의 위패가 모셔져 있는데, 조선후기 문무文武 반열의 차별이 심하던 시점에 이러한 논의가 벌어졌던 것이다. 그 문제를 놓고 온종일 토론을 벌였으나, 결론을 내리지 못하고 날이 저물어, 유생은 서원에서 하룻밤 묵게 되었다. 설핏 잠든 유생의 꿈에 헌걸찬 장부가 나타났고, 얼핏 보아도 준마駿馬에 갑옷과 투구며 인솔한 군사까지

28 『天倪錄』, 〈議黜院享卽被禍〉. 將軍數之曰 汝生長此土 素聞開國公爲何如人也 汝稱業儒 所貴乎儒者 非忠孝二事乎 吾結髮許國 憤敵人侵軼 宗國將危 親冒矢石 犯死者數 卒乃削平二寇 轉弱爲强 雖以唐天子之威 不敢加兵於我 而吾不以爲功 如其忠也 吾家世有大勳勞於本朝 吾祗奉先訓 終始不替 克貽父母全名 大顯於世 如其孝也 ……(中略)…… 吾固此鄕之先生也 今日書院 卽古之鄕社也 享吾於書院者 實一鄕之公議 而雖以退溪之大儒 終無異議 汝何爲者 乃敢作爲狂言 侮辱神靈 略無顧忌 無道甚焉 可以斬汝 以懲後世愚儒 汝其無悔.

그 위용偉容이 대단했다.

그러나 낮에는 당당히 자기 의견을 피력하던 유생이 밤에는 꿈속[29]에 나타난 김유신의 모습만 보고도 온몸이 얼어붙어 버린다. 게다가 김유신은 자신을 무장이기 때문에 차별하는 젊은 유생에게, 유자의 최고 덕목인 '충효忠孝'를 내세워 조목조목 반박하며 자기 정당성을 확보해 나간다. 그의 말에 따르면, 죽음을 무릅쓰고 백제와 고구려를 평정한 다음 삼국통일의 걸림돌이었던 당나라까지 물리친 것은 진정한 충심忠心에서 나온 행동이었고, 선조의 가르침을 실천하며 부모가 물려준 유체遺體를 온전히 하여 입신양명한 것도 유자 못지않은 효심孝心에서 비롯된 행위였다. 따라서 퇴계退溪처럼 위대한 유학자도 반대하지 않았던 서원향사 문제에 감히 반론을 제기한 대가代價로 젊은 유생이 죽음을 맞이함으로써 정의는 실현되었다.

위 인용문을 포함하여 야담에 담긴 사건의 전말을 살펴보면 다음과 같다.

㉠ 서악서원에서 유림이 김유신 장군의 위패를 내치는 논의를 열었다.
㉡ 젊은 유생이 김유신 장군은 무신이기 때문에 축출해야 한다고 주장했다.
㉢ 그의 꿈에 헌걸찬 장부가 나타나 충효를 강조하며 자신을 변론했다.

29 꿈은 설화나 야담에서 현실과 비현실을 넘나드는 매개로 작용하며, 꿈속에서 벌어진 사건이 현실에서 징험되는 경우도 많다. 이처럼 꿈은 각종 기이담奇異談 또는 신이담神異談에 단골 소재로 등장하는데, 『천예록』 소재 작품에 대해서는 다음 논문을 참조하기 바란다. 이강옥, 「『천예록』의 서술 방식과 서사 의식」, 『한국야담연구』, 돌베개, 2006. 329-371면 ; 이현주, 「『天倪錄』 소재 神異談의 서사와 미적 특질」, 성균관대 석사학위논문, 2006. ; 이승은, 「『天倪錄』 소재 奇異談의 양상과 의미」, 고려대 석사학위논문, 2009.

㉣ 김유신 장군은 문무를 아우르는 자기 행적을 일일이 거론하며 유생을 꾸짖었다.

㉤ 꿈에서 깨어난 그는 다음날 정오에 피를 쏟으며 죽고 말았다.

㉥ 미추왕과 김유신 장군의 이야기를 역사서에서 열람하고 신령스러움을 확신했다.

그런데 〈김유신 이야기〉는 설화와 야담에서 서로 다른 스토리 양상을 보인다. 설화에서 김유신 장군은 단지 미추왕을 찾아가 자신의 억울한 심경心境을 짧게 읍소泣訴하였고, 미추왕은 그의 공업과 원망을 인정한 다음에 부드럽게 그를 위무하였다. 반면 야담에서 김유신 장군은 젊고 어리석은 유생을 향해 구체적으로 자기 행위를 변론하느라 말이 길어졌고, 유생은 아무 말도 못한 채 꿈에서 깨어나 갑자기 병을 얻어 죽고 말았다. 즉, 상대가 자기 능력을 인정한 경우에는 짧게 호소했다면, 상대가 자기 가치를 업신여기거나 업적을 무시한 경우에는 길게 논증하는 스토리텔링 양상을 보인다.

또 야담 저자는 김유신 이야기를 마무리하면서 다음과 같은 내용을 덧붙였다. 바로 신라의 역사서에 실린 미추왕의 죽엽군과 김유신에 관련된 설화인데, 이는 『삼국사기』와 『삼국유사』에 모두 실려 전한다.[30]

하루는 우연히 신라의 역사서를 열람했는데, 이런 내용이었다. '혜공

30 미추왕의 죽엽군과 김유신에 관련된 이야기는 『삼국사기』에도 실려 전하지만, 『삼국유사』만큼 내용이 자세하지 않다. 『三國史記』 권43, 列傳 3 〈金庾信 下〉. 夏四月 旋風坌起 自庾信墓 至始祖大王之陵 塵霧暗冥 不辨人物 守陵人聞 其中若有哭泣悲嘆之聲 惠恭大王聞之恐懼 遣大臣 致祭謝過 仍於鷲仙寺 納田三十結 以資冥福 是時 庾信平麗濟二國 所營立也.

왕 15년(779)에 갑자기 회오리바람이 일어 김유신 장군의 무덤에서 신라 시조 미추왕의 무덤으로 불어왔다. 티끌과 안개로 사방이 어두워져 사람과 사물을 분간할 수 없었고, 그 능 안에서 곡하며 울고 슬프게 탄식하는 소리가 들리는 듯했다. 왕이 그 말을 듣고 두려워서 대신을 파견하여 그 무덤에 가서 제祭를 올리고 잘못을 빌었다.'[31]

앞서 살펴본 『삼국유사』 소재 〈미추왕죽엽군〉의 내용을 여기서 간략히 기술했는데, 이것은 야담의 내용을 허황된 것이라 의심하는 독자를 위해 부록한 것으로 파악된다.[32] 즉, 아무런 근거없이 자신을 비난한 젊은 유생을 찾아가 그 어리석음을 깨우쳐주고, 타당치 못한 명분으로 자신을 모욕한 대가를 치르게 한 비현실적인 스토리에 대한 신뢰감을 부여하기 위해 실제 역사서에 실린 또 다른 비현실적인 내용을 예화例話로 제시한 것이다.

미추왕의 죽엽군은 문무왕의 호국룡 이야기와 더불어 신라 역사상 죽어서도 나라를 지키겠다는 선왕先王의 의지를 보여준 대표적인 호국담護國談으로 손꼽힌다. 사실 김유신 장군의 호국의지도 그에 버금가는 것이었고, 임진왜란壬辰倭亂과 병자호란丙子胡亂을 나란히 겪은 조선후기 민간에서는 임전무퇴臨戰無退의 정신으로 삼국을 통일한 선대先代 김유신 장군을 추앙하는 정서가 확산되었던 듯하다.

---

31 『天倪錄』, 〈議黜院享卽被禍〉. 一日 偶閱羅史 惠恭王十五年 忽有疾風起 自庾信墓至羅祖味鄒王墓 塵霧晦冥 不辨人物 聞其中若有哭泣悲歎之聲 王聞之恐懼 遣大臣就其墓 致祭謝過.

32 야담은 기록과정에서 이야기의 허구성을 상쇄시키기 위해 이야기 견문과정見聞過程 및 후일담後日談을 부록하기도 했다. 필자는 본고를 준비하면서 『삼국유사』 소재 설화에서도 야담과 유사한 후일담과 평어評語를 발견했는데, 이에 대해서는 연구를 계속하여 차후 논문으로 발표할 예정이다.

야담은 당시 이러한 인정세태를 그대로 반영한 정의담正義談을 만들어냈고, 거기에 설화 속 이야기를 인용함으로써 새롭게 스토리텔링한 것이다.

2) 신화神話와 유사한 스토리텔링

고려시대에 편찬된 『삼국유사』에 실린 이야기가 서양의 신화에도 나타나는 경우가 확인되는데, 이야기 소재가 동서양 설화에서 비롯된 것들인 만큼 각 지역과 문화 및 관습에 따라 차이를 보이며 다른 양상으로 전해진다. 그런데 동일한 모티브(motive)에 흡사한 스토리 전개가 돋보이는 작품도 눈에 띈다. 그 중에 대표작은 괴물을 퇴치하고 미인을 얻은 '거타지'와 '페르세우스' 이야기, 당나귀 귀로 알려진 '경문왕'과 '미다스 왕' 이야기다.

(1) 거타지와 페르세우스(Perseus) 이야기 : 보은報恩과 결연結緣

〈거타지 이야기〉는 수많은 설화적 요소를 간직한 작품이다. 등장인물로 양패와 거타지를 비롯한 궁사들 외에도 '서해의 신[海龍]'과 '늙은 여우[老狐]'처럼 기이한 동물이 포함되었다. 그런데 이야기 속 그들은 사람과 대화하고, 사람을 괴롭히며, 사람에게 감사하는 등 여러 가지 방법으로 사람과 소통하는 모습을 보여준다. 특히, 사미로 변신하여 용을 잡아먹는 괴물에 한 번 주목해보자.

> 이튿날 동녘이 밝자, 과연 사미가 오더니 이전처럼 주문呪文을 외면서 노룡老龍의 간을 빼먹으려 했다. 이때 거타지가 활을 쏘아 사미를 맞히자, 즉시 늙은 여우로 변하더니 땅에 떨어져 죽었다. 이에 노인이

나와 감사하며 말했다. “公의 은혜를 입어 내 목숨을 보전하게 되었으니, 내 딸을 그대의 아내로 주고 싶소.” 거타지가 말했다. “제게 주신다면 버리지 않을 테니, 진실로 바라던 바입니다.” 노인은 자기 딸을 한 송이 꽃으로 바뀌게 해서 거타지의 품속에 넣어주었다. 그리고는 두 용龍에게 명하여 거타지를 모시고 사신의 배를 뒤쫓아 가서 그 배를 호위하여 당唐나라 국경까지 들어가도록 했다. 당나라 사람들은 신라의 배를 용 두 마리가 뒤에서 호위하는 것을 보고, 그 사실을 갖추어 위에 보고했다. 그러자 황제는 “신라 사신은 반드시 비범한 사람일 것이다.” 라고 말하며, 연회를 열어 여러 신하들보다 윗자리에 앉히고, 금과 비단을 후하게 내려주었다. 나라로 돌아와서 거타지는 품에서 꺼낸 꽃송이가 여인으로 변하여 함께 살았다.[33]

거타지가 제비뽑기로 남겨진 섬에는 예전부터 주변 생물을 괴롭히는 사미가 살고 있었다. 그는 날이 밝으면 나타나 일반적인 승려처럼 다라니를 외지만, 사실 그것은 해룡을 수면으로 떠오르게 만드는 주문이었다. 중생을 구제하고 승려의 수행에 도움이 되어야 할 불경佛經이 바다 생물을 죽이고 주변 환경을 어지럽히는 데 사용된 것은 엄청난 아이러니다. 〈거타지 이야기〉에는 이 아이러니를 통해 괴물의 실체를 드러내는 스토리가 전개된다.

물론 거타지가 처음부터 이러한 사건의 전말과 괴물의 실체를 알고 정의감에 불타서 사미를 죽인 것은 아니었다. 그는 사행선에서

33 『三國遺事』 권2, 紀異 2, 〈眞聖女王代居陁知〉. 明日 扶桑旣暾 沙彌果來 誦呪如前 欲取老龍肝 時居陁射之 中沙彌 卽變老狐 墜地而斃 於是 老人出而謝曰 受公之賜 全我性命 請以女子妻之 居陁曰 見賜不遺 固所願也 老人以其女 變作一枝花 納之懷中 仍命二龍 捧居陁 趨及使船 仍護其船入於唐鏡 唐人見新羅船有二龍負之 具事上聞 帝曰 新羅之使 必非常人 賜宴坐於群臣之上 厚以金帛遺之 旣還國 居陁出花枝 變女同居焉.

쫓겨나 섬에 홀로 남겨져 할 일도 없는 데다 마침 노인이 죽음을 앞둔 사연을 들려주며 구원을 요청하였고, 또 백제의 해적을 물리치는 궁사로 뽑힐 만큼 활을 잘 쏘았기 때문에 노인의 요청에 부응한 것뿐이었다. 그런데 괴물을 죽이고 보니, 사미는 요망한 늙은 여우가 변신한 것이었다. 여기서 마침내 스토리 전개상 착각을 불러 일으켰던 괴물의 정체가 밝혀지는 동시에 그동안 악용되었던 불경이 본연의 상태로 복원되기에 이른다.

거타지가 괴물을 퇴치하고 노인의 딸을 얻는 과정이 잘 드러난 위 인용문을 요약하면 다음과 같다.

㉠ 거타지가 노인의 말을 듣고 잠복하여 사미를 기다렸다.
㉡ 사미가 주문을 외면서 노인의 간을 빼먹으려고 했다.
㉢ 거타지가 활을 쏘아 사미에게 정확히 맞혔다.
㉣ 사미가 늙은 여우로 변하더니 땅에 떨어져 죽었다.
㉤ 노인이 딸을 꽃송이로 만들어 거타지에게 주었다.
㉥ 신라로 돌아오자 꽃송이가 여인으로 변해 함께 살았다.

괴물 퇴치 이후에 거타지에게는 '노룡의 딸[龍女]'이 보상으로 주어졌다. 그런데 이 스토리에는 또 하나의 설화적 요소가 담겨 있다. 바로 노인이 딸을 꽃송이로 만든 것과 거타지가 꽃송이를 여인으로 바꾼 것이다. 여기서 '꽃송이'는 여인의 미모를 대변하는 동시에 위험을 무릅쓴 데 대한 보상이 만족스러웠음을 상징한다. 나아가 거타지가 자기 특장特長을 살려 아무도 모르게 꽃다운 여인을 얻었으며, 그 여인과 함께 신라로 이동하는 데도 편리한 기제로 작용했다. 〈거타지 이야기〉에 담긴 이러한 스토리텔링은 서양의 신화神話에서도 발견된다.

그리스 로마 신화는 인간보다 더 인간다운 신들의 이야기로 유명하다. 흔히 사람들이 생각하는 신은 전지전능한 절대적 존재이지만, 그리스 로마 신화에 등장하는 신들은 사람처럼 생각하고 질투하고 욕망하고 원망하는 존재로 그려진다. 페르세우스(Perseus)가 바다괴물로부터 안드로메다(Andromeda)를 구원한 이야기에도 아주 인간적인 스토리가 담겨 있다.

먼저 그리스 신화에서 페르세우스가 안드로메다를 구하기 위해 바다괴물을 죽이는 대목부터 살펴보자.

> 청년 페르세우스는 몸을 솟구쳐 하늘로 날아올랐다. 그리고는 하늘 높은 데서 햇볕을 쬐다가 뱀을 발견한 독수리가 수직으로 내리꽂혀 그 목을 물고 비틀어 뱀에게 독니를 쓸 기회를 주지 않는 것처럼, 그렇게 괴물의 등줄기로 날아내려 그 겨드랑이를 칼로 찔렀다. 상처 입은 괴물은 미쳐 날뛰다 못해 하늘 높이 몸을 솟구쳤다가 바다 속으로 쑥 들어가곤 했다. 괴물은 낭자하게 짖어대는 사냥개 무리에 둘러싸인 멧돼지처럼 좌우로 몸을 돌리며 페르세우스를 공격했다. 그러나 그는 날개 덕분에 공격을 쉬 피할 수 있었고, 비늘 사이로 맨살이 보일 때마다 옆구리와 배 그리고 등에서 꼬리 쪽으로 내려가며 닥치는 대로 푹푹 찔러 상처를 입혔다.
>
> 이윽고 괴물이 콧구멍으로 피 섞인 바닷물을 뿜었다. 용사의 날개는 그 핏물에 젖어 더 이상 도움을 주지 못했다. 페르세우스는 파도 사이로 고개를 내민 암초 위로 올라가, 삐죽 솟은 칼바위에 몸을 의지하고는 가까이서 떠오른 괴물에게 최후의 일격을 가했다.[34]

34 이윤기 편역, 『벌핀치의 그리스 로마 신화』, 도서출판 창해, 2009. 200면 인용

페르세우스가 괴물을 죽이는 장면은 꽤나 섬뜩하고 잔인하다. 그러나 안드로메다가 부모의 잘못으로 괴물에게 제물로 바쳐진 상황은 더 억울하고 잔혹한 스토리다. 그런데 거타지 이야기가 괴물을 퇴치하는 장면보다 그것을 전후하여 괴물을 죽일 수밖에 없었던 사연과 괴물을 죽인 뒤에 받은 보상에 초점이 맞춰졌다면, 페르세우스 이야기는 괴물을 죽이게 된 배경과 괴물을 죽이는 장면 자체에 더 치중한 서술 양상을 보여준다. 그것은 아마도 페르세우스의 용맹을 더욱 부각시키고, 안드로메다와 결혼하는 스토리를 이끌어내기 위한 장치로 파악된다.

페르세우스는 제우스의 아들로, 여러 신神들의 총애를 받았다. 그는 아테나에게 방패를, 헤르메스에게 마법의 칼을, 하데스에게 모습이 보이지 않게 만드는 투구를 받아 메두사(Medusa)의 머리를 벨 수 있었다. 이후 페르세우스는 에티오피아에서 어머니 카시오페이아의 자만으로 신의 노여움을 받아 아버지 케페우스가 바다괴물에게 신탁神託으로 바친 안드로메다를 만났다. 그는 그녀가 바위에 쇠사슬로 결박당한 것을 보고 아름다운 모습에 반해, 그녀의 부모에게 바다괴물을 처치하면 딸 안드로메다를 대가代價로 줄 것을 요구했다. 그들이 요청을 받아들이자, 페르세우스는 용감하게 싸워 괴물을 물리치고 마침내 그녀와 결혼한다.

이러한 스토리를 요약해 보면 다음과 같다.

㉠ 카시오페이아가 님프들에게 미모를 자랑하여 신의 노여움을 샀다.
㉡ 케페우스가 그것을 풀려고 딸 안드로메다를 바다괴물에게 바쳤다.
㉢ 페르세우스가 묶여서 기절한 안드로메다를 보고 첫눈에 반했다.
㉣ 케페우스는 괴물을 처치하면 안드로메다를 그에게 주기로 약속했다.

ⓜ 페르세우스가 마법의 칼로 바다괴물을 죽이고 안드로메다를 구했다.
ⓑ 안드로메다의 약혼자 피네우스를 물리치고 성대한 결혼식을 올렸다.

〈페르세우스 이야기〉는 〈거타지 이야기〉와 더불어 나란히 영웅담 내지는 괴물퇴치담에 속하지만, 미인을 얻는 스토리의 출발과 결말에서 차이를 나타낸다. 왜냐하면 예나 지금이나 동서양은 가족과 생명 및 살생殺生에 대한 인식이 다르고, 여성이나 혼인 또는 보답에 대한 관습이 다르다. 그것은 무엇에 가치를 두느냐 마느냐의 문제가 아니라 어느 것에 더 가치를 두느냐의 문제라는 말이다. 따라서 두 이야기의 차이점도 이런 기준에서 접근하고 파악해야 옳다.

예를 들어, 거타지가 괴물을 쏘아 죽인 것은 노인이 처한 상황이 너무 다급한 데다 노인의 가족이 불쌍했기 때문에 그 상황을 개선하고 그 목숨을 구해 주려는 생각에서였다. 따라서 거타지가 노인의 딸을 얻은 스토리는 처음부터 의도치 않은 부수적인 결과였으며, 거기에는 동양적 보은報恩과 결연結緣을 모티브로 한 서사가 펼쳐졌다. 그러나 페르세우스가 바다괴물을 찔러 죽인 것은 안드로메다의 미모가 뛰어난 데다 부모가 두 사람의 결혼을 약속했기 때문에 그녀를 구해야겠다는 생각에서였다. 따라서 페르세우스가 안드로메다를 구한 스토리는 그 의도에 맞춘 당연한 결과였으며, 거기에는 서양의 결투와 승리를 모티브로 한 서사가 전개되었다.

요컨대 두 이야기의 스토리텔링은 동서양의 서로 다른 정서와 인식을 반영한 것이다. 그러므로 거타지 설화에서 거타지가 노인의 처지에 공감하고 그를 배려하는 마음과 노인이 거타지의 은혜에 보답하고 그에 감사하는 방법은 페르세우스 신화와 다를 수밖에 없다. 거기에는 당시의 민중과 저자 일연이 구현하고자 했던 불교적 자비

慈悲와 연기緣起에다 동양적 보은과 결연 등이 어우러져 더욱 풍부한 이야기를 만들어낸 것이라고 생각한다.

(2) 경문왕과 미다스(Midas) 왕 이야기 : 비밀과 발설

사람은 자기 생각을 말[言語]로 표현하고, 타인과 소통하기 위해 말과 글[文字]을 활용한다. 지금은 문자로 기록된 수많은 이야기도 처음에는 언어로 엮어낸 구술 형태였으며, 이는 동서양이 유사한 양상을 보인다. 또 사람들은 누구나 비밀을 좋아하지만, 그것을 혼자 지키기 보다는 남에게 발설하기를 더 좋아한다. 따라서 비밀은 영원히 비밀로 존재하기 어렵고, 비밀로서 가치를 지닌 채 남에게 알려짐으로써 널리 향유되곤 한다. '임금님 귀는 당나귀 귀'는 사람이 얼마나 비밀을 비밀로 유지하기 힘든지를 보여주는 이야기다.

먼저 『삼국유사』 소재 〈경문왕 이야기〉부터 살펴본다.

> 왕은 즉위 후에 귀가 갑자기 당나귀 귀처럼 길어졌다. 왕후와 궁인들은 모두 알지 못하고, 오직 복두장幞頭匠 한 사람만 알고 있었으나 평생토록 남들에게 말하지 않았다. 그 사람이 죽을 때가 되자, 도림사道林寺 대숲 속 인적 없는 곳으로 들어가 대나무를 향해 이렇게 외쳤다. "우리 임금님 귀는 당나귀 귀다." 그 후에 바람이 불면 대나무에서 이런 소리가 났다. "우리 임금님 귀는 당나귀 귀다." 왕이 그것을 싫어하여 대나무를 베고 산수유를 심었는데, 바람이 불면 이런 소리가 났다. "우리 임금님 귀는 길다."【도림사는 옛날 입도림入都林 가에 있었다.】[35]

---

35 『三國遺事』 권2, 紀異 2, 〈四十八景文大王〉. 乃登位 王耳忽長如驢耳 王后及宮人皆未知 唯幞頭匠一人知之 然生平不向人說 其人將死 入道林寺竹林中無人處 向竹唱云 吾君耳如驢耳 其後風吹 則竹聲云 吾君耳如驢耳 王惡之 乃伐

竹而植山茱萸 風吹則但聲云 吾君耳長[道林寺 舊在入都林邊].

신라 제48대 경문왕景文王에 관하여 전해지는 이야기는 많다. 그 가운데에는 제47대 헌강왕憲安王의 뒤를 이어 즉위하는 과정에 헌안왕의 두 딸 중 장녀長女를 택했으므로 결국 왕위에 올랐으며, 재위 중에는 평소 침전에 매일 밤 뱀이 드나들거나 뱀이 혀를 내밀어 왕의 가슴을 덮기도 했다는 등 기이한 이야기가 떠돌았다. 특히, 즉위 후에 귀가 당나귀처럼 길어진 스토리는 대표 기행이적奇行異蹟에 속한다.

예나 지금이나 남들과 다른 신체적 특징은 최측근 인물을 제외하면 알기 어려운 게 사실이다. 그런데 경문왕의 길어진 귀는 왕후와 궁인들조차 모르고, 오직 왕의 모자를 만드는 한 사람만 알고 있었다. 직무 특성상 그 비밀을 알고 있던 복두장幞頭匠은 평생 비밀에 부쳤으나, 죽음을 앞두고 더 이상 참을 수가 없었다. 그렇지만 역시 다른 사람에게 알리지 못하고 인적 없는 대숲에 찾아가 속 시원히 비밀을 털어놓았다. 불행히도 세상에 영원한 비밀이란 없는 법. 이후 바람이 불면 대나무 숲에서 "임금님 귀는 당나귀 귀"라는 소리가 들리기 시작했다.

위 인용문을 차례대로 정리하면 다음과 같다.

㉠ 왕의 귀가 갑자기 당나귀 귀처럼 길어졌다.
㉡ 궁내에서 오직 복두장이 한 사람만 알고 있었다.
㉢ 복두장이 죽을 때가 되자, 대숲에 가서 외쳤다.
㉣ 바람이 불면, 대나무가 비밀을 말하는 소리를 냈다.
㉤ 대나무를 베고 산수유를 심었더니, 또 그렇게 말했다.

당시 절대 권력을 지닌 왕에게도 말 못할 비밀이 있었고, 그는 비밀을 지키기 위해 수단과 방법을 가리지 않고 노력하였다. 그러나 '낮말은 새가 듣고 밤말은 쥐가 듣는다.'는 속담처럼 결코 다른 사람에게 누설하지 않은 비밀도 언젠가는 세상에 알려지게 마련이다. 또 경문왕은 거짓말처럼 퍼지는 소문을 잠재우기 위해 진원지를 봉쇄하고 새로운 방법을 시도했으나, 비밀은 묻히지 않고 조금 가벼워졌을 뿐이다. 그런데 이와 동일한 소재素材의 이야기가 서양의 신화에서도 발견되어 무척 흥미롭다.

미다스(Midas) 왕은 '황금 손'으로 더 잘 알려진 신화 속 인물이다. 그는 디오니소스(Dionysos)가 소원을 들어준 덕분에 그가 손으로 만지는 것은 모두 황금으로 변하는 권능을 갖게 되었다. 그러나 자신이 손만 대면 조약돌이나 사과는 물론 진수성찬과 가까운 사람마저 황금으로 변해버리는 재앙을 경험한 뒤, 결국 부귀영화를 버리고 시골에서 살며 들의 신 판(Pan)의 숭배자가 되었다. 어느 날 판은 자기 피리 솜씨를 아폴론(Apollon)의 리라 솜씨와 겨루어 보기로 했는데, 여기서 부당하게 판의 손을 들어준 미다스는 아폴론의 보복을 받아 당나귀 귀를 갖게 된 것이다.

그리스 신화에서 해당 내용이 담긴 대목을 살펴본다.

> 정신이 아득해질 만큼 아름다운 (아폴론의) 리라소리에 반한 트몰로스(Tmolos)는 즉석에서 리라의 신의 승리를 선언했다. 미다스를 제외하고는 모두 이 판정에 만족했다. 미다스는 이의를 제기하며 심판의 정당성을 의심했다. 아폴론은 그처럼 무식한 귀를 더 이상 인간의 귀 형태로 두어서는 안 되겠다고 생각하여 그 귀를 길게 늘여 안팎으로 털이 나게 하고, 귓불 쪽이 움직일 수 있도록 만들어 버렸다. 미다스 왕은

기분이 언짢았지만, 그것을 숨길 수 있다고 생각하며 자신을 달랬다. 넓은 머릿수건을 써서 사람들이 그의 귀를 볼 수 없게 감추었으나 단 한 사람, 그의 머리를 손질해 주는 이발사만은 그 비밀을 알고 있었다.

이발사는 그런 말을 입 밖에 내서는 안 된다는 명령과 함께, 만약 명을 어기는 날에는 엄벌에 처하겠노라는 협박을 받았다. 그러나 이발사는 비밀을 말하고 싶어 견딜 수가 없었다. 말하지 않고는 미칠 것 같은 지경에 이르자, 이발사는 초원으로 나가 땅에 구멍을 파고 비밀을 말한 다음 흙으로 덮었다. 그런데 얼마 지나지 않아 초원에 갈대가 무성하게 자라나서 이발사가 발설했던 비밀을 속삭이기 시작했다. 그 후 오늘날까지도 미풍이 그 위를 스치고 지나갈 때마다 갈대는 미다스 왕의 비밀을 속삭이고 있다.[36]

위 인용문을 차례대로 정리하면 다음과 같다.

㉠ 미다스 왕은 아폴론의 리라소리를 듣고 우수함을 인정하지 않았다.
㉡ 아폴론은 미다스 왕의 귀가 쓸모없다며 당나귀 귀로 만들어 버렸다.
㉢ 미다스 왕의 이발사만 비밀을 알았으나, 함부로 말하지 못했다.
㉣ 미칠 듯하자, 초원에 구멍을 파서 비밀을 말한 다음 흙으로 덮었다.
㉤ 갈대가 무성해져서 이발사가 말한 미다스 왕의 비밀을 속삭였다.

그런데 두 이야기의 스토리텔링은 다소 차이를 보인다. 예를 들어, 경문왕은 귀가 당나귀 귀처럼 길게 자랐으나, 미다스 왕은 진짜 당나귀 귀처럼 움직이기도 하고 털도 났다는 점에서 조금 다르다.

36 토마스 벌핀치 지음, 이윤기 옮김, 『그리스 로마 신화』, 대원사, 1989. 참조. 이윤기에 따르면, 미다스 왕 이야기는 말하는 사람에 따라 조금씩 다른데, 드라이든의 『바드의 아낙 이야기』에서는 미다스 왕의 비밀을 누설한 사람이 왕비로 되어 있다고 한다. 이윤기(2009), 전게서 684면 인용

즉, 경문왕의 경우에는 임금의 귀가 길어서 당나귀 귀 모양이었고, 미다스 왕의 경우에는 그의 귀가 당나귀 귀 그 자체였다는 말이다. 또한 경문왕의 비밀을 아는 복두장이나 미다스 왕의 비밀을 아는 이발사나 똑같이 그 사실을 혼자 간직하기는 너무나 힘들었다. 그래서 복두장은 대나무 숲에 소리쳐 발설했으며, 이발사는 초원에 구멍을 뚫고 속삭였다는 점이 다르다. 게다가 이후에 경문왕은 대나무를 베어버리고 산수유를 심었으나 여전히 그 소리가 들렸으며, 미다스 왕은 초원의 갈대가 무성하게 자라나 바람이 불면 그렇게 속삭였다고 한다.

두 이야기를 비교 분석하면서 특히 관심을 끌었던 것은 왜 대나무와 갈대인가 하는 문제였다. 그런데 두 초목草木의 특성상 바람이 불면 '우수수' 소리가 난다는 사실에 주목하여 상황을 이해해 보았다. 복두장이와 이발사가 찾아가서 비밀을 발설하지 않았더라도 대숲이나 갈대숲에 바람이 불면 두런두런 말소리가 들리거나 소곤소곤 속삭이는 듯한 착각을 불러일으킨다. 특히, 옛날 동양에서는 대나무를 많이 심어 생활 주변에 대숲이 조성되어 있었고, 〈경문왕 이야기〉는 대나무의 특성을 잘 살려서 이야기에 적용한 것이다.

요컨대 '임금님 귀는 당나귀 귀' 이야기는 비밀을 털어놓고 싶은 인간의 심리적 압박과 자연 환경에서 찾아낸 사물의 생태적 특징을 잘 파악하고, 그것을 스토리텔링에 적극 활용한 점이 두드러진다. 또한 〈경문왕 이야기〉에서 사건 당사자 경문왕은 비밀이 누설된 사실을 알고, 그러한 사태의 확산을 막고 상황을 변화시키기 위해 다른 나무로 대체하는 등으로 스토리가 확장된 점이 독특하다. 저자는 설화의 환상성과 허구성에 머물지 않고 스토리에 사실성과 역사성을 더하여 스토리텔링한 것이다.[37]

3. 스토리텔링 원형으로서 『삼국유사』

『삼국유사』는 고대 설화를 채록한 작품집으로 후대 야담에도 영향을 끼쳤다. 앞서 살펴본 일부 작품들은 괴물을 퇴치한 영웅담과 호국 의지를 표명한 기이담 및 비밀을 발설한 세태담 등 다양한 스토리의 원형임을 확인할 수 있었다. 아울러 기이한 현상을 다룬 이야기에 저자가 역사적 사건을 덧붙인 또 다른 스토리텔링 양상도 확인할 수 있었다. 나아가 『삼국유사』에서 기인한 내용은 아니지만, 서양의 신화에서 유사한 모티브와 스토리로 구성된 이야기도 함께 확인할 수 있어서 동서양 스토리텔링을 비교하는 계기가 되었다. 이상의 자료를 종합해 보면, 『삼국유사』가 동서양 스토리텔링의 보고寶庫라는 결론에 도달하며, 우리나라 스토리텔링의 원형이라는 단초端初를 발견할 수 있었다.

이처럼 논의한 내용을 정리함으로써 스토리텔링 원형으로서 『삼국유사』의 가치를 부각시키고자 한다.

첫째, 〈거타지 이야기〉는 전대 설화에서 출발하여 후대 야담으로 전승되었다. 그 과정에서 거타지가 사행 길에 괴물을 퇴치하고 미인을 얻은 설화 속 기이담奇異談은 화포장이 무인도에서 괴물을 죽이

37 일연은 『삼국유사』 〈기이편〉 서두序頭에, "그러니 삼국의 시조始祖가 모두 신이神異한 데서 나온 것을 어찌 괴이하다고 하겠는가. 이것이 기이奇異를 여러 편 가운데 콕 집어서 첫머리에 실은 까닭이며, 편집 의도는 여기에 있다.[然則三國之始祖 皆發乎神異 何足怪哉 此奇異之所以漸諸篇也 意在斯焉]"라고 기술하였다. 이는 저자가 당시 수많은 이야기 중에 스토리를 취사선택하여 『삼국유사』를 찬술한 의도를 분명히 밝힌 대목이다. 그러나 필자는 이를 근거로 본고에서 논하는 몇몇 이야기가 '기존 설화의 환상성과 허구성에 일연이 사실성과 역사성을 첨부한 스토리로 재창작한 스토리텔링의 흔적'이라고 파악하였다.

고 재물을 얻은 야담 속 치부담致富談으로 변개되었다. 그런데 두 이야기의 기본 스토리에 등장하는 것은 주인공과 괴물 그리고 보상이다. 즉, 거타지와 화포장은 주인공이고, 사미로 가장한 늙은 여우와 고약한 냄새를 풍기던 이무기는 괴물에 해당되며, 괴물퇴치로 주어진 미녀와 보물은 보상이다. 이 세 요건을 포함한 스토리텔링의 골격은 '주인공이 괴물을 죽이고 보상을 받았다.'는 것으로 요약된다.

그런데 〈거타지 이야기〉로 대변되는 두 이야기의 핵심적인 스토리는 결국 보상에 초점이 맞춰진다. 서양의 신화에서 페르세우스도 괴물을 죽인 보답으로 안드로메다를 얻었다. 따라서 세 편의 동서양 괴물퇴치 영웅담은 주인공이 위험을 무릅쓴 대가로 미인을 얻는 결연담結緣談과 보물을 얻는 치부담致富談으로 마무리된다. 그러나 페르세우스 신화가 서양의 결투와 승리에 비중을 둔 스토리텔링이라면, 우리나라 설화와 야담은 동양의 보은과 성공에 훨씬 무게가 실려 있다. 게다가 그 보상은 드러나지 않고 꽃가지[花枝] 또는 원석原石으로 표현되며, 특히 스토리 전개상 필요에 따라 꽃과 여성이 환치換置되는 설화적 상상력은 우리나라 스토리텔링의 원형을 담고 있다.

둘째, 〈김유신 이야기〉도 설화에서 야담으로 전승되었다. 호국의지를 담아낸 미추왕 죽엽군 설화는 김유신이 신군神軍을 거느린 신장神將으로 등장하여 기이담奇異談의 면모를 보여주지만, 야담에 등장한 김유신은 무장武將으로서 서원에 향사된 정당성을 피력하여 잘못을 바로잡음으로써 정의담正義談의 양상을 띤다. 그런데 두 이야기의 기본 스토리를 구성하는 것은 역사적 인물과 기이한 현상 그리고 정의실현이다. 즉, 역사적 인물은 김유신 장군이고, 기이한 현상은 호국신장 김유신이 거듭 등장하는 것이며, 그가 읍소泣訴와 주장主張으로 자기 위상을 검증하는 과정은 정의실현에 속한다. 이 세

요건을 포함한 스토리텔링의 골격은 '김유신 장군이 등장하여 자기 위상을 드높였다.'는 것으로 요약된다.

그런데 〈김유신 이야기〉로 대변되는 두 이야기에서 핵심적인 스토리는 결국 김유신의 등장과 기이한 현상에 초점이 맞춰지고, 그것을 유발하는 매개체는 바로 회오리바람과 꿈이었다. 죽현릉으로 불어 닥친 바람과 젊은 유생을 죽음으로 내몰았던 꿈은 현실과 비현실을 구분 짓는 장치로서, 스토리의 긴장감을 유지하는 동시에 새로운 스토리를 견인하기도 한다. 게다가 꿈은 절대적 위용을 갖춘 김유신의 혼령이 등장하는 공간이자, 그로 인해 젊은 유생이 죽음을 맞이한 복수複數의 배경이다. 특히, 죽은 혼령으로서 산 자의 죽음을 초래하는 설화적 허구성을 야담으로 전이시킨 스토리텔링의 원형이라고 하겠다.

셋째, 〈경문왕 이야기〉는 서양의 신화 미다스 왕 이야기와 더불어 '임금님 귀는 당나귀 귀'로 잘 알려져 있다. 사람은 누구나 비밀을 간직한 것처럼 동서양의 왕들도 말 못할 비밀을 지키기 위해 노력했다. 그런데 두 이야기의 기본 스토리에서 흥미로운 것은 귀가 길어진 왕과 비밀을 간직한 신하와 그 비밀을 발설하는 방법이다. 이밖에 귀가 길어진 배경과 비밀을 간직한 신하의 신분과 그 비밀을 발설하는 방법 및 장소가 다르지만, 주요 소재에서 관심을 끄는 것은 바로 왕들의 '귀'이며, '왜 귀인가?' 하는 문제다.[38]

---

38 앞 장에서 '임금님 귀는 당나귀 귀' 이야기를 논할 때는 비밀을 발설한 장소가 동서양 설화 및 신화에서 대숲과 갈대숲이라는 점에 의문을 품고 논지를 전개하였다. 그 결과, 두 장소 모두 바람이 불면 대[竹]와 갈대 잎이 서로 부딪혀 무언가 속삭이는 듯한 착각을 불러일으키는 초목의 특성을 스토리에 활용했다는 공통점을 찾아낸바 있다.

그런데 유사한 내용의 동서양 이야기를 비교해 보면, 〈경문왕 이야기〉에서 귀가 갖는 함의적含意的 표현이 더욱 두드러진다. 귀는 소리를 듣는 인체기관으로, 밖으로 드러나기도 하지만 안으로 감춰지기도 한다. 또 왕자王者라면 백성의 소리에 귀 기울이고 민심民心을 잘 알아야 하는 위치에 있다.[39] 그럼에도 경문왕의 비밀이 세상에 알려진 것은 복두장에게 비밀을 지키라고 강요한 데서 기인했으며, 나중에 비밀을 들려주던 대나무를 베고 산수유로 교체한 데서 상황이 약간 변화했다. 특히, 두 이야기의 저변에는 '입[口]'으로 남의 비밀을 털어놓고 싶은 약자와 자기 비밀이 '귀[耳]'에 들리지 않도록 하려는 강자의 심리가 깔려 있다. 따라서 〈경문왕 이야기〉는 '귀'가 상징하는 설화적 중의성重義性을 적극 활용한 우리나라 스토리텔링의 원형이라고 해석된다.

이상으로 살펴본 바에 따르면, 『삼국유사』 소재 〈거타지 이야기〉는 '꽃'을 매개로 한 설화적 상상력이 담긴 작품이고, 〈김유신 이야기〉는 '꿈'을 배경으로 설화적 허구성을 야담에 전승시킨 작품이며, 〈경문왕 이야기〉는 '귀'가 상징하는 설화적 중의성을 적극 활용한 작품이다. 요컨대 『삼국유사』에 보이는 스토리텔링 양상은 동서양 설화 및 야담 그리고 신화 등을 넘나들며 다채로운 스토리를 교직交織하는 원형原形이라고 평가할 수 있다.

39 경문왕의 경우, 즉위 후에 귀가 길어지기 시작했다는 내용을 통해 왕자王者로서 자격 요건을 갖추었는지 여부에 관심이 쏠린다. 반면, 미다스왕의 경우에는 정당하게 음악을 평가하기보다 지인知人을 편드는 행동으로 인해 귀가 길어지는 처벌을 받았다. 이로써 볼 때, 〈경문왕 이야기〉는 동양적 또는 유교적 사고를 반영한 설화이며, 〈미다스왕 이야기〉와 차별화된 스토리텔링이라고 할 수 있다.

4. 결론

본고에서는 『삼국유사』에 실린 이야기를 중심으로 동서양 설화와 야담 및 신화의 스토리텔링 양상을 비교 분석하고, 스토리텔링 원형으로서 『삼국유사』의 가치와 위상을 가늠해 보았다.

먼저 설화 〈거타지 이야기〉는 야담으로 전승되어 〈화포장 이야기〉를 낳았고, 스토리 성격이 당대의 사회상을 반영한 기이담에서 치부담으로 바뀌었다. 또 〈거타지 이야기〉는 그리스 신화 〈페르세우스 이야기〉와 유사한 스토리 전개 양상을 보였는데, 동서양의 서로 다른 정서와 인식을 반영한 보은담과 결연담을 이루었다. 다음으로 설화 〈김유신 이야기〉는 역사서에 나오는 미추왕 죽엽군 이야기를 포함해 야담에 전승되어 새로운 이야기로 변개되었으며, 당초 미추왕과 김유신의 호국담에서 이후 유자儒者로서 김유신의 면모를 강화한 정의담의 양상을 보여주었다. 마지막으로 〈경문왕 이야기〉는 그리스 신화 〈미다스 왕 이야기〉와 흡사한 내용인데, 두 이야기는 모두 비밀과 발설에 대한 인간의 심리적 압박과 사물의 생태적 특징이 기저에 깔려 있으며, 특히 〈경문왕 이야기〉는 왕자王者가 민심을 듣는 신체기관으로서 '귀'를 강조한 스토리텔링이라고 해석되었다.

따라서 『삼국유사』는 우리나라 설화와 야담의 전승관계를 밝히고, 서양의 신화와도 유사성을 발견할 수 있는 스토리텔링의 보고이자 원형으로 평가된다. 그럼에도 본고는 『삼국유사』에서 가려 뽑아 조선후기 야담 및 그리스 신화와 비교한 작품이 극히 일부에 지나지 않는 한계를 갖는다. 이는 차후에 내용을 더욱 보완하여 또 다른 연구 성과로 발표되기를 기대한다.

제 4 부

조선후기 우언과 전기의 서사 양상

제1장

조선후기 우언 산문의 양상과 특징

—〈유계〉·〈묘포서설〉·〈의구전〉을 중심으로

1. 서론

일반적으로 문학의 대표적 기능은 사람들에게 흥미와 교훈을 주는 것이다. 우리가 문학 작품을 읽으면서 흥미를 느끼고 즐거워하며, 아울러 마음속에 교육적인 효과까지 얻을 수 있다면 금상첨화일 것이다. 이러한 기능을 지닌 우언 산문 가운데 '---계戒' '---설說' '---전傳' 등이 있는데,[1] 이들은 모두 훈계를 목적으로 하면서 저작 의도와 교훈을 사물에 빗대어 우의적으로 표현한 것이다. 우언 산문은 다양한 한문 양식과 작품에서 주요한 위치를 차지하며, 특히 조선후기에 뚜렷한 의미를 지닌 작품들이 다수 출현하였다.

1 우언은 중국의 『장자莊子』에서 비롯되었다고 알려져 있으며, 한유韓愈의 〈모영전毛穎傳〉과 유종원柳宗元의 〈삼계三戒〉 등을 백미白眉로 꼽는다. 우리나라 우언은 설총薛聰의 〈화왕계花王戒〉에서 기원하여 설화說話, 전기傳奇, 가전假傳, 설說, 전傳, 야담野談을 비롯해 시詩, 소설小說 등에 이르기까지 다양한 장르로 발전되었다.

그동안 우언 산문에 대해서는 꾸준히 연구가 이루어졌다. 그러나 '우언寓言'이라는 큰 범주에서,[2] 또는 '설說'이라는 장르를 통해[3] 개략적으로 다루어진 경향이 있다. 대표적인 연구 성과를 살펴보면, 윤주필은 『삼국사기三國史記』 열전列傳에 나타난 우언 작품을 비교하고, 고려시대 가전假傳 작품을 우언으로 이해하는 것을 시도하였으며,[4] 윤승준은 조선시대 우언 산문의 창작 방식을 밝히고, 『망양록亡羊錄』에 실린 작품 11편을 창작우언이라 주장하였다.[5] 그럼에도 임진왜란 발발 등 역사적 혼란기라 할 수 있는 16세기 말에서 17세기 초에 저작된 우언 산문에 대한 개별적 연구는 거의 없었다.[6] 다만 정출헌이 16세기 서사 문학 유형을 세 가지로 정리하면서 서사우언에 대해 언급한 바 있다.[7]

본고에서는 이른바 조선후기 동아시아적 혼란을 겪은 문인들에 의해 저술된 우언 산문의 양상과 특징을 살펴볼 것이다. 임병양란壬丙

2 윤승준, 『동물우언의 전통과 우화소설』, 월인, 1999.; 윤승준, 『우언의 재미와 교훈』, 월인, 2000.; 윤주필, 『한국 우언산문 선집』, 박이정, 2008.; 한국우언문학회 편, 『우언의 인문학적 위상과 현대적 활용』, 박이정, 2006.

3 양현승, 『한국 '설' 문학 연구』, 박이정, 2001.

4 윤주필, 「「龜兎之說」과 「花王戒」의 대비적 고찰」, 『고소설연구』 제30집, 한국고소설학회, 2010.; 윤주필, 「「麴醇傳」, 「麴先生傳」의 우언적 독해－假傳의 새로운 이해를 위하여」, 『한국한문학연구』 제47권, 한국한문학회, 2011.

5 윤승준, 「한국 우언의 인물 설정 방식과 우의－권계우언과 풍자우언을 중심으로」, 『국문학논집』 제22집, 단국대 국어국문학과, 2013.; 윤승준, 「訥隱 李光庭의 우언 창작 방식－『亡羊錄』 소재 창작우언을 중심으로」, 『대동문화연구』 제67집, 성균관대 대동문화연구원, 2009.

6 안득용, 『16세기 후반-17세기 전반 산문의 구도와 전개』, 고려대 박사학위논문, 2010.; 임유경, 『조선중기 한문우언산문 연구』, 이화여대 박사학위논문, 2015.

7 정출헌, 「16세기 서사문학사의 지평과 그 미학적 층위」, 『한국민족문화』 제25집, 한국민족문화연구소, 2005.

兩亂은 조선의 국가 안위와 민생 안정을 위협하며 정치 · 경제 · 사회 등에 영향을 끼쳤으며, 특히 문학에서도 전란의 고통과 상흔, 반성과 비판의 목소리를 담아냈다. 필자는 이러한 메시지가 담긴 우언 산문 가운데 이물異物 또는 동물動物이 등장하는 〈유계瘤戒〉, 〈묘포서설猫捕鼠說〉, 〈의구전義狗傳〉을 텍스트로 선정하였다.[8] 그것은 〈유계〉를 지은 강항姜沆[9]이나 〈묘포서설〉을 지은 최연崔演,[10] 그리고 〈의구전〉을 지은 이유홍李惟弘[11]이 모두 당쟁黨爭과 전란戰亂이 거듭되는 시기를 살았으며, 그들의 견문과 경험이 작품 속에 투영되었으리

8 세 작품의 원문은 민족문화추진회에서 편찬한 『한국문집총간』을 참조하고, 그 면수를 기재한다. 姜沆, 『睡隱集』 권3, 〈瘤戒〉, 69면.(『한국문집총간』 73권); 崔演, 『艮齋集』 권11, 〈猫捕鼠說〉, 192면.(『한국문집총간』 32권); 李惟弘, 『艮庭集』 권3, 〈義狗傳〉, 437면.(『한국문집총간』 14권)

9 강항(姜沆, 1567-1618) : 조선후기의 문신. 본관 진주晉州. 자 태초太初, 호 수은睡隱. 1539년 별시 문과 급제 후 교서관 박사, 공조 및 형조 좌랑을 지냈다. 1597년 정유재란丁酉再亂 때 포로가 되어 왜국으로 끌려가 승려 및 학자들과 교유하며 유학을 가르치는 한편, 적의 정황을 보고하였다. 1600년 고국으로 돌아왔으나, 이후 조정의 의론에 꺾여 관직에 나아가지 않고 향리에서 독서와 후학 양성에만 전념하였다. 저서로는 『간양록看羊錄』, 『수은집睡隱集』 등이 있다.

10 최연(崔演, 1503-1549) : 조선중기의 문신. 본관 강릉江陵. 자 연지演之, 호 간재艮齋, 시호 문양文襄. 1519년 사마시, 1525년 식년 문과 급제 후 관직에 나아가 도승지, 이조참판, 병조판서 등을 지냈다. 1531년 김안로金安老의 전횡을 고변하였으나, 이후 자신도 대간으로부터 수차례 탄핵을 받았다. 1545년 을사사화乙巳士禍가 일어나자, 소윤小尹에 가담하여 위사공신衛社功臣에 책록되고 동원군東原君에 봉해졌다. 문집으로 『간재집艮齋集』이 있다.

11 이유홍(李惟弘, 1567-1619) : 조선후기의 문신. 본관 전주全州. 자 대중大仲, 호 간정艮庭. 1596년 정시 문과 급제 후 주서, 정언, 병조정랑, 지평 등을 지내고, 1603년 평안도 암행어사가 되었다. 1606년 병조좌랑에 이어 홍문관 부제학이 되어 경연經筵에 참가했다. 1608년 광해군光海君 즉위 후 유영경柳永慶의 일당이라는 탄핵을 받고 강계江界에 유배되었으며, 이 때 김류金瑬, 유색柳穡과 시詩를 창화唱和하여 〈성산록盛山錄〉을 남겼다. 문집으로 『간정집艮庭集』이 있다.

라고 추측한 때문이다. 따라서 시대적 특수상황이나 거기에 처한 작자의 의식이 어떤 양상으로 나타나고 변화하는지를 살펴보며, 작품의 형식 및 내용상 특징을 파악함으로써 전후前後의 우언 산문과 변별점을 찾아 그 의미를 부각시키고자 한다.

2. 우리나라 우언 산문의 흐름

우언寓言은 우의寓意를 전달하는 목적을 가진 문학으로서, 작자가 의도한 우의를 가탁假託하기 위해 소재나 구성면에서 다양한 방식을 활용하게 된다. 그 결과, 설화說話 · 전기傳奇 · 가전假傳 · 설說 · 야담野談을 비롯해 시詩 · 소설小說에 이르는 광범위한 분야에 적용되었다. 예를 들어, 설리성說理性을 강조하면서도 자신의 주장이나 견해를 밝히는 우회적 표현방식인 설說을 비롯하여, 역사나 인물의 이야기는 물론 세상사를 두루 수록하는 가운데 교훈적 의미를 찾는 야담野談뿐만 아니라, 역사기술에서 출발해 특정 인물이나 사건을 기록하는 양식으로 보편화된 전傳 가운데에도 일련의 우언 작품들이 존재한다.[12]

우리나라의 우언은 『삼국사기三國史記』에 실린 〈화왕계花王戒〉와 〈귀토지설龜兎之說〉에서 그 기원을 찾아볼 수 있다.[13] 신라의 설총薛聰이 신문왕神文王에게 들려준 이야기 〈화왕계〉는 화왕花王[牧丹; 모란]이 아첨하는 미인[薔薇]과 충성스러운 신하[白頭翁; 할미꽃]를 두

12 이채경, 「私淑齋 姜希孟의 「訓子五說」에 대한 고찰」, 성균관대 석사학위논문, 2005. 92면 인용

13 윤주필(2010), 전게서 참조

고 누구를 선택할지 고민할 때, 백두옹이 화왕에게 간언하는 내용을 담고 있다. 꽃을 소재로 삼아 임금이 충신을 멀리하고 간신을 가까이 하는 실정失政을 풍자하여 그 도리를 깨우친 우언 작품이다. 이어 『삼국유사三國遺事』에 실린 〈조신調信〉과 〈김현감호金現感虎〉도 우언의 범주에 속하는 전기傳奇라고 볼 수 있다.[14] 특히, 〈김현감호〉는 호랑이를 소재로 삼아 인간과 동물의 사랑을 들려주며, 이를 통해 신라의 신분제도와 불인不仁한 인간세태를 반영하고 있다. 그러나 초기 우언은 신이한 이야기를 기록하거나 동식물을 의인화하여 당대 현실과 모순을 담아내지만, 이야기 속 모순과 갈등이 해소되지 않은 채 서사가 마무리되는 한계를 드러낸다.

고려시대에는 이규보李奎報와 이색李穡 등의 우언 설說 작품을 비롯하여 임춘林椿과 이곡李穀 등의 가전假傳 작품이 두드러진다. 이규보는 〈경설鏡說〉과 〈슬견설虱犬說〉로 대표되는 총 12편의 설 작품에서 일상생활 속 경험을 통해 인간사 및 사회상을 풍자하는 계세적戒世的 우언을 구사하며, 이색은 사람의 이름에 대한 명자설名字說(또는 자호설字號說)을 총 20편 남김으로써 무신집권기를 거친 이후 자손과 가문에 대한 인식이 뚜렷해졌음을 보여준다. 또 임춘의 〈국순전麴醇傳〉과 〈공방전孔方傳〉에서 시작하여, 이규보의 〈국선생전麴先生傳〉과 〈청강사자현부전淸江使者玄夫傳〉을 거쳐, 이곡의 〈죽부인전竹夫人傳〉 등으로 이어지는 가전 작품도 사물을 의인화한 점에서 우언 산문의 범주에 속한다. 게다가 술, 누룩, 엽전, 거북이, 죽

14 임형택 교수는 동아시아 한문학의 흐름을 감안할 때, 우리나라 전기는 당唐나라 전기傳奇와 비슷한 시기에 〈최치원崔致遠〉·〈조신調信〉·〈김현감호金現感虎〉 등이 출현한 나말여초羅末麗初로 올려 잡아야 한다고 주장했다. 임형택, 『韓國文學史의 視覺』, 창작과 비평사, 1984. 9-25면 참조

부인 등 당대 지식인들이 일상에서 접하는 사물을 소재로 삼아 그들의 시대적 관심사를 작품에 끌어들여 논의함으로써 처세적處世的 교훈을 들려준다.

조선시대에는 전기에 강희맹姜希孟의 〈훈자오설訓子五說〉을 필두로, 중기에 최연崔演의 〈묘포서설猫捕鼠說〉과 고상안高尙顏의 『효빈잡기效嚬雜記』 및 유몽인柳夢寅의 『어우야담於于野談』[15] 소재 작품들을 지나, 후기에 이광정李光庭의 『망양록亡羊錄』 및 여러 야담집 소재 작품들을 거쳐 박지원朴趾源의 전傳 작품까지 다채로운 우언산문에 이른다. 예를 들어, 조선 전기에 〈훈자오설〉은 전대의 설 작품을 계승하면서도 다섯 편의 이야기를 옴니버스 형식으로 엮어냈으며,[16] 〈묘포서설〉은 당쟁으로 빚어진 사화士禍와 외척外戚들의 전횡에 의한 정치적 혼란이 극심했던 현실을 우의하였다. 또 조선 중기 『효빈잡기』에 실린 〈늙은 쥐 이야기〉는 임진왜란 이후 국가적 혼란을 수습할 원로대신의 능력과 대처를 촉구하고 있으며, 『어우야담』에 실린 〈두더지의 혼인〉은 국혼國婚으로 인한 정권의 독단과 폐해를 언급하며 세상의 부조리를 아프게 비판하기도 했다.

조선후기에는 설화 · 전기 · 가전 · 설 · 야담에 이어 더욱 다양한 장르에서 우언 방식이 활용되었으며, 전대의 우언을 집대성한 저술로 『망양록』이 출현하였다. 성현成俔의 『부휴자담론浮休子談論』을

15 신익철, 「『어우야담』의 서사 방식과 초기 야담집으로서의 특성」, 『정신문화연구』 33권 3호, 한국정신문화연구원, 2010. 참조

16 중국의 우언 산문 가운데 대표적인 옴니버스 형식 작품으로는 한유韓愈의 〈잡설雜說〉과 유종원柳宗元의 〈삼계三戒〉가 있다. 특히 〈삼계〉는 고라니와 개, 당나귀와 호랑이, 쥐 등 다양한 동물을 등장시켜 각기 독립적이면서 상호 호응하는 우언들로 이루어졌으며, 선명한 우언 형상으로 어리석은 인간과 세태를 풍자하였다.

이은 『망양록』에는 우리에게 익숙한 〈어부지리〉와 〈고양이 목에 방울 달기〉 등이 담겨 있는데, 이것은 모두 인간의 맹목적인 부귀 추구를 경계하며 자족自足과 상생相生의 필요성을 우의한 이야기다. 또한 박지원의 『열하일기熱河日記』는 여행기 속에 간혹 위장이나 허구를 개입시켜 우의를 은폐함으로써 문학적 완성도를 높였다. 〈강도록渡江錄〉에서 소경은 외물이나 선입견에 치우친 사람을 깨우치는 인물로 등장하며, 〈호질虎叱〉과 〈환희기幻戲記〉에 나타난 우의는 사실적인 묘사와 더불어 인식의 전환을 촉구한다. 특히, 〈호질〉에서 역설적인 논리로 북곽선생北郭先生을 질타하는 범의 도도한 웅변과 〈허생전許生傳〉에서 이완李浣의 무능을 추궁하는 허생許生의 날카로운 변설 등은 우언의 묘미와 함께 우언적 수법의 정채精彩를 발하는 부분이다.[17]

이밖에도 애국계몽기의 지식인들은 국가적인 위기와 절망적인 현실을 인식하고, 이를 개선시킬 방안을 모색하는 과정에서 우언을 활용했다.[18] 예를 들어, 꿈을 매개로 한 우언에서는 몽유자가 꿈속의 다른 인물과 함께 역사적 사건과 암울한 상황을 토론하는데, 이를 통해 당시 애국계몽에 앞장선 지식인들은 당면한 현실을 꿈이라고 믿거나, 망국의 한이 꿈처럼 사라지고 광복의 기쁨이 찾아오기를 바랐다. 그러나 현실을 비유하는 원리와 비판하는 기법 등은 전대에

17 박지원의 『열하일기』 중에 우언적 특성이 가장 잘 드러난 작품은 〈호질〉과 〈허생전〉이라고 평가되며, 〈허생전〉은 〈옥갑야화〉(原題)에 담긴 중심 이야기의 별칭이다.

18 조상우(2004)는 애국계몽기 신문과 잡지에 게재된 '몽유우언'을 중심으로 교육계몽과 제도개혁 측면에서 분석하였다. 한국우언문학회 편, 『동아시아 우언론과 한국의 우언문학』, 집문당, 2004.

비해 적극적으로 계승되지 못했다.

지금까지 우리나라 우언 산문의 흐름을 개괄해 보았다. 우언은 고대 설화說話에서 비롯되어 여러 한문학 장르에 수용되면서 고려시대 설說과 가전假傳으로 전승되었다. 조선시대에 이르러 더욱 다채로운 설說을 포함하여 전기傳奇와 야담野談 및 전傳과 소설小說에 이르기까지 다양한 소재와 치밀한 서사구조, 강화된 풍자기법을 보이며 성행하다가 점차 쇠퇴의 길로 들어섰다.[19]

3. 조선후기 우언 산문의 양상과 특징

우언 산문을 접하다 보면, 흥미로운 이야기에 먼저 관심이 쏠리게 된다. 그것은 대개 예로부터 전해오는 이야기[說話] 형태이거나, 작자에 의해 창작된 이야기 형태이거나 완전한 서사체의 형태를 갖추며 인간과 세상을 우의하고 있다.[20] 그렇게 흥미로운 이야기를 보고 듣다 보면 자연스레 작자(혹은 구연자)가 의도한 교훈을 깨닫게 되는

19 우언에는 산문뿐만 아니라 시詩도 있으며, 대표적인 우언시寓言詩 작가로는 김시습金時習과 정약용丁若鏞을 들 수 있다. 이밖에 조선후기 서사한시敍事漢詩 또는 사회시社會詩에도 인간세태를 고발하고 정치 사회적 모순과 비리를 풍자한 내용이 많다. 본고에서는 우언 산문에 대해 논의하고 있으므로 시에 대해서는 아래 논문을 참조하기 바란다. 강태철, 「다산 문학의 우의성 고찰」, 경성대 교육대학원 석사학위논문, 2004.; 이연정, 「매월당 김시습의 우언시 고찰」, 『동양문화연구』 제9집, 영산대 동양문화연구, 2012.

20 우언은 저술 배경과 우의 목적에 따라 각기 두 가지로 분류된다. 먼저, 저술 배경은 '예로부터 전해 내려오는 이야기 형태'를 '민간우언'이라 하고, '작자가 새롭게 만들어낸 이야기 형태'를 '창작우언'이라 부른다. 또 우의 목적에 따라 '일상의 경험에서 얻은 교훈을 우의하는 것'을 '권계우언'이라 하고, '인간 세태의 악행이나 모순을 우회적으로 비판하는 것'을 '풍자우언'이라 부른다. 윤승준(2009/2013), 전게서 참조.

것이다. 이러한 우언 산문이 조선후기, 특히 16세기 말-17세기 초에는 어떤 양상으로 존재하며, 어떤 특징을 내포하는지 알아본다.

1) 다양한 소재 선택과 장르의 확대

우언 산문에서 훈계와 풍자를 극대화시키기 위해 선택된 소재와 장르는 매우 다양하다. 풍자하려는 대상은 물론 훈계의 대상이 누구냐에 따라 작자가 의도한 이야기는 다양해진다. 특히, 혼란한 시대 상황에서는 특정 인물이나 사건을 지칭할 수 없기 때문에 생활주변의 동식물을 비롯하여 비일상적인 이야기를 다루거나, 그런 소재를 충분히 효과적으로 담아낼 수 있는 또 다른 양식으로 장르가 확대되기도 하는 것이다. 게다가 그런 이야기들은 민간에 전해지는 설화를 비롯하여 작자에 의해 창작되거나 직접 견문한 내용 등 여러 서사 형태로 전개된다.

자신의 혹을 떼어내려다가 하나 더 붙인 사람의 이야기는 우리에게 매우 익숙한 내용[21]으로, 자신이 맞닥뜨린 부정적인 상황에 어떻게 대처할 수 있는가에 대한 의문을 제시하며 산도깨비를 등장시킨다.[22] 〈유계瘤戒〉의 서두는 이러하다.

21 임형택 교수는 이 작품을 "우화에 부쳐서 쓴 아주 재미난 소품으로, 벼슬하지 않는 자기의 뜻을 나타낸 것"이라고 평가하였다. 임형택, 『우리 고전을 찾아서』, 한길사, 2007. 249면 인용.

22 민간에 떠도는 도청도설道聽塗說 내지는 가담항설街談巷說을 채록한 조선후기 야담野談 역시 다양한 소재로 인간세태를 풍자한 내용이 많으며, 17세기에 출현한 우리나라 최초의 야담집으로 알려진 『어우야담於于野談』에도 이물 또는 동물을 소재로 한 우언 작품이 다수 실려 전한다.

> 여송呂宋은 동해에 있는 작은 나라로, 지역이 치우쳐 있는데다 물살도 빠르다. 그런데 백성 중에 혹이 난 사람이 많았다. 어떤 갑甲이라는 사람이 이마에 혹이 생겼는데, 거의 항아리만하고 머리를 눌러 일어날 수조차 없으니, 처자식들이 부끄럽게 여겨 그를 쫓아냈다.
>
> 산속에서 지낸 지 며칠이 되자, 한밤중에 산도깨비들이 떼를 지어 북을 치고 시끄럽게 떠들면서 멀리서부터 가까이 다가왔다. 갑甲은 두려움을 이기지 못하여 북소리에 맞춰 춤을 추면서 두려움이 없는 것처럼 보이도록 행동했다.[23]

이야기 속 여송呂宋[24]은 작고 보잘 것 없는데다 혹이 난 사람이 많은 곳으로 기술되어 있다. 실존하는 특정 지역을 공간적 배경으로 설정했으나, 제시된 환경이 썩 좋은 장소는 아니다. 많은 사람이 커다란 혹으로 고통 받으며, 심지어 갑甲의 경우에는 처자식들에게 쫓겨나 산속에서 생활하게 된 곳이다.[25] 여기서 산도깨비가 등장한다. 그들이 한밤중에 떼를 지어 북을 치고 시끄럽게 떠들어대는 것은 당시의 혼란한 상황을 대변한다. 즉, 작자는 전란 때문에 백성들을 닥치는 대로 약탈하고 유린함으로써 두려움에 떨게 한 왜적의 모습을

23 姜沆, 『睡隱集』 권3, 〈瘤戒〉, 69면. 呂宋 東海中小國也 地偏而水又湍駛 故人多癭瘤 某甲額■生瘤 幾如甕盎 抑首不能起 其妻子羞而逐之 寢息山間者數日 夜半 山鬼擊鼓群譟 自遠而近 甲不勝其怖 應節起舞 示若無懼者然.

24 여송呂宋은 현재 필리핀 제도의 루손 섬으로, 16세기 스페인 정복(1571-1898)을 전후하여 일본과 교역을 했다고 알려져 있다. 당시 일본의 상인 루손 수케자에몬[呂宋助左衛門, Ruson Sukezaemon]이 여기서 무역상을 경영함으로써 막대한 부를 얻었다고도 전해진다.

25 이 대목은 강항 자신이 포로가 되어 일본으로 끌려간 상황에 비견된다. 갑甲의 타고난 혹처럼 그는 타고난 의기義氣로 인해 의병으로 활동하다 곤경에 처했으며, 결국 가족과 헤어져 타국에서 생활했었다.

형상화하는 소재로 이물인 산도깨비를 내세운 것이다.[26]

아울러 겁에 질린 갑甲을 외면한 채 위협적으로 대화를 계속하거나 사람을 믿지 못하고 수차례 약속을 강요하는 모습 등.[27] 작자는 등장인물이 처한 부정적인 상황을 점차 악화시켜 사태가 정점에 이르도록 묘사하고 있다. 그러나 처음에 도깨비를 두려워하던 갑甲은 하는 수 없이 그들과 어울려 밤새 춤을 추고, 날이 밝을 무렵에는 그토록 자신을 괴롭히던 혹을 떼어낼 수 있게 된다.[28]

자손을 훈계하거나 세인世人들을 경계시키기 위해 지어진 작품은 많다. 특히, 예로부터 전해 내려오는 이야기를 통해 우의적으로 표현한 경우, 독자에게 재미와 공감을 주면서 훈계와 풍자의 효과를 높일 수 있다. 여기서는 비현실적인 이물異物 산도깨비를 의인화함으로써, 그들의 행동을 통해 혼란스럽고 부정적인 상황을 비유하였다. 이러한 사례는 또 다른 '---계戒'[29]에서도 보이는 특징이다.

---

26 〈유계〉는 작자가 '일본 승려에게 들은 이야기[日東僧舜首座 爲余談是事]'를 기록한 것이라고 밝혔으므로 이렇게 주장할 여지가 다소 약하긴 하나, 필자는 그가 굳이 일본에서 들은 이야기를 통해 자신의 입지를 내세운 의도에서 한 발 더 나아가 이처럼 해석한 것이다. 덧붙여 강항이 만난 일본 승려 순수좌舜首座는 일본 주자학의 개창자가 된 후지와라 세이카[藤原惺窩]를 가리킨다.

27 姜沆, 『睡隱集』 권3, 〈瘤戒〉, 69면. 山鬼吐舌相顧曰 異哉 不意空山中 有此良朋之可與娛者 因擊鼓不已 甲亦舞不已 天欲明 鬼謂甲曰 我鬼非人 日出不可留 來夜當復來 公亦能復來耶 甲曰諾 鬼三問甲三諾 鬼猶不信曰 人情難保 請取公瘤以爲質 遂欒取瘤去 甲喜幸走倒 至家則全人矣 妻子改觀 隣里聳傳.

28 이는 왜적의 포로가 되었으나 일본인들과 활발히 교유했던 강항의 행적과 나란히 놓인다. 그리고 몸도 마음도 가벼워져 집으로 돌아오는 갑甲처럼, 드디어 그는 포로 생활에서 풀려나 무사히 고국으로 돌아왔다.

29 강항의 또 다른 작품인 〈우계牛戒〉는 식탐 때문에 배가 터져서 죽은 소의 이야기를 가져와 인간의 지나친 욕심을 경계한 우언 산문이다. 『睡隱集』 권3, 〈牛戒〉, 69면.(『한국문집총간』 73권)

이렇듯 등장인물을 곤혹스럽게 만든 부정적인 상황은 〈묘포서설猫捕鼠說〉에서 더욱 두드러진다. 작품에 등장하는 쥐는 사람과 함께 생활하며 온갖 폐해를 낳는 대상으로 설정되었다.

> 나는 큰 집에 세를 얻어 살았는데, 그 집에 있는 쥐들은 영모씨永某氏네 쥐[30]보다 탐욕스러웠다. 그 쥐들은 항상 밝은 대낮에 떼를 지어 마음껏 횡포를 부려, 혹 침상 위에서 수염을 쓰다듬거나, 혹 문틈으로 머리를 내밀기도 했다. 담벽을 뚫고 장롱에 구멍을 내어 집안에 온전한 곳이 없었으며, 상자를 구멍 내고 바구니를 마구 갉아 옷걸이에 완전한 옷이 없었다. 심지어 부엌문을 밀치고 들어가 음식을 덮어둔 보자기를 들치고는 사발을 달그락거리고 항아리를 핥는가 하면, 우리 곡식을 먹어치우고 책상을 갉으며, 시렁에 올려둔 귀한 책까지도 모조리 쏠아 망가뜨리는데, 얼마나 날쌔고 빠른지 눈 깜짝할 겨를도 없었다.
>
> 그놈들이 줄기차게 오르내리고 끊임없이 드나들며 온종일 시끄럽게 쿵쾅거리므로 벽을 치면서 고함을 질러도 조금도 꺼리지 않고, 몰래 몽둥이를 던져 놀라게 하면 혹 잠시 엎드려 있다가 곧 다시 일어났다. 쥐구멍에 물을 붓자니 담장이 무너질까 두렵고, 연기를 쐬자니 나무가 탈까 두려우며, 던지면 그릇을 피하고, 손으로 잡으면 쥐구멍으로 숨어버렸다. 저주할 부적도 없고 물리칠 신검도 없으니, 나는 내 물건을 손상시킬까 두렵고 또한 내 몸을 물어뜯길까 두려웠다.[31]

30 영주永州에 사는 모씨某氏네 쥐를 뜻하며, 자기 처지를 모르고 함부로 날뛰는 상황을 비유한다. 유종원의 우언 〈삼계〉에는 '臨江之麋' · '黔之驢' · '永某氏之鼠' 등 세 이야기가 담겨 있다. 영주에 사는 어떤 사람이 쥐를 애호하며 쥐가 온갖 행패를 부려도 간여하지 않아 쥐들이 제멋대로 굴었다. 그러나 새로 이사 온 주인은 쥐들의 작태를 보고 계획을 세워 고양이를 빌려오고 쥐구멍에 불을 놓는 등 갖은 방법을 동원하여 쥐들을 소탕했다.

31 崔演, 『艮齋集』 권11, 〈猫捕鼠說〉, 192면. 余僦大家寓居 家有鼠狃於永某氏 常白日爲群 睢盱縱恣 或床上捋鬚 或戶間出額 穿墉穴桷 室無全宇 孔箱咋篋

동물을 소재로 한 우언은 많다.[32] 특히, 쥐를 소재로 한 작품에서 대부분 쥐들은 부정적인 이미지로 그려진다. 이는 아마도 쥐로 인한 피해가 잦은 생활이었기에 자연스런 결과일 것이다. 여기 등장하는 쥐 역시 해로운 동물로 그려진다. 대낮에도 떼를 지어 다니며 가구나 바구니를 갉아놓고, 사발이나 항아리에 담긴 곡식을 먹어치우며, 심지어 귀중한 책까지 망쳐 놓는다. 그러나 몸집이 작은 데다 약삭빠르기 때문에 쉽게 잡을 수도 없다.

인용문에서 쥐들은 사람을 전혀 두려워하지 않고 오히려 사람을 업신여기고 조롱하는 듯하다. 그러나 쥐들이 제멋대로 나다니지 못하도록 만들기 위해 사람이 할 수 있는 일이란, 벽을 치면서 고함을 지르거나 몽둥이를 던져 놀라게 하는 수밖에 없다. 집안 곳곳에 숨어 살기 때문에 함부로 물을 부을 수도 불을 땔 수도 없고, 하물며 손으로 잡을 수도 없는 처지여서 속수무책으로 쥐들에게 온갖 피해를 당할 뿐이다. 작자가 보기에 당시의 상황은 이런 지경이었다.[33]

그런데 여기서 주목할 점은, 쥐들의 횡포에 대한 묘사가 매우 사실

桁無完衣 以至盪扉動帟 掀盤舐缶 食我麥苗 齧我几案 架褌牙籤 啗損殆盡 輕趫捷猾 目不暇瞬 汩汩上下 瑣瑣出入 達曙竟夕 謷謷窣窣 敲拍叱嚇 略不畏忌 暗投以杖 毆而駭之 則或暫跧伏 須臾復作 欲灌恐壞墻 欲熏恐燒木 投之忌其器 掠之匿其穴 呪無符却無刀 吾恐不獨暴耗吾物 亦咬齧我身矣.

32 우언 산문은 설화說話를 비롯하여 가전假傳, 야담野談, 설說, 전傳, 소설小說 등 다양한 장르에서 쥐, 고양이, 소, 개, 범 등 수많은 동물이 등장한다. 흔히 동물이 등장하는 이야기를 '우화寓話'라고 부르는데, 윤주필(2010)은 "우언사의 소통과 관점에서 보자면 우언은 우화를 포괄한다."고 정리하였다.

33 여기서 인간과 쥐의 관계 및 생활은 훈신勳臣과 사림士林의 갈등, 외척간外戚間의 정권쟁탈 등으로 사화士禍가 계속되는 혼란한 시대상을 대변한다. 작자는 쥐가 가진 속성이나 이미지를 빌려 당시 자신들의 영달을 위해 닥치는 대로 남을 해치고 나라마저 위태롭게 만드는 권신權臣들의 모습을 쥐로 형상화한 것이다.

적이라는 것이다. 마치 그들의 행동을 가까이서 오래도록 관찰해온 것처럼 구체적으로 표현하였다. 예컨대 침상 위에서 수염을 쓰다듬거나 살며시 덮어둔 보자기를 들치고 그릇을 핥으며, 시끄러운 소리에 놀라 잠시 조용해졌다가 다시 시끄럽게 부스럭거리는 등. 마치 곁에서 지켜보는 듯 생동감 있고 사실적이다.[34] 특히, 작자의 '화섬華贍한 문장'[35]은 이전의 우언과는 또 다른 경지를 보여줌으로써 부정적 상황에 대한 인식을 배가倍加시킨다.

이처럼 뛰어난 문장으로 창작된 '---설說' 작품은 이전에도 있었다.[36] 그것은 설화보다 훨씬 다양한 일상의 소재를 선택하여 온전한 서사물의 형태를 갖춤으로써 평설評說에서 주장하는 작자의 교훈을 뒷받침하고 있다. 특히, 일화逸話에서 전개되는 이야기는 지극히 현실적인 일상을 다루면서도 사람은 물론 생활주변의 모든 사물과 동식물을 아우른다. 조선후기 우언 산문에서 소재의 영역이 확대된 것

34 이처럼 사실적인 묘사는 조선 전기 〈훈자오설訓子五說〉 가운데 〈담사설啗蛇說〉에서도 찾아볼 수 있다. 즉 사람들이 뱀을 잡기 위해 기구를 직접 만들고, 그것을 이용해 뱀을 잡는 과정이 매우 구체적으로 묘사되어 있다. 姜希孟, 『私淑齋集』 권9, 〈啗蛇說〉, 129면.(『한국문집총간』 12권) 참조.

35 崔演, 『艮齋集』 권12, 〈艮齋先生年譜補遺〉, 207면. 公自賜暇湖堂時 名聲藉甚 文章華贍 申企齋嘗稱美不已 常語人曰 代吾而執文柄者 非演而誰欲傳衣鉢. 【江陵府誌】

36 최연의 또 다른 작품 〈안노설雁奴說〉은 밤에 보초를 서는 기러기를 통해 진위를 가리지 못하여 사람들에게 붙잡히고 마는 어리석은 기러기 대장과 무리를 비유한다. 서양의 '양치기 소년' 이야기에서 심심해진 소년이 거짓으로 늑대가 나타났다고 소리치다가 결국 낭패를 보는 것과 달리, 보초 기러기는 실제로 사람이 나타난 것을 매번 경계하다가 거짓말쟁이로 몰리는 상황이 다르다. 〈안노설〉 역시 뛰어난 문장으로 우언의 강도를 높였으며, 전대의 작품인 〈훈자오설〉도 흥미로운 소재와 의미있는 교훈을 담아낸 우언 문학의 대표적인 사례다. 자세한 내용은 이채경(2005), 전게서 참조

은 그만큼 우의하고 풍자할 대상이 많아진 탓이기도 하다.

위의 두 작품에서 사람들에게 피해를 주는 대상으로 산도깨비와 쥐가 선택되었다면, 〈의구전義狗傳〉에서 입전立傳된 개는 비천한 동물임에도 불구하고 사람들을 도와주는 의로운 대상으로 그려진다.[37] 이야기는 만력萬曆 정사년丁巳年(1617)에 석주石州 사람 김씨金氏가 사냥을 하다가 범을 만나는 것으로 시작된다. 김씨가 활을 쏘았으나 빗나가자, 사나운 범이 달려들어 김씨는 거의 죽을 지경에 처했다. 그런데 김씨를 따라갔던 개 네 마리가 앞뒤에서 범을 공격하여 결국 범은 김씨를 놓아주고 달아났다. 이는 호환虎患에서 주인을 구한 의로운 개를 소재로 한 대표적 사례다.

> 여섯 종류의 가축 중에 개가 최고로 천하다. 똥을 먹고 지극히 더럽게 길러지며, 제사상에도 오르지 못하고 지극히 비루하게 쓰인다. 삼척동자三尺童子도 개에게 절을 시키면 발끈 화를 내고, 천한 아랫것들도 개와 비교하면 매를 맞는 것보다 아프게 여긴다. 어찌 가장 더럽게 길러지고 가장 비루하게 쓰이는 동물이 아니겠는가?[38]

이 대목에서는 입전 대상인 개에 대한 세속의 통념을 서술하였다. 빈부귀천이나 남녀노소를 막론하고, 지극히 미천하고 비루한 동물에 지나지 않는다는 개의 일반적인 속성을 내세워 우의를 시작한다. 그

37 의롭고 충성스러운 개 이야기는 주로 실제 사건과 더불어 민간에 떠도는 이야기를 서술한 것이 대부분이다. 자세한 내용은 권오성, 「〈義狗傳〉攷」, 『한민족어문학』 10권, 한민족어문학회, 1983. 참조

38 李惟弘, 『艮庭集』 권3, 〈義狗傳〉, 437면. 六畜之中 狗最賤 食以糞 養至穢也 不登俎 用至陋也 尺童使之拜 則艴然怒 下賤與之比 則痛於箠 豈非養至穢用至陋也.

러나 서사가 전개될수록 그렇게 비천한 개조차도 주인에 대한 의義를 지키는데, 하물며 국가의 작록爵祿을 받는 조정의 신하들이 국가가 위태로울 때 자신의 안위만을 도모하고 사직社稷의 존망存亡은 돌보지 않는 세태로 논의를 확장시킨다. 개는 작자가 평소 사람에게 천대 받지만 주인에게 충성스러운 그 이미지에 기대어 잘못된 인간과 세태를 풍자하기 위해 의도적으로 설정한 소재다.

나아가 개처럼 하찮은 존재로 비유되는 인물 중에도 진정한 의인義人이 숨어 있으며, 그들은 평소 부당한 대우를 받을지언정 위기가 닥치면 진정으로 나라를 구하고 군주를 보필하는 인재人才로 거듭난다. 그러나 상대적으로 인품이 고결하다고 알려진 문무백관들은 국가적 위기를 당하면 나라의 안위를 뒤로 한 채 일신一身의 안녕을 도모한다. 이런 현실을 우의하려는 의도에서 시작된 서두는, 작자가 임진왜란을 겪으며 관직에서 목도한 사실에 근거하여 이후 서사를 풀어나간다.

이렇듯 의로운 개에 대한 이야기는 실재 사건과 더불어 입전된 경우가 대부분이다.[39] '據事直筆, 傳範於後'라는 전傳의 기본 성격에 따라 세간에 전해지는 사건을 기술함으로써 사람보다 나은 동물[개]을 등장시킨다. 그리고 이를 통해 세인世人을 훈계하고 세태를 풍자하였으니, 우의의 소재로는 제격이다. 동물의 기적이행奇蹟異行을 모티브로 한 우언['---전傳']은 조선후기로 갈수록 더욱 다양하게 저작되었으며, 이후 야담野談에도 영향을 끼쳤다.[40]

39 당시 세간에는 동물로서 의義, 충忠, 보은報恩을 실행한 이야기가 많았다. 특히, 임진왜란 때 이경류李慶流의 피 묻은 옷과 유서를 물고 고향집으로 돌아온 뒤에 죽은 말[愛馬], 술에 취해 잠든 주인을 화재에서 구하려고 온몸에 물을 적셔 오가다 죽은 개[忠犬] 이야기가 널리 회자되었으며, 지금도 그 무덤과 비석이 남아 전한다.

2) 시대적 모순 포착과 풍자諷刺의 강화

정상적인 생활을 불가능하게 만든, 항아리만한 혹이나 방자한 쥐들의 행태, 그리고 호구虎口에 쫓기는 일 등은 작자를 비롯하여 당시 많은 사람들이 감수했던 부정적 상황을 비유한다. 그러나 산도깨비들이 출몰하는 한밤중의 산속이나 밤낮없이 쥐들이 설쳐대는 어지러운 집안과 사냥에서 범에게 쫓기는 상황을 사실적으로 묘사한 데는 작자 나름대로 인식한 모순과 비리가 존재했기 때문이다. 그들이 현실에서 마주한 시대적인 모순은 무엇인지 살펴보자.

> 을乙이라는 사람의 이마에도 혹이 있었는데, 거의 갑甲의 혹만큼 컸다. 그는 갑甲이 혹을 떼고 왔다는 소문을 듣고는 망설이다 찾아가서 물었다. 갑甲이 사연을 모두 이야기해주자, 매우 기뻐하면서 곧바로 갑甲이 묵었던 곳으로 가서 기다리고 있었다. 한밤중이 되자 과연 산도깨비들이 북을 치고 시끄럽게 떠들면서 다가왔다. 을乙은 미리 일어나서 갑甲이 했던 것과 똑같이 어지럽게 춤을 추었다.
>
> 산도깨비들이 와서 기뻐하며 말하기를, "신용이 있구나." 하고 서로 함께 실컷 놀다가 헤어졌다. 마침내 을乙에게 말하기를, "자네가 약속을 어길까 걱정스러웠기 때문에 혹을 떼어가 징표로 삼았는데, 자네가 이미 왔으니 자네의 혹을 돌려주겠네." 하고 즉시 가져갔던 갑甲의 혹을

40 18세기 전후로 발흥하여 이후 전성기를 누린 야담野談에도 온갖 동물이 등장한다. 특히, 임매任邁의 『잡기고담雜記古談』에 실린 〈보은작報恩鵲〉은 주인에게 은혜를 갚은 까치 이야기이다. 자신을 아끼고 길러준 여주인의 유복자가 천연두에 걸려 죽을 지경에 이르자, 문득 날아와 그 코를 쪼아 검붉은 피를 쏟게 하여 소생시킨다. 이밖에도 야담에는 범[虎]과 말[馬]을 비롯하여 우리 주변에서 흔히 볼 수 있는 동물이 주인에게 충실하거나 보은하는 내용이 많다. 이채경, 『18세기 野談의 敍事方式과 主題具現－『雜記古談』, 『東稗洛誦』, 『雪橋漫錄』, 『鶴山閑言』을 중심으로』, 성균관대 박사학위논문, 2014. 참조

> 을乙의 이마에 붙여주고 가버렸다. 그 혹의 모양이 마치 두 채의 집이 서로 마주보고 있는 것 같았다. 을乙은 크게 통곡하면서, "하나의 혹도 감당하기 어려운데, 하물며 혹이 둘이나 되다니." 하고는 드디어 골짜기에서 목을 매어 죽었다.[41]

앞서 갑甲은 집에서 쫓거나 한밤중에 산도깨비들과 마주치지만 두려움을 견디며 현명하게 처신함으로써 혹을 떼어내고 집으로 돌아왔다. 그런데 甲의 이야기를 듣고 그대로 따라한 을乙은 자신의 혹을 떼어내기는커녕 도리어 혹을 하나 덧붙이고 만다. 이것은 자기 처지를 제대로 인식하지 못한 채 남의 흉내만 내며 바르게 처신하지 못했기 때문이다. 즉, 갑甲은 혹 때문에 집을 나가 산으로 가고 도깨비와 소통하는 등 주체적으로 고민하고 행동하며 탐욕[혹]을 버리는 데 성공했다. 그러나 을乙은 아무런 고민이나 계획도 없이 손쉽게 문제를 해결하려다가 더 큰 재앙을 불러들였다.

여기서 을乙은 타인의 힘과 능력에 힘입어 자기 이익과 영달을 추구하는 인물을 나타낸다. 이러한 인물은 작자가 살던 당시에도 있었으리라. 그들은 나라를 위한다는 명분 아래 더 많은 이익과 더 높은 관직을 추구하며 권력자 가까이서 도움을 받고자 했다. 작자는 이런 정치 사회적인 모순을 인식하고, 부정한 방법으로 일신의 영익榮益을 추구하다가 도리어 화해禍害를 당하는 경우를 수차례 예감豫感하고 목도目睹했다. 때문에 자기 처신을 고민하며 갑甲처럼 살고자 했

41 姜沆,『睡隱集』권3,〈瘤戒〉, 69면. 某乙額又有瘤 幾如某甲之大 聞甲之失瘤 盤跚往問之 甲悉告之故 喜甚 直造甲所寢息地而胥之 夜半 山鬼果擊鼓讙叫而至 乙豫起亂舞 一如某甲之爲 山鬼至 喜曰有信哉 相與盡懽而罷 遂謂乙曰 恐公失信 故取瘤爲信 公旣能來 可還公瘤 遂取甲瘤安之乙額而去 對峙如雙家 乙大慟曰 一瘤之不堪 而況兩瘤耶 遂自經於溝瀆死.

으며, 이를 자기 경계로 삼는 동시에 작품화 했다.

한편, 사람을 업신여기며 제멋대로 설치는 쥐들로 인해 괴로움을 당하던 나는 해결방안을 모색하기에 이른다. 이웃집에서 고양이를 빌려온 것이다.

> 나는 몹시 걱정하다가 이웃집에서 고양이 한 마리를 빌려와 으슥한 데 놓아두고 쥐를 잡게 해보니, 그 고양이는 쥐를 물끄러미 쳐다보기만 할 뿐 전혀 잡으려 들지 않았다. 또 쥐들과 한패가 되어 장난을 치니, 쥐들은 쥐구멍 앞에 떼를 지어 모여 더 심하게 횡포를 부렸다. 이에 나는 한숨을 쉬며 탄식하였다. '이 고양이는 사람의 손에서 길러져 제 직분을 게을리 하니, 나라의 법관이 부정한 짓을 한 자를 제재하는 일에 힘쓰지 않고, 장수가 적을 방어하는 일에 힘쓰지 않는 것과 무엇이 다르겠는가.' 오래도록 개탄하다가 멍하니 장차 떠나야겠다고 생각했다.[42]

쥐들의 횡포를 견디다 못한 나는 마침내 이웃집 고양이를 빌려와 집안에 풀어놓는다.[43] 그러나 쥐를 잡아 주리라 기대했던 고양이는 오히려 쥐들과 어울려 장난을 치며 논다. 결국 쥐로 인한 폐해는 점점 더 커져간다.[44] 기가 막힐 노릇이지만, 그 고양이는 사람에게 먹

42 崔演, 『艮齋集』 권11, 〈猫捕鼠說〉, 192면. 吾頗患之 倩隣家貍奴置突奧使捕之 則見其鼠 熟視之若無覩 豈徒不捕 又從而狎之 群聚校穴 橫恣益甚 余乃嗟然歎曰 此貓受人育怠其職 何異法官不勤觸邪 强吏不勤扞敵哉 忼慨久之 憮然有逝將去汝之歎.

43 『망양록亡羊錄』 가운데 '고양이 목에 방울 달기' 이야기에는 고양이의 사나움에 두려워하는 쥐들의 대처방법이 재미있게 그려져 있다. 李光庭, 『訥隱集』 권21, 437면.(『한국문집총간』 187권) 참조

44 성현成俔의 『부휴자담론浮休子談論』 우언편寓言篇에 실린 〈강가에 사는 노인〉 이야기에서도 비슷한 상황이 전개된다. 노인은 쥐를 잡기 위해 처음에는 살쾡이를 키우지만, 쥐를 다 잡아먹은 살쾡이는 오만해져서 그를 얕잡아본다. 그래서 다음

이를 얻어먹으며 길러졌기 때문에 애써 쥐를 잡을 필요를 느끼지 못한다. 그래서 쥐를 잡아야 하는 책임을 게을리 할 수밖에 없다. 이처럼 자기 직분을 망각한 채 부화뇌동附和雷同하며 부귀영화를 좇아 이합집산離合集散하는 세태는 비판과 풍자의 대상으로 포착되었다.

앞서 살펴본 바에 따르면, 쥐들은 당시 정치 사회를 어지럽힌 권신權臣들을 대변한다. 그리고 여기서 등장하는 이웃집 고양이는 그런 권신들과 영합하여 백성을 도탄塗炭에 빠트리고 나라를 더욱 어지럽히는 무리를 지칭한다. 이런 부류가 만연하고, 그들로 인해 발생한 피해가 팽배하던 상황에 대해 작자는 심한 위기의식을 느꼈다. 법관이 죄인을 다스리지 않고, 장수가 적을 방어하는 데 힘쓰지 않으면, 나라는 위태로워질 수밖에 없고, 결국 주인이 집을 버리고 떠나듯 백성들의 마음도 떠나가게 되는 것이다.

그러나 떠나기로 마음먹었던 나는 다시 한 번 쥐들을 없애고자 노력한다.

> 며칠 후에 어떤 사람이 와서 말하기를, "우리 집에 고양이가 있는데, 매우 사납고 날쌔어 쥐를 잘 잡는다." 하였다. 마침내 구하여 데려와 보니, 부릅뜬 눈동자는 금빛으로 번쩍이고 무늬진 털빛은 표범 가죽 같았다. 이빨을 갈고 발톱을 펼쳐 밤낮으로 집 주위를 맴돌며 살피고, 쥐구멍 가까이 가서는 조용히 코를 대보아 쥐 냄새를 맡으면 움직이지 않고 버티고 앉아서 허리를 웅크리고 귀를 세우고 있다가, 쥐 수염이 구멍에서 흔들리는 것을 보자마자 쏜살같이 달려들어 머리를 깨부수고 창자를 끌어내며 눈알을 파내고 꼬리를 잡아 빼버리니, 열이틀도 안 되어 쥐떼

에는 사나운 개[韓盧]를 들여와 살쾡이를 몰아내지만, 결국 세상에 무서울 게 없어진 개는 아들의 발을 물고, 노인의 얼굴마저 물어버린다.

가 잠잠해졌다. 그리하여 다섯 가지 잔재주[45]를 부리지 못하게 되니, 두 문이 말끔해지고, 구멍이 거미줄로 봉해져 그 전에 찍찍거리며 횡포를 부리던 자취가 깨끗이 사라지고, 집기나 의류 등 물건이 하나도 손상되지 않았다.[46]

아무리 힘든 상황에서도 문제를 해결하려는 의지만 있으면 방법도 있게 마련이다. 나는 드디어 사납고 날쌘 고양이를 구해 데려온다. 그런데 이 고양이는 처음부터 범상치 않은 생김새와 행동을 보이며 순식간에 집안을 장악한다. 또 끈질기고 영리한 방법으로 쥐를 잡아 무자비하게 죽여 버리는 것이다.[47] 여기서도 문제적 사건에 대한 작자의 뛰어난 묘사가 전체적인 분위기를 주도하며, 나아가 작자는 시대적 모순에 대한 대응 의지와 방법을 피력하면서 풍자諷刺를 강화하였다.

---

45 『오주연문장전산고五洲衍文長箋散稿』 제16집, 〈기후월령변증설氣候月令辨證說〉에서, 허신許愼은 "석鼫은 『자서字書』에, '다섯 가지 기술을 가진 쥐[五技鼠]다.'라고 했는데, 날 수는 있으나 건물의 지붕[屋]을 지나가지 못하고, 나무를 탈 수는 있으나 나무 끝까지 올라가지 못하며, 헤엄칠 수는 있으나 골짜기를 건너지 못하고, 굴을 팔 수는 있으나 제 몸도 가리지 못하며, 달릴 수는 있으나 사람보다 앞서지 못한다. 후鼩·준鼨·작서雀鼠는 모두 석서鼫鼠인데, 석서를 일명 오기서五技鼠라고 한다."라고 하였다.

46 崔演, 『艮齋集』 권11, 〈猫捕鼠說〉, 192면. 居數日 有人來言 吾家有貓 甚猛且武 善捕鼠 遂求而致之 則豎瞳迸金 文毛斑豹 磨牙張瓜 晝巡夜伺 臨其穴軒兮引鼻 得鼠氣則凝蹲不動 拳腰弭耳 俄見鬚搖其穴 則動無不捷 碎首屠腸 抉目捎尾 不浹辰 鼠黨帖伏 五技已窮 兩門若灑 穴封蟲絲 向之礫礫者 肅然蹤滅 汁器服物 一無損壞.

47 "쥐의 폐해와 고양이를 이용한 쥐의 토벌에 관한 이야기는 일상생활 속에서 손쉽게 경험할 수 있었던 것일 뿐만 아니라, 그로 인해 조정을 문란하게 하는 간신배를 쥐에 비의比擬하고 간신배를 물리치는 충신에 고양이를 비의하는 문학적 전통은 이미 보편화되어 있었다." 윤승준(1999), 전게서 59면 인용

작자는 조정에서 안위와 영달을 추구하는 권신이나 외척들을 잔재주나 부리며 집안을 어지럽히는 쥐들에 비유한다. 또 그들이 득세할 수 있는 분위기 자체가 커다란 모순임을 깨닫고 위기의식을 느꼈으며, 이에 현명하게 대처함으로써 자신은 물론 나라를 구하고자 했던 것이다. 처음과 달리 나중에 등장하는 사납고 날쌘 고양이는 내가 처한 위험과 피해를 해결하는 용맹스럽고 의로운 동물이다. 다 같은 고양이를 소재로 하면서도 특성과 행동이 서로 다른 동물을 대비시킴으로써 풍자의 강도를 높인 셈이다.

논의는 다시 〈의구전義狗傳〉으로 돌아간다. 위험에 처한 주인의 목숨을 구한 개를 입전함으로써, 세상에서 인간의 도리를 다하지 못하고 조정에서 인신人臣의 도리를 다하지 않는 사람을 우의하고, 그런 사람들이 득세하여 어지럽혀진 현실을 풍자하는 기법이 뛰어나다.

> 아! 개가 맡은 직분은 낯선 사람을 보고 짖는 것이다. 처마 밑에서 잠을 자다가 주인이 아니면 짖으니, 이것만으로도 맡은 책임을 다하는 것이다. 그런데 누가 그에게 주인의 목숨을 구해야 한다고 책하겠는가. 그러나 네 마리의 개는 사나운 범에게 물린 위험에서 주인을 구해냈으니, 진실로 기이한 일이다. 만일 김씨가 일찍이 네 마리의 개가 죽음에 처한 자신의 목숨을 구할 줄 알았더라면, 아마도 개들을 지극히 더러운 것으로 기르지 않고 맛난 고기로써 길렀을 것이며, 천한 아랫것들은 개와 비교하는 것을 부끄러워하지 않았을 것이며, 삼척동자도 달갑게 몸을 굽혀 절을 했을 것이니, '사람보다 나은 개[狗中人也]'라고 이를 만하다.[48]

48 李惟弘, 『艮庭集』 권3, 〈義狗傳〉, 437면. 噫 狗之職司吠人 而睡於簷鈴之下 吠非其主 斯亦盡矣 孰責其救主命哉 然四狗者 能救主於猛虎之口 誠異矣 如使金姓人早知四狗之能救其死命 則其不以養之至穢而以粱肉 下賤不曾羞與之比 而尺童亦甘心於傴僂矣 可謂狗中人也矣.

보통 전傳에서 사실적인 묘사는 당대 현실에 대한 작자의 관심을 반영하고, 현실의 모순이나 병폐에 대한 비판의식은 논평에서 드러난다. 인물전에서는 입전된 사람의 행적을 바탕으로 그 인물과 행위에 대한 포폄褒貶이 논평의 주를 이룬다. 그러나 동물전에서는 입전된 동물에 대한 세속의 통념이나 일반적인 속성과 이미지를 전제한 포폄과 더불어 현실에 대한 입전자의 비판의식이 더욱 강한 어조로 드러난다.[49] 왜냐하면, 인물전에서는 입전된 사람의 말이나 타인과의 대화를 통해 작자의 관심과 인식을 드러낼 수 있지만, 동물전에서는 서사에 말이나 대화를 개입시킬 여지가 없으므로 논평에 의지할 수밖에 없다.

대체로 개의 직분은 낯선 사람을 보면 짖어서 주인을 경계시키는 것일 뿐, 주인이 위험에 처했을 때 목숨을 구해야 할 책임까지 요구되지는 않는다. 그런데 김씨의 개 네 마리는 기꺼이 범에게 달려들어 주인의 목숨을 구했으니, 그 의로움을 높이 살 만하다. 사람보다 비천한 동물이지만, 사람으로서도 실행하기 힘든 일을 해냈다는 사실에 비중이 실린다. 이는 바꿔 말하면, 당시 그런 의행義行을 실천할 사람이 필요했다는 말이다. 자기 몸을 헌신함으로써 위태로운 정국을 안정시킬 인재가 없음을 역설적으로 비판한 것이라고 볼 수 있다. 이러한 모든 정황상 작자가 의구義狗를 지칭한 '사람보다 나은 개[狗中人也]'라는 말은 시대적 모순의 역설적 비판인 동시에 풍자의 강도를 최고치로 끌어올린다.

---

49 동물전은 첫째, 입전 대상의 일생을 그린 것이 아니라 특정한 사건이나 행동을 중심으로 구성된 점, 둘째, '도입부-전개부-논평부'로 이루어진 전傳의 일반적인 서술방식을 따르지 않는 점, 셋째, 입전된 행적이 포폄褒貶의 양면 가운데 포褒에 해당하는 내용만 기술된 점에서 인물전에 비해 일정한 한계를 지닌다.

3) 비판적 인식 표출과 우의寓意의 검증

혹을 떼려다가 하나 더 붙인 사람의 이야기는 작자가 일본에서 견문한 이야기를 기록했다고 밝혔지만, 강항姜沆 자신의 일대기와 결부된 내용이다. 그는 일본에 포로로 잡혀갔다가 귀국한 뒤 더 이상 관직에 나아가지 않으며 고향에서 여생을 마쳤는데,[50] 출사와 현달에 대한 작자의 인식은 글의 마지막 부분에 표출되어 있다.

> 나는 포로로 잡혀갔다가 살아 돌아왔기에 세상에서 버림을 받았고, 나도 세상과 서로 잊고 지낸 지 오래 되어 자신이 일찍이 벼슬했던 사실까지도 알지 못한다. 가까운 이들이 간혹 권하여 말하기를, "그대가 영진榮進에 뜻을 끊은 것은 비유컨대 환관宦官이 여자에 대한 마음을 끊은 것과 같으니, 어찌 장차 벼슬을 구하여 버림받은 치욕을 씻어버리지 않는가."라고 하면, 나는 이렇게 대답했다. "설사 구한다 하더라도 누가 곧바로 그것을 주겠으며, 이전의 치욕도 아직 씻지 못하고서 다시 이후의 치욕을 얻을까 염려되네. 이것은 을乙이 혹 하나를 떼려다가 다시 혹 두 개를 얻은 것과 무엇이 다르겠는가." 권하던 사람이 크게 한숨짓고 가버렸다.[51]

---

50 그의 작품 〈우계牛戒〉는 이런 자신에 대한 자족적인 표현으로 출세지향주의를 비판하고 있다. 굶주린 소가 지나치게 여물을 탐하다가 배가 터져 죽는 상황을 만물의 영장인 인간에게 적용시켜 경계한 글이다. 姜沆, 『睡隱集』 권3, 〈牛戒〉, 69면 참조.

51 姜沆, 『睡隱集』 권3, 〈瘤戒〉, 69면. 日東僧舜首座 爲余談是事 余以俘擄生還見棄於昭世 余又與世相忘久 而不知身之曾忝一命也 所親或勸之曰 君之絶意於榮進 譬如黃門之絶意於房室 盍且求之 以洒廢棄之恥乎 余應之曰 籍令求之誰卽與之 前恥之未洒 而竊恐更得後恥 此與某乙欲去一瘤而更得雙瘤何異 勸者太息而去.

우언 산문은 모두 권계勸戒와 풍자諷刺를 목적으로 한다. 특히 '---계戒', '---설說', '---전傳'이라고 불리는 우언에서는 작자가 평설(또는 논평) 부분에 저술 의도를 밝히면서 교훈을 전달한다. 그런데 일화는 단순한 이야기가 아니라 비판적인 시각에서 비롯된 풍자일 가능성이 높다. 물론 개중에는 교훈을 뒷받침할 수 있는 단순한 예시나 흥미로운 일화도 있다. 그러나 자기 주변의 인물이나 상황에 대해 직설적으로 언급하여 고발할 수 없을 때는 빗대어 풍자하게 되는 것이다. 여기서는 대화를 통해 당시의 상황에 대해 비판적인 시각을 드러내면서 자신을 훈계하는 형식을 취하고 있다.

현실에서 그는 적의 포로가 되었다가 살아 돌아왔기 때문에 얼마간 정계政界와 동떨어져 지냈다. 때문에 관직에서 물러나야 했을 뿐만 아니라 주변 사람들에게 오해를 받기도 했을 터다.[52] 이런 그가 과거에 지녔던 관직과 누렸던 영달을 버리는 것은, 남들에게 환관宦官이 여자에 대한 관심을 끊은 것처럼 비춰진다. 이렇듯 자신의 충심衷心을 몰라주는 세태에 대한 작자의 비판적인 시각은 작품에 직접 드러남과 동시에 자기 경계로 이어진다. 그렇지 않아도 포로로서 귀환한 자신을 부끄럽게 여기는데, 남들의 의심과 오해 속에 굳이 다시 관직을 구하는 것은 혹 하나를 덧붙이는 결과와 마찬가지라고 부단히 자신을 설득하면서, 이후 종신토록 관직에 나아가지 않았다.

강항姜沆은 작품 말미에 덧붙인 평설에서 당시 자신이 느낀 시대

52 그가 '살아 돌아왔기에 세상에서 버림을 받았다'고 한 말은 의미심장하다. 만약 자신이 포로생활 도중에 죽었다면 충신으로 알려졌을지도 모른다. 그런데 왜국에 잡혀갔다가 살아 돌아왔기 때문에 스스로 부끄럽게 여겼으며 남에게 의심을 받기도 했을 것이다. 이와 관련된 내용은 윤지훈, 「雪橋 安錫儆의 對日認識과 〈姜沆傳〉」, 『한문고전연구』 제17권, 한국한문고전학회, 2008. 103-125면 참조

적 모순과 부조리한 현실에 대한 부정적 인식을 표출하며, 이를 통해 앞서 혹을 떼려다가 하나 더 붙인 사람의 이야기가 우의하는 바를 검증하려 애쓴다. 그것은 논리적인 문장으로 상대를 설득하기 보다는 흥미로운 이야기로 비유하는 것이 훨씬 효과적인 방법임을 강조함으로써 우의성을 담보하려는 의도임에 틀림없다.

그러면 권신들의 행태로 심한 위기의식을 느끼며 당대의 정치 사회적인 모순을 인식한 최연崔演이 어떤 결론을 내리는지 살펴본다.

> 대체로 쥐는 본디 숨어사는 부류로서 항상 사람을 겁내는데, 전에 그처럼 횡포를 부리고 피해를 끼친 것이 어찌 심원한 꾀와 대담한 배짱이 있어서 사람을 깔본 것이겠는가. 다만 사람이 그것들을 막는 방법을 알지 못했기 때문에 그처럼 제멋대로 굴어 이 지경에 이른 것일 뿐이다. 아! 사람은 쥐보다 신령스럽지 못한 것도 아닌데 쥐를 제지하지 못했고, 고양이는 사람보다 신령스럽지 못한데도 쥐는 고양이를 두려워하였으니, 하늘이 만물을 세상에 내면서 이처럼 제각기 지켜야 할 직분을 부여한 것인가. 지금 만물의 영장인 인간으로서 명예를 훔쳐 의리를 좀먹고, 이익을 탐하여 남을 해치는 짓을 쥐보다 심하게 하는 자들이 많으니, 국가를 소유한 자가 어찌 그들을 제거할 방법을 생각하지 않을 수 있겠는가? 나는 고양이가 쥐를 잡는 것을 보면서 마치 부정한 자를 제거하는 것과 비슷하였으므로 마음속에 느낀 점이 있어 마침내 설說을 지었다.[53]

작자가 판단하기에, 쥐가 사람을 무서워하지 않고 횡포를 부리며

53 崔演, 『艮齋集』 권11, 〈猫捕鼠說〉, 192면. 夫鼠本陰類 常怯怕於人者 向之暴耗 豈有深謀遠識 大膽壯力 能凌侮於人哉 特以人不知禦之之術 故逞其狡縱 至於如彼耳 嗚呼 人非不靈於鼠 而不能制鼠 貓非有靈於人 而鼠畏其貓 天之生物 各有職守有如是夫 今夫圓首方足 盜名蠹義 貪利害物 甚於鼠者多矣 有國家者 盍思所以去之之道乎 吾觀貓之捕鼠 有似乎去邪 而竊有感焉 遂作說.

피해를 준 것은 쥐의 잘못이 아니다. 심원한 꾀와 대담한 배짱도 없는 쥐가 사람을 괴롭힌 것은 결국 현명하게 대처하지 못한 사람의 잘못 때문이다. 당시 정권 획득을 위한 암투에 열중하던 권신들의 횡포를 막을 사람은 아무도 없었다.[54] 게다가 충신의 간언諫言을 멀리하고 간신의 감언甘言을 따르며 눈앞의 안일을 도모하던 군주는 혼란한 정국을 바로잡을 힘이 없었다. 심지어 믿었던 중신들마저 가세함으로써 폐해는 더욱 커질 수밖에 없었다. 그래서 이러한 난국을 해결할 수 있는 충신[사나운 고양이]을 투입하게 된 것이다.

작품에는 사람이 해결하지 못한 문제를 단기간에 말끔히 처리하는 고양이가 등장하지만, 실제로 당시의 혼란한 정국을 안정시킨 충신은 없었다. 이런 상황에서 작자는 군주의 현명함을 촉구한다. 인간이 사나운 고양이를 시켜 쥐들의 자취를 사라지게 하듯이, 군주는 명예를 훔쳐 의리를 좀먹고 이해를 탐하여 남을 해치는 자들을 제거할 수 있어야 한다. 최소한 그런 능력을 지닌 충신을 가려 쓸 수 있어야 하는 것이다. 작자는 이처럼 간절한 바람을 작품 속 이야기에 투영하고 비판적 인식을 작품 말미의 평설에 표출하면서 다시 한 번 우의를 검증하고 있다.

이유홍李惟弘이 의로운 개를 내세워 우의한 의도는 다음과 같다.

> 임금이 신하를 대할 때 녹봉으로써 길러주고 작위로써 영화롭게 하

54 김안로金安老는 당시 대표적인 권신에 속한다. 그는 1519년 기묘사화己卯士禍로 조광조趙光祖 일파가 몰락한 뒤에 발탁되어, 아들이 중종中宗의 부마가 되자 권력을 잡고 전횡을 일삼았다. 1531년에는 동궁東宮[仁宗]의 보호를 구실로 실권을 장악하고 수차례 옥사獄事를 일으켰으며, 그 해에 최연은 김안로의 전횡을 고변하다가 탄핵을 받았다. 『조선왕조실록』 중종 26년(1531), 10월 23일 참조

면, 은혜가 지극히 두텁고 총애가 지극히 높아질 것이다. 한 번 재앙이 닥치거나 난리가 일어나면 버려두고 떠나가는 자는 '개보다 못한 사람[人中狗也]'이다. 이런 때를 당하여 벼슬하지 않고 초야에 묻혀 사는 신하는 지극히 더러운 것으로 길러지고 지극히 비루한 곳에 쓰이던 자들인데, 이들이 도리어 공을 세운다. 한漢나라의 기신紀信[55]이나 당唐나라의 뇌해청雷海淸[56]이 어찌 김씨의 개와 다르겠는가? 나는 이 개를 의롭게 여겨 글로써 기록해둔다.[57]

의구義狗에 대한 이야기를 하고 있지만, 은연 중 현실정치에 대한 작가의 비판의식을 표출하고 있다. 이유홍은 광평대군廣平大君 여璵의 6세손으로, 광해군光海君이 인목대비仁穆大妃를 유폐시키려는 것을 극력 반대하다가 탄핵을 받고 강계江界로 유배당하기도 했다.[58]

55 기신紀信은 한漢나라 고조高祖[劉邦]를 섬긴 무장武將으로, 유방이 팽성彭城에서 초楚나라 항우項羽에게 참패하여 형양성滎陽城으로 달아나 고립되었을 때, 유방인 것처럼 행세하며 탈출을 돕다가 살해되었으나, 이후 유방은 그에게 녹훈錄勳하지 않았다. 조선후기에 장유張維는 '한 고조가 기신을 녹훈하지 않은 데 대한 논의'를 펼친 바 있다. 張維, 『谿谷集』 권3, 〈漢祖不錄紀信論〉 67면.(『한국문집총간』 92권) 참조

56 뇌해청雷海淸은 당唐나라 현종玄宗 때 악공樂工으로, 임금의 파천播遷을 마음 아파하고 역적이 퍼져 일어나는 것을 분하게 여겨 악기를 땅에 던지고 서쪽을 향해 통곡하였다. 이후 천한 신분에도 절의節義를 행한 인물로 평가되며, 이유홍 역시 그런 점을 염두에 두고 기신과 함께 뇌해청을 거론하였다.

57 李惟弘, 『艮庭集』 권3, 〈義狗傳〉, 437면. 人君待臣下 養以祿 榮以爵 恩至厚寵至極矣 一有禍亂 委而去之者 人中狗也 當此時 草莽輿儓之臣 養至穢 用至陋者 乃反收功 紀信之於漢 雷海淸之於唐 豈非金姓人之狗乎 余義是狗 爲書以識.

58 『조선왕조실록』 광해군 즉위년(1608)을 살펴보면, 2월 13일에는 행 대사헌 김신원金信元 등이 영의정 유영경柳永慶과 그 심복들을 파직시키라고 합계하였으며, 9월 19일에는 유영경을 경흥부의 위리안치 된 곳에서 자진토록 하고, 이유홍 등은 귀양 보내어 위리안치시켰다고 기록되어 있다.

그가 관직에 있던 선조 말년과 광해조에는 전란과 당쟁의 소용돌이 속에서 혼란이 거듭된 시기였다. 당시의 정국을 보면, 당쟁에 겨를이 없던 중앙관료들은 임진왜란이 일어나자 국왕을 따라 의주義州로 가서 명明나라 지원군에 의존할 뿐, 직접 나서서 싸운 자는 거의 없었다.

또 전란으로 인해 이농離農 현상이 늘어나면서 민생이 곤란해지고 민심이 험악해지자 도처에서 민란이 일어났다. 그럼에도 불구하고 조정신료들은 당파적 이해관계에만 얽매여 있었으며, 오히려 왜적에 대항하여 일신의 안위를 돌보지 않고 싸운 의병은 대부분 초야에 묻혀 살던 이름 없는 선비들이었다. 이러한 현실을 직접 목도한 작자는 위험에 처해서도 주인과의 의義를 저버리지 않은 개의 행동이 남달리 가슴에 와 닿았고, 그것은 곧 군신간에 충의忠義를 저버린 현실에 대한 비판적 성찰과 풍자로 이어졌다.

그가 작품 말미에서 기술한 '개보다 못한 사람[人中狗也]'은 앞서 언급한 '사람보다 나은 개[狗中人也]'와 더불어 대조를 이루며 우의寓意의 대상을 극명하게 보여준다. 작품에 굳이 개[狗]를 소재로 삼은 의도와 함께 이전투구泥田鬪狗라고밖에 형언할 수 없던 상황을 접한 작자의 인식을 두 구절에 압축해 놓은 것이다. 여기에 덧붙여 기신紀信과 뇌해청雷海淸의 사례를 인용함으로써 절대적 충렬忠烈과 절의節義를 실천한 동물을 입전한 우의를 검증하고 있다.

4. 결론

지금까지 조선후기에 출현한 우언 산문 〈유계瘤戒〉, 〈묘포서설猫捕鼠說〉, 〈의구전義狗傳〉을 중심으로 그 양상과 특징을 살펴보았다.

우언 산문에서 작자가 부정적인 상황을 제시함으로써 우의하는 방식은 이상적인 질서와 가치가 구현되지 못하는 현실에서 모순을 인식하고, 이를 직접 비판할 수 없을 때는 연관된 이야기를 빌려 간접적으로 표현하게 된다. 여기서 무엇보다 중요한 점은, 작자가 현실적인 문제를 인식하고 부정적인 상황극복을 촉구한다는 사실에 우의의 핵심이 있다. 따라서 비판적인 시각과 아울러 풍자적인 성향이 강하게 드러나는 것이다.

이제 세 작품에서 보이는 양상과 특징을 종합하여 요약함으로써 결론을 대신한다.

첫째, 다양한 소재 선택과 장르의 확대. 작자들은 당시 혼란스럽고 부정적인 상황을 작품에 담아내기 위해 혹과 산도깨비, 쥐와 고양이, 개와 범 등 다양한 이물異物과 동물動物을 소재로 삼았다. 그리고 '---계戒' '---설說' '---전傳'으로 장르를 확대하면서 사실적인 묘사를 통해 시대상과 사회상을 대변하고 있다. 이런 양상은 당쟁과 전란으로 피폐해진 현실을 보다 효과적으로 표현하려는 의도에서 비롯되었으며, 이후 더욱 변화 발전된다.

둘째, 시대적 모순 포착과 풍자諷刺의 강화. 작자들은 직접 경험한, 당쟁과 전란으로 인한 정치 사회적인 상황을 위기로 인식하고, 그런 시대적 문제와 세태의 모순을 포착하여 자신의 처지와 결부시켜 비판함으로써 자신은 물론 타인의 경계로 삼았다. 작품에서 탐욕스레 영익榮益을 추구하고 부화뇌동附和雷同하는 인간의 모습은 사물의 특성과 이미지를 비롯하여 서로 다른 동물의 대비와 역설을 통해 더욱 강화된 풍자를 보여준다.

셋째, 비판적 인식 표출과 우의寓意의 검증. 작자들은 작품 말미에 덧붙인 평설(또는 논평)에서 시대적 모순과 부조리한 현실에 대한 비판적 인식을 표출하고, 서사 속 우의를 검증하였다. 예를 들어, 먼저 자신들의 간절한 바람을 작품에 투영하면서 자신이 선택한 소재와 장르에 비판과 풍자를 담아내고, 이어 평설에서는 인간과 동물의 특성을 대비시키거나 작가 인식이 압축된 구절을 배치함으로써 우의寓意의 대상을 극명하게 보여주며 그것을 검증한다.

제2장

〈최척전〉에서의 동아시아 인식

—서사 배경 및 형상화를 중심으로

1. 서론

전기傳奇는 중국 당대唐代를 대표하는 문학 양식으로, 우리나라에서는 나말여초羅末麗初에 출현하였다. 당시 문인들은 전기를 새로운 예술 양식으로 창출했는데, 신라新羅 문인층文人層의 일부는 고려高麗의 문신文臣으로 자리 잡았다. 전기 작가는 대부분 애정갈등을 주제로 하여 사회 모순을 반영하고, 아울러 자신의 불우한 처지와 불평한 심경心境을 담아냈다. 그리고 조선朝鮮에 이르면 다양한 인물을 등장시켜 신비롭고 낭만적인 작품은 물론, 역사적 전란戰亂을 사실적으로 표현하면서 근대 소설에 가까운 양상을 띠기도 한다.

전기에 대해서는 기존 학자들에 의해 다양한 연구가 전개되었는데,[1] 본고와 직접 관련된 논문은 대략 다음과 같다. 먼저 임형택 교수

1 임형택, 「羅末麗初의 傳奇文學」, 『韓國文學史의 視角』, 창작과 비평사, 1981.; 윤재민, 「전기소설의 인물 성격」, 『민족문화연구』 28호, 고려대 민족문화연구소,

는 설화說話와 구분되는 전기의 특징으로, 작자의 창작성 및 문식文飾의 가미와 사회현실의 풍부한 반영 등을 언급하였다.[2] 다음 박희병 교수는 역사적 장르로서 전기소설이 갖는 특징 가운데 주인공의 섬세하고 내면적이며 고독한 인간상이 전기의 미학적 표상을 이루는 점을 주장하였다.[3] 그리고 이보다 앞서 민영대 교수는 조위한趙緯韓과 〈최척전崔陟傳〉에 주목하여 작자와 작품을 둘러싼 역사적 배경 및 문학적 성과에 대해 종합적으로 논지를 전개하였다.[4]

〈최척전〉[5]은 전기 문학사상 전기에서 후기로 넘어가는 시점에 창작되어 그 맥脈을 잇는 작품이다. 다시 말해, 〈최척전〉은 전기사傳奇史의 정점頂點에 위치하며, 이를 기점으로 전기의 문학적 성과가 약화되었다는 뜻이다. 〈최척전〉은 당 전기唐傳奇 수용 이래 신라의 〈최치원崔致遠〉에서 출발하여 『금오신화金鰲新話』를 거쳐 임진왜란

1995.; 강동엽, 「최척전에 나타난 임진왜란과 동아시아」, 『어문론총』 제41호, 한국문학언어학회, 2004.; 민영대, 『趙緯韓과 崔陟傳』, 아세아문화사, 1993.; 박희병, 『韓國傳奇小說의 美學』, 돌베개, 1997.; 소인호, 『한국 전기문학 연구』, 국학자료원, 1998.; 정환국, 『초기 소설사의 형성 과정과 그 저변』, 소명출판, 2005.

2 임형택 교수는 나말여초의 작품 가운데 〈최치원崔致遠〉 〈조신調信〉 〈김현감호金現感虎〉 〈수삽석남首揷石枏〉 등은 이미 설화說話의 단계를 벗어난 전기傳奇임을 지적하고, 이런 단계의 작품이 출현하게 된 배경에 대해 심도 있게 밝혔다. 임형택(1981), 전게서 참조

3 박희병 교수는 전기소설의 특징에 대해 '① 인물과 시공간적 환경의 내외적 연관성 ② 주인공의 미학적 특질은 고독한 인간상 ③ 창작의 목적의식에 있어 주제·플롯·개성·문체 등의 구현 ④ 화려한 문어체 한문 ⑤ 서정적 경사로 시적 응결과 압축미 표현' 등으로 요약한 바 있다. 박희병(1997), 전게서 참조

4 민영대(1993), 전게서 참조

5 〈최척전〉은 〈기우록奇遇錄〉이나 〈홍도 이야기〉[『어우야담於于野談』 소재]라는 제목으로 유사한 내용이 전하는데, 서울대학교 소장본과 고려대학교 소장본 등이 있다. 본고에서는 박희병 교수가 두 필사본筆寫本을 교주校註하여 펴낸 『韓國漢文小說 校合句解』(소명출판, 2007.)를 텍스트로 삼았음을 밝혀둔다.

壬辰倭亂 이후 창작된 여타 작품 그리고 마지막 〈심생전沈生傳〉에 이르는 전개 과정에서 단연 돋보이는 작품이다.[6]

본고에서는 기존의 연구 성과와는 별개로 〈최척전〉에 드러난 동아시아 인식에 대해 살펴보고자 한다. 16세기에서 17세기로 넘어가는 과정에서 임진왜란은 동아시아 제국을 혼란에 빠뜨린 동시에 변화를 주도한 일대 사건이었다.[7] 그런 시간적 배경을 통해 조선 및 중국과 일본 그리고 안남安南에 이르는 공간적 배경을 아우르는 작품 내용을 면밀히 살펴보고, 작자가 당대 지식인으로서 동아시아를 인식한 면모를 이끌어내고자 한다.

2. 〈최척전〉에서의 동아시아 인식

1) 인식 구도

최척崔陟은 본래 남원南原사람으로, 아버지 최숙崔淑과 함께 만복사萬福寺 동쪽에서 살고 있다. 옥영玉英은 서울에서 생장生長하다가 임진왜란을 만나 어머니 심씨沈氏와 함께 강화도에서 배를 타고 내려와 남원으로 피난 온 처지다. 이들은 정상사鄭上舍의 집에서 만나는데, 무엇보다 난리를 피해가는 방법이 흥미롭다. 최척은 과거에 급제하여 무사武士로 징집되는 것을 피하려고 글을 배우며, 옥영은 친

6 조위한은 이밖에도 〈유민탄流民歎〉이라는 한글 시詩를 지어 당시의 혼란한 정치상과 백성들의 곤궁한 생활상을 남김없이 표현하기도 했다.

7 〈최척전〉을 '역사소설' 내지 '전쟁소설'이라고 분류한 기존의 연구자들은 임진왜란을 소재로 한 작품이라는 단서를 붙인다. 그러나 필자는 남녀 또는 가족 간의 사랑을 주제로 한 작품이라고 평가하여 '애정 전기'로 분류하였다.

척에게 의탁하여 지내면서 도적들의 강포한 치욕을 방지하고 노모老母를 편히 봉양하기 위해 혼인을 결심한다.

그러나 혼인을 약속한 뒤에 최척이 의병義兵에 차출되어 떠나자, 옥영은 인근의 부자 양씨梁氏에게 시집가야 할 지경이 되고, 이런 난관을 극복하려고 자살을 시도한다. 소동 끝에 옥영은 최척과 혼례를 치르고 가정을 이루어 첫 아들 몽석夢釋을 낳고, 서로 '지음知音'이라 부르며 행복한 시간을 보낸다. 이후 불행히도 정유재란丁酉再亂이 발발하고 남원이 함락되자, 최척 일가는 지리산智異山 연곡燕谷으로 피난을 가는데, 이로부터 20여 년 동안 이별과 재회를 반복한다.[8]

작품에서 일가족이 이합집산離合集散하는 요인은 온전히 임진왜란 때문이다.[9] 왜국[日本]이 명나라[中國]를 친다는 명분으로 조선 땅을 짓밟자, 명나라는 조선을 지원한다는 명분으로 조선 땅에 들어온다. 그 과정에서 조선은 양국兩國의 만행에 정치적 피해를 입고, 만백성은 삼천리를 떠돌거나 나라 밖으로 붙잡혀 가기도 한다. 최척 일가는 국내에서는 피난을 떠나고 군대에 복속되는 등으로 이별을 경험하며, 국외에서도 적에게 사로잡히고 죽을 고비를 넘기며 도망하는 등 파란만장한 삶을 꾸려나간다. 이렇듯 〈최척전〉은 임진왜란을 계기로 변혁기에 놓인 동아시아를 배경으로 사건이 전개된다.

실제로 작자 조위한趙緯韓도 임진왜란 당시 남원으로 피난을 갔다

8 〈최척전〉은 크게 보면, '결연結緣–첫 번째 이별–부부의 재회–두 번째 이별–가족의 재회'라는 구성을 취한다.

9 조위한의 문집인 『현곡집玄谷集』에서 임진왜란 및 병자호란과 관련된 글을 살펴보면, 자기 딸의 죽음을 추모한 〈제망자의문祭亡子倚文〉과 김양언金良彦 집안 3대代의 전사戰死를 기록한 〈평안도강서현증판중추부사김양언삼대전망록平安道江西縣贈判中樞府事金良彦三世戰亡錄〉이 대표적이다.

가 딸과 어머니를 잃었으며, 정유재란丁酉再亂에서 부인과 사별死別하고,[10] 제수[趙纘韓의 妻]의 순절殉節을 목도目睹한 처지였다.[11] 또 그는 의병활동에 참여하여 명나라 군사를 사귀고, 전란 이후 관직에 나아가 사은사謝恩使 서장관書狀官으로 명나라에 다녀오기도 했다. 작품의 배경으로 등장하는 중국 몇몇 지역은 그가 직접 여행하며 체험한 곳으로 확인된다.

그러면 우선 작품 내에서 사건의 배경으로 설정된 중국과 일본 및 안남 등지를 구체적으로 살펴보고, 거기서 만나는 각국의 인물을 남녀 주인공과 관련시켜 분석해볼 것이다. 그리고 이를 통해 당시 작자의 동아시아 인식에 대해 추론해 보고자 한다.

2) 주요 배경

1) 중국中國 — 최척의 유랑지流浪地

최척과 옥영이 만나 일가一家를 이루고 행복하게 지낸 곳은 남원이다. 또 전란으로 인해 헤어지고 만나는 과정을 반복하며 마침내 되돌아가려는 곳도 남원이다. 남원은 최척의 고향이고, 서울에서 전란을 피해 내려온 옥영에게는 제2의 고향인 셈이다. 그러기에 숱한

10 조위한은 임진왜란 당시 26세에 딸을 잃고, 28세에 어머니를 여의었으며, 정유재란 당시 31세에 아내와 사별死別하였다. "余於己丑之歲 始生女子 而遭壬辰之亂 奔竄山中 凍餒而死 瘞於路側 丁酉 又喪其母 獨身飄泊于龍山 旣無父母 又無妻子 不樂於人世."(『현곡집』 권3, 〈제망자의문〉 참조)

11 동생 조찬한趙纘韓의 부인 유씨柳氏는 정유재란 때 적과 마주치자 스스로 목숨을 끊어 절개를 지킨 바 있다. "公几再娶 前夫人柳氏 持平激之女 貞淑有婦道 丁酉之難 遇賊自刎死."(『현주집玄洲集』 권15, 〈현주조공묘갈명玄洲趙公墓碣銘〉 참조)

역경을 이겨내며 가족과 재회하고 다시 행복한 여생餘生을 보내는 곳도 남원인 것이다. 그러나 적군을 피해간 지리산智異山이나 가족과 헤어진 섬진강蟾津江이 남원에서 멀지 않은 곳이고 보면, 이들에게 주어진 첫 이별도 남원 인근에서 벌어진 사건이다.

첫 이별에서 가족이 모두 죽었다고 생각한 최척은 명나라 장수 여유문余有文을 따라 중국으로 간다. 전란으로 어지럽고 상흔으로 얼룩진 조선에서 가족 하나 없는 처지에 차라리 이국행異國行을 선택한 것이다.[12] 그러나 어찌 보면 자의自意로 선택한 중국행은 이후 최척으로 하여금 넓은 중원中原을 유랑流浪하게 만드는 계기가 된다. 게다가 왜적倭賊을 피해 간 중국에서 그는 가족을 잃은 조선인 포로捕虜일 뿐이다.

> 이때 최척은 요흥부姚興府에 있으면서 여유문余有文과 의형제를 맺었다. 여공余公이 그 누이동생을 최척의 아내로 삼으려 하자, 최척이 고사固辭하며 말했다.
>
> "저는 온 집안이 적에게 함몰되어 늙으신 아버지와 허약한 아내는 지금껏 생사를 알지 못합니다. 마침내 발상發喪하여 상복喪服조차 입지 못하는 형편에 어찌 감히 마음 편히 아내를 얻어서 자신의 안일한 계획으로 삼겠습니까?"
>
> 그러자 여공은 의롭게 여겨 그만두었다.
>
> 그 해 겨울에 여공이 병으로 죽자, 최척은 더욱 돌아갈 곳이 없어 강수江水와 회수淮水를 떠돌아다니며 두루 명승지를 유람했는데, 용문龍門을 살펴보고 우혈禹穴을 찾아가며, 원수沅水와 상수湘水를 다 보고

12 이는 당시 조위한이 중국행을 결심했던 사실과 맞물린다. "將有出塵遠遊之志 適遇天朝水兵之來泊于江上 得與浙人相善 約與之偕入東吳 浪迹於蘇杭之間 而爲仲氏泣挽 不得遂願."(『현곡집』 권3, 〈제망자의문〉 참조)

동정호洞廷湖에서 배를 타며, 악양루岳陽樓에 오르고 고소대姑蘇臺에도 올랐다. 강산[湖山] 위에서 읊조리고 구름과 물 사이를 배회하며 아득히 세속을 벗어나려는 뜻이 있었다. 해섬海蟾의 도사道士인 왕용王用이 청성산靑城山에 은거하면서 금련단金煉丹을 만들어 먹고 한낮에 하늘로 날아오르는 방술을 가졌다는 말을 듣고, 장차 촉蜀으로 들어가 그에게 배우려고 하였다.[13]

최척은 여유문과 함께 절강성浙江省 요흥부姚興府에서 살았다. 그런데 믿고 의지하던 그가 죽자, 중국의 명승지를 돌아보고 세속을 벗어나려 했다. 조선에서는 가족이 뿔뿔이 흩어져 생사生死를 알 수 없고, 중국에까지 흘러와서도 마음 붙일 곳을 찾지 못한 때문이다. 이는 표면적으로는 자신과 의형제를 맺고 자신을 매부妹夫로 삼으려던 여유문의 죽음에서 기인하지만, 실제로는 의지처依支處를 잃은 상실감과 허탈감에서 벗어나기 위한 행위라고 할 수 있다.

그러나 다행히도 삶을 포기하려던 그를 만류하는 사람이 있다. 경사經史에 통달하고 공명功名을 하찮게 여기며 의기義氣가 있는 송우宋佑[鶴川]의 한 마디에 그는 씻은 듯이 깨닫는다.[14] 그래서 서로 지기

13 조위한, 〈최척전〉. 是時 陟在姚興 與余公結爲兄弟 欲以其妹妻之 陟固辭曰 我以全家陷賊 老父弱妻 至今未知生死 終不得發喪服衰 豈敢晏然婚娶以爲自逸之計乎 余公義而止之 其冬 余公病死 陟尤無所歸 落拓江淮 周遊名勝 窺龍門 探禹穴 窮沅湘 航洞庭 上岳陽 登姑蘇 嘯咏於湖山之上 婆娑御雲水之間 有飄飄遺世之志 聞海蟾道士王用 隱居靑城山 燒金煉丹 有白日飛升之術 將欲入蜀而學焉.

14 조위한, 〈최척전〉. 聞其入蜀 載酒而來 飮至半酣 字陟而謂曰 伯昇 人生斯世 孰不欲長生而久視 古今天下 寧有是理 餘生幾何 而何乃服食忍飢 自苦如此 而與山鬼爲隣乎 子須從我而歸 浮扁舟適吳越 販繒買茶 以娛餘年 不亦達人之事乎 陟洒然而悟 遂與同歸.

知己를 허락하고 비단과 차를 팔러 다니는 상선商船에서 함께 생활한다. 이후에도 최척은 수차례 극한 상황에 처하는데, 그때마다 또 다른 후원자를 만나고, 그들의 도움으로 위험에서 벗어나곤 한다.

이들 부부의 다음 이별은 중국에서 벌어진다.

이듬해 기미년己未年(1619)에 누르하치[奴酋]가 요양遼陽에 들어가 노략질하여 여러 개의 진鎭을 연이어 함락시키고 장졸將卒들을 많이 죽이자, 천자가 진노하여 천하의 병사들을 출동시켜 토벌하였다. 소주蘇州사람 오세영吳世英은 교유격喬遊擊의 백총百摠이었다. 일찍이 여유문余有文을 통해 평소 최척의 재주와 용맹을 알고 있었기에 데려와 서기書記로 삼아 함께 군중軍中으로 찾아갔다. 길을 떠나려 함에 옥영이 손을 잡고 눈물을 흘리며 작별의 말을 하는 것이었다.

"제 처지가 불행하여 일찍이 근심과 흉함에 걸렸으나, 천신만고千辛萬苦와 십생구사十生九死 끝에 하늘의 영험에 힘입어 낭군과 해후邂逅하여 끊어진 줄을 다시 잇고 나누어진 거울이 다시 둥글어져 이미 끊어졌던 인연을 맺었습니다. 다행히 제사를 맡길 아이를 얻어 함께 기뻐하고 같이 산 것이 지금까지 2년이니, 지난날을 돌아보면 죽어도 좋습니다. 항상 제가 먼저 죽어서 낭군의 은혜에 보답코자 하였지 노년에 이르리라 생각지도 못했는데, 또 삼성參星과 상성商星 같은 이별이 일어났습니다. 여기서 요양까지는 거리가 수만 리인지라 살아 돌아오기 쉽지 않으니, 뒷날의 만남을 무엇으로 기약하겠습니까? 천한 몸으로 스스로 이별하는 자리에서 자결하여 한편으로는 낭군의 규방閨房에 대한 그리움을 끊고, 다른 한편으로는 저의 밤낮의 고통을 면하고자 합니다. 가세요, 낭군님! 천년만년 영원한 이별, 천년만년 영원한 이별입니다!"

말을 마치고 통곡하며 칼을 뽑아 목을 찌르려 하자, 최척이 칼을 빼앗고 위로하며 말했다.

"작고 하찮은 우두머리가 감히 사마귀의 팔 힘을 막겠소? 왕의 군사가 크게 정벌하니, 계란을 누르는 것 같은 형세라 군대를 따라 왕래함은 단지 세월을 허비하는 수고로움과 고통일 뿐이요. 이처럼 목숨을 잃는 번뇌煩惱는 없을 테니, 내가 공을 이루고 돌아오길 기다려 술을 두고 서로 경하慶賀하는 게 좋을 듯하오. 하물며 몽선夢仙이는 건장健壯하여 충분히 의지할 만하고, 노비의 힘은 먹고사는 데 보태질 테니, 길가는 데 근심을 끼치지 마시오."

드디어 급히 행장을 꾸려 길을 떠났다.[15]

최척은 항주杭州 용금문湧金門에서 옥영과 다시 헤어진다. 첫 이별 이후 천신만고千辛萬苦 끝에 부부가 재회하여 둘째 아들 몽선夢仙을 낳고 며느리 홍도紅桃를 맞이하는 등 새로운 행복에 젖을 무렵, 이들은 또 헤어지게 된다. 후금後金의 누르하치[奴酋]가 요양遼陽에 침입하면서 지금껏 명나라를 중심으로 전개되던 동아시아의 국제 질서에 위협을 가한 것이다. 최척은 조선 사람으로 오세영吳世英의 진영에 서기書記로 발탁되어 길을 떠난다.[16]

옥영은 또 주어진 남편과의 이별에 죽을 각오로 출정을 만류하지

15 조위한, 〈최척전〉. 明年己未 奴酋入寇遼陽 連陷數鎭 多殺將卒 天子震怒 動天下之兵以討之 蘇州人吳世英 喬遊擊之百摠也 會因余有文 素知崔陟才勇 引而爲書記 俱詣軍中 將行 玉英執手涕泣而訣曰 妾身險釁 早罹憫凶 千辛萬苦十生九死 賴天之靈 邂逅郎君 斷絃再續 分鏡重圓 旣結已絶之緣 幸得托祀之兒 合歡同居 二紀于玆 顧念疇昔 死亦足矣 常欲身先溘然 以答郎君之恩 不意垂老之年 又作參商之別 此去遼陽數萬里 生還未易 後會何期 願以不貲之身 自裁於離席之下 一以斷君閨房之戀 一以免妾夜朝之苦 去矣郎君 千萬永訣 千萬永訣 言訖痛哭 抽刀擬頸 陟奪刀慰諭曰 蕞爾小酋 敢拒螳臂 王師濯征 勢同壓卵 從軍往來 只費時月之勤苦 無如是妄生煩惱 待吾成功而還 置酒相慶可也 況仙兒壯健 足以爲倚 努力加飡 勿貽行路之憂也 遂趣裝而行.

16 당시 조선에서는 급박하게 돌아가는 중국의 상황을 보면서 외교적인 고민을 하다가 마침내 명나라에 대한 의리를 지키기 위해 지원군을 파견하였다.

만, 최척은 부인을 달래며 길을 떠난다. 전란은 그에게 잔인한 죽음과 영원한 이별을 강요하는데, 특히 이번에는 조선과 직접적인 관련도 없다. 그는 명나라와 청나라 간의 싸움에서 명나라가 누르하치를 완전히 제압하리라는 확신을 가지고 옥영을 설득하고 있다. 고국에서 헤어진 뒤 이국에서 만났으나, 이역만리異域萬里에서 다시 헤어지는 운명에 놓인 것이다. 이처럼 중국과 요양은 그에게 잔인한 유랑지流浪地였다.

동시대 애정 전기로 권필權韠이 쓴 〈주생전周生傳〉과 비교해보면, 뚜렷한 차이를 알 수 있다. 우선 〈주생전〉에서는 중국인 남녀 주인공[주생周生, 배도裵桃, 선화仙花]의 삼각관계를 중심으로 사건이 전개되는데, 여기서 중국은 조선 전기傳奇에 흔히 등장하는 비현실적이고 관념적인 장소일 뿐이다.[17] 그러나 〈최척전〉에서는 조선인 남녀 주인공[최척, 옥영]이 중국을 비롯한 동아시아를 유랑하면서 전란을 둘러싼 현실적인 경험을 펼치며, 부부에서 가족으로 범위를 확대시켜 다양한 인물이 사건을 전개한다. 특히, 배경지는 작가가 직접 여행하거나 서책書冊을 통해 간접적으로 견문見聞한 실제 장소라는 데 힘이 실린다.

2) 일본 – 옥영의 안착지安着地

지리산과 섬진강蟾津江에서 뿔뿔이 흩어진 최척 일가는 중국과 조선 그리고 일본에서 지내게 된다. 먼저 최척은 여유문을 따라 관문關

17 대부분 전기 작가들은 관습적으로 중국의 명승지나 특정 지역을 작품의 배경으로 설정하곤 했다. 예컨대 '버드나무 우거진 전당錢塘'이라든가, '울적한 마음을 달래는 동정호洞庭湖' 등이 대표적이다.

門을 지나 요흥姚興에 도착하며, 최척의 아버지와 옥영의 어머니는 적에게 끌려가다 몰래 빠져나와 연곡사燕谷寺 승방僧房에서 몽석을 찾아 집으로 돌아간다. 그리고 옥영은 왜졸倭卒 돈우頓于에게 붙잡혀 일본으로 건너가 나고야[狼姑射]에서 지낸다. 가족의 생사조차 모르는 처지에 자포자기自暴自棄하여 죽으려던 마음을 다잡고 희망의 끈을 놓지 않는다.

옥영은 처음부터 남장男裝을 한 채 타고난 기지機智와 영민英敏함으로 돈우의 사랑을 받고, 돈우는 그녀에게 좋은 옷과 맛있는 음식을 제공하며 오래도록 붙잡아 두려 한다. 그러나 포로로 잡혀온 처지에 아무리 후한 대우를 받는다 해도 소용이 없다. 그래서 몇 번이나 자살을 시도하지만, 번번이 발각되어 저지를 당한다. 어쩔 수 없이 돈우의 상선商船에서 밥을 짓고 바느질을 하며 중국의 강남江南 지역을 왕래하며 지낸다.

> 이때 옥영은 왜노倭奴인 돈우頓于에게 붙잡혔다. 돈우는 늙은 왜졸倭卒로, 살생하지 않으며 자비로운 마음으로 염불을 했다. 장사를 업業으로 삼았으나 배를 잘 부렸기 때문에 왜장倭將인 소서행장小西行長이 선주船主로 삼아 데려왔던 것이다. 돈우는 옥영의 기지機智와 영민英敏함을 사랑하여 달아날까 두려워 좋은 옷과 맛있는 음식을 주어 그 마음을 위로하고 안심시켰다. 옥영은 물에 몸을 던져 빠져 죽으려고 두세 번 배에서 나갔지만, 번번이 발각되어 저지를 당했다. 어느 날 저녁에 장육금불이 옥영의 꿈에 나타나 일러주었다.
>
> "나는 만복사의 부처다. 삼가 죽지 말라. 훗날 반드시 기쁜 일이 있으리라."
>
> 옥영이 깨어나 그 꿈을 살펴보고 만에 하나라도 바랄 게 없지 않다고 여겨, 드디어 억지로 밥을 먹고 죽지 않았다.

> 돈우의 집은 나고야[狼姑射]에 있었는데, 아내는 늙고 딸은 어렸으며, 따로 아들자식이 없었기 때문에 옥영에게 집에서 거처하며 출입하지 못하도록 했다. 그러자 옥영이 거짓으로 말했다.
>
> "저는 본래 작고 어린 남자로 약골에다 병이 많아서 본국에 있을 때도 장정의 일에 복역服役할 수 없었으며, 다만 바느질과 밥 짓기를 업으로 삼았을 뿐이고 나머지 일은 정말 잘 하지 못합니다."
>
> 그러자 돈우가 더욱 불쌍히 여겨 옥영에게 사우沙于라는 이름을 지어 주고, 매양 배를 타고 장사를 다닐 때마다 화장火長[航海長]으로 배 안에 두고서 민閩[福建省]과 절浙[浙江省]의 사이를 왕래하였다.[18]

여기서 옥영이 4년 동안 생활한 곳은 나고야이다. 나고야는 당시 실권實權을 잡은 도쿠가와 이에야스[德川家康]가 성城을 축조한 데다가 일본의 중앙에 위치하여 육로 및 해로 교통이 편리한 곳이었다. 작품에서 일본을 배경으로 한 것은 이 대목뿐이다. 중국을 배경으로 한 것과 비교하면 아주 적은 분량인데, 아무래도 작자가 실제로 경험한 중국에 대해 더 자세히 기술記述할 수 있었고, 전란을 일으킨 일본에 대해 필요 이상으로 기술할 수도 없었을 것이다.

그러나 일본을 바라보는 작자의 시선은 결코 부정적이지 않다. 돈우가 옥영을 대하는 마음에는 사랑과 정성이 가득하고, 옥영이 약골弱骨에 병이 많은 것을 더욱 불쌍하게 여길 뿐이다.[19] 그런 돈우를

18 조위한, 〈최척전〉. 時玉英 則見執於倭奴頓于 頓于老倭卒 不殺生 慈悲念佛 以商販爲業 習御舟楫 倭將行長 以爲船主而來 頓于愛玉英機警 惟恐見逋 給以善衣美食 慰安其心 玉英欲投水溺死 再三出船 輒爲所覺而止 一夕 丈六金身夢玉英而告曰 我萬福寺佛也 愼無死 後必有喜 玉英覺而診其夢 不能無萬一之冀 遂强食不死 頓于家 在狼姑射 妻老女幼 無他子男 使玉英居家 不得出入 玉英謬曰 我本藐少男子 弱骨多病 在本國不能服役丁壯之事 只以裁縫炊飯爲業 餘事固不能也 頓于尤憐之 名之曰沙于 每乘船行販 以火長置舟中 往來于閩浙之間.

어진 인물로 설정한 작자의 시선도 따뜻하다. 이후 옥영이 최척을 다시 만났을 때, 그는 함께 지낸 정情을 생각하며 아무 대가代價 없이 보내준다. 죄 없이 끌려간 왜국은 사람 살 곳이 못 되지만, 정작 그곳에 사는 왜인은 포로를 후대하는 인물로 설정한다. 이처럼 포로를 불쌍히 여기고 대우하는 인물 덕분에 옥영은 일시적이나마 안착하게 된다.

3) 안남安南 – 부부의 재회지再會地

임진왜란을 계기로 생이별한 최척 일가는, 부부는 물론 부모 자식마저 재회하기 어려운 상황에 놓인다. 조선에서라면 무슨 수를 써서라도 남원으로 돌아갈 수 있지만, 중국과 일본에 포로로 끌려간 처지에서는 고국으로 돌아올 희망조차 없는 신세가 된다. 그러나 최척이 송우를 만나 상선에서 함께 생활하고, 옥영이 돈우의 상선에서 화장火長으로 일하면서 부부를 잇는 실오라기는 차츰 굵은 동아줄로 변하는 듯하다.

중국을 떠돌던 최척과 일본에서 생활하던 옥영이 극적으로 다시 만난 곳은 안남의 포구浦口이다. 정유재란 이후 서로의 생사조차 모르는 채 이국異國을 떠돌던 두 사람은 각기 중국과 일본 배에서 그리움을 달래며, 최척이 퉁소를 꺼내 행복했던 시절에 불던 곡조를 구슬프게 불자, 옥영은 염불을 하다 말고 예전에 자신이 지은 시詩를 읊조린다. 이후 남편의 퉁소 소리와 아내의 목소리를 알아차린 부부는 마침내 재회의 순간을 맞이한다.

19 조위한, 〈최척전〉. 頓于尤憐之 名之曰沙于.

경자년更子年(1600) 봄에 최척은 송우宋佑[鶴川]를 따라 함께 같은 마을에서 상선을 타고 안남安南[베트남]으로 가서 장사를 했다. 이때 일본 배 십여 척도 역시 포구浦口에 정박해 있었다. 열흘 남짓이나 머물렀다가 인하여 4월 초이틀이 되자, 하늘에는 구름 한 점 없고 물은 비단처럼 반짝이며, 바람도 고요하고 물결도 잔잔하며, 소리는 잠기고 그림자도 끊어져 뱃사람들은 깊이 잠들고 물새만 때때로 울어댔다. 단지 일본 배 안에서 염불하는 소리만 들렸는데, 그 소리가 매우 구슬펐다. 최척은 홀로 선창船窓에 기대어 자기 신세를 생각하다가 곧 행장行裝 속에서 퉁소를 꺼내 계면조界面調 한 곡을 불어 가슴속의 애원哀怨한 심기를 풀었다. 이때 바다와 하늘도 슬픈 빛을 띠고 구름과 안개도 모양을 바꾸니, 뱃사람들이 놀라 일어나 슬퍼하지 않는 자가 없었다. 일본 배에서 염불하던 소리도 잦아들더니 멈추었으며, 조금 있다가 조선말로 칠언절구七言絶句를 읊는 것이었다.

왕자교王子喬가 퉁소를 부니 달도 지려는데,
푸른 하늘은 바다 같고 이슬마저 서늘하구나.
모름지기 함께 푸른 난새를 타고 날아가리니,
봉래산蓬萊山에 안개 끼어도 길 헤매지 않으리라.

읊기를 마치자, 울다가 웃다가 탄식하는 소리가 들렸다. 최척은 시를 듣고 깜짝 놀라 황홀惝怳하여 마치 망연자실茫然自失한 듯, 퉁소가 땅에 떨어진 것도 깨닫지 못하고 멍하니 죽은 사람의 형상 같았다. 그러자 학천이 말했다.

"어찌 하여 그러는가? 어찌 하여 그러는가?"

두 번을 물었으나 두 번을 대답하지 못하고, 세 번을 묻자 최척은 말하려 해도 목이 메어 눈물만 줄줄 흘렀다. 시간이 흘러 기운이 안정된 뒤에 말하는 것이었다.

> "이 시詩는 바로 내 아내가 직접 지은 것이라, 평소 절대로 다른 사람이 들어 알지 못하는 것일세. 게다가 그 음성이 내 아내와 매우 비슷하니, 어떻게 그 사람이 여기까지 와서 저 배에 있겠는가? 이는 반드시 있을 수 없는 일이네."
>
> 그리고는 인하여 그의 온 가족이 적에게 함몰된 일을 모두 다 진술하니, 온 배 안의 사람들이 모두 놀라고 괴이하게 여겼다.[20]

글의 전체 분량에서 중간쯤에 해당하는 대목으로, 작품 내에서 가장 극적인 순간이다. 예문例文이 다소 길지만, 조용하고 쓸쓸한 안남 포구의 분위기와 부부가 서로를 그리워하는 모습을 사실적으로 묘사한 부분이기에 인용한다. 특히, 위에서 보이는 삽입시揷入詩는 최척과 옥영이 남원에서 행복하게 지낼 때 주고받은 것으로, 여기서 다시 등장하여 부부의 간절한 마음을 표현하는 동시에 다가올 재회의 복선伏線으로 작용한다.

바로 이어지는 대목을 살펴보자. 배 안에 있던 사람들이 관심을 가지고 지켜보는 가운데, 드디어 부부는 서로의 존재를 확인한다. 마지막 문장은 독자로 하여금 눈시울을 붉히게 만드는데, 뜻밖의 상황

20 조위한, 〈최척전〉. 歲庚子春 陟隨佑 與同里商舶 往賈於安南 時有日本船十餘艘 亦泊于浦口 留十餘日 因値四月旁死魄 天無寸雲 水光如練 風息波恬 聲沈影絶 舟人牢睡 渚禽時鳴 但聞日本船中念佛之聲 聲甚悽惋 陟獨倚篷窓 感念身世 卽出裝中洞簫 吹界面調一曲 以舒胸中哀怨之氣 時海天慘色 雲烟變態 舟人驚起 莫不愀然 日本船念佛之聲 闃然而止 少選 以朝鮮音詠七言絶句曰 王子吹簫月欲低 碧天如海露凄凄 會須共御靑鸞去 蓬島烟霞路不迷 吟罷 有噓嘻喞喞之聲 陟聞詩驚動 惝怳如失 不覺擲簫於地 嗒然如死人形 鶴川曰 何爲其然耶 何爲其然耶 再問再不答 三問之 陟欲語而哽塞 淚簌簌下 移時定氣而後言曰 此詩乃吾荊布所自製也 平日絶無他人聞知者 且其聲音 酷似吾妻 豈其來在彼船耶 此必無之事也 因述其陷賊事甚悉 一舟之人 咸驚怪之.

에 기가 막히고 피눈물이 흐르는 두 사람의 심정이 실감나게 표현되어 있다.

> 얼마 지나 동쪽이 밝아오자, 곧 언덕을 내려와 일본 배에 이르렀다. 최척이 조선말로 물었다.
>
> "밤사이에 시를 읊었던 자는 필시 조선인입니다. 나 또한 조선 사람으로 만약 한 번 볼 수 있다면 어찌 월越나라의 유랑민이 사람의 서로 비슷함을 보고 기뻐하는 것 같을 뿐이겠습니까?"
>
> 옥영은 밤에 배 안에서 그 퉁소 소리를 듣고, 이는 바로 조선의 가락인데다 한편으로 예전에 익숙하게 듣던 가락과 같았다. 그래서 저윽이 자기 남편이 혹시라도 그 배에 왔나 의심하여 시험 삼아 그 시를 읊어서 알아본 것인데, 그 소리를 듣자 허둥지둥 실수하여 엎어지고 자빠지며 배에서 내려왔다.
>
> 두 사람이 서로 보고 놀라 부르며 안고 모래에서 이리저리 구르는데, 목소리가 끊어지고 기운이 막혀 입으로 말을 하지 못했으며, 눈물이 마르고 피가 이어져 눈으로 볼 수 없을 지경이었다.[21]

상상도 못할 만큼 먼 곳에서 죽은 줄 알았던 부부가 서로 만난 기쁨이 오죽했을까. 차마 말이나 행동으로 이루 다 표현할 수 없었던 재회의 장소가 바로 안남이다. 정처 없이 떠돌다가 잠시 정박한 포구에서 해후邂逅하였으니, 두 사람은 모래 위를 뒹굴며 오열嗚咽할 뿐

21 조위한, 〈최척전〉. 俄而 東方作矣 卽下岸至日本船 陟以鮮語問之曰 夜間詠詩者 必是朝鮮人也 吾亦鮮人 倘一得見 則奚啻越之流人見人之相似者而有喜者也 玉英 夜於船中 聞其簫聲 乃是朝鮮之曲 而一似疇昔慣聆之調 竊疑其夫或來于其船 試詠其詩而探之 及聞此言 惶忙失措 顚倒下船 二人相見 驚呼抱持 宛轉沙中 聲絶氣塞 口不能言 淚盡繼血 目無所覩.

이다. 조선도 아니고 중국이나 일본도 아닌, 머나먼 안남 땅에서 부부가 재회할 확률은 거의 없어 보인다.[22] 그러나 작자는 동아시아에 대한 자신의 견문과 식견을 서사 과정에 녹여내어 작품으로 승화시켰다.

안남은 지금의 베트남으로, 이수광李睟光이 『지봉집芝峰集』을 통해 중국에서 만난 안남 사신 풍극관馮克寬과의 교유를 소개함으로써 식자識者들에게 알려졌다. 또 정유재란 때 일본으로 붙잡혀 갔다가 안남까지 다녀온 조완벽趙完璧을 입전立傳한 작품에서 그의 생생한 체험담을 기술하여 지식인들의 관심을 끌었다. 그러므로 배경을 동아시아로 확장시켜 안남이 등장하기에 충분했을 것이다.

작품 내에서 안남은 이상향理想鄕으로 그려진다. 각국의 배들이 정박했다 떠나는 곳이지만, 이들 부부에게 잊지 못할 순간을 제공한 장소이기 때문이다. 작자는 안남 지역을 직접 경험한 적이 없었고, 조선도 중국을 통한 간접 교류밖에 없었다. 이처럼 자세히 알지 못하는데다 전란지에서 멀리 떨어진 곳이다 보니, 상상 속에 제2의 남원으로 그려낸 듯하다. 천신만고 끝에 조선의 남원으로 되돌아올 때까지 안남은 그들에게 따뜻한 남쪽나라였던 셈이다.

또 다른 동시대 전란 소재 전기인 홍세태의 〈김영철전金英哲傳〉과 비교해본다. 〈김영철전〉도 청나라 발흥勃興을 배경으로 조선 및 중국과 만주 등지에서 펼쳐지는 가족의 이산과 재회 과정을 묘사하였다. 특히, 전란으로 인해 남녀 주인공이 장애를 겪다가 우여곡절 끝

22 혹자는 이 대목을 장육금불丈六金佛의 현몽現夢처럼 비현실적인 부분이라고 평하기도 한다. 그러나 필자는 '서사의 구성이나 전개 과정에서 드러난 인과적 · 유기적인 흐름'이라고 파악한다.

에 혼인하는 내용이 서로 비슷하다. 그러나 〈최척전〉이 가진 초현실적인 요소[23]를 제거하는 등 사실주의적 측면을 강조함으로써 실기實記에서처럼 내용이 축약되어 사건이 전개된다. 따라서 작품의 편폭은 물론 문학적 성과도 〈최척전〉에 미치지 못하는 것으로 평가된다.

3. 동아시아 인식과 형상화

임진왜란을 전후하여 동아시아 제국은 16세기를 마감하고 17세기를 여는 변혁기를 맞이했다. 조선은 이를 기점으로 전기와 후기로 나뉘었으며, 중국과 일본 역시 정권의 교체를 가져와 중국은 청淸나라가 중원의 주권자로 등극하고, 일본은 덕천막부德川幕府의 탄생으로 새로운 질서가 확립되었다. 이처럼 급변하는 동아시아 정세를 올바르게 인식하고 작품화한 것으로 필자는 〈최척전〉에 주목하였다.

〈최척전〉에서 최척과 옥영을 비롯한 그의 일가는 중국과 일본 그리고 안남 등지를 떠돌며 온갖 역경을 극복하고 다양한 경험을 펼친다. 이는 현재 영화나 드라마에서 흔히 등장하는 해외 올로케이션을 방불케 하는 배경이다. 당시의 전기나 실기에서 각국의 전란지를 묘사하며 사건을 전개해도 관습적인 장소에 불과했으므로 이처럼 동아시아를 아우르는 광활한 스케일의 작품은 지금껏 찾아볼 수 없었다.

게다가 최척과 옥영은 각국을 유랑하던 도중에 만난 중국인 진위

23 예컨대 최척과 옥영이 안남에 정박한 중국과 일본의 상선商船에서 퉁소를 불거나 시詩를 읊는 행위를 통해 서로의 존재를 확인하고 재회하며, 옥영이 난관을 극복하지 못하고 실의失意에 빠져 목숨을 끊으려고 할 때마다 현몽하여 용기와 희망을 주는 장육금불 등이 여기에 속한다.

경陳偉慶의 딸 홍도紅桃와 둘째 아들 몽선을 맺어주어 국제결혼까지 시킨다. 지금이야 여러 민족과 국가 간에 교류가 활발해져서 국제결혼이 빈번하지만, 당시로서는 파격적인 작가 의식에서 기인한 작품 형상이 아닐 수 없다. 부녀자들이 혹 외적外賊에게 치욕을 당하면 자결을 해야 하는 현실 앞에서 작품 내에서나마 외국인과 혼인을 하는 것은 실로 엄청난 반향反響을 불러오는 사건이었을 것이다.

〈최척전〉은 개인적인 경험을 소재로 다양한 인물을 형상하여 동아시아에 대한 작자의 인식을 담아낸 문학 작품이다. 그러나 동아시아 제국을 배경으로 했다지만, 그 지역에 대한 지리적 환경은 거의 등장하지 않는다. 다시 말해, 작자가 동아시아를 인식하고 형상한 방법은 지형적 조건이나 정치 사회적 양상을 통해서가 아니었다. 조위한은 시종일관 철저하게 객관적인 시각을 유지하며 역사적 변화의 소용돌이 속에서 각 지역에 사는 인물을 통해 긍정적인 인식을 드러내고 있다.

예컨대 최척이 중국으로 동행한 여유문은 의형제를 맺고 자신의 누이와 혼인시켜 매부를 삼으려고 할 만큼 최척에게 호의적인 인물이다. 또 그가 죽은 뒤 함께 장사를 하러 다닌 송우도 안남에서 재회한 최척과 옥영에게 거처를 마련해줄 정도로 후덕한 인물이다.[24] 게다가 최척과 큰아들 몽석이 포로가 되어 요양에서 만났을 때, 이들 부자父子가 도망할 수 있도록 몰래 도와준 노호老胡도 있다. 이처럼 최척에게 호의적이고 후덕한 인물이 사는 곳으로 설정된 것을 통해 우리는 중국에 대한 작자의 인식을 읽을 수 있다.

일본도 예외가 아니다. 국가적으로는 임진왜란을 일으켜 조선을

24 조위한, 〈최척전〉. 鶴川還家 別掃一室 舘陟夫妻 使之安頓.

침략하고 백성을 유린하지만, 옥영을 나고야로 데려 간 일본 사람 돈우는 너그러운 인물이다.[25] 그는 옥영에게 좋은 옷과 맛있는 음식을 제공하며 아들처럼 여기고 아껴준다. 게다가 안남에서 이들 부부가 재회했을 때 학천이 속량贖良하려 하자, 도리어 화를 내며 아무런 대가 없이 전별금까지 챙겨 보내준다.[26] 이처럼 옥영에게 특별히 호의적인 인물로 돈우를 등장시켜 일본에 대한 작자의 인식을 드러내고 있다.

이밖에도 안남에서는 이들 부부가 재회하는 모습을 보며 함께 기뻐하는 사람, 부부의 만남을 축하하고 전별을 아쉬워하며 금은金銀을 비롯하여 비단을 갖다 주는 사람도 있다.[27] 게다가 누르하치도 조선 병사를 살려 보내는 등 너그러운 인물로 등장한다.[28] 이국을 떠도는 험난한 여정旅程에서 언젠가 고향으로 돌아가리라는 희망을 가졌던 것은, 자신들의 생사고락生死苦樂을 이해하고 지원해주는 인물을 만나 그들의 아낌없는 도움을 받을 수 있었기 때문이다.[29]

작자는 이처럼 부정적인 상황에서도 중국과 일본 및 안남 등지의 다양한 인물을 호의적인 인물로 형상함으로써 당시 동아시아를 바라보는 객관적이고도 긍정적인 인식을 보여준다.

---

25 조위한, 〈최척전〉. 頓于老倭卒 不殺生 慈悲念佛.

26 조위한, 〈최척전〉. 鶴川請於頓于 欲以白金三錠買歸 頓于怫然 …… 便於橐中出十兩銀 贐之.

27 조위한, 〈최척전〉. 隣船之來觀者 連日不絶 或以金銀綵繒相遺 以爲賀錢.

28 조위한, 〈최척전〉. 奴酋殺天兵無遺類 誘脅朝鮮 無一殺傷. 近聞奴酋 盡殺天兵 而鮮人皆脫云.

29 필자가 보기에, 이는 옥영이 힘들고 지칠 때마다 장육금불丈六金佛의 현몽現夢을 경험하는 것보다 훨씬 현실적이고 구체적인 희망 요소이다.

4. 결론

전기를 비롯한 대부분 문학 작품에는 당시의 시대상을 배경으로 작가 의식이 투영된다. 특히, 그 시대가 안정되고 태평하기보다는 혼란스럽고 위태로울수록 다양하고 뛰어난 작품이 저작·발표된다. 전기가 나말여초라는 역사 전환기에 수용·발달하고, 조선후기에 임진왜란과 병자호란을 계기로 변화·발전한 것도 시대적 상황이 달랐기 때문이다. 게다가 전란은 관련 국가 백성들의 생활은 물론 사상 및 문화에까지 긍정적 또는 부정적 영향을 미친다.

임진왜란 이후 전기는 새로운 양상을 보여준다. 작품 내에서 현실반영이 확대·심화되고, 사실적인 묘사가 더해지면서 인간의 내면성에 진지한 접근을 시도하였다. 따라서 현실적·사실적인 측면이 부각되면서 전체 서사 구성 및 전개가 탄탄해지고 기존의 틀을 허무는[30] 등 변화된 모습을 보여준다. 게다가 다양한 주제와 소재를 담아냄으로써 작품의 편폭도 점차 확대되었다.[31]

〈최척전〉에서는 사건 및 주변 인물이 다양해졌다. 남녀 주인공의 결연結緣에서 출발하여 전란으로 야기된 가족의 이산과 재회를 다루면서, 그에 따른 갈등과 현실적인 제약 등을 구체적으로 담아내는

30 기존의 틀을 허무는 실례로 세 가지를 들 수 있다. 첫째, 〈주생전〉에서는 남녀 주인공의 절대적인 관계가 허물어지고 처음으로 삼각관계가 도입되었다. 둘째, 〈최척전〉에서는 남녀 주인공을 비롯해 가족을 포함한 주변 인물로 인물 설정이 다양해졌다. 셋째, 〈운영전〉에서는 남녀 주인공에게 적대적인 인물을 부각시켜 서사적 갈등을 증폭시켰다.

31 예컨대 전기傳奇가 전傳으로 재작성 된 경우도 있는데, 조위한이 쓴 〈최척전〉을 여항 문인 김진항金鎭恒이 전으로 개작하였다. 그러나 전기에 비해 형식이나 내용 및 편폭마저 상당히 축약된 형태를 보인다.

동시에 전쟁의 상황과 민중의 고통을 사실적으로 표현하였다. 특히, 그런 과정에서 등장하는 주변 인물들의 역할과 비중을 뚜렷하게 부각시켰으며, 이를 통해 작자의 동아시아에 대한 긍정적인 인식을 드러낸 것이다.

제3장

전기소설 삽입시의 미학적 의미

1. 서론

전기傳奇[1]는 중국 당대唐代를 대표하는 문학 장르로, 우리나라에서는 나말여초羅末麗初에 출현한 것으로 알려졌다. 이 역사 전환기에 당시 문인들은 전기를 새로운 예술양식으로 창출했는데, 전기를 창출한 신라新羅 문인층文人層의 일부는 고려高麗의 문신文臣으로 자리 잡았다. 전기 작가는 애정갈등을 주제로 하여 사회모순을 반영하고, 아울러 자신들의 불우한 처지와 불평한 심경을 담아냈다. 그런데 전기의 세계는 인생의 모습을 그대로 포착된 것이 아니라 몹시 굴절 반사된 것이다. 따라서 현실이 신비롭게 변형되고 낭만적으로 착색되는데, 이 점이 곧 그 예술적인 특징이기도 하다.[2]

1 전기傳奇의 명칭은 '전기' 또는 '전기소설' 등으로 불리지만, 본고에서 필자는 '전기'라고 서술한다. 다만 선진 연구자들에 따라 명칭을 달리하는 만큼 연구실적물에 대해서는 그들이 명명한 대로 기록한다.

전기에 대해서는 기존에 수많은 학자들에 의해 다양한 연구가 전개되었는데,[3] 본고와 밀접하게 관련되는 논문을 간단히 살펴보면 다음과 같다. 임형택 교수는 설화說話와 구분되는 전기소설의 특징으로, 작자의 창작성 및 문식文飾의 가미와 사회현실의 풍부한 반영 등을 언급하였고,[4] 이후 전기가 지닌 고유한 장르적 특성을 밝혀내는 방향으로 꾸준히 연구가 진행되었다. 특히, 박희병 교수는 역사적 장르로서 전기소설이 갖는 특징 가운데 하나로 주인공의 미학적 특질에 있어서 섬세하고 내면적이며 고독한 인간상이 중요한 미학적 표상을 이룬다는 점을 내세운 바 있다.[5] 이후에 정환국 교수는 초기

2 임형택, 『韓國文學史의 視覺』, 창작과 비평사, 1984. 11-21면 참조

3 임형택, 「나말여초의 전기문학」, 『한국한문학연구』 제5집, 한국한문학연구회, 1980. 89-104면 ; 정학성, 「전기소설의 문제」, 『한국문학연구입문』, 지식산업사, 1982. 253-258면 ; 정범진, 「당대전기의 체재에 관한 연구」, 『대동문화연구』 제2집, 성균관대 대동문화연구원, 1989. 57-78면 ; 정출헌, 「고전소설에서의 현실주의 논의 검토 : 15세기 『금오신화』에서 18세기 〈김영철전〉까지」, 『민족문학사연구』 제2집, 민족문학사학회, 1992. 104-128면 ; 이혜순, 「전기소설의 전개」, 『고소설사의 제문제』(성오 소재영 교수 환력기념논총), 집문당, 1993. 221-232면 ; 박희병, 「전기적 인간의 미적 특질」, 『민족문학사연구』 제7집, 민족문학사연구소, 1995. 120-140면 ; 윤재민, 「전기소설의 인물 성격」, 『민족문화연구』 제28집, 고려대 민족문화연구소, 1995. 53-67면 ; 박희병, 『한국전기소설의 미학』, 돌베개, 1997. ; 소인호, 『한국전기문학 연구』, 국학자료원, 1998. ; 정환국, 『초기 소설사의 형성 과정과 그 저변』, 소명출판, 2005.

4 임형택 교수는 나말여초의 작품 가운데 〈최치원崔致遠〉〈조신調信〉〈김현감호金現感虎〉〈수삽석남首挿石枏〉 등은 이미 설화說話의 단계를 벗어난 전기傳奇임을 지적하고, 이런 단계의 작품이 출현하게 된 배경에 대해 심도 있게 밝혔다. 임형택(1984), 전게서 참조.

5 박희병 교수는 전기소설의 특징에 대해 '인물과 시공간적 환경의 내외적 연관성, 주인공의 미학적 특질은 고독한 인간상, 창작의 목적의식에 있어 주제 · 플롯 · 개성 · 문체 등의 구현, 화려한 문어체 한문, 서정적 경사로 시적 응결과 압축미 표현' 등으로 요약한 바 있다. 박희병(1997), 전게서 참조

소설의 양식화와 그 서사적 맥락에 대한 지표로써 전기소설에서 삽입시의 미감에 대해 논지를 전개한 바 있다.[6] 이처럼 전기에서 미학적 특질 내지는 삽입시의 미감에 대해 논의된 바 있으나, 그 의미에 대해서는 뚜렷한 주장을 펼치지 못한 상태다.

따라서 필자는 전기에서 삽입시의 존재 양상과 미학적 의미를 본고의 논제로 삼아, 먼저 전기사傳奇史를 초기(또는 前期)와 전성기(또는 後期)로 나누어 대표적인 작품을 선정하고, 또 전기에서 삽입시를 서사적 흐름에 따라 분류하여 각 대목마다 삽입된 시의 특징을 살펴볼 예정이다. 이를 위해 우리나라 최초의 전기傳奇 작품으로 인정되는 나말여초의 〈최치원崔致遠〉을 비롯하여 최초의 한문소설로 알려진 조선전기 『금오신화金鰲新話』에 수록된 〈만복사저포기萬福寺樗蒲記〉를 거쳐, 이후 조선후기 최고의 전기 작품으로 평가되는 〈주생전周生傳〉과 〈최척전崔陟傳〉 및 〈운영전雲英傳〉에 이르는 작품들을 텍스트로 삼았으며, 각 시기의 주변 작품들을 참고하여 전기에서 삽입시의 존재 양상을 살펴보고, 이를 통해 미학적 의미에 대한 논지를 전개할 것이다.

전기는 '서사敍事'와 '서정抒情'의 혼합물로, 특히 삽입시를 이용하여 작품의 서정적 효과를 극대화하지만, 이는 글쓰기 양식 측면에서 보면 고유한 특성인 동시에 제약으로 비춰지기도 한다. 때문에 삽입시가 단지 서사전개에 필요한 부수적 장식물로 퇴화될 가능성마저 없지 않다. 따라서 본고에서 삽입시의 미학적 의미가 선명하게 자리매김 된다면 전기의 문학성에도 일조할 수 있으리라 생각한다.

6 정환국, 「전기소설 삽입시의 미감」, 『민족문학사연구』 제28집, 민족문학사연구소, 2005. 192-219면

2. 전기의 출현 및 전개 양상

'전기傳奇'라는 명칭은 당唐나라 배형裵鉶이 온권溫卷의 형태로 지었다는 소설 〈전기傳奇〉에서 유래하여,[7] 이후 유사한 성격의 작품군을 지칭하는 문학 장르로 정착되었다. 후대에 노신盧迅은 전기가 문식文飾과 표현을 중시하고 복합적 표현방식을 구사함으로써 높은 예술성을 띤다고 지적하였다.

> 전기란 원류가 대개 지괴志怪로부터 나왔으나, 문식文飾을 가하고 파란波瀾을 확대시켰으므로 성취한 바가 특이하였다. 그 사이에 비록 또한 풍유諷喩에 가탁하여 우수憂愁를 풀거나 화복禍福을 말하여 권선징악을 우의寓意하지만, 결국 궁구하는 것은 문채文采와 의상意想에 목적이 있으니, 옛날에 귀신을 전하고 인과를 밝히면서도 이외에 다른 뜻이 없었던 것과는 그 취지가 매우 다르다.[8]

전기의 문체는 중체衆體를 구비한 화려한 문어체文語體라고 할 수 있다. 당대唐代 과거제도 가운데 진사과에 응시한 문인들은 뛰어난 문재文才로 입신양명을 노리며 고시관考試官이나 유력인사를 찾아가 투권投卷하는 일이 잦았는데, 그 과정에서 시문詩文의 형태로 시작해 다양한 문학 형식을 갖춘 전기가 출현·선호되었다. 요컨대 당대의 문인들은 자신의 문학적 역량을 과시하고 이목을 집중시키기

7 진사도陳師道는 일찍이 『후산시화後山詩話』에서 "전기는 당나라 배형이 지은 소설 이름이다.[傳奇 唐裵鉶所著小說名也]"라고 하였다.

8 盧迅, 『中國小說史略』. 傳奇者流源 蓋出於志怪 然施之藻繪 擴其波瀾 故所成就乃特異 其間雖亦或託諷喩以紓牢愁 談禍福以寓懲勸 而大歸則究在文采與意想 與昔之傳鬼神明因果而外無他意者 甚異其趣矣.

위한 방편으로 전기를 창작했던 것이다.

> 당대의 과거 응시자들은 먼저 당시 이름난 사람을 통해 자기 성명을 주사主司에게 알리고 난 뒤 자신이 쓴 작품을 바치고, 며칠이 지나면 또 다시 바쳤는데, 이를 온권溫卷이라고 했다. 예컨대 〈유괴록幽怪錄〉과 〈전기傳奇〉 등이 모두 그것이다. 대개 이러한 등속의 문장은 중체가 갖추어져, 이를 통해 사재史才와 시필詩筆과 의론議論을 볼 수 있다. 진사에 이르면 대부분 시詩를 지어 예물로 삼았는데, 지금 세상에 유행하는 당시唐詩 수백 종류가 바로 그것이다.[9]

전기의 효시는 중국의 장작張鷟이 지은 〈유선굴遊仙窟〉로 알려져 있는데, 흥미롭게도 우리나라 나말여초의 작품 가운데 『수이전殊異傳』에 실려 있었다는 〈최치원崔致遠〉에서 그 영향이 확인된다.[10] 삼국통일 이후 경제적 번영과 문예 부흥기를 맞이하여 신라의 문인들은 차츰 서사문학에 관심을 기울였으며, 나말여초의 과도기적 혼란과 대립 양상을 표출하는 데 기이하고 초현실적인 내용으로 우의적 기능을 강화하였다.[11] 특히, 지식인 계층의 문인들이 전기를 수용하

9 趙彦緯, 『雲麓漫鈔』. 唐之擧人 先藉當時顯人以姓名達諸主司 然後投獻所業 踰數日又投 謂之溫卷 如幽怪錄傳奇等 皆是也 蓋此等文備重體 可以見史才詩筆議論 至進士則多以詩爲贄 今有唐詩數百種行於世者 是也.

10 〈최치원〉은 전체적인 내용의 전개방식 및 삽입시의 분위기까지 장작張鷟이 지은 〈우선굴遊仙窟〉과 유사하여, 당 전기唐傳奇의 영향을 받았음을 뒷받침하는 실례實例가 되고 있다. 정환국 교수는 나말여초 전기에 나타난 '욕망'에 주목하여 〈최치원〉과 〈유선굴〉을 나란히 놓고, 이를 '불우의 울분과 지우에 대한 갈망'으로 해석하였다.(「나말여초 전기의 '욕망의 형식화'에 대하여–초기소설의 성립과정에 주목하여」, 『한문학보』 제11집, 우리한문학회, 2004. 3-29면)

11 임형택 교수는, "이 역사과정에서 '애정갈등-신분갈등'의 이야기들이 중요한 의

고 향유하며 또 창작하는 데 일조하였다. 〈최치원〉처럼 비교적 완정된 형태의 전기가 출현할 수 있었던 것도 여기서 기인한다. 요컨대 당대唐代 전기의 유입은 국내 전기 출현의 결정적인 계기가 되었으며, 이후 전기문학의 전개과정에도 지속적인 영향을 미쳤던 것이다.

이후 고려 후기 『삼국유사三國遺事』에 수록된 몇 편[12]을 거쳐, 조선 전기 『금오신화金鰲新話』[13]는 〈최치원〉의 맥을 잇는 작품집으로 평가된다. 본고에서 다루게 될 〈만복사저포기萬福寺樗蒲記〉를 비롯하여 〈이생규장전李生窺墻傳〉 〈취유부벽정기醉遊浮碧亭記〉 〈남염부주지南炎浮洲志〉 〈용궁부연록龍宮赴宴錄〉 등 5편의 작품이 실려 있는데, 〈남염부주지〉에는 삽입시가 보이지 않는다. 『금오신화』는 비록 초현실적인 내용에서 벗어나지 못했으나, 서사적 편폭이 확장되었을 뿐 아니라 인간에 대한 이해와 현실 모순에 대한 묘사가 확대되었다. 특히, 네 작품에서 보이는 삽입시들은 작품 전개의 특수한 수단이 되기도 하고, 인물의 내면심리를 표백하는 예술적 장치가 되기도 하며, 정황을 요약하거나 압축하는 효과를 거두기도 한다.[14] 이

미를 띠게 되었으며, 〈최치원〉은 바로 이 시대 문인의 고뇌를 그린 내용이다."라고 주장하였다. 임형택(1984), 전게서 19면 인용

12 『삼국유사』 소재 〈조신전調信傳〉은 나말여초에 창작되었으며, 〈백월산양성성도기白月山兩聖成道記〉는 나말여초의 전기傳奇가 13세기 후반에 수용되고 개작改作되는 양상을 보여주는 작품으로 평가된다. 게다가 〈조신전〉에 보이는 '꿈'을 통한 '인생의 덧없음'이라는 깨달음은 조선후기 김만중의 『구운몽九雲夢』으로 이어지고, 1947년에는 춘원 이광수에 의해 윤색되어 〈꿈〉이라는 소설로 발표되었다.

13 김안로는 『용천담적기龍泉談寂記』에서, "금오신화金鰲新話는 대개 기이한 것을 서술하여 뜻을 붙였으며, 전등신화剪燈新話 등의 작품을 모방하였다.[其書大抵述異寓意 效剪燈新話等作也]"라고 적었다. 『금오신화』에 대해서는 이미 학계에 다양한 연구 논문이 나와 있으므로, 본고에서는 따로 논하지 않기로 한다.

14 박희병(1997), 전게서 88-89면 인용

어서 나온 『기재기이企齋記異』는 『금오신화』보다 작품의 질質이나 문제의식이 떨어진다고 평가되지만, 서로 맥이 닿아 있는 것으로 논의된다.[15]

임진왜란 이후 전기는 다양하게 발전된 면모를 보여준다. 현실 반영이 확대·심화되고, 사실적인 묘사가 더해지면서 인간 내면성에 대해 더욱 진지한 접근을 시도한 것이다. 따라서 초현실적인 부분이 약화되거나 제거되고, 현실적인 측면이 부각되면서 전체 내용구성 및 전개가 탄탄해지고 기존의 틀을 허무는 등 변화된 모습을 보여준다. 게다가 작품의 편폭이 점차 확대되는 양상을 보이는데, 이는 다양한 주제와 소재를 온전히 담아내기 위해 필수적인 부분이었다.

예컨대 먼저 〈주생전〉에서는 남녀 주인공의 삼각관계가 처음으로 등장한다. 청춘 남녀의 비극적인 사랑을 다루며 삽입시를 활용해 서술하는 방식 등은 앞 시기 전기의 전통을 이어받았으나, 현실적 토대 위에서 사건이 발생하고 갈등이 전개되는 등 현실세계의 질곡과 갈등을 사실적으로 형상한 점이 두드러진다. 특히, 상호 독점적이던 남녀 주인공 사이에 또 다른 인물이 개입함으로써 애정 구도가 삼각관계를 이루며 서사가 전개되고, 그 과정에서 선화仙花가 배도裵桃의 시詩를 지워버리고 자신의 시를 적는 등 여러 가지 상황에서 다양한 삽입시가 등장하고 있다.

다음 〈최척전〉에서는 사건의 주변 인물이 보다 다양해졌다. 남녀 주인공의 결연結緣에서 출발하여 전란戰亂으로 야기된 일가족의 이

15 『기재기이』 소재 〈최생우진기崔生遇眞記〉와 〈하생기우전何生奇遇傳〉의 경우에는 『금오신화』 소재 〈용궁부연록〉과 〈만복사저포기〉와 맥이 닿는 것으로 학계에서 논의된다.

산離散과 재회再會를 다루고 있는데, 그에 따른 갈등과 현실적 제약 등을 구체적으로 담아내는 동시에 전쟁의 상흔과 민중의 고통을 사실적으로 형상하였다. 특히, 그러한 과정에서 등장하는 주변 인물들의 역할과 비중을 뚜렷하게 부각시키는 결과를 낳았다. 그런데 두 대목에 실린 삽입시의 경우, 전체 서사에서 남녀 주인공의 이별과 재회를 암시하는 복선의 역할을 함으로써 특수한 상황을 마련하고 있다. 첫 대목에서는 두 사람의 교감을 드러내는 동시에 이별을 예시하고, 다음 대목에서는 처음에 인용된 삽입시가 다시 등장하면서 상대를 확인하고 서로 재회하는 상황을 초래한 것이다.

덧붙여 〈운영전雲英傳〉에서는 적대적 인물이 부각되면서 서사의 새로운 경지를 열었다고 하겠다. 작품은 궁녀宮女인 운영과 젊은 유생儒生인 김진사의 비극적 사랑을 통해 중세적 이념과 사회질서의 반인륜적 측면을 문제 삼고 있다. 여기서 김진사의 노비인 특特은 매우 간사한 인물로, 주인을 속여 운영의 재물을 탈취하고 패악한 짓을 저지르다가 결국 함정에 빠져 죽는다. 그런데 작품에서 보이는 삽입시는, 안평대군安平大君의 궁녀들[운영 포함]이 지은 오언절구五言絶句를 비롯하여 남녀 주인공이 주고받는 서신에 동봉된 것을 포함하여 다양한 형태로 등장한다. 더구나 긴 편폭의 서사 속에 담긴 19편에 이르는 삽입시는 우리나라 전기 작품에서 쉽게 찾아볼 수 없는 양상이다.

대략 살펴보건대, 나말여초 〈최치원〉에서 출발한 전기의 흐름은 19세기를 전후한 〈심생전沈生傳〉에 이르러 마무리된다. 양반자제 심생과 중인中人 처녀의 사랑 이야기는 결국 신분갈등으로 인해 남녀 주인공이 사랑을 이루지 못한 채 모두 죽음에 이르는 내용을 담아낸다. 서사 구조상 인물 형상은 물론 전개 방식이 이전 시기 작품들보다 제한적이고 치밀하지 못한 것으로 평가된다. 그러나 당대 전통적 가치관으로서 '효孝'나 '문벌의식' 등을 내세워 신분갈등의 질곡을 문제시하고 폐쇄적 사회를 고발한 점 등에 의미를 부여할 수 있다. 특히, 〈심생전〉에서는 삽입시가 보이지 않으며, 처녀가 죽기 전에 심생에게 보낸 유서遺書가 등장할 뿐이다.

지금껏 살펴본 내용을 정리하면, 초기(또는 前期) 및 전성기 작품일수록 삽입시의 빈도가 높고 서정성이 강하다. 전기는 장르관습상 삽입시가 들어갔으며,[16] 그 존재 양상도 다양했는데, 인물의 내면을 표현하면서 서정적·감상적인 비극성을 구현하는 의미를 지녔다. 특히, 남녀 주인공 사이에 문예취향을 공유하는 경우가 흔하지만, 그마저도 후기로 갈수록 삽입시의 빈도가 차츰 낮아지게 된다. 또 서사적 상황에서 복선의 역할을 수행함으로써[17] 남녀 주인공의 내면을 대변하는 데 큰 의미를 갖지 못하고, 점점 서정적 기능이 약화되거나 간혹 삽입시의 형태를 전혀 찾아볼 수 없는 작품도 등장하게 된다. 더구나 강상綱常의 윤리를 강조하면서 전란戰亂 중에 여성의 정조貞操라든가 도덕적인 행위에 중점을 두었기 때문에 창조적 개인의 서정성을 완성하고 문예취향을 공유하는 특징은 점차 사라지게 되는 것이다.

16 임형택 교수는 "전기소설 〈최치원〉에서 등장인물들이 서로 한시를 주고받으며, 또 한시를 구성의 일부로 사용해서 분위기를 살리는 수법을 쓴 것도 당시 문인들 사이에 보급된 한시의 취미생활을 반영한 것으로 이해된다."라고 하였다. 임형택(1984), 전게서 24면 인용

17 〈최척전〉에서는 앞서 최척 부부가 주고받은 시詩 가운데 옥영이 지은 시가 뒤에 한 번 더 등장한다. 그런데 같은 내용의 시가 앞에서는 두 사람의 돈독한 애정을 표현한 반면, 뒤에서는 헤어졌던 두 사람이 다시 만나게 되는 요인으로 작용한다. 결과적으로 이 삽입시는 두 사람의 이별을 예고하는 복선이라고 해석할 수 있다. 이에 대해서는 다음 장에서 면밀히 살펴볼 것이다.

3. 삽입시의 존재 양상과 미학적 의미

전기의 가장 큰 특징 가운데 하나로 서사의 중간에 들어간 삽입시를 꼽을 수 있다. 본문에서 한창 서사가 진행되다가 시詩 · 사詞 · 편지[書] · 제문祭文 등이 삽입된다. 전기적 인간은 운명적 대상을 만나면 자신의 내면을 고스란히 드러내는데, 여기에 사용되는 장치가 바로 이러한 것들이다. 남녀 주인공은 서로 만나 시詩를 주거나 편지를 보내기 전까지는 내면적 갈등이 심하며,[18] 이후 주변인물과 갈등을 빚게 되더라도 무엇보다 애정을 중시한다. 갈등상황 중 자신들의 애정을 표현하고 전달하는 과정에서 주로 시를 주고받으며, 이는 남녀 주인공 사이에 문예적 공감대를 형성하며 애정이 더욱 돈독해지는 경향을 보인다.[19]

전기의 서사 전개를 내용상 분류해보면, 현대소설의 전개 양상과 크게 다르지 않다. 즉, 내용의 흐름이 발단 · 전개 · 위기 · 절정 · 결말로 나누어지는데, 여기에 삽입되는 시詩를 우선 도입시 · 교감시 · 갈등시[이별시] · 결말시로 구분하여 살펴보기로 한다.[20] 본장에서는

18 윤재민 교수는 전기소설에서 남녀 주인공의 애정갈등은, 비교적 한미한 가문의 인물로 선정된 남자 주인공들에 비해 여자 주인공들의 신분이 이들보다 높고 다양한 데서 기인한다고 주장하였다. 윤재민(1995), 전게서 참조

19 전기에서 자신의 문예적 재능을 발휘하여 현달한 인물은 〈하생기우전何生奇遇傳〉에 등장하는 하생何生 한 사람뿐이라는 사실이 흥미롭다. 남녀 주인공은 대부분 문학적 재능이 뛰어나지만, 이러한 재능이 입신양명立身揚名보다는 자기 배필을 구하는 데 고스란히 활용된다.

20 이는 정환국 교수가 〈만복사저포기〉의 서사구조를 '도입시 · 교감시 · 이별시 · 장가'로 파악한 것에서 힌트를 얻어 필자가 본고에서 논할 작품들을 분류한 것이다. 덧붙여 본장에서 분석하는 삽입시도 이렇게 구분하여 목차[절]로 만들었다. 정환국(2005), 전게서 참조

서사 장르에 속하는 전기에서 서정적인 부분으로 가미된 삽입시의 존재 양상을 살펴봄으로써 그 미적 특질을 밝히고, 아울러 미학적 의미를 도출해내고자 한다.

1) 도발의 매개—재자가인才子佳人의 고독감 극복

전기에서 남녀 주인공은 대부분 재자가인才子佳人으로 설정된다. 이들은 무엇보다 애정愛情과 신의信義를 중시하며 상호 독점적 관계를 유지하나, 운명적 만남이 주어지기 전까지는 근본적으로 외로운 존재들이다. 그래서 내재된 고독감을 극복하기 위해 자기 배필配匹을 찾거나 심지어 혼귀魂鬼를 만나기도 하는데, 이 준비된 사랑 앞에 상대를 도발하고 운우지락雲雨之樂으로 이끄는 과정에서 삽입시는 중요한 역할을 수행하는 것이다.[21]

다음은 〈최치원〉에 보이는 첫 삽입시로, 최치원이 쌍녀분雙女墳 앞에서 혼귀를 부르는 대목에 등장한다.

誰家二女此遺墳 뉘 집 두 처녀인지 여기 무덤에 남겨져
寂寂泉扃幾怨春 적막한 황천길 얼마나 봄을 원망했으리오.
形影空留溪畔月 모습과 그림자 시냇가 달에 헛되이 남았는데
姓名難問塚頭塵 성명은 무덤 곁 먼지에도 물어보기 어렵구나.
芳情儻許通幽夢 꽃다운 정 그윽한 꿈에서 통하길 허락한다면
永夜何妨慰旅人 긴 밤 나그네를 위로하는 게 어찌 허물이리오.
孤館若逢雲雨會 외로운 객관에서 운우지정雲雨之情을 만난다면

21 전기적 인물은 대개 재자가인으로 설정되는데, 이들은 높은 문학적 감수성을 지니고 자신의 정서를 세심하게 포착하며, 이를 적극적으로 발휘한다. 전기에서 보이는 삽입시가 이런 사실을 단적으로 증명한다.

與君繼賦洛川神 그대와 계속해서 낙신부洛神賦를 지으리라.[22]

이 작품은 최치원과 두 귀녀[八娘 · 九娘]의 만남과 이별을 내용으로 하는 초현실적 신이담神異談이라고 할 수 있다.[23] 사람과 귀녀가 하룻밤 만남 뒤에 영원히 이별하는, 처음부터 일반적인 생사生死 관념의 잣대로 볼 때 결코 완전한 사랑으로 승화될 수 없는 이야기다. 그러나 내 · 외면적 고독감을 떨쳐버리기 위해 무덤을 찾아가 혼귀를 부르는 최치원의 심경을 담아내기에 詩보다 더 적절한 문학적 장치는 없었으리라.

또 '고독한 숙소에서 운우지락雲雨之樂을 나눌 정인情人을 만나고 싶다.'는 직설적인 표현은 전기에서 흔히 볼 수 있는 기법이다. 그만큼 남녀 주인공은 외로운 존재들로, 그 고독감을 극복하기 위해 끊임없이 정인을 갈구했으며, 자기 배필이라고 생각되는 상대를 만나면 거리낌 없이 노골적으로 상대를 도발했던 것이다. 이후 서로 갈등 및 교감을 표출하는 데도 삽입시의 등장이 두드러지지만, 운명적인 만남이 처음 이루어지는 대목에서 주고받는 시의 내용은 훨씬 애틋

22 작자미상, 〈최치원〉. 본고에서 제시하는 인용문은 박희병 교수가 편찬한 『한국한문소설 교합구해』(소명출판, 2005.)에 실린 원문을 그대로 활용하였으며, 이하 출처는 페이지만 기재하였음을 미리 밝혀둔다. 전게서 60면

23 임형택 교수는 「羅末麗初의 傳奇文學」에서, "전기傳奇라는 용어가 그렇듯, 그 작품세계는 불합리, 전설적인 신이神異를 상당히 내포하고 있다. 그러나 작가의식은 기본적으로 합리성의 바탕을 잃지 않았던 것 같다."라고 하였다. 임형택(1984), 전게서 22면 인용. 이에 적합한 실례로는 〈최치원〉에서 최치원이 자신을 위로하며 지은 장가長歌에서 '다시 심사를 다잡고 혼귀를 그리워하지 말자.'고 읊은 부분이나, 〈주생전周生傳〉에서 작자[權韠]가 주생을 위로하며 "장부로서 걱정할 일은 공명을 이루지 못할까 함이지, 천하에 어찌 또 다른 미인이 없겠는가."라고 말한 대목을 들 수 있다.

하고 아름답다.[24]

『금오신화』를 저작한 김시습의 경우에도 '외로움과 궁수窮愁를 떨쳐버리기 위해 유람을 하고 글을 지으며 노래를 불렀다.'고 전한다.[25] 다음은 〈만복사저포기萬福寺樗蒲記〉에서 양생梁生이 자신의 고독감을 달래며 배필을 얻고자 하는 마음을 읊은 삽입시이다.[26]

一樹梨花伴寂廖　한 그루 배꽃나무 외로움 달래며
可憐辜負月明宵　가련하게 지새우는 달 밝은 밤이여.
青年獨臥孤窓畔　젊은이 홀로 누운 호젓한 창가에
何處玉人吹鳳簫　어디선가 고운님 퉁소를 불어주나.

翡翠孤飛不作雙　비취는 짝도 없이 홀로 날아가고
鴛鴦失侶浴晴江　원앙은 짝을 잃고 맑은 강에 노니네.
誰家有約敲碁子　누군가 있다면 바둑이나 두련마는
夜卜燈花愁倚窓　밤새 등불 밝히고 창에 기대어 시름하네.[27]

양생은 일찍 부모를 여의고 아내도 없이 만복사萬福寺 동방東房에서 홀로 지내고 있다. 그런데 마침 봄이 되어 방문 밖 배나무에는

24 〈최치원〉은 오늘날의 관점에서 보면 지나치게 많은 삽입시로 인해 서사적 긴장감이 다소 떨어진다고 평가되기도 하지만, 남녀 주인공의 모든 행위와 심정이 삽입시로써 촉발되고 전달된다는 의미에서 오히려 서정적 완성도가 뛰어나다 할 것이다.

25 김시습, 『매월당집梅月堂集』 시집 권1 〈궁수窮愁〉와 권6 〈제금오신화題金鰲新話〉 등 참조.

26 한상현은 〈만복사저포기〉에서 삽입시의 기능을 청신請神 · 오신娛神 · 송신送神의 단계로 논의한 바 있다. (「〈만복사저포기〉의 삽입시 기능에 대한 무속제의적 고찰」, 『고전 산문의 계보적 연구』, 국학자료원, 2001. 249-286면)

27 김시습, 〈만복사저포기萬福寺樗蒲記〉. 전게서 99-100면

배꽃이 활짝 피어 있고, 게다가 휘영청 밝은 달밤인지라 사람의 마음을 더욱 달뜨게 만드는 것이다. 그러나 고요한 산사山寺에 홀로 누워 엎치락뒤치락하며 지새우는 밤은 길기만 하고, 멀리 인가人家에서 들려올 법한 퉁소 소리와 바둑 소리를 상상만 해도 마음이 흔들린다.

이처럼 외롭고 간절한 양생의 마음을 알았던지, "그대가 좋은 배필을 얻고자 한다면 어찌 이루어지지 않으리라 걱정하느냐?[君欲得好逑 何憂不遂]"는 소리가 들린다. 마침내 양생은 만복사 불상과 저포놀이를 해서 아름다운 여인을 얻게 되는데, 그녀는 이미 양생의 존재와 소원을 훤히 알고 있으며, 그들은 예정된 만남처럼 익숙하게 서로 즐거움을 나눈다. 왜적의 횡포 앞에 죽음으로써 정조를 지켰던 그녀를 세상으로 불러낼 수 있었던 건, 외로움 끝에 혼귀마저 감동시킨 양생의 시詩가 아니었을까. 그것은 바로 자신의 고독한 심경을 온전히 담아낸 감상적이고 낭만적인 초혼가招魂歌였다.

이렇듯 전기의 남녀 주인공은 일반적으로 재자가인이지만, 처음부터 외로운 처지의 인물들이다. 게다가 위 작품에서는 이들의 거처마저 세상과 멀리 떨어진 곳으로 설정되었다. 최치원은 객관客官에 머물다가 쌍녀분雙女墳을 찾아가고, 양생도 산사山寺에서 지내는 처지다. 최치원은 홀로 무덤을 찾아갈 만큼, 양생은 불상과 저포놀이를 하고 여자를 원할 만큼, 둘 다 결국 사람이 아닌 줄 알면서도 귀녀와 사랑에 빠져버린, 절박한 처지에 절대적 고독감을 지닌 인물이었다.

여기서 삽입시는 애초 고독한 존재로 설정된 남녀 주인공들 사이에 서로 욕망하는 마음을 도발시키는 매개로써 작용한다. 따라서 이들은 시詩를 통해 운명적 상대를 얻고, 비로소 태생적 고독감을 극복하게 된다. 그런데 전기 작품 안에 보이는 외로움이 청춘 남녀가 배필을 얻지 못한 데서 오는 육체적 고독이라면, 작품 밖에서 비춰지는 그것은 세상과 화합하지 못한 채 소외된 자의 심리적 고독이라고 해석할 수 있다. 작품 속 재자가인이 자기 배필과의 운우지정을 통해 고독감을 극복했다면, 세상 속 지식인 작가는 초현실적인 이야기를 저작함으로써 고독감에서 벗어나려 했던 셈이다.

2) 교감의 표출—독점적 존재의 또 다른 자아 찾기

전기에서 일반적인 결연과정을 살펴보면, 남녀 주인공은 서로 만나자 마자 심리적 교감이 이루어지고, 곧바로 육체적 결합에 이르는 것으로 기술된다. 이들은 지극히 외로운 존재였던 만큼 순식간에 지고지순한 사랑에 빠지고 상호 독점적 존재로 변하는 것이다. 이러한 장면에서 등장하는 삽입시는 남녀 주인공의 교감을 통한 또 다른 자아 찾기라고 말할 수 있다. 이후 발생하는 사건에서도 이들은 자기 내면세계를 시로써 표현하거나 전달하고 있다.[28]

〈최척전崔陟傳〉의 경우에는 두 대목에서 삽입시가 쓰이는데, 옥영玉英이 직접 짓고 들려준 시는 최척崔陟도 경탄할 만큼 뛰어난 내용이다.

> 옥영이 오래도록 깊이 음미하더니 말하기를, "제가 평소에 부인들이 시를 읊는 것을 싫어하지만, 이런 심경心境에 이르니 자신을 억제할 수 없습니다."라고 하며 드디어 시 한 구절을 읊었다.
>
> 王子吹簫月欲低　왕자교王子喬가 퉁소를 부니 달도 지려하는데,

28 서거정徐居正이 지은 〈월단단月團團〉의 경우, 남녀 주인공의 결합 장면에 대한 묘사가 장황하고 구체적인 반면, 전체 사건의 전개나 삽입시의 기능이 미숙하여 작품의 긴장감이 떨어지는 것으로 평가된다.

碧天如海露凄凄　푸른 하늘은 바다 같고 이슬마저 서늘하구나.
會須共御青鸞去　모름지기 함께 푸른 난새를 타고 날아가리니,
蓬島烟霞路不迷　봉래산蓬萊山에 안개 끼어도 길 헤매지 않으리.

최척은 처음에 아내의 사조詞藻가 이처럼 뛰어난 줄 몰랐다가, 시를 듣고 크게 놀라 한 번 읊어보고 세 번 감탄하더니, 곧 한 구절을 지어 화답했다.

瑤臺漂渺曉紅雲　아득한 요대瑤臺에는 새벽구름 불그레하고,
吹撤鸞簫曲未終　퉁소소리 그쳐도 곡조는 아직 끝나지 않았네.
餘響滿空月欲落　여음餘音이 허공에 가득하고 달은 지려는데,
一庭花影動香風　온 뜰에 꽃 그림자 향기로운 바람에 흔들리네.

읊기를 마치자, 옥영은 기쁜 마음 그지없었다.[29]

양가 부모의 반대는 물론 전란戰亂까지 겹치는 상황에서 최척과 옥영은 어렵사리 혼인을 하고, 만복사萬福寺에 가서 정성스레 기도한 덕분에 첫아들[夢釋]을 얻었다. 그리고 늦봄의 청명한 달밤, 흩날리는 꽃향기 속에 술잔을 기울이며 최척은 퉁소를 불고, 옥영은 여음餘音을 즐기고 있다. 위 삽입시에는 고난 끝에 행복을 얻은 최척 부부의 심경이 잘 드러나 있다. 먼저 옥영의 시를 살펴보면, 왕자교王子喬가 부는 듯 아름다운 퉁소 소리에 밤은 깊어가고, 이제 두 사람

29 趙緯韓, 〈崔陟傳〉. 玉英沈吟良久曰 妾素惡婦人之吟詩 而對此清景 不能自已 遂咏一絶句曰 王子吹簫月欲低 碧天如海露凄凄 會須共御青鸞去 蓬島烟霞路不迷 陟初不知其妻吟咏之若是 一咏三歎 卽和其詩曰 瑤臺漂渺曉紅雲 吹撤鸞簫曲未終 餘響滿空月欲落 一庭花影動香風 吟罷 玉英歡喜未洽. 전게서 429-430면

은 푸른 난새를 함께 타고 날아가는 심경이라 아무리 험한 세상사라도 거뜬히 헤쳐 나갈 수 있을 듯하다. 부부애가 듬뿍 묻어나는 내용이다.

이런 옥영에 비하면, 최척이 지은 시는 서경敍景으로 일관하며 자신의 심경을 담아내고 있다. 두 사람이 봄밤을 즐기는 곳을 '요대瑤臺'라 지칭하고, '허공에 가득한 여음[餘響滿空]', '지는 달[落月]', '온 뜰에 핀 꽃 그림자[一庭花影]', '향기로운 바람[香風]' 등 아름다운 표현을 통해 편안하고 여유로운 마음을 드러낸다. 요컨대 일상에서 얻은 만족감과 서로에게 느끼는 사랑을 시詩로 표현한 것이다. 이후 부부는 더욱 사랑이 돈독해져서 서로 '지음知音'이라 부르며 하루도 떨어진 적이 없었다[自此之後 情愛尤篤 自謂知音 未嘗一日相離也]고 하니, 이들의 또 다른 자아 찾기는 완벽하게 이루어진 셈이다.

이처럼 우여곡절 끝에 자기 배필을 찾은 남녀 주인공에게 상대는 한없이 소중한 존재이기 때문에, 이들은 애정이 담긴 시를 통해 교감을 표출하며, 또 다른 자아를 찾아낸 사실을 확인한다. 그러나 이후 남녀 주인공은 뜻하지 않게 불행한 길을 걷거나 전란으로 이별하는 등 내·외적인 갈등상황에 맞닥뜨리고, 이에 굴복하여 죽음을 택하거나 굳건히 대처하는 모습을 보여주기도 한다.[30]

〈최척전〉에서 최척과 옥영은 전란 중에 헤어져 타국他國을 떠돌다가 안남安南에서 다시 만나게 된다.[31] 그런데 이들을 다시 만나게 해

30 〈최척전〉에서 최척과 옥영 또한 전란으로 다시 헤어져 생사를 모른 채 중국과 일본에서 지내며, 그 과정에 옥영은 수차례 자살을 시도하는 등 위기와 갈등을 겪는다.

31 〈최척전〉은 조선朝鮮·중국中國·일본日本·안남安南 등지를 배경으로 전란에 얽힌 최척 일가의 이산離散과 재회再會를 담아낸 작품으로, 『어우야담於于野

준 건, 다름 아닌 최척의 퉁소와 옥영의 시였다.

王子吹簫月欲低　왕자교王子喬가 퉁소를 부니 달도 지려하는데,
碧天如海露凄凄　푸른 하늘은 바다 같고 이슬마저 서늘하구나.
會須共御青鸞去　모름지기 함께 푸른 난새를 타고 날아가리니,
蓬島烟霞路不迷　봉래산蓬萊山에 안개 끼어도 길 헤매지 않으리라.[32]

이 시는 앞서 최척과 옥영이 부부로 살면서 행복과 안녕을 교감하는 대목에서 쓰였다. 당시 옥영은 남편의 퉁소 소리에 감동하여 자신의 감정을 솔직하게 표현하고, 앞으로 무슨 일이든 부부가 함께 할 테니 아무런 어려움이 없으리라고 다짐했었다. 종자기種子期가 백아伯牙의 거문고 소리를 듣고 그의 마음과 음악을 이해하듯이, 이들 부부 또한 상대의 기쁨과 행복을 잘 알 수 있었기에 서로 '지음知音'이라고 불렀던 것이다.[33]

그런데 이 삽입시는 전체 서사의 흐름으로 볼 때, 앞서 등장한 대목에서 교감을 노래하는 동시에 이별을 예감했다면, 다시 등장한 대목에서는 이별을 넘어선 재회를 예상하고 있다. 예컨대 조선과 멀리 떨어진 안남에서, 최척은 송우宋佑와 함께 떠돌아다니며 차茶를 파

談』에도 〈홍도紅桃 이야기〉라고 실려 전한다. 필자는 〈최척전〉에 나타난 동아시아 서사 체험과 인식에 대해 논고를 발표한 바 있다. 이채경, 「〈崔陟傳〉에서의 동아시아 인식－배경과 형상화를 중심으로」, 『국제언어문학』 제18호, 국제언어문학회, 2008. 209-227면 ; 진재교, 「越境과 敍事－동아시아의 서사 체험과 '이웃'의 記憶」, 『한국한문학연구』 제46집, 한국한문학회, 2010. 129-162면

32 조위한, 〈최척전〉. 전게서 435면

33 백아와 종자기의 이야기는 '지음知音' '지기지우知己之友' '백아절현伯牙絶絃'이라는 고사와 더불어 『여씨춘추呂氏春秋』 및 『열자列子』 〈탕문湯問〉편에 보인다. 덧붙여 전기에서는 남녀간의 돈독한 애정을 표현하는 말로도 쓰인다.

는 중국 상선商船에 있고, 옥영은 돈우頓于와 함께 민절閩浙 사이를 왕래하며 장사하는 일본 상선에 있었다. 그러니 옥영은 귀에 익은 조선 곡조의 퉁소 소리를 듣고, 최척은 아내의 목소리로 읊는 자작시自作詩를 듣고도 차마 그 상황을 믿지 못했던 것이다.

이런 상황에서 등장하는 삽입시는 바로 헤어졌던 또 다른 자아를 찾는 데 기여한다. 상호 독점적 존재인 남녀 주인공은 전란으로 인해 잠시 이별하지만, 끊임없이 상대를 그리워한 나머지 다시 만나게 된다. 즉, 귀신이나 부처 등 신이한 존재가 개입함으로써 벌어지는 초현실적 상황이 아니라,[34] 독점적 존재의 사랑과 구체적 증거[퉁소·시]를 통해 확보된 필연적 상황인 것이다. 여기서 삽입시는 독점적 존재의 또 다른 자아 찾기라는 의미를 부여할 수 있으며, 나아가 서사 구조를 탄탄하게 만들며 작품의 개연성을 확보한다.

3) 갈등의 확대—문제적 인물의 장애요인 형상화

전기에서는 이처럼 남녀 주인공에게 갈등상황이 계속되면서, 애초 재자가인 유형의 일반적 인물은 상호 독점적 존재를 거쳐 또 다른 사랑을 찾아나서는 문제적 인물로 바뀌게 된다. 간혹 남녀 주인공의 어긋난 인연은 곧 당시 작자가 맞닥뜨린 처지와 나란히 놓이게 되고, 현실에서 자기 경험과 생각을 작품 속에 담아내는 문예적 인물로서 거듭나는 동기마저 내포하고 있는 것이다.

다음은 〈주생전周生傳〉에서 배도裵桃가 주생의 마음을 묻고 확인

34 〈최척전〉에는 장육금불丈六金佛이 수차례 등장한다. 옥영이 임신을 하는 대목이나 힘든 상황에 좌절하는 대목에서 현몽하여 희망을 안겨주는 역할을 하는데, 이는 옥영의 심경을 위로하는 데서 나아가 작품에 복선 역할을 담당한다.

하는 대목이다.

(배도가) 묻기를, "낭군은 지금 도대체 무슨 꿈을 꾸고 계십니까?"라고 하자, 주생은 대답 대신 낭랑하게 시를 읊조렸다.

夢入瑤臺彩雲裏　꿈에 오색구름 속 요대에 들어가
九華帳裏夢仙娥　구화장 안에서 선아를 만났노라.

배도가 불쾌하게 여기며 따져 묻기를, "낭군이 선아라고 하는 사람은 대체 누구입니까?"라고 하자, 주생은 대답할 말이 없어 계속 시를 읊조렸다.

覺來却喜仙娥在　잠 깨자마자 기쁘게도 선아가 곁에 있으니
奈此滿堂花月何　이처럼 방안 가득한 꽃과 달을 어찌하리오.

그리고는 배도의 등을 어루만지며, "그대가 곧 나의 선아가 아니겠소?"라고 말하자, 배도가 웃으며 말했다. "그렇다면 낭군은 저의 선랑이 아니겠습니까?" 이때부터 주생과 배도는 서로 선아와 선랑이라고 불렀다.[35]

주생은 승상丞相 부인의 부름을 받고 외출하는 배도를 뒤따라갔다 우연히 선화仙花를 보고 마음이 흔들려 집으로 돌아온다. 그리고 배도가 돌아오기 전에 이불을 끌어안고 자는 척하며 우레처럼 코를 곯자, 그녀는 자신을 기다리지 않고 잠든 주생을 바라보며 서운함을

35 權韠, 〈周生傳〉. (桃)曰 郎君方做何夢 生應口浪吟曰 夢入瑤臺彩雲裏 九華帳裏夢仙娥 桃不悅 詰之曰 所謂仙娥 是何物耶 生無言可答 卽繼吟曰 覺來却喜仙娥在 奈此滿堂花月何 乃撫桃背曰 爾非吾仙娥耶 桃笑曰 然則郎君 豈非妾仙郎耶 自此 相以仙娥仙郎呼之. 전게서 259-260면

담아 물었다. 어려서는 함께 장난치며 놀았고, 장성하여 다시 만난 그들은 시를 주고받으며 사랑을 키워온 처지다. 따져 묻는 배도에게 주생은 대답 대신 가만히 시를 읊조리는데, 이는 자신의 마음이 배도를 떠나 선화에게 가 있음을 암시한다.

그런데 '요대에서 선아仙娥를 만나는 꿈을 꾸다가, 깨어보니 선아가 곁에 있노라'는 대답을 듣고 배도의 마음은 일순간 누그러진다. 그리고 '자신이 선아라면 주생은 선랑仙郎이 아니겠느냐?'며 서로 선아와 선랑이라 부른다. 표면적으로는 서로 느끼는 감정과 상대를 생각하는 마음이 교차하고 화합하는 대목처럼 보인다. 그러나 주생의 마음속에는 이미 선화가 자리하고 있었으며, 이런 사실을 숨기기 위해 의도적으로 둘러댄 것이다. 따라서 선아와 선랑의 의미는 이들에게 동상이몽同床異夢에 불과하다.

이 부분은 앞으로 사건전개와 갈등양상을 고려해서 말하자면, 문제적 인물의 장애요인을 구체적으로 형상한 대목이라고 할 수 있다.[36] 또 이 작품은 최초의 삼각관계 전기 작품인 만큼, 앞으로 일어날 사건과 갈등에 주목해 볼 때, 이들은 많은 문제를 내포한 인물이다. 누구보다 외로운 처지에서 상대를 만났지만, 내면적 갈등이 점차 확대되는 가운데 시재詩才를 겸비한 그들의 심리 변화를 담아내는 것이 바로 삽입시다. 특히, 남녀 주인공의 삼각구도 속에 문제적 인

36 이후 주생과 배도의 사이에 선화가 등장하면서 서사구도는 이들의 삼각관계가 중심을 이루며, 배도가 주생에게 지어준 시를 본 선화가 그것을 지워버리는 것에서 정점을 이루다가, 결국 배도의 죽음으로 일단락된다. 그리고 주생이 명나라의 지원군에 동참하여 조선으로 떠나버림으로써 이들의 비극적 사랑도 끝난다. 이러한 서사구도상의 삼각관계와 갈등상황에 주목하여 이들을 문제적 인물이라고 지칭한 것이다. 또 이들의 장애요인은 바로 신의信義를 저버린 주생의 변심變心이라고 할 수 있다.

물의 갈등과 질곡이 서사의 주류를 이루며, 이들의 비극적 정한情恨이 잘 드러나 있다.

다음은 주생이 배도를 찾아간 사이에 선화가 일부러 배도의 시를 지우고 적은 자작시自作詩이다.

窓外疏影明復流　창밖에 성긴 그림자 어른거리고
斜月在高樓　기운 달은 높은 다락에 걸려 있네.
一階竹雲　섬돌 아래 대나무 소리 내어 울고
滿堂梧影　오동나무 그림자 집안에 가득한데,
夜靜人愁　밤은 고요히 시름 짓게 만드는구나.

此時蕩子無消息　이러한 때 탕자는 소식도 없이
何處作閑遊　어디서 한가로이 노닐고 있는지.
也應不念　아, 생각말자 잊으려 하건만
離情脉脉　이별의 정한 끊이지 않고 이어져
坐數更籌　앉아서 산가지만 세고 또 세는구나.[37]

주생은 선화를 만나면서 배도를 향한 마음이 이미 사라지고 없었다. 그러나 배도를 오래도록 보지 않았기 때문에 그녀의 의심을 받을까 걱정스러워 잠시 배도의 집으로 찾아간다. 그 사이에 선화는 주생의 방에서 시를 몇 편 발견하는데, 바로 예전에 배도가 주생에게 지어 준 것이었다. 선화는 질투심을 참지 못해 그 시를 새까맣게 지워버리고 자작시를 적어 놓는다. 주생을 사이에 두고 두 여자의 갈등이 점차 확대되는 순간이다.

37 권필, 〈주생전〉, 전게서 267면

선화는 주생과 배도의 인연이 하룻밤 풋사랑이든가, 아니면 선비와 기생 간에 육체적 관계일 것으로 생각했다. 그런데 배도의 시를 읽어 보니 쉽게 끝날 것 같지 않았다. 게다가 주생은 밤이 깊도록 돌아오지 않고, 홀로 앉아 두 사람의 밀회를 상상하니 시름만 쌓이는 것이다. 이후 배도가 우연히 선화의 시를 발견하면서 모든 정황을 알게 되고, 세 사람은 모두 장애요인을 극복하지 못한 채 마음에 병을 얻고 만다.

위 삽입시에는 선화의 심리적 갈등이 섬세하고 곡진하게 묘사되어 있다. 특히, 이 시는 남녀 주인공의 삼각관계를 부각시키고, 이들의 갈등이 점차 확대되는 정점頂點에 놓여 있다. 즉, '성긴 그림자[疏影]', '기운 달[斜月]', '깊은 시름[人愁]', 생각 말자[不念]' 등으로 표현되어 밤새도록 이어지는 '이별의 정한[離情]'은 선화에게서 비롯되어 배도에게로 전이轉移되었다가 주생에게 이르러 비극적 결말을 초래한다. 우연히 상호 독점적 존재에서 벗어난 주생, 그의 변심變心으로 인해 애정갈등을 겪게 되는 배도와 선화, 이러한 문제적 인물의 장애요인이 삽입시로 형상화된 것이다.

4) 문예취향의 공유 — 창조적 개인의 서정성 완성

남녀 주인공 사이에 애정을 도발하거나 교감을 가능하게 만드는 삽입시는, 인물간의 문예취향은 물론 주인공과 작자의 문예취향까지 표현함으로써 독자들마저 이에 공감할 수 있도록 만든다. 특히, 초현실적 존재나 공간까지 아울러 시로써 대화하고 공감하며 이별의 정한을 노래하기도 하는 것이다.[38] 여기서 작자는 주인공을 내세워 자기 처지를 반영하며 문예취향을 부각시키니, 결국 삽입시를 통해 서정적 효과를 극대화 하며 작자의 문학적 역량을 드러내는 동시에 더 나아가 예술성을 확보한다고 하겠다.

잘 알다시피 김시습은 방외인方外人으로 명산대천과 산사를 떠돌며 일생을 마쳤다. 『금오신화』에 실린 다섯 편의 전기 작품은 모두 현실적 공간에서 한 발 물러난 인물들의 비극적 만남을 주제로 하여 자신의 불우한 처지를 가탁假託한 동시에 그들과 문예취향을 공유하였다.

다음은 〈만복사저포기〉의 마지막 부분에 보이는 귀녀의 정한情恨이 담긴 시이다.

冥數有限　　운명이란 유한하여
慘然將別　　슬프게도 이별이오.
願我良人　　원하노니 우리 낭군
無或疎闊　　멀리하진 마옵소서.
哀哀父母　　애통하게 우리 부모
不我匹兮　　나의 배필 못 지었네.
漠漠九原　　아득한 저승에서
心糾結兮　　마음에 맺힌다오.[39]

그렇게 혼귀는 떠나가고, 이튿날 양생은 고기와 술을 갖추어 옛 자취를 찾아가 무덤에서 제문祭文을 지어 조상弔喪한다. 그런데 이 제문은 그들의 만남과 결연結緣 및 이별의 과정을 되새기며 감회에 젖

38 〈운영전雲英傳〉에서 김진사金進士가 운영雲英에게 보낸 편지[書]에 첨부한 시詩를 보면, 앞에 쓴 편지를 압축한 것으로 은유적 표현과 감상적 내용이 두드러진다. 이는 삽입시의 서정적 특징을 결정적으로 드러내는 부분이라고 생각한다.

39 김시습, 〈만복사저포기〉. 전게서 111면

은 양생의 마음을 담아내기에 부족함이 없다고 할 수 있지만, 이전에 그가 귀녀와 주고받은 시를 비롯하여 귀녀가 양생에게 지어준 시들에 비하면 서정성이 다소 떨어진다. 애정으로 들끓던 그의 마음이 차분히 정리된 데다 제문이라는 형식에 맞춰 지어진 때문이다.

반면, 위 삽입시는 혼귀가 사람[배필]을 만나 이승에서 즐거움을 나누다가 저승으로 돌아갈 시점에 주고받은 것이므로 귀녀鬼女의 한스러운 마음이 고스란히 전해진다. 요컨대 어찌 할 수 없는 운명이라 서로 이별하게 되어 영원히 편치 않은 마음을 갖게 된 슬픔을 압축적으로 표현하였다. 이러한 남녀 주인공의 문예취향은 두 말 할 여지없이 작자의 문학적 감수성에서 나온 것이며, 이들이 공유한 문예취향이 감상적인 시를 매개로 하여 결말 부분에서 오롯이 독자에게 전해지는 것이다.

작자 김시습은 일찍이 삼각산 중흥사重興寺에서 공부하다가 수양대군이 단종을 내몰고 왕위에 올랐다는 소식을 듣고 나서 책을 태워버리고 중이 되어 전국으로 방랑의 길을 떠났다. 10여 년 동안 떠돌다가 경주 남산에 금오산실金鰲山室을 짓고 기거하면서 여러 차례 세조의 소명召命을 받았으나 매번 거절하였으며, 당시 여기서 『금오신화金鰲新話』를 지었다.[40] 이렇듯 그는 탁월한 문장으로 일세를 풍미하면서도 일생을 방외인으로 살다간 운명의 소유자였다.

위에서 귀녀와 작자를 나란히 놓는다면, 귀녀가 낭군을 만나지 못한 것은 작자가 뜻에 맞는 임금을 만나지 못한 것이며, 귀녀가 부모에게 불효하게 된 것은 작자가 나라에 충성하지 못한 것이며, 귀녀가

40 『금오신화』에서 남녀 주인공이 제일 강조하는 이념은 '절의節義'라고 할 수 있는데, 이러한 특징은 작자 김시습의 생애와 깊이 연관된 것으로 평가된다.

이승을 떠돌다 저승에서도 한스러워하는 것은 작자가 전국을 방랑하며 세상과 부합하지 못한 것과 같다. 곧 위 삽입시를 통해 작자는 문예취향을 시적 화자[鬼女] 내지는 독자와 공유하고, 이를 통해 작자의 서정성을 완성하는 것이다.

다음은 〈주생전〉에서 주생이 작자[權韠]을 처음 만났을 때 보여준 시詩이다.

隻影無憑	외로운 그림자 의지할 곳 없고
離懷難吐	이별의 회한 토로하기 어려운데
歸鴻暗暗連江樹	어둠 속 돌아가는 기러기 강가 나무에 이어지네.
旅窓殘燭已驚心	객창에 희미한 등불 이미 마음 설레는데
可堪更聽黃昏雨	다시 들리는 황혼의 빗소리 어찌 감당하리오.

閬苑雲迷	낭원에는 구름 아득하고
瀛洲海阻	영주는 바다로 막혔는데
玉樓珠箔今何許	옥루의 주렴은 지금 어떠한가.
孤蹤願作水上萍	외로운 발자취 물위의 부평초 되어
一夜流向吳江去	하룻밤에 오강으로 흘러가고 싶구나.[41]

전기에서 남녀 주인공과 창조적 개인[작자]이 문예취향을 공유하는 부분은 매우 두드러진다. 이러한 양상은 가끔 작품의 말미에서 작자가 저작 동기나 배경을 밝히는 사이 잠깐 언급되기 때문에 전체 서사의 흐름에 묻혀버리기도 한다. 그러므로 〈주생전〉에서 보이는 마지막 삽입시는 더욱더 의미가 크다.[42] 서사 전개가 마무리되는 단

41 권필, 〈주생전〉. 전게서 279면

계에서 등장인물 주생의 내면을 고스란히 담아냄으로써 예술적 성취도를 높이는데, 그것이 작자의 문예취향과 합치되면서 지금껏 작품 속에 흐르던 서정성을 완성시킨다.[43]

권필은 19세 때 진사초시進士初試에 장원하고 나서 복시復試에서도 장원하였으나, 글자 하나를 잘못 쓴 탓으로 급제에서 제외되는 비운을 겪었다. 24세 때 임진왜란이 발발하여 선조宣祖가 용만龍灣으로 몽진蒙塵하게 되자, 구용具容과 함께 그 책임을 물어 이산해李山海와 유성룡柳成龍을 처단하라고 상소를 올렸으나 받아들여지지 않았다. 이후 그는 정치현실에 불만을 품고 과거에 뜻을 두지 않은 채 강화江華에서 유생들을 가르치거나 전국을 유랑하면서 시주詩酒를 일삼았다고 한다.[44]

〈주생전〉은 권필이 1593년에 전화戰禍를 피해 유력遊歷하던 도중,[45] 송도松都의 객사客舍에서 주생을 만나 밤새 필담筆談으로 주고

42 실제로 위의 시詩 '답사행踏沙行'은 주생이 작자 권필을 만난 처음에 보여준 것이며, 이 시에서 연정戀情을 탐지해낸 작자의 권유로 자세한 이야기를 들려주었다. 그런데 서사전개상 〈주생전〉의 마지막에 실리게 된 것이다.

43 박희병 교수는 〈주생전〉에서 대화나 시詩 · 사詞 · 편지[書] · 제문祭文 등은 대부분 작자의 상상력에 의해 보충된 것으로 보았다. 주생의 이야기는 하나의 소재, 작품 구성의 기본적인 플롯을 제공한 셈이고, 그것을 근간으로 작품에 피와 살을 채워 넣은 것은 전적으로 작자의 상상력이라고 하였다. 박희병(1997), 전게서 21-22면 참조.

44 『조선왕조실록』 광해군 4년(1612) 4월 2일자를 살펴보면, 권필이 임금을 무시하는 시를 지었으므로 국문하고 경원부慶源府로 귀양 보냈는데, 그는 평소 몸이 허약한데다 혹독한 곤장을 맞고 들것에 실려 도성문을 나갔으나 장독杖毒이 위로 치받쳐 죽었다고 한다. 권필의 시재詩才와 삶에 대해서는 장유張維의 『계곡집谿谷集』 권6, 〈석주집서石洲集序〉에 약술되어 있으므로 참조하기 바란다.

45 문학작품은 작가의 생애 및 경험을 반영한다. 〈최척전〉을 지은 조위한趙緯韓 역시 임진왜란 당시 가족사에다 광해군 때 정치적 실의 등으로 어려운 시절을 보냈는

받은 이야기를 적은 것이다. 또 문미文尾에서 '주생이 보여준 아름다운 시를 읽고 나서 그들의 기이한 만남을 탄식하고 아름다운 기약을 슬퍼하여, 물러나 저술로 남기노라.[余已艶其詩詞 歎奇遇而愴佳期 退而援筆述之云爾]'고 자신의 심정을 밝혀 놓았다. 작자는 주생이 배도를 잃고 나서 선화마저 버린 채 세상을 등지듯 명나라 구원병으로 멀리 조선에 온 그의 심경을 누구보다 잘 이해했던 것이리라.

작품 내에서 주생이 배도나 선화와 주고받은 시는 그들 사이에 공유했던 문예취향을 보여주는 동시에 창조적 개인의 서정성을 심도 있게 투영함으로써 작품의 완성도를 높이고 있다. 특히, 위 삽입시에는 모든 것을 체념하고 떠나온 주생의 마음이 그대로 담겨 있다. 예컨대 '어둠 속에 돌아가는 기러기[歸鴻暗暗]', '물 위의 부평초[水上萍]' 등은 주생의 처지로 대변된 작자의 당시 상황이었을 것이다. 이처럼 전기에서 삽입시는 작중 인물과 작자의 문예취향을 공유하는 역할로, 창조적 개인의 서정성을 완성하는 의미로 작용한다.

4. 결론

본고에서는 전기소설 삽입시의 미학적 의미에 대해 살펴보았다. 지금껏 전개한 논지를 요약 정리하는 것으로 결론을 대신하고자 한다.

본론의 앞장에서는 전기의 출현 및 전개 양상을 삽입시와 관련하여 대략 살펴보았다. 당 전기唐傳奇 수용 이래 〈최치원〉에서 출발하

데, 전란 속 고난을 자기 아픔으로 내면화하여 〈최척전〉을 저술하였다. 덧붙여 권필은 조위한 등과 함께 시사詩社[東岳詩壇]를 조직하여 활동한 바 있다.

여 『금오신화』의 〈만복사저포기〉를 거쳐 임진왜란 이후 〈주생전〉과 〈최척전〉 그리고 마지막 〈심생전〉에 이르는 전개 양상을 간략하게 정리했다. 뒷장에서는 삽입시의 존재 양상과 미학적 의미를 도출하였다. 이를 위해, 먼저 전기 작품을 서사적 흐름에 따라 내용 상 크게 네 부분으로 나누고, 각 대목마다 삽입된 시의 존재 양상을 살펴보았다. 그 결과, 도입 부분에서는 도발의 매개, 전개 부분에서는 교감의 표출, 위기 및 절정 부분에서는 갈등의 확대, 결말 부분에서는 문예취향의 공유 등으로 정리하였다. 또 이러한 존재 양상을 통해 드러난 미학적 의미를 차례대로 재자가인의 고독감 극복, 독점적 존재의 또 다른 자아 찾기, 문제적 인물의 장애요인 형상화, 창조적 개인의 서정성 완성 등으로 결론지었다.

전기에서 삽입시는 남녀 주인공이 상대를 도발하여 고독감을 극복하고, 교감을 표출하여 또 다른 자아를 찾으며, 갈등의 확대를 통해 장애요인을 형상하고, 문예취향을 공유하여 서정성을 완성하는 등으로 나타났다. 요컨대 작자는 전체 서사에 현실을 투영하면서 삽입시를 통해 서정을 가미하여 작품화한다. 그 결과, 서사와 서정이 결합된 독특한 형태의 문학 장르를 출현, 발전시킨 것이다.

본고는 서사와 서정이 어우러진 전기라는 범주 안에서, 애초 서사적 구조라는 한계를 설정하고 삽입시의 서정적인 면모를 고찰했기 때문에 연구의 범위가 축소되고 시야가 좁아진 감이 없지 않다. 이는 차후에 보충할 기회가 주어지리라 믿으며, 나아가 전기의 글쓰기 방식을 통해 미학적 특질을 규명하는 것으로 연구의 방향과 범위를 넓히고자 한다.

제5부

조선후기 서사한시의 면모

제1장

홍신유 서사한시 연구

1. 서론

양란兩亂 이후 조선은 국력이 쇠퇴한데다 당쟁으로 인한 관료들의 횡포가 극심해지고 정치기강이 문란해졌으며, 농촌경제의 피폐로 인해 유민流民이 속출하였다. 특히, 18세기 무렵 상품화폐경제의 발전으로 도시가 형성되고, 중인 · 서리 · 농공상인들 가운데 신흥부자가 대두하는 등 새로운 역사현상과 아울러 전통적 가치관에도 변화가 일어났다. 이런 분위기 속에서 문학을 비롯한 음악 · 회화 등 예술 전반에 새로운 변화가 나타났으며, 여항문학閭巷文學의 대두와 발전은 조선후기 문학사의 뚜렷한 족적이라고 할 수 있다.

여항문학이란 18세기 이후 여항인[중인 · 서리층]들을 중심으로 전개된 문학을 일컫는다. 당시 사회 · 경제적 배경에 의해 지위가 상승되고, 교육 기회가 늘어난 여항인들은 학식과 재능을 문학에 쏟게 되었다. 그들은 신분상의 제약으로 인한 출사出仕 및 사회 진출에의 한계를 초월하고, 자신들의 재지才智를 시적詩的인 재능으로 발휘하여 성정性情과 천기天機에서 우러나온 서사한시를 저작했다. 그런데 이는 무엇보다 '민民'의 생활을 기반으로 한 갈등과 모순에 대한 그들의 문학적 인식이 시로 표출된 것이었다.

이학규는 『영남악부嶺南樂府』의 서문에서 "그 본사를 서술하여 그 진정을 드러낸다.[敍其本事 達其眞情]"라고 밝힌 바 있다. 이는 당대의 인물 및 관련 사건을 서술함으로써 거기에 담긴 진실을 표출하여 작품화한 서사한시의 특징을 요약한 말로도 해석할 수 있다. 18세기 여항인들에 의해 저작된 서사한시에는 당시의 개인적·사회적·국가적 상황과 문제를 그들 나름의 시각으로 접근하고 표현한 것들이 많다.

본고에서 살펴볼 홍신유洪愼猷는 평생을 시작詩作에 몰두하여 시인으로 자처한 인물이다.[1] 그는 작품에서 자기 개성을 확립하는 근거를 '활경活景' 또는 '진경眞景'에 두었으며, 이는 바로 현실에서 살아있는 소재를 취하여 사실적으로 표현함으로써 얻을 수 있는 것이었다.[2] 현전하는 작품 가운데 실존 인물을 소재로 한 서사한시는 18세기 여타 문인의 작품과 다른 양상을 보인다. 따라서 본고에서는

1 홍신유의 서사한시는 그의 문집 『백화자집白華子集』(2권 1책, 규장각소장본)을 텍스트로 하였으며, 이런 사실은 회갑을 맞아 일생을 회고한 시 〈임인이월초칠일즉여회갑야시사거壬寅二月初七日卽余回甲也示斯擧〉(『백화자집』 권2)에 잘 나타나 있다.

2 강명관 교수는 "이러한 시의식詩意識은 박경행朴敬行의 죽음을 애도하며 지은 시 〈애박구헌哀朴矩軒〉에서 찾아볼 수 있으며, 모방과 사법을 철저히 거부하고 실제의 말로 표현하는 현실성과 사실성이 홍신유 시의식의 중추다."라고 밝힌 바 있다. 「白華子 洪愼猷의 詩에 대하여」, 『한국한문학연구』 제13집, 한국한문학회, 1990. 189-192면 참조

〈유거사柳居士〉〈달문가達文歌〉〈추월가秋月歌〉〈김하서金河西〉를 비롯하여 〈거우행車牛行〉 등의 작품을 면밀히 살펴보고,[3] 홍신유 서사한시의 특징적 일면을 파악하고자 한다. 이는 개인의 문학적 특징을 도출함과 동시에 18세기 서사한시라는 범주 안에서 작품의 위상을 규명하는 데도 의미가 있으리라 생각한다.

2. 홍신유 서사한시의 저작 배경

우리 한시사漢詩史에서 서사시는 이른 시기에 수용되었으나, 그것이 당대의 현실을 담아내는 양식으로 정착하여 작품의 질량을 확장한 것은 이조시대로 와서이다.[4] 신라 말 최치원崔致遠의 〈강남녀江南女〉에서 기원하여, 고려 말 이규보李奎報가 〈동명왕편東明王篇〉을 저작한 이래, 그 명맥은 조선으로 이어져 뛰어난 시인들이 다양한 작품을 남겼으며, 특히 임진란壬辰亂 이후에는 혼란한 시대상을 담아낸 것이 주류를 이룬다. 예컨대 전란으로 피폐해진 민民의 생활상은 물론, 과세와 부역을 견디다 못해 각지를 떠도는 유민流民을 비롯하여 서울로 모여든 도시 하층민에 이르기까지, 다양한 인물과 사건을 통해 시대상을 반영하며 제도적 모순을 피력하고 적극적 비판을

3 『백화자집』에 실린 서사한시 가운데 실존인물을 제재로 한 것이 4편이고, 특정인물을 소재로 하지 않았으나 뛰어난 서사시로 평가되는 〈거우행車牛行〉을 텍스트에 포함시켰다. 아울러 본고에서 인용한 작품은 『李朝時代 敍事詩』(임형택 편역, 창작과 비평사, 1992.)에 수록된 자료를 활용하여 필자가 첨삭했음을 밝혀둔다.

4 임형택, 「現實主義의 발전과 敍事漢詩」, 『李朝時代 敍事詩』 上, 창작과 비평사, 1992. 18면 인용

가했으며 사회적 변화를 추구하였다. 그들 중 한 사람으로 홍신유를 꼽을 수 있다.

홍신유는 18세기에 뛰어난 서사한시를 저작한 인물로, 그가 남긴 『백화자집白華子集』[5]을 살펴보면, 2권卷 1책冊 가운데 1권에 실린 〈선고동지중추부사묘명先考同知中樞府事墓銘〉 1편을 제외하고 모두 시작품이다. 1권에는 116편篇 193수首의 작품이 실려 있고, 2권에는 부록으로 편재된 〈굴씨사屈氏辭〉 1편을 포함하여 93편 159수의 작품이 실려 있어, 총 209편 352수의 시작품으로 이루어져 있다. 내용은 대부분 지인知人들과 수창酬唱한 화운시和韻詩[또는 次韻詩]이거나 송별시送別詩 또는 여러 지역을 유람하고 남긴 것들로, 이를 통해 그가 교유한 인물과 유람한 지역을 두루 알 수 있다. 특히, 〈잡시雜詩〉 22수에는 중국에 대한 조선의 풍속과 작자의 민족의식이 오롯이 담겨 있다.

전체 시작품 가운데 서사한시로 분류할 수 있는 것은 5편에 불과하다. 그러나 주목할 점은 4편이 실존했던 인물의 실명實名을 거론하여 시제詩題로 삼은 작품이고, 나머지 1편은 무명無名의 달구지꾼을 내세워 민의 고달픈 생활을 읊은 것이다. 조선후기 여타 문인들의 서사한시에서, 홍신유처럼 한 작자의 서사한시 작품이 대부분 구체적 실존 인물인 경우는 드물다. 예컨대 어떤 사건이 서사의 중심을 이루고, 그 사건에 무명의 인물[民]이 등장하는 경우가 대부분이며, 인물에 초점을 맞추어 실제 사건을 서술해 나가는 경우는 흔치 않다.

5 본고에서 텍스트로 삼은 『백화자집』은 서울대학교 규장각소장본이며, 이외에도 『백화시선白華詩選』(정신문화연구원), 『홍백화고洪白華稿』(부산대학교) 등이 있다. 모두 1책의 필사본이지만, 작품의 출입이 다소 확인되었다.

우선 이 점에 주목하여 홍신유와 그의 시의식에 대해 간략하게 살펴보기로 한다.

홍신유洪愼猷(1722-?)는 본관이 남양南陽, 자字가 휘지徽之, 호號는 백화자白華子로, 조선후기의 대표적 여항시인閭巷詩人이다. 그의 말에 의하면, 자신의 집안은 조선조에 들어와서는 벼슬을 하지 않아 지벌地閥이 낮아졌는데, 이후 자손들이 대부분 주과籌科와 역과譯科로 진출하여 조선후기의 전형적인 기술직 중인 가문이 되었다.[6] 그러나 자신은 잡과雜科에 응시하지 않고, 1768년(영조 44) 정시문과에 급제한 문과출신이다. 문과방목文科榜目을 살펴보면, 그는 영조英祖 무자년戊子年(1768) 정시庭試에 병과丙科 3등으로 합격하였다. 또 그의 이름 아래에는 '중인中人'이라고 기록되어 있다.

그가 교유한 인물로는 원인손元仁孫・원계손元繼孫 등을 비롯하여,[7] 박경행朴敬行・남옥南玉・이봉환李鳳煥 등이 있다. 박경행과 남옥 그리고 이봉환은 모두 자신처럼 문과출신이었으며, 박경행과 남옥은 시문詩文에 능통한 제술관製述官이었고,[8] 이봉환 역시 서기

6 그는 부친 홍성구洪聖龜와 자기 집안 내력에 대해 다음과 같이 서술한 바 있다. 『白華子集』 권1, 〈先考同知中樞府事墓銘〉. 公字大年諱聖龜 南陽洪氏家漢師家傳鼻祖是太師 系自唐人顯高麗 麗季武科諱約生 不事本朝淸門爲 杜門諸賢節共高 柷科百年地遂卑.

7 원인손(1721-1774)은 원경하元景夏의 아들로, 영조 때 우의정을 지낸 당대의 벌열이며, 원계손(1733-1772)은 그의 아우이다. 홍신유가 지은 〈회우의정원공인손懷右議政元公仁孫〉 〈회원범재원자승계손懷換凡齋元子承繼孫〉이라는 시를 살펴보면, 그가 이들 형제와 밀접하게 교유했음을 짐작할 수 있다.

8 『백화자집』을 살펴보면, 박경행이 일본으로 떠날 때 지어준 〈증별각구헌경행일본지행贈別朴矩軒敬行日本之行〉과 남옥이 제술관으로 일본에 갈 때 지어준 〈증제술관남시온옥입일본贈製述官南時韞玉入日本〉이 실려 있는데, 이들이 모두 시작詩作에 뛰어났음을 알 수 있다.

書記로 활동하며 시명詩名이 높았던 인물이다. 이들에 대해 알려진 바를 살펴보면 다음과 같다.

박경행(1710-1770?)은 자가 인칙仁則, 호는 구헌矩軒, 본관은 무안務安이며, 문과방목에 '중인中人'으로 표기되어 있다. 그는 1742년(영조 18) 정시에서 병과로 급제하여 관직에 나아갔다.[9] 현전하는 작품은 없으나, 통신사행의 제술관이었던 것으로 보아 시재가 탁월했음을 알 수 있으며, 홍신유도 〈애박구헌哀朴矩軒〉이라는 시에서 그의 비범한 재능을 기린 바 있다.[10] 또 남옥(1722-1770)은 자가 시온時韞, 호는 미상, 본관은 의령宜寧이며, 문과방목에 '서자庶子'로 기재되어 있다. 그는 1753년(영조 29) 정시에서 병과로 급제하였으며, 1765년(영조 41)에 행이문제술관行吏文製述官 전주부前主簿로서 문재文才가 있다 하여, 영조가 특별히 우직右職에 조용調用토록 했다는 기록이 있다.[11] 그 역시 제술관으로 1764년의 통신사행 때 천여 편의 시를 지어 시명詩名을 얻었다. 아울러 이봉환(1710-1770)은 자가 성장聖章, 호는 우념재雨念齋, 본관은 전주全州이며, 신분이 서족庶族에 속했다. 1765년(영조 41)에 영의정 홍봉한洪鳳漢이 성대중成大中·남옥과 함께 서류庶類 중의 인재로서 조용調用할 것을 영조에게 청

9 이후『영조실록英祖實錄』20년 3월 17일 을미조乙未條에 다음과 같은 기록이 있다. "上幸慕華館 御洗馬臺 行觀武才 …… 以浴沂風舞雩 二十韻七言排律 庭試文官 通政以下取九人 居首朴敬行陞六 其餘施賞."

10 홍신유의 시의식[문학론]은 〈애박구헌哀朴矩軒〉에서 가장 선명하게 드러나 있다. 이로써 살펴보면, 지우知友들 가운데 박경행이 가장 그와 유사한 생각을 가지고 문학적 교유를 했던 것으로 추론할 수 있다.

11 『영조실록』41년 6월 16일 경신조庚申條에 다음과 같은 기록이 있다. "上御景賢堂 親試儒生殿講 命居首幼學李敏佐直赴殿試 餘皆給分 又行吏文製述 以居首前主簿南玉有文才 特命調用右職."

하여 허락을 받았다.[12] 그 역시 1748년 통신사행에 상방서기上房書記로 수행하였으니, 홍신유와 교유한 세 사람은 모두 당시 중서층中庶層의 빼어난 인재였던 것이다. 또 이들 사이에는 일종의 문학 모임이 형성되었던 듯한데, 그 패트런이 바로 원인손·원계손 형제였음도 알려진 사실이다.[13]

홍신유는 문과출신으로 출사出仕했으나, 중인 신분으로서 관직에 중대한 의미를 두지 않았다. 당시 과거를 통해 자신의 학문적·문학적 재능을 인정받는다 할지라도, 중인이 나아갈 수 있는 관직에는 한계가 있었다. 대부분의 중인은 평생 미관말직微官末職을 전전하다가 벼슬자리에서 물러나거나, 기껏해야 사행使行길에 제술관이나 서기 또는 역관譯官으로 참여하는 것에 불과했던 것이다. 그들은 환로宦路에서의 신분적 한계를 잊고 벗어나기 위해 문학으로 경도傾倒되어 시사詩社를 조직해 활동하는 등의 모습을 보이기도 했다.

홍신유는 자신의 신분과 재능에서 오는 괴리감을 시로 표출하면서 일생동안 시인이라는 사실에 의미를 부여했다. 그가 여항閭巷·시정인市井人과 그들의 삶에 주목하여 서사한시를 지은 것도 이런 맥락에서 이해할 수 있다. 비록 중인에 불과하지만 사대부에게 뒤지지

12 『영조실록』 41년 6월 18일 임술조壬戌條에 다음과 같은 기록이 있다. "上親試漢學文臣于景賢堂 以具膺善讀 命陞六 以知中樞洪啓禧 曉解漢語 特差譯院提擧 領議政洪鳳漢所薦也 鳳漢又薦李鳳煥南玉成大中爲庶流中人才 請次第調用 上允之."

13 이들의 교유관계에 대해서는 홍신유의 시 〈서경잡집西京雜集〉〈회환범재원자승계손懷換凡齋元子承繼孫〉 등에서 흔적을 찾아볼 수 있다. 또 당시인들은 박경행의 시풍詩風을 비방했으나, 원계손은 그를 인정했다고 〈애박구헌哀朴矩軒〉에 서술되어 있다. 이런 사실로 미루어볼 때, 이들이 동일한 시의식을 추구하는 모임을 형성했으리라고 강명관 교수는 밝힌 바 있다.

않는 시재詩才를 갖춘 자신처럼, 서사한시 작품 속 인물들은 자기 처지와 신분보다는 기예와 자부심으로 일관된 삶을 살아가는 모습으로 그려진다.

이런 의식을 가지고 평생을 시인으로 자부하며 시작詩作을 위한 각고刻苦의 노력으로 마침내 높은 시적 경지에 이른다. 흰 머리가 될 때까지 부지런히 글을 읽어 다행히 경사經史에 어둡지 않았으며, 이소離騷와 국풍國風을 아침저녁으로 외우고 백가百家의 시詩를 곱씹어 창작에 절충했던 것이다.[14] 바로 '고인의 자취를 스승 삼지 않고, 다만 고인의 뜻을 스승 삼은[不師古人跡 但師古人意]' 것이다. 그의 서사한시에 등장하는 달문이나 추월은 자기 개성을 지니고 고유한 재능을 개발함으로써 시대를 풍미한 인물들이다.

또 그의 작품에서 드러나는, 창작 주체로서의 집념과 노력은 대단하다. 옛 명가를 따르고자 하나 매양 남을 본뜨는 듯하여 부끄러웠고, 끙끙대며 읽고 짓다 보니 고생스레 어느덧 늙어버렸다.[15] 게다가 의사意思를 힘들게 구상하고 정신을 극도로 소모하니, 입에서 비명 소리가 터져 나오고, 기운이 다하여 심간心肝을 토해낼 지경[16]인 것이다. 그가 형상한 작품 속 인물들 역시 현실에서 고난을 당하고 멸시를 받으면서도 부단히 노력하여 난세亂世를 빗겨가고 재능을 인정받기에 이른다.

이렇듯 홍신유는 뚜렷한 창작 의식을 가지고 모방과 답습을 철저

14 『백화자집』 권1, 〈壬寅二月初七日卽余回甲也示斯擧〉. 讀書至白首 經史幸不懞 離騷又國風 最是朝夕諷 咀嚼百家詩 述作費折衷.

15 앞의 시. 欲追古名家 每似效頻醜 兀兀讀且作 辛苦便衰朽.

16 『백화자집』 권2, 〈百迂鄭德均贐五言長篇欲和其韻而偶失之用其韻〉. 意思苦營度 精神極抖擻 出口聲鳴悲 氣盡心肝嘔.

히 배제한 작품을 지었다. 그는 당시 '종이 위에서 사법死法을 줍고 눈앞에서 활경活景을 버리며, 지자智者는 습속에 얽매이고 우자愚者는 쉬운 것만을 즐기는[死法紙上拾 活景眼前棄 智者牽於習 愚者樂其易]' 작풍作風을 비판하며, 진부함을 힘써 제거하여 일가一家를 이루었다. 또 차라리 험벽險癖하다는 비난을 받을지언정 단순히 옛 작품을 모방하기 싫어하고 휼괴譎怪함을 천백 가지나 갖추었다.[17] 즉, 자기개성을 추구하는 것이 진정한 시작태도라는 주장이다.

예컨대 도시 하층민의 삶에 주목하여 이를 작품화할 경우, 유흥遊興의 향유자로서 사대부士大夫의 모습보다는 유흥의 창조자 내지 공급자로서 예인藝人의 모습에 초점을 맞추었다. 그리고 자신 또한 멀리서 바라보며 즐기기보다는 더욱 가까이 접근하여 세심하게 관찰하고 나서 사실을 알리거나 모순을 고발하는 등, 일체의 선입견을 배제한 채 인물이나 소재에 눈높이를 맞추고 사실적으로 표현하였으니, 작품 창작에 대한 의식과 행위가 모두 일치했던 것이다.

이러한 시작詩作을 위해서는 무엇보다 '실제의 언어를 쓰고 진경의 사건을 담아내야[此書實際語 彼寫眞境事]' 하는데, 결국 홍신유는 현실에 바탕한 인물과 사건을 선택하여 흥미롭고 생동하게 묘사함으로써 진실眞實된 시를 지었다고 파악된다. 앞으로 이를 확인하는 과정에서 보다 뚜렷한 문학적 특징을 발견할 수 있을 것이다.

17 『백화자집』 권1, 〈哀朴矩軒〉. 寧受險癖疵 不犯軟熟忌 於古厭效顰 譎怪千百備.

3. 홍신유 서사한시의 특징

1) 실사實事에 근거한 긍정적 인물 형상[眞境事]

조선후기 민간에 떠돌던 이야기를 기록문학으로 정착시킨 한문 장르에는 전傳, 야담野談, 기사記事 등이 있다. 이는 작자가 당시 견문한 이야기 가운데 흥미로운 인물이나 사건을 중심으로 기록하면서 자신의 창작을 가미한 산문에 속한다. 그런데 이러한 내용을 고스란히 담아내면서 산문의 반대편에 위치한 것으로 서사한시가 있다. 18세기 이후의 서사한시는 다양한 한문 장르와 교섭하면서 변화 발전하였다.[18]

유거사를 비롯하여 다양한 실존인물을 포착한 홍신유의 서사한시는 대부분 야담으로 전해지는 이야기에서 소재를 취하여 작품화한 것이다.[19] 그러나 구성 방식을 살펴보면,[20] 시詩로 표현된 인물전人物傳이라고 해도 좋을 만치 인물의 특성과 관련 사건을 잘 포착하여 형상하였다.

먼저 〈유거사〉부터 살펴보자.

---

18 이와 관련된 연구는 진재교 교수의 「한문서사양식의 층위와 변모-전, 야담, 기사를 중심으로」(『대동문화연구』 제40집, 대동문화연구원, 2002.)를 참조하기 바란다.

19 야담이나 한문단편은 비교적 서술방식이 소박하고, 간략하게 인물을 형상하는 데 그친다. 반면, 서사한시는 섬세하고 세련된 서술방식을 구사하며 구체적인 인물 형상화에 주력하는 것으로 평가된다. 예컨대 홍신유의 서사한시에서 이런 특징적인 면을 확인할 수 있다.

20 서사한시는 일반적으로 3부 구성을 취한다. 먼저 작자가 서사현장에 접근하고, 다음으로 현장 인물의 전후사연을 듣고, 마지막으로 작자의 정회를 표현하는 순서로 진행된다. 그러나 〈유거사〉를 비롯한 홍신유의 서사한시는 이러한 구성 양식에서 크게 벗어나 있다.

居士出安東	유거사 안동 출신으로
西厓之叔父	서애 정승의 숙부라지.
藏名名不傳	그 이름 감추어 전하지 않고
世但知姓柳	세상에는 유씨로만 알려졌네.
……	
惟有酒戶寬	오직 주량이 대단하여
一吸數三斗	한 번에 두세 말 들이키고,
且愛一寶刀	한 자루 보검을 애지중지하여
匣裏深深貯	갑 속에 깊이깊이 간직했다네.

위에서 알 수 있듯이, 유거사에 대한 인물소개는 의외로 간략하다.[21] 이는 일반적인 인물전人物傳에서 인정기술에 해당하는 대목으로, 인물의 출신 및 가계 그리고 품행에 대한 기록이 담겨있다. 때문에 작자[시인]의 주관적 소견이 전혀 포함되지 않고, 세상에 알려지거나 전해지는 객관적 사실로만 이루어지는 게 대부분이다. 그러나 이후 인물과 관련된 특징적 일면을 덧붙여 서사敍事의 실마리를 풀어내는 동시에, 내용의 일관된 흐름을 유지시키는 역할에도 일조하고 있다.

여기서는 민간에서 '바보아재[癡叔]'라고 불리던 인물을 안동 출신의 유씨 집안사람으로, 특히 서애 정승의 숙부로 내세운 점이 특이하다. 이는 고위관직의 실존인물을 전면에 등장시킴으로써 그들의 무능함을 비판하는 동시에,[22] 무명無名의 구원자를 기대하는 작자의 저

21 〈유거사〉는 5언言 122구句 610자字로, 작품 전체분량에 비하면 인물소개가 간략한 편이다. 여기에 덧붙여 이후 펼쳐질 서사적 상황과 연관된 '주량[斗酒]'과 '보검[寶刀]'이라는 시어에 초점을 맞춘 점이 두드러진다.

22 홍신유의 다른 작품을 살펴보면, 외침外侵 당시에 지사智士들은 고담준론高談

작동기를 명확하게 드러내는 요인으로도 작용한다. 게다가 당대의 상국을 내세워 조선을 정탐하려는 왜승倭僧의 등장을 유도함은 물론, 이후 사건을 임진란에까지 연관시키는 효과를 동시에 얻고 있다.

작자는 또 유거사가 '어리석어 보이지만 근신하는 이치를 배운 듯 하다'[23]고 말하는데, 문세文勢의 억양을 따라가다 보면, 그를 어리석은 인물로 치부할 수 없다는 암시를 받게 된다. 특히, 주량이 대단하고 보검을 간직한 인물이라는 언급은 앞으로 전개될 사건에 대한 일종의 복선인 셈이다.[24] 이후 유거사는 왜승으로 변장한 청정淸正과 함께 술을 마신 뒤, 칼을 뽑아들고 청정을 위협하게 되는 것이다. 이처럼 작품의 서두에 인물을 소개하면서 실제 사건 전개의 실마리를 배치하는 방식은 다른 서사시에서는 보기 드문 예이다.

이러한 특징은 〈달문가〉에서도 보인다.

文是何爲者　　달문은 어떤 사람인가
自言安平孫　　스스로 안평대군 자손이라고,
翩翩貴公子　　귀공자로 드날렸는데
子孫爲庶人　　자손은 상사람 되었다는구나.
年壯不娶婦　　장성해서도 장가를 들지 않아
頭上又不冠　　머리에는 또 상투조차 틀지 않고,
放浪而不羈　　방랑하면서 매이지 않으니

峻論만 내세우며 이리저리 구원을 청하는 무능하고 나약한 모습으로 그려진다. 『백화자집』 권2, 〈雜詩〉. 偏邦本文弱 智士有高論 胡至西迎拜 蠻來北請援.

23 『백화자집』 권2, 〈유거사〉. 容貌望若愚 默無言出口 平生不出戶 似學節无咎.

24 『청구야담靑邱野談』 권18, 〈겁왜승유거사명식㤼倭僧柳居士明識〉에는 다음과 같이 실려 있다. "柳居士 安東人也 西崖柳相之叔也 形貌踈拙 行止迂闊 平日不言不笑 結搆一草幕 閉戶看書 西崖視以一癡叔."

一累身不關　　귀찮은 일 하나 걸리지 않았네.

작자가 소개하는 달문 역시 범상치 않은 인물이다. '입이 사발만하여 주먹이 들락날락하는[開口大如鉢 拳入恢恢焉]' 익살꾼이지만, 안평대군의 자손임을 자칭한다. 그러나 지금은 상사람이 되어 장가도 들지 않고 떠돌아다니며 기예로 먹고 사는 형편이다.[25] 이런 달문의 처지로서 종친의 자손임을 내세운 것은, 이후 역모에 연루되어 고초를 겪기까지[26] 온갖 역경 속에서도 타고난 신의와 재주를 간직한 채 변화무쌍한 삶을 살아가는 인물을 부각시키는 데 한몫하고 있다.

또 달문은 세상 어디에도 매이지 않으니 귀찮은 일 하나 걸릴 게 없다. 때문에 발 닿는 대로 세상을 떠돌며 여러 직업을 전전한다. 유개流丐 출신으로 약국 점원을 비롯하여 시정市井의 주릅노릇, 기생의 매니저 역할, 도시연희패의 예인藝人 등. 위에서 짤막하게 소개한 달문의 처지는 이후 전개될 인생역정을 긴 서사한시로 담아낸다.[27]

25 이런 기인형의 개성적 인물을 형상한 서사한시로는 신광하申光河의 〈최북가崔北歌〉와 정약용丁若鏞의 〈천용자가天慵子歌〉 등이 있다. 최북과 장천용은 모두 예술적 기량이 뛰어난 화가지만, 작품의 예술적 가치를 인정받지 못한 채 '붓 한 자루로 먹고 사는' 처지였다. 두 작품은 이들의 예술가적 기질과 인간적 면모를 잘 나타내고 있다.

26 이와 관련하여 『영조실록』 40년 4월 17일 무술조戊戌條에 다음과 같은 내용이 있다. "上御太僕 親鞫嶺南罪人者斤萬洪洧李尙默李達孫姜就成 僧道行文淡及達文等 …… 竄者斤萬于珍島 尙默于長鬐 達文于鏡城 達文者 以無賴 名於世 頭斑白而尙作總角形 誑惑人心 壞亂風化 上以孔聖夾谷誅匹夫熒惑之義 始欲誅之 而謂不干於獄情也, 遂遠竄之."

27 〈달문가〉는 5언言 154구句 770자字로 이루어져, 홍신유의 서사한시 중 가장 장편에 속한다. 이는 한 인물의 인생역정을 다양한 사건을 통해 담아내기에 결코 길지 않은 편폭이다. 그런데 여기서 주목할 점은, 달문의 인생이 변전變轉하는 대목에서 '서글프다[悲酸]' '처량하다[哀憐]' '싫증나다[厭倦]' '답답하다[鬱鬱]'라는 시어를

한 인물의 갖가지 삶을 차례대로 엮어내면서, 이를 통해 보다 다양한 인간 형상을 보여준다 할 것이다.

그런데 인물을 중심에 두고 사건과 관련된 다양한 이야기를 전개하면서, 작자는 시종일관始終一貫 긍정적인 시선을 유지하고 있다. 실제 사건 속에 등장하는 인물을 밝고 자유롭게 표현할 수 있었던 건, 무엇보다 환로에 얽매이지 않고 시작詩作에 몰두하며, 이를 통해 갖게 된 자부심 때문이리라 추측한다.

기생에서 여항의 예인으로 성장한 추월의 삶은 연예활동으로 일관된 것이었다. 다음은 〈추월가〉의 서두이다.

湖西古百濟	충청도라 백제의 옛 땅
遺俗好謳歌	예로부터 노래를 좋아하지.
有女名秋月	어떤 여자가 이름은 추월이요
公州出妓家	공주의 기생집에서 태어났는데,
十六善於歌	나이 열여섯에 노래 잘 불러
聲名聞京華	명성이 서울에까지 울렸다네.
選入貴主宅	부마궁으로 뽑혀 들어가
紅拂間綺羅	미모의 여자들 사이에 빼어났더라.

공주의 기생집에서 태어난 추월은, 유거사와 달문에 비하면 매우 보잘 것없는 인물이다. 고관대작高官大爵을 친척으로 두지도 않고, 종친宗親을 조상으로 모시지도 않았으며, 기생집에서 태어나 자신도 기생으로 살아가는 미천한 신분이다. 그러나 빼어난 미모에다 노래

사용하여 등장인물의 심경을 표현함으로써 내적 변화를 통해 외적변화를 유도해낸 것이다.

를 잘 불러 부마궁으로 뽑혀 들어갈 만큼 뛰어난 기량을 지녔다. 작자는 바로 여기에 주목하여 추월의 삶을 서사화한다. 어려서부터 노래를 좋아하고 잘 불렀다는 소개로, 평생을 가기歌妓로 지낸 추월의 특징적인 면을 단적으로 표현하였다.

이후 추월은 서울에서 유명한 예인으로 성장하여 가기로서는 최고의 경지에까지 오른다. 그러나 풍류마당에서 내내 호사를 누리며 지내리라 믿었던 삶은 어느덧 사양길로 접어들고 만다. 이는 추월의 재능이 녹슬었기 때문이 아니라 시속時俗에서 예스런 가락보다는 천박한 소리를 더 좋아했기 때문이다. 결국 추월은 지음知音이 없는 세상을 탓하며 낙향하기에 이른다. 이런 과정에서 당시 추월과 관련하여 작품 속에 등장하는 인물도 매우 다양하다.[28]

위의 작품들은 다양한 실존인물에 주목하여 그들의 삶을 형상한 점에서 인물전과 유사하다. 그런데 이처럼 다재다능하고 평범치 않은 인물을 다룬 또 다른 작품으로 〈김하서〉가 있다. 하서河西 김인후金麟厚[29]의 생애를 길지 않은 편폭에 담아내며 그의 인품을 기리고 있다.

維時金河西	당시에 하서 김인후는
朝端一夔龍	조정에서 한 기룡이었네.

28 서사한시에서는 당대의 패트런으로 서평군西平君과 낙창군洛昌君이 등장하고, 한문단편에서는 금객琴客 김철석金哲石을 비롯하여 가기歌妓 계섬桂蟾과 매월梅月, 그리고 또 다른 패트런 심용沈鏞 등 다양한 인물이 등장한다.

29 김인후(1510-1560) : 조선 전기의 문신·학자. 본관 울산, 자 후지厚之, 호 하서河西·담재澹齋, 시호 문정文正. 1540년(중종 35) 별시문과에 급제하여 관직에 나아갔으나, 1545년(인종 1) 을사사화乙巳士禍가 일어나자 사직하고 고향 장성으로 돌아가 학문에 힘썼다. 문묘文廟에 배향되었으며, 문집에 『하서집河西集』이 있다.

道學文章盛	도학과 문장이 성하였고
經綸才藝工	경륜과 재예도 뛰어났지.
銅闈任輔導	궁궐에서 세자의 보도를 책임지고
胄筵侍雍容	주연에서는 의젓하게 모셨다네.

하서는 조선 전기의 문인이자 학자로, 도학과 문장은 물론 경륜과 재예도 뛰어나 세자[뒤에仁宗]를 보도하는 직임을 맡았다.[30] 그러나 중종中宗의 뒤를 이어 즉위한 인종이 급서急逝하고 을사사화乙巳士禍가 일어나자, 병을 핑계로 관직에서 물러나 종신토록 은거한 인물이다. 작자가 그를 존숭하는 까닭은 무엇보다 일신一身의 영달榮達을 추구하지 않고 대의大義를 위해 '출처出處를 분명히 한[東方無出處 惟有湛齋翁]' 행적 때문이며,[31] 이를 작품의 서두에서 밝혀 놓았다.

당시 하서는 성군聖君의 자질이 있는 세자를 성의껏 보도했고, 즉위 후에는 천재일우로 군신君臣의 뜻이 부합하여 밝은 정사를 펼칠 수 있었다.[32] 그렇게 서로 믿고 의지함으로써 교화가 이루어지고 은택이 베풀어지는 듯했으나, 불행히도 인종은 즉위한 지 1년이 못되어 세상을 떠나고 말았다. 조정은 다시 대신들의 권력다툼으로 인해 아수라장이 되어 버렸으며, 결국 하서는 관직을 버리고 은거하기에 이른다.

위에서 작자는 하서를 '기룡夔龍'에 비유함으로써 그의 도학과 문

30 1543년(중종 38)에 홍문관박사 겸 세자시강원설서弘文館博士兼世子侍講院說書·홍문관부수찬弘文館副修撰이 되어 세자 보도의 직임을 맡은 바 있다.

31 『백화자집』 권2, 〈김하서〉. 再拜辭玉几 萬事呼蒼穹 一入不復出 丘園百年終.

32 1544년에 즉위한 인종仁宗은, 김인후를 중심으로 한 상소를 받아들여 조광조趙光祖를 위시한 '기묘명현己卯名賢'의 신원伸寃을 허락한 바 있는데, 이를 가리키는 말이다.

장, 경륜과 재예가 남보다 뛰어났음을 칭송하였다. 그러나 세상에는 탁월한 도의와 재능을 시기하는 무리도 존재하는 법이니, 그들에게 하서는 경쟁과 질오嫉惡의 대상일 수밖에 없었다. 때문에 조정에서 점차 고립되어 홀로 우뚝한 처지였음을 동시에 표현하는 것이라고 파악된다. 작자는 이 시어詩語를 통해 하서의 학문적 재능은 물론 도의를 중시하는 성품을 부각시킴으로써 출처에 대한 인식을 분명히 하고 있다.

이처럼 홍신유의 서사한시는 개성 있는 실존인물을 중심으로 관련 사건을 포착하여, 이들의 삶을 긍정적인 시선으로 바라보고 다양한 모습으로 형상하였다. 각자 주어진 신분과 당면한 처지에서 최선을 다하는 삶의 모습이 효과적으로 다가온다. 특히, 작품의 서두에서 인물의 특징을 단적으로 표현함으로써 이후 서사의 방향을 제시하며, 각 인물의 개성적 삶을 인물전보다 훨씬 입체적이고 생동生動하게 그려냄으로써 작품의 완성도를 높이고 있다.

2) 성격을 부각시키는 대화 및 독백[實際語]

조선후기 서사한시는 발생초기에 비해 점차 장편화 되는 추세를 보인다. 이는 서사적 상황이 복잡하고 다양해지면서 긴 편폭을 필요로 했기 때문이다. 즉, 작품 속에 다양한 인물을 끌어들이고 당대의 이슈가 된 사건을 포착하여 정치・사회적 현상을 표현하고 시대적 모순을 비판・풍자하기 위해 필수불가결한 현상이었던 것이다.

또 서사한시에는 전이나 야담 등 산문에서 쓰일 법한 대화체가 종종 쓰인다.[33] 그러나 일반적으로 작자[서술자]가 목도견문目睹耳聞하는 과정에서 보이는, 작자와 등장인물 간의 대화가 대부분이다. 즉, 시의 도입부에서 작자가 등장인물을 만나고, 그의 입을 통해 당면한 상황이나 사건의 전말을 듣게 되는 것이다. 따라서 이들의 대화는 서사적 상황을 이끌어내는 매개체로서의 역할을 수행할 뿐이다.[34]

홍신유의 작품에서는 등장인물 간의 대화가 두드러진다. 예컨대 〈유거사〉의 경우에는 유거사와 상국, 유거사와 청정 등 등장인물간의 대화로 서사적 상황을 이끌어 가는 특징을 갖는다. 특히, 절제된 대화 속에는 등장인물의 성격이 그대로 드러난다. 다음은 유거사가 상국에게 함께 바둑을 두자고 청하는 대목이다.

一日謂相國	하루는 유거사가 상국에게 말하기를
與我圍棋否	"나와 바둑을 두지 않겠소?" 하자,
相國斂容對	상국이 공손히 대답하기를
小子誠國手	"소자는 진실로 국수인데,
叔父棋不妙	숙부께서 바둑을 잘 두지 못하시니
未可論勝負	승부를 논할 수는 없사옵니다." 하더라.
居士再三請	그래도 거사가 두 번 세 번 청하여
華當日正午	해는 마침 정오에 바둑판이 벌어졌네.

유거사는 당시 서애가 교유하는 인물과, 그들이 마주앉아 거론하는 국사國事에 대해 충고하기 위해 바둑을 청한 것이다. 여러 날을

33 임유경 교수는 "위항시委巷詩에는 산문으로 표현해야 될 내용을 우언寓言이나 대화체를 사용하여 장형長型의 고시체古詩體로 나타낸 것이 많은데, 이는 자기 생각을 모두 담기 위해서"라고 언급한 바 있다. 「18세기 위항시집에 나타난 중인층의 문학세계」, 『한시연구』, 태학사, 1997. 573면 참조

34 진재교 교수는 "특히 구연창작의 경우에는 작자와 등장인물이 서로 대화를 하는 경우도 드물고, 인물 상호간 내적인 관계를 가지는 경우도 거의 없다."고 언급하였다. 「이조후기 서사한시 연구」, 『이조후기 한시의 사회사』, 소명출판, 2001. 40면 인용

지켜본 뒤[35] 신중하게 내린 결론으로, 바둑이나 두자며 무심한 듯 내뱉는 유거사의 말에는 깊은 뜻이 내포되어 있다. 그러나 상국은 공손하게 거절하면서도 상대를 얕잡아 보는 속마음을 내비치고 있다. 아직 유거사의 진면목을 파악하지 못했기 때문이다.

결국 크게 이긴 유거사는 바둑판을 밀치며 상국을 '바둑에서나 국사에서나 모두 취할 게 없는 인물[公於棋與國 自謂孰敢與 二者以余觀 一般無可取]'이라고 평한다. 그러고 나서 앞으로 일어날 사건을 자세히 일러주며, 이를 통해 어리석은 거사가 상국보다 지혜로운 인물로 거듭나는 과정을 보여준다. 이후 유거사와 왜승의 대화는 문답 형식으로 전개되는데, 유거사는 속내를 감추고 친근하게 맞아 '술을 권하는가[云余無佳味 山肴與薄酒]' 하면, 칼을 뽑아들고 사나운 기세로 '고함을 지르기도[問僧何從來 汝豈非倭虜]' 한다. 여기서 유거사의 면모는 청정을 마음대로 회유하거나 협박하여 변란에 대비하려는 결의에 찬 우국지사憂國之士의 전형이라고 할 수 있다.

이처럼 시의 상당 부분이 대화체로 이루어진 〈유거사〉에서는, 등장인물 간에 주고받는 대화가 각자의 성격과 자신이 처한 상황을 대변하고 있다. 독자는 작자의 서술을 통해 간접적으로 사건을 전해 듣는 것이 아니라, 등장인물과 함께 현장에 있으면서 그들의 대화를 통해 사건의 전말을 직접보고 듣는 듯하다. 게다가 사건 속에서 전개되는 실제적인 대화에는 각자의 성격이 고스란히 드러난다.

한편 〈달문가〉에서는 달문의 자조적自嘲的인 한 마디가 그의 대범한 성격을 단적으로 표현하고 있다.

35 『백화자집』 권2, 〈유거사〉. 今日車馬至 明日冠紳聚 朝廷論得失 軍務談細巨 居士坐在傍 若不聞不睹.

諺數童子謾　　시속에 헛소리 하는 아이를
必稱類達文　　달문이 닮았다 하는데,
文忽得聞之　　어쩌다 달문이 그 말을 듣고
問欲達文觀　　“달문이 보고 싶냐?” 묻고는,
張口仰天笑　　문득 입을 벌리고 껄껄 웃으며
一拳納其間　　주먹을 쥐어 입안에 집어넣더라.

상대방을 의식하지 않은 일방적인 넋두리지만,[36] 전후사정을 알고 보면 많은 의미를 내포한 말이다. 비록 한 사람의 예인으로 자유롭게 살아가는 달문이지만, 시속時俗에서는 우스꽝스러운 기인에 불과하다. 옛날에 울보 평강공주를 놀리며 ‘온달에게 시집 보낸다’고 말하던 것처럼, 당시 사람들은 헛소리하는 아이를 꾸짖으며 ‘달문이 닮았다’고 말하는 것이다.[37] 이는 바로 팔풍무八風舞를 추면서 비뚤어진 입에 나오는 대로 떠드는 그의 모습을 두고 한 말이다.

그러나 자신을 끌어다 어린아이를 꾸짖는 세상 사람들을 향해 그는 아무렇지도 않게, “달문이 보고 싶냐?”라고 대꾸한다. 그리고는 한껏 웃으며 주먹을 입안으로 집어넣어 보이는 것이다. 자유롭게 세상을 떠돌며 타고난 재주로 먹고사는 예인이지만, 세상에서는 그를 못생긴 데다 허튼 소리나 떠들어 대는 익살꾼으로 볼 뿐이다. 그럼에

36 〈달문가〉에는 또 달문이 잠시 의탁했던 곳에 같이 묵었던 객이 며칠 뒤 주인에게 돈을 갚으러 와서, “마침 주인이 집에 없어서 미처 말하지 못하고 가져갔다오.[謂値主人無 取去不告云]”라고 그간의 사정을 말하는 부분도 있다. 그런데 이 대목은 타인을 화자로 내세워 달문의 혐의가 벗겨지고 신의가 회복되는 효과를 거둠으로써 세상의 이목에 개의치 않는 달문의 성격을 고스란히 드러낸 것이다.

37 박지원朴趾源의 〈광문자전廣文者傳〉에는, “우리나라 아이들이 서로 야유하는 말로 ‘네 형은 달문이다’고 했는데, 달문이란 광문의 또 다른 이름이다.[三韓兒 相訾傲 稱爾兄達文 達文 又其名也]”라고 되어 있다.

도 불구하고 이 한마디는 세상의 이목에 전혀 개의치 않는 개성적 기인 달문의 모습을 온전히 드러내고 있다.

이처럼 한마디 말로 인물의 성격이나 주어진 상황을 곡진하게 나타내는 대목은 또 다른 작품에서도 찾아볼 수 있다. 수레 끄는 소에 초점을 맞추어 노동이 수탈당하는 사회 모순을 제기한 〈거우행車牛行〉이 바로 그것이다.

心摧腸裂眼流血　창자가 찢어지고 눈에선 피가 흐르고
角短蹄穿軆生疤　뿔은 끊어지고 발굽은 빠져 온몸에 상처투성이.
一年二年無全身　한 해 가고 두 해 가면 전신이 성한 데 없고
皮乾肉銷如枯槎　가죽은 마르고 살이 졸아붙어 고사목처럼 된다네.
牽去屠肆殺而食　그 소 마침내 푸주로 끌려가서 잡아먹히게 되는데
謂言車牛肉不佳　"수레 끄는 소는 고기 맛없다." 말들 하네.
旣食其力又食肉　그 힘 모두 빨고 마침내 그 고기까지 먹으니
不仁胡爲若是耶　사람들 잔인하기 어찌 이와 같단 말인가.

시의 전문全文에는 마포나루에서 쉴 새 없이 서울 도성으로 짐을 운반하는 달구지꾼과 수레를 끄는 소의 모습이 자세히 묘사되어 있다. 당시 달구지꾼에게 힘든 노동을 강요하고 소에게 가혹한 고통을 가한 원인은 바로 부富와 권력權力을 독점한 자들의 사치스런 생활과 부패에 있었다. 그들을 위해 달구지꾼과 소는 새벽부터 강가로 나가 배에서 부린 짐을 수레에 옮겨 싣고 온종일 성안으로 날라야 했다. 도중에 웅덩이에 빠지기도 하고, 좁은 비탈길을 겨우 벗어나기도 하며 목재와 석재 등을 운반하는 것이다.

위에서 소는 하루하루를 피투성이 상처투성이로 지내다 보니 가죽은 마르고 살은 졸아붙어 버렸는데, 이제는 잡아먹히게까지 되었다.

사람들은 소를 실컷 부려먹고 나서 그 고기까지 먹으려고 도살하며[38] 한마디씩 말한다. 수레 끄는 소는 고기마저 질겨서 맛이 없더라고. 소의 입장에서 보면 정말 몰인정한 사람들이다. 또 착취당하는 소를 아무 힘없이 고통 받는 노동자라고 생각하면 부귀 권력자들은 잔인하기 이를 데 없다.[39]

따라서 이 한마디는 욕구 충족을 위해 소는 물론 달구지꾼의 노동력을 착취하고도 모자라 죽음마저 강요하는 부귀 권력자들의 잔인성을 단적으로 표현한 것이다. 이로 인해 지금까지의 장면 묘사를 일축하는 동시에 독자의 분노를 자아낸다. 홍신유는 바로 이 한마디를 통해 당시의 사회적 병폐를 고발하고 시대적 모순을 풍자하고 있는 것이다. 이렇듯 그의 시에서 쓰인 대화는 인물의 개성을 부각시키는 것은 물론 시정의 민심을 반영하기도 한다.

이처럼 대화나 독백을 통해 각 인물의 성격을 뚜렷하게 부각시키는 것은 홍신유 서사한시의 또 다른 특징이라 할 수 있다. 일반적인 서사한시에서는 대화체가 작자[서술자]와 등장인물 간에 서사적 상황을 이끌어내는 역할만 하는 데 반해, 홍신유의 작품에서는 등장인물이 서로 대화를 주고받으며 서사를 이끌어가는 역할을 하고 있다. 특히, 작품 속에 쓰인 한 마디가 인물의 성격을 대변하거나 시대적 상황을 선명하게 부각시키는 것이다.

---

38 정약용의 서사한시 〈용산리龍山吏〉에는, 아전들이 민가民家에 들이닥쳐 세곡稅穀 대신 소를 끌고 간 뒤 '소를 잡아 포를 떠서 권문세가에 바친다[脯牛歸朱門]'는 내용이 있다. 덧붙여 농민들에게 소가 가족처럼 여겨졌다면, 달구지꾼에게 소는 자기 자신으로 훨씬 더 절박하고 참혹한 처지였다고 할 수 있다.

39 주지하다시피 권헌權攇의 〈고인행雇人行〉은 서강나루에서 하역하는 노동자의 삶을 그려낸 작품으로, 현재에 낙관하며 거지들의 무능력과 나태함을 비난할 만큼, 자신들의 근면한 삶에 자부심을 가지고 살아가는 노동자의 모습을 보여준다.

3) 시대를 반영한 개성적 특장 표현[活景]

홍신유의 서사한시에서는 등장인물의 개성적 특장을 표현한 부분이 두드러진다. 예컨대 〈유거사〉에서 가장 극적인 장면은 유거사가 청정을 깔고 앉아 위협하는 대목이다. 처음부터 왜승의 정체를 알아차린 유거사는 일부러 조용한 거처에 박주산채를 마련하고 밤새워 술을 마신다. 그리고 청정이 만취하여 쓰러지자, 마침내 칼을 뽑아 들고 추궁하는 것이다. 그런데 기세가 매우 날렵하고 사나워, 읽는 사람마저 분위기에 압도될 수밖에 없다.

다음은 유거사가 청정을 살려주며 다짐을 받는 대목이다.

嶺南安東郡　　영남 땅 안동 고을은
人民僅萬戶　　인민이 거의 만호인데,
我家亦安東　　내 집 또한 안동이라
家累百口有　　가족도 백 명이 넘으니,
一邑百里中　　우리 고을 백리 안에는
汝勿過師旅　　너희 군사를 들여보내지 말라.
冥頑違吾言　　만약 내 말을 어긴다면
汝吭當往斧　　네 목을 당장 가서 자르겠다.

임진왜란은 조선이 경험한 최대의 국난이었다. 그로 인해 국정은 위태로워지고 경제는 도탄에 빠졌으며, 이후 백성들은 팔도를 유랑하며 힘겨운 삶을 이어 나가야 했다. 그러나 당시 안동은 유일하게 왜적에게 짓밟히지 않은 곳으로 알려졌고,[40] 이와 관련된 이야기가 생겨나

40 『백화자집』 권2, 〈유거사〉. 邇來壬辰難 生民死十九 獨一安東郡 晏然得安堵.

민간에 떠돌게 되었다.[41] 그런 과정에서 유거사는 안동 출신의 인물로 제시되었으며, 결과적으로 앞날을 예견하고 지혜롭게 대처한 유거사가 존재했기 때문에 안동은 전란을 피해갈 수 있었던 것이다.

유거사의 의기義氣가 하늘을 찌르고 행동에 박진감이 넘치는 대목이다. 이는 무엇보다 임진왜란이라는 역사적 배경을 전제하고, 민족의식이 살아 숨 쉬는 내용을 다루고 있기 때문이다. 유거사가 보기에, 당시 임진왜란이 조선으로서는 피할 수 없는 운수라 해도 안동은 전란의 피해로부터 자기 힘으로 지켜낼 수 있을 듯했다. 때문에 전란의 주도자 가운데 하나인 청정과의 맞대결에서, 그는 한 발 앞서 상대를 제압한 뒤 살려 보낸 것이다.[42] 혼란기에 나라와 백성을 구하려는 전형적 인물이다.[43]

임진왜란 이후 조선에서는 정권안정과 민심수습을 위해 '북벌론北伐論'까지 내세웠지만 실질적인 효과를 기대할 수 없었다. 따라서 의식 있는 문인들은 민족적 영웅을 찾아내고, 그들의 이미지를 작품으로 형상하여 의식을 고취시키고자 했는데, 홍신유도 그런 부류에 포

41 〈유거사〉는 야담으로 전하는 안동지방의 '바보아재' 이야기를 한시로 엮은 것이다. 이처럼 특정지방에 내려오는 설화를 수용한 경우도 있는데, 김이만金履萬의 〈연화봉가蓮花峯歌〉는 강릉지방의 '연화부인' 이야기를 토대로 하였다. 아울러 재물에 대한 헛된 욕망을 다룬 홍석모洪錫謨의 〈파옹행破甕行〉은 '독장수주먹구구'라는 민담을 한시화한 것이다.

42 앞의 시. 況我八路間 兵火亦天數 以我大心胸 饒汝命一縷.

43 임진왜란과 관련하여 애국 인물을 형상화한 작품으로는 〈홍의장군가紅衣將軍歌〉 〈김섬곡金蟾曲〉 〈여사행女史行〉 등이 주목된다. 김창흡金昌翕의 〈홍의장군가〉는 임진난 당시 의병장으로 용맹을 떨친 곽재우郭再祐를 추모하였으며, 이익李瀷의 〈김섬곡〉은 동래부사 송상현宋象賢의 첩이던 김섬의 애국 행위를, 이규상李奎象의 〈여사행〉은 진주의 관기였던 論介의 의로운 행동을 기리고 있는데, 모두 인물의 특성을 선명하게 제시하고 왜적에 대응하는 자세를 핍진하게 묘사하였다.

함된다. 그는 민간에서 전하는 '바보아재' 이야기를 역사 속에 살아 숨 쉬는 인물로 재창조하였으며, 유거사는 작자와 나란히 시대를 고민하고 적극적으로 행동한 인물 형상이라 할 수 있다.

〈달문가〉에서 압권은 무엇보다 달문이 팔풍무를 추는 장면의 묘사이다.[44] 놀이마당에서 자신의 재주를 마음껏 펼치는 달문의 모습은 당대 기녀들마저 열광하게 만들었다.

善作八風舞	달문은 팔풍무를 잘 추는데
魚龍更曼延	물고기 용이 꿈틀거리며 노는 듯
外屈頭至足	몸을 뒤로 젖히면 머리가 발에 닿고
臍腹兀朝天	배꼽이 불쑥 하늘을 쳐다보네.
四體若無骨	온몸이 유연하여 뼈가 없는 듯
閃倏回且旋	삽시간에 몸을 돌려 뒤집더니,
俄膺瞥而改	어느새 획 자세를 바꾸어
植立忽爾顚	꼿꼿이 섰다가 갑자기 넘어진다.
側目無正視	바로 보지 않고 눈을 흘기더니
喎口無完言	비뚤어진 입에 되는 대로 떠드누나.

달문은 영조 때 서울에서 연희로 명성이 자자했던 인물이다. 달문에 대한 이야기는 그가 물건값을 대신 치러주고 신용을 얻어 거간꾼으로 활동한 것에 집중되어 있다.[45] 〈달문가〉의 전문全文에는 그가 도시 연희패의 예인으로, 기방妓房의 패트런으로, 시전市廛의 거간

44 이것이 바로 홍신유가 시작詩作에서 끝임없이 추구한 '활경活景'인데, 〈달문가〉에서 이 대목이 가장 두드러진다.

45 박지원의 『방경각외전放璚閣外傳』에 실린 〈광문자전廣文者傳〉과 조수삼의 『추재기이秋齋紀異』에 실린 〈달문達文〉이야기가 대표적이다.

꾼으로, 경강京江의 대부로 활약하다가 역모사건에 연루되어 종적을 감추는 등 파란만장한 인생역정이 포착되어 있다. 그러나 타고난 모습 그대로 자유롭게 사는 것은 아무래도 예인으로서의 달문이며, 작자가 가장 비중을 둔 것도 역시 연희패에서 기예를 펼치는 달문의 모습이었다.

팔풍무는 산대놀이의 레퍼토리 가운데 하나로, 음란하고 추악한 내용의 춤이었다고 한다. 한편, 〈광문자전〉에는 달문이 만석曼碩중놀이와 철괴무鐵拐舞에 능했다고 전한다. 위에서 작자는 달문이 재주를 넘으며 사설을 늘어놓는 것을 마치 눈앞에서 보는 듯 사실적으로 묘사함으로써 당시 유행하던 연희 활동을 통해 시대상을 잘 반영하였다. 여기서 우리는 달문이 뛰어난 기예와 기인적 풍모로써 생활할 수 있었던 이면에 주목해야 한다.

당시 서울의 여항과 시정에서는 도시민적인 취미 내지 향락 소비생활의 발전이 제반 연예활동을 활발하게 만들었으며, 이에 기예를 파는 일을 업으로 하는 예인들이 출현했다. 또 상품화폐경제의 원리가 예술 부문에도 적용되어, 예술의 새로운 존재형태가 발생하였다. 예인들은 종래의 예속적인 관계에서 벗어나 장차 '예술 활동의 자유'를 획득할 계기가 마련되었으나, 아직 일반 고객이 대량 출현하지 못했으므로 예술 애호가의 후원을 필요로 하였다. 예술의 새로운 존재형태는 이들 패트런의 비호 하에서 배태되는 단계였다.[46]

〈추월가〉에서는 한바탕 잔치가 벌어진다. 당대의 패트런이라고 할 수 있는 서평군과 낙창군 등이 자리하고,[47] 관현악이 어우러진 풍

46 임형택, 「18세기 예술사의 시각」, 『실사구시의 한국학』, 창작과 비평사, 2000. 240-241면 참조

류마당에서 추월은 노래를 한다.

西陽蕉葉扇　　파초선 떴다 서평군 양평군이요,
綾洛鶴脛車　　학경거 타신 능창군 낙창군이라.
綺席咽絲管　　휘황한 자리에 관악 현악 어울리고
錦幕酌流霞　　수놓은 장막 술잔에 노을빛 흐르는데,
舞人匝紅裙　　춤추는 치맛자락 너울거려 돌고
歌兒列金釵　　노래하는 기생의 비녀 줄을 그어서
高雲忽不動　　높이 뜬 구름도 홀연 멈추어 섰고
滿空碧嵯峨　　하늘 가득히 아스라한 산 푸르러라.
秋娘一曲歌　　추월이 노래 한 곡 부르니
雲韶八音和　　운소의 팔음이 조화하는 듯
拂塵古莫愁　　흥겨움에 손뼉 치니 옛 막수의 음악인가
遶梁今韓娥　　여음이 들보에 감돌아 한아가 살아났나.

추월은 영조 때 이세춘李世春 그룹의 일원으로 활동했다. 가객歌客 철석哲石을 비롯하여 가기歌妓 매월梅月과 계섬桂蟾 등이 여기에 속하며, 이들은 악단을 조직하여 연예활동을 벌였다. 당시 정릉동 골짜기와 연융아 시냇가 바위 등은 서울에서 제일가는 유흥지였고, 서평군과 낙창군 등은 최고의 패트런이었다. 이처럼 당대의 후원자를 등에 업고 최고의 멤버들과 함께 명승지를 돌아다니며 자신의 기량을 마음껏 펼쳤으니, 예인으로서 더 이상 바랄 게 없는 처지였다.[48]

47 당시의 패트런으로는 서평군西平君[橈 또는 標], 낙창군洛昌君[樘]을 비롯하여 심용(沈鏞, 1711-1788)과 서기공(徐旂公, ?-?) 등이 알려져 있다.

48 추월의 이야기는 〈풍류風流〉 〈회상回想〉이라는 제목으로 『이조한문단편집李朝漢文短篇集』(이우성·임형택 편역, 일조각, 1993.)에 실려 있다. 또 『청구야담青

위에서는 이러한 당시의 분위기를 세심한 필치로 생동하게 묘사하고 있다. 관현악이 연주되는 가운데 화려한 장막 아래에서는 술자리가 한창이다. 춤추고 노래하는 기녀들을 구경하기 위해 높은 구름마저 멈추어 섰고, 푸른 산빛은 하늘을 가득 메우고 있다. 이렇듯 한창 무르익은 분위기 속에서 추월은 노래를 부르고, 그 소리는 마치 천상에서 울려나와 주위를 맴도는 듯하다. 자연 경관과 화려한 시정 생활이 어우러져 한 폭의 그림처럼 펼쳐진다.

이처럼 작자는 임진왜란을 거치는 혼란기에서는 지혜로운 애국지사의 전형을 그려내고, 연예활동이 활발한 시기에서는 패트런을 동반한 흥겨운 풍류마당과 도시 연희패에서 활동하는 자유로운 예인의 모습을 담아낸다. 여기 등장하는 유거사를 비롯하여 달문·추월 등은 모두 시대와 함께 호흡하며 살아간 인물이다. 이처럼 당대의 살아 숨쉬는 다양한 인물을 포착하여 그들의 개성적 특장을 형상함으로써 시대상을 반영하고 있다.

다음은 남다른 의리와 명분으로 시대의 아픔을 함께한 김인후의 생애를 기린 〈김하서〉의 마지막 대목이다. 시대의 혼란상을 지켜보는 마음은 작품속 등장인물이나 작자나 다 같이 안타깝다.

鄒魯幾賢聖	맹자 공자는 현자요 성인이며
閩洛亦儒宗	주자 정자도 유가의 종주였는데,
國無大道行	나라에는 대도가 행해지지 않고
民無至澤蒙	백성들은 은택을 입지 못했네.
借問誰使然	누가 그렇게 만들었는지 묻노라니

邱野談』에는 〈유패영풍류성사游浿營風流盛事〉, 〈추기임로설고사秋妓臨老說故事〉라는 제목으로 각각 실려 있다.

視天何夢夢　　하늘을 봐도 어찌나 어두운지.
視天何夢夢　　하늘을 봐도 어찌나 어두운지
天不祚吾東　　하늘이 조선을 돕지 않는구나.

당시 하서는 도학은 물론 문장에도 뛰어나 군주를 보좌할 재목으로 평가되었다. 그러나 군신君臣의 뜻이 화합하는 것도 잠시, 인종仁宗이 급서急逝하고 사화士禍가 발발하면서 관직을 버리고 은거할 수밖에 없었다. 때문에 하서는 자신의 재능을 제대로 펼치지 못했으며, 조정은 다시 혼란에 빠져 백성들은 아무런 정치적 혜택도 입지 못했던 것이다. 작자는 이처럼 불행한 시대상을 공맹孔孟과 정주程朱가 살던 시기에 비유하면서, 현성賢聖과 유종儒宗이 존재할 당시에도 인정仁政이 시행되지 못했음을 언급하고 있다.

작자가 바라보는 조선의 상황도 결코 긍정적이지 않다. 달문과 추월처럼 자유롭게 세상을 떠돌며 자신의 기예로 먹고 살아가는 부류가 있는 반면, 유거사처럼 지방과 나라를 고난으로부터 구원해줄 인재가 필요한 실정이었다. 때문에 하서처럼 도의를 갖춘 선비가 다시 나와 세상을 경륜해주기를 바라고, 그런 심정을 고스란히 작품에 담아내고 있는 것이다.[49]

공맹과 정주가 살던 시기에도 백성들은 편안하지 못했고, 하서가 살던 당시에도 세상은 혼란스러웠으니, 하물며 자신이 살고 있는 지금에 있어서랴. 누가 세상을 이 지경으로 만들었는지는 묻지 않아도 알 수 있다. 인재를 알아보지 못한 군주의 어두움과 남의 재능을 시기 모함한 인신人臣들의 편협함에서 기인한 것이다. 그러나 책임을

49 이런 심정은 작자 홍신유의 간절한 바람이기도 하지만, 하서가 혼란한 세상을 피해 은거할 때의 심정이기도 할 것이다.

추궁하기보다는 조선의 장래를 근심하는 마음이 더 앞선다. 이것이 바로 담담하게 시대를 고민하고 시로 읊은 작자의 모습이다.

이상에서 살펴보듯이 홍신유의 서사한시에는 인물의 개성적 특장이 두드러진다. 아울러 그들의 특장을 표현한 대목에서 시대상을 반영하는 장면을 생생하게 접할 수 있다. 예컨대 팔풍무를 추는 놀이마당과 관현악이 어우러진 풍류마당을 비롯해 난세亂世를 구원하고 치세治世를 구현하려는 인물이 생존했던 당시 조선의 정치·사회적 분위기를 고스란히 읽어낼 수 있는 것이다.

4. 결론

임형택 교수는 『이조시대 서사시』 총론에서 "이조시대 서사시는 사회모순의 핵심을 파고들어 거기서 고뇌하며 살아가는 인간들의 진면목을 뚜렷하게 그려냈다. 그 시인들은 주체적 자세를 견지함으로써 자신의 계급적 속성을 넘어서 보편적 인간애를 구현할 수 있었다."라고 말했다. 이는 특히 여항문인들에 의해 저작된 서사한시에서 두드러진 문학적 특성으로, 본고에서 살펴본 홍신유의 경우에는 더욱 뚜렷한 양상을 보인다.

요컨대 홍신유의 서사한시는 당대를 살아가는 다양한 실존인물에 초점을 맞추어 그들의 삶을 긍정적인 시각으로 바라보고 관련 사건을 포착하였다. 그리고 이를 형상함에 인물의 성격 및 개성적 특장을 부각시키는 작법을 구사함으로써 마침내 18세기라는 역사적 배경 속에서 그들을 불러내어 시대와 나란히 호흡하며 살아가는 개성 있는 인물로 재창조한 것이다. 즉, 〈유거사〉에서는 전란戰亂을 통해 시대가 요구하는 구국인물救國人物을 기원하고, 〈달문가〉에서는 시정市井에서의 인생역정을 통해 개성적 기인奇人의 모습을 담아냈다. 또 〈추월가〉에서는 천부적 기예를 지닌 가기歌妓의 삶을 통해 화려한 풍류마당을 그려내고, 〈김하서〉에서는 남다른 도의道義와 학행學行으로 시대를 고민하며 은거한 처사적 삶을 칭송했다. 그리고 〈거우행〉에서는 고통 받는 달구지꾼의 일상을 통해 사회적 모순을 풍자하였다.

이처럼 다양한 인물의 다양한 모습과 사건을 서사한시로 풀어낸 것은, 무엇보다 홍신유가 역사적 사실은 물론 당대의 상황에 깊은 이해와 관심을 갖고, 시작詩作에서 '진경사眞境事' '실제어實際語' '활경活景'을 추구했기 때문에 가능한 일이었다. 그의 이러한 문학적 특징을 폭넓게 확인하기 위해 서사한시를 넘어 시작품들 중에 〈잡시雜詩〉 22수를 비롯한 연작시를 중심으로 연구해볼 필요가 있다.

제2장

치원 황상의 시에 미친 다산시의 영향

1. 서론

조선후기의 뛰어난 문인이자 실학자로 알려진 다산茶山 정약용丁若鏞(1762-1836)은 정치적인 이유로 18년간 유배생활을 한 바 있다. 그러나 이러한 개인적인 불행은 다양한 저작著作 활동으로 이어져 다산을 조선의 대표 문인이자 사상가로 만들었다. 특히, '조선시朝鮮詩'를 천명한 그의 작품은 양적인 면에서는 물론 질적인 면에서도 후인後人들의 인정을 받았으며, 그 가운데 18-19세기의 시대상을 포착하여 당대의 모순을 형상하고 비리를 풍자한 서사시敍事詩들은 단연 두각을 나타낸다.

유배 당시 다산은 강진康津과 다산茶山 지역을 중심으로 이른바 '다산학단茶山學團'을 구성하여 제자들에게 학문을 강講하고 저술에 힘쓸 것을 강조했는데, 당시 제자들 중 치원巵園 황상黃裳(1788-1863)과 학래鶴來 이청李晴(1792-1861)이 주목을 받았던 것으로 알려져 있다.[1] 특히, 치원은 다산의 가르침을 평생 동안 실행함으로써 오늘날 '다산시학茶山詩學의 계승자'로 평가된다.[2] 본고에서는 학문과 신분을 뛰어넘어 특별한 사제관계師弟關係를 유지했던 다산과 치원의 만남에 대해 알아보고, 그들의 시詩를 통해 다산이 치원에게 미친 영향에 대해 살펴보고자 한다.

이를 위해 다산과 치원이 지은 서사시敍事詩로 범위를 한정하고, 그 가운데 〈애절양哀絶陽〉과 〈승발송행僧拔松行〉 그리고 두보杜甫의 〈석호리石壕吏〉에 차운次韻한 다산의 〈용산리龍山吏〉와 치원의 〈봉두부鳳頭婦〉를 텍스트로 설정하였다. 우선 〈애절양〉과 〈승발송행〉은 동일한 사건에 대해 동일한 시제詩題로 지은 작품이라는 점에 주목하였으며, 다음 〈용산리〉와 〈봉두부〉에는 평소 두보의 문장을 전범典範으로 삼았던 다산과 치원의 문예의식이 드러나 있으리라는 점에 착안하였다.

2. 다산과 치원의 만남

다산은 가경嘉慶 신유년辛酉年(1801) 겨울에 강진康津 고을로 유배를 가서, 무진년戊辰年(1808) 봄에 다산茶山으로 옮길 때까지 거의 8년 동안 강진에 머물렀다. 그의 말에 따르면, 당시 주민들은 너나없이 벌벌 떨며 문을 닫고 자신을 외면했으며, 자신과 친근히 지낸 사

1 이에 대한 내용은 임형택 교수의 「丁若鏞의 강진 유배기의 교육활동과 그 성과」(『실사구시의 한국학』, 창작과 비평사, 2000.)에서 자세히 다루어졌다.

2 이에 대한 내용은 진재교 교수의 「茶山學의 形成과 巵園 黃裳」(『대동문화연구』 제41집, 대동문화연구원, 2002. 27-60면)에서 자세히 규명되었다.

람은 손병조孫秉藻와 황상黃裳 등 네 사람뿐이었다고 한다. 다산과 치원巵園 두 사람의 만남은 여기서 비롯되었다.

황상은 본관이 창원昌原이고, 자字가 자중子中 또는 제불帝黻이며, 소자小字는 산석山石이고, 호號는 치원巵園 또는 치원거사巵園居士이다. 아버지 황인담黃仁聃(1754-1807)과 어머니 양천 허씨陽川許氏(1759-1819) 사이에 장남으로 태어났는데, 타고난 자질資質이 영민하고 재예才藝가 뛰어났다. 다산의 문인으로 강진의 천태산天台山에 기거하면서 경학經學을 토론하고 시부詩賦를 지으며 생을 마쳤는데, 시명詩名이 있었으며 유고遺稿가 전한다.[3] 이러한 치원은 다산이 강진 땅에서 얻은 첫 제자로, 당시 15세의 장래가 촉망되는 영특한 소년이었다.[4] 다산은 그를 위해 한 편의 글을 지어주었고, 치원은 이를 '삼근계三勤戒'로 삼아 평생을 지키며 살았다.

당시 치원이 자신에 대해, "저는 세 가지 부족한 점이 있습니다. 첫째로 둔하고, 둘째로 막혀있고, 셋째로 미욱합니다.[我有病三 一曰鈍 二曰滯 三曰戞]"라고 하자, 다산은 어린 제자에게 다음과 같이 말해주었다. "무릇 둔하면서 파고드는 자는 그 구멍이 넓어지며, 막혔다가 소통이 되면 그 흐름이 툭 트이고, 미욱한 것을 닦아내면 그 빛이 윤택하게 되는 법이다.[夫鈍而鑿之者 其孔也闊 滯而疎之者 其流也沛 戞而磨之者 其光也澤]" 그래서 치원은 부지런히 파고들고 부지런히 소통시키며 부지런히 닦아야 함을 마음속 깊이 간직했던 것이다.[5]

3 『창원황씨세보昌原黃氏世譜』와 『강진군지康津郡誌』(『한국근대읍지韓國近代邑誌』, 한국인문과학원, 1991.) 내용 참조

4 황상, 『巵園遺稿』 附錄, 〈丁黃契帖序〉. 至壬戌 始見子中 以丱角過門 雖佩觿之童 而鑑其卓犖不覊 大非庸碌之輩 遂於挾冊群童中 特招與語 大奇之.

5 황상, 『치원유고』 권5, 〈壬戌記〉. 余勸山石治文史 山石逡巡 有媿色而辭曰 我

20세 되던 해에 아버지를 여의고[6] 집안을 건사하기 위해 잠시 학업을 중단하기도 했던 치원의 입장에서 보면, 다산은 스승이자 아버지였고, 이런 다산의 훈계와 격려는 종신토록 삶의 지표이자 의지처가 되었을 것이다. 반면, 다산이 이속吏屬의 자제를 제자로 받아들여 학연學緣을 맺은 상황 역시 정치 사회적인 이유로 유배를 당한 불우한 처지에서 자신의 고난과 갈등을 극복하는 데 도움이 되었을 것이다.

치원은 다산의 측근에서 헌신적으로 학문적 성취를 도왔으며, 이후 다산의 자제들을 비롯하여 초의선사草衣禪師와 추사秋史 김정희金正喜에 이르기까지 다양한 인물과 인간적으로 교유하였다. 그러나 1818년에 다산이 해배解配되어 고향으로 돌아가자, 특별한 사제 간의 인연도 끝나는 것처럼 보였다. 그리고 이후 스승과의 이별, 이속의 처지로 학문을 한다는 비난을 피해 절속絶俗했던 치원이 다시 다산을 만난 것은 1836년이었다. 자신의 회혼례回婚禮를 며칠 앞두고 병석에 누웠던 다산은 제자의 정성에도 불구하고 세상을 떠났으며, 치원은 자식 못지않은 정성으로 상례喪禮를 치렀다.

이를 계기로 하여 치원은 유산酉山 정학연丁學淵(1783-1859)과 운포云逋 정학유丁學游(1786-1855) 형제 등 다산가茶山家의 인물과 인간적인 유대를 지속하게 되고,[7] 유산이 추사 김정희(1786-1856)와 산

有病三 一曰鈍 二曰滯 三曰戞 余曰 學者有大病三 汝無是也 一敏於記誦 其弊也忽 二銳於述作 其弊也浮 三捷於悟解 其弊也荒 夫鈍而鑿之者 其孔也闊 滯而疎之者 其流也沛 戞而磨之者 其光也澤 曰鑿之奈何 曰勤 疏之奈何 曰勤 磨之奈何 曰勤 曰若之何其勤也 曰秉心確 時住東泉旅舍也 予時年十五童而未冠 銘心鏤骨 恐有所敢失 自彼于今 六十一年 間有廢讀把耒之時 因懷在心.

6 황인담은 술병 때문에 죽은 것으로 알려져 있는데, 이는 다산이 지은 〈황상지부인담만사黃裳之父仁聃輓詞〉를 통해 알 수 있다. "一醉眞堪換百年 生何如死兩茫然 那將萬斛南湖水 盡與泉塗作酒泉."(정약용, 『여유당전서』 시문집 권5 참조)

천山泉 김명희金命喜(1788-?) 형제를 소개함으로써 그들과 교유하게 되었다. 또 초의선사(1786-1866)를 비롯하여 이재彛齋 권돈인權敦仁(1783-1859)과 소치小痴 허련許鍊(1809-1892) 등과 교유하며 자신의 문학적 재능을 펼쳐 호평을 받기도 했다. 이런 교유를 바탕으로 다산의 자제와 치원은 만년晩年에 이르러 양가兩家의 후손들까지 참여하는 '정황계丁黃契'를 결성하였으니, 사제관계로 시작된 다산과 치원의 만남은 후대에 양가의 자손들이 형제처럼 지내는 유대관계로 발전했던 것이다.

3. 다산과 치원의 서사시

1) 문제의식 표출—〈애절양哀絕陽〉〈승발송행僧拔松行〉

다산과 치원이 살았던 18세기 후반에서 19세기 중엽까지, 조선은 봉건사회의 내적 모순이 심화되면서 도처에서 갖가지 병폐가 나타났다. 드디어 백성들은 관리들의 무분별한 억압과 착취로 인해 최소한의 생존마저 위협 받기에 이르렀다. 이러한 당시의 상황에 대해 다산은 다음과 같이 적고 있다.

> 근래에는 조세租稅와 부역賦役이 무겁고 번잡하며 관리들의 횡포가 심하여 백성들이 편안히 살지 못하고 대부분 난리亂離를 생각하게 되었다. 요사스러운 말과 망령된 이야기가 동쪽에서 나면 서쪽에서 화답

7 다산은 치원의 학문과 문학관에 영향을 주었으며, 이후에 유산酉山은 치원의 교유관계를 넓혀 문학적 성과를 이룰 수 있도록 만들었다.

和答하니, 이것을 법에 따라 처단한다면, 백성은 한 사람도 살아남지 못할 것이다.[8]

조정이 아닌 유배지에서, 관리가 아니라 유배 온 죄인의 입장에서 경험한 당시 사회의 모순은 심각한 것이었다. 좀 더 백성들과 가까운 처지였던 만큼, 그들이 당하는 갖가지 횡포는 난리를 생각해야 할 만큼 절망으로 치달았고, 일련의 사건들은 서사시로 저작되었다. 우선 군정軍政과 관련하여 1803년에 지은 다산의 〈애절양哀絶陽〉부터 살펴보자.

蘆田少婦哭聲長　갈밭머리 젊은 아낙 서럽게 우는 소리
哭向縣門號穹蒼　관문官門 향해 통곡하다 하늘 보고 울부짖네.
夫征不復尙可有　출정 나간 지아비 못 돌아오는 일이야 있을 법하지만
自古未聞男絶陽　예로부터 사내가 양물陽物 잘랐다는 말 듣지 못했네.
舅喪已縞兒未澡　시아버지 3년상 벌써 지났고 갓난아이 배냇물도 안 말랐는데
三代名簽在軍保　3대의 이름이 모두 다 군적軍籍에 실렸구나.
薄言往愬虎守閽　억울한 사정 호소하려도 범 같은 문지기 지켜섰는데
里正咆哮牛去皁　이정里正은 으르릉대며 외양간 소마저 끌고 갔다오.
磨刀入房血滿席　칼 갈아 방으로 들어가더니 선혈이 자리에 홍건히
自恨生兒遭窘厄　스스로 한탄하며, "바로 자식 낳은 죄로다!" 부르짖네.
蠶室淫刑豈有辜　잠실궁형蠶室宮刑이 어찌 꼭 죄가 있어서인고?
閩囝去勢良亦慽　민閩땅의 어린애 거세 풍속 참으로 슬픈 일이었네.
生生之理天所予　만물이 낳고 살아가는 이치 하늘이 내려주셨으니

8 정약용, 『與猶堂全書』 政法集 권23, 『牧民心書』 권8, 〈應變〉. 近年以來 賦役煩重 官吏肆虐 民不聊生 擧皆思亂 妖言妄說 東唱西和 照法誅之 民無一生.

乾道成男坤道女　음陰과 양陽이 어울려서 아들이요 딸이로세.
驪馬豶豕猶云悲　말이나 돼지 불까는 일도 슬프다 이르겠거늘
況乃生民思繼序　하물며 우리 인간 대 물리는 일 얼마나 소중하냐?
豪家終歲奏管絃　부잣집은 1년 내내 풍악 울리고 흥청망청
粒米寸帛無所捐　한 톨 쌀과 한 치 베도 바치는 일 없거니.
均吾赤子何厚薄　다 같은 백성인데 어찌 이처럼 불공평한지
客窓重誦鳲鳩篇　객창客窓에서 시구편鳲鳩篇을 거듭 외우노라.[9]

시詩의 전문全文이다. 이 시를 쓴 동기에 대해 다산은 다음과 같이 말했다.

> 이것은 가경嘉慶 계해년癸亥年(1803) 가을에 내가 강진康津에 있으면서 지었다. 그때 노전蘆田 마을에 사는 백성이 아이를 낳은 지 사흘 만에 군보軍保에 편입되고, 이정里正이 소마저 빼앗아 가니, 그 백성이 칼을 뽑아 양경陽莖을 스스로 베면서 말하였다. "내가 이것 때문에 이러한 곤액困厄을 당한다." 그 아내가 양경을 가지고 관청에 나아가니 아직도 피가 뚝뚝 떨어지는데, 울기도 하고 하소연도 하였으나 문지기가 막아버렸다. 내가 듣고 이 시를 지었다.[10]

당시 백성들을 괴롭히던 가장 큰 요인은 환곡還穀과 군포軍布의 폐단이라고 할 수 있는데, 특히 군정의 문란은 '강아지나 절굿공이까지 대장에 이름을 올리는'[11] 등 수탈이 극심하였다. 이 작품에 등장하

9 정약용, 『여유당전서』 詩文集 권4, 〈애절양〉. ＊7언 20구 140자.

10 정약용, 『여유당전서』 정법집 권23, 『목민심서』 권8, 〈簽丁〉. 此嘉慶癸亥秋余在康津作也 時蘆田民 有兒生三日 入於軍保 里正奪牛 民拔刀自割其陽莖曰 我以此物之故 受此困厄 其妻持其莖 詣官門 血猶淋淋 且哭且訴 閽者拒之 余聞而作此詩.

는 백성 또한 군포 대신 소를 빼앗겨버린 상황이다.[12] 그런데 문제는 이정里正이 소를 끌고 가게 된 배경에 있다. 돌아가신 시아버지는 물론 갓난아이까지 군적에 이름을 올려 군포를 납부하도록 만든 것이다. 그 억울함을 호소할 길이 없던 남편은 드디어 한탄하며 자신의 양물을 자르고, 아낙의 통곡 소리는 천지에 가득하다.

시의 전반부에서 이처럼 극한상황에 몰린 백성의 처지를 격한 감정으로 기술하고 나서, 후반부에서 다산은 차분히 이야기를 풀어나간다. 과거에는 인위적으로 거세하던 제도와 풍속이 있었다지만, 인간은 음양의 이치로 하늘이 내려준 생명이다. 그런데 집안의 후사後嗣를 이어야 할 백성이 가혹한 제도 때문에 자신의 양물을 스스로 베어버리는 '문제적 사건'이 발생한 것이다. 다 같은 백성이지만, 부잣집에서 1년 내내 풍악을 울리며 흥청망청 사는 것과는 엄연히 다른 처지다. 이처럼 다산은 사건의 전말顚末을 자연의 이치와 인간의 존엄성에 비추어 불평등한 제도에 초점을 돌린다.[13]

치원은 다산의 곁에서 일생을 함께 호흡하며 지냈다. 때문에 동일한 사건에 대해 동일한 시제詩題의 작품을 남기기도 했다. 그럼 치원은 어떻게 표현했는지 살펴보자.

---

11 정약용, 『여유당전서』 정법집 권23, 『목민심서』 권8, 〈簽丁〉. 又其甚者 狗兒之名 或載軍案 非是人名 所指者眞狗也 杵臼之名 或出官帖 非是人名 所指者眞杵也.

12 다산의 작품에는 소가 자주 등장한다. 소는 농민과 가장 가까운 가축이며, 농사의 주축으로 한 집안의 주축이라 할 수 있다. 따라서 관리가 소를 빼앗아가는 행위는 농민의 삶을 송두리째 앗아가는 것으로, 극한상황이라는 의미를 갖는다. 다음 장에서 다루는 〈용산리龍山吏〉에서 자세히 살펴볼 수 있다.

13 이는 경학자經學者이자 치자治者로서 다산의 모습과 고민을 볼 수 있는 부분이라 생각한다.

蘆田少婦哭聲長	갈밭머리 젊은 아낙 곡소리도 구슬픈데
婦孕不育夫絶陽	아이 낳아 기르기도 전에 지아비는 남근을 잘랐구나.
舅死之年砲手保	시아버지 죽은 지 몇 해건만 포수砲手의 군보에 올라 있고
今年烽軍疊充行	금년에는 봉군烽軍으로 또 다시 충원되었네.
磨刀入房血滿席	칼을 갈아 방으로 들어가더니 핏자국 선연하고
閩囝殘酷良亦慽	민閩땅 자식 거세보다 잔혹하여 참으로 울적하구나.
豶豕騸馬尙可悲	거세한 돼지며 말도 오히려 슬픈 일이러니
況乃人類戕血脈	하물며 사람으로서 핏줄[血脈]을 끊다니.
豪家終歲無寸費	권세가들 한 해 다 가도록 티끌만한 지출도 없는데
剝割偏傷傭丐類	벗겨내고 거둬들여 마냥 해쳐 거지와 흡사하네.
此法不變國必弱	이 법을 바꾸지 않으면 나라가 반드시 약해지리니
中夜念此腸內沸	깊은 밤 이 생각에 속만 끓이노라.[14]

이것 역시 시의 전문이다. 다산에 비하면 시의 편폭篇幅이 짧아진 데다 서사구조 역시 압축되어 있다. 앞부분에서 먼저 통곡하는 아낙의 모습과 그 이유를 짤막하게 묘사했는데, 이는 서사시의 일반적인 구성이라기보다는 사건에 대한 작자의 객관적 서술이라고 말할 수 있다. 곧 시의 서술자가 등장인물을 만나고, 등장인물의 입을 통해 사건의 전말을 듣는 일련의 전개과정이 모두 생략된 것이다. 때문에 아낙의 곡소리가 그다지 처절하게 와 닿지 않는다.

이후 남편이 양물을 베는 과정에 이르면 탄식이 길어지면서 감정적이 되는데, 여기서도 등장인물의 심정을 작자 자신의 서술로 대신하고 있다. 특히, 이 대목은 다산이 음양의 이치를 논論하며 인간에

14 황상, 『치원유고』 권2, 〈애절양〉. ＊7언 12구 84자.

대해 언급한 부분과는 크게 다르다. 그리고 이어 뒷부분에서 권세가들이 살을 베고 껍질을 벗기듯 학정虐政을 일삼으니, 백성들은 품팔이꾼이나 거지가 되는 지경에 이르고, 이를 지켜보며 잠 못 들고 속만 끓이는 모습으로 그려진다. 이처럼 아무런 행위도 취할 수 없는 절망감은 문제의식을 보다 극명하게 드러내는 듯하다.

〈애절양〉은 내용이 크게 세 부분으로 나뉘는데, 세 부분의 첫머리에서 다산과 치원은 모두 동일한 시어詩語를 사용하고 있다. 곧 앞부분의 '蘆田少婦哭聲長'과 중간 부분의 '磨刀入房血滿席'는 똑같은 시어를 사용하여 극적인 장면을 연출하였으며, 뒷부분의 '豪家終歲奏管絃' '豪家終歲無寸費'는 시어를 약간 달리 하여 유사한 내용을 표현했을 뿐이다. 이로 미루어 볼 때, 다산은 사건을 전해 듣고 나서 작품화 하였고, 치원은 다산의 작품을 읽고 요약해놓은 것처럼 보인다.

그러나 서사의 주축이 되는 핵심 대목이 동일한 것으로 보아, 당시 사건의 심각성을 인지하고 이를 작품화한 의도는 마찬가지였으리라 생각한다. 예를 들어, 다산이 '다 같은 백성인데 어찌 이처럼 불공평한지[均吾赤子何厚薄]'라고 의식한 사회적 모순을, 치원은 '이 법을 바꾸지 않으면 나라가 반드시 약해지리니[此法不變國必弱]'라고 인식하며 공감을 드러낸다. 다산이 일정 부분에서 사상가思想家나 치자治者로서의 시선으로 표현한 반면, 치원은 시적 화자의 처지에 공감하며 자신의 감정을 보다 절실하게 표출한 것이다.[15]

다음은 송정松政과 관련하여 발생한 사건을 형상한 다산의 〈승발송

15 치원의 서사시에는 여성 화자가 많이 등장하는데, 이는 당시 피해 대상인 백성들 가운데 특히 여성을 가장 약자의 입장에 둠으로써 수탈 상황은 물론 피해 호소를 극대화시키는 효과를 얻고 있다. 〈봉황부鳳皇婦〉와 〈빈가부貧家婦〉 등이 대표적인 예이다.

행僧拔松行〉으로, 근본적인 화근禍根을 제거하는 사건이라는 점에서 〈애절양〉과 연관시켜 해석할 수 있다. 당시 조정에서는 송정을 매우 중시하여 '소나무 벌목을 금지하는 법[禁松]'을 시행했는데, 오래지 않아 이를 집행하는 관리와 아전들의 탐학으로 인해 백성을 괴롭히는 정책으로 전락하고 말았다. 곧 좋은 소나무를 육성하려는 당초의 목적에서 벗어나 오히려 백성을 수탈하는 악정惡政으로 탈바꿈한 것이다.

먼저 1807년에 지은 다산의 작품부터 살펴보면,[16] 백련사白蓮寺 서쪽 석름봉石凜峰 산기슭[17]에서 어떤 중이 이리저리 다니며 소나무를 뽑고 있다. 싹이 튼 지 얼마 되지 않아 여린 줄기에 파르스름한 잎사귀를 단, 어린 소나무를 남김없이 뽑아내는 것이다. 산 목숨을 죽여서는 안 되는 처지의 중이 하는 일이라 더욱 의아할 수밖에 없다.

……

有如田翁荷鋤攜長欃	마치 부지런한 농부가 호미 괭이 들고 밭에 나가
力除稂莠勤爲農	가라지 잡초를 뽑아서 곡식을 잘 가꾸듯.
又如鄕亭小吏治官道	또 향정鄕亭의 이속吏屬이 대로大路를 닦느라
翦伐茨棘通人蹤	가시덤불 잡목을 베어 인마人馬를 통하게 하듯.
又如蔿敖兒時樹陰德	또 손숙오孫叔敖가 어린 시절에 음덕을 닦느라
道逢毒蛇殲殘凶	길에서 만난 독사를 죽여 해악害惡을 제거하듯.
又如鬔鬙怪鬼披赤髮	또 더벅머리 괴귀怪鬼가 붉은 머리카락 더풀더풀
拔木九千聲詾詾	나무 9천 그루를 뽑으며 시끌시끌 떠들어대듯.

……

16 정약용, 『여유당전서』 시문집 권5, 〈승발송행〉. *7언 40구 288자.

17 백련사白蓮寺는 전라남도 강진군 강진읍 남서쪽 만덕산萬德山에 있는 절 이름으로, 일명 만덕사萬德寺라고도 한다. 석름봉石凜峰은 만덕산의 봉우리 가운데 하나이다. 덧붙여 백련사 가까이에 다산초당茶山草堂이 자리하고 있다.

이 대목에서 다산은 다양한 반복적 비유를 통해 중이 소나무를 뽑아내는 장면을 묘사하고 있다. 그것은 마치 농부가 잡초를 뽑고, 이속吏屬이 잡목을 베고, 손숙오孫叔敖가 독사를 때려죽이는[18] 형상과 같다. 모두 필요에 따라 자신에게 정당한 일을 수행하고 있는 것이다. 그런데 지금 중이 하는 행위는 결코 정당한 것이 아니다. 현실적으로 궁한 처지에 몰리자, 견디기 힘든 재앙의 근본을 제거하기 위해 어쩔 수 없이 어린 싹을 뽑아내고 있는 것이다. 때문에 괴귀怪鬼가 9천 그루의 나무를 뽑으며 시끄럽게 떠든다는 비유에서 상황은 한층 극대화되었다.

이런 상황에 대한 까닭을 묻자, 중은 한참을 울먹이다가 길게 사연을 털어놓는다. 그동안 공들여 양송養松을 하느라 때로 찬 음식을 먹기도 하고, 세인世人들의 접근을 막느라 밤새 산을 순시巡視하기도 했다. 그런데 수영水營의 군교들이 벌떼처럼 들이닥쳐, 부러진 나무를 일부러 벤 것이라 억지를 부리며 금송禁松을 범했다고 가슴을 들이친다. 중들은 억울하고 화가 났지만 뇌물을 바쳐 겨우 액땜을 한 처지다. 게다가 왜구倭寇를 방비할 병선兵船을 만든다는 명목 아래 벌목을 했으나, 조각배 한 척은커녕 산만 벌거숭이가 되고 말았다.

이제 관리의 횡포를 직접 경험하고 그들의 횡령사실을 알게 된 중은 다음과 같이 말한다.

18 위 시구詩句에서 위오蔿敖는 춘추시대 초楚나라의 재상인 손숙오孫叔敖를 가리킨다. 그가 어렸을 때 길에서 양두사兩頭蛇를 만났는데, 당시 이 뱀을 본 사람은 반드시 죽는다는 소문이 있었다. 그는 자신이 죽더라도 이런 재앙이 다시 일어나지 않도록 하려고 뱀을 잡아 죽였는데, 이후 죽기는커녕 훌륭한 인물이 되었다. 사람들은 그가 아마도 남을 위해 그 뱀을 죽임으로써 음덕을 쌓은 것이라 생각했다고 전한다.

……

此松雖穉留則大 "이 잔솔 어리지만 그대로 두면 크게 자랄 터
拔出禍根那得慵 화근을 뽑아버리는 일 어찌 게을리 하오리까.
自今課拔如課種 이제부터 소나무 뽑아내기 소나무 심듯 할 일이니
猶殘雜木聊禦冬 잡목이나 남겨두면 겨울에 화목火木으로 쓰겠지요.
官帖朝來索榧子 오늘 아침 공문이 내려와 비자榧子를 찾으라 하니
且拔此木山門封 장차 이 나무 뽑아버리고 산문山門 봉해야겠네요."

산에 사는 중들에게 언제부터인가 소나무는 땔감으로 쓰이는 잡목보다 못한 나무가 되고 말았다. 잔솔은 장차 용龍이 몸을 비틀며 오르듯 크게 자라 산을 푸르게 만들겠지만, 장성한 소나무는 중들에게 오히려 근심거리가 될 뿐이다. 그러니 화근을 없애기 위해 잔솔을 남김없이 뽑아버리는 것이다. 더구나 비자榧子나무까지 찾아 바치라는 공문이 내려왔으니, 이제는 자신들의 근거지인 절간 문마저 봉하고 떠나야 할 극한상황에 처하고 말았다.

그런데 당시 이러한 사태는 매우 공공연하게 이루어졌으며, 그 피해도 심각했던 모양이다. 중들이 법에 따라 정성껏 길러온 소나무를 잡초처럼 뽑아낼 수밖에 없었던 까닭은, 당시 송정과 관련하여 부패한 관리들의 무자비한 수탈 때문이었다.[19] 관부官府에서 필요한 좋은 소나무를 기르기 위해 보호구역[封山]을 지정하고 벌목을 금지하는 법까지 제정했으나, 관리들은 이를 악용하여 재물을 수탈하거나

19 이처럼 나무와 관련하여 가정苛政의 폐해를 풍자한 작품으로 어무적魚無迹의 〈작매부斫梅賦〉를 들 수 있다. 과실나무에까지 무리하게 세금을 징수하는 데 반발하여, 김해金海의 한 농부가 매실 나무를 도끼로 찍는 것을 목도目睹하고 지은 내용으로, 군자君子의 절개를 비유하던 상징물이 탐관오리의 농민 수탈 매개체로 탈바꿈하였다.

재목을 횡령하였다. 시는 이러한 당시의 모순과 비리를 포착해낸 것이다.

다음은 치원의 작품이다.[20] 수군의 절도사는 송정에 힘쓴다고 막부幕府에 엄한 호령을 내리고, 이를 시행하는 아전들은 기세가 등등하다. 푸른 말다래를 한 준마를 타고 나는 듯이 달려 선루禪樓에 도착해 호흡을 가다듬고는 큰소리로 엄포를 놓는다. 이는 서사의 발단이자, 앞으로 벌어질 상황과 내외적 갈등에 대한 원인을 제공하는 부분이다.

……

意氣干虹僧蒲伏	기세가 하늘을 가려 중이 땅에 엎드리자
咆哮誰耕松下田	큰소리로 말한다. "누가 소나무 아래 농사짓느냐?
國之三政松居一	나라의 삼정三政 가운데 송정이 으뜸이고
船備無如此樹賢	배 만들기에 소나무만큼 좋은 것 없느니라."
摘拔松根搜林藪	뽑혀진 솔뿌리를 숲 속에서 찾으며
輿儓俯仰索情錢	아전들 두리번거리며 뇌물을 바란다.

……

아전들이 금송을 빙자하여 중을 어르고 협박하는 것은 뇌물을 바라기 때문이다. 해마다 봄가을로 절집에서 매질을 당하면서도 산승山僧들은 목숨을 부지하기 위해 뇌물을 바칠 수밖에 없다. 그러나 이를 견디다 못한 중들은 끝내 소나무를 뽑아버리기로 하고, 도끼질할 건 도끼질하고 낫질할 건 낫질해서 무성하던 어린 싹을 모조리 제거하고 마는 것이다.

20 황상, 『치원유고』 권2, 〈승발송행〉. ＊7언 24구 166자.

다산의 시에서는 중의 하소연이 서사적 상황을 이끌어가는 반면, 여기서는 관리의 엄포[咆哮]가 비중 있게 쓰였으며, 이후 작자 자신의 서술로 중의 입장을 대변하고 있다. 예를 들어, 다산의 시에서는 '만 닢을 바쳐 액땜을 했다'고 중이 직접 구체적으로 말하지만, 여기서는 '두리번거리며 뇌물을 바란다'라고만 표현하였다. 더구나 나라에 필요한 배를 만드는 데 쓰일 소나무라고 하지만, 사실은 개인의 치부致富와 출세를 위한 용도이며, 그런 비리를 엄폐掩蔽하고 정당화시키려는 의도임을 짐작할 수 있다.

그렇기 때문에 중들은 살생殺生을 금하는 율법을 어기면서도 아무런 갈등 없이 어린 싹을 뽑아내고, 결국 산에서 더 이상 소나무를 찾아볼 수 없는 지경에 이른다.

……

僧拔松違師戒	중이 소나무 뽑는 일 사계師戒에 어긋나지만
林藪蟲汝莫嫌	숲 속의 벌레들아, 너희는 싫어하지 말아라.
此事乃從苦緣起	이 일이야말로 괴로운 연기緣起를 따른 것이니
損害生命豈可恬	산 목숨을 해치고 어찌 담담할 수 있으리오.

시의 마지막 부분으로, 불교적 색채가 가장 진하게 묻어나는 대목이다. 작자는 여기서 작중 화자인 중이 되어 중의 목소리로 결론을 대신하고 있다. 특히, 앞에서 언급한 '선루禪樓' '선궁禪宮'이라는 용어에 이어 '괴로운 연기[苦緣起]'라는 시어를 사용함으로써 중의 입장에서 사태의 심각성은 물론 내면적 갈등까지 담아내고 있는 것이다. 또 나라에서 정한 법[禁松]을 정면으로 거부하면서 어린 소나무마저 뽑아내는 상황뿐만 아니라, 생명을 해쳐서는 안 되는 중이 그런 행동

을 할 수밖에 없는 역설적 상황에 주목하였다.

치원은 일찍이 다산의 주선으로 초의선사와 교유하였으며,[21] 만년이 되도록 남다른 관계를 유지했다. 이러한 사실은 치원이 〈초의행草衣行〉에서 초의선사에 대한 인간적 정감을 토로한 것이나, 62세(1849년)에 일속산방一粟山房을 꾸몄을 때, 초의선사가 치원에게 〈일속암가一粟庵歌〉를 지어준 사실로 충분히 알 수 있다.[22] 이처럼 초의선사와의 오래고 친밀한 교유는 불교에 대한 접근을 용이하게 만들었고, 불교용어를 자연스레 시어로 채택하여 시적 화자의 입으로 말하도록 했으리라 생각한다.

이상으로 다산과 치원이 지은 문제적 서사시 두 편을 살펴보았다. 동일한 사건에 대해 동일한 시제로 표현된 〈애절양〉과 〈승발송행〉에서, 온갖 비리가 난무하는 당대 현실의 모순에 대해 문제의식을 가지고 함께 고민한 흔적을 발견할 수 있다. 그런데 이러한 문제의식을 형상하는 데, 다산은 사상가적 면모를 보이며 담담하게 처리했고, 치원은 인간적 면모를 드러내며 간결하게 표현한, 약간의 차이점도 파악할 수 있다.

그럼 이러한 문제의식은 어디에서 기원한 것일까.

21 다산은 불교에도 관심을 두어 불교문헌 편찬사업을 도왔으며, 고증적인 작업을 거쳐 저술까지 남긴 바 있다. 다산의 지도와 검토에 의해 편찬된 『만덕사지萬德寺志』, 다산과 학연을 가진 승려들을 중심으로 편찬된 『대둔사지大芚寺志』 등이 그 예이다.

22 황상의 『치원유고』에는 두 작품 모두 실려 있지 않다. 초의선사가 지은 〈일속암가〉 서문을 보면, "기유년 겨울에 찾아와 옛정을 펴고 돌아가더니 〈초의행〉 한 편을 보내왔다."라고 적혀 있다.(『초의집草衣集』 권4. 참조)

2) 사가정궤론四家正軌論[23] ─ 〈석호리石壕吏〉〈용산리龍山吏〉〈봉두부鳳頭婦〉

『사암선생연보俟菴先生年譜』를 살펴보면, 다산은 13세(1774년, 영조 50)에 두시杜詩를 뽑아 베껴놓고 그것을 모방하여 원운原韻에 따라 화답和答하는 운韻을 붙여 시를 지었다. 그런데 두시의 뜻을 깊이 체득하였으며, 모두 수백 수首나 되었으니, 부친의 친구들이 크게 칭찬했다고 전한다.[24] 또 제자 치원에게 말하기를, "두보杜甫 · 한유韓愈 · 소식蘇軾 · 육유陸游 사가四家는 천고千古의 정수精髓이니, 사가를 버려두고 시를 짓는 것은 정궤正軌가 아니다."[25]라고 가르친 바 있다. 또 용사用事의 수준에 따라 두보를 '시성詩聖'에, 한유를 '대현大賢'에, 소식을 '박사博士'로 칭하였다.[26]

759년에 두보는 다시 형세가 강해진 안록산安祿山의 난亂을 피해 낙양洛陽에서 화주華州로 돌아간다. 지나는 곳마다 변란變亂의 기운으로 황폐하였고, 백성들의 고난은 이루 형언할 수 없을 지경이었다.

---

23 최근 이철희는 「茶山 詩學의 계승자 黃裳에 대한 평가와 그 의미」에서 다산의 '두杜 · 한韓 · 소蘇 · 육陸 정궤론正軌論'을 '사가정궤론四家正軌論'이라 칭하였는데, 본고에서는 그 용어를 따랐음을 밝혀둔다. 덧붙여 그는 칠가七家의 시인을 경유하여 두보의 경지로 나아갈 것을 제시한 추사秋史의 '입두론入杜論'이나 자하紫霞의 '유소입두론由蘇入杜論'은 '사가 정궤론'과 유사한 구조를 지닌 것이라고 말했다.(『대동문화연구』 제53집, 대동문화연구원, 2006. 229-253면 참조)

24 송재소, 『다산시 연구』 부록, 창작사, 1986. 195면 인용.

25 김명희, 〈巵園遺稿序〉. 其言曰 昔聞之師曰 杜韓蘇陸四家 千古之選 舍四家而爲詩 非正軌也.

26 정약용, 『여유당전서』 시문집 권21, 〈寄淵兒 戊辰冬〉. 杜詩用事無跡 看來如自作 細察皆有本 有出處 所以爲聖 韓退之詩 字法皆有所本 有出處 句語多其自作 所以爲大賢也 蘇子瞻詩 句句用事 而有痕有跡 瞥看不曉意味 必也左考右檢 採其根本 然後僅通其義 所以爲博士也.

당시 그는 자신이 목도한 상황을 이른바 '삼리三吏 · 삼별三別', 곧 '석호리石壕吏 · 신안리新安吏 · 동관리潼關吏'와 '신혼별新婚別 · 수로별垂老別 · 무가별無家別'이라는 제목의 시로 읊었다. 두보는 고시古詩와 악부시樂府詩에서 백성들의 고통을 호소하고 사회모순을 적나라하게 묘사했는데, 이는 『시경詩經』 이래의 풍유정신諷諭精神을 계승한 것이라 평가된다. 이후 여러 사람들이 두보의 시를 존숭한 것도 그 풍유정신을 계승하고 현실주의적 시풍詩風을 닮고자 했기 때문이었다.

다산이 두보의 〈삼리〉 가운데 〈석호리〉에 차운하여, 1810년에 지은 〈용산리龍山吏〉는 세곡稅穀과 관련하여 발생한 사건을 다루고 있다.[27] 세미稅米를 거두는 막바지에 아전이 민가民家를 수색하여 철저히 긁어내는 것을 '검독檢督'이라고 하는데, 이는 당시 가난한 백성들에게 승냥이나 범보다 더 무서운 일이었다. 밤낮없이 들이닥쳐 닦달하니, 하루도 마음 편히 지낼 수가 없고, 겨우 목숨을 부지하고 살면서 멀리 수자리 살러 가서 죽은 사람만도 못한 실정인 것이다.

吏打龍山村	아전들 용산龍山마을에 들이닥쳐
搜牛付官人	소를 찾아내 관가로 넘기누나.
驅牛遠遠去	소 몰고 멀리멀리 사라지는 걸
家家倚門看	집집마다 문에 기대어 바라보네.

27 두보의 〈삼리〉는 759년에 지어진 작품으로, 당시 일반적인 악부시와 달리 새로운 제재로 구성되었다. 그런데 시공時空을 초월하여 1810년 다산에 의해 차운됨으로써 조선의 사회적 모순을 고발한 뛰어난 서사시로 환골탈태換骨奪胎했다고 평가된다. 덧붙여 다산의 〈용산리〉는 두보의 〈석호리〉를, 〈파지리波池吏〉는 〈신안리〉를, 〈해남리海南吏〉는 〈동관리〉를 각각 차운次韻한 것으로, 모두 검독의 폐해를 다루고 있다.

勉塞官長怒　사또의 노여움 풀어드리기 급급한데
誰知細民苦　백성의 아픔이야 누가 아랑곳하랴.
六月索稻米　6월 한여름에 나락을 바치라니
毒痡甚征戍　그 곤경은 수자리 살기 못지않네.
德音竟不至　덕음德音은 끝내 내려오지 않고
萬命相枕死　수많은 목숨 즐비하게 죽어가네.
窮生儘可哀　궁박한 신세 애처롭기 그지없어
死者寧詡義　죽는 편이 차라리 낫다 하리.
婦寡無良人　아낙네 남편 없이 홀몸이요
翁老無兒孫　늙은이 자손 없이 외로운 신세.
泫然望牛泣　눈물을 흘리며 뺏긴 소 바라보니
淚落沾衣裙　눈물이 떨어져 적삼 치마 적시네.
村色劇疲衰　마을의 풍색風色이 극도로 황량한데
吏坐胡不歸　아전 놈 버티고 앉아 어찌 아니 가나.
瓶罌久已罄　쌀독이 바닥난 지 이미 오래니
何能有夕炊　무슨 수로 저녁밥 짓는단 말인가.
坐令生理絶　앉은 채 살아갈 길 없도록 만드니
四隣同嗚咽　사방 이웃들 함께 목메어 흐느끼네.
脯牛歸朱門　소 잡아 포를 떠서 권문세가에 바치니
才諝以甄別　재간은 이로 말미암아 드러난다지.[28]

시의 전문이다. 운자韻字 가운데 한 글자도 바꾸지 않고 차운하면서 하나의 사건을 처음부터 끝까지 상세히 묘사하였다. 작자는 철저히 관찰자의 입장에서 사건을 지켜보며 객관적으로 서술하고 있다. 시의 내용은 네 부분으로 나누어지는데, 아전이 마을에 들이닥쳐 소

28 정약용, 『여유당전서』 시문집 권5, 〈용산리〉. *5언 24구 120자.

를 빼앗아 관가로 끌고 가는 것이 사건의 발단이다. 그러나 이미 무력해진 사람들은 문에 기대어 멍하니 바라볼 뿐 아무런 행동도 취할 수 없다. 이어 한여름에 나락을 바쳐야 하는 궁박한 신세는 차라리 죽는 편이 나을 지경이라고 호소한다. 또 하나둘 가족을 잃은 데다 소마저 빼앗기고 말았으니, 황량한 마을에는 저녁밥 지을 쌀조차 남아 있지 않다. 그런데 더 기가 막힐 일은 끌고 간 소를 육포로 만들어 권문세가들에게 바친다는 사실이다.

이 시는 시종일관 소를 매개로 하여 갈등상황을 점차 심층적으로 구체화시켜 나가는 점이 특이하다.[29] 시의 내용과 나란히 네 단계로 나누면 다음과 같다. 첫째, '소를 찾아내는[搜牛]' 단계이다. 아전들이 마을에 들이닥쳐 세미 대신 잡아갈 소를 수색함으로써 갈등이 시작된다. 둘째, '찾아낸 소를 몰고 가는[驅牛]' 단계이다. 농민들에게 없어서는 안 될 귀한 소를 몰고 가는 광경을 집집마다 문에 나와 바라보고 있다. 여기서 소를 빼앗긴 집의 억울함과 분노는 마을 전체로 퍼져나가는 듯하다. 셋째, '끌려가는 소를 바라보는[望牛]' 단계이다. 이래저래 외로운 처지에 가족 같은 소마저 잃었으니, 눈물을 흘리며 멀찍이 바라보고 있다. 억울함을 호소할 데도 없고, 분노를 드러낼 기력조차 없어 망연자실한 상태이다. 넷째, '소를 포 뜨는[脯牛]' 단계이다. 세금을 빙자하여 빼앗아간 소는 결국 출세를 위해 권문세가들에게 바쳐지고, 그것으로 능력이 판별되는 역설적 상황이다.

이 시에 등장하는 소는 수탈당하는 백성을 대신하며, 소가 맞닥뜨

29 홍신유洪愼猷의 서사시 〈거우행車牛行〉에서는 마포나루에서 서울 도성으로 짐을 운반하는 달구지꾼과 수레를 끄는 소의 모습이 자세히 묘사되어 있다. 이와 관련된 내용은 이채경, 「洪愼猷 敍事漢詩 硏究」(『대동한문학』 제26집, 대동한문학회, 2007. 208-310면)를 참조하기 바란다.

리게 되는 단계별 상황은 수탈이 점점 강화되는 과정으로 대치할 수 있다. 게다가 일반적인 서사시와 달리 극적인 상황에서 시가 마무리됨으로써 풍자를 더욱 강화하는 효과를 거두었다. 이처럼 다산은 세곡징수와 관련하여 용산 마을에서 벌어지는 비리를 예리하게 포착하고, 농민과 가장 가까운 소를 매개로 하여 불합리한 수탈과정을 섬세하게 관찰하듯 그려낸 것이다.

오늘날 이른바 '다산시학茶山詩學'이라 칭해지는 다산의 문학정신은 일찍이 '조선시 선언朝鮮詩宣言'으로 거슬러 올라간다. "나는 본래 조선 사람이라 조선시를 즐겨 쓰리.[我是朝鮮人 甘作朝鮮詩]"[30]라고 한 대목에서는 그의 주체성이 잘 나타나 있다. 이는 당시 모화사상慕華思想을 탈피하려는 국가적 주체성이자, 이후 자신만의 시세계를 추구하려는 작가적 주체성으로까지 읽힌다. 위에서 살펴본 〈용산리〉는 두보의 시에 차운하여 유사한 문제의식을 다루면서도 자신만의 표현방식으로 또 다른 경지를 구현했다고 할 수 있다.

다음은 치원이 두보의 〈석호리〉에 차운한 〈봉두부鳳頭婦〉에 대해 살펴보자. 『치원유고』 서문을 쓴 산천의 말을 빌리자면, 치원은 다산이 두보를 비롯한 사가四家의 시를 전범典範으로 삼으라고 가르친 이후, 평생 스승의 가르침을 실천하며 시를 지었다.[31]

客杖投鳳村	나그네 봉촌鳳村에 투숙해보니
悲啼老婦人	늙은 아낙이 슬피 울고 있네.

30 정약용, 『여유당전서』 시문집 권6, 〈老人一快事六首 效香山體〉. 其五 興到卽運意 意到卽寫之 我是朝鮮人 甘作朝鮮詩 鄕當用鄕法 迂哉議者誰 區區格與律 遠人何得知.

31 김명희, 〈치원유고서〉. 自是不旁及他家 專心讀四家詩 盖五十有餘年矣.

奈何哭如此	무슨 일로 이처럼 곡하는지
使我淚不看	나마저 눈물이 앞을 가리네.
婦說府帖怒	아낙이 설명한다. “아전이 노하여
捉人窮復苦	사람을 다잡으며 너무도 괴롭혀
急隷騎步軍	급히 기군騎軍과 보군步軍에 예속되어
如赴河陽戍	하양河陽에 수자리 살러 갔지요.
家翁年限至	우리 집 늙은이 연한이 다하였고
三男禁御死	세 아들은 방어하다 죽었습지요.
翁死無人收	늙은이 죽으면 거둬줄 사람 없고
至冤絶嗣矣	후사 끊어질까 원망스럽답니다.
虛名果何人	거짓으로 올린 이름 과연 누군지
謂有三歲孫	세 살 난 손자가 있을 뿐이지요.
翁病捕我去	늙은이 병들었으니 나를 잡아가시면
誰家借完裙	뉘 집에서 멀쩡한 옷가지 빌릴꼬.
日暮氣亦衰	날 저물고 기운도 쇠하였으니
今胡向城歸	지금 어떻게 성城으로 돌아가리오.”
須臾停官捕	잠시 후 아전에게 붙잡혀 가니
廚中斷朝炊	부엌엔 아침꺼리도 떨어졌는데
春飢胡不絶	보릿고개 어찌 끝나지 않는고?
復此當嗚咽	이러니 다시 오열할 수밖에.
卽欲赴淸池	즉시 청지淸池로 달려가고자 하나
不忍在翁別	차마 남겨진 늙은이와 이별 못하네.[32]

이것 역시 시의 전문이다. 사건이 발생한 장소만 다를 뿐, 작자는 당시 조선의 어디를 가나 목도할 수 있는 상황을 곡진하게 담아내고

32 황상, 『치원유고』 권2, 〈봉두부〉. *5언 24구 120자.

있다. 저물녘 낯선 마을에서 들려오는 곡소리는 나그네의 발길을 붙잡고 함께 눈물짓도록 만든다. 사연을 들어보니, 아전이 또 사람을 징집徵集해 가려고 닦달하기 때문이다. 세 아들은 이미 하양河陽에 수자리 살러 가서 죽어버렸고, 이제 겨우 세 살 난 손자는 후사를 이을지조차 불안한 처지라, 아낙은 대신 자기를 잡아가라고 간청하기에 이른다.

여기서 문제는 장부에 이미 거짓 이름이 올라있으며, 그 때문에 집안사람 중 누구라도 하나 아전을 따라가야 한다는 사실이다. 〈석호리〉나 〈용산리〉에서는 보이지 않던 장면이 연출된 것이다. 어처구니없는 방법으로 백성을 괴롭히던 이런 현상은 당시 공공연하게 자행된 비리였고, 치원은 그런 비리를 문제시하여 작품에 투영하였다. 잠시 후 아전에게 잡혀가면서도 차마 남겨진 늙은이와 선뜻 이별하지 못하는 상황은 비리와 모순으로 얼룩진 가정苛政에서 오는 억울함 때문일 것이다.

위에서 살펴본바 〈봉두부〉는 두보의 〈석호리〉와 유사한 점이 다산의 〈용산리〉보다 더 많다. 우선 군졸 징집에 대한 소재를 다루며, 마을 아낙의 하소연으로 전체 서사를 이끌어 가고 있다. 또 늙은 아낙의 이야기를 들어보면, 세 아들이 수자리 살러 가서 죽은데다 어린 손자를 키우며 곤궁하게 살아가는 처지다. 작품 속에서 눈물로 호소하는 그녀의 말에 작자 역시 함께 아파한다. 다산의 〈용산리〉가 소를 통해 농민 수탈과정을 세밀히 포착해냈다면, 치원의 〈봉두부〉는 시적 화자에게 작자의 감정을 이입시켜 슬픔을 표출하고, 이를 통해 당대의 모순을 극대화시킨다.

산천은 치원의 시에 대해 다음과 같이 평하였다.

> 황상은 50여 년 동안 오로지 네 사람에게 마음을 쏟은 자로, 멀리서

구하면 두보杜甫와 같고 한유韓愈와 같고 소식蘇軾이나 육유陸游와 같고, 가까이서 구하면 다산과 같을 것이다. 그러나 그들을 따라 지은 것이 없으니, 치원의 시가 될 뿐이다.[33]

두보를 배우고 다산을 배웠지만 결국 치원의 시로 평가된다는 것은 결국 그가 또 다른 일가를 이루었음을 뜻한다. 치원은 다산과 동일한 시기에 동일한 공간에서 동일한 사건을 다루었지만, 자신의 처지와 감정을 작품에 담아냄으로써 변별력을 갖게 되었다. 이런 점에서 또 산천은 "황상의 시詩가 다산 가문의 규범을 벗어나지 않으면서도 서로 비슷한 것이 하나도 없다.[其詩不離於茶山家範 而乃無一相似者]"라고 평할 수 있었던 것이다.

다산과 치원은 혼란한 시대에 관리들의 횡포와 수탈, 그리고 백성들의 피폐해진 생활을 보고 들으며 문제의식을 가졌다. 그런 문제의식은 자신들의 불우한 처지와 결합되면서 모순과 비리를 철저하게 찾아내 작품화하는 기저基底가 되었다. 특히, 치원은 스승 다산을 통해 초의선사를 비롯하여 다양한 인물과 인간적 · 학문적으로 교유했으며, 사가정궤론을 통해 두보의 풍유정신과 현실주의적 시각을 접하고 자신만의 시세계를 성취한 셈이다.

4. 결론

조선후기에 다산과 치원은 특별한 사제관계를 유지한 인물이다.

33 김명희, 〈치원유고서〉. 卽其五十年 所專心於四家者 求其遠而似杜似韓似蘇陸 近而似茶山. 而並無有適成 其爲巵園詩已矣.

그들은 혼란한 시대에 관리의 횡포와 수탈, 그리고 백성의 피폐해진 생활을 눈으로 보고 귀로 들으며 문제의식을 가졌다. 그런 문제의식은 자신들의 불우한 처지와 결합되면서 당대의 모순과 비리를 철저하게 찾아내 작품화하는 기저가 되었다.

그들이 동일한 사건에 대해 동일한 시제詩題로 지은 문제적 서사시 〈애절양〉과 〈승발송행〉에서, 우리는 온갖 비리가 난무하는 당대 현실의 모순에 대해 문제의식을 가지고 함께 고민한 흔적을 발견할 수 있다. 그런데 이러한 문제의식을 형상하는 데 다산은 사상가적 면모를 보이며 담담하게 처리한 반면, 치원은 인간적 면모를 드러내며 간결하게 표현한 차이점도 파악할 수 있다.

또 다산이 두보의 〈삼리〉 가운데 〈석호리〉에 차운하여 지은 〈용산리〉에서는 세곡과 관련하여 발생한 사건을 다루고 있다. 치원의 〈봉두부〉는 다산의 〈용산리〉보다 〈석호리〉와 유사한 점이 더 많다. 우선 군졸 징집에 대한 소재를 다루며, 마을 아낙의 하소연으로 전체 서사를 이끌어 간다. 늙은 아낙의 이야기를 들어보면, 세 아들이 수자리 살러 가서 죽은데다 어린 손자를 키우며 곤궁하게 살아가는 처지다. 작품 속에서 눈물로 호소하는 그녀의 말에 작자 역시 함께 아파한다. 다산의 〈용산리〉가 소를 통해 농민 수탈과정을 세밀히 포착해냈다면, 치원의 〈봉두부〉는 시적 화자에게 작자의 감정을 이입시켜 슬픔을 표출하고, 이를 통해 당대의 모순을 극대화시킨다. 특히, 치원은 스승 다산을 통해 초의선사를 비롯해 다양한 인물과 인간적 · 학문적으로 교유하였으며, 사가 정궤론을 통해 두보의 풍유정신과 현실주의적 시각을 접하고 자신만의 시세계를 성취하였다.

참고문헌

1. 원전

『高麗史』
『高麗史節要』
『國朝文科榜目』
『東國輿地勝覽』
『東文選』
『新增東國輿地勝覽』
『朝鮮王朝實錄』
『增補文獻備考』

姜　沆,『睡隱集』
姜希孟,『私淑齋集』
權　攄,『震溟集』
金　鑢,『藫庭叢書』
金富軾,『三國史記』
金時習,『梅月堂集』
金正喜,『阮堂全集』
金昌翕,『三淵集』
盧命欽,『東稗洛誦』(연세대본・일본 동양문고본)
朴亮漢,『梅翁閒錄』(일본 천리대본)
朴趾源,『熱河日記』(국립중앙도서관본)
徐居正,『太平閑話』
徐有英,『錦溪筆談』
成　任,『太平通載』
成　俔,『浮休子談論』(서울대 규장각본)
申光河,『震澤集』
申光漢,『企齋記異』

辛敦復, 『鶴山閑言』(한국학중앙연구원 장서각본)
安錫儆, 『雪橋漫錄』
安鼎福, 『順菴集』
柳得恭, 『泠齋集』
兪晩柱, 『欽英』(서울대 규장각본)
柳夢寅, 『於于野談』(만종재본)
李　穡, 『牧隱詩藁』
李　瀷, 『星湖全書』
李光庭, 『訥隱集』
李圭景, 『五洲衍文長箋散稿』
李奎象, 『韓山世稿』
李德弘, 『艮齋集』
李崇仁, 『陶隱集』
李彦迪, 『晦齋集』
李源命, 『東野彙輯』(일본 대판부립도서관본)
李裕元, 『林下筆記』
李惟弘, 『艮庭集』
李玄綺, 『綺里叢話』(임형택 소장본)
李羲準, 『溪西野談』(성균관대본)
一　然, 『三國遺事』
任　邁, 『雜記古談』(일본 천리대본)
任　堕, 『天倪錄』(일본 천리대본)
작자미상, 『靑邱野談』(미국 버클리대본 · 서울대 장서각본)
丁若鏞, 『與猶堂全書』
趙秀三, 『秋齋紀異』
崔　演, 『艮齋集』
崔致遠, 『孤雲集』
洪愼猷, 『白華子集』(서울대 규장각본)
洪良浩, 『耳溪集』
洪羲俊, 『傳舊』
黃　裳, 『巵園遺稿』(개인 소장본)
한국고전번역원DB(https://www.itkc.or.kr)

2. 단행본

간호윤, 『한국 고소설 비평 연구』, 경인문화사, 2002.
강명관, 『조선후기 여항문학연구』, 창작과 비평사, 1997.
권혁래, 『조선후기 역사소설의 성격』, 박이정, 2000.
김정희, 『스토리텔링이란 무엇인가』, 커뮤니케이션북스, 2014.
민영대, 『趙緯韓과 崔陟傳』, 아세아문화사, 1993.
박용식 · 소재영 편, 『韓國野談史話集成』, 도서출판 태동, 1989.
박희병, 『조선후기 전의 소설적 성향연구』, 성균관대 대동문화연구원, 1993.
박희병, 『韓國傳奇小說의 美學』, 돌베개, 1997.
박희병 편, 『한국한문소설 교합구해』, 소명출판, 2005.
소인호, 『한국 전기문학 연구』, 국학자료원, 1998.
송재소, 『茶山詩 硏究』, 창작사, 1986.
양현승, 『한국 '설' 문학 연구』, 박이정, 2001.
유몽인 저, 신익철 외 역, 『어우야담』, 돌베개, 2006.
윤승준, 『동물우언의 전통과 우화소설』, 월인, 1999.
윤승준, 『우언의 재미와 교훈』, 월인, 2000.
윤주필, 『한국 우언산문 선집』, 박이정, 2008.
이강옥, 『한국 야담 연구』, 돌베개, 2006.
이병찬, 『동야휘집 연구』, 보고사, 2005.
이우성 편, 『栖碧外史海外蒐佚本』, 아세아문화사, 1990.
이우성 · 임형택 편, 『李朝漢文短篇集』, 일조각, 1973.
이윤기 편역, 『벌핀치의 그리스 로마 신화』, 도서출판 창해, 2009.
이희준 편찬/유화수 · 이은숙 역주, 『계서야담』, 국학자료원, 2003.
임방 저, 정환국 역, 『교감역주 천예록』, 성균관대학교 출판부, 2005.
임완혁, 『구연 전통과 서사』, 태학사, 2008.
임형택, 『한국문학사의 시각』, 창작과 비평사, 1984.
임형택, 『東稗洛誦 外 五種』, 아세아문화사, 1990.
임형택 편, 『李朝後期 閭巷文學叢書』, 여강출판사, 1991.
임형택 편역, 『李朝時代 敍事詩』, 창작과 비평사, 1992.
임형택, 『실사구시의 한국학』, 창작과 비평사, 2000.
임형택, 『우리 고전을 찾아서』, 한길사, 2007.
임형택 역편, 『한문서사의 영토』, 태학사, 2012.
정명기 역, 『야담문학연구의 현단계』, 보고사, 2001.

정명기 편, 『韓國野談資料集成』, 계명문화사, 1995.
정약용, 『국역 다산시문집』, 민족문화추진위원회, 1997.
정출헌, 『고전소설사의 구도와 시각』, 소명출판, 1999.
정환국, 『초기 소설사의 형성 과정과 그 저변』, 소명출판, 2005.
진재교, 『이조 후기 한시의 사회사』, 소명, 2001.
진홍섭, 『묵재한화』, 대원사, 1999.
토마스 불핀치 지음, 이윤기 옮김, 『그리스 로마 신화』, 대원사, 1989.
한국고대사회연구소 편, 『譯註 韓國古代金石文』, 가락국사적개발연구원, 1992.
한국문화예술위원회 엮음, 『100년의 문학용어사전』, 도서출판 아시아, 2008.
한국우언문학회 편, 『동아시아 우언론과 한국의 우언문학』, 집문당, 2004.
한국우언문학회 편, 『우언의 인문학적 위상과 현대적 활용』, 박이정, 2006.

3. 논문

강동엽, 「최척전에 나타난 임진왜란과 동아시아」, 『어문론총』 제41집, 한국문학언어학회, 2004.
강명관, 「白華子 洪愼猷의 詩에 대하여」, 『한국한문학연구』 제13권, 한국한문학회, 1990.
강명관, 「한 지식인의 독서 체험과 조선후기 문학」, 『대동한문학』 제13집, 대동한문학회, 2000.
강미정, 「『錦溪筆談』 소재 〈光廟有一公主〉를 통해 본 드라마 〈공주의 남자〉의 문제의식과 그 한계」, 『한국고전연구』 제27집, 한국고전연구학회, 2013.
강석근, 「기림사 오색화의 연원과 그 문화적 의미」, 『신라문화』 제42집, 동국대학교 신라문화연구소, 2013.
강석근, 「경주 利見臺 시문 연구」, 『온지논총』 제39권, 온지학회, 2014.
강석근・이창식, 「경주 祇林寺의 五種水 연구」, 『지방사와 지방문화』 제16권, 역사문화학회, 2013.
강영경, 「한국 고대 海龍의 성격」, 『제3회 전국해양문화학자대회 자료집』 3, 2012.
강태철, 「다산 문학의 우의성 고찰」, 경성대 교육대학원 석사학위논문, 2004.
강혜규, 「삽교 안석경의 〈검녀〉 연구－女俠敍事 전통의 계승과 수용」, 『한국한문학연구』 제41권, 한국한문학회, 2008.
권도경, 「고전서사문학, 디지털문화콘텐츠의 서사적 상관성과 고전서사원형의 디지털스토리텔링화 가능성」, 『동방학지』 제155권, 연세대학교 국학연구원, 2011.
권오성, 「〈義狗傳〉攷」, 『한민족어문학』 10권, 한민족어문학회, 1983.
김동석, 「『東稗洛誦』 硏究」, 성균관대 석사학위논문, 1991.
김상조, 「『鶴山閑言』연구」, 『국문학보』 제13집, 제주대 국문과, 1995.
김성혜, 「만파식적 설화의 문화적 의의와 활용방안」, 『음악과 민족』 제45권, 민족음악학회, 2013.
김영진, 「조선후기 사대부의 야담 창작과 향유의 일양상－盧命欽 · 盧兢 父子와 豐山 洪鳳漢家와의 관계를 中心으로」, 『어문논집』 제37집, 고려대 국어국문학연구회, 1998.
김영진, 「兪晩柱의 한문단편과 記事文에 대한 일고찰－조선후기 京華老論 문인의 문예취향의 한 단면」, 『대동한문학』 제13집, 대동한문학회, 2000.
김영태, 「신라불교에 있어서의 용신사상－삼국유사를 중심으로」, 『불교학보』 제11권, 동국대학교 불교문화연구원, 1974.
김종군, 「〈만파식적〉 설화의 다시읽기를 통한 통합의 의미 탐색」, 『온지논총』 제27집, 2010.
김창호, 「문무왕릉비에 보이는 신라인의 조상 인식」, 『한국사연구』 제53권, 한국사학회, 1986.
김하라, 「兪晩柱의 『欽英』 연구」, 서울대 박사학위논문, 2013.
남재철, 「新羅玉笛 考證」, 『동방한문학』 제37집, 동방한문학회, 2008.
문환석 · 류인숙, 「감은사지 동삼층석탑 기단부 출토유물 보존처리」, 『보존과학연구』 제19권, 한국과학기술정보연구원, 1998.
박경남, 「조선후기 야담에 나타난 상인의 범주와 상인 형상의 변모 과정」, 『민족문화연구』 제68권, 고려대학교 민족문화연구소, 2015.
박계홍, 「고대 龍神 사상에 관한 연구－한국민속연구의 일단으로－기3」, 『한국언어문학』 제6권, 한국언어문학회, 1969.
박노춘, 「〈利見臺歌〉 雜考」, 『겨레어문학』 제5집, 겨레어문학회, 1969.
박유미, 「〈진성여왕대 거타지〉 설화에 나타난 사회구조와 그 의미」, 『한민족어문학』 제61집, 한민족어문학회, 2012.
박일흠 · 이영권, 「하천의 영향을 받는 동해안 대왕암 주변의 해안선 변화」, 『한국도서연구』 22권 1호, 한국도서(섬)학회, 2010.
박진태, 「만파식적 설화의 서사구조와 역사적 의미」, 『국어교육』 125호, 2008.
박혜숙, 「서사한시의 장르적 성격」, 『한국한문학연구』 제17권, 한국한문학회, 1994.

박희병, 「조선후기 야담계 한문단편소설 양식의 성립」, 『한국학보』 제22집, 한국학회, 1981.
박희병, 「崔陟傳－16, 7세기 동아시아의 전란과 가족이산」, 『한국고전소설작품론』, 집문당, 1990.
박희병, 「전기적 인간의 미적 특질」, 『민족문학사연구』 제7권, 민족문학사연구소, 1995.
서인원, 「耳溪 洪良浩의 歷史認識」, 『동국사학』 29, 동국사학회, 1995.
송재소, 「실학파의 시와 여항인의 시」, 『한국문학연구입문』, 지식산업사, 1981.
신상필, 「필기의 서사화 양상에 관한 연구－『용재총화』와 『어우야담』을 중심으로」, 성균관대 박사학위논문, 2004.
신상필, 「조선후기 역관 아전 계층의 사회와 문화－필기, 야담 자료를 중심으로」, 『동방한문학』 제46권, 2011.
신영주, 「18・9세기 洪良浩家의 예술 향유와 서예 비평」, 성균관대학교 석사학위논문, 2000.
신익철, 「『어우야담』의 서사 방식과 초기 야담집으로서의 특성」, 『정신문화연구』 33권 3호, 한국정신문화연구원, 2010.
신익철・이형대, 「『어우야담』의 비판적 정본 연구」, 『한국한문학연구』 제29권, 한국한문학회, 2002.
신태수, 「최척전에 나타난 공간의 형상」, 『한민족어문학』 51, 2007.
신현웅, 「옥국재『영미편』의 자료적 특징과 가치」, 『한국한문학연구』 제46권, 한국한문학회, 2010.
안득용, 『16세기 후반-17세기 전반 산문의 구도와 전개』, 고려대 박사학위논문, 2010.
안범준, 「『雜記古談』의 서술방식과 저작의도 연구」, 『문창어문논집』 제43권, 문창어문학회, 2006.
엄태웅, 「『삼국유사』 「기이」편과 바다」, 『동북아문화연구』 제48집, 동북아시아문화학회, 2016.
윤무병, 「感恩寺－黃壽永氏의 書評을 읽고서」, 『진단학보』 제22집, 진단학회, 1961.
윤세순, 「東野彙輯의 성격 고찰」, 성균관대 석사학위논문, 1991.
윤승준, 「訥隱 李光庭의 우언 창작 방식－『亡羊錄』 소재 창작우언을 중심으로」, 『대동문화연구』 제67집, 성균관대 대동문화연구원, 2009.
윤승준, 「한국 우언의 인물 설정 방식과 우의－권계우언과 풍자우언을 중심으로」, 『국문학논집』 제22집, 단국대 국어국문학과, 2013.
윤재민, 「전기소설의 인물 성격」, 『민족문화연구』 제28호, 고려대 민족문화연구소, 1995.
윤주필, 「「龜兎之說」과 「花王戒」의 대비적 고찰」, 『고소설연구』 제30집, 한국고소설학회, 2010.
윤주필, 「「麴醇傳」, 「麴先生傳」의 우언적 독해－假傳의 새로운 이해를 위하여」, 『한국한문학연구』 제47권, 한국한문학회, 2011.
윤지훈, 「雪橋 安錫儆의 對日認識과 〈姜流傳〉」, 『한문고전연구』 17권, 한국한문고전학회, 2008.
윤혜신, 「『어우야담』 소재 귀신담의 귀신과 인간의 교류 방식과 특징」, 『민족문학사연구』 34권, 민족문학사학회 · 민족문학사연구소, 2007.
이강옥, 「야담집에서의 이경류 이야기의 전개와 그 의미」, 『한국문학논총』 제61집, 한국문학회, 2012.
이강옥, 「『六美堂記』와 『錦溪筆談』의 비교분석을 통한 소설과 야담계 서사체의 관계 양상 고찰」, 『한문학보』 제12권, 한국학보(서지사), 1986.
이강옥, 「『천예록』의 야담사적 연구－서술방식과 서사의식을 중심으로」, 『구비문학연구』 제14집, 한국구비문학회, 2002.
이규훈, 「'거타지' 설화의 문화콘텐츠 창작과 활용」, 『한국콘텐츠학회논문지』 제8권 8호, 한국콘텐츠학회, 2008.
이명학, 「『雪橋漫錄』 연구」, 성균관대 석사학위논문, 1982.
이병찬, 「『동야휘집』의 작품 수용 양상 연구(1)－『어우야담』을 중심으로」, 『반교어문학연구』 14권, 반교어문학회, 2002.
이승은, 「『天倪錄』 소재 奇異談의 양상과 의미」, 고려대학교 석사학위논문, 2009.
이연정, 「매월당 김시습의 우언시 고찰」, 『동양문화연구』 제9집, 영산대 동양문화연구원, 2012.
이영호, 「신라문무왕릉비의 재검토」, 『역사교육논집』 제8권, 역사교육학회, 1986.
이용범, 「해안 지역 민간신앙에서의 龍神의 위상」, 『제3회 전국해양문화학자대회 자료집』 3, 2012.
이원걸, 「『雜記古談』에 반영된 任邁의 여성관」, 『한문학보』 제14집, 우리한문학회, 2006.
이원수, 「조선후기 치부담의 성격과 의미」, 『인문논총』 제18권, 경남대학교 인문과학연구소, 2004.

이월영, 「『어우야담』 소재 인물담 연구(1)」, 『어문연구』 제63집, 어문연구학회, 2010.
이월영, 「『어우야담』 소재 인물담 연구(2)」, 『어문연구』 제67집, 어문연구학회, 2011.
이종묵, 「〈주생전〉의 미학과 그 의미」, 『관악어문연구』 16, 서울대 국문과, 1991.
이창식, 「〈利見臺歌〉와 '萬波息笛' 說話의 性格」, 『동국어문논집』 제4집, 동국대학교 국어국문학과, 1991.
이창식, 「문무해중릉의 문화원형과 가치활용」, 『신라문화』 제44집, 동국대학교 신라문화연구소, 2014.
이채경, 「私淑齋 姜希孟의 「訓子五說」에 대한 고찰」, 성균관대 석사학위논문, 2005.
이채경, 「洪愼猷 敍事漢詩 硏究」, 『대동한문학』 제26집, 대동한문학회, 2007.
이채경, 「〈崔陟傳〉에서의 동아시아 인식－배경 및 형상화를 중심으로」, 『국제언어문학』 제18호, 국제언어문학회, 2008.
이채경, 「야담집 소재 신라 및 경주 이야기 연구－『天倪錄』, 『雜記古談』, 『東稗洛誦』을 중심으로」, 『신라문화』 제41집, 동국대 신라문화연구소, 2013.
이채경, 「『雜記古談』 서사 연구－서사 구도 및 유형을 중심으로」, 『동방학』 제27집, 한서대 동양고전연구소, 2013.
이채경, 「18세기 야담의 서사방식과 주제구현－『잡기고담』, 『동패락송』, 『삽교만록』, 『학산한언』을 중심으로」, 성균관대 박사학위논문, 2014.
이채경, 「18세기 야담의 유사 화소 교착 및 변개 양상」, 『대동한문학』 제40집, 대동한문학회, 2014.
이채경, 「문무왕 신격화의 변전 양상과 현대적 의의－문화콘텐츠 활용 방안을 중심으로」, 『한국문학논총』 제68집, 한국문학회, 2014.
이채경, 「耳溪 洪良浩의 학문자세와 학적성취－新羅 관련 碑文·祭文을 중심으로」, 『신라문화』 제46집, 동국대학교 신라문화연구소, 2015.
이채경, 「18세기 야담의 글쓰기 양상－야담의 구성과 글쓰기 방식을 중심으로」, 『동방학』 제34집, 한서대학교 동양고전연구소, 2016.
이채경, 「傳奇小說 插入詩의 미학적 의미」, 『국제언어문학』 제35호, 국제언어문학회, 2016.
이채경, 「야담의 글쓰기와 스토리텔링－시대별 '致富談'을 중심으로」, 『동방학』 제39집, 한서대학교 동양고전연구소, 2018.
이채경, 「『三國遺事』와 스토리텔링－동서양 이야기의 비교를 중심으로」, 『국제언어문학』 제39집, 국제언어문학회, 2018.
이철희, 「茶山 詩學의 계승자 黃裳에 대한 평가와 그 의미-秋史·山泉의 巵園遺稿序 분석」, 『대동문화연구』 제53집, 대동문화연구원, 2006.
이현주, 「『天倪錄』 소재 神異談의 서사와 미적 특질」, 성균관대학교 석사학위논문, 2006.
이혜순, 「전기소설의 전개」, 『고소설사의 제문제』(성오 소재영 교수 환력기념논총), 집문당, 1993.
임완혁, 「文獻傳承에 의한 野譚의 變貌 樣相-『東稗洛誦』과 『溪西野譚』, 『靑邱野譚』, 『東野彙輯』의 관계를 중심으로」, 성균관대 박사학위논문, 1997.
임완혁, 「19세기말 야담의 변모에 대한 일고찰-『금계필담』에 수용된 전대 작품을 중심으로」, 『한문교육연구』 제13권, 한국한문교육학회, 1999.
임완혁, 「『錦溪筆談』 異本考」, 『한국한문학연구』 제23권, 한국한문학회, 1999.
임완혁, 「입신출세의 상경길, 욕망의 길-야담을 통해 본」, 『고전문학연구』 제38집, 한국고전문학회, 2010.
임완혁, 「조선후기 현실과 야담」, 『대동한문학』 제35집, 대동한문학회, 2011.
임유경, 「18세기 委巷詩集에 나타난 中人層의 文學世界」, 『한시연구』, 태학사, 1997.
임유경, 「조선중기 한문우언산문 연구」, 이화여대 박사학위논문, 2015.
임형택, 「한문단편 형성과정에서의 講談師-許生故事와 尹映」, 『창작과 비평』 제49집, 창작과 비평사, 1978.
임형택, 「나말여초의 전기문학」, 『한국한문학연구』 제5권, 한국한문학회, 1980.
임형택, 「東稗洛誦 解題」, 『東稗洛誦 外 五種』, 아세아문화사, 1990.
임형택, 「古典文學에서의 現實主義의 發展과 民族文學的 成就」, 『한국한문학연구』 제17권, 한국한문학회, 1994.
임형택, 「야담의 기록화과정과 한문단편의 성립-『東稗洛誦』의 분석을 통해서」, 『한국한문학연구』 제23집, 한국한문학회, 1999.
임형택, 「『東稗洛誦』 연구-야담의 기록화 과정과 한문단편의 성립」, 『한국한문학연구』 제23집, 한국한문학회, 1999.
장진숙, 「야담 서사변개의 사회문화적 맥락과 의미」, 인하대 박사학위논문, 2013.
전기웅, 「『삼국유사』 소재 '眞聖女大王居陁知'조 설화의 검토」, 『한국민족문화』 제38집, 부산대 한국민족문화연구소, 2010.
정명기, 「東稗洛誦 연구」, 『원광한문학』 제4집, 원광한문학회, 1991.

정범진, 「당대 전기의 체제에 관한 연구」, 『대동문화연구』 제2집, 성균관대 대동문화연구원, 1989.
정약용, 『與猶堂全書』(『한국문집총간』 281-286), 민족문화추진위원회, 2002.
정연식, 「거타지 설화의 새로운 해석」, 『동방학지』 제160집, 연세대 국학연구원, 2012.
정출헌, 「고전소설에서의 현실주의 논의 검토 : 15세기 『금오신화』에서 18세기 〈김영철전〉까지」, 『민족문학사연구』 제7권, 민족문학사학회, 1992.
정출헌, 「〈운영전〉의 애정갈등과 그 비극적 성격」, 『한국고소설사의 시각』, 국학자료원, 1996.
정학성, 「전기소설의 문제」, 『한국문학연구입문』, 지식산업사, 1982.
정환국, 「16-7세기 동아시아 전란과 애정전기」, 『민족문학사연구』 제15권, 민족문학사연구소, 1999.
정환국, 「薛公瓚傳 파동과 16세기 소설인식의 추이」, 『민족문학사연구』 제25호, 민족문학사연구소, 2004.
정환국, 「전기소설 삽입시의 미감」, 『민족문학사연구』 제28호, 민족문학사연구소, 2005.
정환국, 「한국 초기서사의 複數 구도」, 『민족문학사연구』 제59집, 민족문학사학회·민족문학사연구소, 2015.
조수학, 「최치원전의 소설성」, 『영남어문학』 2, 영남어문학회, 1975.
조해진, 「고전설화 〈만파식적〉의 문화콘텐츠적 가치에 관한 연구」, 『한국디자인문화학회지』 18권 3호, 한국디자인문화학회, 2012.
조혜란, 「조선의 女俠, 劍女」, 『한국고전여성연구』 제12권, 한국고전여성문학회, 2006.
진재교, 「『雜記古談』의 저작연대와 작자에 대하여」, 『서지학보』 제12집, 한국서지학회, 1994.
진재교, 「실학파와 한시」, 『문학과 사회집단』, 고전문학회 편, 집문당, 1996.
진재교, 「『雜記古談』 연구－그 성격과 작가의식을 중심으로」, 『韓國의 經學과 漢文學－竹夫李篪衡教授停年退職紀念論文集』, 태학사, 1996.
진재교, 「『天倪錄』의 작자와 저작연대」, 『서지학보』 제17집, 한국서지학회, 1996.
진재교, 『耳溪 洪良浩 文學 研究』, 성균관대학교 대동문화연구원, 1999.
진재교, 「洪良浩의 交遊關係와 文學活動에 대하여」, 『한문교육연구』 제13호, 한국한문교육학회, 1999.
진재교, 「茶山學의 形成과 卮園 黃裳」, 『대동문화연구』 제41집, 대동문화연구원, 2002.
진재교, 「『雜記古談』 소재 〈宦妻〉의 敍事와 女性像」, 『古小說硏究』 제13집, 한국고소설학회, 2002.
진재교, 「이계 홍양호의 醫員傳에 나타난 인물 형상」, 『민족문학사연구』 제21호, 민족문학사학회, 2002.
진재교, 「한문서사양식의 층위와 변모－전, 야담, 기사를 중심으로」, 『대동문화연구』 제40집, 대동문화연구원, 2002.
진재교, 「18세기 朝鮮朝와 清朝 學人의 학술교류－洪良浩와 紀昀을 中心으로」, 『고전문학연구』 제23집, 한국고전문학회, 2003.
진재교, 「越境과 敍事－동아시아의 서사 체험과 '이웃'의 記憶」, 『한국한문학연구』 제46권, 한국한문학회, 2010.
최기숙, 「조선후기 사대부의 생활공간과 글쓰기 문화－耳溪 洪良浩의 '記'를 중심으로」, 『고전문학연구』 제33집, 한국고전문학회, 2008.
표정옥, 「『삼국유사』 스토리텔링의 문화콘텐츠 생성 욕망과 신화적 독서의 생산성 연구」, 『동방학』 제27집, 한서대학교 동양고전연구소, 2013.
한상현, 「〈만복사저포기〉의 삽입시 기능에 대한 무속제의적 고찰」, 『고전산문의 계보적 연구』, 국학자료원, 2001.
한정호, 「감은사지 쌍탑과 고선사지 삼층석탑 비교 고찰」, 『석당논총』 제48권, 동아대학교 석당학술원, 2010.
한혜경, 「『어우야담』 소재 귀신담의 서사 전개 양상과 의미」, 『한국고전연구』 제36권, 한국고전연구학회, 2017.
함복희, 「야담의 문화콘텐츠화 방안 연구」, 『우리문학연구』 제22집, 우리문학회, 2007.
황수영, 「感恩寺」, 『역사학보』 제15집, 역사학회, 1961.
황수영, 「감은사지귀면와」, 『미술사학연구』 제22권, 한국미술사학회, 1962.
황수영, 「新羅梵鐘과 萬波息笛 說話」, 『신라문화』 제1집, 동국대학교 신라문화연구소, 1984.

찾아보기

ㄴ

ㅂ

ㅅ

ㅇ

ㅌ

기타

이채경李埰慶

경북 경주 출생.
동국대학교 국문학과를 거쳐 성균관대학교 한문학과 대학원을 졸업하였다. 18세기 야담을 연구하여 문학박사학위를 받은 이후, 야담연구를 계속하며 '조선후기 야담집의 교감 및 정본화' 사업에도 참여하였다.
논문으로는 「『어우야담』에 담긴 지적경험과 서사장치」, 「『잡기고담』 서사 연구」, 「『금계필담』에 기록된 신라 이야기 연구」, 「『삼국유사』와 스토리텔링」 등이 있다. 책으로는 공동역저서인 『철로 위에 선 근대 지식인』과 공동편찬한 한국문학연구소자료총서 『정본 한국 야담전집』(전 10권) 등이 있다.
동국대학교와 고려대학교에서 강의했으며, 현재 성균관대학교 초빙교수로 재직 중이다.

조선후기 한문서사의 지형과 양상

2023년 6월 10일 초판 1쇄 발행

지은이 : 이채경
펴낸이 : 김병환
펴낸곳 : 학자원
주　소 : 서울시 강동구 천호대로 1121
전　화 : 02) 6403-1000
팩　스 : 02) 6338-1001
E-mail : hakjaone@daum.net
등　록 : 2011년 3월 24일 제2011-14호

ISBN 979-11-6247-299-6 93810
값 45,000원